Kevin Brownlow
Pioniere des Films

The Parade's Gone By...

Mary Pickford mit dem Regisseur Maurice Tourneur, 1917

Vom Stummfilm bis Hollywood

Kevin Brownlow

Pioniere des Films

Aus dem Englischen
von Michael Berg

Stroemfeld / Roter Stern

Schriftenreihe des Deutschen Filmmuseums

Herausgegeben von
Hilmar Hoffmann und Walter Schobert

Die Deutsche Bibliothek – CIP-Einheitsaufnahme
Brownlow, Kevin:
Pioniere des Films : vom Stummfilm bis Hollywood /
Kevin Brownlow. Aus dem Engl. von Michael Berg. –
Basel ; Frankfurt am Main : Stroemfeld, 1997
    (Schriftenreihe des Deutschen Filmmuseums Frankfurt)
    (Roter Stern)
      Einheitssacht. : The parade's gone by ... < dt. >
      ISBN 3-87877-386-2

Copyright © 1997
Stroemfeld Verlag
CH-4007 Basel, Oetlingerstr. 19
D-60322 Frankfurt am Main, Holzhausenstr. 4
Alle Rechte vorbehalten. All Rights Reserved.

Gestaltung: Michel Leiner
Layout und Satz: Wolfgang Scheffler, Mainz
Druck und Bindung: Offizin Andersen Nexö Leipzig / Interdruck
Printed in the Federal Republik of Germany

Bitte fordern Sie unsere kostenlose Programminformation an!

Für Abel Gance

Inhalt

Vorbemerkung 9

Vorwort 11

Danksagung 17

1 Einführung 21

2 Die primitiven Jahre 25

3 Frühe Tage bei Vitagraph 33

4 Zeit der Experimente 43

5 Hollywoods Frühzeit 53

6 Von »Birth of a Nation« zu »Intolerance« 67

7 Regisseure 93

8 D. W. Griffith 108

9 Allan Dwan 127

10 Henry King 139

11 Mary Pickford 155

12 Clarence Brown 175

13 Das verlorene Werk des Edward Sloman 195

14 William Wellman 207

15 Cecil B. De Mille 223

16 Josef von Sternberg 235

17 Der Kameramann 259

18 Charles Rosher 271

19 Ausstattung und Architektur 285

20 Douglas Fairbanks in »Robin Hood« 297

21 Der Fluch des Melodrams oder: Der goldene Pfad 309

22 Szenarium 319

23 Der Schnitt: Die Macht im Verborgenen 331

24 Zwei einzigartige Verfahren: Virage und Titel 341

25 Margaret Booth 353

26 William Hornbeck 359

27 Die Stuntman des Stummfilms 367

28 Ohne sie entsteht kein Film 381

29 Es war ein hartes Leben 387

30 Der Stummfilm war niemals stumm 395

31 Schauspielen im Stummfilm 401

32 Die Stars 413

33 Geraldine Farrar 425

34 Gloria Swanson 433

35 Betty Blythe 441

36 Das heroische Fiasko: »Ben-Hur« 451

37 Die Produzenten 485

38 David O. Selznick 493

39 Wir lachen nicht mehr so wie früher 501

40 Reginald Denny 515

41 Harold Lloyd 527

42 Buster Keaton 545

43 Chaplin 571

44 Der Stummfilm in Europa 585

45 Abel Gance 595

46 Der Tonfilm 649

Fotografien an den Kapitelanfängen 665

Liste der erwähnten Bücher 667

Register 669

Vorbemerkung

Dieses Buch wurde vor langer Zeit geschrieben, und ich freue mich, daß es endlich in einer anderen Sprache erscheint.

Ich hatte das unglaubliche Glück, jene bemerkenswerten Menschen, die die Stummfilmzeit geprägt haben, kennenzulernen und viele ihrer Filme zu sehen. Diese Erfahrung hat bei mir einen nachhaltigen Eindruck hinterlassen, und das Thema fasziniert mich noch heute.

In den 60er Jahren, als dieses Buch entstand, war ich vom amerikanischen Stummfilm besessen, nicht allein, weil man ihm keine Beachtung schenkte, sondern weil die Gefahr drohte, daß er der völligen Vergessenheit anheimfiel. Ich räumte deshalb dem europäischen Stummfilm nur wenig Platz ein. Ihm gebührte ein eigenes Buch, und ich bin glücklich, daß inzwischen zahlreiche Darstellungen zu diesem Thema erschienen sind.

Das Kapitel über Abel Gance gehört eigentlich nicht in ein Buch über Hollywood, doch wußte ich, es würde niemals gedruckt werden, wenn ich es nicht hineinschmuggeln würde. Aus gutem Grund habe ich ihm dieses Buch gewidmet. Und schließlich hatte unsere Bekanntschaft noch ein erfreuliches Happy-End, denn ich konnte *Napoléon* rekonstruieren, und Gance erlebte, wie sein Werk den verdienten Beifall erhielt. In London und New York wurde der Film von riesigen Menschenmengen begrüßt und als Ereignis des Jahres gefeiert.

Ich bitte also die Kürze zu entschuldigen, mit der ich den reichen Schatz der europäischen Stummfilme behandelt habe, doch hoffe ich, daß dieser Streifzug durch eine halbvergessene Kunstform sich für Sie als ebenso fruchtbar erweisen wird wie für mich.

Kevin Brownlow   London, 1992

P.S. Für diese Ausgabe wurden leichte Korrekturen am Text vorgenommen sowie zwei Kapitel, die mir inzwischen nicht mehr tragbar erscheinen, fortgelassen.

Vorwort

Als ich begann, diese Interviews zu führen, hatte ich nicht im Sinn, ein Buch zu schreiben. Ich war ein junger, von der Vergangenheit des Kinos faszinierter Filmemacher. Meine erste Begegnung mit Stummfilmen hatte ich im Alter von acht Jahren im Internat in Sussex, wo der Schuldirektor im Winter manchmal Filme zeigte. Ich wurde von der Vorstellung gepackt, daß man Filme auch zu Hause vorführen könnte. Ich lag nun meinen Eltern ständig in den Ohren, und schließlich schenkten sie mir zu Weihnachten einen Projektor, den man mit der Hand kurbeln konnte. Dazu gehörten nur zwei kurze Filme, also machte ich mich auf, mehr zu finden. Und in einem Laden in der Gegend der Baker Street in London machte ich meine erste Entdeckung – einen Stapel alter Rollen, die ich für 1 Shilling 6 Pence pro Stück kaufte. Als ich sie meiner Mutter zeigte, erkannte sie die Helden ihrer Jugend – Douglas Fairbanks, William S. Hart... Ich schlug in einem Filmgeschichtsbuch in der Stadtbücherei nach und stieß dort auf ein Foto aus einem meiner Filme! Nun war es um mich geschehen. Ich streifte durch London, suchte bei Trödlern und in Photoläden und fand noch mehr bemerkenswerte Filme, darunter zwei Rollen von einer Sache, die *Napoléon* hieß. Die meisten dieser Filme besaßen für mich mehr filmische Vitalität als das, was ich normalerweise in unserm Kino an der Ecke zu sehen bekam: Ich fühlte mich jener vergangenen filmischen Epoche näher als meiner eigenen.

Meine Sammlung wuchs, und mit ihr wuchsen meine Kenntnisse. Wenn ich hörte, daß Veteranen aus Hollywood, wie King Vidor oder Harold Lloyd, zu Besuch nach London kamen, machte ich mich auf, sie zu treffen. Diese Begegnungen waren so anregend und unterhaltsam und ich lernte so viel aus ihnen, daß ich begann, die Stummfilm-Leute ausfindig zu machen, die in England lebten: Al Parker, Bessie Love, Percy Marmont, Clive Brook, Ben Lyon und Bebe Daniels... Ihre Berichte von Hollywood bestärkten mich in dem Entschluß, diesen Ort selbst zu erleben. Doch wie sollte ich das bezahlen?

Das erste Mal kam ich im Jahr 1964 nach New York, mit einer verbilligten Ferientour, was bedeutete, daß ich drei Wochen bleiben mußte. Ich nahm ein Tonbandgerät mit und interviewte so viele Stummfilm-Leute, wie ich in dieser Zeit nur schaffen konnte. Oft kam ich nicht einmal zum Essen, weil ich die Entfernungen völlig unterschätzte und häufig in einer falschen Gegend landete. Aber das waren die Besuche immer wert.

Einige Monate später ging ich wieder nach Amerika und kam endlich – dank Woodfall Films – nach Hollywood. Jemand, der mir unbegrenzte Gastfreundschaft angeboten hatte, machte einen Rückzieher, als ich tatsächlich ankam, und ich werde stets David Bradley dankbar sein, der mich bei sich aufnahm, und Tom Webster, der mich herumfuhr. Ich erinnere mich, wie ich in Bradleys Haus saß, oben in den Hügeln über Los Angeles, und überwältigt war vom Blick auf die Stadt. »Ich kann alle treffen«, dachte ich, »sogar Buster Keaton.« Und am selben Nachmittag hörte ich, ebenso überwältigt, Buster Keaton zu, wie er sich an einige meiner Lieblingsfilme erinnerte.

Als ich eines Abends im Masquer's Club auf eine Verabredung wartete, kam ich mit einer alten Dame ins Gespräch, die erzählte, sie sei mit einem Filmregisseur verheiratet. »Aber Sie werden ihn nicht kennen«, meinte sie, »er heißt Joseph Henabery.«

Natürlich kannte ich ihn – er hatte in *The Birth of a Nation* Abraham Lincoln gespielt und Filme mit Douglas Fairbanks gedreht. Sie verabredete mit mir einen Besuch für den nächsten Nachmittag. Henabery, ein ehemaliger Eisenbahnarbeiter, war groß und kräftig gebaut und besaß den Charme, den ich inzwischen von den Kino-Pionieren kannte. Ich stellte ihm eine Frage, und seine Antwort dauerte vier Stunden. Ich war so bewegt davon, mit welcher Genauigkeit er die Dreharbeiten in den riesigen Babylon-Bauten für *Intolerance* beschrieb, daß ich glaubte, diese Informationen weitergeben zu müssen. Ich faßte den Entschluß, daraus ein Buch zu machen.

Dieses Buch zu schreiben, war eine der wichtigsten Erfahrungen meines Lebens. Ich lernte dadurch viele außerordentlich bemerkenswerte Menschen kennen. Ich bekam auf diese Weise Arbeit am American Film Institute; das ermöglichte mir noch viele weitere Interviews, die dann zu einem anderen Buch führten: *The War, the West and the Wilderness* (London: Secker & Warburg 1978). Und es regte Jeremy Isaacs dazu an, eine dreizehnteilige Fernsehserie mit dem Titel *Hollywood* in Auftrag zu geben, die ganz der Stummfilmära gewidmet war und durch die meine Partnerschaft mit David Gill begann. Und von all dem hatte ich nichts geplant.

Eigentlich wollte ich ein zweiter Orson Welles werden. Ich wollte Spielfilme drehen, die den seinen nahekämen. Damals war ich achtzehn Jahre alt. Ich tat mich mit Andrew Mollo (der sechzehn war) zusammen, und gemeinsam drehten wir eine Utopie, was geschehen wäre, wenn England den Zweiten Weltkrieg verloren hätte und von den Nazis besetzt worden wäre. Die Arbeit daran dauerte acht Jahre, die Premiere fand im London Pavilion statt (wobei die Schlange wirklich um den ganzen Häuserblock reichte), und doch brachte er keinen Pfennig ein. Unser Verleih, United Artists, begrub den Film im Archiv, und seit zwanzig Jahren versuche ich die Rechte wiederzubekommen. Der Film führte zu nichts. Aber ich habe die Hoffnung nie aufgegeben. Ich erinnere mich, als das erste Exemplar von *The Parade's Gone By...* vom Verlag ankam, dachte ich, »wenn es doch nur ein Spielfilm wäre.« Andrew und ich versuchten es noch einmal, mit einem historischen Film, *Winstanley*, der 1649 spielte, doch auch daraus ergab sich nichts: So wurde ich schließlich, unbeabsichtigt, zum Filmhistoriker und Filmemacher von Dokumentarfilmen über Filmgeschichte. Doch jene beiden Erfahrungen erwiesen sich als ganz entscheidend, als ich begann, über Filme zu schreiben: Weil ich nämlich wie ein Filmemacher dachte, konnte ich oft Dinge verstehen, mit denen Historiker, die bloß akademisch ausgebildet waren, nichts anfangen konnten. Und meine bitteren Erfahrungen mit Firmen wie United Artists (wie uns dieser gloriose Name doch getäuscht hatte!) ließen mich erkennen, was Filmemacher durchmachen mußten, um ihre Filme auf die Leinwand zu bringen. Natürlich waren zur Stummfilmzeit die Verhältnisse anders – aber nicht *so sehr* anders!

Das Leben als Filmhistoriker ist faszinierend, wenn ich mir darunter auch etwas anderes vorgestellt hatte. Zum Erfreulichsten zählt, daß der Stummfilm inzwischen Teil des kulturellen Lebens in London geworden ist. Dafür schulden wir David Gill Dank, der die Idee zu der Serie *Thames Silents* hatte und der die treibende Kraft war, sowie Carl Davis, der alle Musiken dazu komponiert und dirigiert hat.

Thames Silents, ein Beitrag der Fernsehstation Thames Television zum London Film Festival, entstand aus der Serie *Hollywood*. David und Carl hielten es 1980 für eine großartige Idee, die Ausstrahlung der Serie durch die Aufführung eines Stummfilms einzuführen, und zwar genau so, wie es früher war – mit einem richtigen Kinoorchester. Die Vorstellung, daß Stummfilme nur von einem Pianisten begleitet wurden, unterschlägt die Arbeit von Tausenden von Kinomusikern, die in den Premierenkinos angestellt waren. Selbst in den kleinsten Städten gab es eine kleine Gruppe von Musikern oder eine Wurlitzer-Orgel. David und Carl entschieden sich für *Broken Blossoms* (1919). Doch die Fernsehredaktion war der Meinung, der Film sei zu melodramatisch für ein modernes Publikum, und die Idee wurde verworfen. Dann kam die Entscheidung, beim London Film Festival im November 1980 *Napoléon* zu präsentieren. (Ich habe darüber ein Buch geschrieben: *Napoleon. Abel Gance's Classic Film*. London: Jonathan Cape 1983). Die Veranstaltung war ein so überwältigender Erfolg, daß Thames Television, für die David und ich arbeiteten, beschlossen, *Thames Silents* alljährlich zu unterstützen. Channel Four zahlte für die Komposition und strahlte den Film nach etwa einem Jahr im Fernsehen aus.

Für die junge Generation war es eine neuartige Unterhaltung – die erregende Atmosphäre einer Theaterpremiere, verbunden mit dem Erlebnis eines bedeutenden Stummfilms. 1987 füllten wir das London Palladium mit *Ben-Hur* (1925), dessen Virage und Technicolor-Farbsequenzen dank des Tschechischen Filmarchivs und Turner Entertainment Co. rekonstruiert werden konnten. Die Reaktion des Publikums war ebenso stark, wie sie in den zwanziger Jahren gewesen sein muß. Ein Film, der auf der kleinen Leinwand und ohne Ton schon beeindruckte, erstrahlte auf einer großen Leinwand vor einem Riesenpublikum, begleitet von Carl Davis' außerordentlicher Musik, die von 72 Musikern gespielt wurde.

Trotz der hohen Kosten werden inzwischen auf der ganzen Welt Stummfilme mit Orchesterbegleitung präsentiert. 1987 gab es sogar ein Festival in Frankfurt am Main. Das Modewort ist ›Restaurierung‹. David und ich sind immer peinlich berührt, wenn die Presse alles, was wir tun, als ›liebevoll restauriert‹ bezeichnet. Manchmal haben wir nichts anderes getan, als eine Filmkopie aus Kalifornien zu besorgen und sie zu projizieren. Eine wahrhaft ›restaurierende‹ Tat ist jedoch das Hinzufügen der Musik. Denn der Stummfilm war, wie aus diesem Buch hervorgeht, *niemals* stumm.

Restaurierung bleibt ein wichtiges Thema. Denn es ist eine traurige Tatsache, daß nahezu zwei Drittel aller Produktionen der Stummfilmära verschollen oder zerstört sind. Alte, auf instabilem Nitromaterial kopierte Filme zerfallen stetig – selbst in der scheinbaren Sicherheit eines Archivs. Gott sei Dank sind Archive wie das National Film Archive nach Kräften dabei, Filme zu kopieren und zu restaurieren, aber anderen Archiven fehlt das Geld, um überhaupt irgend etwas zu tun. Und mindestens drei Privatsammlungen seltener Stummfilme, die ich kenne, schweben in der Gefahr zu verrotten, weil niemand das Geld hat, sie zu retten. Es befinden sich darunter zahlreiche Unikate, die für immer verlorengehen werden, wenn nicht bald etwas geschieht.

Und wenn sie kopiert werden, wie werden sie dann aussehen? Schwarzweiß ist zu einer vergessenen Kunst geworden. Nur wenige Techniker, die heute in den Kopieranstalten arbeiten, sind so alt, daß sie noch mit Schwarz-weiß gearbeitet haben, und eine erstklassige Kopie eines Stummfilms ist heute eine Rarität. Die einzigen Filme, die man einem Publikum vorführen sollte, sind jene, die in erstklassigen Kopien erhalten sind – und solche Kopien existieren in er-

Danksagung

Ein Buch wie dieses kann nicht das Werk eines Einzelnen sein; es ist in großem Maß angewiesen auf Kooperation und großzügig gewährte Unterstützung. Meine kühnen Hoffnungen, die endgültige Geschichte des Stummfilms zu schreiben, wurden zunichte, als mir die Ungeheuerlichkeit des Ziels klarwurde. Es war meine Absicht, die Atmosphäre jener Zeit wiederzubeleben und ihre Errungenschaften ins Gedächtnis zurückzurufen, und dies durch die Erinnerungen derer, die jene Epoche geschaffen haben. Ich habe die Fakten mehrfach überprüft, doch bin ich Realist genug, um zu wissen, daß absolute Genauigkeit und Verläßlichkeit ein Mythos ist. Realismus ist bloß eine Sichtweise. Aus hunderten von Interviews mit Stummfilm-Leuten hat sich mir ein Bild jener Epoche hergestellt, von dem ich glaube, daß es wahrheitsgetreu ist. Wann immer es möglich war, habe ich lieber die Original-Interviews sprechen lassen, als mich mit meinen eigenen Auffassungen und Redeweisen vorzudrängen. Für ihre Unterstützung, ihre Großzügigkeit und ihre Gastfreundlichkeit bin ich den folgenden Stars, Regisseuren, Produzenten und Kameraleuten zu tiefer Dankbarkeit verpflichtet:

Minta Durfee ARBUCKLE
Dorothy ARZNER
Nils ASTHER
Olga BACLANOVA
Enid BENNETT
Ouida BERGERE
Raymond BERNARD
Constance BINNEY
Frank BLOUNT
Betty BLYTHE
Margaret BOOTH
Monte BRICE
Clive BROOK
Louise BROOKS
Clarence BROWN
Francis X. BUSHMAN
Alberto CAVALCANTI
Mary CARR
Nancy CARROLL
Charles CHAPLIN
Lenore COFFEE
Betty COMPSON
Chester CONKLIN
Marc CONNELLY
Merian C. COOPER
Ricardo CORTEZ
William Joyce COWEN
Henri D'ABBADIE D'ARRAST
Bebe DANIELS
Priscilla DEAN
Reginald DENNY

Albert DIEUDONNÉ
Beulah Mary DIX
Louise DRESSER
Vivian DUNCAN
Allan DWAN
Douglas FAIRBANKS, Jr.
Geraldine FARRAR
Robert FLOREY
Sidney FRANKLIN
Abel GANCE
Marco de GASTYNE
Dorothy GISH
Lillian GISH
Dagmar GODOWSKY
Albert HACKETT
Hope HAMPTON
Howard HAWKS
Alfred HITCHCOCK
William HORNBECK
James Wong HOWE
Gareth HUGHES
Sam JAFFE
Leatrice JOY
Boris KARLOFF
Buster KEATON
Henry KING
Louise LAGRANGE
Fritz LANG
Jesse L. LASKY, Jr.
Marcel L'HERBIER
Anatole LITVAK
Harold LLOYD

Anita LOOS
Bessie LOVE
Ben LYON
Francis McDONALD
William McGANN
Don MALKAMES
Enid MARKEY
Percy MARMONT
Leon MATHOT
Lothar MENDES
Arthur MILLER
Patsy Ruth MILLER
Virgil MILLER
Karin MOLANDER
Colleen MOORE
James MORRISON
Carmel MYERS
Conrad NAGEL
Pola NEGRI
Al PARKER
Mary PICKFORD
Aileen PRINGLE
Jean RENOIR
Hal ROACH
Charles Buddy ROGERS
Charles ROSHER
Hal ROSSON
Henrik SARTOV
Mrs. B. P. SCHULBERG
John F. SEITZ
David O. SELZNICK
Irene Mayer SELZNICK

Danksagung

Edward SLOMAN	Blanche SWEET	Walter WANGER
Josef von STERNBERG	Phil TANNURA	William WELLMAN
Andrew L. STONE	Lowell THOMAS	Irvin WILLAT
Doris STONE	Richard THORPE	Lois WILSON
Mrs. Al ST. JOHN	Jacques TOURNEUR	William WYLER
Adela Rogers ST. JOHNS	James Van TREES	Adolph ZUKOR
Donald Ogden STEWART	Frank TUTTLE	
Eddie SUTHERLAND	King VIDOR	
Gloria SWANSON	George WALSH	

The Parade's Gone By... nahm Gestalt an nach meinem ersten Besuch in Amerika; das geht auf das Konto von Sloane Shelton. Sie sorgte für beides: den Ansporn und die Begeisterung. J. M. Burgoyne-Johnson verdanke ich die Anfänge meiner Filmsammlung; William K. Everson und Bert Langdon bin ich zu Dank verpflichtet dafür, daß sie mir ihre Privatsammlungen und ihre reichen Kenntnisse zur Verfügung gestellt haben; ebenso Liam O'Leary, Philip Jenkinson, dem British Film Intitue (BFI), dem Eastman House, der Filmhistoriska Samlingarna und der Cinémathèque Française. In Amerika erhielt ich unschätzbare Unterstützung von George Pratt, George Geltzer, David Bradley, Tom Webster, Elinor und Tom Jones, George Mitchell jr., Agnes de Mille, Alan Brock, James Card, Robert Florey, Gilbert Seldes und Maurice Schaded. Besonderen Dank schulde ich Louise Brooks, die die treibende Kraft bei der Veröffentlichung dieses Buches war. Folgende Personen haben mehr beigetragen, als sie wissen können, wofür ich mich ihnen dankbar verbunden fühle: John und Anne Krish, Peter und Carole Smith, Bernard Eisenschitz, Peter und Johanna Suschitzky, Dick und Pauline Jobson, Andrew Mollo, Mamoun Hassan, Harold Dunham, John Gillett, Leslie Flint, Thomasina Jones, Mr. und Mrs. George Ornstein, Oscar Lewenstein und John Kobal, die viele der seltenen Standfotos in diesem Buch aufgespürt haben. Schließlich geht ein besonderer Dank an Janet Reder. Ohne sie hätte dieses Buch nicht gemacht werden können.

Zusätzlich zu den in den Fußnoten aufgeführten Büchern und Zeitschriften habe ich die folgenden Veröffentlichungen zu Rate gezogen:

Bücher:

Maurice Bardèche und Robert Brasillach: *Histoire du cinéma* (1935); Neuausgabe: Paris: Le Livre de Poche 1964.
Homer Croy: *How Motion Pictures are made*. New York: Harper & Brothers 1918.
Carl Louis Gregory: *Motion Picture Photography* (1920), 2. Aufl., hgg. von H.C. McKay. New York: Falk 1927.
Austin C. Lescarboura: *Behind the Motion Picture Screen*. New York: Scientific American Publishing Company 1919.
Virgil Miller: *Splinters from Hollywood Tripods*. New York: Exposition Press 1964.
Palmer Institute of Authorship (Hg.): *Modern Authorship, Representative Photoplays Analyzed*. Hollywood 1924.

Zeitschriften:

American Cinematographer
Bioscope
Cine-Cinea
Close-Up
Film Daily Yearbooks 1919-1929
Films in Review
Kine Weekly
Movie Monthly
The Moving Picture World
Photo Play Journal
Picture Show
Variety

I Einführung

2 Die primitiven Jahre

Die primitiven Jahre

Die bei Filmhistorikern so beliebte Geschichte über jene Zuschauer, die beim ersten Anblick von Lumières Zug aufschrien, in Ohnmacht fielen oder fluchtartig den Saal verließen, könnte durchaus den Verdacht erregen, ein Phantasieprodukt zu sein. Denn die lebenden Bilder trafen nicht auf eine völlig unvorbereitete Öffentlichkeit. Die Versuche, Bewegung wiederzugeben, sind so alt wie die Höhlenmalereien. Schattenspiele, auf eine weiße Leinwand geworfene Silhouetten, gab es schon vor dem eigentlichen Theater. Während des 18. und 19. Jahrhunderts erzeugten zahlreiche optische Spielzeuge eine erstaunlich eindrucksvolle Illusion von Bewegung, sie zeigten Vögel im Fluge, hüpfende Figuren und galoppierende Pferde. Die Laterna Magica-Vorführungen zeigten normalerweise statische Bilder, doch einige ausgetüftelte Glasbilder waren mit Bewegungs-Mechaniken versehen. Wenn man eine kleine Kurbel betätigte, drehten sich Räder, schwankten Bäume, qualmten Schlote.

Doch diese Bewegungen waren flächig, sie fanden meist in einer Ebene statt. Der Vogel im Zoetrope flatterte heftig und schien von rechts nach links zu fliegen. Der Qualm im Glasbild stieg senkrecht auf. Als Lumières Zug 1895 im Bahnhof La Ciotat ankam, machte er Geschichte. Denn er war so fotografiert, daß er auf die Kamera zu und an ihr vorbei fuhr. Die lebenden Bilder, das Kino machte es schließlich möglich zu zeigen, wie ein Gegenstand dem Betrachter *entgegenkommt*.

Lumière wählte seinen frontalen Kamerastandpunkt, um den ganzen Zug ins Bild zu bekommen; mit einer seitlichen Perspektive wäre das nicht möglich gewesen. So fügte er unbewußt ein Element hinzu, das allen bisherigen Versuchen, Bewegung nachzuahmen, fehlte: Dynamik.

Obwohl er gemächlich zum Halten kam und allen Zuschauern ein vertrauter Anblick war, rief Lumières Zug den Eindruck hervor, als stürze er aus dem Bild heraus. Wäre etwas Zeit zum Nachdenken gewesen, dann hätten die Zuschauer mit ein wenig Überlegung ihre Würde wahren können. So, wie es geschah, hatten sie kaum Zeit, sich zu ducken. Zeitgenössischen Berichten zufolge schrien einige Damen auf, andere fielen in Ohnmacht. Und Lumières Zug war nicht der einzige Film, der Aufregung hervorrief.

In Amerika wurde im April 1896 in Koster & Bial's Music Hall Edisons Vitascope präsentiert. Die Projektionsapparaturen bei diesem historischen Ereignis bediente der Filmpionier Thomas Armat. Als ihn die *New York Times* aus Anlaß der 50. Wiederkehr dieses Ereignisses interviewte, erinnerte sich Armat, daß einer der Streifen, *Sea Waves*, »in den vorderen Reihen Unruhe und Panik hervorrief«, als die Brecher auf sie zustürzten. Und er berichtete, daß das Publikum jubelte, als die Tänzerin Annabelle in Lebensgröße auf der Leinwand erschien.

Einige Zeitungsartikel jener Zeit sind ganz zweifellos geprägt von der Begeisterung der Berichterstatter, doch es bleiben einige grundlegende Tatsachen: Erwachsene mit normaler Reaktion und Intelligenz verhielten sich wie Kinder. Der Umstand, daß sich dies im Jahr 1896 ereignete, spielt dabei keine große Rolle. Noch 1931, als das rumänische Dorf Georovesti seine erste Filmvorführung erlebte, wurden zwölf Bauern in der entstehenden Panik verletzt. Mitte der 50er Jahre, als man die riesigen Cinerama-Leinwände vorstellte, sah sich das Publikum den heftigen Schlingerbewegungen und widerwärtigen Schußfahrten einer Achterbahn-Fahrt ausgeliefert. Schreien und Stöhnen erfüllte den Kinosaal;

Die Edison-Studios, 1908: Henry Cronjager filmt *A Country Girl's Seminary Life and Experiences*.

G. W. Bitzer filmt Manöver der U.S.-Artillerie, 1904.

Die primitiven Jahre 2

jahrzehntelange Kinoerfahrung zählte gar nichts. Das Publikum wurde überrascht, die erregende Dynamik der Filmsequenz durchbrach alle Barrieren. Eine Achterbahn, ein Zug – was gezeigt wird, ist nebensächlich. Denn nicht die Bewegung selbst hat die magische Wirkung, sondern wie diese Bewegung eingesetzt wird.

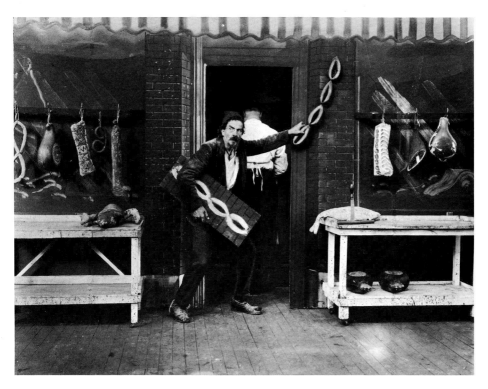

Das primitive Kino: *The Starving Artist* (Vitagraph, 1907).

In den frühen Jahren lag das Gewicht auf der Bewegung um der Bewegung willen. Filmhersteller nutzten lediglich die fundamentalsten Eigenschaften des Films. Das Interesse der Zuschauer ließ nach, als der Reiz des Neuen verflogen war. Die kurzen Streifen wie Lumières *Démolition d'un mur* und *Déchargement d'un navire* wurden noch viele Jahre lang auf Rummelplätzen und von Wanderschaustellern präsentiert, doch in Theatern verebbte ihre Anziehungskraft um die Jahrhundertwende. In Amerika kamen die großen Vaudeville-Theater zu dem Schluß, die Mode mit den lebenden Bildern sei vorüber. Sie schafften ihre technische Ausrüstung wieder ab. Billigere Theater setzten weiterhin Filme – aber nur als Rausschmeißer ein, um die Häuser zu leeren.

Das Vaudeville wandte sich als Unterhaltungsmedium jedoch vorwiegend an die Mittelklasse. Amerikas Arbeiterklasse, die Einwanderer, fanden die lebenden Bilder weiterhin erregend, auch wenn sie in handgekurbelte Apparate hineingucken mußten, um sie zu sehen. Besitzer von Kinetoscopen und Mutoscopen, die ihr Geld mit Automaten-Arkaden verdienten, erkannten schnell die Verdienstmöglichkeiten, die sich ihnen auftaten. Sie erstanden Projektions-Apparaturen und verwandelten ihre Hallen in Filmtheater. So entstanden aus den ›Penny Arcades‹ die ›Nickelodeons‹. Leerstehende Läden wurden fieberhaft von Spekulanten aufgekauft und umgebaut, um die Zeit zu nutzen, solange diese Mode noch anhalten würde.

Die Mittelklasse sah auf diese Vorstellungen als ›Pfennig-Klimbim‹ herab. In einem Artikel für *Motion Picture Magazine* erinnerte sich 1916 Homer Dunne lebhaft an seine Enttäuschung in einer Vorführung »Lebender Photographien« in Philadelphia in den späten 1890er Jahren. Dunne wurde angelockt durch ein von zwei Bogenlampen hell erleuchtetes Schaufenster, in dem ein junger Mann die Kurbel einer »merkwürdigen kastenähnlichen Apparatur auf einem Dreibein« bediente. Ein Ausrufer redete auf ein Häufchen neugierig herumstehender Leute ein. Dunne opferte 5 Cents und ging hinein.

»Am hinteren Ende des Ladens war ein – erkennbar schmutziges – kleines Laken an einer Leine aufgehängt. Es war undefinierbar gelb und hatte in der Mitte eine Naht. Etwa einen Meter davor hatte man ein Tau von Wand zu Wand gespannt. Es gab keine Sitzplätze; das halbe Dutzend Zuschauer rauchte unablässig und trocknete sich die heiße Stirn. Zunächst hörte man ein lautes Knattern und Rattern im Fenster. Auf dem Laken erschien die Silhouette des schwitzenden jungen Mannes, der sich an einer Kurbel zu schaffen machte, wie man sie zum Wäscheauswringen benutzte. Der Schatten schwankte hin und her, als ob er sich eines Schwarms wütender Hummeln zu erwehren hätte. Wenn dies eine ›Lebende Photographie‹ sein sollte, dann zog ich entschieden die Schattenspiele von Eseln und Hasen vor, die ich in meiner Jugend an die Wand zu zaubern gelernt hatte.

Ich wollte schon gehen, als die Stimme des Ausrufers einen neuen, eindringlicheren Ton annahm. Das Knattern und Rattern wurde lauter und schärfer. Die Silhouette des jungen Mannes verschwand und plötzlich erstrahlte das Laken in greller Helligkeit. Ein Geräusch wie das Knirschen einer Kaffeemühle ertönte. Klicker-klack! Klick! Stotter! Tick und Klick! Dann wurde das Laken wie von riesigen Masern überzogen. Große perlmuttfarbene Blasen tobten von einer Seite zur andern. Dazwischen mischten sich gezackte Blitze und das sanfte Glühen eines Sommersonnenuntergangs. Als Präsentation einer ›Licht-Fantasie‹ war es zweifellos ein Erfolg. Doch bis dahin erinnerte nichts auch nur von fern an ein Bild, sei es nun starr oder belebt.

Nach einigen Minuten dieser Licht-Orgie erschien jedoch der Kopf eines Mannes zwischen zwei grellen Lichtflecken. Bald tauchte in der Nordwestecke des Tuches ein weiterer Kopf auf. Dann kam ein menschlicher Torso ins Blickfeld; seine Arme fanden ihren Platz, dann die Beine; sein Kopf tauchte auf und schon war er vollendet – ein kompletter Mensch. Schließlich stieß sein Gefährte zu ihm. Etwa eine Minute lang gestikulierten sie aufeinander ein. Nummer 1 verlor schließlich die Geduld. Ohne Vorwarnung holte er zu einem gewaltigen Schlag gegen Nummer 2 aus.

Ob der Schlag zum K.o. führte, werde ich nie wissen. Ehe er ihn landen konnte, überzog tiefe Dunkelheit die Leinwand – und die Show war vorüber.

Ich habe mich oft gefragt, was wohl passiert wäre, wenn ich den Leuten, die damals mit mir zusammen diese merkwürdige Vorführung erlebten, prophezeit hätte, daß eine Zeit kommen würde, in der die gleichen Lebenden Photographien weiterentwickelt und perfektioniert sein würden... Denn niemand nahm jene Vorstellung ernst. Wie sollten wir auch, da doch niemand von uns die Sache durchschauen konnte?«[1]

3 Frühe Tage bei Vitagraph

Frühe Tage bei Vitagraph

ausprobieren, die er gespielt hatte. Wir hatten keinerlei Ähnlichkeit miteinander – aber so fing es an.

Mein erster Film war *A Tale of Two Cities* – das war auch einer der ersten Filme von Norma Talmadge. Ich spielte einen Bauern, und Lillian Walker spielte meine Schwester. Ich mußte über eine Balustrade springen und den Marquis angreifen, während um uns herum ein großer Ball stattfand. Ich ging so weit zurück wie möglich, um Anlauf zu nehmen – etwa acht Meter bis zur Hinterwand –, rannte los, und während ich vom Balkon sprang, schrie ich laut auf.

Anschließend erzählte mir Julia Swayne Gordon: »Als ich den Schrei hörte, hielt ich ihn für echt. Ich war gerade in der Garderobe, aber ich mußte nachsehen, wer das wohl gewesen sei.« Also waren meine Studien nicht vergeblich gewesen!...

Nach einer Woche kam auch Mabel Normand. Wir hielten alle zusammen, denn keiner von uns hatte wirklich Ahnung. Wir waren alle blutige Anfänger. Ich wußte etwas mehr als Norma oder Mabel, denn ich hatte schon ein wenig gespielt.

Wir hatten keine Verträge. Ich hatte mit Vitagraph bis zum Schluß keinen schriftlichen Vertrag. Wir begannen alle mit etwa 25 Dollar pro Woche. Die Gagenerhöhungen kamen auf sehr merkwürdige Weise zustande. Wenn zum Beispiel das britische oder das französische Büro an die amerikanische Zentrale schrieb: »Soundso war in dem und dem Film sehr gut«, dann bedeutete das soviel wie eine Erhöhung um fünf Dollar.

Gleichzeitig erzeugte es aber eine gewisse Verwirrung. Wir bekamen unsere Gage nämlich immer in bar, nie als Scheck, und wenn es wieder eine Zulage gegeben hatte, dachten wir, die hätten sich verzählt. Man sah das Geld und dachte: »Oh Gott. Das stimmt doch nicht. Das muß ich nachzählen.« Wenn es also eine Zulage gab, ließen wir unsere Gage immer von einem anderen nachzählen.

Und selbst einige von den älteren Leuten dort hatten die gleichen Schwierigkeiten. Ich erinnere mich, wie mich einmal Julia Swayne Gordon bat: »Jim, es ist mir peinlich, aber würdest du bitte mein Geld nachzählen.« Sie hatte eine Zulage von 15 Dollar bekommen für irgend etwas Besonderes, das sie gemacht hatte. Die sagten nie etwas dazu – gaben es ihr einfach so.

Die Vitagraph Company war wirklich wie eine große, glückliche Familie. Zwei junge Engländer, Albert E. Smith und J. Stuart Blackton, hatten die Firma mit einem Mann namens Pop Rock gegründet. Pop hatte das Geld. Das war alles, was Pop hatte...

Blackton und Smith hatten ihre eigenen Teams. Ich wurde von Blacktons Gruppe engagiert und hatte einige Zeit lang nichts mit Smith zu tun. Es gab ziemliche Unterschiede zwischen den beiden Arbeitsteams. In Smiths Gruppe, glaube ich, wurde für kurze Zeit die erbärmlichste Regie-Methode angewendet. Der Regisseur rief »Nummer 5!« und die Hauptdarstellerin machte Gesichtsausdruck Nummer 5. Das war alles – eins, zwei, drei, vier, fünf. Glücklicherweise ging das nicht sehr lange so.

Wir machten damals einfach unsern Job. Wir hatten nicht das Gefühl, etwas Neues zu entwickeln. Es war ein Job, und den machten wir. Allerdings gab es auch Experimente. 1911 drehte Larry Trimble eine ganze Geschichte, bei der man nur Hände und Füße sah. Erst ganz am Schluß wurden die beiden Personen vollständig gezeigt.

J. Stuart Blackton beim Inszenieren von *The Life Drama of Napoleon Bonaparte and Empress Josephine of France* für Vitagraph, 1909.

David Smith bei der Regie von *Captain Blood* (1924): In der Mitte J. Warren Kerrigan, links hinter Smith James Morrison.

Frühe Tage bei Vitagraph

Aber im selben Jahr – nur um Ihnen zu zeigen, wie primitiv es damals noch war –, mußte ich auch mal drei Stunden bewegungslos am Boden liegen. Es gab eine Anzahl Szenen in dieser Dekoration, und die Kamera stand fest an einem Platz. Die kamen nicht auf die Idee, die Kamera zu bewegen, und sie wollten keinen Bildsprung, also mußte ich da auf meinem Platz liegenbleiben. Ich bekam nicht einmal etwas zu essen...

Das war für *A Tale of Two Cities*; kurze Zeit später kam man dann auf die Idee, eine Szene aufzuteilen, einen Zwischentitel oder eine andere Einstellung einzuschneiden, damit die Zuschauer keinen Sprung bemerkten. Doch ich mußte tatsächlich noch drei Stunden starr am Boden liegen. Wenn man jung ist und ein solches Interesse für die Sache hat, dann macht es einem nichts aus.

Wir benutzten als erste die 3-Meter-Linie. Als ich anfing, machte man die Bildeinstellung wie auf der Bühne: eine Totale, in der alle Personen ganz zu sehen waren. Wir brachten als erste die Personen bis auf drei Meter an die Kamera heran. Die 3-Meter-Linie war mit Klebeband am Boden markiert; wenn man sie überschritt, geriet man in die Unschärfe. Die nächste Neuerung im Film kam, als Griffith die Großaufnahmen drehte. Wir waren auf die 3-Meter-Linie gekommen, aber an die Großaufnahme dachte niemand.

Wir machten alle unsere Stunts selber. Als ich gerade zum dritten Mal im Leben auf einem Pferd saß, sollte ich heruntergeschossen werden... im vollen Galopp. Das war für *The Seepore Rebellion*, in dem Wallace Reid Statist war. In *The Redemption of Dave Darcey* mußte ich außen an einem Haus hochklettern. Der Regisseur, Paul Scardon, zeigte auf eine Regenrinne: »Greif dahin und schwing dich dann aufs Dach. Glaubst du, daß du das schaffst?«

»Ich weiß nicht«, meinte ich, »vielleicht schaff ich es...« Unter mir gab es nur die Gehweg-Platten. Man hatte keine Matratzen besorgt – nichts. Und wie ein Verrückter kletterte ich hoch. Wenn man in jenen Tagen aufgefordert wurde, etwas zu machen, dann versuchte man es eben.

Es klappte ganz gut, bis ich etwa Kopfhöhe erreicht hatte. Dann rutschte ich mit den Füßen immer wieder weg, denn es lag Zementstaub auf den Ziegelsteinen. Meine Fingernägel waren auch schon kaputt. Ich versuchte krampfhaft weiterzuklettern – und da verkündete der Kameramann, daß er die Position ändern würde.

»Du machst jetzt genauso weiter!« schrie ich ihm mit zusammengebissenen Zähnen zu. Dann packte ich die Regenrinne – aber die war verrostet und begann nachzugeben. Wie ich den letzten Schwung aufs Dach geschafft habe, weiß ich nicht mehr, aber ich kam oben an.

Und als ich mir den Film dann im Vitagraph Theatre ansah, hörte ich Leute hinter mir sagen: »Weißt du, wie die das machen? Das ist alles flach auf der Erde, und die brauchen nur darauf herumzukrabbeln.«

Es gab noch einen anderen Zwischenfall, der damals nicht sehr amüsant war, an den ich mich aber gern erinnere. Julia Swayne Gordon war ein Vamp, und ich spielte ihren jungen Geliebten. Sie hatte in diesem Film einen Tiger als Schoßtier, und der war erst seit sechs Monaten in Gefangenschaft. Wir bekamen ihn von Coney Island und mußten mit ihm zusammen in derselben Dekoration spielen. Keine Doppelbelichtung oder so etwas. Die Zimmerleute hatten ein hohes Gitter um uns herum gebaut, und überall standen Leute mit Gewehren. Nicht daß sie viel genützt hätten; das Unglück wäre passiert, ehe sie hätten schießen können – und sie hätten wahrscheinlich gar nicht zu schießen gewagt, aus Angst, uns zu treffen.

Julia und ich fühlten uns wie die frühen Christen… Ich sollte Angst vor dem Tiger haben, und das machte mir Sorgen. Ich erwartete, daß der Tiger meine natürliche Angst riechen würde, und zudem sollte ich auch noch Angst spielen – ich mußte das irgendwie vermeiden.

Zwischen den Aufnahmen streichelte Julia den Kopf des Tigers, um ihn ruhig zu halten. Dabei berührte sie wohl sein Ohr. Der Tiger hob den Kopf und nahm ihren Arm ins Maul. Wir wagten nicht zu atmen. Wir waren wie erstarrt.

Der Tiger hielt ihren Arm einige Zeit, schaute sie an, als ob er sagen wollte »Mach das nicht noch einmal!«, öffnete den Rachen und ließ sie los.

Es gab da einen Mann namens Nick Dunaew, er war Russe – wir nannten ihn Nick den Münzen-Bieger. Er stammte wahrscheinlich vom Lande, aber er wußte genug über Rußland und seine Aristokratie, um uns als Berater zu helfen, wenn wir russische Filme drehten. Als Earle Williams und Clara Kimball Young 1914 *My Official Wife* drehten, brachte er einen gewissen Leo Trotzki mit. Er war damals natürlich unbekannt – erst später erinnerten wir uns daran, daß er bei uns gewesen war.[1]

John Bunny, Mary Charleson und ich eröffneten das Vitagraph Theatre. Es war das erste Mal, daß man für einen Film einen ganzen Dollar Eintritt verlangte. Wir fingen an mit einer Pantomime, die J. Stuart Blackton geschrieben hatte: *The Honeymooners*; wir traten in persona auf, und darauf folgte dann ein dramatischer Film. Wir hatten das Criterion Theatre übernommen, da, wo auch heute das Criterion steht.

Alle prophezeiten uns einen Mißerfolg. Wir hatten alle eine fürchterliche Angst – wir waren schließlich dabei, den Broadway zu erobern! Aber zur Eröffnung hatten wir ein volles Haus – bis auf den letzten Platz besetzt. Diamond Jim Brady saß ganz vorn, und wir bekamen dreizehn Vorhänge. Wir spielten fast vier Monate dasselbe Programm; danach benutzte die Vitagraph das Theater als Premieren-Kino für ihre Filme. Sie versuchten es noch einmal mit einer Bühnenshow – eine Komödie mit Flora Finch – aber die kam nicht so gut an.

Ich war der erste bei Vitagraph, der einen Smoking hatte. Maurice Costello hatte einen und ich hatte einen. Dann kam Earle Williams mit seiner Garderobe, da hatten wir nichts mehr zu bestellen…

Am Anfang wurden wir ebenso als Statisten wie in Hauptrollen eingesetzt. Jemand drehte eine große Ballszene, da wurde einfach angesagt: »Zieht eure Abendgarderobe an und kommt her.« Wir mußten ganz schön kämpfen, um nur noch in Hauptrollen eingesetzt zu werden und nicht mehr als Komparsen.

Bei Vitagraph hatten wir die ganze Zeit Kunstlicht. Quecksilberdampf-Röhren – das Licht war etwas grünlich. Wir mußten ein blaues Hemd tragen, damit es im Film weiß wirkte; richtiges Weiß wäre zu strahlend gekommen. Alle unsere Kleidungsstücke mußten gefärbt werden – selbst unsere Sonnenbräune wirkte blaß. Klieg-Lampen kamen in Gebrauch,[2] aber man benutzte sie ohne Schutzglas. Der Lichtbogen schleudert meterweit glühenden Karbonstaub heraus. Der gerät in die Augen, und die schwellen an und werden rot – das nannte man Klieg-Augen. Es dauerte zwei bis drei Tage, bis es wieder abgeklungen war. Es war fürchterlich. Drüben an der Westküste hatten sie immer Sonnenschein, deshalb wurde Kunstlicht dort erst sehr viel später verwendet.

4 Zeit der Experimente

Zeit der Experimente 4

Wie in einem phantastischen Roman von Jules Verne brach das neue Jahrhundert los in einem Wirbel der Geschwindigkeit. Kommunikationstechnik, Transportwesen, Film – alles bekam plötzlich Flügel. Alles bewegte und veränderte sich. In Amerika begann der Aufstieg der Automobilindustrie, eng gefolgt von der Filmindustrie. Verbesserungen und Neuerungen sorgten laufend für die Fortentwicklung der Produkte, während gleichzeitig die frühen primitiven Modelle weiter vorhanden waren. In diesen jungen, aufstrebenden Industrien folgten Innovationen erstaunlich schnell aufeinander, und oft warfen die Ergebnisse einer Woche die Entwicklung von Jahrzehnten über den Haufen.

Die großen Veränderungen, die sich in der Filmindustrie abspielten, werden allgemein auf den Einfluß eines einzigen Mannes zurückgeführt: David Wark Griffith.

Griffith hatte sich erfolglos als Bühnenautor versucht. Er schrieb unter dem Namen Lawrence Griffith, um seinen richtigen Namen für spätere, erfolgreichere Unternehmungen aufzusparen. Als eines seiner Stücke vorzeitig abgesetzt wurde und so alle seine Hoffnungen zerbrachen, versuchte er Stories an die ›Galoppierenden Ferrotypien‹ zu verkaufen.

Im Edison-Studio traf er Edwin S. Porter. Porter kaufte zwar keine Stories von ihm, engagierte ihn aber als Schauspieler. Griffith war davon peinlich berührt, denn nur verkrachte Existenzen ließen sich auf der Leinwand sehen. Doch er brauchte das Geld. Dann bot man ihm an, Regie zu führen; er fürchtete aber, Fehler zu machen und so zugleich seinen Job als Schauspieler zu verlieren. Man gab ihm die Zusage, daß sein Job sicher wäre; außerdem erkannte er, daß das Regieführen einträglicher war – und anonymer –, und er begann mit *The Adventures of Dollie*.

Griffith war der Sohn eines Colonel aus Kentucky und sah sich selbst als Mitglied der Aristokratie. Diese ganze Filmerei war seinem Gefühl nach erniedrigend. Um seiner Verachtung Ausdruck zu geben, brach er alle bestehenden Regeln des Filmmachens. Dabei war allerdings noch mehr im Spiel als nur Verstocktheit. Griffith hielt sich auch für einen genial begnadeten Künstler. Wie Lloyd Morris es treffend ausdrückte: »Er verachtete das Medium, für das er arbeitete, doch sein Temperament trieb ihn dazu, es so zu behandeln, als sei es eine Kunst. Das Ergebnis war, daß er es zu einer machte.«[1]

Der 1908 gedrehte *The Adventures of Dollie* enthielt keine der Neuerungen, die ihm von Filmhistorikern zugeschrieben werden. Doch kann man, wie William K. Everson sagt, »in der Gesamtkonstruktion und darin, welcher Wert auf Spannung und melodramatische Verfolgungsjagd gelegt wird, die Grundzüge all des großartigen Materials erkennen, dessen sich Griffith in der Folge bedienen sollte.«[2]

Viele der späteren Griffith-Filme waren in der Tat großartig. In einer erstaunlich kurzen Zeit produziert – er inszenierte mehr als vierhundert Ein- und Zweiakter vor *The Birth of a Nation* –, reicht die Spannweite dieser kleinen Geschichten vom Kleinkarierten bis zum Brillanten. Doch in praktisch jedem Film findet sich irgendein Experiment – und sei es noch so unauffällig. Mal war es die Aufnahme einer Silhouette vor einem Fenster, mal ein ungewöhnliches Handlungselement. In den mutigeren Filmen – *An Unseen Enemy*, *The Musketeers of Pig Alley*, *The Massacre* – gingen die Neuerungen über die Stufe des Experiments hinaus. Das waren selbstbewußte, fachkundige Produktionen, in Tempo und Schnitt tadellos, mit eindrucksvollen Großaufnahmen, erstaunlichen Totalen, die aus mehreren hundert Metern Entfernung fotografiert waren, und zahllosen Details, die für ihre Zeit (1911/12) bemerkenswert sind.

Billy Bitzer, Griffiths Kameramann, sträubte sich gegen diese Abweichungen von der Konvention, und er behauptete, wie so viele Kameraleute seitdem, sie seien unmöglich auszuführen.

»Darum sollst du es ja auch machen«, antwortete Griffith gutgelaunt. Und Bitzer, ziemlich brummig, vollbrachte Wunder. Nach und nach gewöhnte er sich daran, Griffiths Ideen zu akzeptieren; immer, wenn seine Skepsis überwog, gab Griffiths Begeisterung ihm seinen Elan wieder – »Los jetzt, machen wir es trotzdem. Kümmere dich nicht darum, was andere davon halten.«

1913 setzte die Biograph Company eine Anzeige in den New Yorker *Dramatic Mirror*, um die Leistungen ihres Regisseurs kundzutun:

David Wark Griffith *Schöpfer all der großen Biograph-Erfolge, revolutioniert das Leinwand-Drama und schafft die technischen Grundlagen dieser Kunst. Zu den Erfindungen, die er einführte und die heute allgemein von den fortschrittlichsten Filmschöpfern angewendet werden, gehören: die Verwendung großer, naher Gegenstände, die Fern-Aufnahmen, wie sie zuerst in* Ramona *auftauchten, das ›Hin-und-her-Schneiden‹, die retardierte Spannung, die ›Abblende‹ und die zurückhaltende Schauspielerführung, wodurch die schauspielerische Darstellung im Film gehoben wurde und so allgemeine Anerkennung als wahre Kunst gefunden hat.*[3]

Griffith griff natürlich die Ideen anderer Regisseure und anderer Länder auf – nur wenige schöpferische Künstler können in einem Vakuum arbeiten, und gerade in der Frühzeit des Stummfilms gab es einen reichen Austausch von Ideen. Andere nannten es Diebstahl; eine ganze Anzahl früher Filmpioniere begegnete Griffiths extravaganten Ansprüchen mit bösen Bemerkungen. J. Stuart Blackton wies darauf hin, daß er Großaufnahmen schon in seinen Aktualitäten-Filmen von 1898 gemacht habe, zehn Jahre, bevor Griffith Regie zu führen begann. Und 1889, lange bevor irgend jemand sonst Filme drehte, produzierten W. K. L. Dickson und seine Kollegen in Edisons Fabrik Filme in Großaufnahme; *Fred Ott's Sneeze* ist ein berühmtes Beispiel. Doch ist es bei solchen Dingen relativ unerheblich, wer eine Erfindung oder Entdeckung nun tatsächlich gemacht hat. Wichtig ist vielmehr festzustellen, wer sie als erster kreativ angewendet hat.

Griffiths Filme prägten die gesamte Entwicklung des amerikanischen Films. Einige Regisseure stellten, während sie ihn imitierten, fest, daß sie selbst neue Wege beschritten. Lois Weber und ihr Mann Phillips Smalley, die mit *Suspense* (1913) eine ähnliche Geschichte wie *An Unseen Enemy* drehten, verwendeten alle Griffith-Effekte – Großaufnahme, Kamerafahrt, Aufsicht – und gingen einen Schritt weiter, indem sie ein Triptychon einführten. *Sheridan's Ride* (Universal, 1912) wurde von Otis Turner gedreht, der einen Ruf als Doyen aller Regisseure genoß. Diese Produktion ist im großen und ganzen eher konventionell, doch sobald der berühmte Ritt beginnt, durchbricht Turner erfolgreich die Schranken der theatralischen Darstellung in den vorhergehenden Szenen und schneidet von ungestümen Fahraufnahmen von Sheridans Kavallerie auf Szenen der U. S. Army, die durch Angriffe der Konföderierten in die Flucht geschlagen

Zeit der Experimente 4

Kasch- oder Maskenaufnahme aus *Suspense*: der Blick des Vagabunden durchs Schlüsselloch.

Der Ausgangspunkt für das Triptychon: Das Bildfeld ist so maskiert, daß nur ein zentrales Dreieck belichtet wird.

Das komplette Triptychon: Die Frau plaudert arglos mit ihrem Ehemann, während der Vagabund sich nähert.

G. W. Bitzer zeigt Mae Marsh die Pathé-Kamera, 1915

Zeit der Experimente 4

Kadervergrößerungen aus *Sheridan's Ride* (Universal, 1912):
William Clifford als General Sheridan.

wird. Die Aufnahmen stehen länger als nötig, selbst für das unerfahrene Publikum von 1912. Doch da Turner in den Schlachtszenen die bis dahin unerhörte Zahl von 500 Statisten einsetzte, kann man ihm seine Schwelgereien nachsehen.

Insgesamt verfochten die Filmmacher jener Zeit die Ansicht, man solle eine Geschichte einfach und direkt, ohne mechanische Tricks, erzählen, und das taten sie, soweit es möglich war. Von allem anderen einmal abgesehen, brauchte man zur Vorbereitung einer Fahraufnahme viel Zeit. Es war schwierig, die Bildschärfe der Kamera zu halten, und alle Verzögerungen kosteten Geld. Dennoch waren einige Techniker von den noch unbekannten technischen Möglichkeiten der Filmgeräte fasziniert. William F. Alder, Kameramann von *The Second-in-Command* (Regie William Bowman für Fred Balshofer, 1915), belebte eine theatralische, mittelmäßige Produktion durch mehrere wundervoll ausgeführte und erstaunlich verwickelte Fahraufnahmen. Die Bewegung war vollkommen ruhig, selbst als die Kamera, die auf zwei Dollies montiert war, zunächst rückwärts und dann seitwärts glitt.4 *The Second-in-Command* entstand volle zehn Jahre vor *Der letzte Mann*, von dem Filmhistoriker behaupten, dies sei der erste Film, in dem die bewegliche (›entfesselte‹) Kamera angewendet worden sei, aber auch zwei Jahre nach *Cabiria*, dem italienischen Monumentalfilm, nach dem die Fahraufnahme benannt wurde (›Cabiria-Bewegung‹).

»Stellen Sie sich vor, ich hätte die Abblende patentieren lassen«, klagte Griffith 1926. »Ich würde jedes Jahr mindestens eine Million an Lizenzgebühren einnehmen. Die Abblende ist für das flüssige Erzählen einer Geschichte absolut notwendig. Zählen Sie einmal nach, wie oft sie in einem einzigen Film benutzt wird. Wollte man sie vermeiden, müßten alle Szenen hart beginnen und enden. Dadurch würde die Betrachtung eines Film-Dramas verzerrt und holperig. Doch, ich hätte es patentieren lassen sollen. Man kann alles patentieren lassen, was mit einem mechanischen Mittel hergestellt wird. Ich habe damals einfach nicht ihre Bedeutung erkannt. Wir waren alle Anfänger – und ich wollte dem Film-Business helfen.«5

Der frühe Film entwickelte sich durch Wechselwirkungen; Griffith hat die Abblende ebensowenig wie die Großaufnahme erfunden. Er und Bitzer stießen selbständig auf solche Effekte, oft zufällig. Anderes übernahm er bewußt oder unbewußt aus amerikanischen und europäischen Filmen. Aber er setzte diese Mittel intelligent, bisweilen genial ein, und andere Filmmacher übernahmen wiederum gern die von den beiden verbesserten Ideen. Entsprechend rasch entfaltete sich der künstlerische und technische Fortschritt in jener Zeit.

Es ist eine Tatsache und in vieler Hinsicht verwirrend, daß jedes einzelne Mittel der filmischen Erzählung bis 1912 entwickelt worden ist. Großaufnahme, Kamerafahrt, Aufsicht (Vogelperspektive), Zwischenschnitt (Insert), Effektlicht, Masken (Kaschs), Auf-, Ab- und Überblendung – praktisch alles war da. Doch es war so, als würde man alle Teile eines Eisenbahnzuges zusammenstellen, und niemand weiß, wie man den Kessel anheizt. Denn obschon alle Bestandteile des narrativen Films entwickelt waren, verstand es niemand, sie zur vollen Wirkung zu bringen.

Das erste Streichholz zündete Griffith, und es führte zu einer Explosion, deren Folgen die Filmindustrie noch heute spürt. *The Birth of a Nation* war eine filmische Revolution – und er löste Revolutionen auf allen vom Film beeinflußten Gebieten aus. Aufruhr und Demonstrationen waren ein lebendiger Beweis

Zeit der Experimente 4

für die Wirksamkeit des Kinos. Niemand, der sich allgemein gebildet zeigen wollte, konnte den Film ignorieren. Die Intelligentsia, die damals auf das Kino herabsah wie heute auf die Music-Box, mußte endlich einräumen, daß der Film einen gewissen Wert besaß. Während sich Kritiker und Autoren in Streitereien verwickelten, gingen die Mittelklassen hin, um sich den Film selbst anzuschauen. Und was noch wichtiger war: die einflußreichen Männer der Filmwirtschaft entwickelten neuen Ehrgeiz.

Soldaten der Konföderierten kämpfen die Yankees nieder.

The Birth of a Nation war der erste lange Film, der so flüssig gestaltet war, wie wir es heute vom Kino gewöhnt sind. Er war der am meisten verbreitete Film seiner Zeit und hatte den größten Einfluß. Er wird noch heute gezeigt – wirkt jedoch mittlerweile mehr wie ein Schauspieler, der seit einem halben Jahrhundert auf der Bühne steht. Ein schwacher, blasser Schatten – seine ursprüngliche Pracht ist eher Erinnerung als Realität. Der Film wurde vielfach umkopiert und geschnitten; er wird meist mit Tonfilm-Geschwindigkeit gezeigt – 24 Bilder pro Sekunde – statt mit 16 Bildern pro Sekunde, die ihm eher entsprechen. Dennoch ist es, wie bei dem alten Schauspieler, schön, ihn immer noch unter uns zu wissen.

Nach dem Erfolg von *The Birth of a Nation* schlossen sich drei bedeutende Produzenten – Griffith, Thomas Ince und Mack Sennett – zusammen, um die Triangle Corporation zu bilden. Als wichtigster Konkurrent von Famous Players, die versuchten, Bühnenerfolge im Film auszuschlachten, zog Triangle eine Reihe Broadway-Stars an. Nachdem De Wolf Hoppe, William Collier, Beerbohm Tree und Constance Collier im Film auftraten, waren die Theaterleute schließlich gezwungen, das Kino ernst zu nehmen.

Griffith nahm seine Spitzenposition bei Triangle lediglich formal ein.[6] Er widmete seine gesamte Energie seiner nächsten Produktion: *Intolerance*. Dieser staunenerregende Film wurde ein finanzielles Fiasko. Er machte erhebliche Verluste, beschleunigte jedoch den Prozeß der technischen Entwicklung, der sich sonst gemächlich über Jahre hingezogen hätte – und löste eine der erregendsten und kreativsten Perioden in der Geschichte der Kunst aus.

1 Lloyd Morris: Not So Long Ago. New York: Random House 1949, S. 59.
2 *Notes of the Theodore Huff Memorial Film Society*, 20.9.1960.
3 *Dramatic Mirror*, New York, 3.12.1913.
4 Diese Information stammt von Arthur Miller, der mit Alder gesprochen hat; sie ist etwas anders als Millers Bericht in: Fred C. Balshofer und Arthur C. Miller: One Reel a Week. Berkeley und Los Angeles: Univ. of Calif. Press 1967, S. 117f.
5 *Photoplay*, Dez. 1926, S. 30.
6 Später bestritt er, bei Triangle überhaupt irgendetwas produziert zu haben, und behauptete, sein Name sei nur aus Prestigegründen benutzt worden. Sein Einfluß ist jedoch bei einer Anzahl Filmen deutlich; einige wurden nach seinen Story-Entwürfen ausgeführt.

5 Hollywoods Frühzeit

Hollywoods Frühzeit 5

Dreharbeiten an der Westküste: Aufnahmen für ein Serial, einen Fortsetzungsfilm, um 1915. (Diese Aufnahme, die derart authentisch ist, daß sich einige Filmhistoriker haben täuschen lassen, ist in Wahrheit ein Standphoto aus *The Perils of Pauline* – allerdings aus einer im übrigen anachronistischen Rekonstruktion aus dem Jahr 1946.)

Die versammelte ›Lasky Feature Play Company‹, während der Produktion von *The Squaw Man*, Regie C. B. De Mille und Oscar Apfel, 1913. Ein Teil des Gebäudes wurde zum Zeitpunkt der Aufnahme noch als Schuppen benutzt. Ende der sechziger Jahre stand der Schuppen noch auf dem Gelände der Paramount.

Das Studio von Mack Sennett in Edendale, 1915.

Thomas H. Ince, eine der wichtigsten und zugleich eine der farbigsten Figuren in der Frühzeit Hollywoods.

Hollywoods Frühzeit

Douglas Fairbanks und Charlie Chaplin.

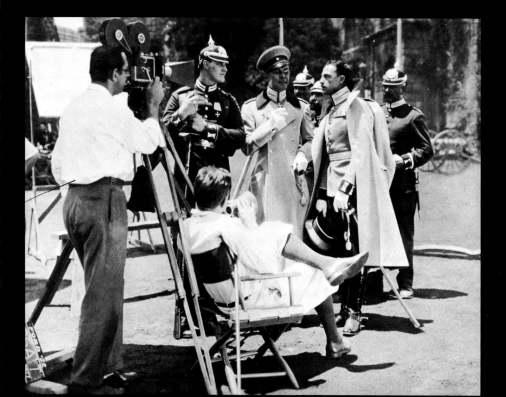

Titel – und wurden mit offenen Armen in Hollywood aufgenommen. Wann immer Nobilitäten ihren Besuch ansagten, stritt sich der Filmadel um Einladungen. Der spanischen Prinzessin Beatriz de Ortego y Braganza von Alhambra Granada wurde ein großer Bahnhof bereitet, bis sie als eine Tippse aus San Francisco entlarvt wurde.

Herbert Howe meinte: »Seit Doug und Mary die Zugbrücke von Pickfair herabließen, um dem Herzog von Alba und Lord und Lady Mountbatten die Ehre zu geben, ist ganz Hollywood hinter dem Adel her. Die Klatschspalten wimmeln von Nachrichten über Empfänge für Gäste wie Beatrice Lillie (Lady Peel) und Peggy Joyce (Herzogin Morner). In Hollywood zählt nicht, was man ist, sondern nur, was man in Klammern ist.«[9]

Die Leute mit Adelstitel kamen weniger nach Hollywood, um sich bei gesellschaftlichen Anlässen unterhalten zu lassen, als darum, sich den Filmbetrieb anzusehen, ihre Lieblingsschauspieler zu treffen und, wenn möglich, selber im Film spielen zu können. Beatrice Lillie und Peggy Hopkins Joyce wurden beide zu Stars; Miss Lillie war eine gute Komödiantin, während Peggy Hopkins Joyce der Mittelpunkt zahlloser Skandalgeschichten war.

Einige der Aristokraten, Flüchtlinge aus Rußland, brauchten tatsächlich Arbeit; General Lodijenski, der ein russisches Restaurant führte und kleine Nebenrollen spielte und dessen Geschichte die Vorlage für *The Last Command* abgab, war ein berühmtes Beispiel. Andere beteiligten sich bloß aus Spaß an der Filmarbeit. Viscount Glerawly wurde von Cecil B. De Mille, einem unersättlichen Titeljäger, in *The Ten Commandments* eingesetzt. Sir Gerald Maxwell-Wilshire hatte sein Debut neben Constance Binney, und Baron Henri Arnous de Rivière erschien im Film gemeinsam mit Strongheart, einem Hundestar. Der Herzog von Ducal, ein Cousin des Königs von Spanien, erhielt eine Rolle in Fairbanks' *The Thief of Bagdad*. Graf Mario Caracciolo, ein ehemaliger Militärattaché, verkürzte seinen Namen zu Mario Carillo und spielte mit Norma Talmadge in *Song of Love* (Arbeitstitel: *Dust of Desire*). Erzherzog Leopold von Österreich trat in einer Anzahl Filmen auf, unter anderem in John Fords *Four Sons*.

Durch diese edlen Vorbilder ermutigt, willigten auch Persönlichkeiten der amerikanischen High Society ein, im Film zu erscheinen. Mrs. Morgan Belmont, ein prominentes Mitglied der New Yorker Obersten Vierhundert, spielte in Griffiths *Way Down East* die Rolle einer vornehmen Dame aus Boston. Mrs. Lydig Hoyt, die zentrale Figur der jüngeren Gesellschaft New Yorks, verkündete, sie sei des flatterhaften Lebens müde und wolle etwas Wertvolles und Bleibendes schaffen – und ging zum Film.

Elinor Glyn bekleidete unbestritten die Rolle der Königinmutter Hollywoods, doch während eines Aufenthalts in London äußerte sie sich belustigt über den Mangel an feiner Kinderstube in der Filmkolonie. »Wo sonst«, fragte sie, »kommt es vor, daß ein farbiger Koch in den Salon platzt und verkündet: ›He, Leute, wollt ihr nich bald zum Dinner kommen, sonst wird das ganze Zeug kalt‹?«[10]

Das Protokoll machte sich breit – von der Sitzordnung bei privaten Essen bis hin zur Plazierung im Restaurant. Die Oberkellner bei Romanoff's kannten den sozialen Status jedes Gastes und wiesen danach die Plätze zu. Bekam jemand einen schlechteren Tisch, kam sofort Klatsch auf.

Dieser Kampf um Anerkennung, diese Liebe zum Protokoll, enthüllen eine Naivität, die heute ein wenig melancholisch stimmt. Es blieb der Nachwelt überlassen, die wahre Aristokratie Hollywoods zu bestimmen – den Adel bleibender Leistungen. Hat es etwas zu bedeuten, daß auch hier die beiden gesellschaftlichen Wirbelwinde Mary Pickford und Douglas Fairbanks die Spitze bildeten?

Skandale und ein wildes Nachtleben verliehen Hollywood den Reiz eines modernen Babylon; die Leistungen der Filmschaffenden bildeten dafür lediglich einen farbigen Hintergrund. Hollywood geriet international in Verruf wegen seiner Ausschweifungen und wegen des verruchten Benehmens einiger Bewohner, und nicht auf Grund der Tatsache, daß es ein Zentrum der Filmproduktion war.

Diese Stadt zog mehr Exhibitionisten an als irgendeine andere in der Geschichte, und deren Verhalten – vorausgesetzt, es ergab Stoff für die Presse – wurde Gegenstand öffentlicher Analyse und Erörterung. Denn Hollywood war besetztes Gebiet. Journalisten tummelten sich überall. Man wußte nie, wem man trauen konnte. Nachbarn gaben möglicherweise alles im Vertrauen Gesprochene an die Presse weiter. Der beste Freund wußte nicht, ob Enthüllungen zur nützlichen Publicity benutzt werden würden oder zur üblen Nachrede.

Die Wahrheit hinter der Phantasiewelt der Presse war weniger grell, und Sensationsjäger im Filmdschungel fanden ihren Blutdurst selten befriedigt. »Dieser Laden ist so tot wie ein Nachtclub in New York«, beklagte sich Wilson Mizner. »Ich habe eine Lustfahrt in einem Boot mit gläsernem Boden durch eine Jauchegrube erwartet.«[11]

Während die Nation tadelnd die Stirn über diesen unreifen Zirkus runzelte, versuchten seriöse Beobachter, seinen Ruf aufzupolieren. H. L. Mencken, ein Redakteur von *The American Mercury*, meinte 1927, das wildeste Nachtleben sei ihm im Aimee Semple McPherson-Bethaus untergekommen. »Ich fand bei den Filmleuten keine Ausschweifungen. Sie kamen mir, im großen und ganzen, sehr ernsthaft und eher trübsinnig vor. Und das ist auch kein Wunder, denn sie sind fleißig wie Schlafwagenschaffner und Zeitungsredakteure. Wenn sie ihre tägliche Arbeit hinter sich haben, sind sie für anstrengende Vergnügungen viel zu müde. Unmoral? Mein Gott! Hollywood erschien mir als eine der ehrbarsten Ortschaften Amerikas. Selbst Baltimore kommt da nicht mit.«[12]

Verallgemeinerungen über Hollywood gelten gleichermaßen für Los Angeles, Glendale, Burbank, Culver City, Malibu und Santa Monica. Hollywood war ebenso Gattungsbegriff wie Name eines bestimmten Ortes. Wenn man in Hollywood ankam, war man noch ein gutes Stück weit von zahlreichen großen Hollywood-Studios entfernt, und bis zu den Villen der Stars in Beverly Hills waren es noch elf Kilometer. Aus diesem Grund nannte man die ausufernde Stadt Los Angeles auch »sechs Vorstädte auf der Suche nach einem Zentrum«.

Hollywood wandelte sich von einem Paradies pensionierter Farmer aus Iowa zum siebten Himmel der Jugend. Indem sie den Ansprüchen beider Extreme nachkommen wollte, versäumte es die Stadt, jene Verbindungen zur Vergangenheit herzustellen, die der Gegenwart Stetigkeit verleihen; es gab keine Kunstgalerien, nur wenige Buchhandlungen, keine bedeutenden Theater oder Museen, und bis zur Errichtung der Hollywood Bowl gab es keinen Konzertsaal. Europäer fanden keinen Anknüpfungspunkt, und die allgegenwärtige Atmosphäre der Unbeständigkeit bereitete ihnen Unbehagen. Es herrschte ein kulturelles

Vakuum. In dieser Hinsicht unterschied es sich in keiner Weise von anderen Provinzstädten Amerikas. Doch von dem Zentrum einer Industrie wie Hollywood erwarteten Außenstehende, daß es ihnen die Annehmlichkeiten und Traditionen einer Hauptstadt böte.

Unterhaltung war alles, was Hollywood und seine Umgebung zu bieten hatte, das allerdings gab es in der denkbar größten Spannweite. Während die Filmschaffenden die Woche über höchst solide lebten, sich um zehn Uhr schlafen legten und um fünf Uhr morgens aufstanden, änderte sich dies am Wochenende.

Die Prohibition konnte die Attraktionen von Hollywoods Nachtleben nur wenig beeinträchtigen; die Küste war nahe genug, um einen ausreichenden Nachschub sicherzustellen, und wenn Alkohol bestellt wurde, schlossen sich diskret die Vorhänge.

Seit frühester Zeit hatte sich die Unterwelt einen ungestörten Zugriff gesichert; für kleine Gauner, Drogen-Dealer, Erpresser und Schwindelagenten war Hollywood ein Paradies. Einer der gefährlichsten Männer war ein charmanter, scheinbar harmloser Schauspieler des Sennett-Studios.

»Alle Filmleute, die Drogen nahmen, wurden durch diesen Mann dazu gebracht«, berichtete Eddie Sutherland. »Er war einer der ruhigsten, nettesten Schauspieler, die ich je getroffen habe. Er brachte Mabel Normand an die Nadel, Wallie Reid,[13] Alma Rubens. Alle drei starben an den direkten Folgen. Hatte irgendwer irgendwann mal einen Kater, sagte er: ›Das kriegen wir schon hin‹, und damit war es passiert.«

Scheidungen und illegale Affären versorgten die Presse regelmäßig mit Stoff für haarsträubende Artikel. Sobald die Auflage abrutschte, gelang es den Zeitungsschreibern, neue Skandale aufzudecken. Roscoe Arbuckle war eines der ersten Opfer einer solchen Kampagne. Neben Chaplin war Arbuckle der populärste Komiker der Welt. Eine Wochenendparty im St. Francis-Hotel in San Francisco geriet etwas stürmisch, eine junge Schauspielerin, die sich Virginia Rappé nannte, erkrankte und starb wenig später. Arbuckle wurde der Vergewaltigung beschuldigt. Die Zeitungen brachten es fertig, den Fall über drei Gerichtsverfahren hin mit Schlagzeilen am Brodeln zu halten. Im ersten und zweiten Verfahren kamen die Geschworenen zu keinem Urteil. Im dritten wurde Arbuckle freigesprochen, doch seine Karriere war ruiniert.

Minta Durfee, Arbuckles Ex-Frau, unterstützte ihn während der ganzen Affäre. Sie berichtete: »Rappé war die Freundin von Henry ›Pathe‹ Lehrman. Sie arbeitete bei Sennett; ich kannte sie gut. Sie war sehr reizend, litt aber an diversen Krankheiten; eine davon schockierte Sennett so sehr, daß er das Studio zumachte und es ausräuchern ließ.«[14] Und Eddie Sutherland meinte: »Roscoe wurde von ehrgeizigen Rechtanwälten und von einigen Parias Hollywoods kaputtgemacht, die ihm seine guten Taten auf die mieseste Weise zurückzahlten.« Hollywood war durch den Skandal schwer getroffen, und viele Leute, die sich an den Fall erinnern, sind noch heute verbittert.

Hollywoods Goldene Ära war für viele die hoffnungsloseste Zeit ihres Lebens. Tausende junger Mädchen strömten in die Stadt und bemühten sich verzweifelt, beim Film unterzukommen. Diese Chance bestand kaum für eine von hundert. Den glücklosen Mädchen drohten Hunger und Armut; einige sahen am Ende nur den Selbstmord als Ausweg. Sie kamen ohne Geld oder Verträge. Der erste

Hollywoods Frühzeit

Schock bestand in der Erkenntnis, daß die Studios, die sie auf ihrer Suche nach Arbeit regelmäßig aufsuchen mußten, im Umkreis von fünfzig Meilen verstreut lagen. Einige Strecken wurden von selten verkehrenden und überfüllten Straßenbahnen und Bussen befahren; zu anderen Zeiten mußten die Mädchen versuchen, per Anhalter weiterzukommen. Das war stets riskant, bisweilen gefährlich, denn nur wenige Männer, zu denen sie in den Wagen stiegen, beschränkten ihr Entgegenkommen auf die Autofahrt. Von den anderen Mädchen war keine Hilfe zu erwarten. Ihre Position war genauso verzweifelt.

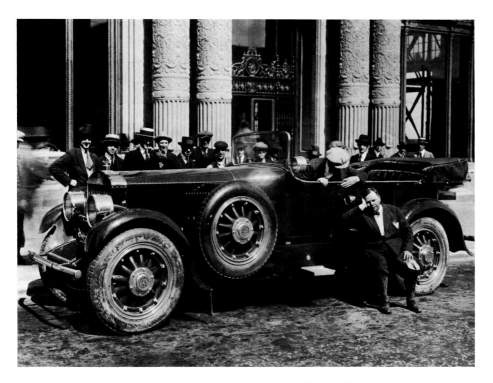

Roscoe Arbuckle mit seinem neuen Pierce-Arrow, angeblich am Tag, als der Skandal begann.

Der Filmzar Will Hays, den man 1922 zum obersten Sittenwächter gemacht hatte, nachdem Hollywoods Skandale zu einem Rückgang der Zuschauerzahlen geführt hatten, versuchte die Flut einzudämmen. Er setzte durch, daß alle Komparsen durch das Besetzungsbüro Central Casting vermittelt wurden. Doch die Flut war nicht aufzuhalten, das Elend steigerte sich nur noch weiter. Die Besetzungsbüros der Studios waren tagtäglich Schauplatz von Gefühlsdramen.

Die Journalistin Ruth Waterbury versuchte, das neue Besetzungssystem zu durchbrechen und auf eigene Faust zum Film zu kommen. Sie scheiterte, und ihre Erinnerungen sind ein erschreckendes Dokument dafür, was Hollywood für eine junge Komparsin bereithalten konnte. Einmal wartete Miss Waterbury, nach einer ermüdenden Serie von Fehlschlägen, in einem Besetzungsbüro. Ein Schauspieler fragte einige Mädchen, ob sie in der letzten Zeit gearbeitet hätten. Das war nicht der Fall. Statt eines Jobs bot er eine Handvoll Pfefferminz-Bonbons. »Ich bin großzügig. Ich habe gerade drei fünfzig verdient. Also lade ich euch Mädels ein. Jedes Mädchen bekommt einen.«

Ruth Waterbury fährt fort: »Neben mir war eine hagere Frau, die ich gar nicht bemerkt hatte. Jetzt stürzte sie hin, packte die Hand des Mannes und griff nach den kleinen Packungen.

›Nein, so nicht‹, rief er, ›gib sie zurück. Du bekommst nur einen.‹

Sie beachtete ihn nicht. Sie stopfte sich hastig die Süßigkeiten in den Mund. Für sie, das war unübersehbar, ging es nur um etwas Eßbares. Ich zitterte, als ich den Raum verließ...«[15]

Mit der Zeit verwischen sich natürlich die harten Konturen der Erinnerung, und die Vergangenheit wird in das rosige Licht der Nostalgie getaucht. Doch es wäre unehrlich und verfälschend, den finsteren Hintergrund dieses Goldenen Zeitalters zu ignorieren, ganz so, als ob man die Gefallenen einer siegreichen Schlacht vergessen würde. Denn ob direkt oder indirekt – diese Menschen waren die Opfer einer großen Epoche.

1 Das Buch von Bruce T. Torrence: Hollywood – The First hundred Years. New York: N.Y. Zoetrope 1982, behandelt die Anfänge von Hollywood sehr detailliert und verläßlich.
2 Boggs ging von Los Angeles nach Colorado und kehrte 1909 zurück. Neuerdings gilt sein Film *The Heart of the Race Tout* (1909) als der erste, der gänzlich in Kalifornien hergestellt wurde.
3 Motion Picture Classic, Aug. 1927, S. 49.
4 Wid Gunning (Hg.): *WIDs Year Book*, 1919, S. 127.
5 Der Vertreter von Kessel und Baumann war Fred Balshofer.
6 Das Rasthaus, das Louis Blondeau gehörte, litt unter den Folgen des Alkoholverbots, das in Hollywood erlassen worden war.
7 Charles Rosher zum Autor, London, Juli 1966.
8 Francis X. Bushman zum Autor, Hollywood, Dez. 1964.
9 *Photoplay*, Aug. 1926, S. 42.
10 *Photoplay*, Mai 1924, S. 58.
11 *Photoplay*, Okt. 1927, S. 78.
12 *Photoplay*, April 1927, S. 37.
13 Wallace Reid wurde durch die Behandlung des Studioarztes süchtig, der ihn 1919 nach einem Unfall bei den Dreharbeiten mit Morphium versorgte.
14 Minta Durfee Arbuckle zum Autor, Hollywood, Dez. 1964.
15 *Photoplay*, Jan. 1927, S. 107.

6 Von »Birth of a Nation« zu »Intolerance«

Von »Birth of a Nation« zu »Intolerance«

Die solide Ausbildung in D. W. Griffiths Studio bildete das Rückgrat der amerikanischen Filmindustrie. Wie die meisten großen Künstler wurde Griffith von Leuten belagert, die begierig waren, mit ihm zu arbeiten und von ihm zu lernen. Eine Zeitlang genügte die Bemerkung, man sei bei Griffith beschäftigt gewesen, um sich die besten Posten in der Filmindustrie zu sichern. Schließlich wurde dieses Privileg so mißbraucht, daß man schon etwas mehr als einen Tag als Statist in einem Griffith-Film nachweisen mußte.

Die Regisseure, Kameramänner und Schauspieler, die innerhalb der Griffith-Familie sorgfältig aufgezogen und herangebildet worden waren, verbreiteten, wenn sie zu anderen Firmen wechselten, seine Lehren. Die Filme aus dieser Zeit tragen oft unverkennbare Zeichen von Griffiths Einfluß. Erich von Stroheim, Sidney Franklin, Elmer Clifton, Donald Crisp, Raoul Walsh, Lloyd Ingraham, Paul Powell, Allan Dwan, Tod Browning, Edward Dillon, Joseph Henabery – das sind einige der Regisseure, deren Karrieren durch Griffith geprägt wurden.

Die Karriere von Joseph Henabery zeigt deutlich, welcher Gewinn es war, für diesen außerordentlichen Mann gearbeitet zu haben. Wie Henabery betonte, unterrichtete Griffith seine Angestellten nicht systematisch in der Kunst des Filmmachens. Sein Einfluß übertrug sich unbewußt. Er forderte seinen Mitarbeitern viel ab, und sie waren gezwungen, ihre Aufgaben schnell zu lernen – oder sie waren ihren Job los. Diese jungen Männer, die einfach ins tiefe Wasser geworfen wurden, erfuhren, wenn sie anfingen selbständig zu arbeiten, wie ungeheuer vorteilhaft diese Erfahrungen waren.

Joseph Henabery stieg bald zu einem der wichtigsten amerikanischen Regisseure auf. Mit Douglas Fairbanks drehte er *His Majesty the American*, der zu dessen besten frühen Filmen zählt. Er arbeitete mit Mary Miles Minter, Roscoe Arbuckle und Rudolph Valentino bei *A Sainted Devil* und inszenierte *Stephen Steps Out*, das Debut von Douglas Fairbanks jr.

Selbst nachdem er aus der ersten Kategorie der Regisseure wieder abgerutscht war, gelang es Henabery, seine künstlerische Integrität und seine visuelle Begabung weiter zu bewahren. 1928 drehte er mit dem Kameramann Ray June *River Woman* für Gotham, eine Firma für Billigproduktionen. Es gelang ihm das Wunder, eine Durchschnittsstory ohne besonderen Unterhaltungswert und Produktionsaufwand in ein Werk von präziser Beobachtung, sensibler Darstellung und komplexer Kameraführung zu verwandeln.

Henabery spielte Abraham Lincoln in *The Birth of a Nation* und war bei *Intolerance* Regieassistent und Darsteller. Seine Beschreibung der Frühzeit der Filmindustrie wirft manches neue Licht auf eine vergessene Ära.

Joseph Henabery:[1] Mit siebzehn Jahren zog ich mit meiner Familie nach Südkalifornien. Ich begann bei einer Eisenbahngesellschaft zu arbeiten – bei einem Abschnitt des transkontinentalen Verkehrssystems. Das war im Jahr 1905. Ich arbeitete acht Jahre bei der Eisenbahn, zunächst in der Registratur. Hier ging eine Menge vertraulicher Korrespondenz durch meine Hände.

Eines Tages erlitt der Leiter dieser Abteilung einen Nervenzusammenbruch, und man bat mich, einige dringend benötigte Informationen zu suchen. Die Korrespondenz hatte mich interessiert und ich konnte mich an viele Details erinnern. Und so fand ich, was gesucht wurde. Nach einigen Wochen entschied der Chef, daß niemand die Sache so gut beherrsche wie ich, und gab mir, trotz meines doch sehr jugendlichen Alters, den Job – für 85 Dollar im Monat! 1907 war das eine Riesensumme, und es gab eine ziemliche Aufregung.

Dieser Wirbel um meinen Lohn hatte problematische Folgen. Ich wurde in den nächsten Jahren befördert, erhielt jedoch nie die dem Posten entsprechenden Lohnerhöhungen. Schließlich ging mir das so an die Nieren, daß ich überlegte, was ich tun könnte.

Zu jener Zeit liefen die Filme in primitiven Kintopps. Ich ging da oft in der Mittagspause für eine halbe Stunde hin. Die meisten Filme waren fürchterlich schlecht. Im Vergleich zu den Theateraufführungen, die ich gesehen hatte, glaubte ich kaum, daß man das Kino wirklich als Unterhaltung ansehen könne.

Bis zu dem Zeitpunkt, es war 1913 und ich war 25 Jahre alt, hatte ich etwa 400 Theatervorstellungen gesehen. Manchmal machte ich aus Spaß als ›super‹ (Statist) bei einer Oper oder einem Schauspiel mit. Mir gefielen die Atmosphäre hinter der Bühne und der Kontakt mit den Theaterleuten.

Eine andere Freizeitbeschäftigung von mir war die Mitgliedschaft in Vereinen oder Jugendgruppen. Bevor es außer dem Theater irgendeine andere akzeptable Unterhaltung gab, versuchten sich viele solcher Gruppen an Amateuraufführungen. Ich spielte oft mit und verglich ganz zwangsläufig unsere mittelmäßigen Sachen mit den professionellen Inszenierungen. Die Vereinsleute akzeptierten die altmodischen Deklamierungsmethoden des Leiters, eines Schauspielers der alten Schule. Schließlich hielt ich es nicht länger aus. Es gab einen Aufstand und der Leiter kündigte. Jetzt hatte der Verein einen Termin, den es einzuhalten galt, aber keinen Regisseur. Man bat mich, die Sache zu übernehmen. Ich produzierte und inszenierte danach noch einige Zeit lang Amateuraufführungen.

Während meiner Zeit bei der Eisenbahn kaufte ich regelmäßig eine Filmfachzeitschrift, in der alle möglichen Sparten der Filmproduktion behandelt wurden. Ich studierte die Anzeigen und lernte so, die Größe und Bedeutung der verschiedenen Firmen einzuschätzen. Zu der Zeit waren alle noch im Osten.

Dann las ich in einer Nummer von einer Firma, die nach Kalifornien umzog, und war wie elektrisiert. Bald darauf folgten andere Firmen nach. Ich begann über den Film als Beruf nachzudenken. Aber ich konnte mich nicht entschließen, meinen guten Posten für eine unsichere Zukunft aufzugeben.

Wie die meisten älteren Einwohner Hollywoods ärgerte ich mich über die Invasion der ›Movies‹. Ich erinnere mich, wie ich einmal zu Hause in Hollywood Ferien machte. Ich ging auf der Straße spazieren, als ich vor mir eine Menschenmenge entdeckte. Ein Kerl streckte den Arm aus und rief: »So bleiben. Wir drehen!«

Es war ein Komödienteam. Die Schauspieler trugen komische Kleidung und ein übertriebenes Make-up – ein grelles Rosa, viel stärker als alles, was ich auf der Bühne gesehen hatte.

Ich beobachtete sie bei der Arbeit. Es war alles sehr derb – ›Pratfalls‹ (Auf-den-Hintern-Plumpsen) – und die Szenen waren so kurz und unzusammenhängend, daß ich von dem, was hier eigentlich ablief, nur Bahnhof verstand. Ich war nicht sehr beeindruckt.

Diesen ersten lauten, ungeschliffenen Kinoleuten folgten bald andere. Die waren meistens leiser. Und auch wohlhabender. Sie mieteten sich einige der schönsten Häuser, sie besaßen Autos, sie waren fein angezogen und sie warfen mit Geld um sich. Und sie hatten ganz offensichtlich Spaß an ihrer Arbeit.

Die Qualität der Filme wurde allmählich immer besser. Darüber bestand jetzt kein Zweifel mehr: Es steckte wohl etwas mehr dahinter. Ich überdachte meine Lage noch einmal ernsthaft. Ich erwog den Wert eines festen Postens gegenüber den Unsicherheiten beim Film.

Ich sagte mir, daß das eine aufstrebende Branche sei. ›Und sie ist hier, direkt hier in Hollywood. Wenn ich drüben im Osten wäre und auch nur ein bißchen abenteuerlustig, würde ich mich wahrscheinlich auf mein Fahrrad schwingen und nach Hollywood losflitzen. Aber hier ist es direkt vor meiner Haustür – und vor der aller anderen Leute in Südkalifornien –, und trotzdem kümmern wir uns nicht darum.‹

Joseph Henabery.

Ich beschloß, mein Glück beim Film zu versuchen.

Als ich meine Stelle bei der Eisenbahn kündigte, wunderte sich mein Chef.
»Was wollen Sie denn machen?« fragte er.

Ich war zu verlegen, um ihm die Wahrheit zu sagen, und meinte nur, daß ich das noch nicht wüßte.

Er schaute mich verdutzt an. »Warum überlegen Sie es sich nicht noch einmal für ein paar Tage?«

»Nein«, sagte ich schnell, »ich bin fest entschlossen.« Ich wußte, daß ich, wenn ich nachdenken würde, wahrscheinlich wieder einen Rückzieher machen würde.

So machte ich mit 26 einen Einschnitt. Ich ging hin und mischte mich unter die Statisten beim Freiluftatelier der Universal an der Ecke Gower/Sunset – so einen Treffpunkt nannte man Rinderpferch. Ich fand heraus, daß ab mittags niemand mehr da war, weil alle benötigten Aushilfskräfte und Statisten am Vormittag engagiert wurden. Aber ich hatte das Gefühl, daß vielleicht am Nachmittag doch noch jemand gebraucht würde...

Und genau das passierte. Ich war gegen Mittag da, ganz allein, und sah, wie ein aufgeregter Besetzungschef suchend den Kopf aus seiner Bürotür streckte. Außer mir war niemand da. Er verschwand wieder im Büro, überlegte es sich aber wohl noch einmal.

»He, du – hast du einen feinen Anzug?«
»Klar hab ich den.«
»Wie lange brauchst du, um ihn zu holen?«
»Etwa eine Viertelstunde.«
»Beeil dich!«

Ich rannte los. Ich wohnte ein Stück den Hügel hinauf, ich rannte hinauf, holte meinen feinen Anzug und rannte zurück. Das Eis war gebrochen.

Einige Tage später kam er wieder zu mir und sagte: »Ich kann dich gebrauchen.« Ich folgte ihm zu einer Dekoration, wo ein alter Mann arbeitete, den

Dieses seltene Standphoto zeigt Joseph Henabery als Präsident Lincoln, dessen Knie durch zwei Bretter erhöht sind. Es konnte deshalb nicht beim Presse- oder Werbematerial für *The Birth of a Nation* Verwendung finden.

man den Doyen der Regisseure nannte – Otis Turner. Zu der Zeit war er schon sehr durch Arthritis behindert. Er war etwas buckelig, nicht sehr groß, und drehte eine Sache über italienische Bauern.

Damals, um 1913, wurde einem nie erklärt, was man eigentlich tun sollte. Man erhielt nur einen Haufen Kleider zugeschoben, und dann sagten sie: »Zieh das an.« Man war lediglich ein Stück der Dekoration. Man brauchte kein bißchen Talent. Es wurde von einem nur erwartet, daß man sich bewegen konnte, wenn man dazu aufgefordert wurde.

Ich erhielt das Kostüm eines italienischen Bauern. Ich hatte mein Make-up dabei, also beschloß ich, mir einen riesigen Schnauzbart anzukleben, so wie ich es im Theater und auf Bildern gesehen hatte. Seltsamerweise schien das gut anzukommen. Man holte mich aus dem Hintergrund ganz nach vorne. Ich hatte keine Rolle in dem Stück, stand aber da, mitten zwischen den Hauptdarstellern und befolgte eine meiner Grundregeln: Wenn jemand redet, hör ein wenig hin. Achte auf die Gespräche. Und zu meiner Befriedigung hörte ich, wie Otis Turner seinen Assistenten fragte: »Wer ist der Typ da?«

Von da ab stand ich, wenn Otis Turner einen neuen Film begann, mit auf der Besetzungsliste. Zu jener Zeit begann man jede Woche einen neuen Film, manchmal sogar noch öfter. Und alle meinten: »Du hast es geschafft. Du sitzt jetzt hier wie die Made im Speck.«

Eines Nachmittags, als ich nicht arbeiten mußte, ging ich runter in die Stadt und schaute mir einen Film von D. W. Griffith an – *The Avenging Conscience*. Ich konnte mir zu Griffith wenig vorstellen – aber der Film haute mich vom Stuhl. Es war der wundervollste Film, den ich je gesehen hatte. Verglichen mit allen Filmen, die ich bis dahin gesehen hatte – und das waren viele Ein- und Zweiakter – übertraf er alles.

Als ich dann wieder bei Universal war, unterhielt ich mich über diesen Film und seinen Regisseur. Und irgend jemand sagte: »Der ist jetzt hier in Hollywood – ist hergekommen, um hier zu arbeiten.«

Ich ging am nächsten Nachmittag los, um mich davon zu überzeugen, und da war es – Griffiths Studio. Ich dachte mir, die einen werden genauso Statisten brauchen wie die anderen; ich ging zurück zu Universal, um meine Sachen zu holen, die ich im Studio hatte. Jemand meinte: »Was, bist du verrückt? Hier hast du die ersten Schritte geschafft. Du bist drin.«

»Das ist mir egal«, sagte ich, »ich möchte für das andere Studio arbeiten.«

Zu der Zeit steckte Griffith in den Vorbereitungen zu *The Clansman* – späterer Titel *The Birth of a Nation* –, und ein großer Teil seines festen Teams war mit diesem Film beschäftigt. Dadurch waren die anderen Regisseure der Firma, die an Ein- und Zweiaktern arbeiteten, gezwungen, sich ihre Darsteller irgendwie zusammenzusuchen.

Und so dauerte es nur ein oder zwei Tage, bis ein Regisseur zum Rinderpferch kam und fragte: »He du, hast du schon mal beim Film gearbeitet?«

Ich wollte ihm nicht mein Leben erzählen und sagte nur: »Na klar.«

»Wo denn?«

»Universal.«

»Komm mit. Ich glaube, wir können dich gebrauchen.«

Ich folgte ihm zu dem Büro, wo der Typ saß, der die Produktion leitete. Der Regisseur sagte: »Der scheint mir der Richtige zu sein.«

Es stellte sich heraus, daß sie meinten, ich hätte ein irisches Grinsen – und ich sollte einen jungen irischen Polizisten spielen. Und das war die Hauptrolle in dem Film!

Der erste, für den ich arbeitete, war Fred Kelsey. Dann drehte ich mit Regisseuren wie Eddie Dillon, Christy Cabanne, Frank Powell und einem Mann, den wir Sheriff Macley nannten, der nur Western machte – er hatte den Sheriff bei Broncho Billy gespielt.

Wenn man zwei Jahre Filmarbeit hinter sich hatte, galt man als Pionier, als Veteran. Dann hatte man eine harte Schule durchgemacht. Man hatte in der Zeit vielleicht über hundert Filme gedreht – ein Einakter entstand oft an einem Tag.

Eines Tages sah ich auf dem Gelände einen Mann in der Maske Abraham Lincolns. Ich dachte nur: Was für ein *fürchterliches* Make-up.

Jemand sagte zu mir: »Griffith sucht jemanden, der in *The Clansman* Abraham Lincoln spielt.« Ich dachte mir: Der soll sich auch mal mich angukken!

Ich kannte den Typ, der für die Produktion zuständig war, Frank Woods, und sagte ihm: »Mr. Woods, ich habe hier einige Leute mit Lincoln-Maske gesehen. Sucht Mr. Griffith einen Darsteller für die Rolle? Wenn ja, dann kann ich mir ein besseres Make-up machen als alles, was ich hier gesehen habe...«

Er meinte, er würde mit Mr. Griffith darüber sprechen. In der Zwischenzeit ging ich in die Bücherei, suchte mir einige Bücher über Lincoln heraus und studierte seine Porträts. Zu Hause versuchte ich mich an einer Lincoln-Maske.

Ich hörte nichts von Frank Woods, also sprach ich ihn noch einmal an. Er hatte es vergessen – aber er ging auf der Stelle zu Griffith, kam wieder raus und rief: »Komm her – er soll dich anschauen.«

Griffith hatte mich schon bei Proben gesehen und wußte, daß ich einige Erfahrung hatte. Er musterte mich von Kopf bis Fuß. Ich war überdurchschnittlich groß, war damals noch etwas schlanker als heute, und ich hatte ein schmales Gesicht. Offenbar sind alle Leute der Meinung, daß Lincoln ein schmales Gesicht hatte – was nicht stimmt. Er hatte breite Wangenknochen.

Griffith sah mich an und fragte: »Haben Sie sich schon mal als Lincoln geschminkt?«[2]

Ich sagte: »Ja, Sir.« Ich verriet nicht, daß ich es nur zu Hause getan hatte! Er rief seinen Assistenten: »Holen Sie die Lincoln-Sachen; er soll sich schminken.«

Ich arbeitete fast den ganzen Nachmittag an der Maske. Als ich hinausging, starrten mich die Leute voller Erstaunen an; als ob die Toten auferstanden wären. Ich ging hinüber ins Freiluftatelier, wo Griffith drehte, und stellte mich so hin, daß er mich sehen konnte.

Damals war ein Atelier einfach eine hölzerne Plattform, eine Art Bühne unter freiem Himmel. Darüber hingen Musselinsegel, die man über die Dekoration ziehen konnte, um das direkte Sonnenlicht zu dämpfen.

Ich stand da auf dieser Bühne und wartete. Während Griffith also mit seinen Leuten arbeitete, drehte er sich wiederholt um, betrachtete mich ganz genau und wandte sich wieder seiner Arbeit zu. Er machte das vier- oder fünfmal. Und ich stand die ganze Zeit in der sengenden Sonne, mit dicken Kleidern und Auspolsterungen an verschiedenen Stellen, mit einer Perücke, einer falschen Nase, Klebstoff, Haaren – ich schmorte im eigenen Saft.

Aber er sagte kein Wort zu mir, also nahm ich an, es gefiele ihm nicht, und ich verließ die Bühne und schminkte mich ab. Am nächsten Tag war ich wieder auf dem Gelände, und der Assistent kam zu mir und fragte: »Wo sind Sie gestern geblieben?«

»Ich war an der Bühne.«

»Mr. Griffith wollte Sie sehen!«

»Er hat mich ein halbes Dutzend Mal gesehen.«

»Los, legen Sie wieder die Maske auf.«

Mir war es egal; ich bekam dafür jedesmal fünf Dollar. Ich ging wieder dahin, wo Griffith arbeitete, und prompt passierte dieselbe Sache wie zuvor. Ich sagte mir: ›Ich verstehe diesen Mann nicht. Er schaut mich an und sagt gar nichts, und der Tag ist fast vorbei.‹ Was konnte ich für ihn tun; nur da rumstehen? Ich beschloß, daß ich nichts mehr tun könne, verließ also die Bühne und schminkte mich wieder ab. Oh, dafür wurde ich vielleicht angeschnauzt! Mann, oh Mann. Nun, er bat mich nicht noch einmal. Ich hörte gar nichts mehr und dachte mir, das hast du wohl vermurkst.

Etwa zwei Wochen später hörte ich, daß eine neue Dekoration gebaut wurde – Ford's Theater. Ich kam mir etwas blöd vor, denn ich hätte die Rolle sehr gern gespielt. Ich wußte nicht, wie groß die Rolle war – ich wußte, daß sie nicht sehr groß war, aber doch wichtig. Als die Dekoration fertig war, kam ein Assistent zu mir und sagte: »Machen Sie morgen früh Ihre Lincoln-Maske und seien Sie um 8 Uhr bereit.«

Mann! Das war Klasse – aber es war Mord. Der Grund: damals waren die Garderoben kleine Schuppen, ohne Schutz gegen die Kälte. Zu der Jahreszeit war es am Morgen fürchterlich kalt, und es war sehr schwierig, mit steifgefrorenen Fingern das Make-up aufzulegen. Ich nahm mir sehr viel Zeit; ich erschien schon um 5 Uhr.

Sie kennen die Zerrspiegel auf Jahrmärkten? Also, der einzige Spiegel, den es in dem Schuppen gab, funktionierte in der Art. Man schaut sich an und die Nase ist schön gerade. Man bewegt sich ein wenig – und die Nase ist krumm. Was ist jetzt richtig?

Aber das Schlimmste war die Kälte. Ich hatte eine Kerze und einen Löffel, um die Make-up-Masse anzuwärmen, aber es dauerte dennoch sehr lang, die Maske aufzulegen. Es wurde 8 Uhr und ich war noch längst nicht fertig.

Ein paar Assistenten schimpften herum, aber ich sagte nur: »Ich kann nichts dafür – ich arbeite schon seit Stunden daran.« Schließlich, gegen halb neun, erschien Griffith persönlich an der Schuppentür.

»Ich dachte, Sie würden um 8 Uhr fertig sein.«

»Das wäre ich gern gewesen.«

»Aber Sie sollten doch um 8 Uhr fertig sein«, antwortete er.

»Mr. Griffith«, sagte ich, ›ich bin seit 5 Uhr hier. Fühlen Sie meine Hände. Glauben Sie, man bekommt mit solchen Händen Paste weich?«

Ich war sauer. Ich fühlte mich von ihm gedrängt. Es war mir egal, ob er mich aus dem Studio schmeißen würde. Griffith war überrascht; er sah mich mit einem gewissen Verständnis an und meinte dann: »Versuchen Sie, so schnell wie möglich fertig zu sein.«

Also kam ich ins Atelier so schnell wie möglich. Die ersten Szenen spielten nicht in Ford's Theater, sondern in einem Büro des Weißen Hauses, wo ich eine Szene mit Ralph Lewis drehen mußte, der den Senator Stoneman spielte.

Ich hatte keine Anweisungen, kein Skript, keine Ahnung, was ich tun sollte. Zu der Zeit war ich ganz erfüllt von der Geschichte Lincolns. Ich hatte viele Bücher über ihn gelesen und kannte seine äußerlichen Kennzeichen, seine typischen Verhaltensweisen und alles. Und ich setzte mich auf die äußerste Kante des Stuhls und machte einen krummen Rücken. Griffith schaute mich mißbilligend an.

»Setzen Sie sich nicht so hin«, sagte er.

Zu der Zeit war Griffith in der Filmindustrie eine so hervorstechende Persönlichkeit, daß er von einer ganzen Horde von Jasagern umgeben war. Was er auch tat, es hieß nur: »Ja, Mr. Griffith. Jawohl, Mr. Griffith.« Niemand widersprach ihm. Ich bin von Natur aus etwas widerborstig. Ich hab einiges irisches Blut in mir, und wenn ich im Recht bin, dann sage ich das auch.

Also sagte ich: »Mr. Griffith, ich sitze in der Art, wie es Abraham Lincoln tat, soweit es in den meisten Büchern erwähnt wird. Es heißt, er setzte sich auf die äußerste Kante, mit angezogenen Beinen, so wie ich ...«

Griffith konnte sich natürlich nicht mit jeder einzelnen seiner Figuren so intensiv beschäftigen wie ich mich mit Lincoln. Und er sah, daß ich mich auskannte.

»Holt ein Brett«, befahl er. »Holt ein Brett und legt es unter seine Füße. Holt zwei Bretter – damit seine Knie höher kommen...«

Er wußte, daß man manchmal übertreiben muß, um eine Idee deutlich zu machen.

Sein Verhalten änderte sich. Er begann sich zu entspannen. Er sah etwas glücklicher aus. Ich glaube, er merkte, daß er mit mir nicht völlig danebengegriffen hatte. Dann beschrieb er mir einen Teil der Szene, wo ich einige Papiere auf dem Tisch unterschreiben sollte.

»Darf ich etwas bemerken, Mr. Griffith?« fragte ich. »In den Büchern über Lincoln wird erwähnt, daß er beim Schreiben oder Lesen normalerweise eine Brille trug.«

»Haben Sie eine dabei?«

»Ja, Sir.« Ich holte eine altmodische Drahtbrille hervor und zeigte sie ihm.

»Benutzen Sie sie«, sagte er.

Als mir also die Papiere vorgelegt wurden, begann ich zunächst nach meiner Brille zu suchen, nahm mir Zeit, sie aufzusetzen und unterschrieb dann.

Jetzt war er glücklich. Er sah, daß ich die Figur studiert hatte und daß ich mich in der Epoche auskannte. Als wir mit den Szenen in Ford's Theater anfingen, erklärte er mir, was er in den Totalen drehen wollte, und ich erzählte ihm, was, nach meiner Lektüre, Lincoln getan hätte.

Griffiths Haltung war einfach: »Wenn sich jemand die Mühe gemacht hat, seine Rolle zu studieren, dann werde ich seine erworbenen Kenntnisse auch ausnutzen.«

Nachdem die Lincoln-Rolle abgedreht war, bekam ich dreizehn andere kleine Rollen. In einer Sequenz spielte ich in einer Gruppe entflohener Schwarzer, die von Weißen verfolgt werden – und ich war in beiden Gruppen, jagte mich also selbst durch die ganze Sequenz.

Von »Birth of a Nation« zu »Intolerance«

Nach Beendigung des Films wurde ich in den ›Stock‹, die Stamm-Mannschaft, übernommen. Das bedeutete eine Beförderung. Sie hatten zu dem Zeitpunkt nicht viel Geld – sie mogelten sich, und das ist die Wahrheit, immer gerade so durch, bis zur großen Premiere hier. Aber die Geschichte ist allgemein bekannt.

Ich werde diese erste große Premiere eines Films nie vergessen. Es war hier in Los Angeles, und der Film hieß noch immer *The Clansman*. Das Publikum bestand zum größten Teil aus Fachleuten der Branche, und es war unsere erste große Eröffnungsshow – die erste große Premiere der gesamten Branche.

Ich habe bisher noch bei keiner kulturellen Veranstaltung – Theatervorstellung, Konzert oder sonst etwas – ein Publikum erlebt, das so reagierte wie am Ende von *The Clansman*. Die Leute nahmen buchstäblich den Saal auseinander. Warum waren alle so völlig aus dem Häuschen? Weil alle in ihrem Innern spürten, daß hier wirklich etwas herangewachsen war und sich entwickelt hatte – es war eine Art Erfüllung. Danach lief der Film überall mit Riesenlaufzeiten und zu sehr hohen Eintrittspreisen.

Es schaudert mich, wenn ich Ausschnitte des Films sehe, die mit 24 Bildern pro Sekunde projiziert werden und in denen die Leute herumzappeln, weil sie um die Hälfte zu schnell gezeigt werden.[3] Es ist wirklich ein Schock für mich. Zwar werden einige Leute, vor allem aus der Filmindustrie, das im Kopf ein wenig ausgleichen können, aber die jüngeren Zuschauer haben doch keine Vorstellung, daß es einmal andere Filmgeschwindigkeiten gab. Die finden das einfach komisch. Sie können sich nicht vorstellen, daß der Film irgendeine Bedeutung haben könnte.

Als Griffith von der großen Premiere in New York zurückkam, hatte er den Kopf voller Pläne, mit der Triangle Corporation lange Spielfilme herzustellen. Er begann sofort, dafür Arbeitsgruppen zusammenzustellen.

Ich steckte gerade in Proben mit Douglas Fairbanks bei Fine Arts – Griffiths Sektion von Triangle –, als man mich benachrichtigte, daß Mr. Griffith mich sprechen wolle. Ich ging zu ihm, und er erzählte von seiner Idee, einen Film zu verbessern, den er so nebenbei gedreht hatte. Er hieß *The Mother and the Law* und war ein kleiner billiger Film.

Eine seiner Ideen war es, die Szene eines großen Balls einzubauen, wie er von den oberen Vierhundert in New York gefeiert wird. Damals zählten zu den oberen Vierhundert Leute mit großem Vermögen, wie die Eisenbahn-Tycoons, und sie gaben enorme Summen für ihre Empfänge aus. Griffith wollte so etwas als Prolog zu *The Mother and the Law*.

Da er wußte, daß ich mich in Sachen vertiefen konnte und Details herauszufinden verstand, sollte ich für ihn recherchieren, wie man so etwas aufziehen müßte. Er hatte die Vorstellung von vielen Dienern, gepuderten Perücken, Kniehosen und solchen Sachen. Ich gab die Proben auf und versuchte, an Informationen heranzukommen – es stellte sich aber heraus, daß ich diesmal eine wirklich harte Nuß zu knacken hatte.

Ich fand einiges heraus über den verschwenderischen Aufwand und über die Clowns, die bei solchen Veranstaltungen auftraten. Aber ich erfuhr so gut wie nichts über die Art und Weise, wie sie abliefen. Dann hatte ich einen Geistesblitz. Eine Reihe reicher Leute aus New York kam nach Pasadena, um hier den Winter zu verbringen, und viele von ihnen verbrachten ihre Zeit in einem der großen Hotels – dem ›Green‹ oder dem ›Maryland‹. Ich fand heraus, daß die Empfangsdame des Maryland bei einigen dieser Leute als Sekretärin gearbeitet hatte, und sie gab mir eine detaillierte Beschreibung.

»Zunächst einmal«, erzählte sie, »ist Ihr Ausgangspunkt ganz falsch. Da gibt es keine Lakaien mit gepuderten Perücken. Sie tragen Uniformen, Kniehosen und Fräcke, vielleicht mit einigen Litzen, aber keine bauschigen Jabots – und sie haben kurze Haare.«

Ich schrieb seitenlange Notizen für Mr. Griffith und zeichnete Skizzen der Uniformen, wie sie sie beschrieb. Wir kalkulierten, daß sie etwa 40 Dollar pro Stück kosten würden – das wären heute etwa 150 Dollar. Griffith beauftragte mich, sie zu bestellen und auch junge Männer zu finden, denen sie passen würden. Und so kam ich dazu, Recherchen für den Film zu machen, der sich zu *Intolerance* auswachsen sollte.

Kaum hatte ich die Proben mit Fairbanks wieder aufgenommen, als jemand kam und sagte: »Sie spielen nicht im Fairbanks-Film mit – Sie bleiben bei Griffith.« Er brauchte weitere Recherchen.

Eines Sonntags wurden einige von Griffiths engsten Mitarbeitern in den Vorführraum bestellt, wo er den alten *The Mother and the Law* zeigen wollte. Ich werde den Tag niemals vergessen. Es waren etwa acht Leute da, darunter Frank Woods, Chef der Szenarioabteilung, George Siegmann und George (später Andre) Beranger, die beide Assistenten waren. Der Vorführraum war in einem kleinen, flachen Schuppen, und ich erinnere mich noch, wie der Regen aufs Dach prasselte. Gottseidank brauchten wir uns über die Tonqualität keine Gedanken zu machen, denn solch einen Wolkenbruch wie damals hatten wir noch nie erlebt.

Ich hatte den Film noch nie gesehen, im Gegensatz zu einigen der andern. Als er zu Ende war, kam das übliche: »Oh, Mr. Griffith, der ist ausgezeichnet! Wunderbar!« Er ist dies und er ist das. Nach und nach verließen sie den Raum und verschwanden in den Regen. Ich blieb zurück, denn ich wollte meine Meinung nicht vor all den Leuten äußern. Das wäre nicht sehr nett gewesen und hätte nur seinen Widerstand gegen eine Idee verstärkt. Ich wollte mich also nicht in die peinliche Position begeben, ihm etwas zu erklären, denn er wußte so unvergleichlich viel mehr als ich.

Als alle gegangen waren, fragte er: »Nun, was meinen Sie?«

The Mother and the Law war eine Schnulze. Die Hauptfiguren waren sehr gelungen, aber die Ausstattung war oft erbärmlich. Ich sagte ihm, daß mir vier oder fünf Sachen mißfielen.

»Zunächst einmal, wenn Bobby Harron zur Hinrichtung geführt wird, ist ein Kaplan mit dabei, und dem hat man eine Kleidung angezogen, wie sie kein amerikanischer Priester tragen würde. Das ist der Kragen eines französischen Curé. Jeder Katholik im ganzen Land würde darüber lachen.«

Er war erstaunt. Er wußte nichts von einem Unterschied. »Glauben Sie, Sie können die korrekte Kleidung auftreiben?« fragte er.

Ich hatte Glück. In Los Angeles fand ich einen katholischen Priester, der Kaplan in San Quentin gewesen war. Dem erzählte ich die ganze Geschichte.

»Natürlich helfe ich Ihnen gerne«, sagte er. »Ich komme raus und stehe zur Verfügung, um zu erklären, wie bestimmte Sachen ausgeführt werden. Ich möchte, daß alles richtig ist. Sie können auch meine Kleidung verwenden, wenn Ihnen das hilft.«

Das berichtete ich Mr. Griffith, und er war entzückt. Wir holten den Priester ins Studio und drehten diesen ganzen Teil des Films neu. Es gab noch einige andere Details, die ich bemängelte und die er korrigierte. Auf diese Weise hatte ich das Gefühl, eine wichtige Rolle gespielt zu haben. Die meisten Leute im Studio ahnten nicht, wie es zu diesen Änderungen gekommen war, und ich wollte darüber nicht mein Maul aufreißen – ich habe es bis zum heutigen Tag nicht getan.

Dann begann Griffith seine Ideen immer mehr zu entfalten. Seine Vorstellungen wurden immer grandioser. Er entwickelte die Idee von Babylon, von der Bartholomäusnacht und von der Kreuzigung. Diese historischen Ereignisse boten einen Kontrast zwischen dem Tun und Treiben der Reichen und Mächtigen und der Intoleranz gegenüber den Armen und Hilflosen. Schließlich bat er mich um Material über jene Epochen.

Es ist unglaublich, wie viele Bücher man über Babylon und Assyrien finden kann. Ich hatte schließlich ein Bücherbord von fünf Metern Länge, vollgestopft mit Büchern. Griffith fragte mich zum Beispiel: »Was für einen Streitwagen brauchen wir im Jahr von Belsazars Fest?«

Und ich arbeitete alle Bücher durch und legte Fähnchen hinein. Es gab so viele Bildtafeln und Zeichnungen und Beschreibungen, daß ich immer wieder durcheinanderkam. Ich beschloß, noch zwei Exemplare von jedem Buch zu kaufen, so daß ich – auch wo Abbildungen auf der Rückseite eines Blattes waren – die Bilder ausschneiden und in einem Sammelalbum sortieren könnte. Es sollte Abteilungen geben über Waffen, Pferdewagen, Kochutensilien und so weiter.

Als aber der Geschäftsführer des Studios herausfand, daß ich zwei weitere Serien der Bücher kaufte und all sein Geld ausgab – da explodierte er.

»Das ist die billigste Methode«, erklärte ich ihm. »Wenn ich die Abbildungen alle fotografieren lassen würde, käme das viel teurer.«

Er war nicht zufrieden und ging deshalb zu Griffith. Also erklärte ich Griffith dasselbe – daß es der einzige Weg sei, das ganze Material zu sortieren.

»Machen Sie weiter und kaufen Sie die Bücher«, sagte er, »kümmern Sie sich nicht um ihn.«

Das Sammelalbum wurde eine gigantische Sache. Zunächst hielt Griffith nicht allzuviel davon, doch als er anfing, mich nach bestimmten Sachen zu fragen, schlug ich nach und bot ihm an: »Sie können zwischen diesen Sachen hier wählen.« Dann blätterte er es durch und sagte: »Nein – hier, das hier...« Es kam so weit, daß er mit dem Album unter dem Arm herumlief. Ich habe mich oft gefragt, wo es geblieben ist. Heute würde ich das Album sehr gerne haben...

Ich nahm Verbindung auf mit allen, die mir meiner Meinung nach helfen konnten. Ein Rabbi, der mir bei der jüdischen Periode half, war der Vater von Carmel Myers, die dann am Ende zu Triangle kam.

Die größte Autorität für die Dekorationen und Kostüme der jüdischen Periode war ein französischer Künstler namens Tissot. Der brachte eine Serie von vier wundervollen Büchern heraus mit farbigen Abbildungen und Zeichnungen, die er im Heiligen Land gemacht hatte. Wir hielten uns eng an die Kleidungsstücke, die er in seinem Buch über das Leben Christi gemalt hatte. Ich hatte viele Bücher über diese Epoche, aber kein anderes war so schön wie das, das er gemacht hatte. In allen Einzelheiten zeigte er, wie die Tefillin ausgesehen haben. Er zeichnete Details davon und von all den Dingen, die im jüdischen Glauben eine Rolle spielen. Merkwürdigerweise war dieser Künstler in Frankreich als Aktmaler bekannt gewesen, bis sich etwas Bestimmtes in seinem Leben ereignete und er religiös wurde – und zum großen Fachmann für das Leben Christi.

Während der ganzen Drehzeit machte ich nicht bloß diese Recherchen – ich arbeitete auch als Assistent und spielte in der französischen Episode den Admiral Coligny oder in der jüdischen Episode einen alten Pharisäer. Ich spielte auch in den Teilen, die von *The Mother and the Law* neu gedreht wurden. Niemand half mir bei den Recherchen, bis zum letzten Monat, wo ich Tag und Nacht arbeitete und ein Mann namens R. Ellis Wales dazustieß. Ich war ständig im Atelier und konnte mich nicht mehr um die Recherchen kümmern. Aber das meiste grundlegende Material hatte ich beisammen.

Als ich sah, was Griffith alles drehte, kamen mir einige Fragen: Wie soll das weitergehen? Wie soll aus all dem Material, das wir drehen, ein Film werden? Wie sollen diese ganzen Dekorationen, die wir bauen, in den kleinen *The Mother and the Law* passen? Ich sah keine Lösung. Ich hielt es für eine riesige Verschwendung von Mühe, Talent und Geld, alles in einen Film zu quetschen. Ich deutete Griffith gegenüber meine Bedenken an – und gab ihm ein paar Romane, die in Babylon spielten.

Also, er war ein ziemlich schlauer Kopf. Eines Montag morgens, als alle in einem speziell dafür gebauten Probenraum warteten, kam er herein. »Nun, bis gestern dachte ich, daß Hanabery vielleicht recht hat.« Er nannte mich Hanabery. »Jetzt weiß ich, daß er falsch liegt.«

Das, dachte ich mir, ist eine nette Art, dir klarzumachen, daß du den Mund halten sollst. Und genau das wollte er erreichen – daß ich still war. Die andern im Raum wußten nicht, was er meinte – nur ich verstand ihn. Er hatte die Angewohnheit, sich indirekt zu äußern. Dies war seine Art, mir klarzumachen, daß er seine Ideen ausführen wollte.

Aber ich muß auch folgendes erzählen. Als die Dreharbeiten beendet waren und er sich mit dem Schnitt herumquälte, kam er eines Abends aus dem Vorführraum. Er hatte seinen alten Hut tief in die Stirn gezogen. Er sagte: »Ich wünschte, ich hätte einen Babylon-Film gedreht.«

Frank ›Huck‹ Wortman war unser Zimmermeister, Dekorationsbauer und Bühnenmechaniker. Er machte für vierzig Cent etwas, das heute vier Millionen Dollar kosten würde. Ich erinnere mich an die Straßen von Jerusalem, mit lauter Bogengängen. Huck nahm einfach dünne Bretter, befestigte Taue an den Pfeilern und zog sie nach unten; dann machten sich Gipser ans Werk und verkleideten das – und wir hatten unsere Bogengänge, wunderschön geformt.

Die Dekorationen für *Intolerance* waren wahrscheinlich die schönsten Bauten, die jemals für einen Film errichtet worden sind. Aber wir hatten ein Problem. Unsere Handwerker konnten eine Dekoration anmalen, aber sie schafften es nicht, ihr Alter und Patina zu verleihen.

Deshalb kam Griffith eines Tages zu mir und fragte: »Kennen Sie die Ausstellung in San Francisco?«

»Ja, ich war schon dort.«

»Erinnern Sie sich an die Innenräume des Dogenpalastes in der italienischen Abteilung?«

»Ja, daran erinnere ich mich sehr gut.«

Von »Birth of a Nation« zu »Intolerance«

»Fahren Sie nach San Francisco und versuchen Sie die Leute zu finden, die daran gearbeitet haben. Versuchen Sie, die hierher zu bekommen.«

Die Ausstellung war längst vorbei, und die Leute, die dort gearbeitet hatten, waren weg. Ich hielt meine Augen auf und wurde auf eine Anzahl von Gipsereien in der Stadt aufmerksam – Läden, in denen man Kunstobjekte aus Stuck herstellte – und stieß hier auf meine ersten Spuren. Die Läden gehörten Italienern, und schließlich fand ich drei der Handwerker, die an der italienischen Abteilung mitgearbeitet hatten. Ich traf eine Abmachung mit ihnen: »Sie kommen nach Hollywood, ich zahle soundsoviel pro Woche, ich übernehme die Reisekosten, und ich garantiere Arbeit für eine bestimmte Anzahl Monate.«

Ich brachte zwei Bildhauer und einen Maler mit. Man hatte mich vorgewarnt, der Maler wäre ein fürchterlicher Säufer – aber was für ein Künstler war er! Er war der, der einen Teil der wunderbaren Patinierungen zustande gebracht hatte, die Griffith aufgefallen waren. Er war kein Italiener, er war vielmehr Franzose, deshalb kriegte er den Spitznamen ›Frenchie‹.

Er arbeitete wie ein sehr guter Bühnenmaler, nur daß er auf einem außergewöhnlichen Untergrund malte – auf einer Gipswand. Wir errichteten hohe Gerüste, damit er bis ganz nach oben kommen und den Mauern von Babylon das richtige Alter verpassen konnte. Er war ein solcher Meister, daß einige der anderen Maler, die seit Jahren für uns arbeiteten, sich zu ihm schlichen; ich sah, wie sie ihn heimlich beobachteten. Sie hatten sich nie vorstellen können, was ein Mann mit einem Pinsel alles anstellen kann.

Aber ich hatte ziemlichen Ärger mit dem Kerl. Alle paar Wochen ging er auf Tour und war dann verschwunden. Wenn er schließlich wieder auftauchte, nahm ich ihn mir vor: »Frenchie, Sie bringen mich ganz schön in Schwierigkeiten. Die haben hier viel Geld ausgegeben, um mich nach San Francisco zu schicken und Sie hierher zu holen – und die möchten, daß Sie ihre Arbeit erledigen. Aber Sie enttäuschen mich. Ich werde dafür verantwortlich gemacht...« Das wurde ich natürlich nicht, aber ich mußte ziemlich dick auftragen.

»Oh, Miistär Joe«, antwortete er, »wird nicht wieder geschehen. Tut mir sehr leid.«

Er kletterte wieder auf sein Gerüst und leistete großartige Arbeit, doch bald ging er wieder auf Tour. Der Grund, weshalb er sich so oft betrank, lag darin, daß wir ihm mehr zahlten, als er gewohnt war.

Einem von den anderen Handwerkern, die ich aus San Francisco mitbrachte, wurde die Leitung unserer Gipserei übertragen. Wir hatten vorher keine eigene Gipserei, doch er baute eine auf, und er bildete viele andere im Gipsen aus. Er war ein wunderbarer Bildhauer, und er machte Tonmodelle, um Griffith zu zeigen, was er sich vorstellte. Alle diese Sachen in Babylon – die Löwen, die Elefanten, die ganzen anderen Figuren – waren das Werk dieser Männer.

Ganz besonders interessierte sich Griffith für die Elefanten. Er wollte einen auf der Spitze jeder der acht Säulen an Belsazars Palast. Ich suchte alle meine Bücher durch. »Es tut mir leid, aber ich kann keinen Beleg für Elefanten finden. Egal, was Doré oder andere Bibelillustratoren gemalt haben – ich finde keinen Grund, da oben Elefanten draufzusetzen. Zunächst einmal gab es in dem Land keine Elefanten. Womöglich hatte man von ihnen gehört, aber einen Beleg kann ich dafür nicht finden.«

Schließlich fand dieser Mr. Wales irgendwo eine Notiz über Elefanten auf den Mauern von Babylon, und Griffith stürzte sich sofort darauf. So sehr wünschte er sich dort oben Elefanten!

Ein wichtiges Element bei den Recherchen ist die logische Schlußfolgerung. Sollten die großen Säle in Babylon mit Holz verkleidet sein? Nein. Warum nicht? In jener Gegend sind solcherart Holzverkleidungen nie gefunden worden.

Einmal saß ich wirklich fest; das war, als Griffith mich nach einem babylonischen Bierlokal fragte. »Ich habe meines Wissens nie eine Abbildung von so etwas gesehen«, meinte ich. »Ich habe so etwas wie ein ägyptisches Bierlokal gesehen, aber kein babylonisches.« Ich mußte mich in ägyptische Geschichte vertiefen, um die Fakten miteinander zu vergleichen – um herauszufinden, ob sich etwas ähnliches vom einen zum anderen Land verbreitet hatte. Schließlich berichtete ich Griffith, daß ich etwas Akzeptables zustande bringen könnte. »Wir zersägen große Palmen – und das sind dann die Unterteile der Tische...«

»Das ist ausgezeichnet«, meinte er. Es gab dafür zwar kaum eine authentische Begründung, aber man konnte es zumindest für angemessen halten.

D. W. Griffith gibt Regieanweisungen für die Ballszene von *Intolerance*.

Eine Eigenschaft, die ich an Griffith vor allem bewunderte, war sein Streben nach Realismus. Er sagte immer: »Morgen möchte ich in der und der Dekoration drehen. Veranlassen Sie, daß sie fertig ist.« Ich ging also hin, schaute es mir an und versuchte, es natürlich aussehen zu lassen. Ich ließ an bestimmten Stellen Sträucher und Gewächse pflanzen, damit es so aussah, als stünde das Gebäude schon seit Jahren hier.

Es freute mich, wenn Griffith alles wohlwollend aufnahm. Er sagte nie etwas – aber ich merkte, wenn er zufrieden war. Er mochte es sehr gern, wenn jemand etwas aus eigener Initiative tat.

Ich erinnere mich, wie ich einmal in der Babylon-Episode einen Soldaten spielte. Ich stand vor einem Richter des babylonischen Gerichtshofes, weil ein Mann mich beschuldigt hatte, seine Frau belästigt zu haben. Und ich berichtete also – in Pantomime – dem Richter, wie ich so die Straße entlangspaziere, als ich einen Pfiff höre; ich schaue um mich und erblicke in einem Fenster diese Frau, und sie winkt mir zu... Ich machte also meine kleinen Gesten und improvisierte alles. Und dann bemerkte ich Griffith. Er war völlig aus dem Häuschen. Er war entzückt davon. Also machte ich weiter und gestaltete es immer mehr aus. Das Wort ›Pantomime‹ gefällt mir eigentlich nicht, denn ich mag die klassische Pantomime nicht. Ich bevorzuge eine weniger auffällige Art des Spiels – ein Blick oder eine Geste sind sehr viel wirkungsvoller als irgendwelches Herumwedeln mit den Händen. Und auch Griffith schätzte gerade diese kleinen Details.

Das ist der Grund, warum Griffith eine so große Inspiration für mich war. Nicht wegen seiner Neuerungen – sondern weil er der erste war, der erkannte,

Handwerker fegen die Treppe, bevor auf dem massiven Babylon-Set die Dreharbeiten anfangen.

Aus der 'Jüdischen Episode' von *Intolerance*: Howard Gaye als Christus, Bessie Love als Braut von Kana und George Walsh als ihr Bräutigam (rechts unter dem Baldachin).

daß eine Geschichte dadurch gelingt, daß die Figuren gut entwickelt und interessant sind. Unsere ersten Filme waren grob und simpel; zwei Leute trafen sich, und man wußte nichts über die beiden – woher sie kamen, was sie waren, ob sie Limburger Käse oder Löffelbisquit bevorzugten. Es waren unpersönliche Puppen.

Doch Griffith sorgte dafür, daß man seine Figuren erkannte. Er begann mit der Frage: »Was tut wohl eine Frau, die für ihre Familie den Haushalt führt?« Und er zeigte sie auf der Veranda, wie sie Mais schält, und mit kleinen Details brachte er einem diese Person nahe – »Das ist meine Mutter«, konnte man denken.

Er hatte ein ausgezeichnetes Auge und ein gutes Gefühl für Kontraste. Ich erinnere mich an eine Szene in *The Battle of Elderbush Gulch*, in der Mae Marsh sich vor den Indianern in einer hölzernen Kiste versteckt. Und wenn dann das komische kleine Wesen hochkommt und über den Rand der Kiste blinzelt, wirkt das als amüsanter Gegensatz zu der gespannten und hoch melodramatischen Situation.

In *The Birth of a Nation* versuchen die Neger-Soldaten, eine kleine Holzhütte zu stürmen, in die sich einige Weiße geflüchtet haben, wobei eine treue Dienerin am Fenster steht. Während also die Kerle einzudringen versuchen, versetzt sie einem nach dem anderen einen Schlag mit dem Gewehrkolben. Das Publikum war zu diesem Zeitpunkt so angespannt, daß es bei jedem Schlag in brüllendes Gelächter ausbrach. Es war eigentlich kein Lachen, es war eine Erlösung. Und man genoß es um so mehr, als man in den Kampf einbezogen wurde. Man war nicht unbeteiligt, man wurde emotional einbezogen. Unsere Leute werden es schon schaffen!

Dieser Griffith arbeitete ohne die Unterstützung all jener Helfer, die man heute als unverzichtbar ansieht. Denken Sie nur an einen modernen Film oder an eine Fernsehshow. Denken Sie an die Vor- oder Abspanntitel mit all den Beteiligten. Griffith hatte einen Kameramann, einen Requisiteur, einen Bühnenmeister, einen Regieassistenten und jemanden für die Recherchen. Die meisten dieser Leute hatten dann wieder Assistenten, aber Griffith hatte keinen Ausstatter, keinen Maskenbildner, keinen Friseur, keine Trickabteilung, keinen Drehbuchautor – kein Drehbuch!

Er war ein Mann, der Leistung durchaus zu schätzen wußte. Er machte es nicht so, daß er auf dich zukam, dir auf die Schulter klopfte und sagte: »Klasse, das hast du klasse gemacht!«; sondern es geschah irgend etwas zu deinen Gunsten, und das war die Art, wie er seine Dankbarkeit und Wertschätzung zeigte.

Wir drehten oft bei Nacht. Elektrische Beleuchtung war in Kalifornien noch nicht sehr verbreitet, also benutzten wir Leuchtkugeln. Damals hatten wir keine Lautsprecher, um die Menschenmassen zu lenken, die manchmal weit entfernt waren, also benutzten wir Megaphone. Vielen blieb nach ein paar Stunden Benutzung die Stimme weg, aber ich lernte eine besondere Atemtechnik. Ich vermute, es war wie beim Opernsingen; ich benutzte mein Zwerchfell. Ich rief zu den Leuten in ganz langsamem Tempo – ich redete nicht schnell, damit die Worte sich nicht vermischten – und ich stand direkt neben Mr. Griffith auf dem Gerüst.

Von »Birth of a Nation« zu »Intolerance« 6

Joseph Henaberys Orgienszene für *Intolerance*.

Die Armee von Kyros dem Großen.

Für *Intolerance* drehten wir eine der großartigsten Einstellungen aller Zeiten. Wir errichteten gegenüber der babylonischen Dekoration einen Turm mit einem selbstkonstruierten Aufzug im Inneren. Darauf war die Kameraplattform montiert. Während die also abwärts fuhr, bewegte sich der Turm mit einem Fahrgestell auf Eisenbahnschienen vorwärts. Solche Fahrgestelle hatten Räder aus Gußstahl, 25 cm im Durchmesser; diese Fahrgestelle benutzten die Eisenbahner bei ihren Reparaturen.

D. W. Griffith und G. W. Bitzer bei der Vorbereitung einer Fahraufnahme für *Intolerance*.

Vier Leute waren mit auf der Kameraplattform: Griffith, Bitzer, dessen Assistent Karl Brown und ich. Die Szene begann mit einer Totalen des Palastes mit Tausenden von Statisten. Ohne eine Unterbrechung fuhren wir abwärts bis zu einer Halbtotalen, in der nur die Hauptfiguren zu sehen waren. Diese Aufnahme wurde mehrmals wiederholt. Während der Probe wies Griffith auf Bewegungen im Hintergrund hin, die er anders haben wollte. Nach jeder Probefahrt lief ich in die Dekoration und informierte die Gruppenleiter über die Änderungen. Griffith selbst kümmerte sich um die Korrekturen im Vordergrund. Dann kehrten wir auf die Kameraplattform zurück und fuhren wieder nach oben. Wir probten etwa anderthalb Stunden. Dann mußten wir mit dem Drehen anfangen, um das Licht im richtigen Einfallswinkel zu erwischen. Die Aufnahme wurde drei- oder viermal gedreht. Meiner Erinnerung nach waren alle Aufnahmen in Ordnung. Da aber eine Neuaufnahme ein Vermögen gekostet hätte, wurde die Einstellung zur Sicherheit mit leichten Belichtungsvarianten wiederholt.

Ich habe die Kameraplattform nie vermessen, aber ich erinnere mich an eine Zahl, die als Maßstab für die meisten Bauten gelten kann. Die Mauern von Babylon waren dreißig Meter hoch. Die Mauern waren etwa gleich hoch wie die Säulen, auf denen die Elefanten standen; man kann also sicher eine Gesamthöhe von 42 Metern annehmen. Die Kameraplattform reichte bis in etwa dreißig oder fünfunddreißig Meter Höhe; wir standen ungefähr in Höhe der Podeste für die Elefanten, und die Kamera war ein wenig tiefer. An der breitesten Stelle war das Turmgerüst zwölf Meter breit.

Insgesamt verbrachten wir nur ein paar Stunden auf der Szene. Wir mußten mit dem natürlichen Licht drehen. Um die Dekoration zur vollen Wirkung zu bringen, mußten wir aufnehmen, wenn die Sonne richtig stand. Wir konnten zum Beispiel nicht bei Gegenlicht drehen. Am günstigsten war wohl Seitenlicht oder leicht schräges Gegenlicht. Also waren wir auf die Zeit ab zehn bis elf Uhr vormittags angewiesen.

Ich fand den Drehort für die Schlachtszenen, die am Euphrat und Tigris spielten. Er lag etwas unterhalb der sogenannten Baldwin-Hügel. Historisch war das etwa die gleiche Landschaftsstruktur. Große Flächen sumpfigen Landes.

Von »Birth of a Nation« zu »Intolerance«

Ich bekam die Erlaubnis von den Erben der Dominguez-Ländereien und arrangierte mit der Pacific Electric Railroad, daß wir die Statisten mit speziellen Strassenbahnwagen in die Nähe des Drehortes transportieren konnten.

Griffith zu assistieren, bedeutete für mich auch, daß ich mich um die Menschenmassen kümmern mußte. Nehmen wir einmal an, daß es etwa zweitausend Leute waren; wie schafft man es also, daß zweitausend Leute am frühen Morgen kostümiert und drehbereit sind, wenn man das nicht irgendwie aufteilt? Ich organisierte es so: Jeder bekam eine Karte. Darauf stand, wo er sein Kostüm bekam – er war zum Beispiel einer von hundertfünfzig Leuten, die ihr Kostüm an einer bestimmten Bude bekamen. Ich ließ die Rückseite der Babylonbauten in Buden einteilen und beschriften und ließ die Kostüme genau nach Plan verteilen. Und dadurch erreichte ich, daß zweitausend Leute morgens um acht fertig waren.

Formell war George Siegmann der erste Regieassistent. Er war ein großartiger Kerl, aber er kümmerte sich wenig um Organisation oder Recherchen; und oft kam er vor einer Szene zu mir und fragte: »Wo sollen die hingehen? Nach links oder rechts?« Aber er hat mehr für mich getan, als es sonst jemand auf der Welt in derselben beruflichen Position getan hätte. Er war wundervoll.[4]

Das Essen wurde am Abend vorher bestellt. Ich mußte auf gut Glück vorplanen. Oft kam ich ganz schön in die Klemme, wenn der Nebel sich erst sehr spät verzog und einige tausend Statisten warten mußten.

Eine Cafeteria in der Stadt arbeitete die ganze Nacht, um die Essenspäckchen vorzubereiten, und ich achtete genau darauf, wenn welche übrigblieben. Ich ließ gerade die passende Anzahl herstellen und bestand darauf, daß nur frische Zutaten verwendet wurden, denn die Essenspäckchen waren eine wichtige psychologische Hilfe. Die Statisten bekamen Reisespesen, das Essen und 1 Dollar 25 Cent pro Tag. Bei *The Birth of a Nation* hatte es noch 1 Dollar 10 Cent gegeben; das war keine große Steigerung, aber doch mehr, als die anderen Firmen ihren Komparsen zahlten.

Ich bekam etwa zweitausend Essenspäckchen auf zwei Lieferwagen. Und es war leckeres Essen. Es kostete 35 Cent pro Person, was damals ziemlich gut war. Ich ließ sie an denselben Stellen ausgeben wie die Kostüme, so daß die Speisung der Massen im Handumdrehen erledigt wurde. Wenn die Lieferwagen kamen, rannten alle los und schrien »He! Es-sen! Es-sen!« und waren nicht mehr zu halten. Sie schnappten sich ihr Paket und ihre Milch und waren richtig glücklich damit.

Mir fiel ein alter Mann auf, der sich immer irgendwie von den andern absonderte, nachdem er sein Essen bekommen hatte. Er ging hinüber zu der Segeltuchumzäunung, die das Gelände umgab, und setzte sich auf den Boden. Ich verstand nicht, was sich da eigentlich abspielte – bis ich eines Tages von meinem Platz aus beide Seiten des Zaunes überblicken konnte. Und da, auf der anderen Seite des Zaunes, war seine arme alte Frau. Er schob ihr unter dem Zaun einen Teil seines Essens zu.

Man erfährt über die Leute mehr, wenn man mit ihnen zusammenarbeitet, als wenn man sie aus der Distanz beobachtet. Durch die Erlebnisse bei der Herstellung dieses Films änderten sich einige meiner Ansichten gründlich. Ich begann über bestimmte Menschen ganz anders zu denken. Ein großer Teil unserer Komparsen kam aus Skid Row, einer Slumgegend von Los Angeles. In Skid Row gab es – wie der Name Rutschbahn andeutet – viele Säufer und Leute, die auf den Hund gekommen waren. Leider mußten wir bald feststellen, daß sehr viele dieser Leute körperlich nicht in der Lage waren, zu arbeiten oder einer regelmäßigen Beschäftigung nachzugehen.

Wir transportierten diesen ›Pöbel‹ mit Straßenbahnwagen ins Studio, und wir leiteten sie zu den verschiedenen Plätzen zum Umziehen. Sie zogen ihre Kleider aus oder krempelten sie hoch, und dann sah man, in welch fürchterlichem Zustand sie waren. Unterernährung… einige mit schlimmen Krampfadern… eben solche Sachen, gegen die mittellose Leute nichts machen können. Wenn man pleite und auf den Hund gekommen ist, dann kommt man vom Regen in die Traufe und endet schließlich in der Gosse. Man muß gar kein Säufer sein, nur ein armer, zermürbter, wertloser Mensch – in den Augen der andern Leute. Manche werden beiseite geschoben und zum ›Bum‹, zum Penner, gestempelt – und das ist dein Schicksal, bis du das Glück hast zu sterben.

Eine andere Überraschung für mich war, wie sadistisch manche Leute sein können. Wir postierten einen Teil des Pöbels oben auf der Mauer von Babylon. Unten tummelte sich die persische Armee, griff an, schoß mit Pfeilen und so weiter. Wir gaben den Kerlen oben Pfeile und Bogen, Speere und Magnesiumbomben (wie wir sie nannten), die historisch korrekt waren. Das waren Drahtknäuel, die mit Lappen umhüllt und mit Magnesium bestrichen waren. Die Männer oben zündeten sie an und warfen sie auf die Perser unten. Wie sie sich freuten, wenn sie jemand trafen, der einen Toten spielte. Wenn ein Toter aufsprang und wegrannte, wußte man, daß jemand mit Bomben oder Pfeilen auf ihn zielte.

Damals gab es bei uns eine Gruppe, die die IWW hieß – die Industrial Workers of the World. Wir nannten sie die ›I Won't Workers‹ (›Ich arbeite nicht‹), die Wobblies. Diese Wobblies hielten uns für eine Art Zitrone, die man ausquetschen kann.

Wir drehten die Kreuzigung und wollten es in der Abenddämmerung tun, ohne grelles Sonnenlicht, um bestimmte Effekte mit Lampen und Leuchtkugeln zu erreichen. Diese Leute verlangten einen zweiten Tageslohn, wenn sie dableiben sollten.

»Ich habe euch heute morgen erklärt«, sagte ich, »daß wir 75 Cent für zwei Überstunden zahlen – und daß heute abend um halb acht Feierabend ist.«

»Wir arbeiten nicht.«

Das Hin-und-Her ging eine ganze Weile so. Schließlich sagte ich, sie sollten die 75 Cent akzeptieren – oder gehen.

»Wir gehen.«

Sie machten sich auf den Weg zum Tor, das etwa hundertachtzig Meter entfernt war, quer durch die Dekorationen. Ich überholte sie. Ich lief einen anderen Weg, und unterwegs nahm ich einem Zimmermann seinen Hammer ab. Ich erreichte das Tor kurz vor den Wobblies.

Da war eine Kiste. Ich stieg hinauf und schrie: »Der erste Schweinehund, der versucht, durch dies Tor zu gehen, bekommt diesen Hammer an den Kopf.«

Man muß immer die Rädelsführer im Auge haben. Damit kriegt man diesen Pöbel zu packen.

»He du – versuch es doch! Geh doch!«

Ich hätte natürlich nicht zugeschlagen. Ehrlich gesagt, weiß ich nicht, was ich getan hätte.

Glücklicherweise kniff der erste Rädelsführer. Und sobald er kniff, tat es auch der zweite, und ich hatte im Handumdrehen alle wieder am Set.

Hinter einigen Außendekorationen gab es auf der Rückseite Plattformen, um den Eindruck eines Fußbodens hervorzurufen. Einige der IWWs versteckten sich unter diesen Plattformen. Sie hatten keine Lust zu arbeiten; sie suchten sich darunter ein schönes kühles Plätzchen zum Schlafen. Ich brauchte einige Zeit, bis ich dahinterkam.

Ich ging zu einem der Cowboys, die zu Pferd über das Gelände patrouillierten – Jim Kidd, ein sehr berühmter Wildwest- und Zirkusstar.

»Jim, da unter den Dekorationen sind ein paar von den Jungs, scheuch die mal raus. Steig aufs Pferd und mach etwas Wirbel.«

Er ritt auf die Plattform, das Pferd wirbelte herum und machte mit seinen Hufen Krach, und Jim zog eine wilde Show ab. Er zog seinen Revolver, feuerte mit seinen Platzpatronen und schrie: »Kommt raus, verdammtnochmal, oder ich mach euch kalt!«

Der Krach da unten muß fürchterlich gewesen sein. Sie hätten mal sehen sollen, wie die Kerle da hervorkamen – zehn oder fünfzehn stolperten in panischer Angst heraus.

»Also Herrschaften«, sagte ich, »kommt her und gebt mir eure Karten.« Ich nahm ihnen die Karten ab. »Jetzt geht da rüber, gebt eure Kostüme ab und verschwindet vom Gelände.«

Sie protestierten natürlich. Sie hätten nur Spaß gemacht, sie hätten dies, sie hätten das...

»Verschwindet!«

Am nächsten Morgen um halb sechs beobachtete ich, wie die Männer eingelassen wurden, und natürlich waren einige dieser Kerle wieder dabei und versteckten sich hinter anderen.

»Du da!« rief ich. »Dich habe ich gestern rausgeworfen. Raus! *Verschwinde!*«

Ein armer alter Kerl bettelte mich an: »Ach, bitte!« Ich ließ mich erweichen und gab ihm und ein paar anderen nochmal eine Chance. Ich hatte sie jetzt im Griff. Mensch, wie die anschließend spurten! Sie waren überall dabei. Sie schufteten wie die Wilden.

Wir hatten Schlachtszenen, in denen Leute von den Mauern Babylons geworfen werden sollten. In einigen Nahaufnahmen wurden Stuntmen benutzt. Wir spannten unten Netze auf. Ein Mann, der große Erfahrung bei Stürzen ins Netz hatte, war Leo Nomis; er hatte im Zirkus und auf Jahrmärkten gearbeitet und wurde später ein wichtiger Stuntman in Hollywood. Dazu fanden wir einige Leute, die Erfahrung mit Stürzen hatten – ins Wasser.

Nomis nahm sich diese Jungs vor und erklärte: »Paßt auf, wenn ihr im Netz landet, müßt ihr auf dem Rücken landen. Vergeßt das nicht. Landet bloß nicht mit den Füßen zuerst.«

Ich kann mich ganz genau an die Situation erinnern. Wir richteten die Kamera so ein, daß die Bildkante gerade so weit oberhalb des Netzes lag, daß sie nicht wieder ins Bild geschleudert würden. Bei Nomis klappte alles wunderbar, aber dann kamen die anderen, und die landeten mit den Füßen zuerst. Die Füße wurden sofort zurückgeworfen, die Knie schlugen hoch, und im Handumdrehen hatten wir mehrere gebrochene Nasen. Die meinten wohl, Nomis hätte keine Ahnung, obwohl er für uns schon mehrere hundert Stunts erfolgreich durchgeführt hatte.

In den Totalen hatten wir es mit Puppen versucht. Nach meiner Meinung sah das fürchterlich aus. Sie schlackerten in alle Richtungen und sahen aus wie ausgestopfte Overalls – und genau das waren sie auch.

»Wir sollten das irgendwie besser hinbekommen«, sagte ich zu Griffith.

»Warum versuchen Sie es nicht?« fragte er zurück.

Kaum war die normale Arbeit vorbei, ging ich zur Requisitenabteilung. Mit Unterstützung mehrerer Requisiteure arbeitete ich bis 1 Uhr nachts. Ich hatte eine Puppe im Kopf, deren Gelenke sich nicht nach hinten biegen konnten. Ich brachte Schnüre an, die, wenn der Körper fiel, reißen und einen Arm oder ein Bein freigeben sollten, so daß natürliche Körperbewegungen zustande kamen.

Gegen 9 Uhr tauchte Griffith höchstpersönlich in der Werkstatt auf. Er sagte gar nichts. Er sah mich nur mit so einem Grinsen an und ging wieder.

Die Sache gelang mir ausgezeichnet. Der einzige Nachteil war bloß die viele Arbeit, die Schnüre für jede Aufnahme neu zu spannen. Aber es war eine riesige Verbesserung im Vergleich zu den schlotterigen Stürzen der normalen Puppen.

Es kam der Zeitpunkt, wo der Film in Pomona zum ersten Mal gezeigt werden sollte. Ich hatte nie irgendwelche Muster gesehen, geschweige denn irgendwelche fertig geschnittenen Teile des Films. Das war stets Griffiths Privileg. Ich stand immer draußen vor der Vorführung und wartete auf ihn. Ich erinnere mich noch, daß er mich gegen Ende der Arbeiten zu *The Birth of a Nation* fragte: »Nun, wie gefallen Sie sich?«

»Wie meinen Sie das?«

»Als Lincoln.«

»Wie soll ich mich je als Lincoln gesehen haben?«

Er lachte…

Ich fuhr in Griffiths Fiat nach Pomona mit Bobby Harron, Mae Marsh, Lillian Gish, Mr. Griffith und seinem Chauffeur. Das war damals eine fürchterliche Fahrt von dreißig Meilen; es gab noch keine gepflasterten Straßen. Wir nahmen die Quälerei mit Pomona auf uns, weil der Ort so abgelegen war und wir auf eine unvoreingenommene Reaktion hofften.

Die Vorführung ging vorüber – und ich war völlig verwirrt durch den Film. Ich war so entmutigt und enttäuscht. Auf dem Heimweg freuten sich alle, schwärmten und jubelten: »Oh, er ist wunderbar!«

Sicher, es gab darin wunderbare Szenen, wunderbare Dekorationen und wunderbare Ideen. Aber für mich war es eine ganz zusammenhanglose Geschichte. Ich wußte, daß Griffith Schwierigkeiten gehabt hatte, all das Material sinnvoll zusammenzufügen. Aber er endete bei Schnitten, die nur eine Sekunde lang waren. Er sprang von Episode zu Episode und hatte alles kleingehackt. Er hatte einfach zu viel Material.

Zuschauer von heute können das eher verstehen, denn sie sind solche Techniken gewöhnt. Aber damals erwartete man erzählerische Kontinuität.

Was mich am meisten verwirrte, waren die Zwischentitel. Ich wurde als letzter vom Chauffeur zu Hause abgeliefert, und unterwegs dachte ich angestrengt über den Film nach.

Um 10 Uhr am nächsten Morgen traf ich Griffith im Freien zwischen seinem Büro und der Szenarioabteilung. Er blieb stehen und fragte mich: »Na, was denken Sie über gestern abend?«

Ich zögerte, etwas zu sagen. Endlich kam ich damit heraus: »Also, ich war enttäuscht. Der schlimmste Punkt ist meiner Meinung nach, daß zu viele Zwischentitel drin sind, die für das Publikum absolut nichts bedeuten. Sie und ich und einige Leute hier haben sich stark mit dem Thema beschäftigt. Wir kennen die Beziehungen zwischen bestimmten Personen und bestimmten Ereignissen. Aber Sie verlangen von den Zuschauern, von denen manche kaum lesen können, Verständnis für Dinge, die über ihren Horizont gehen. Das ist unmöglich. Es ist – «

Griffith wurde plötzlich sehr wütend, was ihm ganz selten passierte. »Sie haben keine Ahnung, wovon Sie reden«, brüllte er. Er ließ mich stehen und ging in die Szenarioabteilung.

Ich hatte kein schlechtes Gewissen, daß ich es gesagt hatte. Es war mir von der Seele; das war wenigstens etwas. Ich hätte es unverzeihlich gefunden, wenn ich nicht meine Meinung gesagt hätte.

Mehrere Stunden später war ich in dem Atelier, gar nicht weit von ihm, der dort arbeitete, und wartete, daß er herauskam. Er hatte vielleicht einen Auftrag für den nächsten Tag; man konnte nie wissen. Schließlich kam er aus der Szenarioabteilung und ging quer durchs Atelier zu seinem Büro, als er mich entdeckte.

»He, Hanabery!« rief er und kam auf mich zu. »Was sagten Sie noch heute morgen über die Titel?«

Ich begann einige meiner Argumente zu wiederholen. Da kam Frank Woods aus der Szenarioabteilung, und Griffith rief ihn herbei.

»Frank«, sagte er, »Hanabery hat recht. Woher sollen die wissen, daß Kyros der Große mit dem und dem verwandt ist? Woher *können* die das wissen?« Er wandte sich an mich. »Kommen Sie nach dem Essen zu mir ins Büro.«

Ich saß da etwa drei Stunden. Ich zeigte die Titel, die mir besonders mißfallen hatten. Ich machte Vorschläge, und sie prüften meine Ideen und überarbeiteten die Titel. In gewisser Weise war das für mich sehr schmeichelhaft. Ich bin auch nur ein Mensch und anfällig für Schmeicheleien.

Ich hatte sehr schwer für diesen Film gearbeitet. Oft hatte ich bis spät in die Nacht gearbeitet, um für den nächsten Tag alles vorzubereiten. Ich hatte oft im Kostümfundus auf einer Bank geschlafen, um am nächsten Morgen um 5 Uhr zur Stelle zu sein, wenn die Leute eintrafen.

Ich erinnere mich, wie ich nach Ende der Dreharbeiten mit George Siegmann ins Kino ging, um einen neuen hervorragenden Film anzuschauen – *Civilization* von Thomas Ince. Wir gingen am Nachmittag. Ich sah den Beginn einer Szene, schlief ein und wachte vor dem Ende der Szene wieder auf. Ich konnte mich einfach nicht mehr konzentrieren. Ich war ausgelaugt. Ich fühlte mich schrecklich.

Schließlich nahm Griffith den Film mit nach dem Osten, und offenbar äußerten irgendwelche maßgeblichen Stellen: »Da müßte mehr Sex im Film sein.« Wie üblich dachten die Jungs, die den Film dem Publikum verkaufen sollten, das Publikum würde nur in die eine Richtung denken.

Also kabelte Griffith an Woods: »Hanabery soll Szenen von Belsazars

Fest drehen.« Und er beschrieb, was er wollte – nackte Frauen und was sonst noch alles dazugehört.

»Er kann doch keine nackten Frauen drehen«, meinte ich, »damit kommen wir doch nicht durch.«

»Er hat es gesagt«, antwortete Woods, »und dann machen Sie es auch.«

Ich fühlte mich gar nicht gut. Ich sprach mit Billy Bitzer.

»Ich bin in einer Klemme. Das Zeug wird ganz fürchterlich.«

»Machen Sie, was Sie für richtig halten«, sagte Bitzer. »Und was Sie auch machen, ich drehe es.«

Also holte ich einen Haufen Leute zusammen und rekonstruierte als Grundeinstellung einen Ausschnitt aus einem alten Gemälde von Belsazars Fest. Es war eine wilde Party, das kann ich Ihnen sagen. Eine richtige Orgie. Ich ließ die Leute sich so hinlegen, daß sie nicht ganz nackt waren – fast, aber nicht völlig. Trotzdem war Frank Woods sauer, daß ich mich nicht an die Anweisungen gehalten hatte – aber wir hatten keine Zeit für neue Aufnahmen.

Was ich zu der Zeit nicht wußte, war, daß Griffith im Osten einige nackte Frauen drehte, die er sich aus dem Rotlicht-Viertel geholt hatte. Schrecklich aussehende Geschöpfe. Er drehte fünf oder sechs Großaufnahmen, die später in die Sequenz eingefügt wurden.

Ich hörte von der Sache nichts mehr, bis Griffith zurückkam. Er sprach wieder in seiner indirekten Art. »Also wissen Sie, es ist ein merkwürdiges Gefühl, wenn der Assistent bessere Szenen dreht als man selbst.« Ich brauchte einige Minuten, um die Bemerkung mit dem zu verbinden, was ich getan hatte.

Griffith fuhr wieder nach dem Osten, und eines Tages war ich gerade mit einer Truppe am Proben, als Frank Woods mich zu sich rief. »He, Henabery. Glauben Sie, Sie könnten einen Film drehen? Vor seiner Abreise hat Mr. Griffith gesagt, daß Sie bei der nächsten Gelegenheit eine Regie bekommen sollen.«

Ich hab wohl erst einmal fünfzehn Sekunden geschwiegen und an all die erfahrenen Leute gedacht, die ihn vergeblich um so eine Chance gebeten hatten. Dann sagte ich: »Ja, das kann ich wohl.«

Und so wurde ich Filmregisseur.

1 Interviewt in Hollywood, Dez. 1964.
2 Griffith hatte die Rolle selbst auf der Bühne gespielt.
3 *The Birth of a Nation* wurde mit einer Aufnahmegeschwindigkeit zwischen 12 und 18 Bildern/sec gedreht.
4 Siegmann und George (André) Beranger waren auch Schauspieler.

7 **Regisseure**

In den Augen der Öffentlichkeit erscheint der Filmregisseur als der Inbegriff von Glamour und Romantik – und als die auf Erden bislang größte Annäherung an die göttliche Allmacht. Menschen handeln nach seinem Willen; Dinge geschehen, wenn er es wünscht. Er besitzt die Fähigkeit, die Zeit anzuhalten und die Vergangenheit umzugestalten – nicht bloß auf dem Papier, sondern in der Realität. Und wenn er seine Schöpfung auf Film gebannt hat, kann er noch einmal Gott spielen und im Schneideraum Ereignisse und Gestalten neu arrangieren.

Doch Regisseure sind menschliche Wesen. Während sie ihre filmischen Ereignisse schaffen, sind sie gleichzeitig von realen abhängig. Sie können vielleicht den Weg durchs Rote Meer trockenlegen, sind aber hilflos, wenn dann beim Drehen die Sonne untergeht.

Um eine Geschichte in einen Film zu verwandeln, muß der Regisseur die organisatorischen Fähigkeiten eines Armeegenerals mit der Geduld und der Einsicht eines Psychoanalytikers verbinden. Er braucht Energie und Ausdauer, um seine Talente als Künstler und als Handwerker voll zu entfalten. Er muß auf allen Ebenen für seine Arbeit einstehen – finanziell, künstlerisch und administrativ –, und er trägt in seiner Position ungeheure Verantwortung. Doch zum Ausgleich kann er auch reich belohnt werden. Denn indem der Regisseur seine Phantasien in die Realität umsetzt und diese Realität auf Film festhält, durchlebt er eine Erfahrung, wie sie kein anderer Künstler kennt.

Ganz zu Anfang gab es beim Film lediglich zwei Techniker – der eine fotografierte den Film, der andere führte Regie. Der Kameramann mußte nachweisen, daß er mit der Kamera kurbeln konnte, der Regisseur brauchte gar nichts nachzuweisen. Er mußte nur schreien. Und seit jenen Tagen hat bis heute niemand zu definieren vermocht, welche Qualifikationen ein Regisseur braucht – außer Lungenkraft.

»Wenn man mich fragt, welche Elemente für einen Regisseur nötig sind«, meinte Josef von Sternberg, »dann zähle ich einige absolut fürchterliche Qualifikationen auf. Ich sage, er muß alle Sprachen beherrschen, die Geschichte des Theaters seit den Anfängen kennen, er muß ein Experte in Psychoanalyse sein und ein gewisses Training in Psychiatrie mitbringen. Er muß jede Gefühlsregung kennen. Und wenn man mich dann fragen sollte, ob ich all das kann, sage ich nur: ›Nein – aber ich habe ja auch niemanden gefragt, wie man ein Regisseur wird‹.«[1]

Der Film war eine neue Industrie mit neuen Leuten. Es gab keine erstarrten Hierarchien von Mitarbeitern, die auf ihre Beförderung warten. Wenn man zwanzig war und glaubte, Regie führen zu können, dann bekam man früher oder später auch von irgendeiner Firma die Chance dazu. Es spielte auch keine Rolle, ob man vorher gerade bei der Eisenbahn gearbeitet hatte und keine beeindruckenden Referenzen hatte. Der Mann, von dem man eingestellt wurde, war möglicherweise ein Einwanderer aus Europa, der vorher in der Lower East Side Stoffe zugeschnitten hatte. Er hegte keinerlei übertriebene Erwartungen hinsichtlich der Ausbildung oder der gesellschaftlichen Position; waren die Filme gut, wurde gut bezahlt.

Es gibt in Hollywood eine alte Anekdote über einen Schauspieler, der in der Straßenbahn beim Aussteigen darauf bestand, dem Schaffner die Hand zu drücken. »Der Mann«, so erklärte er, »ist vielleicht morgen mein Regisseur.«

Außenstehende waren veblüfft, daß ein so wichtiger Posten wie der des Regisseurs so mit der linken Hand verteilt wurde. Ein Literat schrieb indigniert: »Ich habe erlebt, wie Autoren, Männer mit Bildung, Theatererfahrung und einer guten Portion gesunden Menschenverstands jämmerlich scheiterten. Ich habe erlebt, wie Kameramänner, Schmierenschauspieler, Techniker und Männer ohne besondere Ausbildung große Regisseure wurden...«[2]

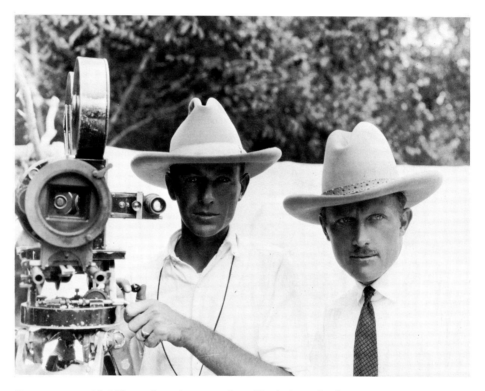

Kameramann Al Gilks und Regisseur Irvin Willat bei *North of 36* (1924).

Und eben das war das Geheimnis der Stummfilmzeit. Die Leute ohne literarische Bildung besaßen eher die Fähigkeit, sich in Bildern auszudrücken, als solche, die ihr Leben lang gewohnt waren, die Sprache zu benutzen; sie waren vielleicht im Umgang mit Worten etwas ungeschliffen, sie konnten sich aber oft ausgezeichnet visuell ausdrücken. Und sie hatten gelebt. Denn obwohl Stummfilmregisseure meistens junge Männer waren, war das in jenen wilden Jahren keineswegs gleichbedeutend mit Unerfahrenheit. Sie kamen aus allen Sparten der Filmindustrie und hatten alle nur denkbaren Arten von Vorleben. Sam Wood hatte für eine Ölfirma Pipelines verlegt. Edwin Carewe war als Tramp durchs Land gezogen. James Cruze war mit einer Medicine Show gereist. George Melford hatte bei einem Schmied gelernt. Clarence Brown war zuvor Autoverkäufer, W. S. Van Dyke Holzfäller, Goldgräber, Eisenbahner und Söldner gewesen.[3] Sie besaßen keinerlei Qualifikationen außer ihren Erfahrungen – doch das war oft die ideale Ausbildung für ihre Aufgabe: Sie waren so auf anstrengende Dreharbeiten, rauhe Umgangsformen und unbequeme Außenaufnahmen vorbereitet.

»Das waren großartige Männer, diese Stummfilmmacher«, sagte David O. Selznick. »Sie waren nicht zimperlich, sondern abenteuerlustig und bereit, etwas zu unternehmen. Sie hatten Tempo, sie waren ungeduldig und drehten ihre Filme schnell ab. Sie waren außerordentlich phantasievoll und außerordentlich kenntnisreich. Sie waren ein großartiger Haufen.«4

Die Stummfilmzeit war die Ära des Regisseurs, die friedliche Epoche, ehe die Produzenten die künstlerische Kontrolle an sich zogen. In den 20er Jahren stand auf den Plakaten der Name des Regisseurs oft in größeren Lettern als der des Stars. Weil das Publikum so enthusiastisch auf das Star-System reagierte, versuchten die Produzenten, das System auch auf die Regisseure auszudehnen. Das stieß nicht auf allgemeine Zustimmung.

»Es scheint ein allgemeines Bestreben zu geben, den Namen des Regisseurs der Öffentlichkeit aufzudrängen«, schrieb ein Fan 1923 in *Photoplay*, »um so die Zugkraft des Stars zu verringern. Das einzige, was beim Kino eine Rolle spielt, ist der Star. Ich gehe nicht in einen Film, weil er von dem und dem inszeniert ist. Ich gehe hin, wenn mich der Star reizt. Meiner Meinung nach kann die Bedeutung des Stars gar nicht hoch genug eingeschätzt werden.«5

»Wie sieht heutzutage so ein ›Starregisseur‹ aus?« fragte James Quirk 1921. »Was für ein Mensch ist das? Was hat er gelernt – was sind seine besonderen Talente? Im allgemeinen ist er ein sehr junger Mann mit der vorwitzigen Ungeduld der Jugend. Normalerweise hat er seine Position mit ein, zwei phänomenal erfolgreichen Filmen erreicht. Mit Filmen, die sich an der Kinokasse zu einem Phänomen entwickelten wegen ihres höchst interessanten Themas, das wahrscheinlich irgendeine unbekannte Person ausgewählt hat, die dabei leer ausgegangen ist. Was dann mit dem Regisseur geschieht, ist nicht sein Verschulden, denn er wird über alles, was menschlich ist, weit hinausgetragen, er wird wie ein Ballon aufgeblasen, und sein Kopf wird geradezu zerrissen durch eine Reihe sich wild überbietender Angebote von Managern, die sich auf alles stürzen, was nur entfernt nach Erfolg riecht.

Fügen wir jedoch schleunigst hinzu, daß eher an den jungen Regisseuren gesündigt wird, als daß diese selbst sündigten. Zeigt einer einen Anflug von Talent, so ist seine Situation gefährlicher als die eines einsamen hübschen Mädchens in der großen bösen Welt. Die fahrlässigen Alleinherrscher setzen ihn – ohne Ausbildung, ohne Reife – auf den Bukephalos und überlassen ihm nicht allein die Zügel, sondern auch Peitsche und Sporen.«6

1925 ließ Paramount verlauten, es sei das Prinzip der Firma, den Regisseuren die Zügel zu übergeben. Der Regisseur hatte sogar die Macht, dem Produzenten den Zutritt zur Projektion zu verweigern, wenn die Muster liefen. Dieser idyllische Zustand war von kurzer Dauer, denn im gleichen Jahr führte Thalberg das Überwachungssystem wieder ein. Dennoch zeigt eine solche Ankündigung, daß der Regisseur damals eine große Bedeutung hatte – selbst wenn es sich dabei nur um eine vorübergehende Entwicklungsphase der Filmindustrie handelte.

Photoplay beschloß 1921, einem dringenden Bedürfnis nachzukommen, indem man eine Frage beantwortete, die, so wurde gesagt, Publikum, Produzenten, Schauspieler, Komparsen und selbst Regieassistenten umtrieb: Was ist ein Regisseur?7

King Vidor meinte einfach, ein Regisseur sei der Kanal, durch den ein Film die Leinwand erreiche. Rex Ingram erwog, ob nicht der Regisseur die beste Verkörperung des Begriffes ›Sündenbock‹ sei, die ihm einfalle. »Er ist derjenige, auf dessen Schultern beständig alle Schuld abgeladen wird, wenn ein Film miß-

Rex Ingram führt Regie bei *The Four Horsemen of the Apocalypse* (1921). An der Kamera John Seitz.

Mervyn LeRoy, 28 Jahre alt, führt Regie bei *Harold Teen* (1928).

lungen ist – und ist er gelungen, so ist nicht unbedingt er derjenige, dem man dankt.« Ingram fügte in einer bitteren Vorahnung hinzu: »Meine Sympathie gehört jenen Regisseuren, deren Aufstieg und Fall völlig ihr eigenes Verdienst ist. Ich habe zu oft erlebt, daß ein guter Film und die Karriere eines vielversprechenden Regisseurs durch sogenannte *Überwachung* ruiniert wurden.« Thomas Ince verglich die Rolle eines Regisseurs mit der eines Dirigenten in der Musik: Beide sind Interpreten künstlerischer Werke. »Doch ebenso wie die Virtuosen ihre Arbeit oft auf das Feld der Komposition ausdehnen, wird ein Regisseur zum Schöpfer, indem er eigene Ideen beisteuert, die den Wert des Lichtspiels verbessern.«

Jesse Lasky erklärte leichthin: »Ein Regisseur, der Erfolg haben will, muß wirtschaftliche Effizienz mit künstlerischer Inspiration verbinden und beides mit Urteilskraft und Geschmack verschmelzen; er muß instinktiv erkennen, wann er eine Eigenschaft zugunsten der anderen zurückstellen muß. Er sollte zugleich die Qualitäten eines Dramatikers und eines Schauspielers haben; er sollte ein guter Manager sein und ein mitfühlendes Verständnis der menschlichen Natur besitzen.«

Betty Blythe, Star von *The Queen of Sheba*, definierte einen Regisseur als »den einzigen Mann außer deinem Gatten, der dir vorschreiben darf, wieviel Kleider du ablegen sollst.«

Cecil B. De Mille betonte die administrativen Aspekte des Regisseurberufs. Er beschrieb ihn als Mann, der niemals schläft. »Denn wenn er an der Spitze eines Stabes steht mit brillanten und unfehlbaren Drehbuchautoren, mit launenhaften Stars und mißgelaunten Schauspielern, hilflosen Komparsen, verrückten Kameraleuten, künstlerischen Künstlern, unpraktischen Technischen Leitern, leicht erregbaren Bühnenbildnern, diversen Elektrikern und Zimmerleuten, seltsamen Titelschreibern, den Finanzleuten und Scheck-Signierern; wenn er es schließlich auf sich nimmt, Kinobesitzer, Kritiker, Zensoren, Verleiher und Publikum zufriedenzustellen – dann ist es todsicher, daß er zum Schlafen keine Zeit findet.«

Die aufschlußreichste Definition gelang jedoch Frank Lloyd: »Der Regisseur ist im Grunde ein Übersetzer. Ihm ist die Aufgabe übertragen, in Bildern logisch und verständlich zu vermitteln, was Autor und Drehbuchverfasser niedergeschrieben haben. Er muß verstehen, wie man es dem Publikum verständlich macht. Er muß mit der Kamera umgehen können, wie der Autor mit dem Federhalter. Er muß gründliche Kenntnisse von den Regeln des Films besitzen, von Komposition, Kontinuität und Montage. Er muß ein Barometer der öffentlichen Meinung sein.«

Der Regisseur als Übersetzer – das ist eine Auffassung, die von wenigen Kritikern oder Historikern akzeptiert wird – sie halten den Regisseur für absolut wesentlich, für den eigentlichen Autor des Werkes. Sie schreiben alles, selbst die Kameraführung, dem Regisseur zu. Diese Vereinfachung birgt eine Gefahr: Während ein derartiges Bild bei einigen Regisseuren zutreffend ist, stellt es bei anderen eine unangemessene Übertreibung dar, wobei wichtige Beiträge der weniger bekannten Techniker vollkommen übersehen werden. Namen, die eigentlich im Gedächtnis bleiben sollten, werden so aus der Filmgeschichte getilgt. Und diese Techniker sind nicht mit irgendwelchen Malern aus der Renaissance zu vergleichen, die allenfalls noch akademisches Interesse erwecken. Viele von ihnen leben noch und haben in ihrer Karriere unter dieser willkürlichen Vernachlässigung gelitten.

Die Schwierigkeit liegt natürlich darin, daß zu viele Menschen an der Herstellung eines Film beteiligt sind. Man kann nicht jedem Credit-Titel eine lange Reihe von Namen folgen lassen; ebensowenig darf man hoffen herauszufinden, wer für bestimmte Effekte verantwortlich war – ob wirklich der Regisseur oder der Kameramann, Szenarist, Cutter, Architekt, Assistent oder Second Unit-Mann.

Die Verwirrungen um solche Zuweisungen sind endlos; selbst wenn man mit solchen Leuten in persönlichen Kontakt kommt, die an einem Film beteiligt waren, verdrehen sie möglicherweise die Tatsachen zu ihrem eigenen Vorteil, so ist nun einmal die menschliche Natur. Die Phrase, die ich in Hollywood häufig zu hören bekam, lautet: »Das habe ich praktisch selbst inszeniert.« Ich habe sie von Schauspielern, Produzenten, Kameraleuten und Assistenten gehört. In einigen Fällen traf das vielleicht zu. Doch ohne weitere Beweise signalisiert es eher Wunschdenken. Die Aussage belegt jedoch, daß alle den Regisseur logischerweise als Repräsentanten eines schöpferischen Teams ansehen; er ist der maßgebliche Mann, der Kommandeur in der Schlacht, der die Verantwortung trägt. Und während die Untergebenen vielleicht einen Orden erhalten, ist es der Befehlshaber, der einem im Gedächtnis bleibt.

Das Konzept des Regisseurs als Autor ist eine europäische Idee. Es kann in Amerika nur auf relativ wenige Regisseure angewendet werden. D. W. Griffith war meistens für Idee und Regie verantwortlich, ebenso Erich von Stroheim, Charlie Chaplin und solche Autoren, die zur Regie überwechselten, wie Edmund Goulding. Doch damit endet die Liste schon. Selbst so bedeutende Männer wie King Vidor, Rex Ingram, Ernst Lubitsch und F. W. Murnau arbeiteten nach Szenarien, die andere verfaßt hatten. Sie lieferten häufig Beiträge zum Skript, doch können sie deswegen nicht als Autoren gelten.

Die meisten dieser Männer waren zu sehr damit beschäftigt, Filme zu drehen, zu schneiden oder eine Produktion in Gang zu bringen, als daß sie sich voll und ganz dem Drehbuchschreiben hätten widmen können. Die Autoren-Regisseure, die alle Phasen der Filmproduktion kontrollierten, mußten sich mit einer bedeutend geringeren Zahl von Filmen abfinden. Doch sie konzentrierten sich auf die Qualität und steigerten so ihren Ruhm. Die gleiche Bewunderung verdienen jedoch jene Regie-Handwerker, die nahmen, was man ihnen anbot, und die, durch Budget und Zeitplan bedrängt, ausgezeichnete Ergebnisse lieferten.

Dadurch, daß dieselbe Gruppe von Leuten eine Reihe von Filmen zusammen drehte, entstanden schöpferische Teams. Einige Regisseure bildeten Partnerschaften mit Kameramännern: Herbert Brenon und der junge Chinese James Wong Howe, Rex Ingram und John Seitz, James Cruze und Karl Brown, Griffith und Bitzer. Dann gab es ebenso erfolgreiche Partnerschaften zwischen Autor und Regisseur: June Mathis und Rex Ingram, Ouida Bergere und George Fitzmaurice – auch als Ehepaar verbunden, ebenso wie Josephine Lovett und John S. Robertson und später Clara Beranger und William de Mille. Die dauerhafteste Partnerschaft bildeten Jeanie McPherson und Cecil B. De Mille.

Die alten Regisseure sind bereit, über jedes Thema zu reden, nur nicht über die Art und Weise, wie sie Regie führten. Nicht, daß sie sich weigerten, streng

Regisseure 7

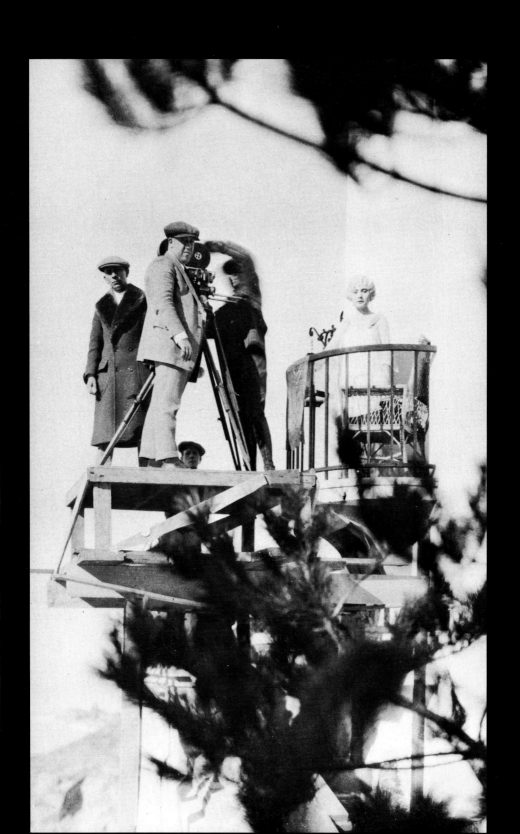

Robert Vignola gibt Regieanweisungen für eine Szene von *When Knighthood was in Flower* (1922), einer Produktion der Firma Cosmopolitan mit Marion Davies. An der Kamera Ira H. Morgan.

Fred Niblo führt Conrad Nagel und Greta Garbo in *The Mysterious Lady* (1928). An der Kamera William Daniels.

gehütete Geheimnisse zu offenbaren; sie finden einfach nicht die richtigen Worte, um zu erklären, was sie meinen. Fragt man sie nach ihrer Schauspielerführung, kommt meist die naheliegendste Anekdote: »Ich sage diesem Mädchen, daß sie hoffnungslos ist, daß sie uns einen elenden Haufen Geld kostet und daß wir diese Szene drehen, bis wir sie im Kasten haben, und wenn es die ganze Nacht dauert. Sie bricht in Tränen aus. Die Kameras schnurren und wir kriegen es. Perfekt. ›Danke‹, sage ich, ›du warst großartig. Tut mir leid, Kleine, ich wußte, es steckt in dir. Feierabend!‹«

Der Stummfilmregisseur lebt im Gedächtnis als eine Figur in Breeches und Wickelgamaschen oder Reitstiefeln, die herumstolzierte mit der Arroganz eines preußischen Kavallerieoffiziers und der Einfühlungsgabe eines Zirkusdompteurs. Zweifellos war ein solcher Aufzug wichtig für den militaristischen Regisseur, der blinden Gehorsam statt eigenständiger Darstellung verlangte. Und viele Schauspieler erklärten, daß sie es vorzögen, für solche autoritären Regisseure zu arbeiten, die offensichtlich genau wußten, was sie wollten, statt für solche, die von ihnen Ideen und Vorschläge erwarteten.

Es gab ein Rangabzeichen, das fast jeder Regisseur bei sich trug: das Megaphon. Es existierte in allen Größen – winzige Modelle für intime Studioarbeit und riesige Lautsprecher für Massenszenen. Meist waren sie mit dem Namen des Regisseurs beschriftet. Megaphone waren beim Stummfilm lebensnotwendig, denn die Arbeit des Regisseurs beruhte auf Tönen – den Tönen der Musik, dem hypnotischen Rattern der Kameras und vor allem dem Klang der Stimme des Regisseurs, in Lautstärke und Eindringlichkeit verstärkt durch das Megaphon.

Der Regisseur flüsterte hinein, nahm die Stimmung der Szene auf. Die Musiker stimmten sanft »Moonlight and Roses« an, die Kameras begannen zu rattern, und der Regisseur umschmeichelte die Schauspielerin mit seiner Stimme: »Denk daran, meine Liebe, du hast gerade deine Mutter verloren ... deine Mutter war dein ein und alles ... dein ein und alles ... du vermißt sie jetzt ... vermißt sie ... schau durchs Fenster ... der Duft der Blumen erinnert dich an sie ... du fühlst Tränen aufsteigen ... deine Kehle schnürt sich zu ... lehn dich vor ... langsam ... bleib so ... und *Schnitt*!« Die Stimmung zerbricht mit dem plötzlichen Anschwellen des Lärms und die Schauspielerin kommt wieder zu sich. »Das war großartig, Mary, ungeheuer. Kopieren, Jungs. Jetzt zur nächsten Einstellung – hier drüben ...«

Weil sie gegen intellektuelle und mystische Begriffe eine Abneigung hegen, wollte kaum einer der alten Regisseure jenes merkwürdige, fast elektrische Spannungsverhältnis zwischen Regisseur und Schauspieler ansprechen. Als ich Allan Dwan nach seinen Regiemethoden fragte, antwortete er: »Ich habe keine. Es hängt alles davon ab, was ich zum Frühstück gegessen habe.«

King Vidor äußerte sich etwas ausführlicher. »In der stummen Ära erwartete man, daß die Schauspieler die Figur kannten, die sie darstellten. Manchmal lasen sie nicht einmal das Skript, aber es gab da eine fast telepathische Verbindung zwischen Regisseur und Schauspieler. Die Dinge entwickelten sich im Ablauf der Szenen, während die Kamera lief. Und wir hatten Musik im Studio – das half sehr, in die richtige Stimmung zu kommen. In *The Big Parade*, wo Gilbert in einem Bombentrichter auf einen deutschen Soldaten trifft, war alles improvisiert. Ich redete nicht mit lauter Stimme; ich sagte vielleicht ›Mehr‹, ›Jetzt‹,

›Wunderbar‹, ›Großartig‹ ... Ich redete nicht die ganze Zeit, sondern verstummte, sobald es ging. Es war hypnotisch.

Gilbert hat nie das Skript von *The Big Parade* gelesen, und andere Schauspieler hielten es damals ebenso. Sie vertrauten dir und verließen sich auf dich. Sie wußten, daß du ihnen irgendwie die Gefühle vermitteln würdest. Ich kann das nicht rational erklären. Es war wie eine Liebesaffäre; man kann es einfach nicht beschreiben. Ich erinnere mich tatsächlich an Augenblicke, wo ich überhaupt nichts sagte. Mir schoß ein Gedanke durch den Kopf und Gilbert reagierte darauf.«[8]

Nach Einführung des Tonfilms konnte der Regisseur nicht mehr während des Drehens inszenieren. Die Musiker verschwanden, das Megaphon verschwand, die Improvisation verschwand. Ein gespenstisches, eisiges Schweigen legte sich über den Drehort – eine Stille, die ironischerweise viele Tonfilme zugrunde gerichtet hat.

Die Schauspieler, die an das Hämmern der Zimmerleute im Nebenatelier gewöhnt waren, an die Musik und die ratternden Kameras und vor allem an die Stimme, die ihnen durch das Megaphon Anweisungen zurief, fühlten sich plötzlich verloren wie auf einem fremden Planeten.

Nachdem er einmal »Kamera!« – oder »Ankoppeln!«, wie es jetzt hieß – gerufen hatte, war der Regisseur gezwungen, zu schweigen und zuzuschauen. Ihm blieb lediglich jenes eigenartige hypnotische Element. Das machte unverändert seine Wirkung aus, und es wurde ihm mehr als bisher bewußt. Mehr als bisher, doch um so weniger würde er es zugeben.

Stummfilmregisseure werden in Filmbüchern so unpersönlich abgehandelt wie naturwissenschaftliche Präparate. Wie die lateinischen Bezeichnungen der Schmetterlinge erscheinen sie in Klammern hinter den Titeln ihrer Filme. Diejenigen, die man als hervorragend einschätzt, werden detaillierter beschrieben, ihre Werke werden in einer distanzierten, klinischen Weise untersucht. Niemals wird diesen Präparaten ein wenig Leben eingehaucht. Niemals erscheinen sie menschlich genug, um Fehler begangen oder etwas zufällig getan zu haben. Jedes Element ihrer Arbeit wird unweigerlich als bewußter künstlerischer Ausdruck beschrieben.

Es ist nicht Aufgabe eines Kritikers zu untersuchen, *wie* bestimmte Effekte erzielt wurden. Er muß sich auf das Endprodukt und dessen Wirkung auf ihn selbst beschränken. Er schiebt die Schuld für einen langweiligen Film auf die mangelnde künstlerische Phantasie des Regisseurs; er kann nicht wissen, daß der krank, mit seinen Gedanken nicht bei der Sache oder bei einem großen Teil der Dreharbeiten nicht zugegen war. Ein schneller, wirkungsvoller Übergang wird als »einfallsreiche Regie« beschrieben, obwohl der Cutter lediglich den Verlust von Negativmaterial überbrücken mußte.

Man kann von einem Kritiker die Kenntnis solcher Details nicht erwarten. Es würde die Arbeit eines Detektivs erfordern, sie herauszubekommen. Während die Untersuchung eines Kritikers künstlerische Wahrheiten aufzudecken vermag, verweisen die Beschreibungen von Technikern, wie ein Film gemacht wurde, auf andere Wahrheiten – darauf, wie menschliche Stärken und Schwächen zum künstlerischen Produkt beitragen, und wie Zufälle und Mißgeschicke etwas Mittelmäßiges zu etwas Frischem und Ungewöhnlichen machen können.

Regisseure 7

Es ist allzu billig, über die unerwarteten Fehltritte eines Lieblingsregisseurs enttäuscht und verärgert zu sein. Man überschaut nie die ungeheuren Schwierigkeiten, die zu überwinden waren. Als Zuschauer wendet man seine ganze Aufmerksamkeit dem Film zu, und es ist schwirig zu erkennen, daß dessen Schöpfer mit seinem Kopf vielleicht ganz woanders war – daß er durch Unsicherheit, Temperament, Durst oder einfach Erschöpfung beeinflußt wurde. Wie Maurice Tourneur schrieb: »Man macht meist nicht das, was man will, sondern oft das, was man kann.«9

Die großen Regisseure des amerikanischen Stummfilms aufzuzählen, wäre ein schwieriges und weitgehend nutzloses Unterfangen. Solche Listen spiegeln den persönlichen Geschmack wider, der von der Zahl der erreichbaren Filme bestimmt wird; sie können in keinem Fall endgültig sein. Griffith und von Stroheim würden auf allen Listen stehen, mit Ausnahme einiger besonders radikaler. Rex Ingram und Raoul Walsh würden von Leuten mit einem guten Gedächtnis dazugesetzt werden. Aber andere Namen wären vergessen, weil kein Beispiel ihres Schaffens erhalten geblieben ist.

Niemand würde zum Beispiel an Hugo Ballin denken, denn alle seine Filme sind verschollen. Kaum jemand würde Maurice Tourneur erwähnen oder Frank Borzage, John Ford oder Rowland V. Lee, von denen inzwischen Stummfilme wiederentdeckt worden sind. Die übliche Gruppe – Griffith, Chaplin, von Stroheim, Flaherty – würde unweigerlich immer wieder erscheinen, nicht nur wegen ihrer unzweifelhaften Bedeutung, sondern wegen des konservativen Geschmacks der vereinten Filmliebhaber.

Die Zahl der Stummfilme, die sich in Umlauf befinden, ist sehr beschränkt, doch werden zunehmend frühe Produktionen ausgegraben, und den Namen bislang übersehener Talente wächst neues Ansehen zu. Männer, die man damals als guten Durchschnitt ansah, erscheinen heute als Meister im Vergleich zu den allgemein akzeptierten Vorbildern. Andere vergessene Regisseure, deren Werk wiederentdeckt wird, erweisen sich möglicherweise nicht als meisterhaft oder groß, sondern lediglich als erstklassige Filmmacher, die zu Unrecht seit nahezu einem halben Jahrhundert vergessen waren.

Eine interessantere Fragestellung als: ›Wer waren die größten?‹ ist einfach die: ›Wer waren sie?‹ Wer waren die Männer, die die reichste Epoche der Filmgeschichte schufen? Wie wurden sie Filmregisseure? Welche Haltung nahmen sie zu ihrer Arbeit ein?

Was für Leute waren das?

---

1 Josef von Sternberg zum Autor, Hollywood, Dez. 1964.
2 *Photoplay*, Juni 1923, S. 27.
3 Das hat sich Van Dykes Presseagent einfallen lassen. Biografische Details kann man nachlesen in: Robert C. Cannom: Van Dyke and the mythical City Hollywood. Culver City, Cal.: Murray & Gee 1948.
4 David O. Selznick zum Autor, New York, Dez. 1964.
5 *Photoplay*, April 1923, S. 14.
6 *Photoplay*, Feb. 1921, S. 49.
7 *Photoplay*, Aug. 1921, S. 54.
8 King Vidor zum Autor, London, Aug. 1962.
9 Brief von Maurice Tourneur an Edward Wagenknecht, zitiert in seinem Buch: The Movies in the Age of Innocence (1962), TB-Ausg.: New York: Ballantine 1971, S. 204.

8 D. W. Griffith

Für Filmstudenten ist D. W. Griffith der bekannteste Name der Filmgeschichte. Hier, so wird ihnen erzählt, haben wir den Großen Meister, den Großen Erfinder, den Mann, der alles als erster tat – offenbar der einzige Regisseur in Amerika, der schöpferisch genug war, um als Genie bezeichnet zu werden.

Der Name taucht mit dumpfer Regelmäßigkeit in allen Filmgeschichten auf und löst so bei vielen Studenten ähnliche Abwehrreaktionen aus wie der Name von Shakespeare, jenem alles andere überschattenden Genie in der Literaturgeschichte. Es ist undenkbar, daß ein einzelner Mensch für so viele einschüchternde Neuerungen verantwortlich gewesen sein soll. War er wirklich allein? Erfuhr er niemals Unterstützung oder Anregung von anderen? Gab es in jener Zeit keine anderen hervorragenden Geister?

The Birth of a Nation (1915), der regelmäßig in Filmclubs gezeigt wird, verstärkt diese Vorurteile noch. Die Studenten erwarten ein erderschütterndes Meisterwerk – und erleben ein kaum ansehbares Museumsstück. Sie können nicht wissen, daß es mit dem Original etwa so viel Ähnlichkeit besitzt wie eine schrumpelige Puppe mit dem späteren herrlichen Schmetterling. Von technischen Dingen ganz abgesehen, ist *The Birth of a Nation* eine Leistung, die man im historischen Zusammenhang sehen muß. Zu seiner Zeit absolut erstaunlich, löste der Film so viele Neuerungen in der Technik des Filmmachens aus, daß er schon nach wenigen Jahren veraltet wirkte.

»Vor gerade zehn Jahren«, schrieb ein Leser 1926 an *Photoplay*, »sah ich den Wunderfilm *The Birth of a Nation* und war gefesselt. Gestern abend sah ich ihn wieder. Der Wunderfilm wirkt heute eher mittelmäßig. Die Kamera erscheint amateurhaft im Licht der phantastischen Effekte, die heute hervorgebracht werden. Die unnatürlichen, ruckhaften, überschnellen Bewegungen erinnern an die Ära der Keystone Cops. Maupassant sagt an einer Stelle, daß der weise ist, der die Ruhestätte alter Briefe nicht stört; vielleicht gilt dasselbe auch für Filme?«[1]

Griffiths Genie liegt in bestimmter Hinsicht klar vor Augen; in anderen Aspekten kann man es erst durch Vergleiche ermessen. Könnte man *The Birth of a Nation* mit anderen wichtigen Filmen jener Zeit vergleichen – wie *A Fool There Was* oder *The Spoilers*, dann lägen seine Verdienste vollkommen klar auf der Hand. Einige von Griffiths Filmen aus den Jahren 1911 und 1912 erscheinen neben den Produktionen anderer Firmen sogar noch überlegener als *The Birth of a Nation*, denn sie eröffnen völlig neue Aspekte für das Medium. Seine Techniken sind so gründlich in die Sprache des Films eingegangen, daß viele seiner geradezu dramatischen Erfindungen heute fast wie Klischees wirken. Und wenn diese Klischees auch noch mit der falschen Geschwindigkeit vorgeführt werden, in einer verwaschenen, kontrastarmen Kopie, leidet Griffiths Ruhm verständlicherweise Schaden. Obwohl er für seine kinematografischen Glanzstücke bekannt ist, fanden sich diese nicht in jedem Griffith-Film, sie machten auch gar nicht deren wichtigste Qualität aus. Er drehte viele leisere Filme – einfache Geschichten von Menschlichkeit und Wärme, solche Streifen, für die die Stummfilmzeit berühmt ist.

Die Geschichte des D. W. Griffith ist gleichermaßen anregend wie tragisch. Autoren haben sie oft als Musterbeispiel für die Gefühllosigkeit Hollywoods angeführt. Doch ohne die Schuld der Filmindustrie im Ganzen schmälern zu wollen dafür, wie sie den Mann behandelte, dem sie so viel zu verdanken hatte, gehen solche Verallgemeinerungen eher zu Lasten einzelner. Viele Leute in der Filmindustrie haben versucht, Griffith zu helfen. Doch in den meisten Fällen wies er diese Hilfe zurück.

Ein Genie ist durch seine Unberechenbarkeit eine potentielle Bedrohung für die Struktur einer Industrie. Es ist erst im Rückblick wirklich angemessen zu betrachten und einzuschätzen – vorzugsweise nach dem Tod.

D. W. Griffith bei den Außenaufnahmen zu *Way Down East* (1920).

Griffith starb am 23. Juli 1948, nach sechzehn Jahren völliger Untätigkeit. Vier Monate vor Griffiths Tod besuchte ihn der Journalist Ezra Goodman: »Der Vater des amerikanischen Films saß in einem Sessel in einem Hotelzimmer im Herzen von Hollywood, schüttete Gin aus einem Wasserglas in sich hinein und grabschte ab und zu nach der Blondine, die ihm gegenüber auf dem Sofa saß... Es war wirklich Griffith, seine adligen, arroganten, adlerhaften Züge gekrönt von schütterem weißen Haar, bekleidet mit einem Pyjama und einem gemusterten, rotbraunen Schlafrock. Er saß da, zweiundsiebzig Jahre alt, allein, betrunken und fast vergessen, in einem Hotelzimmer jener Stadt, der er überhaupt zu einem Namen verholfen hatte.«²

Dies ist der effektvolle Beginn für Goodmans Tour durch Hollywood, seine Betrachtung durch eine dreckbespritzte Brille. Doch wieviel Wahrheit liegt in solcher Sensationshascherei?

Die Tatsache als solche ist zutreffend. Doch Wahrheit beruht ebenso auf der eigenen Perspektive wie auf dem Zusammenhang der Fakten. Die wirkliche Tragödie – für uns – sind die sechzehn vergeudeten Jahre. Goodman behauptet: »Man konnte für Griffith in dieser großen, reichen Filmindustrie keinen Platz finden.« Tatsächlich versuchten jedoch viele seiner ehemaligen Mitarbeiter, ihm zu helfen, aber für Griffith einen passenden Platz in der so sehr veränderten Industrie zu finden, wäre genauso schwer gewesen, wie Moses in der Heilsarmee unterzubringen.

Zudem galt Griffith in gewissen Kreisen als antisemitischer Jude. Allerdings ist es bisher keinem Forscher gelungen, Griffith jüdisches Blut in seinem Südstaaten-Stammbaum nachzuweisen. Er selbst sah sich als ein Gentleman aus dem Süden. Als solcher äußerte er eine offene Verachtung für bestimmte Einwanderer unter den Filmleuten. Die Betroffenen sahen sich als Opfer rassistischer Vorurteile. Als Griffiths Macht sank, mußte er erleben, wie seine Chancen für einen Wiederaufstieg dahinschwanden.

Ein Mann, der ihm trotz allem half, war der Komödienproduzent Hal Roach: »D. W. Griffith war eines der großen Genies in diesem Geschäft«, berichtete Roach, »und da saß er untätig in Los Angeles herum. Er kam und half mir bei *One Million B.C.* (1940), nur um etwas zu tun. Sein Name tauchte im

Zusammenhang mit dem Film niemals auf; die Tatsache, daß er für uns arbeitete, wurde niemals in der Presse erwähnt. Aber er arbeitete mit. Er half bei der Besetzung und beim Buch und in bestimmten Phasen der Produktion. Er ging nicht mit zu den Außenaufnahmen, er war aber mit im Atelier, wenn wir im Studio drehten. Ich kam sehr gut mit ihm aus, er war ein außerordentlich netter Mensch, und was mit ihm geschah, ist eine Schande. Ich meine, wie soll ich es sagen – in der Zeit hier bei mir war er ein brillanter Mann und hätte brillante Filme machen können. Alles, was er sagte, war intelligent. Warum er auf der Strecke blieb, weiß ich einfach nicht.«[3]

Griffiths Schwierigkeiten begannen 1916 mit dem finanziellen Mißerfolg von *Intolerance*. Die Bankiers bekundeten ihr Mißfallen über seine exzessiven Ausgaben; in einem Anfall von Großmannssucht übernahm er die Verbindlichkeiten für den Film und sah sich daraufhin enormen Schulden gegenüber. Nachdem er in Hollywood *Broken Blossoms* gemacht hatte, verlegte Griffith seine Firma wieder nach New York, was die Atmosphäre weiter abkühlte. Hollywood war pikiert, als Griffith Mamaroneck als Standort seines Studios wählte. Viele hofften darauf, daß er scheitern würde.

Way Down East wurde jedoch ein phänomenaler Erfolg, und Griffith erwartete dasselbe für *Orphans of the Storm*. Doch dessen Erfolg erreichte nicht die gleichen finanziellen Höhen, und sein Glück begann zu schwinden. James Quirk begrüßte 1923 die Premiere von *The White Rose* mit den Worten: »Ist es nicht an der Zeit, daß Mr. Griffith einen Film herstellt, der seinem Titel ›Der Meister‹ annähernd entspricht? Dieser Ruhm, der nicht mehr so sicher ist wie früher, könnte weiter schwinden, wenn er nicht in den Ring zurückkommt, um seine Meisterschaft zu verteidigen.« Quirk wies warnend auf vier andere Regisseure hin, die ihm seinen Platz streitig machten, und fügte hinzu, daß man sich nicht endlos auf seinen vergangenen Lorbeeren ausruhen könne. Auf die Tatsache anspielend, daß Griffiths Filme zu Eintrittspreisen von zwei Dollar gezeigt wurden, endete Quirk mit einem Seitenhieb: »Weiße Blumen zu zwei Dollar sind zu teuer, wenn andere Floristen ihre Ware zu fünfzig Cent anbieten.«[4]

Die Schwierigkeiten in Mamaroneck begannen sich zu häufen. In der Branche übersah man die Management-Probleme und schob alles auf eine angebliche Affäre mit Carol Dempster.

1923 begann Griffith mit den Arbeiten zu *America*, mit Carol Dempster und Neil Hamilton in den Hauptrollen. Der Film rief eine enorme Begeisterung hervor; bei Außenaufnahmen zu dieser Geschichte aus dem Befreiungskrieg brachten die Leute aus der Gegend Andenken und Erbstücke. Man stellte Griffith historische Gebäude zur Verfügung, und die Armee bot ihre Unterstützung an. Die Filmindustrie war von der Vorausreklame beeindruckt und lächelte wohlwollend. Dieser Enthusiasmus schien Griffith neue Kraft zu geben. Er wartete ungeduldig auf einen Schneesturm, um seine Valley Forge-Sequenzen drehen zu können, und er schaffte es gerade einige Tage vor der Premiere am 21. Februar 1924.

America wurde kein Erfolg. Der Film selbst war mit äußerster Sorgfalt gemacht. Die Schlachtszenen waren brillant inszeniert. Der Fehler lag hauptsächlich an der wenig überzeugenden und uninteressanten Liebesgeschichte und an der unsensiblen Montage. Es schien fast so, als sei jede zweite Einstellung ein Zwischentitel mit langatmigen historischen Erläuterungen. Keine der Sequenzen wurde mit der gleichen Sorgfalt geschnitten, mit der man beim Drehen ganz offenkundig vorgegangen war. Das Ergebnis wirkte wie ein Historienfilm, der von gelehrten Leuten hergestellt worden war, die vom Kino nichts verstanden.

Erstaunlicherweise gefiel der Film vielen Kritikern. »Ich bin ein hartgesottener, dickhäutiger Kritiker und muß ganz offen zugeben, daß mir bei einigen Höhepunkten die Tränen über die Wangen flossen. Stellen Sie Ihren Patriotismus auf die Probe – schauen Sie sich *America* an!« schrieb einer von ihnen.[5] Kinobesitzer lobten den Film ebenfalls als Meisterwerk – »Zustimmung beim Publikum 100%.«[6] Doch die finanziellen Ergebnisse waren nicht so prächtig. Es dauerte Jahre, bis sich der Film amortisiert hatte.

Griffith hatte eine Reihe von Auseinandersetzungen mit United Artists, jener Firma, die er mitbegründet hatte. Das Studio in Mamaroneck befand sich finanziell in einer katastrophalen Lage. Er schloß einen inoffiziellen Vertrag mit Adolph Zukor von Paramount, durch den einiges Geld für Griffiths nächsten Film *Isn't Life Wonderful?* aufgebracht wurde, der an Originalschauplätzen in Deutschland entstand. Dieser wundervolle Film war ein mitleidvoller Blick auf die einfachen Leute in einem besiegten Land, und er deutete an, daß das Leben auch unter den schlechtesten Bedingungen Glück bieten kann.

Nach seiner Rückkehr drehte Griffith *Sally of the Sawdust* und opferte Zukor seine Unabhängigkeit. Das Studio in Mamaroneck brach zusammen, und Griffith saß da mit einer halben Million Dollar Schulden.

»Ich bin kein schlechter Geschäftsmann, wirklich nicht«, meinte D. W. Griffith zu Frederick James Smith. »Ich war niemals in Schwierigkeiten, bis ich meine Geschäfte anderen überließ. In Kalifornien, in der alten Zeit, als ich sowohl Regie wie auch die Geschäfte führte, kam ich immer gut hin. Erst als ich nach Mamaroneck kam und die Geschäftsführung anderen Leuten übertrug, ging es bergab. Natürlich ging mir der Zusammenbruch aller Aktivitäten in Mamaroneck sehr zu Herzen. Wir haben den Erfolg nur knapp verfehlt. Schlechte Geschäftsführung und schlechte Verleihverträge verursachten den Zusammenbruch.«[7]

D. W. Griffith akzeptierte einen Vertrag über drei Filme bei Paramount – damit er noch einmal für seine Schulden geradestehen und seinen Aktionären jeden investierten Cent zurückzahlen konnte.

»Tatsächlich«, so erzählte er Smith, »arbeite ich umsonst. Voriges Jahr [1925] hatte ich noch 15 000$ Schulden, aber in zwölf Monaten werde ich aus den roten Zahlen sein.«

Paramount begrüßte ihn mit ganzseitigen Anzeigen – romantischen Porträts des großen Mannes, die umrahmt waren von Szenen aus seinen berühmtesten Filmen. »Es gibt einen Punkt im Leben eines jeden großen Künstlers, wo er, von Sorgen befreit, seine größten Werke hervorbringen kann«, so lautete der Text. »Alles Bisherige, wie bedeutend es auch gewesen sein mag, diente der Vorbereitung. Einige Kritiker glauben den Punkt bestimmen zu können, an dem Shakespeares Kunst ihre fruchtbarste Periode erreichte. An so einem Punkt steht der Meisterregisseur David Wark Griffith, der an einer Reihe von Filmen für Paramount arbeitet. Frei von allen Sorgen und mit Unterstützung der führenden Filmorganisation der Welt, tritt D. W. Griffith nun in das Goldene Zeitalter seiner Kunst ein.«[8]

Wenn es das Goldene Zeitalter war, dann spürte Griffith davon jedenfalls nichts. Als Cecil B. De Mille Paramount verließ, weil die Firma sich über die Ausgaben seiner Produktionsgruppe beschwerte und seinen prozentualen Anteil am Gewinn seiner Filme drücken wollte, blieb sein Projekt *Sorrows of Satan* liegen

»Sobald ein Regisseur zu Macht oder Ruhm kam«, berichtet Louise Brooks, »so wie Griffith oder De Mille, suchten die Produzenten nach Mitteln und Wegen, um ihn loszuwerden. Nachdem sie De Mille rausgeworfen hatten, saßen sie nun mit diesem Projekt da. Es war ziemlich albern und altmodisch, und sie überlegten ›Wem können wir das jetzt andrehen? Wen wollen wir loswerden?‹ Und natürlich fiel ihnen D. W. Griffith ein. Mit *Sorrows of Satan* schaufelte er sein eigenes Grab.«[9]

Diese Geschichte der Marie Corelli war tatsächlich wenig verspechend und altmodisch, doch D. W. Griffith hatte sie schon in der Zeit vor *The Birth of a Nation* verfilmen wollen. Mit Unterstützung eines genialen Kameramannes, Harry Fischbeck, brachte er seine Technik auf den neuesten Stand, und es gelang ihm ein elegantes und ergreifendes Drama. Stellenweise war die Inszenierung ausgezeichnet. Fischbecks glänzende Fotografie und sein Einsatz der Tiefenschärfe nahmen etwas vorweg von Orson Welles' und Gregg Tolands Stil in *Citizen Kane*. Ein melodramatischer Schluß beeinträchtigte die sonst so feingesponnene und einfallsreiche Konstruktion des Films, und Quirk konnte ihn in *Photoplay* altmodisch nennen. Der Film führte zu einer Verstimmung zwischen Griffith und seinen neuen Chefs, er wurde ihm schließlich entzogen und von Julian Johnson umgeschnitten.

James Quirk veröffentlichte das offizielle Ergebnis: »Es ist alles aus zwischen D. W. Griffith und Famous Players-Lasky. In Zukunft wird Griffith wohl für Universal Filme drehen. Es gab einiges Gerede über die künstlerischen Auseinandersetzungen, aber man kann es wohl so zusammenfassen: Famous Players-Lasky war unzufrieden mit *Sorrows of Satan*, und Griffith gefielen die Regeln des Studios nicht. Es ist schwer, einem alten Pferd neue Tricks beizubringen, und Griffith war wohl zu lange sein eigener Herr, um sich in die neuen Verhältnisse zu fügen.«[10]

Die Nachricht, daß Griffith für Universal arbeiten würde, unterstrich in den Augen der Filmindustrie nur sein Scheitern. Der Unterschied zwischen Universal und Paramount war in jenen Tagen etwa so groß wie der zwischen einer Jugendherberge und dem Waldorf-Astoria. Man hatte ihm jedoch *Showboat* und *Uncle Tom's Cabin* angeboten – zwei seiner Lieblingsprojekte. Doch beide wurden schließlich Harry Pollard übertragen.

Am Ende kehrte er zu United Artists zurück, zu der Firma, die er 1919 mitgegründet hatte, und drehte für den Produktionschef Schenck zwei Stummfilme und eine Tonversion von *Abraham Lincoln*. Es war kein großer Erfolg, obwohl *Photoplay* ihn lobte und den Meister wieder in der Spitzengruppe des Gewerbes begrüßte. 1931 drehte er *The Struggle*; diesmal handelte *Photoplay* den Film zwischen den Routinebesprechungen im hinteren Teil des Blattes ab:

»Der gute alte Dämon Prohibitions-Rum ruiniert einen anständigen, fleißigen Mann. Papa, der total mit Fusel abgefüllt ist, schnappt über und jagt das arme kleine Ding, à la Lillian Gish, durch die verwüstete Dachstube, während das Publikum sich über ein künstliches Gewitter amüsiert. ›Vater, lieber Vater, komm heim‹ und ›Das Gesicht auf dem Boden der Bar‹, im Stil und in der Tech-

D. W. Griffith; William Fildew an der Pathé-Kamera; rechts von ihm auf dem Stuhl G. W. Bitzer, daneben, noch halb zu erkennen, Mae Marsh.

Bei den in Deutschland gedrehten Außenaufnahmen zu *Isn't Life Wonderful?* (1925); im Vordergrund Carol Dempster und Frank Puglia.

D. W. Griffith 8

D. W. Griffith bei der Regie zu *The Struggle* (1931), seinem letzten Film; an der Kamera Joseph Ruttenberg.

nik der frühen Biograph-Filme. Es ist allzu traurig. Regie führte D. W. Griffith, der vor sechzehn Jahren *The Birth of a Nation* schuf.«[11]

Douglas Fairbanks drängte Griffith aus United Artists hinaus, und es begannen die Jahre des Nichtstuns.

Als ich bei meinem Interview mit Adolph Zukor Griffiths Namen erwähnte, löste ich damit die unvermeidliche Reaktion aus.

»Er war ein großer Mann.«

»Woran scheiterte er dann, Ihrer Meinung nach?«

Zukor, zweiundneunzig Jahre alt und sehr gebrechlich, zündete sich eine Zigarre an und schüttelte den Kopf.

»Er ist nicht gescheitert. Nein, er wurde von der Entwicklung überholt. Er konnte nicht Schritt halten. Das ist eben das Alter. Man kann gewisse Dinge nur bis zu einem bestimmten Zeitpunkt machen.«

»Ausgerechnet Sie sagen so etwas?«

»Ja. Ich könnte heute unter keinen Umständen das tun, was ich vor fünfzig, vierzig oder dreißig Jahren tun konnte. Unmöglich. Aber Griffith war schlau. Er hatte, als er noch arbeitete, einen Vertrag auf eine Leibrente abgeschlossen, und er hatte ein Jahreseinkommen von 30 000 Dollar. Niemand hat das gewußt. Man hat mir erzählt – ich weiß nicht, ob es stimmt –, daß er vor seinem Tod zu trinken begann, was er vorher nie getan hat. Wenn das also stimmt, dann tat er das nicht, weil er so arm war oder weil er so leben mußte. Er hatte diese Leibrente und konnte sie auch nicht ändern. Als er sie abschloß, machte er es so, daß er bei allen denkbaren Wechselfällen seines Lebens damit auskommen mußte. Er kam also nie an mehr als die jährliche Summe heran. Aber er war nicht arm, er kam nicht unter die Räder. Manche Leute erzählen, er hätte ganz verknitterte Hosen und kaputte Schuhe getragen – wenn das stimmt, dann lag das daran, daß er sich nachlässig kleidete, und nicht daran, daß er sich einen anderen Lebensstil nicht leisten konnte.«[12]

Mehr wollte Mr. Zukor zu dem Thema nicht sagen. Als ich eine weitere Frage stellte, wandte er sich ab und meinte: »Nun, ich hoffe, Sie haben alles, was sie wissen wollten.« Damit war das Interview beendet.

Es ist verblüffend, daß dieser Mann seine Gewissensbisse – die alle Zeitgenossen Griffiths haben müssen – dadurch lindern zu können meinte, daß er die Geschichte mit der Leibrente aufs Tapet brachte. Keine Rente kann das zermürbende Elend des Nichtstuns aufheben.

»Griffith wußte, daß er unten durch war, als man ihm *Sorrows of Satan* verdarb«, erzählte Louise Brooks. »Sie hätten ihn nur sehen sollen, wie er im Astoria-Studio herumlief... Es ist merkwürdig... sie machen die Schauspieler immer zu jämmerlichen Wracks. Alle Mädels werden zu versoffenen Huren. Alle Männer werden zu kaputten Säufern, drehen durch und bringen sich um. Aber die Regisseure, die haben ein ganz anderes Schicksal. Die leben putzmunter weiter, nachdem sie sich zurückgezogen haben.«

Die Lebensgeschichte von D. W. Griffith wurde dann zur Lebensaufgabe eines Mannes, Seymour Stern, der ihn in seinen letzten Tagen gut kannte und der, während er an der Biographie arbeitete, zahlreiche interessante Artikel über sein Werk veröffentlichte. Er hat dargelegt, daß Griffith nicht in jener tristen Tragödie endete, an die man bisher geglaubt hat.

»Es wurden tatsächlich zahlreiche Versuche unternommen, D. W. Griffith wieder ins Geschäft zu bringen, doch Griffith selbst wies sie alle ab. Während der letzten Jahre seines Lebens, als er im Knickerbocker-Hotel in New York lebte, begann er das auszuleben, wonach er sich sehnte und was er seit den frühen Tagen seiner Karriere nicht mehr erlebt hatte; er machte sich, wie man so sagt, ›eine richtig tolle Zeit‹. Tatsächlich begann Griffith in seinen letzten acht Monaten einen offenbar völlig neuen Lebensstil.«[13]

Griffith hatte, so schreibt Stern, den Plan für einen neuen Film angekündigt und beabsichtigte wieder zu heiraten, sobald seine Scheidung in Kraft wäre.

»Glauben Sie, daß der Mann in dieser Zeit wirklich glücklich war?« fragte Louise Brooks. »Ein Mann, der ständig betrunken war..., ein Mann, der sich in seinem Zimmer einschloß oder durch billige Kneipen zog, auf der Suche nach billigen kleinen Mädchen... Halten Sie einen solchen Mann für glücklich? Alle in Hollywood sahen ihn umherstreifen. Natürlich wollte niemand etwas mit ihm zu tun haben. Es wollte ja kaum jemand zu seinem Begräbnis gehen.«

D. W. Griffith starb am 23. Juli 1948. Beim Begräbnis räumte der Drehbuchautor Charles Brackett, Präsident der Academy of Motion Picture Arts and Sciences (AMPAS), die Griffith einen Oscar für seine Verdienste um die Filmindustrie verliehen hatte, in seiner Trauerrede ein, daß durch die Auszeichnung sein Kummer kaum gelindert worden sei. »Wenn man erreicht hat, was er erreicht hat, dann möchte man die Chance haben, weiterhin Filme zu machen, man möchte mit unbegrenzten Budgets spielen, völliges Vertrauen hinter sich spüren. Was kümmern einen Mann voller Vitalität irgendwelche Ehrungen um die Vergangenheit? Es sind die Gegenwart und die Zukunft, die für ihn zählen. Für Griffith gab es keine andere Lösung, als auf seine Art verzweifelt an verrammelte Türen zu pochen, jeden Tag von neuem. Glücklicherweise dauern solche Leiden nicht endlos. Wenn alle Ehren eines Menschen nur noch vergangene Ehren sind, dann nehmen diese vergangenen Ehren ihr rechtes Maß an.«[14]

D. W. Griffith ist der ›Shakespeare der Leinwand‹ genannt worden, doch steht er Charles Dickens näher. Die Verwendung des Melodrams innerhalb eines völlig realistischen Rahmens, die übertriebenen, doch wahrhaften Charaktere, die Faszination des Details, die Genauigkeit bei Kostümen und Verhaltensweisen, die Sentimentalität, die Haltung gegenüber der Religion und die Empörung über soziale Ungerechtigkeit, all das sind Punkte, die dem Werk beider gemeinsam sind. Vielleicht ist das wichtigste Element, das Griffith von Dickens gelernt hat, dessen Methode, von einem Handlungsstrang zum anderen überzuwechseln – Parallelmontage, eine Technik, die dem Kino das Äußerste an Dynamik verschafft hat.

Bei all seiner Melodramatik à la Dickens sind doch die beeindruckendsten Momente in Griffiths Filmen jene, die besonders zart und fein inszeniert sind. Griffith besaß eine unheimliche Fähigkeit, die Kamera für eine Großaufnahme einer Schauspielerin einzurichten und dieser eine Darstellung von herzzerreißender Intensität zu entlocken. Er tat das mit einer magischen Mischung aus Hypnose, Bauchrednerei und Regiekunst. Sein einziges Mittel – er benutzte keine Musik – war die Schauspielerin selbst.

»Ich bevorzuge eher Anfängerinnen«, antwortete Griffith auf die Frage, worauf er bei einer Schauspielerin besonders achte. »Sie sind unverdorben durch die sogenannte Technik, durch Theorien und vorgefaßte Ideen. Ich ziehe solche jungen Frauen vor, die für sich selbst und möglicherweise für ihre Mutter sorgen müssen. Ganz notwendigerweise werden sie hart arbeiten. Außerdem bevorzuge ich einen nervösen Typ. Ich engagiere niemals eine Anfängerin, die, wenn sie sich vorstellt, nicht zumindest ein wenig Nervosität zeigt. Wenn sie zu ruhig ist, dann hat sie keine Vorstellungskraft.

Für mich besitzt der ideale Typ eines weiblichen Stars nichts Fleischliches, nichts Sinnliches. Meine Filme zeigen den Typ, den ich meine. Kommentatoren haben ihn den ›spirituellen‹ Typ genannt. Doch hinter meiner Verrücktheit steckt Methode. Der sinnliche Typ, der zur vollen Rose erblüht, kann sich nicht halten. Die Jahre hinterlassen zu deutlich ihre Spur. Der andere Typ – ah, das ist etwas anderes!«[15]

Lillian Gish, Mae Marsh und Blanche Sweet waren Beispiele für Griffiths Ideal, ihr angeborenes brillantes Talent als Schauspielerinnen verschmolz mit Griffiths Genius und brachte viele begeisternde Momente hervor.

Griffiths Technik bestand aus drei Phasen. Zunächst probte er den Film wie ein Bühnenstück. »Diese Proben dauern fast ewig«, schrieb Harry Carr, ein enger Vertrauter. »Für einige Schauspieler sind sie sehr anstrengend und unangenehm. Er sagt ihnen, zwei Stühle seien ein Schützengraben in Frankreich, aus dem sie angreifen und dann sterben sollen. Sie machen das immer wieder. Wenn er mit der Leistung eines Schauspielers nicht zufrieden ist, tobt oder schimpft er niemals. Er tauscht die Schauspieler aus. In *The Love Flower* wechselte er bei einer Rolle achtmal den Schauspieler.«[16]

Diese Proben waren, wie Carr betont, keine sinnlosen Wiederholungen. Griffith änderte ständig, variierte, verfeinerte. Und da er ohne ein Drehbuch arbeitete, erwies sich das als einzige Möglichkeit, den Schauspielern die Handlung zu vermitteln.

Griffith spielte seinen Schauspielern jede Rolle vor. Als ehemaligem Schauspieler machte ihm das ungeheuren Spaß. Es war Schmierentheater, aber sein übertriebenes Spiel wirkte als Inspiration; angesichts eines solchen Beispiels überkam selbst den schüchternsten Schauspieler ein Anflug von Selbstbewußtsein.

Katherine Albert, die in *The Greatest Question* spielte, erinnerte sich an Griffiths Technik:

»Einmal spielte er die Rolle der Mutter, wendete sein langes Pferdegesicht himmelwärts und rief ›Mein Sohn, mein Sohn im Himmel, kannst du mich hören? Zeige, daß du mich hörst – sprich zu mir.‹

Wir waren gebannt, aber heute wird mir klar, daß das ziemlich schlimme, ziemlich melodramatische Schauspielerei war. Als er fertig war, sehr zufrieden mit sich selbst, schaute er zufällig zu meiner Mutter hinüber. Sie hatte einen großen Sinn für Humor und amüsierte sich über Griffiths Darstellerei, und das sah man in ihren Augen.

Griffith, mit seiner Sensibilität und Fähigkeit, jede Gefühlsregung sofort zu erfassen, bemerkte, daß sie die Hohlheit erkannt hatte. Er zuckte verschämt mit den Schultern.

›Also irgendwas in der Art‹, sagte er und setzte sich.«[17]

Die Leute, die mit Griffith gearbeitet haben, betonen allesamt die hypnotische Kraft seiner Stimme. Mit ihr konnte er wie mit einem Musikinstrument

D. W. Griffith 8

Orphans of the Storm (1921). D. W. Griffith (mit hellem Hut) gibt vom Podest mit der Guillotine Regieanweisungen.

D. W. Griffith probt mit Ivor Novello und Mae Marsh eine Szene für

Außenaufnahmen zu *Way Down East* (1920).

1917: D. W. Griffith an der Front, bei den Dreharbeiten für *Hearts of the World*.

die Emotionen beeinflussen. Der Ton, die Klangfülle, die plötzliche Härte, das Mildern – all das hatte starken Einfluß auf die schauspielerische Leistung.

Miss Albert erinnerte sich, wie sie sich bei einer Probe im kahlen Projektionsraum, ohne Kostüme oder Requisiten, völlig elend fühlte.

»Ich dachte einen Moment, ich müsse auf der Stelle sterben, doch ich hatte Interviews darüber gelesen, was Teamgeist bedeutet. Dann passierte etwas ganz Merkwürdiges. Griffiths Stimme, eine volle, tiefe, sehr schöne Stimme, ertönte und erklärte, was wir tun sollten. ›Jetzt bleibst du bei einem Baum stehen. Es ist ein Apfelbaum. Du hebst einen Apfel auf, Bobby, und gibst ihn ihr. Vergiß nicht, daß du sie sehr liebst‹, usw. Und der Vorführraum und all die Leute schienen zu verschwinden, und ich befand mich tatsächlich auf einer Straße in Kentucky, tatsächlich unter einem Apfelbaum, ich spielte nicht mehr eine Rolle, der große Griffith sprach nicht zu mir, sondern ich war tatsächlich das Mädchen, das ich spielte. Bobby Harron bückte sich und gab mir den imaginären Apfel. Er nahm ein imaginäres Messer aus der Tasche und schälte ihn. Ich nahm ihm die Schale ab und warf sie über meine linke Schulter. Griffith unterbrach mich plötzlich: ›Was tust du da?‹

›Wieso, das ist doch so‹, erläuterte ich, ›man wirft die Apfelschale über die linke Schulter und sie bildet dann die Form einer Initiale. Das ist der Anfangsbuchstabe des Mannes, den man heiraten wird.‹

Griffith lächelte. Er wandte sich an Lillian Gish, die rechts neben ihm saß und sagte: ›Das Mädchen hat es‹. «

Solche Details befriedigten ihn ungemein. Dorothy Gish erinnerte sich an eine Episode: Als sie zu den Dreharbeiten für *Hearts of the World* in London waren und sie einmal mit Griffith den *Strand* hinunterging, fiel ihnen eine Passantin auf, die vor ihnen her schlenderte.

»Griffith sagte plötzlich: ›Schau dir das an!‹ Sie hatte einen ganz merkwürdigen Gang. Und in *Hearts of the World* gehe ich dann genauso wie dieses Mädchen auf dem *Strand*.«[18]

Griffith suchte ständig den Rat anderer. Er fragte die Schauspieler, die Assistenten, die Cutter, selbst die Requisiteure und Bühnenarbeiter. Jedes Mitglied seiner Arbeitsgruppe hatte den Eindruck, zum fertigen Film beizutragen, und keiner beschwerte sich, wenn sie Überstunden machen mußten oder die Mittagspause ausfiel.

Wenn die Dreharbeiten begannen, trat Griffiths Technik in ihre zweite Phase. Er hielt die Szenen in Totalen und Halbtotalen fest, gerade so wie ein Maler eine Skizze macht. Die Schauspieler hatten nach den intensiven Proben selten Schwierigkeiten, ihren Regisseur zufriedenzustellen. Die Atmosphäre war entspannt, und ein munteres Geflachse deutete an, daß alles mit wenig Streß ablief. Geriet eine Szene daneben, dann veränderte Griffith die Stimmung. Bei einer Gelegenheit, mitten während einer Aufnahme, begann er sich mit den Schauspielern über Lloyd George zu unterhalten. Später erklärte er, daß sie angefangen hätten zu schauspielern – er wollte sie verwirren und von dem Gedanken abbringen, sie täten etwas sehr Wichtiges.

»Er erkennt präzise den Augenblick, in dem ein Darsteller innerlich den Nerv trifft«, schrieb Harry Carr. »Genau in dem Moment spricht er den Text für sie. ›Geh zum Teufel!‹ schreit er, während der Held den Bösewicht herausfordert. Es ist wunderbar zu beobachten, wie das auf die Schauspieler wirkt. Es ist so, als wenn ein erfahrener Jockey mittels der Zügel das Pferd seine Hand spüren läßt.«[19]

Die dritte Phase begann in der Projektion. Beim Betrachten der Muster entschied Griffith ganz nach Intuition, aus dem Gefühl für die Szene, wo Großaufnahmen eingefügt werden sollten – und wo er emotionale Höhepunkte erreichen müßte. Der Entwurf war fertig; der Meister fügte nun die reichen Details hinzu.

Emotionale Höhepunkte galten in Griffiths Filmen, mehr noch als spektakuläre Massenszenen, als ›große Szenen‹.

»Griffith ging eine große Szene sorgfältig an«, schrieb Frederick James Smith. »Vorhergehende, vorbereitende Szenen werden tagelang vorher gedreht. Dann kommt der Tag. Jemand hat gesagt, es lege sich dann das Schweigen einer Kathedrale über das Studio. Griffith zieht sich in sein Zimmer zurück und ruht für eine Stunde. Der Schauspieler oder die Schauspielerin zieht sich ebenfalls zurück und ruht. Dann kommt der entscheidende Moment. Das Hämmern der Zimmerleute verstummt. Griffith beginnt mit dem Darsteller zu sprechen. Er engagiert sich emotionell ganz nach der Reaktion des Akteurs. Lillian Gish konnte einen Gefühlshöhepunkt leicht erreichen. Als die Szene in der kleinen Kammer für *Broken Blossoms* – noch immer das beste Beispiel für Hysterie auf der Leinwand – in Los Angeles gedreht wurde, konnte man die Schreie von Miss Gish, unterbrochen von Griffiths Rufen, bis auf die Straße hören. Der größte Teil der Studiomitarbeiter war damit beschäftigt, Neugierige davon abzuhalten, in das Atelier einzudringen.«[20]

Carol Dempster war nicht so leicht lenkbar. Sie war eine brillante Schauspielerin, widersetzte sich jedoch unbewußt Griffiths hypnotischer Regieführung. Griffith brauchte volle sechs Stunden, um Miss Dempster zum Weinen zu bringen. Da sie es ablehnte, Glyzerin zu Hilfe zu nehmen, mußte Griffith stundenlang mit ihr arbeiten, bis echte Tränen flossen.

Nur wenigen Leuten wurde erlaubt, das Drehen solcher intensiver Szenen zu beobachten. Eine Schauspielerin, die zu Tränen oder Hysterie getrieben wird, hat es nicht gern, wenn sie von Unbeteiligten angestarrt wird, deshalb verbot Griffith den Zutritt zum Atelier. Harry Carr war jedoch anwesend, als die Szene mit Lillian Gish und dem sterbenden Baby für *Way Down East* gedreht wurde:

»Griffith vermittelt mir stets das Gefühl, es sei sein Geist im Körper des Schauspielers, der die Arbeit leistet. Ich war dort hinter dem kleinen eingegrenzten Raum der einzige Mensch außer dem Kameramann. Ich konnte die Spannung einer merkwürdigen Kraft spüren. Etwas, das ich noch nie gefühlt hatte. Es war unmöglich, das lange zu ertragen. Ich mußte gehen. Ich konnte direkt spüren, wie ich mir selber entglitt.«[21]

Während der turbulenten Zeit in Mamaroneck war Griffith verständlicherweise bei der Arbeit nicht in bester Stimmung, und seine Unausgeglichenheit übertrug sich auf seine Darsteller. Alfred Lunt, der in *Sally of the Sawdust* (1925) mitspielte, berichtete, daß er nur wenig Kontakt zu Griffith bekam und praktisch keinerlei Regieanweisungen:

»Er arrangierte die Szene, und das war alles. Es war alles improvisiert und ich habe nie ein Drehbuch gesehen. Es war ziemlich lähmend, um die Wahrheit zu sagen – ich kam vom Theater, wo ich eine andere Arbeitsweise gelernt hatte.

Griffith war sehr freundlich, doch es schien ihn einfach nicht zu interessieren. Ich erinnere mich, in der Szene beim Gemüsehändler fragte ich: ›Was soll ich zum Gemüsehändler sagen?‹ Er meinte nur: ›Ach sagen Sie irgend etwas – Aschtonne, Tomatenbüchse, Ketchup. Reden sie nur.‹«[22]

Doch bei *Sorrows of Satan* (Paramount, 1926) kehrte Griffith zu seinen alten Methoden zurück, um Carol Dempster zu einigen erschütternden Szenen zu bewegen. Während des gesamten Films wühlt wieder und wieder eine lang andauernde Großaufnahme von Miss Dempster in den Gefühlen der Zuschauer. Sieht man den Film völlig stumm, ohne Musikbegleitung, dann vermittelt dies wunderschöne Gesicht auf der Leinwand etwas von der elektrisierenden Spannung, die zwischen Regisseur und Schauspielerin geherrscht haben muß, um diese außerordentliche darstellerische Leistung hervorzubringen.

»Ich kann mich lebhaft an die Dreharbeiten zu *The Sorrows of Satan* erinnern«, erzählte Ricardo Cortez. »Er nahm sich fürchterlich viel Zeit. Ich ging für acht Wochen nach Kalifornien und drehte *Eagle of the Sea*, während er immer nur mit Lya de Putti, Adolphe Menjou und Carol Dempster arbeitete.

Griffith war ein merkwürdiger Mann – sehr ruhig. Es umgab ihn so etwas wie eine unsichtbare Wand. Man konnte nicht an ihn herankommen. Ich hatte immer den Eindruck, daß er ein sehr einsamer Mann war – obwohl ich dann einen sehr guten Kontakt zu ihm hatte. Er tat mir fürchterlich leid, und ich besuchte ihn in seinem Hotel – dem Astor.

Er machte häufig Spaziergänge, die auf der Pennsylvania-Station endeten, wo er sich auf eine Bank setzte und nur die Leute beobachtete.

Während der Dreharbeiten spielte ich eine der Szenen in der Dachstube. Wir waren schon seit sechs Wochen bei der Arbeit und noch nicht sehr weit gekommen – und für dreißig Sekunden verlor ich die Nerven.

Er hatte zu mir gesagt: ›Wenn Sie nur ein bißchen vom Schauspielen verstünden, würden Sie das nicht tun.‹

›Ich habe überhaupt keine Ahnung vom Schauspielen‹, gab ich zurück, ›deshalb wollte ich ja auch, daß Sie Regie führen‹!«[23]

»Er ist für mich stets *Mr.* Griffith«, berichtete Lillian Gish. »Ich erschrecke immer, wenn ihn jemand beim Vornamen nennt; ich habe es nie getan und werde es nie tun. Als ich älter wurde, fragten mich Regisseure, ob ich etwas gegen sie hätte. ›Sie nennen mich nie beim Vornamen – immer nur Mister‹, meinten sie.

Aber ich kann an Mr. Griffith nur als Mr. Griffith denken. Wir hatten alle solchen Respekt vor ihm. Oh, er konnte wütend werden – dann zog man sich still zurück und wartete, bis der Sturm vorüber war. Er war einfach wunderbar.«

Carmel Myers begann ihre Karriere bei Triangle, in Griffiths Produktionsgruppe. Sie war tief beeindruckt von der Sorgfalt, die auf jede Produktion verwendet wurde, und meinte, daß die Proben eine von Griffiths wichtigsten Errungenschaften seien. »Bei Universal vermißte ich den Geist D. W. Griffiths. Er war der Schirm, der uns alle schützte. Ein phantastischer Mann.«[24]

Anita Loos sah Griffith als Poet, als einen der wenigen, die mit dem Film frei dichten konnten. Doch gab es in ihren Augen im Triangle-Studio nur einen Menschen, der sich mit Haut und Haaren für den Film einsetzte – und das war nicht D. W. Griffith.

»Er hatte immer die Sehnsucht, fortzugehen und Bühnenstücke zu schreiben«, berichtete sie. »Nein, ich glaube, die einzige Person, die wirklich die ganze Zeit voll bei der Sache war, war Lillian Gish.«[25]

Lillian Gish bestätigt, daß das Verfassen von Bühnenstücken seine wahre Leidenschaft war. »Seine Filmkarriere machte ihn nicht so glücklich, wie sie es eigentlich sollte. Ich glaube, ich war ganz und gar für den Film da – ich kannte die finanziellen Lasten, die er tragen mußte. Die anderen wußten nichts davon. Griffith vertraute mir, glaube ich, mehr als den anderen. In geschäftlichen Dingen war er kein sehr vertrauensseliger Mensch.

Aber damals opferte man sein ganzes Leben. Man hatte kein Privatleben. Man mußte wohl zu Mittag oder zu Abend essen, aber dabei sprach man mit anderen immer über irgendwelche Arbeit – man sprach über Stories oder den Schnitt oder Zwischentitel oder sonst etwas.

Ich kenne keinen Menschen, der so viel arbeitete wie er. Niemals weniger als achtzehn Stunden am Tag, sieben Tage in der Woche. Man sagt, er habe andere Filme gesehen und Ideen von den Europäern übernommen. Er sah niemals die Filme anderer Leute. Er hatte gar nicht die Zeit. Wenn man ihn drängte, dann lieh er sich die Kopie von etwas Außergewöhnlichem, wie *Der letzte Mann*, und schaute es sich im Atelier an, aber das war sehr selten. Er hatte keine Zeit, sich Filme anzusehen; er war zu sehr damit beschäftigt, welche zu machen.«[26]

Dennoch wurde Griffiths Entschlossenheit, große Filme zu machen, besonders von dem italienischen Monumentalfilm *Quo Vadis?* beeinflußt. »Mr. Griffith ging mit mir in New York ins Kino, um den Film zu sehen«, erinnerte sich Blanche Sweet – obwohl Griffith stets leugnete, ihn gesehen zu haben. »Er war von der Produktion und dem Aufwand sehr beeindruckt. Seine Haltung war: ›Wir können eine genauso große Produktion machen wie die!‹ Ich bin sicher, daß der Film eine Wirkung auf ihn hatte, denn kurz darauf entwickelte er die Idee zu *Judith of Bethulia*. Wir hatten noch nie einen so aufwendigen und langen Film gemacht, und zunächst lehnten die Chefs der Firma den Plan strikt ab. Doch schließlich setzte er sich durch.«[27]

Und Owen Moore erinnerte sich 1919 in einem Interview, daß Griffith französische Filme sehr verehrte. »Einmal brachte er einen Zweiakter von Pathé mit – eine ganz entzückende kleine Sache – eine Adaption von ›La Tosca‹. Er zeigte ihn uns allen in der Projektion, als Vorbild für Mimik. Doch beim nächsten Film versuchten wir alle, wie die französischen Schauspieler zu agieren, und das Ergebnis war furchtbar. Griffith zeigte uns nie wieder so einen Film.«[28]

Griffith war sich über seinen Anteil an der Entwicklung des Films völlig im klaren. Er äußerte einmal, daß ihm Orson Welles' *Citizen Kane* sehr gefallen habe, »und vor allem mochte ich die Ideen, die er von mir übernommen hat.«[29]

Während Griffith technisch auf der Stufe stehenblieb, die er 1916 erreicht hatte, übernahmen andere Regisseure die Zügel und stürmten voran. Die 20er Jahre waren für ihn Jahre der Frustration und der Unsicherheit. Er war nicht mehr der erste Mann in der Filmindustrie. Ein Projekt nach dem anderen wurde angekündigt, dann verschoben, schließlich aufgegeben. 1922 ging er nach England, offiziell wegen der Londoner Premiere von *Orphans of the Storm*, aber auch, um mit H. G. Wells den Plan einer Verfilmung von *The Outline of History* zu besprechen. Die britische Regierung bat ihn, eine spektakuläre Produktion in Indien zu drehen, die man als wirkungsvolle Antwort auf Gandhis Agitation verwenden könnte. Griffith verkündete Pläne zu *Faust* mit Lillian Gish, zu *The*

White Slave mit Richard Barthelmess... Als er zu Paramount ging, übertrug man ihm *An American Tragedy*, ein Projekt, das man später Eisenstein und vielen anderen Regisseuren zuwies, ehe es von Josef von Sternberg beendet wurde. Er plante *Showboat*, *Uncle Tom's Cabin*, *Romance of Old Spain* und *Sunny* (mit Constance Talmadge). Er hoffte darauf, *Intolerance* in einer Tonversion mit einer neuen, modernen Episode herauszubringen, und in England ein Remake von *Broken Blossoms* zu machen.

Trotz aller Rückschläge drehte Griffith weiter Filme. Die meisten seiner Produktionen in den 20er Jahren waren bescheiden, sowohl im Thema wie in der Ausführung, und haben dazu geführt, daß Historiker seinen künstlerischen Abstieg beklagen. Alles, was auf *Intolerance* – immer noch der größte Film, der je gemacht wurde – folgte, konnte im Vergleich dazu nur abfallen. Griffith, der mit Schulden überlastet war, sah sich gezwungen, kleinere und kommerzielle Produktionen zu machen. Doch er war immer noch in der Lage, so große und bedeutende Filme herzustellen wie *Hearts of the World* und *Orphans of the Storm*. Wenn ihm auch *America* zum Mißerfolg geriet, so konnte er das noch im gleichen Jahr ausgleichen, indem er mit seiner Mannschaft nach Deutschland ging und den vorzüglichen und bewegenden *Isn't Life Wonderful?* machte. Und wenn *Sally of the Sawdust* ein wenig ziellos dahinschwankt, ist doch der reiche und lebensvolle *Sorrows of Satan* weitgehend gelungen.

Griffiths Abstieg bestand vor allem darin, daß ihm fortan weniger Möglichkeiten offenstanden. 1926, nach dem finanziellen Mißerfolg von *Sorrows of Satan*, zog er sich zurück, um seine Autobiographie zu schreiben (die er nie beendete).

»Nur Autoren können ihr Ich ausdrücken«, sagte er. »Regisseure können es nicht, denn sie müssen die Masse zufriedenstellen. Wir können keine Meinungen vermitteln. Alles, was wir tun können, ist, eine kleine Liebesgeschichte möglichst unterhaltsam darzubieten.«[30]

Die Ironie dieser Untertreibung steht im krassen Widerspruch zu den heroischen Aussprüchen der alten Griffith-Anzeigen. Sie läßt einen Ausspruch von Louis Gardy anklingen: »Es könnte dem größten Meister der Sprache nicht gelingen, den Gefühlen einen solchen Ausdruck zu verleihen, wie Griffith es in seinen Filmen getan hat.«[31]

In unsere Dankbarkeit D. W. Griffith gegenüber mischt sich stets das Gefühl der Scham. Denn während sein Genius dahingegangen ist, ist der Geist, der ihn zerstörte, noch heute in der Filmindustrie so stark wie je zuvor.

1 *Photoplay*, April 1926, S. 10.
2 Ezra Goodman: The Fifty-Year Decline and Fall of Hollywood. New York: Simon and Schuster 1961, S. 1.
3 Hal Roach zum Autor, London, Juli 1964.
4 *Photoplay*, Sept. 1923, S. 27.
5 Charles Bahn im *Syracuse Telegram*, Nov. 1924.
6 Rialto Theatre, Connecticut.
7 *Photoplay*, Dez. 1926, S. 30.
8 *Photoplay*, Nov. 1925, S. 4.
9 Louise Brooks zum Autor, Rochester, New York, Januar 1966.
10 *Photoplay*, Jan. 1927, S. 45.
11 *Photoplay*, Feb. 1932, S. 98.
12 Adolph Zukor zum Autor, New York, Dez. 1964.
13 *Film Culture*, Frühjahr 1965, S. 88.
14 Charles Brackett, zitiert bei Goodman: Decline and Fall, a.a.O., S. 14.
15 *Photoplay*, Aug. 1923, S. 35.
16 *Motion Picture Magazine*, Mai 1923, S. 116.
17 *Photoplay*, Okt. 1931, S. 37.
18 Dorothy Gish zum Autor, New York, März 1964.
19 *Motion Picture Magazine*, Mai 1923, S. 116.
20 *Photoplay*, Mai 1923, S. 34.
21 *Motion Picture Magazine*, Mai 1923, S. 116.
22 Alfred Lunt zum Autor, London, April 1965.
23 Ricardo Cortez zum Autor, London, Okt. 1965.
24 Carmel Myers zum Autor, New York, März 1964.
25 Anita Loos zum Autor, New York, März 1964.
26 Lillian Gish zum Autor, New York, März 1964.
27 Blanche Sweet zum Autor, London, Sept. 1963.
28 *Photoplay*, Dez. 1919, S. 58.
29 Goodman: Decline and Fall, a.a.O., S. 10.
30 *Photoplay*, Dez. 1926, S. 30.
31 Der New Yorker *Call*, zitiert in *WID's Year Book*, 1919, S. 151.

9 **Allan Dwan**

Allan Dwan

Allan Dwan – ein ehemaliger Ingenieur und Erfinder – kam in Kontakt mit der Filmindustrie durch seine technischen Fähigkeiten, und durch sie konnte er sich dort stets in der vordersten Linie der Entwicklung halten. Ein Mann mit einem starken Gespür für Dramatik, dessen klares und logisches Denken und dessen starker Sinn für Humor seinen Filmen ein außerordentliches Maß an Unterhaltsamkeit und handwerklichem Können verlieh.

Alleskönner Dwan – der Mann, an den man sich im Notfall wenden konnte. Neben seinem erstaunlichen Einfallsreichtum besaß Dwan dank seiner Ausbildung als Ingenieur auch gesuchte Spezialkenntnisse. Wie der Held von Mark Twains *A Connecticut Yankee in King Arthur's Court* wurde er durch seine handfeste und praktische Art zum Wundertier unter den weniger Talentierten.

In den 20er Jahren zählte Dwan zu den ›Großen Sechs‹ unter den Regisseuren. Dwan hat alle anderen überlebt; er hat die längste Werkliste von allen Regisseuren in der Filmindustrie.

»Ich habe einmal versucht, eine Liste meiner Filme aufzustellen«, berichtete Dwan, als ich ihn 1964 in Hollywood besuchte. »Jemand schickte mir eine Liste mit 800 Titeln zu, und ich versuchte den Rest zu ergänzen. Ich kam bis 1400 und mußte dann aufgeben. Ich konnte mich an die anderen einfach nicht mehr erinnern.«[1]

Leider sind nur wenige seiner Filme erhalten, und so blieb eine bedeutende Karriere lange Zeit unbeachtet. Doch Anfang der 60er Jahre entdeckten die jungen Kritiker der *Cahiers du Cinéma* einige seiner Tonfilme neu, und *Film Culture* erklärte, durch ihre begeisterten Artikel angeregt: »In Dwans Karriere wird weiter geschürft, um möglicherweise auf weitere Goldadern zu stoßen. Die Entdeckungen der letzten Zeit – *Silver Lode, Restless Breed, The River's Edge* – stellen eine Fundgrube bislang unerforschter Klassiker dar. Es besteht die große Chance, daß sich Dwan als der letzte der alten Meister erweist.«[2]

Allan Dwan war ohne Zweifel einer der Meister des stummen Films. Er mußte es einfach sein; er produzierte Filme in einem solchen Tempo, daß ihn sein Weg, hätte er das Medium nicht völlig beherrscht, sehr bald in die Katastrophe gestürzt hätte.

Wenn man so berühmte Veteranen wie Dwan persönlich trifft, gestaltet sich die erste Begegnung wegen der vielen angesammelten Vorurteile oft sehr überraschend. Magere, mit Gerüchten und Spekulationen vermischte Informationen ließen mich einen nicht sehr einfachen Interviewpartner erwarten; ich war eingestellt auf einen ältlichen, ziemlich gebrechlichen Mann, hochgradig verbittert, unduldsam und launisch. Denn seit dem Höhepunkt seiner Karriere im Stummfilm hatte er sich im Hintergrund gehalten. »Erhebt man seinen Kopf über die Menge«, so soll er gesagt haben, »dann versuchen sie ihn abzuschlagen. Bleibt man unten, dann überlebt man alle.«[3]

Der rüstige Mann mit dem freundlichen Lächeln, der mir die Tür öffnete, war – so vermutete ich – ein Freund oder Geschäftspartner; er war nach meiner Vorstellung zu jugendlich. Doch als er mich in ein Arbeitszimmer führte, das mit Fotos aus *Robin Hood* dekoriert war, verflog mein Irrtum. Jede Frage nach seinem Alter erschien lächerlich; der ungeminderte Enthusiasmus, die Vitalität und der überbordende Humor bewiesen, daß sich Dwan als Person kaum geändert hatte. Allein durch diese Begegnung wurde mir völlig klar, warum Leute wie

Douglas Fairbanks und Gloria Swanson sich ihn zum Lieblingsregisseur gewählt hatten.

Es gelang ohne Mühe, die Vergangenheit zurückzurufen; die Anekdoten flossen so reichlich, als unterhielten wir uns in einer Drehpause bei einem Stummfilm. Die dicke Brille, die er zum Schutz gegen die Atelierscheinwerfer brauchte, trug er nun ständig – doch davon abgesehen, hätten seine Bekannten von früher kaum eine Veränderung bemerken können. Auf seinem Schreibtisch stapelten sich Drehbücher für aktuelle Projekte; und an der Wand hing eine Dankurkunde des U.S. Marine Corps für *Sands of Iwo Jima* und ein Diplom, das auf Joseph Aloysius Dwan ausgestellt war.

»So ein Name bringt einem Freude«, grinste er. »In der Schule sagten sie immer, Aloysius sei ein Mädchenname, deshalb änderte ich ihn in Allan.

Ich arbeitete dann bei der Peter-Cooper-Hewitt-Company und entwickelte für sie die Quecksilberdampf-Leuchten – diese langen Röhren, Sie wissen schon. 1909 montierte ich diese Quecksilberdampf-Röhren im Postamt von Chicago, damit die Sortierer länger arbeiten konnten – es war ein greuliches Licht, man sah wie eine Leiche aus, aber die Augen hielten länger durch.«

Während er die Quecksilberdampf-Röhren montierte, erregte das seltsame Licht im Keller des Postamtes die Aufmerksamkeit eines Passanten. Der Mann blieb stehen, starrte durch die Fenster, ging dann hinunter und fragte nach der zuständigen Person. Er stellte sich Dwan als George K. Spoor vor und fragte, ob dieses Licht auch für fotografische Aufnahmen brauchbar sei.

»Ja«, meinte Dwan, »das müßte sehr gut gehen.«

Spoor, das S im Firmennamen der Essanay Company, Chicago,[4] bestellte eine Versuchslampe. Dwan konstruierte die erste Quecksilberdampf-Lichtbank, und die Fabrik baute vier Stück, die er zum Studio brachte.

»Während der Versuchszeit beobachtete ich, was die so machten, und es faszinierte mich irgendwie – diese albernen Filmchen, die sie mit dieser Beleuchtung drehten. Eines Tages fragte ich, woher sie denn die Stories hätten.

›Nun‹, hieß es, ›die kaufen wir bei verschiedenen Leuten.‹

›Was zahlen Sie?‹

›Oh – bis zu 25 Dollar für eine gute Story.‹

Ich hatte eine ganz Anzahl Stories für *The Scholastic*, die Zeitschrift der Universität Notre Dame, geschrieben, also brachte ich ihnen fünfzehn davon mit. Sie kauften alle auf einmal.«

Sie waren so beeindruckt, daß sie Dwan fragten, ob er nicht ihr Szenarioredakteur werden wollte – und sie boten ihm mehr, als ein junger Ingenieur je verdienen konnte. »Ich mache beides«, antwortete Dwan, »ich überwache diese Lampen – *und* ich werde euer Szenarioredakteur.«

Zwei Wochen später verließen die meisten leitenden Angestellten die Essanay, um die American Film Manufacturing Company zu gründen – und sie überredeten Dwan, sich ihnen zum doppelten Lohn anzuschließen.

Die neue Firma hatte ein Problem. Irgendwo in Kalifornien – niemand wußte genau, wo – befand sich eines ihrer Filmteams. Es kamen von dort keine Filme mehr und, trotz zahlreicher Fernschreiben, auch keine Nachrichten.

Man bat Dwan, hinzufahren und herauszufinden, was eigentlich los sei. Er stöberte das Team in San Juan Capistrano auf.

»Sie hatten keinen Regisseur mehr, denn der, den sie ursprünglich hatten, war Alkoholiker. Er hatte sich auf eine Sauftour nach Los Angeles davongemacht und hatte das Team sitzenlassen. Also telegrafierte ich: ›Vorschlage, das Team aufzulösen – kein Regisseur vorhanden.‹ Sie telegrafierten zurück: ›Sie führen Regie.‹«

Angesichts dieser unerwarteten Verantwortung rief Dwan die Schauspieler (darunter J. Warren Kerrigan) zusammen und verkündete: »Entweder bin ich der Regisseur oder ihr seid arbeitslos.«

Die Antwort der Schauspieler: »Du bist der allertollste Regisseur, den wir je hatten!«

Dwan fragte, was ein Regisseur eigentlich zu tun habe. Die Schauspieler nahmen ihn mit und zeigten es ihm.

»Ich fand das eine sehr erfolgreiche Vorgehensweise und machte mir das zur Regel. Ich lasse mir einfach von den Schauspielern erklären, was ich tun soll, und damit komme ich ausgezeichnet klar. Ich mache das jetzt schon seit 55 Jahren so – und niemand hat mich bisher dabei erwischt.«

Dwan drehte für American Film drei Filme pro Woche – *und* nahm sich das Wochenende frei. Natürlich waren die Filme nur Einakter – später wurden es dann Zweiakter, und 1913 erreichten sie volle Länge.

»Damals hatten wir die totale Kontrolle über unsere Teams, ohne die Einmischung von Produzenten, Unterproduzenten, Oberleitern oder Finanzfritzen, wie es dann später kam. Wir machten, was wir wollten, und wir engagierten, wen wir wollten. Und so holte ich Marshall Neilan, Victor Fleming und andere zum Film. Das ist heute unvorstellbar, daß du einfach auf die Straße gehst und es begegnet dir jemand, der dir gefällt, und du sagst zu ihm: ›Komm mit und arbeite für mich.‹ Heute muß er eine Lehre durchmachen, einer Gewerkschaft beitreten, alle möglichen Proben bestehen und viertausend andere Dinge tun – und selbst dann kommt er nicht ins Geschäft.«

Der Beginn von Dwans Karriere fiel zeitlich mit der von D. W. Griffith zusammen; von Anfang an beobachtete Dwan aufmerksam die zarten Fühler, die Griffith in das unbestellte Feld der Filmtechnik ausstreckte. Und als Griffiths Selbstbewußtsein wuchs, als seine Experimente das Gebiet der Spekulation verließen und sich zu gesicherten Neuerungen entwickelten, da wurde, wie Dwan zugibt, Griffith zu seinem Gott.

»Ich verfolgte alles, was er tat, und dann machte ich es in irgendeiner Form nach. Ich versuchte es etwas anders zu machen – ich versuchte es besser zu machen. Und ich versuchte etwas zu erfinden, das *ihm auffallen* würde. Schließlich ließ er mich zu sich kommen und meinte, er sei die dauernde Konkurrenz leid, ob ich nicht zu ihm zu Triangle kommen wolle?

Was mich an Griffith faszinierte? Nun, ich glaube, sein Verzicht auf große Gesten, seine Schlichtheit und seine Verwendung der Mimik der Schauspieler. Er entwickelte eine merkwürdige neue Art der Pantomime. Ich mag wohl Pantomime, aber nicht die extreme Form der Pantomime.

Andere Schauspieler übertreiben, um das Fehlen der Worte auszugleichen. Seine Darsteller benutzten kleine Gesten, um sich auszudrücken – sie waren viel realistischer. Und ich erkannte, daß Griffith ohne großen Aufwand viele Dinge höchst lebendig vermitteln konnte.

Und dann mochte ich das Gegenlicht, das sein Kameramann verwendete. Ich fand das ganz großartig. Niemand sonst benutzte es – man meinte, die Sonne müsse eine Person direkt anstrahlen. Ich fragte mich immer, wie er es schaffte, die Gesichter so schön auszuleuchten, auch wenn die Sonne hinter ihnen stand; als ich eines Tages sein Studio besuchte, sah ich, wie sie mit Reflektoren arbeiteten. So lernten auch wir, Reflektoren zu benutzen.

Das war natürlich nichts Neues; Fotografen benutzten bei Porträts oft Reflektoren in ihren Ateliers. Aber für uns war es neu. Bisher waren wir immer einfach auf die Straße gegangen und hatten alles so gedreht, wie es war. Wenn dann ein Schatten auf einem Gesicht lag, blieb er eben da. Wir hatten nie daran gedacht, ihn mit einem Reflektor aufzuhellen.

Und dann brachte er uns natürlich die Großaufnahme bei. Er hatte damit ziemliche Schwierigkeiten. Die Kinobesitzer waren drauf und dran, seine Filme abzusetzen. Sie konnten nicht verstehen, wie sich Leute ohne Füße bewegen sollten. Vom Theater war man gewohnt, den ganzen Körper zu sehen, und auch, wo er stand. Doch einen am Hals abgeschnittenen Kopf sich bewegen zu sehen, war nun wirklich nicht akzeptabel. Doch ich griff das sofort auf.«

Die Frage, wer die Großaufnahme erfunden hat, hat den Filmhistorikern lange Kopfzerbrechen bereitet. Man findet bereits 1896 Nahaufnahmen, doch Großaufnahmen wurden erst in Griffiths Filmen üblich. Ich fragte Allan Dwan, ob sie vorher schon jemand benutzt habe.

»Oh nein, niemand. Wirklich niemand. Er war der erste, der es wagte, auf der Leinwand etwas anderes als eine ganze Person zu zeigen.«

»Aber Sie und die anderen Pioniere der Regie«, faßte ich nach, »haben doch sicher irgend etwas selbständig gemacht.«

»Natürlich. Wir haben vieles getan, was Griffith nicht machte. Doch seine Errungenschaften sind das Bleibende, das Lebendige.«

Dwan machte eine kleine Pause und sagte dann: »Es ist schwierig, sich zu erinnern und dann den Anspruch zu erheben, man sei für eine bestimmte Sache verantwortlich, aber ich habe als einer der ersten vollen Gebrauch von der bewegten Kamera gemacht.«

Während Kamerabewegungen schon ein relativ verbreitetes Mittel der filmischen Technik waren – die Kamera, die mit einem Fahrzeug schritthält – waren bewußte Fahraufnahmen etwas ganz Neues. Bei *David Harum*, den Dwan 1915 für Famous Players drehte, befestigte man die Kamera auf einem Ford, fuhr eine Hauptstraße hinunter und verfolgte so William H. Crane, wie er sich mit einer anderen Person unterhielt, wie andere Leute ihn begrüßten, wie er stehenblieb und plauderte und dann weiterging. *David Harum* verwendet zum größten Teil die einfache, statische Technik, die 1915 vorherrschte – doch ein paar gelegentliche Kamerabewegungen lassen ihn wie einen stärker ausgereiften Stummfilm erscheinen. Und der Beginn ist erstklassiges Kino: Eine Irisblende öffnet sich und zeigt in einer Kreismaske eine Kaffeetasse und einen Teller in Großaufnahme... der Kaffee fließt auf eine Untertasse und die Maske öffnet sich zum Vollbild. Dann verfolgt die Kamera die Untertasse, die aufwärts geführt wird, und zeigt uns in Großaufnahme William H. Crane als David Harum. Dann schwenkt sie auf Kate Meeks als Tante Polly. Die geschmeidige Bewegung wird durch einführende Zwischentitel unterbrochen, doch die Wirkung ist immer noch beeindruckend.

Es wär jedoch ein Fehler, wenn der Eindruck entstünde, Allan Dwan sei es hauptsächlich auf technische Tricks angekommen, und seine frühen Experimente hätten in ungestümen Kamerabewegungen und wilden Montagen geendet. Eine solche Art des Filmmachens lag ihm fern. Herzlich und humorvoll wie er war, hatte er ein großes Gefühl für Menschen – und sein Gebrauch filmischer Mittel war stets den Darstellern und der Story untergeordnet. Er spielte mit allen technischen Möglichkeiten herum und meisterte sie, ehe er sie dann verwarf, zugunsten absoluter Einfachheit und eines klaren, direkten Stils.

Indessen ist es faszinierend, diese untypischen Schnörkel im Auge zu behalten, wenn man sich ein Bild vom Werk dieses bedeutenden Regisseurs machen will. Wenn Griffiths Großaufnahmen Verwirrung auslösten, so gab es auf Dwans Fahraufnahmen hin heftige Beschwerden. »Sie machten die Leute seekrank«, berichteten die Kinos.

Eine andere von ihm favorisierte Neuerung war das, was man später eine Kranaufnahme nennen sollte – die Kamera bewegte sich auf- und abwärts wie in einem Aufzug. Zu jener Zeit existierte kein entsprechendes Gerät, also besorgte sich Dwan einen Baukran, plazierte die Kamera in einem Korb und ließ sie so aufwärts schweben.

»Auch das erstaunte die Leute wieder«, berichtete Dwan. »Sie stellten sich vor, der Kameramann habe sich die Kamera auf den Rücken geschnallt und sei Leitern hochgestiegen. Niemand erkannte, was wir mit der Kamera gemacht hatten, damit sie sich so frei bewegen konnte. Der Effekt faszinierte uns so sehr, daß wir weiter experimentierten; z.B. begannen wir unten und fuhren dann zurück und höher, bis schließlich die Personen tief unten ganz klein waren. Das verblüffte die Leute.«

Dwan verhalf, dank seiner technischen Ausbildung, D. W. Griffith zu dem, was noch heute als die überwältigendste Aufnahme der Filmgeschichte gilt – die Kranaufnahme der riesigen Babylon-Dekoration in *Intolerance*.

»Ich arbeitete auf dem Triangle-Gelände als Regisseur von Fairbanks und den Gish-Mädchen und hatte, außer in diesem einen Fall, mit der Herstellung von *Intolerance* nichts zu tun. Griffith arbeitete nämlich auf der anderen Seite der Straße, auf einem anderen Teil des Geländes, wo seine großen Bauten standen. Bis kurz vor der Premiere wußte praktisch niemand, was er eigentlich tat – nur, daß er an einem großen Film arbeitete. In einem meiner Filme hatte ich ein Gedicht verwendet – ich mochte immer gern Gedichte, um etwas auszudrücken – und darin gab es die Zeile: »Die Toleranz gegenüber Meinungen und Äußerungen...« Ich hatte das also fertig, und da Griffith alle Skripts zu sehen bekam, hatte er es gelesen. Er rief mich zu sich und fragte, ob ich etwas dagegen hätte, dies Gedicht wegzulassen.

›Eigentlich nicht‹, meinte ich, ›aber aus welchem Grund?‹

›Ich werde es Ihnen verraten, wenn Sie es für sich behalten. Ich verwende genau diese Idee in dem Film, den ich vorbereite – eine große Sache. Mein Titel lautet sogar *Intolerance* – und Sie haben zufällig genau den Punkt getroffen, den ich vermitteln möchte.‹

Ich stimmte zu und ließ das Gedicht fort. Nach einiger Zeit kam sein Kameramann Billy Bitzer zu mir und sagte: ›Der Chef läßt fragen, ob Sie sich mit ihm über ein Problem unterhalten würden, an dem wir sitzen – er weiß nämlich, daß Sie Ingenieur sind.‹

Bitzer beschrieb Dwan die Einstellung, die Griffith vorschwebte. Die Kamera sollte bis zur Höhe der kolossalen Babylon-Bauten aufsteigen und dann wieder bis zum Boden hinuntersinken können.

Dwan, rechts, auf dem Set von *Lawful Larceny* (1923), zusammen mit (von links) Conrad Nagel, Hope Hampton, Nita Naldi und Lew Cody.

Allan Dwan führt Regie bei einer Szene von *The Forbidden Thing* (1921); an der Kamera Tony Gaudio.

Allan Dwan

Mickey Bennett und Tom Moore in *Big Brother* (1923).

Gloria Swanson in *Manhandled* (1924).

Weder Griffith noch Bitzer wußten, wie sie das anstellen sollten. Sie hatten zunächst eine Idee, die ich sofort verwarf, nämlich eine Rampe zu bauen und die Kamera dort hinaufgleiten zu lassen. Die Probleme, eine Kamera an so einem Ding einigermaßen gleichmäßig und ruhig hinaufrollen zu lassen, waren enorm. Und man hätte sie wie ein Stück Kuchen bauen müssen, um sie einigermaßen eben zu bekommen. Das wäre schwierig und teuer gewesen, man hätte keinerlei Kontrolle über die exakte Position und Höhe der Kamera gehabt, und man wäre nicht flexibel gewesen.

Ich brachte ihn schließlich dazu, ein Gerüst auf Schienen zu bauen, mit einem Aufzug darin. Das Gerüst war eine ganz leichte Gestängekonstruktion, damit es einfach auseinandergenommen und zusammengesetzt werden konnte. Ich entwarf die Grundzüge und schlug Eisenbahnschienen vor, ohne die kleinste Unebenheit, um jede Vibration auszuschließen, und dazu Eisenbahnräder.

Heutzutage bräuchte man für die Aufnahme einen Galgen – aber es gibt keinen Galgen, der so hoch reichen würde. Und wenn, dann müßte er einen sehr langen Ausleger haben und das würde ziemliche Schwingungen ergeben. Griffiths Gerät sollte aber völlig schwingungsfrei sein. Und es war steuerbar – man konnte jederzeit stoppen oder weitermachen. Es arbeitete mit einer kleinen Antriebsmaschinerie und mit einem Steuerungssystem.«

Trotz all seiner mechanischen Kenntnisse erwarb sich Dwan seinen Ruf in der Filmindustrie durch andere Neuerungen – Mittel zur Verbesserung der Produktionsmethoden, technische Wunder beim Dekorationsbau und, simpel doch selten, seine unglaubliche Fähigkeit, mit einfachen Mitteln Aufnahmeteam und Schauspieler bei Laune zu halten.

Als er zum Beispiel *Zaza* mit Gloria Swanson drehte, fand es das Team unerträglich, im brütenden New Yorker Sommer auch noch unter den glühend heißen Scheinwerfern des Astoria-Studios zu arbeiten. Um die Produktion fortsetzen zu können, ließ Dwan riesige Haufen Eis ins Atelier schaffen und plazierte sie auf beiden Seiten der Dekoration. Eine Reihe elektrischer Ventilatoren dahinter blies auf diese Weise einen stetigen Strom kühler Luft über die Schauspieler.

Tempo war ein weiteres berühmtes Markenzeichen von Dwan. James Quirk nannte ihn den Paavo Nurmi der Regisseure: »Er hat gerade *Night Life of New York* herausgefetzt. Rod la Rocque meint dazu, der Film sei fertig gewesen, ehe er überhaupt bemerkt habe, daß er begonnen worden war.«

»Man wird Allan Dwan niemals über ›Meine Kunst‹ schwafeln hören«, lautete die Unterschrift eines ganzseitigen Fotos, das *Photoplay* von ihm veröffentlichte. »Er ist zu sehr damit beschäftigt, Filme zu machen. Er glaubt an das Lichtspiel als Kunst und als Industrie, doch er verschwendet keine Zeit darauf, das jedem zu erzählen. Dwan ist ein Regisseur der Vernunft. Bei ihm paaren sich Begeisterung und Phantasie mit einem erstaunlichen Sinn für die Realität. Wenn man an die frühen Douglas Fairbanks-Filme denkt – vor allem an *Manhattan Madness*; an den lebendigen und abenteuerlichen *Soldiers of Fortune*; den verschrobenen *Luck of the Irish*; den donnernd dramatischen *The Scoffer*; das prächtige Celluloidwagnis *A Splendid Hazard* – so erkennt man Dwans Vielseitigkeit, seine Energie und seinen Sinn fürs Detail.«[5]

Einer von Dwans hochgelobten Filmen war *Big Brother*, in dem er einen erstaunlichen Kinderstar namens Mickey Bennett präsentierte. »Wir drehten ihn im härtesten Viertel von New York, bei Nacht«, erinnerte sich Dwan. »Ich spüre noch heute die Steine, mit denen die Rowdies von den Dächern warfen.«

Bei der Premiere des Films veröffentlichte Quirk eine einmalige Lobeshymne: »Auf der höchsten Spitze des Berges, bei eisigen Temperaturen würde ich meinen Hut ziehen und mich tief vor Allan Dwan verbeugen ob dieser Produktion. Er hat einen wahrlich bedeutenden Film gedreht. Es ist ein Klassiker und ein Kunstwerk. *Big Brother* hätte auch mit weiteren Dollarmillionen nicht menschlicher, nicht ansprechender, nicht gelungener werden können. Weiter so, Allan! Möge dein Schatten niemals kürzer werden!«

Ich habe *Big Brother* nicht gesehen, doch die menschlichen Qualitäten in *Manhandled*, der kurz darauf entstand, sind so stark, daß mir *Photoplays* Behauptungen nicht zweifelhaft sind. In den Filmen, die ich gesehen habe, gelang es Dwan, seinen Schauspielern wundervolle, lebensechte Darstellungen abzufordern – echte und ehrliche Porträts, die durch kein Moment der Übertreibung getrübt sind. Allerdings muß man wohl einige Szenen von *Robin Hood* ausnehmen, speziell jene, in denen Sir Guy of Gisbourne (Paul Dickey) mit glühenden Augen und gefletschten Zähnen die Leinwand als das verkörperte Böse beherrscht. Doch Szenen dieser Art verlangen wohl nach einer solchen Darstellung. In realistischen Situationen hat Dwan die Grenze nie überschritten; seine Darsteller erscheinen so vollkommen und glaubhaft in ihrer Rolle, daß ich begann, mich für seine Inszenierungstechnik zu interessieren. Benutzte er einen komplizierten Vorläufer des ›Method-acting‹? Ganz im Gegenteil. Er war – wenn das Wortspiel erlaubt ist – ein ›Direktor‹, buchstäblich: seine Methode war einfach und direkt.

Madge Bellamy war eine talentierte Schauspielerin, deren angeborenes Talent leider oft genug falsch eingesetzt wurde, wenn Regisseure nämlich nur versuchten, ihre unschuldige Ausstrahlung auszubeuten; sie arbeitete 1925 mit Dwan bei *Summer Bachelor* zusammen. »Er ist ein wundervoller Mensch«, erzählte sie Agnes Smith in *Photoplay*, »er sagt mir stets die Wahrheit. Wir hatten heute morgen im Atelier eine interessante Unterhaltung. Ich hatte eine traurige Szene gespielt; anschließend fragte mich Mr. Dwan, woran ich gedacht hätte, und ich antwortete: an etwas Trauriges. ›Nun‹, meinte Mr. Dwan, ›Sie hätten an Ihre Gesichtsmuskeln denken sollen.‹

Ich habe inzwischen eingesehen, was ich falsch gemacht habe. Ich versuchte, Gefühle zu verspüren und sie auszudrücken. Ich habe nie besonders an die Technik gedacht. Und deshalb sitze ich jetzt hier und trainiere meine Gesichtsmuskeln. Schauen Sie!« Und Miss Bellamy hob ihre Augenbrauen. Auf der Stelle stiegen ihr langsam Tränen in die Augen. »Sie sehen, ich weine, obwohl ich an nichts Trauriges denke. Es ist lediglich eine Muskelreaktion.«[6]

»Künstlerische Effizienz, das ist Dwan!« erklärte Adela Rogers St. Johns – und zitierte, was er 1920 gesagt hatte: »Es ist, verdammich, das faszinierendste Spiel der Welt – Filmregie zu führen. Es ist zugleich das Gefühl von Macht und Schöpfertum. Es ist voller Risiko. Selbst wenn du etwas davon verstehst, bist du nicht sicher, überhaupt etwas zu verstehen. Die Filme, die ich mochte und die ich für ausgezeichnet hielt, waren zu 90 Prozent Reinfälle. Diejenigen, über die ich ein wenig meine Nase rümpfte, schlugen sofort ein.

Ich bin Geschäftsmann. Ich habe einen Sinn fürs Kommerzielle. Man kann den künstlerischsten Film aller Zeiten drehen, wenn er aber vor leeren

Häusern spielt, hat man nicht das Mindeste für die Kunst oder die Menschheit erreicht. Das große Problem beim Film ist die richtige Verbindung von Kunst und Geschäft. Verschwendung hat nichts mit Kunst zu tun. Ineffizienz hat nichts mit Kunst zu tun.

Filme müssen zügig gemacht werden. Wenn man an ihnen herumfummelt, verliert man seine klare Linie. Man kann Kunst natürlich nicht plötzlich erzwingen, aber man kann sich zu schneller und wirtschaftlicher Produktion zwingen. Mach das Künstlerische klar, bevor du mit der Produktion beginnst, und du ersparst dir viel Zeit und Ärger.«7

Künstlerische Effizienz spielte bei Dwans Erfolg eine bedeutende Rolle. Als praktischer Realist in einem Wolkenkuckucksland, so liebte er es, Filme zu machen – doch ließ er nie zu, daß ihm Krisen oder Launen Schwierigkeiten bereiteten. Sie hinterließen tatsächlich so wenige Spuren, daß er einem heute in die Augen blicken und behaupten kann, es habe bei keiner seiner Produktionen irgendwelchen Ärger gegeben!

»Die Kerle, die den Job zu ernst nehmen, sind schon halb erledigt, wenn sie anfangen. Sie wissen nicht, wo es langgeht, und sie haben ununterbrochen Ärger. Aber wenn man weiß, was man will, ist es nicht allzu schwer, einen Film zu machen. Man muß immer etwas haben, was ganz schnell zu schaffen ist – um alles in Gang zu halten, wenn mal etwas danebengeht. Solange wir die Kontrolle über unsere Filme hatten, gab es keine Schwierigkeiten. Der Ärger begann, als andere die Kontrolle übernahmen.«

Trotz seiner Direktheit und Offenheit besitzen Dwans Filme eine eindeutige stilistische Prägung. Da ist eine Vorliebe für Aufsichten, die er intelligent einsetzt, und eine offensichtliche Abneigung gegen kühne bildfüllende Nahaufnahmen.

»Ich hielt die großen Nahaufnahmen für peinlich«, erläuterte er. »Das finde ich noch heute – ich glaube, da wird oft übertrieben. Man kann ja auf der großen Leinwand fast ihre Mandeln erkennen. Natürlich ist es schwierig, für das idiotische Format eine Bildkomposition zu finden, das sie heute haben – dieses lange dünne Ding. Es ist sehr schwer, *darauf* Kunst zu machen. Das einzige, was man darauf wirklich veranstalten kann, sind Spektakel. Aber man will ja nicht ununterbrochen Spektakel sehen.

Jede Story, die überhaupt was wert ist, muß intim sein. Sie muß dir nahegehen. Sie muß dich bewegen. Aufwand allein wird niemals Menschen bewegen. Sie sind vielleicht verblüfft – das ist alles. Es ist sofort vorbei. Man fährt nach New York, um sich die hohen Gebäude anzusehen – hat man sie einmal gesehen, ist man zufrieden. Ebenso ist es mit den Pyramiden; man schaut sie sich an und hat sie gesehen. Man will sie sich nicht jeden Tag wieder anschauen. Für die normale Unterhaltung braucht man eine intime Story – und für eine intime Story braucht man gute Szenen zwischen zwei Menschen. Manchmal mehr, doch meistens zwei Menschen.

Was den Stil angeht, habe ich eigentlich keine Abneigungen. Es stört mich, wenn ich sehe, wie eine ausgefallene Kameraeinstellung nur um des Effektes willen benutzt wird, ohne Grund...das meiste hängt davon ab, *wie* diese technischen Mittel eingesetzt werden.«

»Nach fünfundfünfzig Jahren Regie«, fragte ich, »bringt es Ihnen da überhaupt noch Spaß?«»Ja, natürlich. Es ist kein Job, es ist eine Krankheit. Es ist mehr als nur Arbeit. Es bringt Spaß, es zu machen, es bringt Spaß, die Ergebnisse zu sehen, und es bringt noch mehr Spaß, wenn man sieht, wie es auf Leute wirkt. Ich werde als nächstes einen großen Film über das Marine Corps für Warner Bros. drehen. Filme machen – das würde ich auch ohne Geld tun, so sehr mag ich es.«

1 Eine Filmografie enthält Peter Bogdanovich: Allan Dwan, the last Pioneer. London: Studio Vista 1971. Es sind keine 1400.
2 *Film Culture*, Frühj. 1963, S. 23.
3 Ralph Hancock und Letitia Fairbanks: Douglas Fairbanks; The Fourth Musketeer. London: Peter Davies 1953, S. 175.
4 Das A war G. M. ›Broncho Billy‹ Anderson.
5 *Photoplay*, Juni 1921, S. 47.
6 *Photoplay*, Okt. 1926, S. 128.
7 *Photoplay*, Aug. 1920, S. 56.

10 **Henry King**

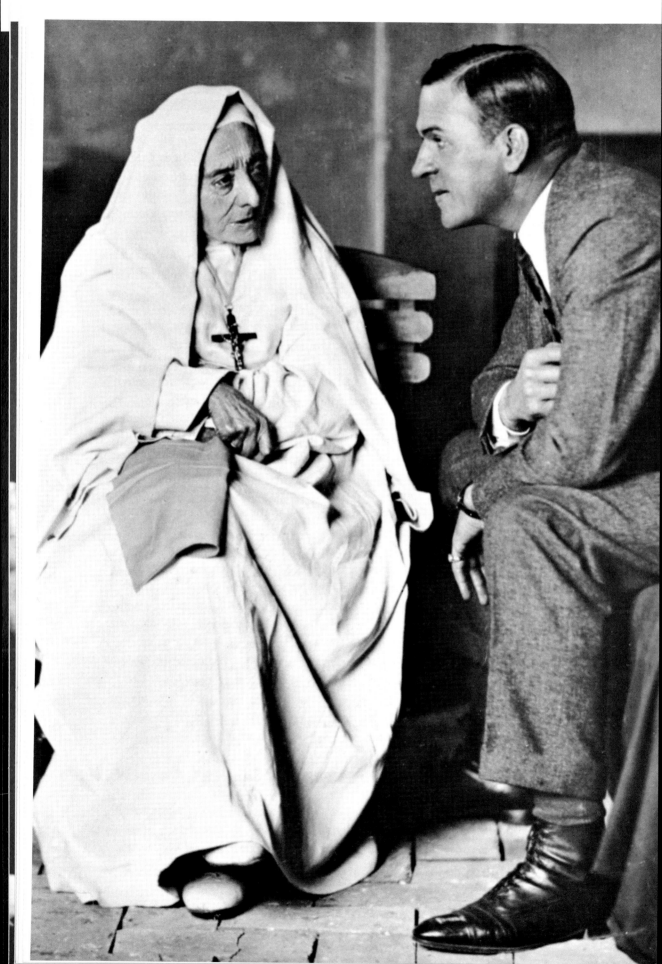

Mary Pickford 11

Poor Little Rich Girl.

Mary Pickford als Hitzkopf: *Tess of the Storm Country* (2. Fassung von 1922), Regie John S. Robertson.

tun, wovon ich nicht überzeugt war, dann habe ich es nicht getan. Ich war *nicht* bereit, wie ein aufgescheuchtes Huhn herumzurennen, mit den entzückten Rufen auf den Lippen: »Oooooh...die süßen Küken! Oooooh...schau doch! Ein kleines Kaninchen!« Das verlangte er von seinen Mädchen, die die Naive spielten, und sie alle machten es.

»Ich bin kein kleines Kind mehr. Ich bin sechzehn Jahre alt. Ich werde das nicht tun!« sagte ich.

»Du wirst es tun«, sagte er, »oder du kannst gehen.«

»Also gut, dann gehe ich. Ich mache das nicht.«

Aber ich lernte eine Menge von ihm. Zum Beispiel spielte ich in einem Film ein armes kleines Mädchen und hatte einen zerschlissenen, kurzen Mantel an, mit einem mottenzerfressenen Pelzkragen, und trug einen ulkigen kleinen Hut mit einem Vogel oben drauf. Ich betrat meine Kammer, warf den Hut aufs Bett und schmiß den Mantel darüber. Griffith hielt die Kamera an.

Nun war es zu jener Zeit, als das Filmmaterial etwa sechs Cent pro Meter kostete, unerhört, die Kamera anzuhalten. Er kam in die Dekoration und sagte: »Pickford, mach das ja nie wieder: in ein Zimmer kommen, den Hut aufs Bett werfen und den Mantel ablegen, ohne ihn auszuschütteln. Du mußt auf deine Kleidung achten. Eine Heldin ist nicht unordentlich.«

Ich sagte: »Ja, Sir.«

»Jetzt geh zurück, Pickford, und komm noch einmal herein. Kamera, Bitzer.«

Ich dachte: ›Mr. Griffith hat recht.‹ Also ging ich nach draußen und kam wieder herein, zog meinen Mantel aus, schüttelte ihn, bürstete das Fell, rückte den kleinen Vogel auf dem Hut zurecht, legte ihn auf den Stuhl und hängte den Mantel sorgfältig über die Lehne.

»Sehr gut«, sagte Mr. Griffith.

Auf diese Art führte er mich. Er sagte einmal, er könne hinter der Kamera sitzen und etwas denken, und ich würde es tun. Er meinte auch, daß es nur zwei Menschen gäbe, die jemals härter gearbeitet hätten als er – Lillian Gish und Mary Pickford. Ich glaube, auf seine Art liebte er mich, und ich liebte ihn. Trotzdem wollte ich nie wieder zum Film zurück, als ich ihn verließ, um zu Belasco zurückzukehren; wir hatten einen heftigen Streit gehabt.

Er brachte Leute ins Studio, die er irgendwo aufgelesen hatte und die keinerlei Erfahrung hatten, und das mochte ich nicht. Es gab eine große Auseinandersetzung darüber, wer *The Sands of Dee* (1911) machen sollte. Blanche Sweet wollte die Rolle, ich wollte sie, und Dorothy Bernard und Mabel Normand wollten sie. Griffith bat mich, *Man's Genesis* zu machen, und ich weigerte mich, weil die Rolle nackte Beine verlangte. Also, nicht ganz nackte Beine – so eine Art Bastrock, der bis zu den Knöcheln ging. Alle anderen sagten: »Wenn Mary es nicht macht, machen wir es auch nicht.«

»Also schön«, sagte Griffith, »wenn niemand *Man's Genesis* machen will, wird auch niemand in *The Sands of Dee* spielen.« Und er gab die Rolle Mae Marsh.

Ich dachte: ›Das geschieht ihm recht. Sie wird schon schlecht spielen.‹ Als der Film fertig war, marschierten wir alle hin, um sie zu sehen, und sie war phantastisch. Ich kam aus dem Kinosaal und ging zu Mae Marsh.

»Das hast du besser gemacht, als ich es könnte«, sagte ich.

Sie hatte keine Erfahrung gehabt; sie hatte vorher in einem Kaufhaus gearbeitet. Und ich dachte: ›Das gibt mir den Rest. Ich bin seit zehn Jahren am Theater,[1] und wenn sie das ohne Erfahrung machen kann, dann habe ich beim Film nichts verloren. Ich bin am Ende.‹

Auf dem Rückweg nach New York aßen Mr. Griffith und einige andere von uns im Zug zu Abend, und ich redete über Billie Burke. Ich war zu jung, um erkennen zu können, was für eine glänzende Schauspielerin sie war. Ich war total im Unrecht; ich meinte, sie sei unaufrichtig, und ich sagte das auch.

»Was!« sagte Mr. Griffith, »du – und Billie Burke kritisieren! Du kannst ihr nicht das Wasser reichen.«

»Wieso«, entgegnete ich, »ich kann meine Vorlieben und Abneigungen haben – «

»Nein«, erwiderte er, »das steht dir nicht zu.«

»Und Ihnen steht es nicht zu, mich zu kritisieren«, sagte ich. »Ich will Ihnen jetzt mal etwas sagen, Mr. Griffith. Sie können mit Ihren Amateuren weitermachen. Ich gehe dahin zurück, wo ich mein Metier gelernt habe, meinen Beruf. Heute in einem Jahr werde ich am Broadway sein.«

»Das ist ja lächerlich«, sagte er, »die würden dich noch nicht mal zur Hintertür hereinlassen.«

»Warum nicht, Sir?«

»Weil du dich dadurch, daß du in Filmen mitgespielt hast, unmöglich gemacht hast.«

»So, dann verrate ich Ihnen etwas. Ich werde in einer Produktion von Belasco auftreten!«

»Daß ich nicht lache«, sagte er.

Da ich geprahlt hatte, mußte ich mich beweisen. Als ich in New York ankam, rief ich das Belasco Theatre an und verlangte Belascos Manager, William Dean.

»Mr. Dean«, sagte ich und begann ohne zu zögern meine vorbereitete Rede, »ich rufe Sie an, weil ich möchte, daß Sie und Mr. Belasco sich einen Film ansehen, den ich geschrieben und gemacht habe. Er heißt *Lena and the Geese* – «

»Wer spricht da?« fragte er.

»Hier spricht Betty Warren.«[2]

»Doch nicht die kleine Betty – mit den Locken?«

»Genau, Mr. Dean.«

»Wo hast du die ganze Zeit gesteckt? Wir haben dich überall gesucht.«

»Ich war beim Film.«

»Schande über dich«, sagte er. »Hast du immer noch die langen Locken?«

»Ja, Sir.«

»Wie lange brauchst du, um hierher zu kommen?«

Das Theater war in einer der 40er Straßen, und ich befand mich in der 72. Straße. »Ich bin sofort da«, sagte ich.

Ich fuhr zum Theater, wo Mr. Dean schon ganz aufgeregt wartete. »Ich möchte den ›Governor‹ überraschen«, sagte er. »Ich werde dich hinter den Kulissen postieren. Nimm die Spangen aus dem Haar, zieh die Stöckel aus und sag kein Wort.«

Bald darauf hörte ich Mr. Belasco.

»Dean, was ist denn die Überraschung?«

»Das verrate ich Ihnen nicht, Governor. Das müssen Sie schon selbst herausfinden. Dort drüben ist sie – hinter der Kulisse.«

Belasco spähte umher.

»Komm heraus«, sagte er, »wer bist du?«

Ich hatte keine Schuhe an, und mein Haar hing locker herunter.

»Ist das etwa meine kleine Betty?«

»Jawohl, Sir.« Er war entzückt, und ich war überglücklich.

»Dean, wo ist sie gewesen?«

»Sie war ein ganz unartiges kleines Mädchen. Sie hat sich mit dem Kintopp eingelassen.« Belasco sah mich an. »Ist das wahr, Betty?«

»Ja, Sir...«

»Oh *Betty*!« stöhnte er mit gespieltem Entsetzen.

»Ich schäme mich, Mr. Belasco«, sagte ich.

»Das solltest du auch, mein Schatz! Und jetzt möchtest du also wieder zurück zum Theater?«

»Ja, Sir – zu Ihnen.«

»Stehst du unter Vertrag?«

»Nein...«

»Fein, ich habe eine herrliche Rolle für dich. Es ist die Julia, das blinde Mädchen in *A Good Little Devil*. Kannst du am Montag mit den Proben anfangen?«

»Nein, Sir«, sagte ich, »nicht bevor ich mit Mr. Griffith gesprochen habe.«

Ich verließ das Theater und fuhr mit der U-Bahn runter zur 14. Straße. Ein Taxi konnte ich mir damals nicht leisten. Mr. Griffith probte gerade, als ich im Biograph-Studio ankam. Wie ein Zar thronte er mitten im Atelier und hatte seine Truppe um sich versammelt.

»Mr. Griffith«, sprach ich ihn an.

»Hau ab!« schnauzte er.

»Es tut mir leid, Sir, aber das geht nicht.«

»Ich habe alle hier im Studio angewiesen, mich niemals zu stören, wenn ich probe.«

»Ich würde Sie bestimmt nicht stören«, sagte ich, »wenn es nicht wichtig wäre. Ich muß Sie verlassen.«

»Verlassen?«

»Ja, Sir.«

»Und wohin gehst du?«

»Ich gehe zu Mr. Belasco zurück.«

»Nein! Wann?«

»Ich soll Montag morgen um zehn Uhr zur Probe da sein.«

»Willst du damit sagen, daß du Biograph im Stich läßt?«

»Es tut mir leid, Sir. Ich gehe nicht gern von Biograph weg, und noch schwerer fällt es mir, Sie zu verlassen.«

»Ende der Probe«, sagte Mr. Griffith. Tränen standen ihm in den Augen. Er nahm meine Hand: »Na, Pickford, ich wünsche dir alles Gute.«

»Danke«, sagte ich.

»Was wirst du denn tun?«

»Ich spiele die Hauptrolle in *A Good Little Devil*. Das hier ist mein Text.«

»Mach deine Sache gut«, sagte er, »sei eine gute Schauspielerin.«

»Ich werde mir Mühe geben«, sagte ich.

Ich drehte noch einen Film mit ihm – *The New York Hat*.[3]

Als *A Good Little Devil* in Philadelphia Premiere hatte, kam Mr. Griffith mit der ganzen Truppe, um sich die erste Vorstellung anzusehen. Vor der Vorstellung riet er mir: »Iß jetzt nichts. Ich fürchte, dir wird sonst vor lauter Lampenfieber schlecht. Nimm höchstens eine Scheibe Toast und eine Tasse Tee.«

Aber dann war er derjenige, dem vor Aufregung schlecht wurde! Er folgte uns nach Baltimore. »Vergiß alles, was ich dir gesagt habe«, sagte er. »Ich habe es falsch gemacht. Ich bin wohl zu sehr gegen Mr. Belasco gewesen. Mach alles so, wie er es dir beigebracht hat.«

Wir blieben sehr gute Freunde, bis zu dem Tag, an dem er starb.

Durch *A Good Little Devil* kam ich wieder zum Film. Adolph Zukor kaufte die Rechte für seine ›Famous Players in Famous Plays‹. Man hielt mich für irgendeine x-beliebige Schauspielerin, aber nachdem ich in *Tess of the Storm Country* gespielt hatte, begann meine Karriere erst wirklich. Die Tess widersprach völlig allem, was ich bis dahin gespielt hatte. Der Film rettete die Firma; Mr. Zukor erzählte mir später, daß er mit dem Geld für ein Halsband seiner Frau und aus seiner eigenen Versicherung die Gagen gezahlt hätte. Er hat nicht ein einziges Mal gejammert. Unser Geld war jeden Samstag da. Edwin S. Porter, der *Tess* drehte, hatte keine Ahnung vom Regieführen. Nicht die Spur. Um so erstaunlicher war der Erfolg des Films. Muster bekamen wir nie zu sehen. Das Negativmaterial wurde zum Entwickeln nach New York geschickt, was sehr gefährlich war; denn so wußte keiner von uns, wie der Film aussehen würde.

Edwin Porter hatte keine Ahnung von den Ideen, die Griffith entwickelt hatte, wie zum Beispiel die der Großaufnahme. Eine Erfindung habe ich selbst gemacht. Ich spielte gerade in *Poor Little Rich Girl*, bei dem Maurice Tourneur Regie führte, als ich mich eines Morgens um halb sieben zurechtmachte. Mein Spiegel stand schräg, fing das Licht der frühen Morgenstunde ein und reflektierte es auf mein Gesicht.

›Das läßt mich jünger aussehen‹, dachte ich; ich sollte in dem Film ein zehnjähriges Mädchen spielen. Ich ging ins Studio und fragte Maurice Tourneur, ob ich ein Licht von unten haben könne. Tourneur sagte nein.

»Wären Sie so freundlich, es zu versuchen? Machen Sie die Großaufnahme von mir wie gewöhnlich; und könnten Sie mir dann einen kleinen Spot bringen lassen, ihn auf eine Seifenkiste oder dergleichen stellen und das Licht auf mein Gesicht richten? Hinterher können Sie sich die Aufnahmen in der Projektion ansehen und entscheiden.«

Als er die Muster betrachtete, sah Mr. Tourneur, was ich meinte, und von da an benutzten wir einen sogenannten Baby-Spot. Das war seine Geburtsstunde.

Griffith pflegte über mich zu sagen: »Für die Kamera macht sie alles. Ich könnte von ihr verlangen, auf ein brennendes Gebäude zu steigen und hinunterzuspringen – und sie würde es tun.« Die Kamera hat für mich etwas Heiliges.

Für *The Little American*, bei dem Cecil B. De Mille Regie führte und der vom Untergang der »Lusitania« handelte, sollte ich bei San Pedro im Ozean herumplanschen. Ich konnte damals kaum einen Meter weit schwimmen – aber ich habe die Szene gedreht. Ich kann Ihnen sagen, das war ein Erlebnis für sich. In

Kalifornien wird es nachts sehr kalt, und ich hatte nur ein Abendkleid an. Ich war halb erfroren. Ein paar von den Leuten wurden ziemlich verletzt, als sie seitwärts am Schiff heruntergeglitten und sich Splitter einfingen. Zum Glück ist mir das nicht passiert, aber mir war reichlich kalt!

De Mille war ein großer Produzent, aber ich bezweifle, daß er überhaupt ein Herz hatte. Er war ein sehr befehlsgewohnter Mensch, aber als Regisseur war er nicht gut. Trotzdem liebte ich ihn.

Mit meinen Rollen habe ich mich völlig identifiziert. Nur so schafft man es. Man muß in seinen Rollen leben. Während der Dreharbeiten zu *Suds* kam eines Morgens meine Mutter in mein Zimmer und war entsetzt. »Aber Mary!« sagte sie, »du siehst ja aus wie dieses häßliche kleine Mädchen!« Ich war *Suds*. Ich war Unity Blake in *Stella Maris*.

Einen solchen Unsinn wie den Achtstundentag gab es damals nicht, das können Sie mir glauben. Ich arbeitete von sechs Uhr morgens bis neun Uhr abends. Wenn ich im Atelier fertig war, mußte ich noch die ganzen Schecks ausstellen und die Anordnungen für den nächsten Tag treffen. Pausen gab es für uns nicht. Keine Kaffeepause – nicht einmal ein Glas Wasser. Ich hatte schließlich drei Haushalte zu führen: Pickfair, meinen Bungalow auf dem Studiogelände und das Strandhaus. Statt mich für zwanzig Minuten hinzulegen und auszuruhen, empfing ich Leute wie den Präsidenten Coolidge und seine Frau. Ach, ich könnte ein Dutzend nennen, die das Studio besucht haben.

Wenn die Mittagszeit kam, und wir waren mitten in einer Szene, machten wir noch zwei Stunden weiter und arbeiteten danach bis in die Nacht. Ich erinnere mich noch an eine Nacht, in der zweiundneunzig Menschen hinter der Kamera standen, und ich als einzige davor. Es regnete in Strömen, und ich war naß bis auf die Haut.

Wissen Sie, wie lange man für das Schminken brauchte? Drei Stunden. Zuerst wurden die Haare gewaschen. Dann wurde frisiert. Dann legte man das Make-up auf. Um ins Atelier zu kommen, brauchte man fünfzehn Minuten, und man hatte pünktlich um neun Uhr da zu sein. Das galt für jeden.

Zu allem Überfluß mußte ich, als meine Mutter starb, ihre Aufgaben auch noch übernehmen, und das war ein täglicher Arbeitstag von acht bis zehn Stunden gewesen.

Es ist lachhaft, wie heutzutage gearbeitet wird. Nicht um alles in der Welt würde ich zum Film zurückgehen. Mit den ganzen Allüren, mit den Kaffeepausen und Überstunden ... Wie schaffen es die Leute nur, Filme zu machen?

Ich habe meine Filme nie für wichtig gehalten. Ich habe nie etwas unternommen, um sie zu erhalten. Ich habe sie einfach ins Lager gelegt und vergessen. Ich hatte vor, sie zu vernichten, denn ich wollte, ehrlich gesagt, nicht mit dem modernen Trend verglichen werden. Wenn man Illustrierte von vor vierzig Jahren liest, findet man ihren Stil lächerlich. Ich meine, er ist so sentimental. Ich hatte Angst, mit meinen Filmen wäre es genauso. Als das Hollywood-Museum eröffnet wurde, wollte ich es unterstützen, stellte aber fest, daß die Filmbüchsen nur noch roten Staub enthielten. Dann hatten wir zwei Brände, einen in unserem Bürogebäude und einen im Lager, und beide Male gingen Filme verloren. Private Sammler werden meine Filme nicht herausrücken – sie wissen, daß es Raubkopien sind. Aber das hat auch sein Gutes – andernfalls wären sie für immer verloren.

Einen Film werde ich nicht zur Aufführung freigeben: *Rosita*.[4] Oh, ich verabscheue diesen Film! Ich konnte den Regisseur Ernst Lubitsch genauso wenig ausstehen wie er mich. Wir ließen uns natürlich nichts anmerken, aber es war eine sehr unglückliche und sehr kostspielige Erfahrung.

Lubitsch war auf dem Weg von Deutschland herüber, als die American Legion eine große Versammlung abhielt. Ich war auf dem Podium. Der oberste Offizier der Legion kam herauf und sagte: »Ich höre, daß der Sohn des ›Kaisers‹ [i.O.] hierher kommt. Wolle Gott, daß die American Legion zum Hafen geht, um ihn zu empfangen – und ins Wasser zu werfen. Er hat hier nichts zu suchen. Er ist immer noch unser Feind. Und warum holt man deutsche Sänger herüber? Haben wir etwa nicht genügend gute Sänger hier, in den Vereinigten Staaten von Amerika, so daß wir nach Deutschland gehen müssten?«

»Aha«, dachte ich, »jetzt ist es so weit. Jetzt bin ich an der Reihe. ›Wie kommt sie dazu, Lubitsch herüberzuholen? Haben wir denn keine guten amerikanischen Regisseure?‹« Ich hatte nicht vor, mir das stillschweigend anzuhören. Ich entschloß mich aufzustehen und zu sprechen. Der Schweiß trat mir auf die Stirn. Folgendes wollte ich sagen: »Werter General, sehr geehrte Damen und Herren. Seit wann gibt es für die Kunst Grenzen? Kunst ist universal, und für meine Filme will ich die Besten haben, gleichgültig welcher Nationalität sie sind. Der Krieg ist vorbei. Und es ist sehr ungezogen und dumm von dem Herrn General, aufzustehen und so zu reden. Eine deutsche Stimme, wenn sie schön ist, ist ein Geschenk des Himmels.

Ja, ich bringe Mr. Lubitsch hierher. Jawohl! Ich bin stolz, daß ich es kann. Und Sie, Herr General, benehmen Sie sich wie ein erwachsener Mensch, seien Sie so gut und reden Sie nicht so mit mir, denn ich bin weiß, einundzwanzig und amerikanische Bürgerin, und ich habe zum Krieg genauso meinen Beitrag geleistet wie Sie. Aber mit solchen Ansichten nützen Sie nichts und niemandem.«

Bis auf den heutigen Tag habe ich diese Rede behalten. Ich hatte alles so schön vorbereitet – und er richtete nicht das Wort an mich. Ich war fuchsteufelswild.

Lubitsch war bereits mit dem Schiff unterwegs, deshalb sagte ich: »Wir sitzen in der Bredouille. Die American Legion könnte ihn in Empfang nehmen.« Wir organisierten ein kleines Lotsenboot, das ihn vom Schiff holen sollte. Er hatte Instruktionen erhalten, den Namen Mary Pickford nicht zu erwähnen, nicht zu sagen, wohin er ginge oder was er tun werde, und vor allem hatte man ihn angewiesen, mit keinem Wort Deutschland zu erwähnen.

Als er in Hollywood ankam, schickte ich Mrs. Lubitsch selbstverständlich einen großen Blumenstrauß. Die Zeitungsleute wollten sofort alles mögliche wissen.

»Wozu sind Sie hier, Mr. Lubitsch?«

Indem er die Karte in die Tasche steckte, sagte Lubitsch: »Ich sage nichts.«

»Werden Sie hier arbeiten?«

»*Nein*.«

Ich traf ihn zum ersten Mal auf dem Studiogelände, zusammen mit Edward Knoblock und Douglas Fairbanks. Knoblock sprach perfekt Deutsch und stellte uns vor. Lubitsch nahm meine Hand und stieß sie plötzlich weg.

»*Ach, mein Gott!*« rief er aus. »Sie ist kalt!«

»Ach, er ist nur nervös«, dachte ich.

Mary Pickford, Ernst Lubitsch und der Kameramann Charles Rosher
bei den Dreharbeiten zu *Rosita* (1923).

Charles Rosher bei *Sparrows* (1926).

Mary Pickford 11

My Best Girl (1927), Regie Sam Taylor.

Mary Pickford und Marshall Neilan posieren, zusammen mit den Kameramännern Charles Rosher und Henry Cronjager, für eine Gag-Aufnahme bei den Dreharbeiten zu *Daddy Long Legs* (1919).

»Ja, kalt!« wiederholte er, »sie ist niemals eine Schauspielerin.«

»Unsere Schauspielerinnen werden dafür bezahlt zu spielen«, sagte Knoblock. »Wenn sie nicht auf der Bühne oder vor der Kamera stehen, spielen sie nicht. Sie beurteilen sie nach dem Bild deutscher Schauspielerinnen.«

Lubitsch beobachtete mich die ganze Zeit, um zu sehen, ob ich in die Luft gehen würde. Ich behielt mich unter Kontrolle.

Unsere erste gemeinsame Produktion sollte *Dorothy Vernon of Haddon Hall* werden, und er hatte das Skript gelesen. Für die Vorbereitungen hatte ich eine Viertelmillion Dollar ausgegeben. Ich erinnere mich noch, wie ich Knoblock und Lubitsch durch das Weizenfeld gehen sah, das hinter dem Studio lag – der Weizen stand brusthoch, und sie schwammen hindurch. »Das gibt Ärger«, sagte ich zu meiner Mutter.

Knoblock kam auf uns zu und sagte: »Es tut mir leid, aber Lubitsch will *Dorothy Vernon* nicht machen.«

»Edward!« sagte ich, »warum nicht? Er hat in Deutschland das Skript gelesen, er ist hierher gekommen, er bezieht bereits Gehalt, ich habe seine Überfahrt bezahlt und die seiner Frau...«

»Wollen Sie mit ihm reden?« fragte Knoblock.

»Natürlich«, sagte ich, »ich werde es müssen.«

Ich ging zu meinen Bungalow, den ich gerade taubengrau hatte streichen lassen. Lubitsch aß dreimal am Tag Bratkartoffeln, und ich war entsetzt, als er mit seinen fettigen Fingern im ganzen Zimmer kleine Fresken hinterließ.

»Also gut, Mr. Lubitsch«, sagte ich, »was ist los?«

Er hämmerte mit der Faust auf meinen schönen Tisch und brüllte: »Ich werde *Dorothy Vernon* nicht machen!«

»Nun«, sagte ich, »Sie haben das Skript gelesen...«

»*Ja*. Es gefällt mir nicht.«

»Warum haben Sie das nicht schon in Deutschland gesagt?«

»Well, dafür sage ich es Ihnen jetzt.«

»Was stimmt denn mit *Dorothy Vernon* nicht?«

»Da iss zu viel qvueens und zu wenig qvueens.«

Elisabeth und Maria; sein Einwand war, daß ihre Geschichte interessanter sei als die von Dorothy Vernon. Königin Elisabeth und Maria Stuart, die Königin von Schottland, hätten genug Stoff für eine eigene Geschichte abgegeben, aber es war zu wenig davon im Skript, um daraus eine selbständige Story zu machen.

»Na gut«, sagte ich. »Ich kann Sie nicht zu etwas zwingen, was Sie nicht tun wollen.«

»Ich gehe zurück nach Deutschland.«

Ich sagte ihm, das stünde ihm frei. Als er sich wieder beruhigt hatte, sagte ich zu Edward: »Suchen wir eben eine andere Geschichte.« Wir einigten uns auf *Rosita*. Das war vielleicht eine Tortur! Ich mußte darum kämpfen, die Story so durchzusetzen, daß sie stimmte. Lubitsch war ein Männer-Regisseur, er hatte überhaupt kein Einfühlungsvermögen für Frauen. In seiner Phantasie spielte er jede Szene selbst – als Mann.

Trotzdem hatten wir auch unseren Spaß. Lubitschs Englisch war fürchterlich; er sagte machmal im Atelier die unmöglichsten Sachen, und alle brachen in schallendes Gelächter aus.

12 **Clarence Brown**

Clarence Brown

Clarence Brown ist einer der großen Namen des amerikanischen Films – einer der wenigen, dessen Meisterschaft durch die Einführung des Tons keine Beeinträchtigung erlitt. Dank des weltweiten Ruhms seiner Garbo-Filme – *Anna Christie*, *Conquest* und *Anna Karenina* – ist kaum damit zu rechnen, daß Clarence Brown zu einem vergessenen Meister wird. Sein *Intruder in the Dust*, eine Studie über den Rassenkonflikt in den Südstaaten, war der bedeutendste Film, den es bis dahin zu diesem Thema gab. Sein *The Yearling* ist zu einem Klassiker geworden.

Doch seine Filme aus der stummen Ära sind völlig vergessen. Obwohl sie große finanzielle Erfolge waren, wurden sie wenig beachtet zu einer Zeit, in der die Produktion aufwendiger Spektakel gelungene Produktionen mit kleinerem Budget verdrängte. Vorzügliche Filme wie *Smouldering Fires* (1924) mit Pauline Frederick und *The Goose Woman* (1925) mit Louise Dresser wurden von Kritik und Publikum wohlwollend aufgenommen, erregten allerdings nicht die wohlverdiente ungehemmte Begeisterung, die ihnen dann vierzig Jahre später von einer neuen Generation entgegenschlug. Ihre Wiederentdeckung im Londoner National Film Theatre, in der New Yorker Theodore Huff Society und in der Cinémathèque Française in Paris löste umgehend eine Neubewertung des Frühwerks von Clarence Brown aus. Das Publikum war beeindruckt von der Frische der Filme, und es wurde viel über die »erstaunlich moderne Technik« geredet.

Aufgrund seiner Erfolge mit der Garbo wurde Brown unter dem einengenden Etikett eines ›Frauen-Regisseurs‹ bekannt. Aber er führte Valentino in *The Eagle* (1925) zu dessen wohl bester Darstellung. Er behandelte Action-Sequenzen mit wahrer Energie und bewies mit *The Trail of '98* (1928), daß er auch aufwendige Produktionen meistern konnte.

Sein Stil besticht durch trügerische Einfachheit, doch die offenbar mühelose Leichtigkeit ist das Ergebnis alleräußerster Sorgfalt. Clarence Brown kümmerte sich als Regisseur nicht allein um die Schauspieler, sondern ebenso um das Licht, die Bildkomposition, den Schnitt, die Dramaturgie – alle Stufen der Filmherstellung.

Brown war ein brillanter Techniker, besaß jedoch gleichzeitig ein echtes Gefühl für die Menschen. In seiner Schauspielerführung und bei der Darstellung einer Situation erreichte er einen Naturalismus, der auch in seiner Stilisierung stets überzeugend wirkte. *The Eagle* war zum Beispiel eine höchst romantische Geschichte in bewußt künstlichen Dekorationen, doch Browns atmosphärisch dichte Inszenierung und sein liebenswürdiger Humor gaben der dünnen Story echtes Format.

Neben ihrer fachmännischen Ausführung waren die einfallsreichen visuellen Effekte das durchgängige Markenzeichen der Filme von Clarence Brown. Dies, so sagt er, verdankt er Maurice Tourneur, dem großen Regisseur, der ihm seine erste Chance beim Film gab.

»Maurice Tourneur war mein Abgott. Ihm verdanke ich alles, was ich überhaupt erreicht habe. Für mich war er der bedeutendste Mensch, der je gelebt hat. Hätte es ihn nicht gegeben, würde ich noch heute Autos reparieren.« Ich interviewte Clarence Brown im September 1965 und im Oktober 1966 in Paris.

Clarence Brown wurde 1890 in Clinton, Massachusetts, als Sohn des Baumwollfabrikanten Larkin H. Brown geboren. Die Familie zog in den Süden, als Brown elf Jahre alt war; nach dem Schulabschluß besuchte er die University of Tennessee, die er im Alter von neunzehn Jahren mit zwei Ingenieur-Diplomen abschloß. Sein Vater hätte ihn gern im Baumwollgeschäft gesehen, doch wegen seiner Begeisterung für Autos verließ Brown das Elternhaus und arbeitete bei der Moline Automobile Company in Illinois, später bei der Stevens Duryea Company in Massachusetts.

Clarence Brown: Ich wurde reisender Spezialmechaniker für Stevens Duryea. Einer meiner Kunden war ein Händler in Birmingham, Alabama, der mich irgendwie mochte. Er hatte die Vertretung für einige große Automobilmarken, und er machte für mich eine Tochterfirma auf, die wir die Brown Motor Car Company nannten. Ich hatte die Vertretung für Alco-LKWs, für Stevens Duryea und Hudson.

Ungefähr um diese Zeit – 1913, 1914 – fing ich an, mich für das Filmgeschäft zu interessieren. Die Filme liefen noch in den billigen Ladenkinos, die Produktionen des Peerless-Studios erregten aber bereits mein spezielles Interesse. Es gab dort vier Regisseure – Frank Lane, Albert Capellani, Emile Chautard und Maurice Tourneur. Wenn ich las: »Produziert im Peerless-Studio, Fort Lee, N. J.«, dann ging ich hin. Ich faßte den Entschluß, daß ich auch Filme machen könnte, und so fuhr ich nach New York, hauptsächlich, um einen der vier zu treffen.

Als ich mit der Fähre nach Fort Lee übersetzte, hörte ich, wie sich ein paar Leute von der Statisterie über Maurice Tourneur unterhielten. Offenbar suchte er einen Regieassistenten. Als ich das Peerless-Studio erreichte, fragte ich nach ihm. »Er ist bei Außenaufnahmen«, war die Auskunft, man wollte aber nicht sagen, wo. Mir fielen einige Schauspieler auf, die zum Essen kamen und gingen, und so folgte ich ihnen zum Drehort. Tourneur drehte *The Cub*, eine Story über Schwarzbrenner, etwa eine Meile vom Studio entfernt. Ich ging zu ihm hin und sagte, ich wolle mit ihm wegen des neuen Assistenten sprechen. Er meinte, ich solle warten.

Er ließ mich bis sechs Uhr warten, bis zum Drehschluß. Dann schickte er alle nach Hause, kam zu mir herüber und fragte: »Was wollen Sie?«

»Ich habe gehört, daß Sie einen neuen Assistenten suchen.«

»Ja, ja, tue ich!« Er war sehr glücklich, daß jemand zu ihm kam. Ich sagte ihm, daß ich die Stelle gerne haben würde.

»Für wen haben Sie bisher gearbeitet?«

»Für niemand. Ich bin im Automobilgeschäft.«

Er war etwas erstaunt. »Wie wollen Sie mir dann als Regieassistent Arbeit abnehmen?«

»Was ist mit dem Mann, den Sie ersetzen wollen? Hatte der Erfahrungen, als er zu Ihnen kam?«

»Oh, ja – «

»Sie wollen ihn nicht«, meinte ich, »warum nehmen Sie dann nicht einen frischen Kopf, der nichts vom Geschäft versteht, und bringen ihm die Sache nach Ihrem Geschmack bei?«

Das Argument wirkte.

»Sie fangen am nächsten Montag um neun Uhr an«, sagte er. »Ich zahle Ihnen dreißig Dollar pro Woche.«

Ich hatte es geschafft.

wurde John fast hysterisch. »Mein Gott!« schrie er, »er hat meine Story ruiniert!« Er fing an, den Film zu verreißen. »Das ist das Schlimmste, was ich je gesehen habe!« Und so weiter und so fort. Klein-Clarence ging hinaus und lehnte sich an einen Baum. Ich war untröstlich. Ich hatte Tränen in den Augen, meine Karriere war ruiniert.

Dann kam Tourneur aus der Projektion. Er kam zu mir herüber, legte mir die Hand auf die Schulter und sagte: »Mr. Brown, das ist ein wunderbarer Film.«

The Great Redeemer, so der Titel, wurde ein großer Erfolg. Es war der erste Metro-Film, der am Broadway lief. Ich bekam von Sing Sing den Preis für den besten Film des Jahres!

Das war mein erster Film. Dann gründete Tourneur zusammen mit Allan Dwan, Tom Ince, J. Parker Read, Mack Sennett und Marshall Neilan die Firma Associated Producers. Unser erster Film war *The Last of the Mohicans*. Wir hatten erst zwei Wochen gedreht, als Tourneur von einem Gerüst fiel und drei Monate im Bett liegen mußte.

Daraufhin drehte ich den gesamten Film. Wir arbeiteten am Big Bear Lake und im Yosemite Valley. Ich hatte inzwischen gelernt, daß man Außenaufnahmen nicht zwischen zehn Uhr morgens und drei Uhr nachmittags dreht. Die miesesten Bilder bekommt man mittags, wenn die Sonne ganz hoch steht. Bei Außenaufnahmen in Schwarzweiß bekommt man Tiefe nur mit Gegenlicht oder Dreiviertellicht und einem Aufheller, damit das Gesicht gut herauskommt.

Wir begannen um vier Uhr morgens und hörten um zehn auf. Dann hatten wir bis drei Uhr nichts zu tun – und drehten anschließend bis sechs, so daß wir einen vollen Drehtag hatten. Ich habe in meinem ganzen Leben keine Außenaufnahme bei flachem Licht gedreht – bis der Farbfilm kam. Bei Farbe macht es kaum einen Unterschied. Man bekommt Farb-Tiefe. Wenn man auf unendlich geht, wird die Farbe immer schwächer, bis man Tiefe bekommt, selbst bei flachem Licht.

Ich hatte einmal einen Kameramann, als Vertretung für jemand anderen, der erkrankt war; sein Nacken war runzlig und sonnenverbrannt wie ein altes Stück Leder. »Sie arbeiten offensichtlich mit Frontlicht,« sagte ich. Er hielt mich für verrückt.

Doch die Sache mit dem Licht ist wichtig. Heute habe ich mit Immobilien zu tun. Wenn ich ein Haus bauen will, sind für mich die landschaftlichen Werte wichtig. Also wähle ich sorgfältig die Lage der Panoramafenster und ihren Ausblick auf die Berge. Ich würde keine dreißig Cent für ein Nordfenster zahlen. Da sehen die Berge aus, als wären sie mit grauer Farbe auf einen Prospekt gemalt. Doch mit Gegenlicht oder Dreiviertellicht bekommt man richtige Tiefe.

In *The Last of the Mohicans* haben wir häufig Lichteffekte und atmosphärische Werte eingesetzt. Wir benutzten Nebeltöpfe, um die Wirkung zu erreichen, wenn im Wald die Sonnenstrahlen den Nebel durchbrechen. Der Gewitterregen im Wald stammt aus einer schlichten Feuerwehrspritze. Wolken bekamen wir, weil wir auf sie warteten und Filter benutzten. Normalerweise kamen Wolken auf dem alten orthochromatischen Material nicht zur Wirkung.[3]

An der Stelle, wo die Mädchen aus dem Hinterhalt der Indianer entkommen, habe ich die Kamera auf einen Wagen gesetzt. Wir hatten ihn aus dem Fahrgestell und den Rädern eines Ford gebaut, mit einer Plattform und einem Handgriff, um ihn ziehen zu können. Damit verfolgen wir die Mädchen, wie sie

Clarence Brown gibt Jack Pickford und Constance Bennett Regieanweisungen für eine Szene von *The Goose Woman*.

Greta Garbo, in das Porträt ihrer Rivalin, Dorothy Sebastian, versunken: *A Woman of Affairs* (1928).

The Great Redeemer (1920), mit House Peters; in der Mitte Clarence Brown.

The Goose Woman (1925): Louise Dresser, Gustav von Seyffertitz und George Nichols

weglaufen; plötzlich stellen sich ihnen zwei Indianer in den Weg. Die Kamera stoppt – der Wagen stoppt – und das unterstreicht die Überraschung der Mädchen.

Tourneur sah sich alle Muster an. Er konnte ziemlich grob werden. Der erste Rüffel, den ich überhaupt zu hören bekam, kam von Tourneur – und als ich den hörte, wußte ich, das bedeutet eine Nachaufnahme.

Gegen Ende der Produktion ging uns das Geld aus. Die Direktoren der Associated Producers kamen zu Universal gepilgert, und ich erklärte ihnen, daß es noch weitere 25 000 Dollar kosten würde, den Film zu beenden. Ich zeigte ihnen das gesamte Material – und dann, erst dann genehmigten sie mir das Geld zur Fertigstellung des Films. Es wurde der einzige finanzielle Erfolg, den Associated Producers je hatte.

Nach Tourneur arbeitete ich mit Brulatour zusammen. Jules Brulatour hatte viele von Tourneurs Filmen finanziert. Er besaß eine Mehrheitsbeteiligung an der Eastman Kodak Company, und sein Star war Hope Hampton. Tourneur und Brulatour waren zerstritten. Tourneur hatte sich geweigert, noch einen Film mit Miss Hampton zu drehen, und trennte sich von Brulatour, der daraufhin verhinderte, daß er damals irgendein Engagement in der Filmindustrie bekam. Tourneur mußte sehen, wie er sich anderswo durchschlug. Brulatour holte John Gilbert als Regisseur nach New York – und ich fuhr auch dorthin. Ich drehte *The Light in the Dark* mit Hope Hampton, Lon Chaney und E. K. Lincoln. Die Grundidee reizte mich, aber es war ziemlicher Mist. Es war furchtbar. Reden wir nicht darüber.

Während ich bei Brulatour war, drehte ich Proben mit dem Farbverfahren von Kodak. Das war um 1922. Wir bauten eine Art Camera obscura, in Ermangelung von etwas Besserem. Das war ein Raum, der mit lasierter Pappe ausgeschlagen war, ganz weiß, um das Licht zu reflektieren. Auf der einen Seite war eine Batterie von Glühlampen. Das Licht kam so von einem Punkt, und das reflektierte Licht gab uns die Halbtöne. Hope Hampton war ein wunderschönes Objekt für die Farbtests.

Meine nächste Aufgabe war *Don't Marry for Money*, mit House Peters und Rubye de Remer, für die Firma Preferred. Anschließend unterschrieb ich einen Vertrag mit Universal und drehte fünf Hits hintereinander: *The Acquittal*, *The Signal Tower*, *Butterfly*, *Smouldering Fires* und *The Goose Woman*.

Für *The Signal Tower* mieteten wir eine Eisenbahnstrecke in Nordkalifornien und drehten sechs Wochen lang zwischen hohen Bäumen. Ben Reynolds war mein Kameramann. Wir standen um fünf Uhr morgens auf und drehten, wie die Lokomotive die Steigung nahm, während die Sonne höher stieg und sich der Dampf durch die Bäume verzog – es war einfach wunderschön. Wir drehten alles an Originalschauplätzen, selbst die Innenaufnahmen im Stellwerk, das ich an einer Rangierstrecke aufgebaut hatte. Wenn es draußen zu hell wurde, taten wir gefärbtes Glas in die Fenster, um die Belichtung anzugleichen.

Wir hatten die ganze Bahnstrecke zu unserer Verfügung. Es fuhr da nur ein Zug am Tag. Sobald der durch war, war es unser Drehort. Ich hatte ein ganz tolles Eisenbahnunglück in dem Film, wenn der Zug sich oben am Berg löst und ohne Bremsen heruntergerast kommt.

Pauline Frederick, die in *Smouldering Fires* die Hauptrolle spielte, hatte das schlimmste Lampenfieber, das ich je erlebt habe. Sie war ein großer Star am

Broadway gewesen und hatte eine Anzahl Filme gedreht. Ihr letzter wirklicher Erfolg war *Madame X* (1920) gewesen. An den ersten zwei Tagen dachte ich, sie würde aufgeben. Aber sie war eine große Künstlerin und stand alles tapfer durch. Als ich *This Modern Age* (1931) drehte, kam sie und spielte Joan Crawfords Mutter.

Durch *Smouldering Fires* kam ich zu meinem Vertrag mit Norma Talmadge. John Considine arbeitete damals bei Joe Schenck; eines Abends hatte er nichts zu tun und ging deshalb ins Forum Theatre in Los Angeles. Er wußte nicht, welcher Film lief. Er war erst nach dem Vorspann gekommen und dachte, Lubitsch hätte ihn gemacht – bis er den Titel sah: »Eine Clarence Brown-Produktion. Regie: Clarence Brown«.

Er rief mich am nächsten Tag an und fing an, von einem Vertrag zu reden. Ich war mitten in den Dreharbeiten zu *The Goose Woman*. Ich glaube, ich bekam für die fünf Filme bei Universal 12 500 $ pro Film. Bei Schenck kletterte ich auf 3 000 $ pro Woche.

The Goose Woman, mit Louise Dresser, Jack Pickford und Constance Bennett, beruhte auf einer Story von Rex Beach über eine Gänsehirtin, die früher eine berühmte Opernsängerin gewesen war. Eher zufällig verwickelt sie ihren Sohn in einen Mord, nur um ihren Namen wieder in den Schlagzeilen zu sehen. Rex Beach bezog seine Anregung aus dem Hall-Mills-Mordfall, einem der berühmtesten Prozesse in New Jersey – in dem Fall handelte es sich um eine Schweinehirtin.

Wir mußten ganz Kalifornien und New Mexico durchkämmen, um genügend Gänse für den Film zu finden. Ich machte sogar einen Aufruf über das Radio. Wir kauften die Hütte der Gänsehirtin irgendwo auf dem Lande; sie war tatsächlich bewohnt gewesen und sah großartig aus. Wir schafften das ganze Ding zum Drehen auf das Freigelände der Universal.

Louise Dresser war großartig als Gänsehirtin. Ich zahlte ihr 350 Dollar pro Woche. Ich nahm sie wieder als Königin Katharina in *The Eagle*, für Schenck, und zahlte ihr dann 3000 Dollar pro Woche!

Ein Jahr, nachdem *The Goose Woman* herausgekommen war, passierte ein Mord genau wie im Film, wenn Marc MacDermott vor seiner Tür erschossen wird. Der einzige Unterschied war, daß das tatsächliche Opfer vor seiner Garagentür erschossen wurde. Der Film, den ich für Norma Talmadge drehte, *Kiki*, in dem sie mit Ronald Colman die Hauptrolle spielte, war ziemlich gut. Norma war die größte Pantomimin, die je das Licht der Welt erblickt hat. Sie war eine geborene Komödiantin; man konnte eine Szene mit ihr anfangen, und sie spielte fünf Minuten lang, ohne zu unterbrechen oder sich zu wiederholen. Sie wurde ein Opfer des Tonfilms. *Mme. Du Barry* mit einem Brooklyn-Akzent war nicht sehr überzeugend, und danach hat sie nie wieder einen Film gedreht.

Für Schenck machte ich auch *The Eagle*, eine russische Geschichte mit Valentino, Louise Dresser und Vilma Banky. In dem Film gab es eine ausgetüftelte Effekt-Aufnahme: eine lange Fahrt über eine Festtafel. Die Kamera fing bei der Person (James Markus) an, die an dem einen Ende des Tisches saß. Dann fuhr sie mitten über dem Tisch entlang, an all den anderen Festgästen vorbei, die ganze lange Tafel hinab – die wohl fast zwanzig Meter lang war. Es war sehr schwierig, die Kamera in die richtige Position zu bekommen; es gab dafür keine Geräte. Wir konstruierten also zwei Wagen, einen auf jeder Seite des Tisches. Wir verbanden sie mit einer Brücke, die wir mit Stützbalken stabilisierten. Daran hängten wir einen Querbalken und befestigten die Kamera von oben, so daß sie gerade über der Tischplatte entlanggleiten konnte. Natürlich durfte nichts die Bewegung der Kamera stören, also mußten Requisiteure die Leuchter an ihren Platz stellen, direkt bevor sie ins Bild kamen. Ich mochte diesen Effekt so sehr, daß ich ihn in *Anna Karenina* wiederholt habe.

Ich habe die Gelegenheit, das Vergnügen und das große Glück gehabt, als Regisseur mit den beiden Menschen arbeiten zu dürfen, die ich für die größten Persönlichkeiten der Leinwand halte – Rudolph Valentino und Greta Garbo. Man spricht noch heute von Valentino, obwohl er seit über vierzig Jahren tot ist, und man wird auch in Zukunft von Garbo sprechen, wie man in der Vergangenheit über sie gesprochen hat. Warten Sie ab, an wie viele der anderen großen Stars man sich in zehn Jahren noch erinnern wird. Garbo und Valentino sind die beiden, die für alle Zeit Geltung haben.

Flesh and the Devil war mein erster Film für Metro-Goldwyn-Mayer, und durch ihn wurde Garbo wirklich zum Star. Durch ihn wurde auch die Romanze zwischen Garbo und Gilbert ausgelöst.

Greta Garbo besaß etwas Einmaliges auf der Leinwand, das niemand sonst hatte, niemand. Ich weiß nicht, ob sie überhaupt davon wußte, aber sie hatte es. Und ich will es in ein paar Worten erklären.

Ich drehte eine Szene mit Garbo – nicht schlecht. Ich wiederholte sie drei- oder viermal. Es war nicht schlecht, aber ich war nie völlig zufrieden. Als ich dieselbe Szene jedoch auf der Leinwand sah, war da etwas, das im Atelier irgendwie gefehlt hatte.

Da war etwas in Garbos Augen, das man nicht sehen konnte, außer man drehte sie in Großaufnahme. Man konnte die Gedanken sehen. Wenn sie die eine Person eifersüchtig anschauen sollte und eine andere verliebt, brauchte sie ihren Ausdruck nicht zu verändern. Man konnte es in ihren Augen sehen, während sie vom einen zum andern blickte. Und niemand sonst hat das jemals auf der Leinwand geschafft. Garbo schaffte es, ohne die englische Sprache zu beherrschen.

Für mich beginnt Garbo dort, wo alle anderen enden. Sie war eine schüchterne Person; weil sie kein Englisch konnte, hatte sie einen gewissen Minderwertigkeitskomplex. Ich gab ihr die Anweisungen immer ganz leise. Ich wurde nie lauter als beim Flüstern. Niemand im Atelier verstand, was ich ihr sagte; sie mochte das. Sie haßte es zu proben. Sie wäre am liebsten so lange fortgeblieben, bis alles andere geprobt war, um dann hereinzukommen und die Szene zu drehen. Doch so kann man es nicht machen – speziell beim Tonfilm.

Wir haben sie nie dazu bekommen, die Muster anzuschauen, und ich glaube kaum, daß sie jemals einen ihrer Filme gesehen hat, außer vielleicht Jahre später. Als der Ton kam, hatten wir einen Projektor im Atelier. Dieser Projektor lief vor- und rückwärts, so daß wir Szenen anpassen und auf Anschlüsse achten konnten.

Wenn man einen Tonfilm rückwärts laufen läßt, hört es sich einmalig komisch an. Das machte Garbo Spaß. Sie saß da, schüttelte sich vor Lachen und sah sich den Film rückwärts an – mit dem Ton »yakablom-yakablom«. Doch sobald er vorwärts lief, sah sie nicht hin.

Ihre Arbeit nahm sie allerdings ernst. Sie machte es folgendermaßen: Um neun kam sie ins Atelier, legte ihr Make-up auf und war fertig zur Arbeit. Sie arbeitete hart. Um halb sechs oder sechs, wenn wir fertig waren, war sie völlig erledigt. Das war es. Es gab immer ein Signal im Atelier – ihre Zofe kam herein und reichte ihr ein Glas Wasser. Sie sagte dann »Gute Nacht« und fuhr nach Hause. Und was sie außerhalb des Studios tat, war ihre eigene Sache. Ihr Privatleben, meinte sie, ginge die Öffentlichkeit nichts an. Sie sagte immer: »Ich gebe ihnen alles, was ich habe, auf der Leinwand – warum wollen sie auch mein Privatleben?«

Kein anderer Star, sei er noch am Leben oder bereits verstorben, hat so viel für eine Filmfirma getan wie die Garbo. Sie hatte in den Vereinigten Staaten eine fanatische Anhängerschaft, doch unglücklicherweise reichten diese Fans nicht aus. Ihre Filme brachten in den ersten Tagen mehr Einnahmen als alle anderen Filme, aber sie liefen nicht sehr lang. Sobald das erste Fieber vorbei war, gingen die Einnahmen zurück.

Andererseits war Garbo in Europa die Königin. Dort war sie die erste, die zweite, die dritte und die vierte zugleich. 1942 drehte M-G-M den Film *Two-Faced Woman*, der aber nicht sehr hoch eingeschätzt wurde. Das, zum einen, beunruhigte Garbo. Zum anderen hatte der Krieg angefangen, der europäische Markt fiel damit praktisch aus, und ihre amerikanischen Einnahmen sanken.

Nach ihrem Vertrag war M-G-M gezwungen, sie zu bezahlen, ob sie nun einen Film mit ihr drehten oder nicht – auf Gedeih oder Verderb. Das Studio konnte es sich nicht leisten, ohne den entscheidenden europäischen Markt noch einen Garbo-Film zu drehen, und sie verstand die Situation. Sie ging zu Mr. Mayer und entließ ihn für 250 000 Dollar aus dem Vertrag. Sie hat nie einen Pfennig von dem anderen Geld genommen, das ihr eigentlich aus dem Vertrag noch zustand. Gibt es sonst einen Filmstar auf der Welt, der so handeln würde? Ich würde es nicht tun. Aber so war die Garbo...

Flesh and the Devil war lange Zeit einer meiner Lieblingsfilme – bis ich ihn neulich in der Cinémathèque in Paris sah. Die müssen ihn mit der sogenannten Stummfilm-Geschwindigkeit von 16 Bildern pro Sekunde vorgeführt oder ihn umkopiert haben, jedes Bild zweimal, damit er bei Tonfilm-Geschwindigkeit langsamer läuft. Es war jammervoll. Das Tempo war völlig verdorben, und ich saß da – schwitzend. Ursprünglich war das Tempo perfekt.

Es gibt in dem Film eine Montage, als John Gilbert Südafrika verläßt, um nach Deutschland zurückzukehren. Sie begann mit einer Einstellung von Gilbert hoch zu Pferde, und ich synchronisierte den Rhythmus der Pferdehufe mit Felicitas, dem Namen des Mädchens, das Garbo spielte. Fe-li-ci-tas ... Fe-li-ci-tas ... Ich blendete den Titel kurz in das Bild ein, so wie man es heute bei fremdsprachigen Filmen macht. Von den schlagenden Hufen gingen wir auf einen Dampfer, dessen Kolbenstangen auch zu sagen schienen: Fe-li-ci-tas ... Fe-li-ci-tas. Darüber wurde dann eine Großaufnahme von Garbos Gesicht geblendet. In der Eisenbahn wird er durch den Gedanken, sie bald wiederzusehen, immer aufgeregter; klickety-klick, klickety-klick – Fe-lici-tas ... Fe-lici-tas. Die Schnitte wurden immer kürzer, während das Transportmittel immer schneller wurde.

In *Flesh and the Devil* gab es eine horizontale Liebesszene – eine der ersten. Gegen Ende der Szene wirft Gilbert, Garbos Liebhaber, eine Zigarette aus dem Fenster. Marc MacDermott, der Garbos Ehemann spielte, steigt gerade aus einem Taxi, als ihm die Zigarette vor die Füße fällt. Er schaut zum Fenster hinauf; das Publikum weiß also, daß er auf etwas vorbereitet ist. Als er ins Zimmer

Der Chilkoot-Paß in *The Trail of '98* (1928).

Greta Garbo und John Gilbert in *Flesh and the Devil* (1926).

stürzt und sie in einer kompromittierenden Position auf der Couch überrascht, stellte ich die Kamera direkt neben MacDermotts Hand. Ich zielte durch seine Finger auf Garbo und Gilbert, während er die Faust ballt.

MacDermott fordert Gilbert zum Duell. Das habe ich als Silhouette gedreht. Die beiden Männer stehen Rücken an Rücken und gehen dann aus dem Bild. Von beiden Seiten her sieht man Pulverdampf ins Bild kommen. Dann eine Überblendung; über Garbos Schulter hinweg sehen wir, wie sie in einem Hutgeschäft einen schwarzen Hut aufprobiert. In ihrer Hand ist ein Taschentuch mit schwarzem Rand. Sie hat ein leichtes Lächeln auf den Lippen. So machten wir deutlich, wer erschossen wurde – ohne einen Zwischentitel oder sonst eine Erklärung.

Sie haben bei *Flesh and the Devil* ein Happy-End angehängt – ich mußte es drehen und es schmerzte mich sehr. Als wir den Film in Paris zeigten, ließ ich es wegschneiden.

Auf meinen zweiten M-G-M-Film – *Trail of '98* – blicke ich mit gemischten Gefühlen zurück. Er war nicht allzu toll. Von der Geschichte her, von der Regie und den Schauspielern her war ich nie sehr glücklich damit. Es war halt einer von diesen zusammengewürfelten Filmen.

Ich habe ein Jahr daran gearbeitet und verlor dabei zwanzig Pfund. Es war meine anstrengendste Aufgabe. Es handelte sich um die Geschichte des großen Klondike-Goldrausches; für den Chilkoot-Paß benutzten wir einen Drehort am Great Divide, etwa sechzig Meilen vor Denver, in 3500 Metern Höhe, mit Temperaturen bis zu 15 Grad minus. Und ich brauchte zweitausend Komparsen dort oben – aus einer Stadt wie Denver! Aber wir haben es geschafft. Wir haben den Chilkoot-Paß getreu nachgebildet. Alte Goldsucher, die den Film sahen, hielten es für den echten Paß.

John Seitz war mein Kameramann – er war einer der größten. Harry Carey war wundervoll, aber ich hatte einen lausigen Hauptdarsteller. Wir gingen nach Alaska, um die Szenen an den Stromschnellen zu drehen, und dabei verloren wir drei Männer. Als ich Denver verließ, blieb ein Teil des Teams zurück. Es gab ziemlichen Schneefall, und zwei oder drei weitere Männer starben. Es war ein harter Film. Mein Gott, war das hart.

Am Abend schaute man sich einen Berg an, und der Gipfel war mit Schnee bedeckt. Am nächsten Morgen war der Berg kahl, und der Schnee lag auf dem nächsten Gipfel. Ein Orkan hatte über Nacht alles hinübergeweht. So war das Wetter da.

Wir wohnten in einem Eisenbahnzug. Das Team bestand insgesamt aus etwa 124 Personen; wir hatten sechs Pullmanns und zwei Speisewagen. Über den Paß lief die höchste Eisenbahnstrecke im ganzen Land, die alte Denver-Rio Grande, die von Denver direkt über die Berge führte. Oben gab es Schneedächer.

Die erste Nacht verbrachten wir unter einem Schneedach, da bin ich beinah durchgedreht. Ich erwachte mitten in der Nacht, fast erstickt von den Abgasen der Maschine und vom Qualm der vorbeifahrenden Züge. Ich versuchte, etwas Luft zu bekommen, aber ich fand nicht den Weg nach draußen. Das Erlebnis werde ich nie vergessen.

Als wir zu den Szenen mit den zweitausend Leuten kamen, die den Chilkoot-Paß hinaufsteigen, legten wir eine Schienenstrecke parallel zu ihrem Weg und bauten einen Schlitten für unsere Kameras. Wir zurrten drei Kameras mit drei verschiedenen Objektiven auf dem Schlitten fest. Oben hatten wir eine Motorwinde, die durch Signal von der Kamera aus gesteuert wurde, so daß wir den Leuten aufwärts folgen, anhalten, zurückfahren und Nahaufnahmen von den Ereignissen beim Aufstieg machen konnten.

Wir hatten Glück, denn die Eisenbahn schlängelte sich vom Fuß des Passes aufwärts und tauchte auf der Höhe des Passes wieder auf. Das war logistisch für uns eine große Hilfe.

Wir durchstreiften die Stadt Denver und sammelten die Leute von den Straßen auf – Tramps, Leute ohne Geld und Leute, die nichts zu essen hatten. Wir bekamen sie so rechtzeitig zum Bahnhof, daß wir morgens um zwei Uhr aufbrechen konnten. Während der Fahrt zur Great Divide, die etwa vier Stunden dauerte, wurden alle von Assistenten für die Aufnahmen eingekleidet. Bedenken Sie, das waren zweitausend Leute – die bekamen Gummistiefel, warme Unterwäsche, warme Socken, dicke Holzfällerjacken, und sie wurden so ausgestattet wie zur Zeit des Goldrausches. Unterwegs gab es auch ein Frühstück.

Der Zug kam um acht Uhr an. Nach dem Aussteigen bekamen sie ihr Gepäck und wurden an die Stelle geführt, von wo aus sie den Paß hinaufsteigen mußten. Unsere Kameras waren überprüft und drehbereit, und ich hatte Telefonverbindung zu den drei oder vier Kamerapositionen. Bis sie die Höhe erreicht und wir unsere Aufnahmen gedreht hatten, war es zwei Uhr. Wir sammelten sie mit dem Zug auf und verpflegten sie auf dem Rückweg nach Denver.

Es gab aber ein Problem. Wir brauchten sie für einen zweiten Drehtag. Wir konnten sie nicht schon am nächsten Tag wieder heraufholen – sie kamen nicht vor acht Uhr abends in Denver an. Also mußten wir einen Tag überschlagen – wir verabredeten uns mit ihnen für den übernächsten Tag um zwei Uhr morgens. Etwa zwanzig Prozent ging uns so verloren, aber das machte nichts, denn meine Totalen hatte ich alle schon.

Wir arbeiteten etwa fünf Wochen lang in 3500 Meter Höhe. Ich mußte eine Anzahl Leute runterschicken, die es einfach nicht aushielten. Wir konnten nicht schnell laufen, wir konnten nicht rennen – wir konnten in der Höhe kaum etwas tun. Wir hatten kleine Öllampen an den Kameras mit Röhrchen ins Innere, um das Einfrieren der Mechanik und die statische Aufladung zu verhindern. (Statische Elektrizität war damals ein Schreckgespenst; durch die intensive Kälte entstanden elektrostatische Entladungen auf dem Material. Beim Durchgang durch das metallene Bildfenster lud sich das Filmmaterial statisch auf.) Einige unserer Aufnahmen waren förmlich durch statische Blitze gesprenkelt.

Trail of '98 war der härteste Film, den ich je gemacht habe. Fast ebenso schlimm war es bei *The Yearling*; anstelle der Kälte setzte uns da die Hitze zu – mitten in Florida, mitten im Sommer.

A Woman of Affairs mit Greta Garbo, John Gilbert und Dorothy Sebastian war mein letzter Stummfilm. (Clarence Brown drehte auch den größten Teil von *The Cossacks* mit John Gilbert und Renee Adoree neu, er verzichtete jedoch auf den Credit. Die Regie wurde George Hill zugeschrieben, der die ursprüngliche Fassung gedreht hatte.)
Der Tonfilm stand vor der Tür, und mitten während der Dreharbeiten rastete John Gilbert aus und führte uns vor, was er in seinem ersten Tonfilm tun würde. Er fing an, mit bombastischer Geste die Zwischentitel vorzutragen.

Er war darin nicht der einzige. Viele andere Schauspieler – besonders die mit Bühnenerfahrung – fielen in jenen melodramatischen, ausholenden Stil zurück. Nun, ich habe nie mit dem Theater zu tun gehabt. Ich kannte diesen Schauspielstil gar nicht. Ich wußte nur, was natürlich war und was ich im wirklichen Leben sah.

A Woman of Affairs (1928): Brown gibt, zusammen mit William Daniels auf der Plattform stehend, Garbo und John Gilbert Regieanweisungen.

Wir brachten dem Broadway bei, wie man spielt. Diese Bühnenschauspieler kamen ins Atelier und tönten hinauf bis zu den Beleuchterbrücken. Immer, wenn ich mit einem Bühnenschauspieler aus New York zu tun hatte, machte ich ihn nach.

»So spielen Sie es«, sagte ich dann. »Verhält sich so ein normaler Mensch? Sie sprechen mit *mir*, wenn Sie eine Szene spielen. Es ist intim. Die Kamera ist hier, und ich stehe hier, direkt daneben. Aber Sie spielen es wie vor einem Publikum.«

Allerdings habe ich nie einem Schauspieler etwas aufgezwungen. Das war der Ärger mit Lubitschs Filmen. Er war einer der größten Regisseure, aber jeder Schauspieler, der einmal für ihn gearbeitet hatte, spielte Ernst Lubitsch. Er zeigte ihnen immer, wie sie etwas tun sollten, bis hin zum kleinsten Detail. Er nahm ein Cape und zeigte dem Schauspieler, wie er es anlegen sollte. Er schrieb alle kleinen Bewegungen vor. Er war großartig, denn er beherrschte seine Kunst besser als alle anderen. Aber seine Schauspieler folgten dem, wie er es vormachte. Sie hatten keine Chance, etwas eigenes einzubringen.

Wenn ich einen Star für 3000 Dollar pro Woche engagiere, sollte der seine Sache schon beherrschen. Beim Tonfilm wird er seinen Text besser können als der Regisseur. Er kennt seine Szenen. Also kann man sofort anfangen, aus dem Stand.

Beim Stummfilm wußten neun von zehn Schauspielern nicht, was sie zu tun hatten, wenn sie ins Studio kamen. Alles wurde durch den Regisseur vermittelt. Also brauchte man gute Schauspieler.

Ich fordere einem Schauspieler alles ab. Ist es eine Frau, dann wird sie besser als ich wissen, wie man eine Frau spielt. Ich möchte ihre Ansicht zum Film erfahren. Also probe ich stets ohne eine Regieanweisung. Ich folge den Schauspielern, beobachte und höre zu, und so erfahre ich zuerst ihre Interpretation.

Wenn ihre Interpretation nicht mit dem übereinstimmt, was ich im Kopf habe, dann fangen wir an, miteinander zu reden. Eine kleine Änderung hier, ein kleiner Akzent da, ein paar leise Anweisungen – »Ruhiger... da wird etwas zu dick aufgetragen... das ist besser... das ist sehr gut« – wenn wir das so machen, haben wir zum Schluß eine ziemlich gelungene Szene. Manchmal setzt sich so eine Szene aus den Ideen aller Beteiligten im Atelier zusammen. Wenn ein Statist kommt und sagt: »Mr. Brown, das kommt mir irgendwie unnatürlich vor, was ich machen soll«, dann will ich wissen, warum. Und wenn wir den Grund gefunden haben, dann korrigieren wir es.

Wenn wir es nicht richtig hingekriegt hatten, arbeiteten wir weiter daran. Ich bin dauernd mit den Drehplänen in Konflikt geraten. Ich drehte so lange, bis es in Ordnung war. Wenn ich etwas mache, dann muß es hundertprozentig sein. Ich machte so lange weiter, bis ich es erreicht hatte, auch wenn ich mit dem Management den größten Krach bekam. Aber sie wußten, daß ich ihnen einen guten Film abliefern würde, und da ließen sie mich machen.

Ich bin Perfektionist. Ich kann nur auf eine Art arbeiten. Das mag ziemlich schlimm sein, aber wenn ich dabei bin, finde ich es großartig. Oftmals ist es nicht gut – aber ebenso oft ist es das.

Ich könnte keinen Film schnell runterdrehen, auch wenn mein Leben davon abhinge. Wie Woody Van Dyke einen Film in zwanzig Tagen abdrehen konnte, kann ich einfach nicht begreifen. Ich bewundere das.

Dann und wann habe ich mir meine eigenen Filme in normalen Kinos angeschaut – und manchmal schlich ich mich hinaus, ehe sie begannen. Bei M-G-M machten wir drei, vier oder fünf Previews. Das gab dem Produzenten die Gelegenheit, sich einzumischen. Die Zuschauer notierten ihre Meinung auf speziellen Fragebögen, aber ich brauchte die Fragebögen nicht, um ihre Meinung zu erfahren. Ich kann mit im Saal sitzen und erfahre ihre Meinung aus ihren Reaktionen. Ich höre ein Husten in einer Szene und ich werde aufmerksam. Mein Herz schlägt schneller... »Jetzt kommt es – jetzt kommt es.« Vielleicht bleibt es bei dem einzelnen Huster, dann war es in Ordnung. Aber vielleicht steckt es an, und ein halbes Dutzend Leute fängt an zu husten. Und dann merke ich mir die Szene; darin stimmt irgend etwas nicht. Ich habe das Publikum verloren. Manchmal bekam man ein Publikum, das schon Erfahrungen mit Previews hatte; sie waren darin so gewieft, daß das Preview wertlos war.

Heute sehe ich einen meiner Filme im Fernsehen, und er ist von 70 Minuten auf eine Dreiviertelstunde gekürzt. An der Stelle, wo man wissen muß, wie es weitergeht, kommt ein Werbespot für ein Achseldeodorant. Dann geht es zurück zum Film. Aber ohne mich. Mir reicht es. Werbung alle fünf Minuten dehnt den Film auf zweieinhalb Stunden und macht alle Effekte zunichte. Wenn man einen Film nicht von Anfang bis Ende anschauen kann, lohnt es sich nicht, ihn zu sehen.

Mein liebster Stummfilm? Ich hätte gesagt *Flesh and the Devil*, aber nach jener Aufführung in Paris werde ich mich dazu nicht wieder äußern! Bei den Tonfilmen würde ich sagen *The Human Comedy*, *Intruder in the Dust*, *National Velvet*, *The Yearling* und vielleicht *Song of Love*, wo ich das einzige Mal beim Film mit Musik zu tun hatte.[4]

Es gab viele Regisseure, die ich bewunderte. Wenn mir ein Film gefällt, dann posaune ich das laut herum, und wenn er mir nicht gefällt, ebenso. Ich habe Griffith bewundert, Lubitsch, Murnau ... Murnau! Das war ein großes Talent. Als ich die Bauten sah, die er für *Sunrise* in Arrowhead errichtet hatte, trieb ich mich anderthalb Tage darin herum. Es war wunderbar. Wir spürten alle, wie groß er war. Von Stroheim war ein Genie, und er war einer meiner besten Freunde. Er hatte nur einen Fehler: Jede Sequenz in seinen Filmen war genauso wichtig wie die andere. Er machte aus jeder Szene einen Fünfakter. Er verstand es nicht, Pausen einzubauen oder Höhepunkte anzusteuern, um so die Geschichte in Gang zu halten. Alles mußte von Anfang bis Ende hundertprozentig exakt sein. Als sie seinen Film von einundzwanzig Rollen auf acht oder neun zusammenschnitten, war es kein Film mehr. Doch mit einundzwanzig Rollen war es eines der allergrößten Meisterwerke.

Ich habe Victor Seastrom sehr bewundert; er war ein großartiger Mensch. Ich habe ihn in Stockholm besucht, kurz vor seinem Tod. Ich sollte *The Wind* drehen, den er dann schließlich gemacht hat. Ich arbeitete am Skript, bekam dann aber kalte Füße. Wind mögen die Leute einfach nicht!

Sidney Franklin war ein guter Regisseur – und ein ebenso guter Produzent. Zu gut; er übertrieb die Qualität. Er war übergenau bei seiner Arbeit. Er war ein großes Talent und der engste Freund, den ich unter den Filmleuten hatte.

Und ich komme auf Maurice Tourneur zurück, ganz unvermeidlich. Alles, was er gemacht hat, habe ich auch gemacht. Es war mir nichts angeboren. Ich habe alles von ihm übernommen.

Er hatte nur einen Fehler bei seinen Filmen – er war eiskalt. Er hatte kein Herz. Manchmal bat er mich, eine Szene nachzudrehen.

»Was ist damit los?« fragte ich, »ich finde sie in Ordnung.«

»Sie ist genau so, wie ich sie wollte«, sagte er, »aber sie stimmt nicht. Drehen Sie sie.«

Dann nahm ich die Schauspieler in eine Ecke vom Atelier, und wir redeten und alberten ein wenig herum. Dann drehten wir die Szene noch einmal, genau so, wie sie vorher war. Aber jetzt besaß sie etwas, das ihr vorher fehlte – Wärme.

Um 1948 fuhr ich nach Frankreich und besuchte ihn, als er im Studio in Joinville arbeitete. 1952 kam ich noch einmal. In der Zwischenzeit hatte er einen Autounfall. Ein Koffer war ihm während der Fahrt vom Dach gefallen. Er hatte angehalten und war auf die Straße gelaufen, um ihn aufzuheben. Als ich ihn wiedersah, war sein Bein amputiert, und er hatte eine Prothese, mit der er kaum laufen konnte. Schließlich wurde er bettlägerig.

Im August 1961, als er starb, war ich in St. Moritz. Ich fuhr nach Paris zu seiner Beerdigung – und das war es.

Ich verdanke Maurice Tourneur alles auf der Welt. Jetzt bin ich nicht mehr im Geschäft. Ich habe mein Werk abgeschlossen. Ich führe ein völlig anderes Leben. Ich habe in den letzten zehn Jahren nicht mehr als zwei Filme gesehen. Der Grund? Nun, ich bin wie ein alter Feuerwehrgaul, der losrennt, wenn er die

Alarmglocke hört. Wenn ich einen Film sehe, und er ist schlecht, dann geht es mir gut. Ist er aber gut, dann fangen die alten Instinkte wieder an zu arbeiten, und ich möchte wieder losziehen und mich an die Arbeit machen.

1 Brown verkaufte die Story schließlich an M-G-M. Es war *The Unholy Three*.
2 Floyd Mueller hatte, wie er sagt, schon vorher an ein oder zwei Filmen von Tourneur mitgearbeitet.
3 Charles van Enger, der Kameramann von *The Last of the Mohicans*, sagt, er habe bei Außenaufnahmen panchromatisches Material benutzt.
4 *Butterfly* (1924) handelte von einem Mädchen, das Geige lernt.

13 Das verlorene Werk des Edward Sloman

Das verlorene Werk des Edward Sloman

Archive haben wenig Platz und verzweifelt wenig Geld. Sie tun ihr Bestes, Filme von allgemein anerkannter Bedeutung und solche von bekannten Regisseuren zu erhalten. Sie können nicht auf gut Glück handeln. Sie können es sich nicht leisten, Lagerraum oder Finanzen für unbekannte Filme von unbekannten Regisseuren zu riskieren.

So kommt es, daß das Werk von Männern wie Edward Sloman weitgehend verschollen ist. Das National Film Archive in London, das zahlreiche vollständige Sammlungen übereignet bekommen hat und auf diese Weise viele überraschende Stücke bewahrt, besitzt eine Kopie von Slomans *The Ghost of Rosie Taylor* (1918). Das Museum of Modern Art hat einige Rollen von *Shattered Idols*.[1] Abgesehen davon ist sein Name vergessen; er taucht in keiner Filmgeschichte auf, und Sloman selbst verschwand im Dunkel.

Mein Interesse am Werk Edward Slomans wurde geweckt, nachdem ich eine seltene Kopie von *Surrender* (1927) erstanden hatte, einem Universal-Film, in dem Iwan Moshukin in seiner einzigen amerikanischen Rolle auftaucht. Die Story von *Surrender*, die auf Alexander Brodys Bühnenstück *Lea Lyon* beruht, ist unglaubwürdig-melodramatisch, die filmische Inszenierung ist indessen bemerkenswert. Sie erinnert an die Arbeit der extravaganten Europäer in Hollywood – Paul Fejos oder Dimitri Buchowetski etwa – und zeigt zugleich eine sehr amerikanische Art flüssiger Erzählweise.

Moshukin, ein Star aus Rußland, der vor der Revolution in seiner Heimat und anschließend in Frankreich berühmt war, spielt einen adligen russischen Offizier. Man sieht ihn zunächst im Wald bei der Jagd. Er entdeckt ein Wild und hebt sein Gewehr. Überblendung auf die Großaufnahme seiner Augen, die den Büchsenlauf entlang visieren...Überblendung auf die Nahaufnahme seines Hundes, der bei Fuß steht...Überblendung auf Moshukins Blickachse, während er am Büchsenlauf entlang zielt. Die Kamera fährt sacht den Lauf entlang und bleibt auf einer Großaufnahme eines Eichhörnchens stehen, das auf einem Baum sitzt. Schnitt auf Moshukin, der lächelt und das Gewehr sinken läßt. Das Eichhörnchen springt fort. Der Hund rennt los, übersieht jedoch das Eichhörnchen und kehrt mit einem Schuh zurück. Neugierig geworden, entdeckt Moshukin Mary Philbin, die in einem nahen Bach plätschert.

Solch einfallsreiche Kameraarbeit (der Kameramann ist Gilbert Warrenton) war zeitraubend und teuer, und deshalb gibt es in *Surrender* keine weitere derartige Sequenz. Aber es gibt noch andere gelungene Szenen; die Atmosphäre eines Dorfes an der österreichisch-ungarischen Grenze wird stimmungsvoll eingefangen, der Realismus durch den intelligenten Gebrauch der langen Brennweite unterstrichen. Die russische Invasion ist hervorragend gestaltet: Zwei Bauern pflügen ein Feld vor dem Dorf. Einer bleibt stehen, um sich die Stirn abzuwischen – und entdeckt eine Infanteriekolonne am Horizont. Fieberhaft spannen die Bauern das Pferd aus und springen beide auf seinen Rücken. Während sie ins Dorf galoppieren und die Nachricht laut ausrufen, springt der Film von Bildern der anrückenden Truppen auf die noch arglosen Bauern. Wieder nutzt Sloman effektvoll Warrentons Kamera-Überblendungen, wenn die glorreiche Kosaken-Kavallerie sich mit den staubbedeckten, dahinschlurfenden Infanteristen mischt.

Der neun Jahre früher gedrehte *The Ghost of Rosie Taylor* verdeutlicht, daß viele der attraktivsten Elemente von *Surrender* zu Slomans Standardrepertoire gehörten. Wieder wird ganz wundervoll die Atmosphäre eines europäi-

Ich mußte das Skript ändern, damit sie es konnte.

Ich drehte mit ihr eine Anzahl Filme, war aber mit keinem davon glücklich. Als Mary Pickford Paramount verließ, engagierten die an ihrer Stelle sofort M.M.M., zu einer außergewöhnlich hohen Gage. Man fragte bei mir an, ob ich ihre Regie übernehmen wolle – für eine Summe, von der ich niemals zu träumen gewagt hätte. Doch das Drehbuch war schrecklich – ich habe nie ein schlechteres gelesen. Damit endete meine Verbindung mit M.M.M. Schließlich drehten sie das unmögliche Skript, aber der Film wurde nie aufgeführt, und der Regisseur wurde gefeuert.

Ein Regisseur heutzutage schreit einfach sein Team an: ›Ich brauche dies – ich brauche das!‹ Der Regisseur damals mußte, wenn er etwas Besonderes haben wollte, es oftmals erst erfinden.

Zu der Zeit wurden alle Nachtszenen bei Tageslicht gedreht und das Positiv dann blau eingefärbt. Egal wie blau, man wußte stets, daß die Szene bei Tageslicht gedreht worden war – und für mich war das Mogelei. Ich versuchte etwas anderes. Mit Hilfe eines LKW, eines halben Dutzends Fässer mit Regenwasser, einigen Pumpen, einigen durchlöcherten Röhren und Fackeln drehte ich eine Serie von halbnahen Aufnahmen meines Hauptdarstellers, der bei Nacht in einem Wolkenbruch durch die Straßen von Santa Barbara fährt.«

Sloman drehte 1919 einen der ersten großen Western-Filme, *The Westerners*, für Benjamin Hampton, einen Zeitschriftenverleger, der ins Filmgeschäft drängte. Für J. L. Frothingham machte er eine Anzahl erfolgreicher Filme, deren Krönung *Shattered Idols* war.

»Der kam sehr gut an, mit ihm begann aber auch meine Auseinandersetzung mit einem der mächtigen Produzenten. Ich war im Besitz der Rechte an ›Bride of the Gods‹, der Buchvorlage zu *Shattered Idols*, und als dieser Produzent die Sache von Frothingham übernahm, bat ich um ein Honorar für die Story. Er drohte mir, daß er mich, wenn ich ihn verklagen würde, in der Branche auf die schwarze Liste setzen würde. Ich wagte es, und er setzte seine Drohung in die Tat um. Zwei Jahre lang bekam ich kein Engagement. Deshalb machte ich selbst einen Film, mit meinem eigenen Geld, *The Last Hour* mit Milton Sills und Carmel Myers. C.C. Burr von Mastodon Pictures sollte ihn verleihen. Ich hatte mit ihm einen festen Vertrag; danach sollte ich fünfundsiebzig Prozent aller Auslandserlöse erhalten. Neben vielen anderen unsauberen Sachen überschrieb er den Film einer Firma in England als Sicherheit für einen Kredit von 10 000 Dollar. Ich habe nie einen einzigen Cent aus den Auslandsverkäufen erhalten.

Schließlich kehrte ich zu Universal zurück und machte einen wunderbaren Film, der mir einen Fünfjahresvertrag mit Universal einbrachte: *His People*. Das ist mein Lieblingsfilm, nicht, weil es der beste Film war, den ich gedreht habe, sondern weil es ein todsicherer Film war. Ich wußte von Anfang an, daß es ein Riesenerfolg sein würde. Er wurde unter die zehn Besten des Jahres gewählt; er kostete 93 000 Dollar und spielte drei Millionen ein.«

Dieser außerordentliche Film führte dann zu *Surrender*. Bei Universal war man darauf aus, den Erfolg zu wiederholen, und meinte, das entscheidende Element sei der ethnische Hintergrund.

»Das Schauspiel ›Lea Lyon‹ war ein Dauerbrenner auf den deutschsprachigen Bühnen, vor allem bei der damals beträchtlichen jüdischen Bevölkerung der großen Städte. Mein Boß, der unvermeidliche Old Man Carl Laemmle, hatte

Das verlorene Werk des Edward Sloman

nie die Verbindung zu seiner deutschen Heimat aufgegeben; er verbrachte dort jedes Jahr mehrere Monate. Für jenes knarzende alte Stück hegte er eine heimliche Liebe, denn es zeigte, wie die Juden über ihre verhaßten Unterdrücker siegen.

Zunächst weigerte ich mich, die Sache zu drehen, aber dann kam die Anweisung von Laemmle, Sloman *müsse* das Stück verfilmen. Gegen den Widerstand nahezu des gesamten Studios bestand er darauf, Iwan Moshukin für die Hauptrolle zu engagieren. Egal was der Vorspann-Titel besagt, das Drehbuch, ob gut oder schlecht, stammte von mir – jedes Wort. Der Name, der dort neben meinem steht – Edward J. Montagne – ist der des Chefs der Drehbuchabteilung. Er wurde aus politischen Gründen genannt, mit dem Ziel, mir freie Hand beim Schreiben zu geben. Wir waren damals mit einem bombastischen Studiomanager geschlagen, der von nichts eine Ahnung hatte, einem ehemaligen Buchhalter, der bis vor kurzem noch kein Filmstudio gesehen hatte, weder von innen noch von außen.

Mit Moshukin zu arbeiten, war angenehm, in einer etwas distanzierten Art und Weise. Und er war ein ziemlich guter Schauspieler, obwohl er und sein Dolmetscher mich zur Verzweiflung brachten, wenn es darum ging, ihm Regieanweisungen zu geben. Er verstand kein Wort Englisch (oder tat zumindest so), also mußte ich alles dem Dolmetscher erläutern, was ich auch penibel machte. Ich verbrachte ungefähr fünf oder acht Minuten damit zu erklären, was Moshukin tun sollte. Dann gab der Dolmetscher meine Anweisungen in ein paar schnellen, kurzen Worten auf russisch weiter, was weniger als eine Minute dauerte.

Immer wieder fragte ich: ›Haben Sie ihm auch *alles* gesagt, was ich Ihnen erklärt habe?‹ Und er antwortete stets: ›Oh ja, Mr. Sloman, *alles*.‹ Offensichtlich stimmte es, denn Moshukin spielte bei der Probe alles genau so, wie ich es mir vorgestellt hatte.

Ich habe überhaupt keine Neigung zu jüdischen Filmen. Ich habe nur drei gedreht, und die wurden mir von oben aufgezwungen aufgrund des Erfolges von *His People*.[2]

Der andere jüdische Film, den ich in der Stummfilmzeit gedreht habe, war *We Americans*. Das war ein Broadwaystück mit einem frisch vom Jiddischen Theater kommenden Hauptdarsteller, den noch niemand kannte: Paul Muni.[3] Er wollte unbedingt den Film machen, aber wir sahen nur den jungen Mann in der Bühnenmaske eines mittelalten Mannes, und wir befürchteten, daß er auf der großen Leinwand nicht sehr überzeugend sein würde. Deshalb engagierten wir George Sidney. Nur wenige Jahre später wurde Muni der größte Star der Warner Bros., der gefeiert wurde wegen seiner Masken.«

Photoplay nannte im Mai 1928 *We Americans* einen der besten Filme des Monats und schrieb, George Sidney und Albert Gran gäben vorzügliche Charakterdarstellungen.

»Ein großes Verdienst«, fügte *Photoplay* hinzu, »geht auf Edward Sloman zurück, einen Regisseur, der kontinuierlich Filme von überdurchschnittlichem Niveau produziert. Dieser Film besitzt bleibende Qualitäten (Qualitäten im Sinne von *His People* und *His Country*), dabei ist er unterhaltsam für jedes Publikum und könnte aus uns allen bessere Staatsbürger machen.«[4]

Sloman hatte seine Regiemethode während seiner Theaterjahre entwickelt.

The Foreign Legion (1928), Regie Edward Sloman.

14 **William Wellman**

Die Unzulänglichkeit der Institutionen, die sich der Erhaltung von Filmen widmen, wird wie unter dem Brennglas deutlich am Fall William Wellmans. Die frühe Karriere dieses Regisseurs ist im Lauf der Jahre praktisch ausgelöscht worden. *Wings* wurde durch die Cinémathèque Française gerettet und *Beggars of Life* durch das George Eastman Museum. In der Library of Congress befindet sich jetzt *You Never Know Women* (1926), dazu sind einige weitere Wellman-Stummfilme wiederentdeckt worden.

Seine Karriere wird fast ausschließlich mit seinen Tonfilmen in Verbindung gebracht – Filmen vom Format von *Public Enemy*, *A Star Is Born* und *The Ox-bow Incident* – aber Wellman kam bereits 1918 zum Film. Er war zuvor Flieger im Lafayette Flying Corps und Schauspieler bei Douglas Fairbanks gewesen.

Doch die Schauspielerei widerstrebte seinem aggressiven, männlichen Naturell. Nach zwei Filmen wechselte er hinter die Kamera und assistierte Regisseuren wie T. Hayes Hunter, Clarence Badger, E. Mason Hopper und Bernard Durning.

»Bernie Durning gab mir als erster die Chance, Regie zu führen«, erzählte er mir. »Er war ein Meter achtzig groß und außer Regisseur auch noch Schauspieler – aber ein schlechter. Er war der geradeste Typ, den ich in meinem Leben getroffen habe. Er engagierte mich, weil er mich mochte. Er sagte, er bestünde lediglich auf zwei Dingen: das eine war Loyalität, was er, wie er wußte, von mir erwarten konnte; das andere war keine Frauen – gib dich niemals mit einer der Damen des Films ab. Ich habe einmal einen Fehler gemacht. Bekanntlich war er ein Riesenkerl, aber ich war auch gut in Form und nicht bereit, mich verprügeln zu lassen, ohne daß ich etwas verbockt hatte. Er nahm mich mit in Buck Jones' Garderobe; ich habe Stühle an seinem Kopf zerbrochen und ihm in die Fresse geschlagen und sonst noch was. Aber er kriegte mich doch, und zwar vollständig: Er nahm mich hoch und ließ mich auf einen Stuhl fallen und sagte: »Hör zu, du Hurensohn, hol dir rohes Fleisch und leg dir das auf dein Auge und sei morgen im Atelier. Denn, sieh mal, ich brauche dich...ich *brauche* dich!« Und dann erklärte er mir, warum – er erzählte mir von der Krankheit, die er hatte. Himmel nochmal, für den Jungen hätte ich auch einen Mord begangen. Er hat mir zwei der besten Jahre meines Lebens verschafft, und er hat mir mehr beigebracht als sonst jemand im Filmgeschäft. Er machte all diese aufregenden Melodramen, *The Fast Mail* (1922), *The Eleventh Hour* (1923), und dabei konnte man alles von ihm lernen – Action, Tempo, Stunts. Das war die beste Schule, die ein Regisseur jemals gehabt hat.

Als wir unten in San Diego waren, um bei North Island ein paar Luftaufnahmen zu drehen, bekam er einen seiner Anfälle. Er rief mich an und sagte mir, daß er im Bett liege. ›Jetzt bist du dran, Willie‹, sagte er. Und ich ging los und drehte das Zeug und rettete einen Tag im Drehplan. Als alles vorüber war, gingen wir zurück ins Fox-Studio, und Winnie Sheehan und Sol Wurtzel, die den Laden leiteten, sahen sich die Sachen in der Projektion an. Keiner von den Schauspielern oder Technikern verriet, daß Bernie beim Drehen gar nicht dabeigewesen war – sie mochten ihn zu sehr. Aber er war da mit im Raum, und als alles vorbei war, knotete er sich auseinander und stand auf. Und, verdammt, er hatte eine ganz schöne Länge. ›Wie gefällt euch das Zeug?‹ fragte er die beiden.

›Bernie‹, sagten sie, ›das ist genauso gut – wenn nicht besser – als deine anderen Filme. Glückwunsch.‹

Bei der Produktion von *Wings* (1927).

›Quatsch Glückwunsch‹, sagte er, ›ich war auf einer meiner kleinen Touren, die ich manchmal mache – und ich war die ganze Zeit im Bett. Wellman hat das gemacht; macht ihn zum Regisseur. Und übrigens, Dustin (Dustin Farnum, der Western-Star) ist verrückt nach ihm und ich auch.‹ Dann verließ er den Raum, und die machten mich auf der Stelle zum Regisseur.«

Kurz darauf starb Durning – an Typhus-Fieber. Wellman drehte eine Anzahl Dustin Farnum-Western, stieg auf zu Buck Jones-Filmen und wurde von Fox gefeuert, als er um eine Gehaltserhöhung bat. Von M-G-M wurde er ebenfalls gefeuert – und dann drehte er einen Film in dreieinhalb Tagen für Harry Cohn. Cohn war damals einer der Billig-Produzenten, und er bot Wellman einen Job für 200 Dollar pro Woche. B. P. Schulberg, ein anderer unabhängiger Produzent, der Chef der Preferred Pictures, sah Wellmans Schnellschuß, der ihm gefiel, und bot 210 Dollar pro Woche. Als Schulberg bei Paramount die Leitung ihres West Coast-Studios übernahm, ging Wellman mit ihm. Sein erster Auftrag war *The Cat's Pajamas* – nach Wellmans Meinung »einer der schrecklichsten Filme aller Zeiten« – dabei hatte er die Aufgabe, Betty Bronson, die der Star von *Peter Pan* war, durch die Darstellung einer Erwachsenen in einer ›sophisticated comedy‹ von ihren jugendlichen Rollen ins Erwachsenenfach zu führen.

Das Krangestell, das für die spektakuläre Café de Paris-Sequenz in *Wings* konstruiert wurde. William Wellman liegt auf der Plattform; Harry Perry steht neben der Kamera, die unter der Plattform so an einer Verlängerung des Gestells befestigt ist, daß sie über die Tische hinweggleiten kann. Unterhalb der Plattform sitzen El Brendel und Richard Arlen am Tisch.

»Als sie den Film sahen, beschlossen sie, ich sei nicht gut genug und sie würden mich gehen lassen. Doch Schulberg wollte mich halten, und der nächste Film, den sie mir gaben, war *You Never Know Women*. Damit brachte ich mich wieder ins Spiel. Dann bekam ich *Wings*.«

Richard Arlen und Louise Brooks in *Beggars of Life* (1928).

William Wellman gibt Wallace Beery und Edgar Blue Washington Regieanweisungen in *Beggars of Life*; an der Kamera Henry Gerrard.

Wings (1927) ist von der Inszenierung her einer der aufregendsten Kriegsfilme aller Zeiten. Das Thema ist mehrfach Gegenstand von Großproduktionen gewesen, doch *Wings*, mit geringsten Mitteln realisiert, übertrifft sie alle. Auf die Story und die Ausgestaltung der Personen wurde nicht die gleiche Sorgfalt und das gleiche Können verwandt wie auf die Action-Szenen; vor allem ist das Verhältnis zwischen Charles ›Buddy‹ Rogers und Richard Arlen nur schwer erträglich. Doch ist dies in erster Linie ein Actionfilm, und selten sind Tod und Zerstörung lyrischer und schwungvoller dargeboten worden. In den beeindruckendsten Szenen befindet sich die Kamera in einem Flugzeug; das Publikum erlebt stellvertretend den erregenden Kitzel mit, wenn Ballons abgeschossen werden, wenn Zweikämpfe in der Luft stattfinden, wenn ein Dorf bombardiert wird, wenn Marschkolonnen beschossen werden und ein Auto mit Generalstäblern gejagt und zerstört wird. Normalerweise werden solche Szenen sorgfältig in einem abgegrenzten Gebiet inszeniert. Die Kameraleute achten darauf, Fabriken und Straßen zu vermeiden, die die Illusion des Schlachtfeldes zerstören würden. Doch Wellman hatte halb Texas und eine ganze Armee zur freien Verfügung. Er konnte unbesorgt im Umkreis von fünf Meilen herumkurven und nichts kommt ins Bild als die kampfzerfurchte Landschaft, Marschkolonnen und Artilleriestellungen.

Wings und *You Never Know Women* nutzten beide großzügig die bewegte Kamera, ein Stil, den Wellman Mitte der 20er Jahre aufgriff, als er auch in Europa in Mode kam.

»Ich liebte die Kamerabewegungen – und später gingen sie mir fürchterlich auf den Geist. Ich machte die erste große Galgen-Aufnahme in *Wings*, wo sich die Kamera über die Tische der großen Dekoration des französischen Cafés bewegt. Dann machten alle etwas mit Galgen, und ich und Jack Ford haben es wieder gelassen. Wir waren uns einig, das Ding nie wieder zu benutzen. Da ist zu viel Bewegung drin. Es macht einige Leute schwindlig – wirklich, und dann fällt ihnen, Teufel nochmal, eher die Bewegung der Kamera auf als das, was sie aufnimmt. Ich weiß nicht, wie ich darauf kam, die Kamera herumzubewegen. Wenn ich Leute kämpfen sah, dann wollte ich näher dran sein und rannte dahin. Dann dachte ich, das machst du auch mit der Kamera. Aber woran mir vor allem lag, war die Komposition. Ich machte einige wundervolle ausgefallene Kameraperspektiven, aber dann fingen alle mit ausgefallenen Perspektiven an – drehten durch den Nabel der Leute – und so wurde die Idee kaputtgemacht. Dann erkannte ich, daß es das Beste wäre, den Film möglichst einfach zu machen: Wenn man Bewegung braucht oder so was, dann muß man es da einsetzen, wo es eine Bedeutung hat, wo es dem Film nützt. Ich habe mich strikt an diese Theorie in den letzten Filmen gehalten, die ich gemacht habe.«

Wellmans letzter Film war *Lafayette Escadrille* (1958). Seitdem ist sein Name zunehmend von einem Geheimnis umgeben; sein Ruhm beruht, vor allem in England, auf zwei von Zeit zu Zeit wiederaufgeführten Filmen: *Public Enemy* und *The Ox-Bow Incident*. Doch das Jahr 1965 zeigte diesen vernachlässigten Meister in neuem Licht, als man im National Film Theatre *Beggars of Life* zeigte. Das Original enthält einige Toneffekte und ein von Wallace Beery gesungenes Lied; dagegen war diese Version, eine 16mm-Kopie aus dem Dansk Filmmuseum (ursprünglich vom Eastman House) völlig stumm und in der Bildqualität ziemlich dunkel. Trotzdem schimmerte etwas von der reichen, ausgefeilten

Die Schlacht von Saint-Mihiel wird für *Wings* noch einmal geschlagen.

Zur Kameracrew von *Wings* gehörten drei Männer, die später zur ersten Garnitur zählten: Russell Harlan (obere Reihe, links außen), Ernest Laszlo (rechts außen) und William Clothier (untere Reihe, zweiter von rechts); in der Mitte William Wellman und Lucien Hubbard.

Technik durch und enthüllte eine erstaunliche Eleganz des Stils – eine Eleganz, die man bei einem solchen Film für fehl am Platz halten würde.

Beggars of Life, mit Louise Brooks und Richard Arlen, erzählt eine von dem Hobo-Schriftsteller Jim Tully verfaßte Geschichte von Landstreichern. Die übliche Frische und ungekünstelte Natürlichkeit der meisten amerikanischen Stummfilme ist hier durch einen ernst-würdevollen, sorgfältig entwickelten Stil ersetzt, der an das europäische Kino erinnert und ein bewußtes Streben nach Kunst verrät.

Die amerikanischen Filmmacher erzielten die zufriedenstellendsten Resultate, wenn sie einen Film nach ihrem besten Können unter den gegebenen Umständen von Budget und Zeit produzierten. Als der Erfolg des europäischen Films Hollywood zu beunruhigen begann, wurde die Arbeit vieler Regisseure durch ihr Bestreben beeinträchtigt, Kunst zu produzieren. Ihr ursprünglicher Enthusiasmus und ihre spontane Energie wurden begraben unter der zähen Last, respektabel wirken zu wollen. Dekorationen und Licht wurden kompliziert und gekünstelt, das Tempo ließ nach – und die Spontaneität verschwand zugunsten von Nachdenklichkeit und peinlichster Sorgfalt.

In Wellmans Fall zerstörte dies nicht seinen natürlichen Sinn für filmisches Erzählen. *Beggars of Life* ist brillant entworfen und ausgezeichnet realisiert. Doch ist es das falsche Objekt, wenn man hohe Kunst entwicken will; es ist, als hätte Jack London sich Galsworthys stilistische Delikatesse ausgeborgt, um *Ruf der Wildnis* zu schreiben.

Wellman selbst, den ich 1964 in Brentwood, Kalifornien, traf, ist eine echte Romanfigur wie von Jack London. Eine farbige, lebendige und faszinierende Persönlichkeit, die an einen authentischen Typus des Wilden Westens erinnert; hochgewachsen und schlank, mit einem zähen, wettergegerbten Gesicht und einer Stimme wie John Wayne, ist er ständig in Bewegung. Während er seine Karriere beschrieb, lief er ruhelos wie ein eingesperrter Löwe in seinem Haus in Hollywood umher – wobei er nachdrücklich betonte, er habe von diesem »verdammten Geschäft« die Nase voll. Doch durch die Art, wie er über Film sprach, wie er die Probleme der Produktion beschrieb, die Erregung beim Regieführen und die Freuden des Erfolges, wurde seine tiefe Liebe zum Kino deutlich – eine Liebe, die bald seine Verachtung für das Geschäft überstrahlte.

William Wellman: Die meisten Leute glauben, ich sei in der Lafayette Escadrille gewesen. Das war ich gar nicht. Ich war im Lafayette Flying Corps, das ist ein kleiner Unterschied. Die Escadrille wurde gegründet von einem Haufen verrückter Amerikaner, die entweder bei den Sanitätern oder in der französischen Infanterie waren – bevor Amerika in den Krieg eintrat. Das war ein Startsignal, und ein Haufen Kerle hier wollte da auch mitmachen. Und so wurde das Lafayette Flying Corps gegründet, ein Ableger der Escadrille, und es war ziemlich schwer, da reinzukommen. Man kam da nicht rein, wenn man im Gefängnis saß, man mußte also ein relativ ehrlicher Kerl sein, und jemand mußte für die Überfahrt aufkommen. Ich trat dem Morgan Harjes Ambulance Corps bei, was der normale Weg war, und so kam ich nach Paris. Dort hatte man die Wahl, als Krankentransport-Fahrer zu arbeiten oder der Fremdenlegion beizutreten, die der französischen Luftwaffe unterstand, von wo aus man wiederum dem Lafayette Flying Corps zugeteilt wurde.

Und so machten wir es alle. Zu einem Zeitpunkt waren wir 222 Leute, entweder in der Ausbildung oder an der Front oder gefallen. Nach Abschluß der Ausbildung wurden wir nach Le Plessis-Belleville geschickt, gleich außerhalb von Paris; dort machte man ein paar Flüge mit einer ›Spad‹, und dann wartete man, bis in einer der etwa sechzig Staffeln an der Front irgend jemand ausfiel. Wenn dein Name dran war, nahmst du seinen Platz ein. Es war einfach Glückssache.

Ich kam zur Chat-Noir, der Black Cat Group, und wurde nach Lunéville geschickt; ich glaube, die hatten noch nie einen Amerikaner gesehen, geschweige denn einen reden gehört. Ich war neunzehn. Ein Kerl namens McGee kam zu uns und wurde in der ersten Woche getötet, dann nahm Tom Hitchcock, ein großer Polospieler, seinen Platz ein, und Tom und ich hatten großes Glück. Als ich wieder hierher zurückkam, ging ich zum American Air Corps, einfach weil ich die Kohle brauchte. Ich wurde zum Offizier befördert und habe so die letzten sechs Monate des Krieges verbracht. Ich wurde nach Rockwell Field bei San Diego geschickt, und dort lernte ich einige Leute aus Hollywood kennen.

Ich kannte Doug Fairbanks aus der Zeit, als er am Colonial Theatre in Boston spielte; er guckte mir immer beim Eishockey zu. Einmal schickte er mir ein wundervolles Telegramm, das ich heute noch habe, worin er schrieb, wenn ich nach dem Krieg mal einen Job brauchte, hätte er einen für mich. Und so flog ich oft in einer ›Spad‹ am Ozean entlang, landete hinter seinem Haus in Beverly Hills und verbrachte das Wochenende bei ihm. Das war eine tolle Zeit für mich – traf fast alle Leute, Mary Pickford, Marion Davies... Ich war ein junger Kerl mit ein paar Orden, ein Flieger und paßte so irgendwie dazu. Ich humpelte etwas, was ich immer übertrieb, wenn ich ein hübsches Mädchen traf. Wie stark ich humpelte, hing völlig davon ab, wie schön sie war.

Doug machte mich zum Schauspieler, und ich spielte in zwei Filmen. Der erste war *Knickerbocker Buckaroo*, inszeniert von Albert Parker, mit Doug und Marjorie Daw, in dem ich der jugendliche Held war. Der andere Film war eine Sache, die Raoul Walsh drehte, *Evangeline*, mit Miriam Cooper. Sie war der Star, und ich hatte meinen großen Moment als britischer Sublieutenant – heißt das so, Sublieutenant? Wie auch immer, jedenfalls sah ich mit der gepuderten Perücke aus wie eine Fee.

Ich konnte diese Schauspielerei nicht ausstehen. Ich mochte von den Schauspielern auch die wenigsten, und ich habe mit fast allen gearbeitet. Einer meiner Söhne ist Schauspieler und das bricht mir das Herz, aber da kann man nichts machen. Ich hatte mit so vielen zu tun und hatte *so* viele Probleme – am Ende hat man genug davon.

Ich sah mir *Knickerbocker Buckaroo* an und sah auch mich selbst...also, mein Gesicht ist ziemlich länglich, und durch die Kamera wirkte es wie so ein Zerrspiegel auf der Kirmes. Also ging ich zu Doug und fragte ihn, ob er nicht einen andern Job für mich hätte. »Was willst du machen?« fragte er mich. Ich zeigte auf Al Parker. »Was macht der?« Doug erklärte es mir, und ich sagte: »Ich will Regisseur werden. Es geht mir nur ums Geld.« Er meinte, ich müsse ganz unten anfangen, und besorgte mir einen Job als Botenjunge in den alten Goldwyn Studios. Und so fing ich an.

Eins kann ich über mich sagen. Ich war wahrscheinlich der am härtesten arbeitende Regisseur aller Zeiten. Das lag daran, daß ich nicht schlafen konnte.

Gary Cooper und Charles ›Buddy‹ Rogers in *Wings*.

Legion of the Condemned (1928).

Ich habe schon immer schlecht geschlafen, aber wenn ich einen Film machte, konnte ich nur drei Stunden pro Nacht schlafen. Den Rest der Zeit habe ich gearbeitet. Wenn ich nicht im Atelier war, dann arbeitete ich am Skript und versuchte, das Beste aus dem zu machen, was ich hatte.

Offen gesagt, wenn man sich anschaut, was ich gemacht habe, alles in allem, dann ist das nicht sehr berühmt. Für jeden guten Film habe ich mindestens fünf oder sechs gemacht, die Mist sind. Aber ich habe immer versucht, alles ein bißchen anders zu machen. Ich weiß nicht, ob ich das je geschafft habe, aber ich habe es versucht.

Ich mochte nicht viele Schauspieler, und ich mochte nicht viele Produzenten. Aber David mochte ich wirklich – David Selznick. Er war nicht nur ein Mann mit großer Phantasie und viel Mut, er hatte auch die eine wundervolle Sache – guten Geschmack. Ich kannte ihn lange, bevor er Produzent wurde, und ich kannte auch seinen Bruder Myron. David, Myron und ich waren Kumpel, als wir alle pleite waren. Ich mochte seinen Vater Lewis auch – als der alte Herr noch lebte, wurde ich der beste irische Pinochle-Spieler der Welt. Ich gehörte also praktisch zur Familie.

Wenn man zu David ging, dann mußte der nicht erst jemand anderen um Rat oder Antwort bitten. Man bekam es auf der Stelle – ja oder nein. Er sagte nicht »Moment mal«, um dann erst einen Kerl in New York anzurufen. Man arbeitete direkt mit David zusammen und konnte so die Begeisterung und den Drive erhalten. So geht das heute nicht mehr. Jetzt sitzt da ein Kerl, der glaubt, er leitet das Studio, aber es gibt da zwei Männer in New York, die sind die Bosse. Zwei Männer! Nun, vielleicht hat die Frau des einen etwas dagegen, oder vielleicht lebt er mit einer Lady, die etwas dagegen hat. Oder vielleicht holt er sich seine Meinung bei einem Bankier oder Rechtsanwalt. Wie auch immer, die haben mit Film nichts zu tun. Wäre es anders, dann wären sie hier und würden etwas *tun*.

Ein Film, der sich über viele Jahre hält – das ist für mich ein Erfolg. Vielleicht ist es ja unfair. Es gibt Leute, die sagen zu mir: »Mensch, Sie haben *Wings* gemacht!« Die sind viel zu jung, um den jemals gesehen zu haben, aber sie sagen dir, daß das wohl ein toller Film gewesen sein muß. Ja, er war toll, aber er war längst nicht so toll, wie die glauben. Heute haben ihn nur wenige Leute gesehen, aber man erlebt noch immer große Begeisterung, ganz echt und ehrlich, wenn man auf Leute trifft, die ihn noch gesehen haben. Wenn ich Glück habe, wird das ein Film, der im Gedächtnis bleibt. Glauben Sie, daß man in ein paar Jahren noch etwas von *Cat Ballou* hören wird?

Wings haben sie mir gegeben, weil ich der einzige Regisseur war, der Flieger gewesen war, im Krieg. Ich war der einzige, der zum Teufel Ahnung davon hatte, worum es ging. Das war tatsächlich der einzige Grund – und außerdem hatte ich glücklicherweise vorher gerade einen erfolgreichen Film gemacht, *You Never Know Women*, mit Clive Brook, Lowell Sherman und Florence Vidor, die Geschichte der Chauve-Souris. Der war sehr interessant und bekam in dem Jahr einen Preis, deshalb also und weil ich der einzige Regisseur mit Fronterfahrung war, vertraute man mir *Wings* an – und damit habe ich sie ganz schön alt aussehen lassen. Das war meine große Chance, und ich habe sie genutzt.

Der Film war ziemlich schwer unter Kontrolle zu halten. Ich hatte die Armee für diese Schlacht bei St. Mihiel aufmarschieren lassen. Die Soldaten waren in Ordnung, nur mit den Offizieren hatte ich Schwierigkeiten. Der Grund für die ganzen Schwierigkeiten war ihr General. Es gab zwei Dinge, die er mehr haßte als alles andere. Das eine war der Film und alles, was irgendwie damit zu tun hatte, das andere waren Flieger. Und ich war beides, beim Allmächtigen. Er haßte mich von dem Moment an, wo wir uns trafen.

Es gab ein großes Bankett für die Generäle und ihre Ehefrauen; es müssen wohl einige hundert Menschen dagewesen sein. Lucien Hubbard, der die Oberleitung hatte, war da und John Monk Saunders, der Autor, aber mich hatten sie noch nie zu Gesicht bekommen. Sie erwarteten wohl, daß so ein De Mille hereinspaziert käme. Der kommandierende Herr General war aufgestanden, und als er mich sah, wußte er nicht, wer ich war. (Ich war achtundzwanzig und hatte ziemlich langes Haar.)[1] Und er setzte sich wieder, und mit ihm alle anderen.

Das war eine ziemlich knifflige Situation, müssen Sie wissen. Als man von mir eine Ansprache erwartete, begann ich auf die witzige Art. Ich sagte, sie hätten wohl jemand Reiferen erwartet, aber ich sei am 29. Februar 1896 geboren, einem Schaltjahr, ich wäre also in Wirklichkeit erst sieben Jahre alt. Ich formulierte es so: »Wenn Paramount Pictures so blöd ist, einen Siebenjährigen für einen so großen Job zu engagieren, dann brauche ich die Hilfe und Unterstützung von allen erwachsenen Leuten hier!«

Es klappte, und zwar dadurch, daß ich die ganze Sache zu einer Art Komödie machte, und ich plauderte mit der Gattin des hohen Herrn, die ganz reizend war, und ich kriegte sie auf meine Seite. Ich wußte, daß es mir nützlich sein würde, wenn ich an diesem Abend ins Gerede kommen würde – und tatsächlich hatte ich von dem Abend an die volle Unterstützung von allen bis auf diesen verdammten alten General, der mich jetzt noch mehr haßte als zuvor, weil ich eine Eroberung gemacht hatte.

Nun, es war schon hart. Wenn man noch so jung ist und schon so eine große Verantwortung hat, dann kommt man leicht in die Gefahr, ein wenig zu überdrehen. Aber ich weiß nicht ... Ich glaube, was mich bei der Stange hielt, war das stolze und selbstsichere Gefühl, daß ich 250 Dollar pro Woche bekam, einen Film machte, der ein paar Millionen kostete, und daß *ich* der Junge war, der ihn machte!

Wir hatten phantastische Stunts darin. Einen habe ich selber gemacht. Ich geriet in Wut über einen von den Stuntmen, startete selbst mit dem Flugzeug und machte den Bruch an seiner Stelle – da ich es mir selbst zutraute, sah ich zum Teufel nicht ein, warum ich es nicht von jemand anders erwarten durfte. Einige Leute wollten beim Rückzug nicht auf der Erde liegenbleiben, weil sie Angst hatten, daß man auf ihnen herumtrampeln würde. Also legte ich mich hin. Ich lag da, mit einen deutschen Helm auf, und alle diese Ami-Soldaten kamen angestiefelt. Sie wußten, daß ich da lag, aber keiner trat auf mich. Wenn sie sauer auf mich gewesen wären, hätten sie mich töten können. Aber es gab keine Stimmung in dieser Richtung; die mochten den General genauso wenig wie ich.

Der einzige Stuntman, der bei *Wings* verletzt wurde, war Dick Grace; er ist der Allergrößte und er verletzte sich bei der einfachsten Sache der Welt. Statt sich mit dem Flugzeug ganz zu überschlagen, überschlug er sich nur *fast* – und verrenkte sich den Hals. Also, das war sein Fehler, nicht meiner. Hätte er sich so überschlagen, daß die ›Spad‹ auseinanderbrach, dann wäre er auf keinen Fall verletzt worden. Die machten so ein großes Ding um seinen Hals und schickten ihn ins Krankenhaus, und ich ging ihn jeden Tag besuchen. Er sollte den Gips für mindestens ein Jahr tragen. Er hatte ihn ganze sechs Wochen um. Ich war zufällig auf einer Tanzerei im St. Anthony-Hotel in San Antonio und entdecke, wie da dieser Grace mit einer Dame tanzt. Er hatte sich einen Hammer besorgt, hatte den Gips zerschlagen und war durch ein Fenster entwischt. Er ist nie wieder zurückgegangen und hat sich auch nie wieder so ein Ding um den Hals machen lassen.

Die große Schlachtszene haben wir mit Hilfe von Armeeoffizieren inszeniert.[2] Die Unteroffiziere waren alle großartig – auch die Hauptleute, Leutnants und Majore. Bis hinauf zum Oberstleutnant gab es keine Schwierigkeiten. Von da ab wurde es schlimm. Also alles, was ich zu tun hatte, war, den Leuten, die sie spielen sollten, die Szene zu erklären; ich hatte eine Tafel zum Erläutern und wir sprachen alles durch.

Wir hatten einige dutzend Kameras. Für die große Szene errichteten wir ein mehrstöckiges Kameragerüst und verteilten etwa 28 Eyemos, 35mm-Handkameras. Ich zündete die Explosionen von einer Schalttafel auf der dritten Etage. Ich hatte allen anderen den Zutritt verboten. Ich hielt das Sperrfeuer immer knapp vor den vorrückenden Truppen. Ein Kerl kam und fragte mich etwas, und ich drückte einen falschen Knopf. Ich schmiß den Hurensohn auf der Stelle runter, es war haarsträubend. Ich erkannte ihn nicht einmal, denn während ich ihn runterwarf, spielte ich weiter mit den Knöpfen. Es stellte sich heraus, daß das Otto Kahn gewesen war, der große Bankier. Als ich das erfuhr, war ich sicher, daß ich gefeuert würde, denn ich war ein ziemliches Risiko eingegangen – alles hing von der Sonne ab.

Wir waren schon seit einer Ewigkeit am Warten, und es war entscheidend wichtig, daß wir für die Luftkämpfe Wolken *und* Sonne hatten. B. P. Schulberg war wütend auf mich wegen der Verzögerung und schickte seinen Schwager Sam Jaffe zu mir an den Drehort, damit der mich zusammenstauchte. Erklären Sie einmal einem Kerl, der nichts vom Fliegen versteht, daß man ohne Wolken keine Luftkämpfe drehen kann; der hält Sie für verrückt. Der fragt Sie: »Und warum nicht?«

Ich erklärte ihm, daß das einfach nach nichts aussehen würde. Zweitens, daß man kein Gefühl für die Geschwindigkeit bekommt, weil es keinen Bezugspunkt gibt. Durch die Wolken kriegt man das, aber vor einem blauem Himmel wirkt es wie ein Haufen blöder Fliegen! Und fotografisch ist es fürchterlich.

Also wartete ich auf Wolken. Ich wartete über dreißig Tage. Dann schickten sie Otto Kahn, Sir William Wiseman und William Stralem, den Besitzer von Camel-Zigaretten. Drei große Geldsäcke. Und die kamen gerade an, als ich die große Szene drehte.

Ich hatte die Sonne schon häufig beobachtet, als ich noch selbst geflogen war. Und ich hatte es im Gefühl, daß es klappen könnte. Es war noch stockdunkel, aber ich ließ alles fertig machen. Ich ließ 165 Flugzeuge aufsteigen,[3] ich schickte die mehreren tausend Soldaten los, die wegen uns rumgesessen hatten, meine Kameraleute, einfach alles. Die dachten alle, ich wäre verrückt, aber ich hatte einen kleinen Lichtstrahl gesehen, und plötzlich brach das Licht durch. Ich erzähle Ihnen hier die Wahrheit – ich übertreibe nicht ein bißchen – ich gab dem Kamerateam den Befehl, mit Drehen anzufangen, denn ich hatte das Gefühl, es könnte hinhauen. Die große Szene ging los, und nach dreieinhalb Minuten, als

15 **Cecil B. De Mille**

Cecil B. De Mille

Was die Regisseure betrifft, so hat Cecil B. De Mille die größte Show der Welt veranstaltet. Er verlangte von seinem Team absolute Loyalität und führte Regie, als habe Gott selbst ihn für diese eine Aufgabe erwählt. Um dieser Rolle gerecht zu werden, trug er Breeches und Schaftstiefel – und einen Revolver. Die Stiefel, so erklärte er, stützten seine Beine und schützten ihn vor den Schlangen, von denen seine Ranch in Kalifornien wimmelte; auf die Schlangen ging auch der Einfall mit dem Revolver zurück. Zyniker fragten sich, ob es die Schlangen im Filmgeschäft waren, die ihn dazu brachten, seine Aufmachung auch im Atelier zu tragen. Obwohl sie sich darüber mokierten, machte De Mille kein Geheimnis aus der Tatsache, daß er es liebte, sich herauszuputzen.

De Mille war praktisch während seiner gesamten Karriere ein wichtiger Machtfaktor in der Filmindustrie. In seinen frühen Tagen war er aber dazu noch ein außergewöhnlich guter Regisseur.

The Cheat (1915) war ein Meisterwerk. Die Geschichte zeigt die von De Mille favorisierte Mischung aus Sex, Sadismus und Hingabe, das Ganze eingetaucht in ein Bad grellen Melodrams. Doch De Milles Inszenierung war so sensibel, daß ein eigentlich lächerliches Melodram zu einer ernsthaften, bizarren und aufrührenden Fabel wurde.

Eine Dame der besseren Gesellschaft (Fanny Ward) verliert beim Glücksspiel Rote-Kreuz-Spenden, leiht sich Geld bei einem reichen Japaner, Hara Arakau (Sessue Hayakawa), und zahlt ihm, statt in der von ihm erwarteten Weise, die Summe mit einem Scheck zurück. Rasend vor Wut zeichnet er sie durch ein Brandmal, als sei sie ein Teil seiner Sammlung. Sie schießt auf Arakau und verletzt ihn. Ihr Mann nimmt die Schuld auf sich. Um ihn zu retten, opfert sie sich und enthüllt das Brandmal vor Gericht.

Straff konstruiert und ausgezeichnet gespielt, verdankt der Film sehr viel dem Ausstatter Wilfred Buckland und dem Kameramann Alvin Wyckoff, der einen bemerkenswerten Beleuchtungsstil entwickelte, der als Lasky-Licht bekannt wurde. Die Szene der Brandmarkung und die daraus folgende Schießerei sind in einer Weise ausgeleuchtet, daß die Phantasie gereizt wird; die Szenen haben auch heute nichts von ihrer Wirkung eingebüßt.

The Cheat ist einer jener seltenen Fälle – ein Film, der darauf abzielt zu schockieren, der dabei aber seine künstlerische Integrität nicht verliert.

Zwischen *The Cheat* und einem so banalen Film wie beispielsweise *Manslaughter* (1922) liegt der Abgrund des Kommerzes, in den ein großes Talent abstürzte. Der Wendepunkt war *The Whispering Chorus* (1918), in den De Mille nicht nur eine große Geldsumme, sondern auch sein Herz investierte.

Der Film war einer von jenen, die der Horror jedes Verleihers sind: ein Film mit einer Botschaft. *The Whispering Chorus* ist eine Darstellung der menschlichen Impulse zum Guten und zum Bösen; sie quälen einen jungen Ehemann, der das Geld seines Arbeitgebers unterschlägt, um seiner Frau die Dinge zu kaufen, die er sich nicht leisten kann. Auf der Flucht entdeckt er eine Wasserleiche im Fluß. Im Gefühl, sich selbst seelisch getötet zu haben, beschließt er, für die Welt tot zu sein. Er zieht der Leiche seine eigenen Kleider an, zerstört das Gesicht und wird schließlich als sein eigener Mörder verhaftet. Seine Frau hat mittlerweile wieder geheiratet und erwartet ein Kind. Um sie vor der Schande zu retten, geht er in den Tod.

Es gab Proteste gegen die ›abnorme Morbidität‹ dieses Films. »Er war

Cecil B. De Mille.

Cecil B. De Mille (mit Fernglas), Alvin Wyckoff und Charles Schoenbaum bei den Dreharbeiten zu *The Woman God Forgot* (1917).

The Ten Commandments (1923).

Gladiatorenkampf aus *Manslaughter* (1922).

poetisch und er war sehr interessant«, erinnert sich Agnes de Mille, »aber er war ein beträchtlicher finanzieller Verlust. Cecil mußte unbedingt zu Geld kommen, um zu überleben.«[1]

De Mille änderte seine Haltung gegenüber seinem Publikum. In dem Maß, wie er seine Ansichten dem niedrigsten allgemeinen Nenner anpaßte, sackte auch das Niveau seiner Filme ab. Der Abstieg war nicht sofort zu erkennen. *Male and Female* (1919) war eine entzückende Version der Komödie *The Admirable Crichton*, und die berühmte Badezimmerszene wird mit leisem Humor eingeleitet: ›Die Menschheit wird sicher immer sauberer, doch wird sie auch künstlerischer? Frauen baden jetzt öfter, doch nicht in solcher Schönheit wie ihre Schwestern im Altertum. Warum sollte das Badezimmer nicht ebenso viel Schönheit ausstrahlen wie das Boudoir?‹ Gloria Swanson tadelt die Zofe (Lila Lee), weil sie das Badewasser über 32°C hat heiß werden lassen, und erklärt beim Frühstück, daß der Toast verdorben sei: ›Er ist durchaus zu weich.‹ ›Sind Sie sicher, Mylady, daß der Toast das einzige ist, was verdorben ist?‹ fragt die Zofe. Nach und nach zerrannen bei De Mille der Sinn für Humor und der Sinn für das Kino. Während dieser traurigen Metamorphose verlor er offensichtlich seine Fähigkeit, das filmische Medium zu beherrschen. Der Schnitt seiner Filme war nicht mehr flüssig, und sein Gespür für Wirkung, das er in *Male and Female* so glänzend entfaltet (wenn er nach Babylon zurückblendet und wie zufällig Martha Graham zeigt, die gerade einen aufreizenden Tanz vollführt), wurde zum billigen Flitter. Er zog es vor, im Atelier zu drehen, selbst bei Außendekorationen, und opferte so jene Frische, die die Stummfilme so attraktiv machte. Seine Kasseneinnahmen rechtfertigten in den Augen seiner Finanziers alles, was er tat. Selbst unter diesen Umständen lud er sich mit dem biblischen Prolog zu *The Ten Commandments* (1923) noch ein beträchtliches persönliches Risiko auf, indem er enorme Summen in eine Sequenz steckte, die zwar durch ihren schieren Aufwand Eindruck macht, kinematographisch aber einfallslos ist.

»De Mille machte die Filme nicht für sich oder für die Kritiker«, sagte Adolph Zukor, »er machte sie fürs Publikum. Er wählte die Stories danach aus, ob sie nach seiner Einschätzung der Öffentlichkeit gefallen würden. Er war Showman bis in die Fingerspitzen. Er begann nicht eher mit den Dreharbeiten, als bis er das Drehbuch bis ins letzte Detail ausgearbeitet hatte, und er hielt sich hundertprozentig daran. Bei anderen Regisseuren mußte das Management die Stars engagieren und die anderen Entscheidungen treffen. Cecil machte alles selbst.«

Die auftrumpfende Naivität des neuen De Mille stieß unvermeidlich bestimmte Teile seines Publikums ab. »Schon seit langem«, schrieb 1922 ein Kinogänger aus Ohio, »wollte ich gegen die fürchterliche Oberflächlichkeit der Produktionen Cecil De Milles protestieren. Mir scheint, daß seine Lichtspiele ein echtes Hindernis für die Entwicklung des stummen Dramas zur Kunstform darstellen. Ich begann mich für De Mille zu interessieren, als ich *Joan the Woman* und *The Whispering Chorus* sah, mit anderen Worten, bis ich dann sein *Saturday Night* zu sehen bekam. Ab jetzt werde ich wegbleiben und mein Geld für Chaplin, Griffith und Ingram sparen.«[2]

Manslaughter ist ein gutes Beispiel dafür, wie De Mille die Intelligenz seines Publikums einschätzte. »Wenn hier ein Name wie Paul Sloane oder Christy Cabanne erschiene,«, schrieb William K. Everson, »wäre man nicht allzusehr

16 Josef von Sternberg

Die lebende Legende, der einstmals große Künstler, ist ein höchst verletzliches Wesen. Sein Lebenswerk ist abgeschlossen, bewertet und eingeordnet, er selbst lebt weiter, unsicher und unberechenbar. Wiederentdeckung führt selten zu einer Wiederbelebung; was der Künstler heute noch produzieren kann, ist bestenfalls Enttäuschung.

Viele Künstler, die in ihrer Zeit *enfants terribles* waren, entwickelten sich, durch Ruhm und Reichtum milde geworden, zu freundlichen, netten, alten Herren. Einen solchen Abstieg braucht jedoch im Fall Josef von Sternbergs keiner seiner Anhänger zu befürchten. Mit seiner Autobiographie *Fun in a Chinese Laundry* (1965)[1] hat er sich aus relativer Vergessenheit zu einer gewissen Berühmtheit katapultiert, die selbst den Ruhm seiner goldenen Jahre übertraf. So scharfzüngig ist dieses Buch, daß viele, die sich für seine Freunde hielten, über Nacht zu Feinden wurden. Andere, die erkannten, daß das Buch mehr über Sternberg aussagte als über sie selbst, verziehen ihm angesichts seiner künstlerischen Bedeutung.

Von Anbeginn seiner Karriere wurde von Sternberg durch ein Gefühl der Unsicherheit dazu getrieben, sich einen Schutzpanzer von Arroganz zuzulegen. Angeregt durch Erich von Stroheim, übernahm der junge Sternberg zunächst die gleiche makellose Kleidung mit weißen Handschuhen und Spazierstöckchen. Aber er ging noch einen Schritt weiter. Er übertrug Stroheims arrogante Rolle des ›Mannes, den man liebend gern haßt‹ von der Leinwand in die Realität.

»Ich traf Jo das erste Mal, als er in England als Regieassistent bei einem Film arbeitete«, erinnerte sich Clive Brook. »Damals war er Jo Sternberg. Bei Außenaufnahmen in Wales schliefen wir im gleichen Zimmer, und eines Morgens beobachtete ich ihn, wie er in den Spiegel starrte.

›Was sieht schrecklicher aus‹, fragte er. ›Mit Bart oder ohne?‹

›Warum willst du schrecklich aussehen?‹ fragte ich.

›Der einzige Weg, Erfolg zu haben‹, meinte er, ›ist, wenn die Leute dich hassen. Nur dann behalten sie dich im Gedächtnis.‹«[2]

Was man auch von dieser Psychologie halten mag, von Sternberg ist noch nicht vergessen; und er ist noch immer ein magischer Name für jeden, der sich für die Geschichte des Films interessiert. Rund um den Globus werden immer wieder Programme mit seinen Filmen präsentiert.

Eine Retrospektive in London fand ihren Höhepunkt in einer Vorführung von *Epic That Never Was*, einer Dokumentation der BBC über das geheimnisvolle Schicksal von Sternbergs Projekt *I, Claudius*, in der die erhaltenen Bruchstücke des Films rekonstruiert waren. Der Produzent dieses mitreißenden Stücks Filmarchäologie, Bill Duncalf, berichtete, wie er im Kopierwerk in Denham 47 Büchsen mit Material von *I, Claudius* entdeckte und sich daraufhin als erstes die Unterstützung der Firma London Films sicherte. Dann versuchte er Sternberg zur Mitarbeit zu überreden. Schließlich erhielt er eine zurückhaltend formulierte briefliche Zusage, und das Projekt nahm seinen Lauf.

»In Kalifornien«, erzählte Duncalf, »ging ich zu von Sternbergs Büro in der Universität. Ich klopfte an die Tür. Eine Stimme sagte: ›Herein‹.

Das war für mich ein bedeutender Augenblick, und ich machte nicht den Versuch, meine Gefühle zu verbergen. Ich ging auf ihn zu, streckte die Hand aus und deutete in ein paar Worten an, wie bewegt ich war. Von Sternberg, diese kleine weißhaarige Gestalt, saß einfach da. Er ignorierte meine Hand und fragte kühl: ›Weshalb sind Sie gekommen?‹

Ich erklärte, daß ich drei Briefe geschrieben hätte und daß er den einen auch beantwortet habe. Da entdeckte er das Päckchen unter meinem Arm. Er nahm es mir ab und öffnete es. Es enthielt lauter Arbeitsfotos von *I, Claudius*. Er begann sie zu sortieren und murmelte dabei: ›Das ist meins... das ist nicht meins... das ist meins...‹³ Schließlich hatte er zwei Stapel.

›Diese möchte ich haben‹, erklärte er.

›Sie können sie nicht haben‹, sagte ich. ›Das sind Unikate. Das sind die einzigen, die existieren. Ich werde Repros für Sie machen lassen.‹

Und das war die Bedingung für seine Beteiligung – Repros der Fotografien und eine Kopie des fertigen Films.«⁴

Als von Sternberg zum Interview auf die Bühne der Universität kam, war bereits alles ausgeleuchtet. Während er sich im Stuhl zurechtsetzte, schaute er nach oben.

»Ist das Ihr Führungslicht?« fragte er Robert Kaufmann, den amerikanischen Kameramann. Kaufmann bestätigte es.

»Ziehen Sie es höher«, befahl er.

Während das Interview gedreht wurde, war er äußerst nervös. Als er merkte, daß er ins Stocken kam, sagte er: »Brechen Sie lieber ab.« Als die Dreharbeiten vorbei waren, ließ die Spannung nach, und Sternberg wurde lockerer.

»Plötzlich entwickelte er einen völlig unerwarteten Charme«, erinnerte sich Duncalf. »Er ging zum Team, schüttelte jedem die Hand und bedankte sich. Dann ging er hinaus, ganz allein, in einen fürchterlichen Wolkenbruch – eine kleine Gestalt mit einem großen Regenschirm. Ich mußte unwillkürlich an Chaplin denken.«

Und es war ironischerweise Chaplin, der von Sternbergs Aufstieg zum Ruhm auslöste, als er dessen ersten Film *The Salvation Hunters* öffentlich lobte. Der Film, der praktisch auf Amateurbasis entstanden war, wurde auf Chaplins Veranlassung von United Artists verliehen; dann engagierte Chaplin von Sternberg für die Inszenierung von *The Sea Gull* mit Edna Purviance. (Später weigerte er sich, den Film freizugeben, und es kam die Vermutung auf, sein Lob für *The Salvation Hunters* sei ein Scherz gewesen, um zu testen, wieweit die Leute bereit waren, vorgegebene Meinungen zu übernehmen.)

Mary Pickford nahm den jungen Regisseur ebenfalls unter Vertrag, betrachtete dann aber ihren voreiligen Schritt als Fehler.

»Mon Dieu! Er erwies sich als ungenießbar. Total. Diese Tour mit *von* Sternberg, und sein Stöckchen, und der kleine Oberlippenbart! Ich bin so froh, den Film nicht gemacht zu haben. Er sollte *Backwash* heißen und in Pittsburgh spielen. Es war eine ganz traurige Story, und alles war mit Staub überzogen. Ich mochte *Salvation Hunters*, aber man kriegt nie heraus, wer wirklich der führende Kopf war...«

Eine Person, die sehr schnell von Sternbergs Talent überzeugt war, ist Mrs. Ad Schulberg, heute eine prominente Agentin, damals die Frau von B. P. Schulberg, dem Chef des Paramount West Coast Studios.

»Ich weiß nicht mehr, was ich in Mary Pickfords Studio zu tun hatte«, erinnerte sie sich, »aber ich sah dort *Salvation Hunters* und war sehr beeindruckt. Zurückgekehrt, erzählte ich Ben davon. Im Herzen war ich wohl immer Agen-

Josef von Sternberg führt Regie bei
The Docks of New York (1928).

Olaf Hytten und Georgia Hale in *The Salvation Hunters* (1923).

tin! Aber aus irgendeinem Grund schaffte Ben es nicht, und Harry Rapf engagierte ihn für M-G-M. Daraufhin gab es dort eine stürmische Sitzung, und schließlich bekam Ben ihn für Paramount.«⁵

Nachdem er einen Teil von Frank Lloyds *Children of Divorce* neu gedreht hatte, bekam von Sternberg seine erste große Chance mit *Underworld*. Die Stars dieser Gangstergeschichte waren Evelyn Brent, George Bancroft und Clive Brook.

»Er war wie ein Preuße«, berichtete Clive Brook. »Er war ein sehr diktatorischer Regisseur. Aber ich kam immer recht gut mit ihm aus, bis auf eine denkwürdige Gelegenheit. Er ließ mich vierundzwanzig Stunden hintereinander arbeiten. Als ich das Atelier verließ, rief er mich zurück.

›Wo gehen Sie hin?‹ fragte er.

›In meine Garderobe‹, erwiderte ich.

›Warum?‹

›Um eine von den zwei Sachen zu machen, über die ich keine näheren Erklärungen abgeben möchte.‹

›Sie verlassen das Atelier nicht ohne meine Erlaubnis!‹

›Passen Sie mal auf‹, sagte ich und wurde immer wütender, ›Sie sind ein absolutes – ‹

Von Sternberg brach die Arbeit ab, und schickte alle Statisten nach Hause – obwohl es die große Brandszene war. Zu dem Zeitpunkt war mir alles egal. Ein wenig mulmig wurde mir, als ich ins Büro von Hector Turnbull, dem Produzenten, gerufen wurde.

›Mr. von Sternberg hat mir berichtet, daß Sie ihm gegenüber obszöne Ausdrücke benutzt und das Atelier verlassen haben.‹

›Ja‹, gab ich zu, ›ich habe ihn ein – genannt.‹

›Ausgezeichnet‹, meinte Turnbull, ›das habe ich schon lange kommen sehen.‹«

Wenn von Sternberg es darauf angelegt hatte, allgemeine Antipathie zu erregen, dann gelang ihm das eindrucksvoll. Und diese negativen Gefühle wurden in keiner Weise dadurch besänftigt, daß sich seine Filme als atemberaubend gut herausstellten. Statt also angenehmer im Umgang zu werden, steigerte sich von Sternbergs Reizbarkeit nur noch mehr.

»Ich versuchte, meine Rollen wie ein menschliches Wesen zu lernen«, erzählt Olga Baclanova, der Star von *The Docks of New York*. »Und ich versuchte, sie auch so zu spielen. Er verlangte von mir, eine Szene auf eine bestimmte Art zu spielen – die für mein Gefühl nicht stimmte. ›Warum soll ich das so machen?‹ fragte ich ihn.

›Machen Sie, was ich Ihnen sage‹, war seine Antwort. Nur weil Sie am Moskauer Künstler-Theater waren, sind Sie noch längst nicht für alle Fragen die Expertin. Gehorchen Sie mir.‹

Also tat ich, was er wollte.

›Das ist schrecklich! Das ist fürchterlich!‹ schrie er. Wir stritten uns und er brüllte mich an; ich war verschreckt wie ein kleines Kind. Und das war es natürlich, was er erreichen wollte. Die Szene im Film war dann sehr gut.

Bei der Premiere von *The Docks of New York* sagte er: ›Sehen Sie jetzt, was ich mit Ihnen erreicht habe?‹

Heute treffe ich ihn in Europa, beim Festival in Cannes – beim Festival in

Venedig. Er sieht wundervoll aus. Wir küssen uns, und er sagt: ›Sie haben mich vergessen.‹

›Sie glauben, ich könnte Sie vergessen?‹ frage ich. ›Als ich gerade mit Filmen anfing, da haben Sie mich angeschrien!‹«[6]

»Er ging mit Schauspielern ziemlich unverblümt um«, erzählte Clive Brook. »Er benutzte jedoch keine spezielle Technik. Er drehte endlose Wiederholungen. Seine Spezialität war es, einen Darsteller zur Erschöpfung zu treiben. Der arme Lawrence Grant wurde in *Shanghai Express* an einem Tag von neun bis sechs so hart rangenommen, daß der arme Kerl schließlich in Tränen ausbrach. ›Ich kann, glaube ich, nicht weitermachen, Mr. von Sternberg.‹

›Das brauchen Sie auch nicht‹, sagte der, ›die letzte Aufnahme war gut.‹

Beim selben Film fragte er mich einmal, was ich von einigen Mustern hielt. ›Jo‹, entgegnete ich, ›alle sprechen im gleichen monotonen Tonfall.‹

›Exakt‹, erwiderte er, ›ich will das so. Dies ist *The Shanghai Express*. Alles soll klingen wie eine Eisenbahn.‹

Ich habe einen Roman von ihm. Er hat ihn nicht nur geschrieben, er hat auch die Ausstattung gemacht – Format, Umschlag, alles. Das war für ihn typisch.«

Heute behauptet von Sternberg, daß er bei seinen Filmen praktisch alles selbst gemacht habe – sogar die Kamera. Der inzwischen verstorbene Georges Perinal (Kameramann von *I, Claudius*) erzählte Bill Duncalf, er habe mehr von Sternberg gelernt als von sonst irgend jemand, mit dem er je zusammengearbeitet habe. David O. Selznick gab zu, daß er während seiner Zeit als Produzent bei Paramount die Anweisung hatte, von Sternberg *carte blanche* zu geben, obwohl er viele seiner Ideen ›grotesk‹ fand.

In den Augen einiger der bedeutendsten Kameraleute der Welt war von Sternbergs Einstellung zur erzählten Geschichte mehr als dürftig.[7] Die meisten seiner Tonfilme leben allein durch die Bildwirkung, denn von Sternberg hatte ein stärker ausgeprägtes Gefühl für das Visuelle als alle anderen Regisseure seit Maurice Tourneur. Er verstand sich nicht nur auf die schwierige Kunst des Lichtsetzens – ihm war bewußt, daß Bauten und Ausstattung neben der rein praktischen Bedeutung auch emotionale Wirkungen auslösen können. Von Sternberg könnte das Telefonbuch verfilmen, und es würde erregend, geheimnisvoll und sinnlich werden.

Von Sternbergs Stummfilme sind seinen Tonfilmen überlegen. Er war eine Idealbegabung für dieses Medium, künstlerisch wie emotionell, und er hatte hier die Handlung fester in der Hand.

The Salvation Hunters war Sternbergs erster Film (danach übernahm er *Children of Divorce* von Frank Lloyd). Es ist ein prätentiöser und wenig versprechender Beginn und eine flache und weitgehend einfallslose Übung im filmischen Handwerk. Der künstlerisch hochfahrende Anspruch des ersten Zwischentitels übertrug sich leider nicht auf den Film selbst. »Es gibt bedeutende Aspekte des Lebens, die vom Film ignoriert worden sind, da für ihn das Körperliche wichtiger ist als das Geistige. Unsere Absicht war es, einen Gedanken zu verfilmen.« *The Salvation Hunters* zeigt, wie ein Mann darum kämpft, sich selbst und sein Milieu zu besiegen. »Es sind nicht die Bedingungen«, sagt Sternberg in einem Schlußtitel, »oder die Umwelt – es ist der Glaube, der unser Leben bestimmt!«

Dem Film fehlt zwar die Subtilität, doch er strahlt eine gewisse ernste Würde aus. Er spielt in einer Gegend von Schlickfeldern, auf denen unermüdlich ein Bagger arbeitet. »Über jede Ladung Schlick, die die Schaufel beiseite schaffte, lachte die Erde und schob eine neue nach.«

Der junge Mann (George K. Arthur) trifft ein Mädchen, »seine Seele verhärtet in bitterer Verachtung für das Leben«, das von Georgia Hale gespielt wird. Als das Mädchen beobachtet, wie ein kleiner Junge geschlagen wird, drängt sie den jungen Mann, einzugreifen. Er zögert; sie nennt ihn einen Feigling – er kennt das. Schließlich schließen sich die drei Außenseiter – »Treibgut, Wrackgut & Co.« – zusammen und beschließen, vom Schlick wegzukommen und ihr Glück in der Stadt zu versuchen. Die Glückssucher fallen Ausbeutern in die Hände. Der Kampf des jungen Mannes mit sich selbst wird als tatsächliche Kampfszene dargestellt, im Stil ähnlich wie *Tol'able David*. Der Kampf ist eher malerisch als aufregend dargestellt. Sternberg läßt ihn zum Teil hinter einer Reklametafel für Immobilien stattfinden, die die Aufschrift trägt: »Hier werden Ihre Träume wahr.«

Daneben ist Sternbergs erste kommerzielle Produktion im Stil so überragend, daß ein Vergleich sich erübrigt. *Underworld* war von Paramount für Frank Lloyd vorgesehen. Schließlich wurde der Film Art Rosson anvertraut.

»Also, das ging so«, erinnert sich Monte Brice, ein Komödienautor, der zur Zeit der Produktion im Studio beschäftigt war. »Es wird am Skript gearbeitet. Von Sternberg hängt da herum; er soll was mit dem Film zu tun haben, aber es steht nichts Genaues fest. Er sitzt herum und liest ein dickes Buch. Das hat nichts mit dem Film zu tun – es ist einfach ein dickes Buch. Von Zeit zu Zeit kommt jemand zu ihm rüber, er hebt den Kopf und gibt eine Antwort. Und meistens war es eine ziemlich gute Lösung für ein Problem, das die in der anderen Ecke des Zimmers beschäftigte. Auf einmal ist dann alles ganz anders. Art Rosson ist vollkommen raus aus der Sache, und von Sternberg ist der Regisseur. Alles ganz geheimnisvoll; geschlossene Ateliers und all das. Mir fiel auf, daß von Sternberg der erste war, der mit nur einer Kamera drehte. Wir mußten sonst mit zwei Kameras drehen, wegen des Negativs für den Export; er bestand einfach auf einer, und so wurde es gemacht. Ich vermute, er schnitt in der Kamera. Wie auch immer, Gerüchte kommen auf, daß mit *Underworld* ein Wahnsinnsfilm entsteht.«[8]

Genau das wurde *Underworld*. Mit diesem Film begann die Serie der Gangsterfilme; er bleibt ein Meisterwerk dieses Genres, denn er enthält alle wichtigen Elemente, die in späteren Filmen zu Klischees wurden. Die Charakterisierungen sind sehr detailliert; George Bancroft, dem Gangster, der ständig vor Lachen dröhnt, stehen sein eleganter und eloquenter Komplize Clive Brook und die aufregend attraktive Evelyn Brent gegenüber.

Im von Stroheim-Stil skizziert von Sternberg die Atmosphäre mit Stakkato-Titeln: »Eine große Stadt in tiefster Nacht... einsame Straßen... ein bedeckter Mond... Gebäude, so leer wie die Wohnhöhlen einer vergessenen Zeit.«

Aufblende auf eine Uhr; die Kamera zieht zurück und schwenkt an einem Wolkenkratzer abwärts bis zur Straße. Überblendung auf den Haupteingang einer Bank; dann eine heftige Explosion. Clive Brook, der einen Mann namens Rolls-Royce spielt, steht betrunken und total abgerissen auf dem Bürgersteig, als George Bancroft aus der Bank auftaucht.

»Der große Bull Weed löst ein weiteres Bankkonto auf«, sagt er höhnisch. Bancroft grinst, packt ihn und sie verschwinden, während sie von verfolgenden Polizisten beschossen werden.

Von Sternberg behandelt den Film in einem dichten narrativen Stil; er belebt manche Sequenzen mit unvermutet auftauchenden plötzlichen Einfällen; es ist das Werk eines reifen Künstlers.

In einer Bar-Szene versucht ein Rivale von Bull Weed, sich mit Rolls-Royce anzulegen. »Du möchtest doch sicher gerne einen Zehner haben?« fragt er ihn. Er nimmt einen Geldschein, zerknüllt ihn und wirft ihn in den Spucknapf. Die Kamera geht mit Reißschwenks von Rolls-Royces angespanntem Gesicht auf den Spucknapf und zurück. Die Spannung wächst. Schließlich schlägt der Gangster Rolls-Royce in den Magen – in dem Augenblick reißt die Kamera aufwärts, als ob auch das Publikum den Schlag abbekommen hätte.

Eine überwältigende Sequenz ist der Gangster-Ball, »der Waffenstillstand der Unterwelt, wo bis zum Morgengrauen rivalisierende Banden das Kriegsbeil begraben und die Maschinengewehre abstellen.« Larry Semon, in der Rolle des ›Slippy‹ Lewis, betrachtet sich in einem Zerrspiegel; Sternberg schneidet schnell auf die Gesichter anderer Verbrecher, ähnlich verzerrt, doch ohne einen Spiegel...

In einer anderen Szene ist Bull Weed aus dem Gefängnis ausgebrochen und befindet sich im Apartment von Rolls-Royce. Plötzlich erstarrt er, als man die Schritte von Polizisten im Flur vernimmt. Von Sternberg evoziert den Klang, indem er von Bancrofts erschrecktem Gesicht auf eine Fahraufnahme von zwei Füßen schneidet. Schnitt zurück auf Bancroft; er lauscht angestrengt. Dann stößt er die Tür auf. Da ist nur ein Kätzchen und eine Flasche Milch; die Schuhe gehörten dem Milchmann. In seinem Buch erinnert sich Sternberg, daß er das Kätzchen von dem Gangster füttern läßt – und deutet das als eine seiner zahlreichen Konzessionen an den Publikumsgeschmack.

Der Höhepunkt ist so spektakulär und aufregend, daß er es noch mit jedem Gangsterfilm aufnehmen kann, der seitdem entstanden ist; Bancroft wird in dem Apartment von einer Kolonne motorisierter Polizisten eingekesselt, die ihn von draußen angreifen. Sie holen sogar ein gepanzertes, mit einem Maschinengewehr ausgerüstetes Fahrzeug herbei. Während dieses Kampfes kommt es zur Lösung der Geschichte: Bull Weed erkennt am Ende, daß ihn seine treuen Freunde nicht verraten haben. Als er sich ergibt, sagt der Gefängnisbeamte: »Und das alles wegen einer Stunde mehr.«

»Da war es, was ich herausfinden mußte«, sagt Bancroft, »und diese Stunde war mir mehr wert als mein ganzes Leben.«

The Last Command ist stilistisch eher zurückgenommen. *Underworld* mit seinen – wie sich später erweisen sollte – charakteristisch üppigen Bildeffekten erinnerte an deutsche Studioarbeit. Bert Glennon, der ihn mit von Sternberg fotografierte, brachte die Erfahrungen ein, die er bei der Arbeit an *Hotel Imperial* (1927) mit Mauritz Stiller gemacht hatte. Glennon drehte auch wieder *The Last Command*, doch diese Atelierarbeit zeigt eine andere Qualität. Der Film stellt eine Übergangsphase dar, einen Kompromiß zwischen einem stilisierten Realismus und dem in sich geschlossenen Kosmos der späteren von Sternberg-Filme.

The Last Command ist außerordentlich raffiniert konstruiert, nur der

The Last Command (1927): Emil Jannings als ehemaliger zaristischer General, jetzt ein Kleindarsteller in Hollywood. Der Regieassistent begutachtet seine Uniform, ein Requisiteur steht daneben, unter dem Arm eine Schachtel mit Orden.

George Bancroft und Evelyn Brent in *Underworld* (1927).

Schluß läßt wegen eines offensichtlichen Fehlers in der Story zu wünschen übrig. Die Geschichte beruht angeblich auf einer Idee, die Ernst Lubitsch bei Gelegenheit vorgetragen hatte, doch die meisten Leute in Hollywood sahen in ihr eine freie Bearbeitung des Schicksals des zaristischen Generals Lodijenski, der sich eine Zeit lang als mittelloser Statist durchschlagen mußte.[9]

Die Story stammte von Sternberg, auch wenn Lajos Biro im Vorspann genannt wurde. Herman Mankiewicz schrieb die Titel.

Emil Jannings spielt einen alten Hollywoodkomparsen, der von einem Regisseur anhand einer Fotografie erkannt wird. Der Regisseur, ein Russe, erinnert sich, daß dieser Mann als General die zaristische Armee befehligte. »Er soll morgen antreten«, sagt er, »und steckt ihn in eine Generalsuniform.«

Eine Rückblende erzählt die Geschichte des Generals in jenen Tagen, als er noch der Großfürst Sergius Alexander war, ein Cousin des Zaren. Es ist die Zeit verdeckter revolutionärer Umtriebe; zwei Schauspieler werden ihm vorgeführt, die zur Unterhaltung der kämpfenden Truppen eingesetzt sind, aber als Revolutionäre verdächtigt werden. Der eine ist Leo Andrejev (William Powell), Regisseur des Kaiserlichen Theaters in Kiew. Die andere ist Natascha (Evelyn Brent). Der Großfürst läßt Andrejev wegbringen, kümmert sich jedoch persönlich um Natascha. Natascha geht auf ihn ein, in der Absicht, ihn zu töten. Doch wenn sich endlich die Gelegenheit bietet, ist sie nicht fähig, ihren Auftrag zu erfüllen. »Warum hast du mich nicht erschossen?« fragt der Großfürst. »Ich glaube«, antwortet sie, »weil ich niemand töten kann, der Rußland so liebt wie Sie.«

Bolschewiken überfallen den Zug des Großfürsten, und Sergius Alexander begegnet dem neuen Rußland. Er versucht mit ihnen zu diskutieren. »Volk von Rußland, du wirst von Verrätern geführt!« Die Menge antwortet damit, daß sie ihn in Stücke reißen will. Selbst Natascha schließt sich ihnen an. »Soll er schwitzen, wie wir geschwitzt haben! Soll er die Lokomotive bis nach Petrograd heizen!« ruft sie.

Der Großfürst ist verblüfft über Nataschas Verrat. Doch sie kommt zu ihm auf die Lokomotive. »Verstehst du nicht? Das war der einzige Weg, dein Leben zu retten. Ich liebe dich.« Sie gibt ihm ihre Perlen, damit er seine Flucht aus Rußland bezahlen kann. Es gelingt ihm, vom Zug zu springen – kurz bevor dieser von einer Brücke in einen eisbedeckten Fluß stürzt.

Der Schock, sein Land und die Frau zu verlieren, die er so liebt, verursacht bei Sergius Alexander ein nervöses Leiden: wie in einem ungläubigen Staunen befangen, wackelt sein Kopf beständig leicht hin und her.

Im Atelier muß der Großfürst die ganze unwürdige Behandlung eines Filmkomparsen über sich ergehen lassen. Schließlich wird er zu dem Regisseur gebracht – es ist Leo Andrejev. »Auf diesen Augenblick habe ich zehn Jahre lang gewartet, Euer Hoheit.« Er mustert ihn von oben bis unten. »Der gleiche Mantel, die gleiche Uniform, der gleiche Mann – nur die Zeiten haben sich geändert.«

Er übergibt ihm das Kommando über eine Gruppe Statisten in einer Schlachtszene. Als die Kameras laufen, schreit ein Komparse: »Welchen Unterschied macht es, wer diesen Krieg gewinnt? Sie haben Ihren letzten Befehl gegeben. Ein neuer Tag ist angebrochen!« Der General bemerkt die Kameras nicht mehr; er ist offensichtlich in die Vergangenheit zurückversetzt. Er sieht nur noch die Menge an der Eisenbahnstation – und er hält eine leidenschaftliche Ansprache. Am Ende bricht er zusammen. »Haben wir gewonnen?« flüstert er Andrejev zu. »Ja, Eure Kaiserliche Hoheit, Ihr habt gewonnen.«

Großfürst Sergius Alexander stirbt. »So ein Pech«, meint der Regieassistent, »der Kerl war ein großer Schauspieler.«

»Er war mehr als ein großer Schauspieler«, sagt Andrejev, »er war ein großer Mann.«

Die Story wird in außerordentlich gelungener Weise erzählt, doch es gibt einen schwerwiegenden Fehler: Andrejev ist dem Großfürsten nur einmal begegnet, bei der Festnahme, wenn der Großfürst ihn schlägt. Er kann über die wahre Persönlichkeit des Generals nichts erfahren haben, da er ihn oder Natascha nie wieder getroffen hat.

Von diesem Ausrutscher abgesehen, ist *The Last Command* eine außergewöhnliche und wirkungsvolle Produktion. An keinem Punkt wird versucht, ein korrektes Bild der Revolution zu geben – von Sternberg war an Realismus nicht interessiert – doch als reiche Charakterstudie bleibt er unvergeßlich.

Die Hollywood-Szenen gaben Sternberg weidlich Gelegenheit, einige unbequeme Wahrheiten auszusprechen. Während er die Fotos von Statisten durchblättert, nimmt sich der Regisseur eine Zigarette. Auf der Stelle werden ihm von allen Seiten ein Dutzend Feuerzeuge entgegengestreckt.

Ein Titel »Die Bedürftigen von Hollywood« eröffnet eine beißend beobachtete Sequenz; jammervolle Gesichter pressen sich gegen die Studio-Tore ... der verzweifelte Ansturm, als sich die Tore öffnen ... die Panik, zur richtigen Abteilung zu kommen. Die Kostümabteilung ist in Sektionen aufgeteilt, jede mit ihrem eigenen Ausgabeschalter. »Ein Korporal!« ruft der Mann am Schalter. Ein Bündel mit Uniformteilen wird von hinten aus dem Kostümfundus geworfen. Der es wirft, macht sich einen Spaß daraus, es möglichst hart zu werfen. »Ein General!« Fahrt an Schuhen vorbei zum nächsten Schalter, Fahrt an Hüten vorbei zum nächsten Schalter, Fahrt an Schwertern entlang...

Endlich ist der alte General ausgestattet, und er macht sich auf den Weg zum Make-up-Raum. Er ist gebrechlich und langsam, und sein nervöses Leiden irritiert den Komparsen neben ihm. »Hör mit dem Kopfwackeln auf! Wie soll ich da Maske machen?«

»Verzeihen Sie bitte«, sagt der alte Mann traurig, »ich kann nichts dafür. Ich habe vor einiger Zeit einen starken Schock erlitten.«

Er nimmt seinen Alexander Newski-Orden aus der Brieftasche und heftet ihn an die Uniform. »Woher hast du das Dings da? Beim Trödler gestohlen?« Der andere Komparse greift ihn sich. »Wir sind doch Kumpel. Ich möchte ihn mal den anderen zeigen.« Die Statisten verspotten den Alten; sie hängen den Orden an eine Bajonettspitze, so daß er mühsam auf einen Tisch klettern muß, um ihn zu erreichen.

Den Regieassistenten behandelt von Sternberg mit ätzendem Humor. Die Komparsen begegnen ihm mit großer Hochachtung und erheben sich jedesmal, wenn er erscheint. Der Assistent ist ein eitler kleiner Mann mit einem Schnurrbart und einer ewigen Zigarre. Er sagt zum General: »Der Regisseur hat eine wichtige Rolle für dich, Pop. Du mußt proper aussehen.« Er heftet ihm den Orden an einer offensichtlich völlig unpassenden Stelle an.

Der General versetzt ihn an die korrekte Position. »In Rußland wurde er links getragen«, sagt er. »Ich weiß es, denn ich war General.«

»Ich habe zwanzig Russenfilme gemacht«, erwidert der Assistent. »Da muß ich mich über Rußland auskennen!« Er steckt den Orden wieder an die alte Stelle.

Die Rückblende beginnt mit einer Szene, in der der Großfürst eine Einheit zur Inspektion abschreitet. Dazu läßt von Sternberg seine Statisten antreten und den Regisseur das Ganze inspizieren. Hinter den Bajonetten fährt die Kamera mit ihm mit; er bleibt mit triumphierender Miene vor dem Großfürsten stehen und bläst ihm den Rauch seiner Zigarre ins Gesicht. Dann spaziert er um ihn herum und betrachtet ihn mit dem Ausdruck höchster Befriedigung. Andrejev mag nur Theaterregisseur und niemals Soldat gewesen sein, aber er ist Russe; und der Alexander-Newski-Orden an der falschen Stelle stört ihn. Er heftet ihn an die korrekte Stelle.

An vielen Stellen von *The Last Command* finden sich deutliche Anspielungen auf von Stroheim: In der Rückblende wird der Bursche des Großfürsten in dessen pelzgefüttertem Mantel erwischt.

»Wenn er das noch einmal macht«, befiehlt Sergius Alexander, »dann entfernen Sie den Mantel und erschießen den Inhalt.«

Um den Zaren zu unterhalten, muß der Großfürst für eine Parade eine Division von der Front abziehen. In die kaiserliche Inspektion schneidet von Sternberg feuernde Kanonen.

Jannings' Darstellung ist sehr gut. Der vielleicht bewegendste Augenblick ereignet sich auf der Bahnstation, wenn die Menge auf ihn losgeht und Natascha sich ihr anschließt. Natascha ist ein sehr starkes Element in diesem Film. Von Sternberg war ein Meister der filmischen Erotik; einige wenige delikate Andeutungen in *Underworld* waren wirkungsvoller als alle Vampfilme der vorangegangenen zehn Jahre. Nur wenige Regisseure haben in solchen Szenen eine derartige Intelligenz bewiesen; in der Rückblende von *The Last Command* zeigt sich von Sternbergs Meisterschaft in jener Situation auf der Lokomotive, als Evelyn Brent einen Wächter von Jannings' Flucht ablenkt, indem sie ihn verführt. Während Jannings mit einer Schaufel den Ingenieur erschlägt, preßt Evelyn Brent, den Wächter umarmend, die Zähne aufeinander und atmet schwer auf – ein brillantes Beispiel visueller Doppeldeutigkeit.

Von Sternbergs Talent, die physische Attraktivität von Frauen herauszustellen, sollte sich in den Tonfilmen mit Marlene Dietrich bis zum Höhepunkt entfalten. Doch schon *Docks of New York* war ein erstaunlich sinnlicher Film. Zwei deutlich miteinander kontrastierende Darstellerinnen, Betty Compson und Olga Baclanova, gaben elektrisierende Auftritte in einer hoch aufgeladenen Atmosphäre, einer Atmosphäre, die fast nur durch Licht erzeugt wird.

The Docks of New York (1928) ist neben *Der Blaue Engel* von Sternbergs bedeutendster Film. Er erreicht hier einen Ausdruck von Wärme und Menschlichkeit – er zeigt echte Anteilnahme an seinen Figuren, statt sie, wie in einigen seiner Tonfilme, einfach für Strukturen von Licht und Schatten zu benutzen. *The Docks of New York* wirkt wie das Ergebnis einer intensiven Zusammenarbeit der besten europäischen und amerikanischen Regisseure, Ausstatter und Kameraleute. (Er wurde in Zusammenarbeit mit Hal Rosson fotografiert; der Architekt war Hans Dreier.)

Da es wieder um das Leben am Hafen geht, kann von Sternberg wiederum Elemente verwenden, die ihm in *The Salvation Hunters* besonders gefallen hatten. Die dokumentarische Härte seines ersten Films hat er jedoch zurückgedrängt, und jede Ähnlichkeit ist rein zufällig. Dies ist eine hochgespannte künstlerische Leistung im Vergleich zu dem prätentiösen kleinen Film, mit dem er seine Karriere begann.

George Bancroft spielt einen hartgesottenen Heizer, in den Tagen, ehe ölgefeuerte Kessel diese Arbeit »zu einer Sache für Damen machten«. Er beschließt, seine einzige Nacht an Land möglichst denkwürdig zu verbringen. Der Abend beginnt unheildrohend: er rettet ein Mädchen vor dem Ertrinken. Das Mädchen (Betty Compson) dankt es ihm nicht; sie hatte versucht, sich das Leben zu nehmen. »Nach einem Monat im Kesselraum«, erklärt ihr Bancroft, »habe ich kein Verständnis für jemand, der sich aus einer so wundervollen Welt verabschieden will.« Sie verbringen den Abend zusammen in einer Hafenbar, und, halb betrunken, heiratet Bancroft sie.

The Docks of New York (1928): Betty Compson versucht George Bancrofts Tasche wieder anzunähen; rechts Clyde Cook.

Am nächsten Morgen macht sich Bancroft auf, um sein Schiff zu erreichen, da wird das Mädchen verhaftet, weil es den dritten Offizier erschossen hat, als dieser sie vergewaltigen wollte. Doch die Frau des Offiziers (Olga Baclanova) kommt herein und erklärt: »Ich hab ihn erschossen, und kein anderer soll sagen, er wärs gewesen.«

Das Mädchen versucht Bancroft zu halten, doch er verläßt sie wieder. »Tut mir leid, Baby, lege in einer Stunde ab. Hab noch nie im Leben ein Schiff verpaßt.« Als sie ihn an seine Verantwortung erinnert, protestiert er: »Nun werd mal nicht sauer. Ich hab noch nie im Leben was Anständiges gemacht. Ich war schon immer so. Keine Macht auf Erden kann mich an Land halten.«

Betty Compson ist verzweifelt, aber sie versucht, Fassung zu bewahren. »Es wäre auch zu komisch gewesen, wenn es anders gekommen wäre, und wenn auch nur für ein paar Monate.«

»Wenn ich ein paar Monate an Land bliebe, würde es mir vielleicht gefallen«, sagt Bancroft grinsend. Als das Mädchen gerade etwas Hoffnung schöpft, taucht Bancrofts Kumpel (Clyde Cook) auf: »Es wird Zeit.«

Das Mädchen hat Tränen in den Augen. »Also – auf Wiedersehen, Bill.« Bill zögert, und sein Kumpel zerrt an seiner Jackentasche. Die Tasche reißt und der Inhalt fällt zu Boden. Bill, der so einen willkommenen Anlaß gefunden hat, fängt wegen dieser Kleinigkeit einen Streit an. Das Mädchen lächelt trotz ihrer Tränen.

»Ich nähe es dir, Bill. So kannst du nicht auf See gehen.« Er setzt sich aufs Bett, und sie versucht einen Faden einzufädeln. Aber sie kann wegen ihrer Tränen nicht richtig sehen. Von Sternberg verwendet hier eine verschwommene subjektive Aufnahme der Nadel; noch nie ist die subjektive Kamera so treffend eingesetzt worden.

Bancroft merkt, daß sie das Einfädeln nicht schafft und nimmt ihr ungeduldig die Nadel weg. In dem Augenblick weiß sie, daß sie ihn verloren hat. Diese bewegende Szene endet mit Bills Abschied; das Mädchen geht in eine Ecke, wendet ihr Gesicht ab und weint. Bill versucht sie zu trösten, sie wendet sich wütend um, schubst ihn durch die Tür und wirft sie zu.

»Die Frau hat Nerven«, sagt er brummig zu seinem Kumpel, »schnauzt mich derart an, nach allem, was ich für sie getan hab.«

Das Schiff läuft aus, Bill ist im Kesselraum. »Du hattest Glück, daß ich rechtzeitig gekommen bin«, sagt der Kumpel zu ihm. »Hätte ich dich nicht losgeeist, würde sie wie eine Klette an dir hängen.«

Der neue Dritte Ingenieur erscheint. »Ich brauche Dampf und kein Gequatsche.«

Bill hat plötzlich genug. Er drückt dem andern seine Schaufel in die Hand, springt über Bord und schwimmt an Land. Er findet seine Frau im Gefängnis; er entdeckt sie vor dem nächtlichen Schnellgericht; sie wird beschuldigt, fremde Kleider gestohlen zu haben. Er macht ein Geständnis. »Einfach irgendwo einbrechen – sich nehmen, was man will«, hält ihm der Richter vor. »Sechzig Tage. Laßt die Frau frei.«

Das Mädchen ist überwältigt, als es ihn sieht. »Sechzig Tage sind kein langer Törn, Baby«, sagt er ihr, »und es soll mein letzter sein, wenn du auf mich warten willst.«

»Ich würde ewig warten, Bill.«

The Docks of New York war eine Spitzenleistung in einer Zeit, als gute Leistungen an der Tagesordnung waren. Seine Wirkung hat im Lauf der Zeit sogar noch zugenommen. Es ist eins der bleibenden Meisterwerke des amerikanischen Films, eine triumphale Rechtfertigung für einen Mann, den viele wegen seines Gebarens in künstlerischer Hinsicht für einen Scharlatan hielten.

Meine persönlichen Erfahrungen mit diesem außerordentlichen Mann bestätigten alles, was ich gehört hatte. Er ließ sich von mir interviewen, fügte der Einladung jedoch die entmutigende Anweisung hinzu, ich solle sein Entgegenkommen nicht überstrapazieren.

»Ich bin ein höflicher Mensch, und ich möchte unsere zukünftige Bekanntschaft nicht belasten. Ich möchte Sie bitten, eine halbe Stunde zu bleiben. Dann werden Sie gehen. Verstehen Sie mich?«

Er empfing mich in seinem Haus in Hollywood. Sein in den Tiefen des Hauses verborgenes Arbeitszimmer war ein gemütlicher Raum, mit Büchern und ostasiatischen Bildhauereien vollgestopft und mit Urkunden dekoriert – vorwiegend Ehrungen, die ihm in den letzten Jahren in Europa verliehen worden waren. Der Raum war überladen, ähnlich wie eine seiner überladenen Filmdekorationen; überall lag etwas herum, das die Neugier erregte und den Blick auf sich zog.

Zu Beginn des Interviews war ich ein wenig nervös; von Sternberg, der hinter einem massiven Schreibtisch saß, bemerkte das sofort.

»Was ich Sie als erstes fragen wollte – « fing ich an.

»Eine halbe Stunde ist eine lange Zeit, Mr. Brownlee«, sagte er. »Beruhigen Sie sich. Entspannen Sie sich. Ich werde Sie darauf aufmerksam machen, wenn die halbe Stunde vorbei ist.«

»Sie sind sehr entgegenkommend... Der technische Aspekt bei der Fotografie Ihrer Filme...«

»Worum geht es bei Ihrem Projekt ganz allgemein?«

»Nun, ich versuche dem Geheimnis der Stummfilmzeit auf die Spur zu kommen – die ich als die reichste Epoche der Filmgeschichte betrachte, eine Epoche, zu der Sie – «

»Aber Mr. Brownlee, warum verbergen Sie Ihr Anliegen in Abschweifungen? Warum stellen Sie mir Ihre Fragen nicht direkt, ohne zu erklären, was Sie für die reichste Epoche der Filmgeschichte halten?«

»Sie fragten mich nach der Absicht meines Projekts – «

»Ja, ja.«

»Nun, das versuche ich Ihnen zu erklären.«

»Sie fragen mich danach, wie einige Dinge gewesen sind. Ich kann Ihnen in bezug auf Ihre Auffassung über diese Dinge nicht zustimmen. Also sagen Sie mir, was Sie wissen wollen. Wie Ihre Fragen lauten. Können Sie mir folgen?«

»Das kann ich.«

»Sie machen aber abschweifende Bemerkungen.«

»Denen Sie nicht zustimmen?«

»Darüber müßte diskutiert werden. Sie verursachen bei mir eine ziemliche Verwirrung über den Charakter Ihrer Untersuchung. Ich möchte herausfinden, worum es Ihnen eigentlich geht.«

»Nun, ich untersuche den Stummfilm – «

»Sie sagten, sein Geheimnis.«

»Tatsächlich?« meinte ich resignierend.

»Da gibt es kein Geheimnis, also weiß ich nicht – «

»Ich versuche, der Sache an die Wurzel zu gehen; vielleicht ist das ein Ausdruck, den Sie womöglich nicht ganz verstehen – ein englischer Ausdruck für – «

»Wollen Sie andeuten, Mr. Brownlee, daß ich Sie nicht verstehe? Schauen Sie sich meine Bücher an. Sie nehmen an, daß ich von der englischen Sprache nichts verstehe. Ich weiß, was das Wort ›roots‹ bedeutet.«

»Ich werde sofort zu meiner Frage kommen! Im Augenblick versuche ich einige Hindernisse zu überwinden.«

»Nein, ich möchte nur nicht, daß Sie... Ich bin wohl für eine primitive Annäherung an filmische Probleme ungeeignet.«

»Nun, ich versuche eine primitive Annäherung zu vermeiden, aber ich werde offenkundig dahin gedrängt. Sehen Sie, ich schreibe ein Buch. Über den Stummfilm. Ich schreibe ein Buch über Stummfilm-Regisseure, Kameramänner... die Menschen, die diese Epoche für *mich* zur reichsten überhaupt gemacht haben. Ich versuche herauszufinden, wie Sie es geschafft haben, unter Hollywood-Bedingungen die Fotografie Ihrer Filme zu kontrollieren. Und ich wüßte gerne die technischen Details, wie Sie sie durchführten – bis hin zur Art des Filmmaterials –«

»Sie haben die erstaunlichste Art, mit Abschweifungen zu Ihrem Thema zu kommen, die ich je erlebt habe.«

Trotz meiner Verärgerung darüber, daß ich nicht vorankam, muß ich im nachhinein zugeben, daß von Sternberg im Recht war. Ich erkenne jetzt, woran er Anstoß nahm. Ich kam zu ihm mit einer Reihe vorgefaßter Ideen; seine Antworten sollten mir diese Vorstellungen bestätigen. Er war daran gewöhnt, falsch dargestellt zu werden, und versuchte mir aus diesem Grund klarzumachen, was er von *seinem* Standpunkt aus sagen wollte.

Nach und nach wurden seine Antworten, die weiterhin zurückhaltend ausfielen, ausführlicher und informativer. Ich fragte ihn, wie so bedeutende Kameramänner wie Lee Garmes mit ihm zusammenarbeiten konnten, wo doch er die Bildgestaltung bestimmte.

»Lee Garmes machte exakt das, was ich ihm sagte. Exakt. Bis hin zu dem Umstand, daß ich ständig neben der Kamera saß. Keiner meiner Filme wurde jemals selbständig fotografiert. Ich hatte immer gern die besten Leute, die ich finden konnte – Lee Garmes war ausgezeichnet. Einer der besten, den ich hatte, war Bert Glennon. Ich hatte jedesmal einen anderen Kameramann. Sie lernten bei mir. Sie waren dankbar, von mir etwas beigebracht zu bekommen.«[10]

»Wo haben Sie Kameraarbeit gelernt?« fragte ich.

»Kameraarbeit ist keine selbständige Kunst.«

»Lichtgestaltung?«

»Ist keine selbständige Kunst. Eine der interessantesten Sachen beim Lernen ist, daß man die Kenntnisse nicht unbedingt auf direktem Weg von jemand erwirbt, der bereits ein Experte auf diesem Gebiet ist. Andernfalls gäbe es niemals etwas Neues auf der Welt. Es gibt immer neue Wege der Annäherung – und ich bin zur Fotografie mit einer Fotokamera gekommen, lange bevor ich irgend etwas anderes getan habe.

James Wong Howe, ein sehr guter Kameramann, hat mich neulich besucht. ›Ich werde nie vergessen, was Sie mir beigebracht haben.‹ Ich fragte ihn: ›Was habe ich Ihnen beigebracht?‹ Er meinte: ›Sie haben gesagt: Die Sonne wirft nur einen Schatten. Sie haben mich gefragt, warum ich in meinen Aufnahmen sechs oder sieben Schatten hätte. Von dem Augenblick an hatte ich nie mehr als einen Schatten.‹ Das ist eine ganz simple Beobachtung; es braucht schon eine sehr ahnungslose Person, um etwas so zu beleuchten, daß es mitgehende Schatten wirft. Und das wird immer noch gemacht...«

Von Sternberg hatte kein Interesse daran, daß alle Details auf der Leinwand akkurat stimmten – im Gegensatz zu von Stroheim, der fanatisch auch noch den letzten Hosenknopf auf seine Authentizität überprüfte.

Isleworth Studio, London, November 1966: Josef von Sternberg demonstriert seine Technik der Szenenausleuchtung.

Josef von Sternberg 16

Das Ergebnis: Der Cookalourus erzeugt unregelmäßig geformte Schatten

»Als ich *Underworld* drehte, war ich weder ein Gangster, noch wußte ich überhaupt etwas über Gangster. Ich wußte nichts über China, als ich *Shanghai Express* machte. Die Filme sind nicht authentisch. Ich halte gar nichts davon, aus der Authentizität einen Fetisch zu machen. Ich habe dafür nichts übrig. Ich suche im Gegenteil die Illusion von Realität, nicht die Realität selber. Es gibt in meinen Filmen nichts Realistisches. Überhaupt nicht. Da gibt es absolut nichts Authentisches. Als ich den *Blauen Engel* in Berlin drehte, war ich nie vorher in Deutschland gewesen. Das heißt, auf der Durchreise schon – für ein paar Tage. Man wollte, daß ich mir das Schulsystem anschaue und etwas über die Unterdrückung dort herausfinde. Das war sehr amüsant. Ich wollte nichts sehen. Es hätte mich nur verwirrt.

Es gibt andere Qualitäten, nach denen ich strebe. Es gibt zum Beispiel aus irgendwelchen unerfindlichen Gründen bestimmte Filme, die von sehr fähigen Regisseuren gemacht wurden und die eine Kraft gewonnen haben, die seinerzeit kaum sichtbar war. Die Wirkung hat einfach lange genug angehalten – visuell lange genug – so daß Leute den Film wiedersehen wollen oder ihn sich als etwas ansehen wollen, das eine andere Wirkung hat, als man ursprünglich gedacht hat.

Ich habe zum Beispiel den Film *Scarlet Empress* gemacht. Damals hat man sich den Film angesehen und sich über ihn lustig gemacht. Die Kritiken waren sehr schlecht. Doch wenn man ihn heute, dreißig Jahre später, sieht, dann erscheint da eine andere Qualität, auf Grund derer er mehr geschätzt wird als damals.

Die deutsche Regierung hat mir ein Band verliehen – ein goldenes Filmband für besondere Verdienste – weil ich *Der Blaue Engel* gemacht habe. Es ist von 1963. Vierunddreißig Jahre, nachdem ich den Film gemacht habe! Damals, als ich dort war, haben sie das nicht gemacht.

Es scheint einige Qualitäten zu geben, die überdauern, und es sind diese bleibenden Qualitäten, die sprechen sollten. Das ist etwas, was sich in der aktuellen Situation der Analyse nicht erschließt. Sehen Sie, da macht zum Beispiel Buñuel *Los Olvidados*. Damals hieß es: Nun, ein sehr guter Film – aber irgendwie will man ihn immer wieder sehen... Studenten wollen ihn sich anschauen, so wie sie vielleicht in dreißig Jahren *Viridiana* sehen wollen.

Es gibt noch andere Qualitäten als solche, die man durch ganz bestimmte technische Effekte erzielt. Zum Beispiel hat Mr. Eisenstein ein Buch über die Theorie der Montage geschrieben. Er hat es in seinen eigenen Werken nie angewendet. Das ist etwas, was er für ein paar Leute zusammengestellt hat, die so etwas zum Lesen brauchen.«

Diese außergewöhnliche Person läßt sich nicht mit einer glatten psychologischen Analyse erschließen. Mag seine Toleranz auf der Spitze eines Bajonetts schweben – hat man dieses Hindernis einmal überwunden, beweist er echte Wärme, Weisheit und Charme. Diese Eigenschaften zeigten sich, als von Sternberg nach England kam, um sein Buch vorzustellen. Er reagierte bissig auf ein oder zwei aufdringliche Journalisten, ansonsten war er jedoch unerwartet wohlwollend. Auf einem überlaufenen Presseempfang beantwortete von Sternberg höflich die ihm gestellten Fragen, mit einer weichen, leisen Stimme, so daß die Frager intensiv zuhören mußten, um ihn durch die allgemeine Geräuschkulisse vernehmen zu können. Er trug ein Pepita-Jackett und dazu eine farbenfrohe Krawatte.

»Mein Gott!« äußerte eine Kritikerin, »was für einen wundervollen von Sternberg-Schlips Sie tragen.«

Ohne einen Anflug von Belustigung antwortete er: »Ich habe einen guten Schneider.«

Alexander Walker, der Kritiker des *Evening Standard*, interviewte ihn auf eine sehr überzeugende Art, und von Sternberg antwortete ihm mit mehr Informationen, als er üblicherweise von sich gibt:

»Ich betrachte Schauspieler als Marionetten, als Farbtupfer auf meiner Leinwand. Wenn ich Regie führe, bin ich eiskalt. Ich kann mich emotional nicht hineinziehen lassen. Ich betrachte einen Film so, wie ein Chirurg eine Operation betrachtet. Wenn der Patient stirbt, beeinträchtigt das nicht sein Interesse an der Operation. Wie kann ein Mensch, der um sechs Uhr morgens mit der Arbeit beginnt und sie abends um acht beendet, irgendwelche Gefühle haben? Hätte er sie, würde er am Abend des ersten Tages sterben. Ich habe keinerlei Gefühlsregung, wenn etwas so eintritt, wie ich es erwarte. Ich entwickle Gefühle nur dann, wenn der Film oder die Sequenz besser ist, als ich es geplant habe.«

Walker fragte, warum die Figur des Lionel Atwill in *The Devil Is a Woman* in der äußeren Aufmachung ihm, von Sternberg, so sehr ähnele?

»Jede Person in meinen Filmen ist wie ich«, antwortete er vieldeutig.

»Physisch? Moralisch?« fragte Walker.

»Geistig«, antwortete von Sternberg mit einem leichten Lächeln.

Einige Autogrammjäger mischten sich ein. Während von Sternberg jedesmal mit seinem Namen, dem Namen des Empfängers und einem »Herzlichst« unterschrieb, kam eine Dame, um sich zu verabschieden. Von Sternberg drehte sich zu ihr um, als sie ihn anredete, und wandte ihr seine volle Aufmerksamkeit zu. Dann nahm er behutsam ihre rechte Hand und hielt sie, während er sehr sanft mit ihr sprach. Die Lady schmolz zusehends unter seinem Charme dahin. »Auf Wiedersehen«, sagte sie, während sie sich gebannten Blickes zurückzog. »Es war wirklich wunderbar, Sie kennengelernt zu haben. Ich meine, Sie sind ... Sie sind *wundervoll*!«

Später dann erklärte von Sternberg seine Theorie der Filmfotografie.

»Eine Landschaft muß in der gleichen Weise fotografiert werden wie ein menschliches Gesicht. Man hat Hügel, Bäume, möglichst einen See. Ich decke nach oben den Himmel immer mit einer Gaze ab – ich brenne mit einer Zigarette Löcher in die Gaze, um ihr eine unregelmäßige Form zu geben. Die Landschaft ist nämlich das gleiche wie ein Gesicht, mit den Hauptbestandteilen Augen, Nase, Mund und Haar. Ich habe stets ein Licht im Bildausschnitt, das sehr hell ist. Es kann irgendwo im Bild sein. Ich plaziere ein Licht direkt über dem Gesicht, so daß der Schatten der Nase sehr klein wird. Ich benutze kein Zusatzlicht zum Aufhellen. Kameraleute wollen immer Zusatzlicht. Wozu? Ich benutze ganz einfaches Licht. Kameraleute können es nicht nachmachen, weil sie dieser Einfachheit nicht folgen können. Außerdem haben sie nicht mein Talent.«

Von Sternberg bot eine Erklärung für die auffälligen Brüche in der Story von *The Last Command*:

»William Powell spricht als Regisseur über den Unterschied zwischen einem großen Schauspieler und einem großen Mann. Es ist notwendig, diese Unterscheidung klarzumachen. Tatsächlich sagt er: ›Er war mehr als ein großer Schauspieler. Er war ein großer Mann.‹ Er sagt das, nachdem er Jannings' Spiel in den Schützengräben im Atelier gesehen hat.«

Ich fragte von Sternberg, ob er seinen Schauspielern irgendwelche eigenen Interpretationen zugestanden hätte.

»Was für Interpretationen könnten sie liefern?«

»Nun, sie könnten den Dialog –«

»Welchen Dialog könnten sie gelernt haben?«

»Aus dem Drehbuch.«

»Welches Drehbuch? Es gab kein Drehbuch. Wenn ich meinen Schauspielern ein Drehbuch in die Hand gäbe, würden sie die ganze Nacht vor dem Spiegel üben, und ich hätte große Mühe, ihnen das wieder auszutreiben. Wenn sie zu mir ins Atelier kommen, haben sie keine Ahnung, was sie tun sollen. Sie müssen wissen, zunächst plaziere ich die Kamera, dann setze ich das Licht, und dann bin ich bereit für die Schauspieler.«

»Haben Sie improvisiert?«

»Bei *Anatahan*, der sorgfältig geplant war, haben wir nur bei zwei oder drei Szenen improvisiert. Bei den andern Filmen wußten die Schauspieler nicht, was sie tun würden. Da meine Szenen kurz sind, kann ich das so machen. Der Dialog ist kurz, es gibt keine langen Passagen. Außer wenn gesungen oder getanzt wird, sind die Szenen kurz, deshalb kann ich improvisieren.«

Auf die Frage nach seinem Anteil an den Filmen *Children of Divorce*, *It* und *Duel in the Sun* meinte von Sternberg, der sei nicht erkennbar.

»Ich kann den Stil jedes anderen Regisseurs imitieren. Als ich *Children of Divorce* drehte, machte ich es im Stil von Frank Lloyd. *It*, damit hatte ich nichts zu tun. Clarence Badger war der Regisseur. Einen Moment – ich weiß, warum man uns verwechselt. Badger bekam eine Silbermedaille für *It* und ich bekam die Goldmedaille für *Underworld*.

Ich bat ihn, seine Äußerungen über seinen Mangel an Gefühl zu erläutern.

»Ich bin eiskalt. Man kann nicht Regie führen, wenn man nicht die Kamera verachtet, das Licht verachtet, die Schauspieler verachtet.«

»Ist Verachtung der richtige Ausdruck?«

»Also, wenn nicht Verachtung – dann Gleichgültigkeit.«

»Sie sprechen immer von dieser Kälte, aber Sie selbst sind keine kalte Person.«

»Eiskalt.«

»Wenn man sich mit Ihnen unterhält, spürt man aber nichts von Kälte.«

»Das hängt von Ihrer Definition einer kalten Person ab. Ich liebe Menschen. Ich bin ein warmherziger Freund. Ich bin ein liebevoller Ehemann und ein liebevoller Vater.« Er machte eine Pause. »Stellen Sie sich vor, ich sage jetzt hier, ich sei ein liebevoller Vater. Das haben Sie durch Ihre Hartnäckigkeit aus mir herausgeholt. Dabei war ich für einen Monat in Europa. Wenn ich zurückkehre, werde ich meine Familie umarmen. Doch was Filme betrifft, da muß man seine gefühlsmäßige Beteiligung fallenlassen, sonst hat man keine vollkommene Kontrolle über die Szenen. Die Leute werden Dinge entdecken, von denen man nicht wußte, daß sie da waren. Man kann nicht sicher sein, die gewünschte Wirkung zu erzielen, wegen der Gefühle, die man zu dem Zeitpunkt hatte.«

Als Reaktion auf meine Fragen zu seiner fotografischen Technik bot von Sternberg eine praktische Vorführung an. »Geben Sie mir eine Kamera und ein paar Lampen, und ich werde es Ihnen zeigen«, sagte er. Mit Barrie Gavin, einem Redakteur der BBC, der ein Programm über von Sternberg plante, arrangierte ich, daß am folgenden Sonntag ein Atelier zur Verfügung stand.

Die Isleworth-Studios, in einer Vorstadt Londons gelegen, sind normalerweise am Sonntag geschlossen. An diesem Sonntag wurden sie jedoch vom Besitzer des Studios, Ralph Solomons, speziell für von Sternberg geöffnet.

Von Sternberg stieg aus dem Taxi und ging ins Atelier. »Es wird nur fünf Minuten dauern«, meinte er, »sofern alles vorbereitet ist.«

Es war nicht alles fertig. Ein komplettes Team war nicht erreichbar und einige Leute übernahmen mehrere Aufgaben. Eine 2-Mann-Kameracrew des Fernsehens verfolgte von Sternberg auf Schritt und Tritt.

»Wo ist das Bodenlicht?« Von Sternbergs normalerweise sanfte Stimme nahm einen Kommandoton an.

Der Beleuchter brachte einen schweren Scheinwerfer, den man als 5K bezeichnet. Ohne Mantel oder Schal abzulegen, machte sich von Sternberg an die Arbeit. Er schob die Lampe vorwärts, bis sie ein, zwei Meter vor dem Mädchen stand, das als Modell diente. Er bat den Beleuchter, die Lampe zu ihrer größten Höhe auszufahren. Dann stellte er einen Stuhl hin, auf den sich das Mädchen stützen sollte; dadurch wurde auch ihre Position festgelegt.

Er ließ die Kamera mit einer 50mm-Optik ausrüsten. Der Assistent machte das, und von Sternberg beobachtete, wie er durch den Sucher blickte. »Sie gestatten doch, daß ich durchblicke?« fragte von Sternberg. Der Assistent grinste verlegen.

Sternberg nahm seine Brille ab und besah sich die Einstellung. Er richtete sich von der Kamera auf und taxierte sie mit bloßem Auge.

»Würden Sie bitte diese Bank entfernen und das Licht näher heranschieben? Nun steigen Sie bitte wieder hinauf und machen das Gegenlicht an.« Der Beleuchter kletterte eine Leiter zur Lichtbrücke hinauf.

»Nicht so schnell, das ist gefährlich«, sagte von Sternberg besorgt.

Der Scheinwerfer klickte, ging aber nicht an. Der zweite Beleuchter fummelte am Verteilerkasten. Ohne Erfolg.

»Wenn ich arbeite, habe ich immer eine Lichtbrücke über meiner Kamera, damit ich nicht jedesmal die Beleuchtung umarrangieren muß«, berichtete von Sternberg und ignorierte die Verzögerung.

»Bezieht sich das auch auf Fahraufnahmen?« fragte ich.

Sternberg schwieg für einen Moment. Dann sagte er: »Sie stellen aber außergewöhnliche Fragen. Wie sollte das bei Fahraufnahmen klappen?«

»Wenn sich die Brücke mitbewegte, würde das Licht im Verhältnis zur Kamera konstant bleiben.«

»Der Trick ist nicht, das Licht konstant zu halten.« Endlich ging der Scheinwerfer an. »Jetzt bringen Sie mir einen dieser kleinen Baby-Spots.« Ein zweites Gegenlicht ging an. »Schalten Sie das bitte ab. Nur dies eine. Richten Sie es auf das Haar des Mädchens, und machen sie es hell – so hell wie möglich.«

Er ging zum Mädchen, veränderte die Haltung ihres Kopfes und richtete das Spot-Licht so aus, daß es hinter ihr auf die Wand fiel, dann starrte er eine Weile auf das Ergebnis.

»Ich brauche schwarze Gaze«, erklärte er.

»Was will er mit der schwarzen Gaze?« fragte der Beleuchter von der Brücke herunter.

»Wer hat das gefragt?« wollte von Sternberg wissen. Einen Augenblick war es still.

»Also – ich – hier oben.«

»Sie wollen wissen, wofür ich das brauche?«

»Welche Lampe – «

»Wie?«

»Welche Lampe?«

»Bringen Sie die Gaze herunter. Sie wollen ja gar nicht wissen, wofür die ist.« Sternberg kehrte zur Kamera zurück und blickte durch den Sucher.

»Sie haben sich bewegt«, sagte er zu dem Mädchen. Er ging hin, um ihre Position zu verändern, und entschied, daß sie ihr Jackett ausziehen solle. Er war mit ihrem schwarzen Pullover unzufrieden.

Die Gaze wurde an dem 5K befestigt, davor ein Holzbrett als Blende.

»So ist es korrekt. Nun schieben sie es hoch. Sehen Sie zu, daß es auf ihre Stirn fällt. Verschieben Sie die Uhr dort auf dem Kamin. Weiter. Gut so. Nehmen Sie dies Licht und drehen Sie es – sachte – ganz sachte – gut!«

Er schaute zu der Lichtblende hoch. »Das Ding ist nicht gut. Haben Sie nicht so etwas, was man ›cookalourus‹ nennt?«

Die englischen Techniker kannten es als ›ulcer – Geschwür‹, und bald wurde eines gebracht.

»Das ist besser. Nehmen Sie die Blende weg und machen Sie stattdessen den cookalourus fest. Das Licht ist nicht auf ihrem Haar. Das Licht ist auf ihren Schultern. Richten Sie es auf das Haar. Richten Sie es direkt auf *sie*!«

Plötzlich geschah eine Verwandlung. Das Gegenlicht verschob sich, und eine authentische von Sternberg-Großaufnahme begann sich abzuzeichnen.

»Mein Gott«, flüsterte der Beleuchter, »schau dir das an! Er macht ja eine Dietrich aus ihr. Sie sieht wirklich *wunderschön* aus!«

Von Sternberg sah sich die Einstellung durch den Sucher an und richtete sich dann auf. »Das verdammte Ding stimmt nicht«, murmelte er. Die Fernsehkamera, die ständig auf sein Gesicht gerichtet war, begann ihn zu irritieren. »Könnten Sie nicht aufhören? Sie haben doch sicher genug aufgenommen.« Der Kameramann schaltete schnell ab und zog sich zurück. Sternberg ging zum Modell und legte ihr sanft die Hand ans Kinn. Er verschob das Gesicht um Bruchteile nach unten.

»Wenn Sie es jetzt drehen wollen – von mir aus; aber dieses Ding ist nicht das richtige«, meinte er und zeigte auf den cookalourus. »Sie bräuchten einen ohne die scharfen Kanten, einen aus Zellstoff. Einen mit verstellbaren Kanten. So einen gibt es hier nicht.« Er wendete sich wieder dem Mädchen zu. »Jetzt bewegen Sie sich von rechts nach links. Ihr Ausdruck sollte relativ freundlich sein – relativ. Entspannen Sie sich und gehen Sie. Gut, das ist nicht perfekt, aber drehen Sie es.«

Der Assistent schaltete die Kamera ein. Der 5K, direkt über dem Mädchen, gab einen sehr kleinen Nasenschatten und eine sanfte Hervorhebung der Wangenknochen. Der cookalourus beschattete die Stirn; das Gegenlicht bestrahlte die Haare.

Kurbeln hatte neben der Zuverlässigkeit einen weiteren Vorteil: der Kameramann konnte während des Drehens die Geschwindigkeit variieren und so die Handlung beschleunigen oder verzögern.

Wenn ein Darsteller etwa zu lange brauchte, um ein Pferd zu besteigen, konnte der Kameramann etwas verlangsamen. Das ließ dann den Schauspieler gewandt in den Sattel springen. Beim Fortgaloppieren des Pferdes ging der Kameramann auf die Normalgeschwindigkeit zurück und korrigierte die Belichtung, damit die Dichte der Aufnahme gleich blieb. Der Komiker Larry Semon hatte einen Trick, bei dem er während einer Verfolgungsjagd plötzlich abbremste und um die Ecke huschte; im Kino wurde dieser Effekt stets mit brüllendem Gelächter aufgenommen. Er wurde dadurch erreicht, daß Kameramann Hans Koenekamp die Kurbelgeschwindigkeit immer mehr reduzierte, bis zu dem Punkt, wo Semon seine Füße nach vorne warf, bremste und um die Ecke verschwand.

Durch langsameres Kurbeln wurde die Bewegung beschleunigt. Zeitlupe erreichte man durch sehr schnelles Kurbeln; bei Modellaufnahmen brauchte man eine so hohe Geschwindigkeit, daß normalerweise ein Motor benutzt werden mußte.

Die offizielle Geschwindigkeit war 16 Bilder pro Sekunde. Alle Kalkulationen waren auf diese Richtzahl abgestellt: die Menge des benötigten Filmmaterials, die Restmengen im Magazin, die Vorführdauer des Films bei der Projektion. Kameramotoren waren, soweit man sie benutzte, genau auf diese Geschwindigkeit justiert.

Doch die 16 Bilder pro Sekunde stellten sich als Mythos heraus, als Toningenieure der Western Electric die durchschnittliche Projektionsgeschwindigkeit ermittelten. Auf Anfrage erhielten sie vom Premierenkino Warner Theatre die Auskunft: ›zwischen 24 und 30 Meter pro Minute‹. Mit anderen Worten: zwischen 20 und 26 Bilder pro Sekunde. Die Leute von Western Electric legten sich für ihre Tonfilme auf eine Durchschnittsgeschwindigkeit von 24 Bildern pro Sekunde fest, das sind 27 Meter pro Minute.

Die großen Diskrepanzen bei der Projektionsgeschwindigkeit kamen dadurch zustande, daß die Projektoren durch Widerstandsregler gesteuert wurden. Es gab keine fixierte Standardgeschwindigkeit; die Kontrolle darüber war Sache des Vorführers. Einige skrupellose Kinobesitzer versuchten eine zusätzliche Vorstellung herauszuholen und ließen die Filme so schnell vorführen, daß die Bewegungen lächerlich wirkten. Als die Kameramänner davon erfuhren, reagierten sie auf diese Praxis, indem sie ihre Kurbelgeschwindigkeit erhöhten. Mitte der 20er Jahre wurden die Filme mit 18 bis 22 Bildern pro Sekunde gedreht und mit 20 bis 26 Bildern projiziert. Die geringe Steigerung der Geschwindigkeit fiel auf der Leinwand nicht weiter auf, gab der Handlung jedoch etwas mehr Pfiff. Bei den meisten Spielfilmen liefen zwei Kameras nebeneinander. Der erste Kameramann, der für die Fotografie verantwortlich war, bediente die erste Kamera, ein zweiter Kameramann die andere. Aus der ersten Kamera stammte das heimische Negativ, von dem die amerikanischen Kopien gezogen wurden; das andere Negativ war für den Auslandsmarkt bestimmt.

Die Kameras selbst, die heute so primitiv, so wenig ausgefeilt wirken, waren in Wirklichkeit mit höchster Präzision hergestellt.

»Alle Kameras arbeiten nach demselben Prinzip, damals wie heute«,

Studioaufnahmen, 1928: Monta Bell führt Leatrice Joy (rechts hinten) in *The Bellamy Trial*; an der Kamera Arthur Miller. Im Vordergrund steht Betty Bronson, rechts hinten Charles Middleton.

Regisseur Sidney Franklin, mit Rollschuhen, probiert eine Fahraufnahme für *Quality Street* (1927). Die Kamera ist die soeben eingeführte Bell & Howell Eyemo, die speziell für Handaufnahmen konstruiert worden war. Die Schauspielerin ist Marion Davies.

Der Kameramann 17

Kameramann William Daniels richtet die Kamera für eine Vogelperspektiven-Aufnahme in *The Kiss* ein, während Jacques Feyder Greta Garbo und Conrad Nagel Regieanweisungen für die Szene gibt.

meinte Arthur Miller. »Das Bild geht durch die Linse und trifft auf eine Irisblende, hinter der der Film belichtet wird, wenn die (als Verschluß wirkende) Umlaufblende geöffnet ist. Während sie geschlossen ist, wird der Filmstreifen für die nächste Belichtung um ein Bild weitertransportiert. Das ist so, ganz einfach, egal was man drumherumbaut.«[2]

George J. Mitchell, ein Historiker, der sich mit der Geschichte der Kameratechnik beschäftigt hat, sagte: »Es ist Tatsache, daß man modernes Filmmaterial in diese Kameras einlegen und neben einer modernen Mitchell oder Arriflex verwenden könnte. Auf der Leinwand würde man keinen Unterschied feststellen können.«[3]

Don Malkames, beim Stummfilm Kameraassistent und heute Chef-Kameramann und Sammler von Filmgeräten, behauptet, mit der Pathé, die Billy Bitzer für *The Birth of a Nation* benutzte, ebenso gute Bilder drehen zu können wie mit einer neuen Kamera.

»Die neue Kamera«, meinte er, »ist natürlich bequemer zu bedienen, mit ihren vielen arbeitserleichternden Zusatzteilen, aber das Endergebnis sieht gleich aus.«[4]

In den ganz frühen Tagen wurden ›Innenaufnahmen‹ auf offenen Bühnen gedreht; als Beleuchtung diente das Sonnenlicht. Die Bühnen wurden so gebaut, daß die Sonne während der meisten Zeit des Tages hinter den Aufbauten blieb. Doch ließ es sich natürlich nicht vermeiden, daß einige Schatten an den falschen Stellen auftraten. Einige Studios umgingen diesen Störeffekt, indem sie die Bauten auf eine Drehbühne setzten und diese mit der Sonne drehten.

Die meisten Firmen an der Ostküste drehten zum Schutz vor dem Wetter in Häusern mit Glasdach. Einige von ihnen benutzten einfaches Kunstlicht wie beim Theater. An der Westküste, wo man fest mit 300 Sonnentagen im Jahr rechnen konnte, blieben die offenen Bühnen noch längere Zeit in Gebrauch. Diese offenen Bühnen waren mit Lichtsegeln aus Segeltuch und Musselin ausgerüstet.

Bei Universal, einem Studio, wo es eher schlicht und robust zuging, wurde das Problem, ob man bei aufziehender Bewölkung weiterdrehen sollte, durch Lee Bartholomew, den Chef der Kameraabteilung, gelöst. Wenn eine Wolke das Hauptverwaltungsgebäude verdunkelte oder das Licht gelblich erschien, hißte er eine ›Nicht drehen!‹-Flagge, die man auf dem gesamten Gelände der Ranch sehen konnte.

Die Beleuchtung mit Tageslicht war bei Komödien ausreichend, da diese üblicherweise mit flacher Ausleuchtung gedreht wurden. Doch für dramatische und atmosphärisch intensive Bilder wirkte das zu nichtssagend. Um dieser blassen Eintönigkeit aufzuhelfen, waren einige Lichteffekte unerläßlich. Griffiths Kameramann Billy Bitzer erzählte, wie er durch Zufall das Gegenlicht entdeckte, als er eines Tages aus Spaß Mary Pickford und Owen Moore in einer Drehpause filmte. Die Sonne kam von hinten und schaffte einen wirkungsvollen Effekt in Miss Pickfords Locken, der Griffith bei der Vorführung sofort auffiel. Er war entzückt, und Bitzer entwickelte eine noch wirksamere Methode des Gegenlichts, indem er Spiegel benutzte. Ein Spiegel warf die Sonnenstrahlen auf einen zweiten, der sie auf den Hinterkopf des Schauspielers lenkte. Die Leute, die diese Spiegel bedienten, konnten sie mit der Sonne drehen, so daß gefilmt werden konnte, solange die Sonne schien.[5]

Spezialeffekte sind heute das Metier von Labortechnikern. Auf- und Abblenden, Überblendungen und Mehrfachbelichtungen werden auf der optischen Bank hergestellt. Doch da solches Gerät erst gegen Ende der 20er Jahre verfügbar wurde, waren Spezialeffekte im Stummfilm die Aufgabe des Kameramannes. Er mußte sie in der Kamera herstellen.

Abblenden waren verhältnismäßig einfach. Um am Ende einer Szene abzublenden, schloß der Kameramann während des Drehens die Irisblende, in einigen Fällen die Umlaufblende. Der Lichteinfall wurde so schrittweise verringert und eine weiche Blende erreicht. Die meisten Kameraleute brachten vorne an der Kamera eine Iris an, um die in der Frühzeit so beliebten Kreisblenden herzustellen. Für zusätzliche Blenden, die sich nach dem Schnitt als erforderlich erwiesen, boten die Kopierwerke einen chemischen Blendenprozeß an. Dieser erwies sich oft als unzuverlässig; die Chemikalien verursachten Streifen und das Ergebnis war selten einer Abblende mit der Kamera ebenbürtig.

Überblendungen waren komplizierter. Für sie mußte man eine Szene abblenden, den Film zurückdrehen, und über der gleichen Aufnahme wieder aufblenden. War die neue Aufnahme unbrauchbar, mußte auch die vorherige neu gedreht werden.

Ein früher Film von Allan Dwan hieß *The Restless Spirit* (1913; Arbeitstitel: *Paths of Glory*), nach dem Gedicht ›Elegy in a Country Churchyard‹ von Thomas Gray. Ein bestimmter Abschnitt des Gedichtes verlangte 27 Szenen zur Bebilderung. Es waren sämtlich aufwendige Szenen – darunter eine Parade berühmter Personen aus der Geschichte durch einen Triumphbogen –, und Dwan beschloß, sie durch Überblendungen zu verbinden. Fünfundzwanzig Überblendungen ...

»Der Kameramann fing mit der ersten Szene an«, berichtete Dwan. »An einer bestimmten Stelle sagte ich ›Blende‹, und er begann zu zählen: eins, zwei, drei, vier, fünf, sechs, sieben, acht – und er war draußen. Es war abgeblendet. Und er notierte sich die Zahl. Wenn wir dann für die zweite Szene bereit waren, dunkelte er seine Kamera ab, drehte acht zurück, und wir waren fertig. Er blendete auf, und die Szene lief weiter, bis ich sagte ›Achtung – Blende!‹ und er zählte wieder und blendete ab.

Er mußte das fünfundzwanzigmal auf *einem* Streifen Film tun. Ein Fehler an einer Stelle hätte das Ganze verdorben. Die Sache war sensationell. Im Kino standen die Leute auf und jubelten. Alle wunderten sich, wie wir das wohl gemacht hätten. Ich erhielt einen Brief von Griffith deswegen. Aber der Kameramann war derartig nervös, daß er nach der fünfzehnten Blende den Film mit ins Bett nahm! Mitten in der Nacht stand er auf und überprüfte seine Notizen, ob die Zahlen auch alle stimmten. Beim Wiedereinlegen in die Kamera zitterten seine Hände so stark, daß ihm sein Assistent die Sache abnehmen mußte, damit der Film auch exakt an der richtigen Stelle wieder eingelegt war. Ich glaube, es war doch ein bißchen viel verlangt. Fünfundzwanzig Überblendungen! Das war eine Verantwortung für den Kameramann – hinterher habe ich auch gedacht, daß es wohl eine ziemliche Gemeinheit war.«

Noch kompliziertere Spezialeffekte wie Doppelbelichtungen, Mehrfachbilder (geteilte Leinwand) und Glasaufnahmen mußten ebenfalls in der Kamera hergestellt werden. Was die Kameraveteranen in den 20er Jahren erreichten, würde heute ohne optische Bank oder Wandermasken-Prozeß als unmöglich gelten.

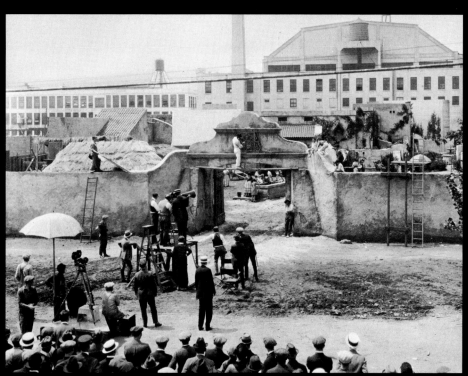

Die Astoria-Studios der Paramount auf Long Island werden für Joseph Henaberys *A Sainted Devil* (1924) in ein spanisches Dorf verwandelt.

Eine Kadervergrößerung aus *A Sainted Devil* zeigt, wie das Ergebnis im Film aussieht: ein glänzendes Beispiel eines Glass-Shot. Der Kameramann war Harry Fischbeck.

Der Kameramann

Eine kunstvolle Doppelbelichtung aus Rex Ingrams *The Conquering Power* (1921) mit Ralph Lewis; der Kameramann war John Seitz.

Gruppenweise aufgestellte Kameras wurden eingesetzt, um Originalnegative für fremdsprachige Versionen (für den Export) zu erhalten.

Es gibt kaum eine Kameratechnik, die nicht ihre Wurzeln in der Stummfilmzeit hat. Breitwand, 3-D-Bild, Technicolor, Handkamera, Fahraufnahme, Kranaufnahme, Rückprojektion, Wandermaske, Cinerama – alles war bis zum Ende der 20er Jahre schon einmal da. Selbst die Zoom-Optik war 1929 bereits erfunden.

Die Lichttechnik des Films erreichte in dieser Epoche ihren Höhepunkt. Zwischen 1922 und dem Aufkommen des Tonfilms – und bisweilen noch bis 1935 – schufen Kameramänner Wunderwerke der Lichtkunst.

Photoplay betonte 1923: »Zwischen dem grellen Sonnenlicht und der monotonen Ausleuchtung, wie sie bis vor wenigen Jahren vorherrschte, und der wunderschönen, kunstvollen Lichtsetzung von heute liegen Welten. Verschwunden sind die altmodischen Diffuser, die wie ein Fensterrollo wirkten; die mit grober Gaze bedeckten Spiegel, mit denen das Licht auf bestimmte Stellen gelenkt werden sollte; die primitiven Reflektoren aus versilbertem Segeltuch. In jüngster Zeit hat die Kunst des Lichtsetzens im Film erstaunliche Fortschritte gemacht. Es vergeht kaum eine Woche, in der nicht neue Entdeckungen bekannt gemacht werden; und unablässig sind Regisseure und Beleuchtungsspezialisten dabei, weiter zu experimentieren. Der Tag wird kommen – in nicht allzu ferner Zukunft –, wo die Lichtexperten das Niveau erfahrener Maler erreichen werden, wo sie die Lichtstrahlen verwenden werden wie ein Maler seine Farben.«[6]

Laufend kamen Filme heraus, die sich gegenseitig den Rang abliefen, mit Weichzeichner-Effekten, mit Außenaufnahmen in gestochener Schärfe, die praktisch dreidimensional wirkten; mit Glanzlichtern, die in geradezu schmelzender Intensität leuchteten; mit Viragen und Einfärbungen, die subtil die Atmosphäre unterstrichen; mit brillant simulierten Effekten wie Kerzenlicht, Laternen und Mondschein ... die Lichtsetzung der besten Stummfilm-Kameramänner erfüllte die Leinwände der 20er Jahre mit einem Strahlen von magischer Wirkung.

Wie sie das erreichten, ist eine Saga von Genialität und Enthusiasmus, von Einsatz, Können und Mut – und von der Liebe, die diese Männer für ihre Arbeit empfanden.

---

1 John Seitz in einem Brief an den Autor, Jan. 1963.
2 Arthur Miller zum Autor, Hollywood, Dez. 1964.
3 George J. Mitchell zum Autor, Hollywood, Dez. 1964.
4 Don Malkames zum Autor, New York, März 1964.
5 Zitiert von George J. Mitchell, *American Cinematographer*, Dez. 1964, S. 710.
6 *Photoplay*, Nov. 1923, S. 44.

18 **Charles Rosher**

Charles Rosher

»Pancho Villa hat sich alle Mühe gegeben, Filmregisseur zu werden. Ich hatte von ihm den Auftrag, das Begräbnis eines Generals zu filmen. Den hatten Villas Feinde, die Bundestruppen, exekutiert, indem sie ihn auf ein Gleis banden und von einem Zug überrollen ließen. Das Begräbnis zog sich über drei Tage hin. Mein Filmmaterial reichte nicht einmal für einen halben Tag. So kurbelte ich die Kamera, ohne daß Film drin war. Was sollte ich sonst tun? Ich wollte nicht auch noch erschossen werden.«

Mexiko 1914: Pancho Villa, Rebellenführer und aufständischer Patriot, unterzeichnet einen Vertrag mit der Mutual Film Corporation und eröffnet so eine der bizarrsten Episoden der Filmgeschichte.[1]

»Ich nahm den Auftrag an und ging nach Chihuahua, Villas Hauptquartier. Ich wurde begleitet von H. N. Dean, einem der ersten Kameramänner Hollywoods und Vater von Faxon Dean, der ebenfalls Kameramann wurde«, erinnerte sich Rosher. »Zeitweise lebten wir in einem Eisenbahnwaggon, doch während der militärischen Unternehmungen schliefen wir einfach auf dem blanken Boden. Unsere Verpflegung bestand meist aus getrocknetem Ziegenfleisch und Tortillas. Unsere Kameras, eine Williamson und eine Gillon, transportierten wir auf Eseln. Es war ein richtiges Fest, als wir nach Chihuahua zurückkehrten und wieder baden, die Kleider wechseln und anständig essen konnten.

Ich mußte alles drehen: Männer beim Ausheben ihrer eigenen Gräber... Exekutionen... Kämpfe. Das war noch vor dem Ausbruch des Ersten Weltkriegs. Ich war mittendrin in den Gräben und hörte das ping-ping-ping der Kugeln über mir in der Luft.

›Solange du sie noch hören kannst, besteht kein Grund zur Sorge‹, sagten sie zu mir. Ich erinnere mich, wie direkt neben mir ein Mann eine Kugel verpaßt bekam. Es traf ihn mitten in die Lunge. Er fiel um und ein Schwall Blut schoß ihm aus dem Mund – huh.

Oft habe ich die primitiven Umstände, unter denen wir lebten, gefilmt. Es gab kein Rotes Kreuz. Da hatte ein Mann einen Durchschuß im Bein von einem Schrapnell. Sie stopften einen Lappen durch das Loch und zogen den hin und her, um das Loch zu reinigen. Ich machte viele Fotos von solchen Vorkommnissen und übergab sie später dem amerikanischen Roten Kreuz. Einem Mann war die Kinnlade zerschossen, und die hing ihm als blutiger Klumpen auf der Brust... andere starben an Wundbrand. Eine elende Hölle.

In Chihuahua traf ich den britischen Konsul. Er bat mich, meine Fotokamera (die erste zusammenklappbare 3A Special von Kodak) mitzunehmen und ihn in den Palast von Don Luis Terrazas zu begleiten. Der lebte dort, von Villas Truppen bewacht, unter Hausarrest. Don Luis war einer der reichsten Männer Mexikos. Er besaß riesige Rinderherden, die Villa nun an die armen Peones verteilte. Der britische Konsul war einer der angesehensten Männer in Chihuahua, und so hatten wir keine Schwierigkeiten, die Wachen zu passieren. Ich machte mehrere Fotos von Don Luis und seiner Familie im Palast, dann knipste der Konsul mich zusammen mit dem Don. Schließlich bat mich Don Luis, einen Brief an seinen Sohn in El Paso zu überbringen.

Ich brachte jede Woche das belichtete Filmmaterial nach El Paso, von wo es zum Entwickeln und Kopieren nach Chicago transportiert wurde. Bis Juarez waren es etwa 200 Meilen in einem Militärzug. Dort wurde alles gründlich kontrolliert.

Charles Rosher mit der Billiken-Kamera. Die Kamera, die von Horsley of Nestor hergestellt wurde, war aus Teilen der Gaumont-Kamera und anderer von der MPPC (Motion Picture Patents Company) verwendeter Modelle zusammengesetzt und stellte ein illegales Produkt dar.

1913, südlich von Chihuahua: ganz links General Pancho Villa, rechts an der Williamson-Kamera Charles Rosher.

Charles Rosher 18

Sparrows (1926): Die Szene wurde ursprünglich am Schauplatz gedreht, aber die Schafe fingen immer wieder an wegzulaufen. Charles Rosher machte einen zweiten Versuch auf dem Studiogelände, und diesmal blieben die Schafe an ihren Plätzen –

Dieses von der Rückseite der Szenerie aufgenommene Photo zeigt den Grund.

funden, die zum Teil keinerlei Ausbildung besaßen. Seine Verachtung gegenüber dieser weitverbreiteten Ignoranz spornte ihn dazu an, seinen Wert zu beweisen. In dieser Hinsicht hatte er etwas mit D. W. Griffith gemeinsam; sein Temperament drängte ihn, die Filmfotografie als eine Kunst zu behandeln. Das Ergebnis war, daß er sie zu einer Kunst machte.

Und das war der Weg, der ihn zum höchstbezahlten Kameramann der Welt machte.[2]

Als 1921 *Little Lord Fauntleroy* herauskam, lobten die Kritiker Roshers brillante Spezialeffekte.

»Die Doppelbelichtungen sind die besten, die jemals in der Geschichte der Branche gemacht wurden. Wie Mary Pickford (in einer Doppelrolle) sich selbst als ›Herzallerliebste‹ küßt und umarmt oder beide Figuren gemeinsam, die eine hinter der anderen, abtreten – das ist fast unheimlich. Hut ab vor Rosher.«[3]

Diese knifflichen Trickaufnahmen wurden in der Kamera gedreht. Rosher baute dazu einen Kameraträger von fast einer Tonne Gewicht.

»Stahlträger bildeten den Gerüst-Rahmen; die Grundfläche wurde mit Sandsäcken beschwert, und ein riesiger hohler Stahlblock trug den Schwenkkopf. Dieses Ungetüm konnte auf Rollen bewegt werden, doch wenn ich eine Einstellung eingerichtet hatte, wurde es mit Säcken fixiert. Winden hielten den Schwenkkopf in Position. Vor der Kamera befand sich der Kasch-Rahmen, und ich verschob den Kasch entsprechend Marys Bewegungen. Die ganze Konstruktion war so stabil, daß man auf dem Boden herumspringen konnte, ohne sie einen Millimeterbruchteil zu verrücken.«

Wie der *Motion Picture Herald* betonte, konnten nicht einmal Experten die Grenzlinie entdecken. »Die Umarmungen, die gemeinsamen Spaziergänge, die diversen Unterhaltungen miteinander – sie enthüllen nicht nur die Fähigkeit des Stars, die Figuren zu differenzieren, auch die Doppelbelichtungen sind so präzise, daß die Darstellungskünste noch stärker ins Auge fallen.«[4]

Rosher scheute keine Anstrengung, um ein perfektes Ergebnis zu erreichen; in *Sparrows* zeigt eine Sequenz Mary Pickford träumend in einer Scheune. Eine Scheunenwand verschwindet, und eine Schafherde wird sichtbar, behütet von einer Christusfigur. Die dazu nötige Überblendung war schon schwierig genug, doch das Problem wurde noch vergrößert durch die Schafe. Jedesmal, wenn die Aufnahme beginnen sollte, liefen die Schafe davon. Rosher ließ hohe Plattformen zimmern, die mit Gras und Blattwerk verkleidet waren, auf die die Schafe draufgestellt wurden. Weil sie sich nicht bei einem Sprung in die Tiefe den Hals brechen wollten, blieben sie in Position.

Für *Rosita*, Mary Pickfords Version von ›Don Cesar de Bazan‹ unter der Regie von Ernst Lubitsch, entwickelte Rosher eine neue Methode der Lichtführung.

Ein Rezensent schrieb: »Die wahrhaft außerordentliche Kamerakunst, die man in *Rosita* sieht ... wird wahrscheinlich eine neue Schule der künstlerischen Filmfotografie begründen. Mr. Rosher erzielt mit seiner neuen Methode eine nahezu vollkommene dreidimensionale Perspektive, einen stereoskopischen Effekt, bei dem die Figuren im Vordergrund kräftig hervorgehoben sind, bei dem aber gleichzeitig der Hintergrund in der Schärfe bleibt; so entsteht der lange angestrebte Effekt einer Tiefenstaffelung im zweidimensionalen Bild. ›Perspektografie‹ wäre der passende Name für diesen neuesten Effekt in der Entwicklung der Filmproduktion.«⁵

Der *Express* in Los Angeles nannte Rosher den berühmtesten Kameramann im Filmgewerbe. »Er zählt zu den kompetentesten, künstlerischsten und erfahrensten Männern, wenn es um Lichtführung und Kameratechnik geht. Er hat mehr Kameratricks erfunden als jeder andere. Selbst gegenüber Bitzer, D. W. Griffiths Kameraveteran, hat Rosher in dieser Hinsicht die Nase vorn.«⁶

Rosher hat seine Leistungen nie unter den Scheffel gestellt, womit er auch recht hat. Er ist von Hause aus nicht bescheiden. Dennoch weist er jede Überlegenheit gegenüber Bitzer zurück, den er als den bedeutendsten Kameramann ansieht.

Rosher fand es ganz unerträglich, unter Druck zu arbeiten. »Wenn sie mich verrückt machten, verließ ich das Atelier und war verschwunden. Niemand konnte mich finden. Ich hatte die Filme in der geplanten Drehzeit fertig, oft schon früher, aber ich konnte nicht arbeiten, wenn mir jemand im Nacken saß. Einige Einstellungen brauchen länger, andere gehen ganz schnell.«

Er war ein großer Bewunderer von Mary Pickford. »Ich kann es nur immer wieder betonen: Sie war einer der tollsten Menschen, die mir begegnet sind, und sie war außerdem eine clevere Geschäftsfrau. Sie hat oft selbst die Regie gemacht. Manchmal hatte der Regisseur sich nur um die Komparsen zu kümmern. Am Ende einer Szene, egal wer Regie führte, fragte sie mich immer nach meiner Meinung. Ich suchte oft die Kameraposition aus; ich ließ sie dort spielen, wo ich sie vorteilhaft ausleuchten konnte.

Auf orthochromatischem Filmmaterial sah Haar immer dunkel aus, wenn man es nicht speziell ausleuchtete. Bei Marys Locken war das Licht besonders wichtig. Ich habe ihre Locken oft selbst arrangiert; ich hatte extra ein paar Haarnadeln an der Kamera. Ich wählte auch ihr Make-up aus, das sie dann selbst auftrug (deutsches Leichner-Make-up). Damals gab es nur wenige Maskenbildner. Ich ließ von Max Faktor in seiner Firma in Los Angeles nach meiner Anweisung einen speziellen Puder mischen. Das Make-up hieß 7R; es wird von der Firma immer noch angeboten.

Nach ihrer Hochzeit begleitete ich Doug and Mary nach Europa, und ich besuchte mit Doug die Ufa-Ateliers in Berlin. Ich drehte mit Ufa-Stars spezielle Probeaufnahmen, um ›glamour lighting‹ zu demonstrieren. Die Leute dort benutzten immer eine schwere, dramatische Ausleuchtung mit tiefen Schatten.

Erich Pommer nahm mich daraufhin mit Marys Zustimmung für ein Jahr unter Vertrag. Ich fungierte als Berater bei F. W. Murnaus *Faust*. Es gab für mich bei dem Film gar nichts zu tun, aber Murnau hatte vor, nach Amerika zu gehen, und fragte mich immer wieder: ›Wie würde man das in Hollywood machen?‹

Faust wurde von Carl Hoffmann fotografiert, und von ihm habe ich eine Menge gelernt. Ich brachte viele Ideen mit nach Hause, darunter die Kameraplattform, die an Schienen unter der Decke hängt. Die benutzte ich dann bei *Sunrise*, Murnaus erstem Film in Amerika.

Das war ein sehr schwieriger Film, *Sunrise*. Es gab viele Probleme. Ich hatte einen ausgezeichneten Assistenten, der eine große Hilfe war – Stewart Thompson, später Bing Crosbys Kameramann. In einigen Szenen, zum Beispiel in der Szene im Sumpf, beschrieb die Kamera einen vollen Kreis. Das schuf enorme Probleme mit dem Licht. Wir verlegten Eisenbahnschienen unter der Decke und hängten eine kleine Plattform daran, die mit Motoren hoch- und runtergefahren werden konnte. Mein Freund und Partner Karl Struss machte in dieser Szene Kamera.7 Die Arbeit stellte wahnsinnige Anforderungen; jede Einstellung war praktisch eine Fahraufnahme. Die deutschen Filmarchitekten errichteten eine riesige Dekoration auf dem Fox-Gelände, Gebäude mit verkürzter Perspektive. Es wurden Schienen verlegt und echte Straßenbahnen verwendet.

Für die Szene im Wald wurde am Lake Arrowhead ein kilometerlanges Gleis gebaut; das führte bis in die Stadt. Alles war speziell gebaut, selbst die Staßenbahn, die man auf ein Autochassis setzte.

In den großen Szenen, wie auf dem Rummelplatz und im Café, habe ich wohl mehr Licht benutzt als jemals zuvor.«

Sunrise ist ein großer Film; langsam im Tempo und klassisch. Fotografisch ist er die Arbeit eines Genies. Er besitzt ein starkes europäisches Flair, auch wenn er in Kalifornien gedreht worden ist.

Doch wie brillant die europäischen Kameraleute auch gewesen sein mögen, keiner hätte visuell eine solche Verbindung von Feinheit und Reichtum zustande bringen können wie der große Charles Rosher.

Sunrise (1927), Regie F. W. Murnau, an der Kamera Charles Rosher, mit Janet Gaynor.

Murnau hatte unbedingtes Vertrauen zu seinem Kameramann. »Murnau war nur schwer dazu zu bewegen, durch die Kamera zu schauen. ›Ich werde Ihnen bei der Projektion sagen, ob es mir gefällt‹, sagte er meistens. Ich hätte weiter mit Murnau bei den *Four Devils* gearbeitet, doch ich mußte zurück zu Mary Pickford. Ich hätte sehr gern weiter mit Murnau zusammengearbeitet; ich war noch wenige Stunden vor seinem tödlichen Autounfall mit ihm zusammen. Wir waren enge Freunde.«

Roshers Lieblingsregisseur war jedoch Sidney Franklin, mit dem er zwei Mary Pickford-Filme drehte: *Heart o' the Hills* und *The Hoodlum*.

»Franklin kannte mich nicht und wollte jemand anderen als Kameramann. Mary sagte: ›Wenn Sie ihn oder seine Aufnahmen nicht mögen, nachdem Sie mit ihm gearbeitet haben, sprechen wir wieder darüber.‹ Wir kamen glänzend miteinander aus, und anschließend lieh er mich jedesmal aus, wenn ich gerade zwischen zwei Filmen frei war.«

Er fotografierte Sidney Franklins *Smilin' Thru* mit Norma Talmadge und *Tiger Rose* mit Lenore Ulric.

»Für den Film bekam ich eine Sonderprämie – angeblich das einzige Mal, daß Harry Warner eine Prämie gezahlt hat. Die Ulric mußte ab einem bestimmten Termin wieder im Theater spielen. Wäre der Film nicht rechtzeitig fertig geworden, hätten wir alle nach New York fahren müssen, um dort während der Probenzeit weiter zu drehen. Das wäre ziemlich teuer geworden, und Harry Warner kam ganz schön ins Schwitzen.

›Charlie‹, sagte er, ›ich wäre dir sehr dankbar, wenn du mir da helfen könntest. Versuch doch etwas Druck zu machen, bevor sie zurückgeht.‹ Er sagte das zu mir, weil Sid nicht der Mann war, überhaupt bei irgend jemand Druck zu machen; der kümmerte sich nur um die Schauspieler. Ich tat also mein Bestes, und wir schafften es, den Film abzudrehen, ehe sie zu ihren Proben fuhr. Wir kamen gerade von Außenaufnahmen ins Studio der Warner Bros. am Sunset Boulevard zurück, da rief mich Harry in sein Büro.

›Ich möchte dir danken, Charlie, daß du Druck gemacht hast und alles hingekriegt hast. Hätten wir nach New York gemußt, wäre der Film wohl fünfundzwanzig- bis dreißigtausend Dollar teurer geworden.‹ Und er bot mir einen Scheck an. Ich nahm ihn, aber er hielt das andere Ende fest. Ich sagte, ich wäre ihm sehr dankbar, aber ich hätte nur meine Pflicht getan und sollte vielleicht das Geld gar nicht annehmen. Ich bekam nämlich ein Gehalt von Mary Pickford, die mich ausgeliehen hatte, und ein zweites von Warners. Aber hätte ich den Scheck losgelassen, hätte er ihn auf den Tisch gelegt, und dann hätte ich ihn kaum noch nehmen können, nach allem, was ich gesagt hatte.

Also hielt ich ihn fest. Er redete weiter und ich hielt fest – und schließlich ließ er los. Ich warf einen Blick darauf und sah, daß er auf tausend Dollar ausgestellt war. Das war ein Ereignis – die Warners zahlten eine Prämie.«

David Belasco, der große Impresario, der *Tiger Rose* auf die Bühne gebracht hatte, war von Roshers Arbeit so entzückt, daß er ihm ein Telegramm schickte:

IHRE KAMERAARBEIT AM TIGER ROSE FILM IST SO UEBERRAGEND DASS ICH IHNEN AUF DER STELLE GRATULIEREN MUSS IHRE LICHTEFFEKTE SIND GOETTLICH IN IHRER NATUERLICHKEIT UND SCHOENHEIT SIE HABEN ALLES UEBERTROFFEN WAS ICH VON IHRER KUNST GEHOERT HABE – DAVID BELASCO

Belasco, der Pionier ausgefallener Bühneneffekte, wußte, wovon er sprach. Rosher führt das Lob jedoch allein darauf zurück, daß er Lenore Ulric in den Großaufnahmen so gut herausgebracht habe.

»Belasco war in Ulric verliebt – sie war sein Liebling, deshalb bekam ich das Telegramm.«

Rosher zog es vor, mit solchen Leuten zu arbeiten, die von den Problemen der Kameraarbeit etwas verstanden und ihm die Zeit gaben, die er brauchte, um die gewünschten Effekte zu erzielen. Das war jedoch nicht immer möglich.

»Sam Wood war egozentrisch; er war an meiner Arbeit nicht interessiert und gab mir nie genug Zeit. Er wollte keine Zeit für die Kamera opfern – im Gegensatz zu Sidney Franklin, der viel Geschmack und Einfühlungsvermögen besaß.

Ich habe gern mit Robert Z. Leonard gearbeitet, dem Mann von Mae Murray. Er nannte mich immer Lord Plushbottom und stellte einen Stuhl mit diesem Namen an den Drehort. Ich drehte 1917 *The Primrose Ring* für ihn und machte dafür ein paar Trickaufnahmen, auf die ich sehr stolz war. Heute klingt es ganz einfach – Elfen auf der Hand von Tom Moore – aber es mußte in einer alten Pathé-Kamera gedreht werden und war überhaupt nicht einfach. Die Elfen waren Kinder, eins davon Loretta Young.

Ein anderer ausgezeichneter Regisseur, der die Kameraarbeit schätzte, war Maurice Tourneur, für den ich *The White Circle* fotografierte.«

1927 begann Rosher mit der Arbeit an der United Artists-Produktion *Tempest*, der ursprünglich als Stroheim-Film geplant war, doch dann ein Vehikel für Barrymore wurde: Regie führte der russische Emigrant Wjatscheslaw Tourjansky. Tourjansky hatte in Frankreich an Abel Gances *Napoléon* mitgearbeitet und den brillanten *Michael Strogoff* mit Iwan Moshukin gedreht.

»Es war ein reines Vergnügen, mit Tourjansky zu arbeiten. Er hatte ein Kamera-Auge, er hatte viel Geschmack und war voller Ideen. Er war aber nicht schnell genug. Ich kenne die Details der Auseinandersetzung nicht, doch Schenck löste ihn ab. Lewis Milestone übernahm dann, beendet hat den Film schließlich Sam Taylor. Der weibliche Star – Dorothy Sebastian – wurde gleichzeitig mit Tourjansky abgelöst und durch Schencks Freundin Camilla Horn ersetzt, die in Murnaus *Faust* gespielt hatte.

Zu der Zeit hatte ich meine ›Rosher Kino Portrait Lens‹ entwickelt. Ich hatte 1926, in Deutschland, die Möglichkeit, diese Linse bei einer großen optischen Fabrik zu entwickeln. Durch sie erreichte man eine wunderbare Qualität und Plastizität, fast eine stereoskopische Qualität. Die Linse wurde in Deutschland ausprobiert; zum ersten Mal benutzte sie Günther Rittau bei Sternbergs *Der Blaue Engel* für die Großaufnahmen von Marlene Dietrich. Ich habe sie das erstemal in *My Best Girl* mit Mary Pickford verwendet. Und sie wird immer noch in Rußland benutzt, mit meinem Namen drauf.

Barrymore war besonders zufrieden damit, denn die Weichheit ließ sein Doppelkinn verschwinden. Zum ersten Mal konnte er voll von vorne aufgenommen werden; vorher mußte man sich auf sein berühmtes Profil beschränken. Ich war der einzige, der ihn an den Drehort schaffen konnte. Er war die meiste Zeit betrunken und halb benommen. Er nötigte mich, in seiner Garderobe ›Cognac Napoleon‹ mit ihm zu trinken; ich goß das Zeug immer heimlich in eine Vase.«

Sam Taylor war Komödien-Regisseur, kaum die beste Wahl für ein russisches Melodram. Er war jedoch ein phantasievoller Regisseur, und er beherrschte die Filmtechnik vollkommen: Dank seiner Regie und Roshers wundervoller Kameraarbeit wurde *Tempest* zu einer reichen, eindrucksvollen Produktion, das Musterbild eines romantischen Hollywoodspektakels der späten 20er Jahre.

Nach *Tempest* drehte Rosher in den kanadischen Rocky Mountains Außenaufnahmen für einen weiteren Barrymore-Film, *Eternal Love*, unter der Regie von Lubitsch.[8] Sam Taylor ließ ihn wissen, daß sofort nach seiner Rückkehr Mary Pickford mit den Dreharbeiten zu ihrem ersten Tonfilm *Coquette* beginnen wolle.

Rosher nahm im Studio an einer Besprechung mit Sam Taylor und den Toningenieuren teil. Sie zeigten ihm einen Plan, auf dem die Positionen der Kameras eingetragen waren. Jede Kamera sollte in eine schalldichte Kabine gesteckt werden: die Pläne waren detailliert ausgearbeitet, damit komplette Szenen in einem Durchgang gedreht werden konnten.

»Taylor und die Ton-Leute müssen ziemlich viel Zeit mit diesen Plänen verbracht haben, doch keiner hatte bedacht, wie der Kameramann eine zufriedenstellende Ausleuchtung erreichen sollte.«

Damals, im Jahr 1929, hatten die Toningenieure noch keinen Weg gefun-

Charles Rosher 18

Tempest (1927), Regie Sam Taylor, fotografiert von Charles Rosher,
mit (der vor kurzem verstorbenen) Camilla Horn und John Barrymore.

Die riesige, nach dem Entwurf von Röhrig und Herlth gebaute Dekoration für *Sunrise*.
Die Dimensionen waren mit Absicht übertrieben worden: So sollte die Stadt von
einem jungen Pärchen vom Land wahrgenommen werden, das von ihrer Größe überwältigt ist. Die Motivskizzen für diese Produktion stammten von Rochus Gliese.

den, bei Nahaufnahmen und Totalen den gleichen Tonpegel zu erreichen; deshalb mußten die Szenen in einer Art Fernsehstil gedreht werden.

»Der Ton beherrschte alles in Hollywood, und die Kameraarbeit mußte für über ein Jahr einen Rückschlag hinnehmen. Ich jedenfalls sagte deutlich meine Meinung, woraufhin meine Karriere mit Mary Pickford ihr Ende fand – glücklicherweise ohne unschöne Begleitumstände. Ich war an der Produktion nicht mehr beteiligt.«

Es begann eine neue Karriere für Charles Rosher. Während seines Aufenthalts in Deutschland hatte er ein Angebot von British International Pictures in Elstree bekommen, das er ablehnen mußte. Nun informierte er sie, daß er frei sei, und wurde sofort engagiert.

Während E. A. Dupont *Atlantic* vorbereitete, die Geschichte vom Untergang der ›Titanic‹, fotografierte Rosher *The Vagabond Queen* (Geza von Bolvary) mit Betty Balfour, die man die englische Mary Pickford nannte.

Nach einem Arbeitsaufenthalt in Frankreich, wo er *La Route est Belle* (Robert Florey) drehte, kehrte er 1930 nach Hollywood zurück und begann für M-G-M zu arbeiten. Nachdem er für *Sunrise* den ersten Oscar (Academy Award) bekommen hatte, der einem Kameramann verliehen wurde, gewann Rosher einen zweiten Oscar für *The Yearling* (1946, Regie: Clarence Brown, Produktion: Sidney Franklin). Es folgten noch zahlreiche Oscar-Nominierungen (insgesamt acht), außerdem zwei Eastman-Ehrenmedaillen und die Goldmedaille von *Photoplay*. Er erhielt auch die Ernennung zum Life Fellow der Royal Photographic Society, zum Mitglied der Photographic Society of America, und 1950 bekam er den ersten und einzigen Fellowship Award, den die Society of Motion Picture Engineers einem Kameramann verliehen hat. Seine höchste Auszeichnung war die Ernennung zum Honorary Master of Photography durch die Professional Photographers of America.

Seine bedeutendste Leistung vollbrachte Charles Rosher aber doch in der Stummfilmzeit, als er mit einer kleinen Spitzengruppe von Kameramännern das Aussehen des amerikanischen Films veränderte. Wie Mary Pickford es 1950 anläßlich der Eröffnung des Eastman House Photographic Museum ausdrückte: »Charles Rosher ist der Doyen aller Kameraleute.«

Auch Charles Rosher war einer der großen Meister des Films.

---

1 Gunther Lessing, ein junger Rechtsanwalt, machte den Vertrag mit Villa und hinterlegte eine beträchtliche Summe auf einer Bank in El Paso. Mutual traf eine weitere Abmachung, einen Spielfilm über das Leben Villas betreffend, den D. W. Griffith inszenieren sollte. Raoul Walsh ging nach Mexiko und drehte Hintergrundmaterial und Actionszenen. Schließlich übergab D. W. Griffith, der in der Arbeit an *Birth of a Nation* steckte, das Projekt an Christy Cabanne, der *The Life of Villa* drehte. Das Material von Walsh wurde in den Film eingearbeitet, und Walsh selbst spielte mit Villas Erlaubnis Villa als jungen Mann.

2 D. W. Griffith machte ihm ein Angebot, doch er stand bei Mary Pickford unter Vertrag.

3 *WID's Daily*, 18.9.1921.

4 *Motion Picture Herald*, 1. Okt. 1921.

5 Nicht identifizierte Kritik in Charles Roshers Pressearchiv.

6 *Los Angeles Express*, 13. Aug. 1921.

7 Karl Struss' Beitrag zu *Sunrise* geht über den eines bloßen Kameraschwenkers weit hinaus!

8 Der Arbeitstitel war *King of the Mountains*.

19 Ausstattung und Architektur[1]

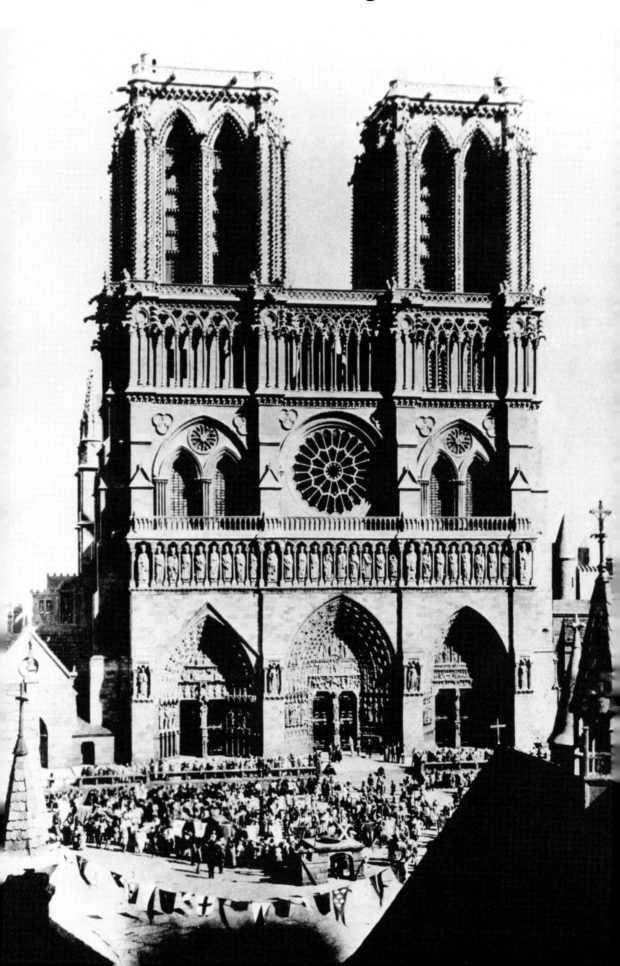

Ausstattung und Architektur

Je gelungener die Filmarchitektur ist, desto weniger fällt sie ins Auge. Nur wenn sie mißlungen ist, nur wenn man die Dekoration *als* Dekoration erkennt, wird man auf die Arbeit dieses vielfach übersehenen Elements der Filmproduktion aufmerksam.

Filmarchitektur, Filmdekoration und Ausstattung sind Dinge, die vom Publikum als selbstverständlich vorausgesetzt werden. Leider werden sie oft auch von der Filmindustrie selbst als selbstverständlich vorausgesetzt. Es kommt allzu häufig vor, daß ein Regisseur die Dekoration seines Films erst dann zu sehen bekommt, wenn er das Atelier am ersten Drehtag betritt.

Die Ausstattung bzw. das ›production design‹ beeinflußt das äußere Erscheinungsbild eines Films fast ebenso stark wie die Lichtregie. Denn sie legt die Atmosphäre fest – und Atmosphäre ist, besonders bei Kostümfilmen, außerordentlich wichtig.

Beim Stummfilm begann sich die Filmarchitektur erst spät zu entwickeln. Die ersten Filme wurden vor flachen Kulissen gedreht, die der Requisiteur hergerichtet hatte. Brauchte man einen Kulissenmaler, dann engagierte man ihn beim nächstgelegenen Theater. Das Publikum war so sehr an die Unzulänglichkeit der Theaterdekorationen gewöhnt, daß es keinen Anstoß nahm, wenn das Weiße Haus wie ein Krämerladen aussah. Es war wunderbar genug, daß es überhaupt da war.

Die Entwicklung der Filmdekoration lief der Entwicklung der Beleuchtungskunst parallel. 1914 engagierten Famous Players-Lasky Wilfred Buckland, einen der bedeutendsten Bühnenbildner Amerikas. Die kurzlebigen Wunder, die er für Belasco vollbracht hatte, schuf er nun, etwas weniger vergänglich, für Filme wie *Carmen*, *The Cheat* und *Joan the Woman*.

»Weil Buckland mit dem Meister des Bühnenrealismus gearbeitet hatte«, schrieb Kenneth MacGowan in *Photoplay*, »brachte er außer den Stücken von Belasco noch etwas mit zu Lasky: Er brachte den Reichtum der geschmackvollen Dekorationen. Unter der flachen Ausleuchtung der meisten Filme (die damals durch das natürliche Tageslicht beleuchtet wurden) hätten sie die Zuschauer gelangweilt und ähnlich wie im Theater, abgelenkt. Doch zusammen mit dem ›Lasky Lighting‹ – wie man es heute bei den meisten Produktionen der Famous Players-Lasky findet – strahlen sie Glanz und Reichtum aus.«[2]

Der seinerzeit vielleicht wichtigste Impuls für die Entwicklung der Filmarchitektur waren die gigantischen Bauten für *Intolerance*, die ohne Filmarchitekt errichtet wurden.[3] Der Aufbau dauerte drei Monate, und Frank ›Huck‹ Wortman, der Meister-Handwerker, der sie errichtete, erregte in Hollywood einigen Ärger, als er sich weigerte, der Forderung der Feuerwehr von Los Angeles nachzukommen und sie umgehend abzureißen. Sie türmten sich – Ärgernis und Ermutigung zugleich – fast ein Jahr lang an der Stelle, wo heute die Allied Artists-Studios stehen.

William Randolph Hearst, der größten Wert darauf legte, daß Marion Davies in möglichst üppigen Dekorationen auftrat, ließ Joseph Urban engagieren, den Bühnenbildner der Ziegfeld Follies und des Metropolitan Opera House.

»Der Film stellt heute unbestreitbar die bedeutendste Herausforderung für jeden Künstler dar, gleichgültig ob Maler oder Architekt«, meinte Urban 1920. »Dies ist die Kunst des zwanzigsten Jahrhunderts und vielleicht die wichtigste Kunst der Neuzeit. Alles ist so jung, so frisch, so unerprobt. Es ist wie ein unbekannter Ozean, der sich vor einem modernen Columbus ausbreitet.«[4]

Treasure Island (1920), Regie Maurice Tourneur, Ausstattung und Architektur Floyd Mueller. Von links: Charles Hill Mailes, Bull Montana, Lon Chaney, Shirley Mason und Charles Ogle.

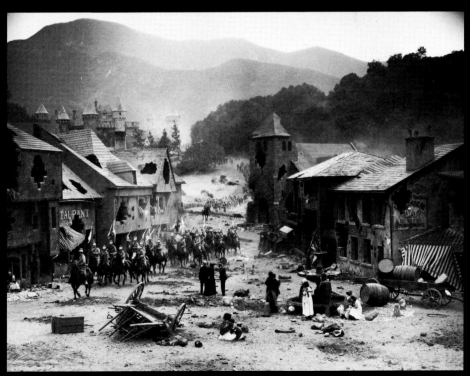

The Four Horsemen of the Apocalypse (1921) Regie Rex Ingram. Ulanen reiten in das Dorf

Ausstattung und Architektur 19

Jospeh Urbans Dekoration für *Buried Treasure*.

Die beiden zentralen Elemente in Kombination: brillante Beleuchtung (John Seitz) und brillante Dekoration (Leo Kuter) in Rex Ingrams *Trifling Women* (1922);

Urban, der ursprünglich Architekt in Wien war, verließ Österreich im Jahr 1913; er wurde in Amerika ein ebenso gefeierter Mann wie in Deutschland Reinhardt. Julian Johnson schrieb in *Photoplay*: »Durch eine Sache ist Mr. Urbans Name überall in den Vereinigten Staaten berühmt geworden, und das sind die fünf glorreichen Jahre, die er für Ziegfeld Follies gearbeitet hat. Was immer Mr. Ziegfeld für Mr. Urban getan haben mag, sei es für seine Finanzen oder seinen Ruhm, Mr. Urban hat unvergleichlich viel mehr für Mr. Ziegfeld getan, indem er jedes auch noch so kleine Detail überwachte, ob es die Farbe oder das Material war, von der Beleuchtung bis hin zu den Kostümen der Mädchen. Er war es – und niemand sonst – der die wundervollsten Visionen schuf, die man jemals auf der Bühne gesehen hat. ›Urban-Licht‹, ›Urban-Kostüme‹, ›Urban-Dekorationen‹, ›Urban-Vorhänge‹ und vor allem ein intensiver, tropischer, brennender, faszinierender, fast unerträglicher Farbton, das ›Urban-Blau‹, sind heute in jeder Ausstattungsabteilung in aller Munde.«[5]

Filmarchitekten wie Urban stießen bei den Zimmerleuten und Requisiteuren, die das Feld so lange für sich allein gehabt hatten, auf starken Widerstand. Während der Hearst-Produktion *The World and His Wife* (Robert Vignola) brachte der Studio-Zimmermann, der Urbans Fähigkeiten offenbar mißtraute, einige Postkarten und Fotos von einem spanischen Haus an, die seiner Meinung nach als Vorlagen benutzt werden könnten. Urban erklärte ihm höflich, mit der überwältigenden Kenntnis eines belesenen Europäers, dieses Beispiel der Stadtarchitektur in Neu-Kastilien sei ein französisches Château, das ein Kriegsgewinnler vor kurzem in Andalusien habe errichten lassen.

Nicht nur die Zimmerleute wurden durch diese Ausstattungs-Künstler verunsichert. Auch die Regisseure wurden unruhig. Sie mußten exakt entworfenen Plänen folgen, ihre Bewegungsfreiheit wurde eingeschränkt, und sie konnten nicht mehr nach Lust und Laune die Dekorationen wechseln, es sei denn, sie ließen komplizierte Umbauten daran vornehmen.

Ein Regisseur erklärte Urban, er brauche das Modell eines Buddha-Tempels für eine Traumsequenz: »Sie bauen ihn hier hin, etwa einen Meter hoch, und ich schiebe ihn vor und zurück, je nachdem ob ich ihn größer oder kleiner brauche: Sie verstehen, was ich meine?«

»Ja«, murmelte Urban, »ich verstehe. Sie wollen einen Gummi-Tempel.«[6]

Es ist hauptsächlich den Filmarchitekten zu verdanken, daß sich das Erscheinungsbild der Filme um 1920 verbesserte; vorher sahen viele Innenaufnahmen der einfachen Routineproduktionen dünn und leer aus, wie bei einer Probe. Unglücklicherweise war die Veränderung so phänomenal, daß sich die Filmmacher in die ungewohnten Schönheiten verliebten. Eine Zeitlang wurden manche Filme im Tempo ziemlich langsam. »An einem schönen Bild in einer Galerie rennt man nicht vorbei«, war das übliche Argument. »Man bleibt stehen und schaut es sich an.«

Robert Brunton, eine wichtige Figur im frühen Hollywood, zählte zu den ersten, die den entscheidenden Aspekt der Kreativität beherrschten: das Weglassen.

»Er baute seine Dekorationen geschmackvoll und zurückhaltend«, meinte Kenneth MacGowan, »und er ging sogar so weit, das Wenige noch durch tiefe Schatten zu verdecken. Er bevorzugte Realismus und Detailreichtum und das Licht von einer einzigen Hauptquelle: doch er konterkarierte das eine durch das

Ausstattung und Architektur

andere. Die Schauspieler standen im Mittelpunkt, durch das Licht deutlich hervorgehoben und dramatisch beleuchtet. Hinter ihnen gab es lediglich Andeutungen eines Ortes – Oberflächen, die zugleich Atmosphäre und Rahmen bildeten.«[7]

Eine ähnliche Herangehensweise hatte Hugo Ballin, einer der ganz wenigen Filmarchitekten, die selbst Regie führten – in der Hauptrolle seine Frau Mabel Ballin. Ballin bevorzugte Einfachheit, und diese verfolgte er mit mathematischer Präzision. Er machte von jeder Szene zahllose Skizzen und erarbeitete die Kameraposition für jede Einstellung.

Ballin, Brunton, Buckland und Urban bildeten die Avantgarde einer Welle von Designern und Handwerkern, die den Film eroberten, ihn mit Verzierungen, Dekors und Ornamenten verschönten. Später traten so berühmte Namen wie Cedric Gibbons und William Cameron Menzies an ihre Stelle. Schließlich gewann dieser Aspekt der Filmherstellung ein solches Übergewicht, daß 1927 der Kritiker L'Estrange Fawcett dafür plädierte, zu den Tagen der gemalten Prospekte und angedeuteten Dekorationen zurückzukehren. Er räumte allerdings auch ein, daß realistische Details im Film ungemein bedeutsam sein können. »Ich glaube, daß sich die große Masse der Zuschauer davon gefangennehmen läßt. Ein nachlässig aufgebauter Set kann oft den allgemeinen Eindruck eines Films ruinieren, das Publikum mag es einfach nicht, wenn geknausert oder schlampig gearbeitet wird. Mit der Zeit könnten wir es dahin bringen, ein wenig mehr Umsicht zu entwickeln, und wir könnten für den Film sehr wohl szenische Gestaltungen mit weniger Aufwand und mit stärkerer ästhetischer Wirkung entwickeln. Anstatt den Sinnen mit bloßer Zerstreuung zu schmeicheln, könnte etwa die Szenerie in einem tragischen Stück bloß angedeutet oder stilisiert werden – einige Linien oder Schatten, um Tür, Fenster, Mauer darzustellen –, oder in einer Posse könnte die Szenerie humoristisch sein. Doch ich fürchte, diese Idee wird noch lange brauchen, bis sie in der Öffentlichkeit Zustimmung findet.«[8]

Doch genau diese Idee wurde in Maurice Tourneurs *The Blue Bird* (1918) verwirklicht, für den der brillante Ben Carré die Dekorationen entwarf. »Eine Anzahl Szenen«, so Kenneth MacGowan, »zeigte die Darsteller vor Hintergründen, die mit phantastischen flachen Bildern bemalt waren – mit der Silhouette eines Berges oder eines Schlosses etwa. Man machte gar nicht den Versuch, diese Prospekte so auszuleuchten, daß eine realistische Nachbildung oder eine abstrakt-traumhafte Unbestimmtheit erzeugt wurde. Das war Absicht, ein Gag, ein Spiel mit der Abstraktion. Die Wirkung einzelner Szenen war bezaubernd genug, doch der Kontrast zwischen diesen und später folgenden Szenen in dreidimensionalem Realismus war von verunsichernder Wirkung.«

The Blue Bird war zwar höchst phantasievoll, finanziell jedoch ein Reinfall, und so begaben sich Tourneur und Carré von ihren experimentellen Ausflügen auf sicheren Boden zurück, wo sie sich als Experten fühlten. Ihre frühen Filme erfüllten die Leinwand mit einer Schönheit, wie sie seither selten erreicht worden ist, und sie sind beide für die Entwicklung der Filmästhetik von entscheidender Bedeutung.

Eine Sache machte den Ausstattern und Architekten schwer zu schaffen, verschaffte ihnen Gewissensbisse und machte sie reizbar – die Authentizität. Trotz aller Kunstfertigkeit der damaligen Designer waren viele Dekorationen

Diese Dekoration wurde ursprünglich benutzt für *The Spanish Dancer* (1923), Regie Herbert Brenon. Mit Hilfe eines Glass-Shot wurde es in einen Teil des alten Madrid verwandelt.

Die gleiche Dekoration wurde, in veränderter Form, noch einmal für *Hotel Imperial* (1927) verwendet; Regisseur war Mauritz Stiller (rechts, in Weiß mit weißem Helm).

Ausstattung und Architektur

reines Hollywood. Solche Einrichtungen konnten sonst nirgendwo existieren. Beulah Marie Dix, eine bekannte Historikerin und Drehbuchautorin, kam zu der Schlußfolgerung: »Ich glaube, die Filmmacher in Hollywood waren eines Geistes mit jenem englischen Schriftsteller des 18. Jahrhunderts, dem man zum Vorwurf machte, daß er Negersklaven in einer Geschichte verwendet habe, die im mittelalterlichen England spielte. Seine Antwort war, daß die schwarze Haut der Sklaven einen dramatischen Kontrast zur weißen Haut der Prinzessin bilde und daß er, wenn blaue Sklaven einen noch dramatischeren Kontrast ergeben hätten, auch blaue Sklaven verwendet haben würde.«[9]

Allerdings strebte die Mehrheit der Designer, Ausstatter, Requisiteure und Architekten des Stummfilms nach Authentizität. Ihre Haltung wurde in einer Weise, die man nur hoch anerkennen kann, im Jahr 1919 von dem Leiter einer Requisitenabteilung zusammengefaßt:

»999 von 1000 Zuschauern wird es kaum interessieren, welche Kerzen ein alter Schwarzbrenner in Kentucky in seiner Hütte benutzte. Doch da immer die Möglichkeit besteht, daß der Tausendste sich darum kümmert, lassen wir uns auf kein Risiko ein. Wir werden irgendwo eine alte Gußform auftreiben und damit die richtigen Kerzen herstellen.«

Das Alibi ›Das Publikum wird's schon nicht merken‹ wurde bereits sehr früh in *Photoplays* Kolumne »Why Do They Do It?« widerlegt, in der ausschließlich auf Fehler in Filmen hingewiesen wurde:

»In *The White Moll* besitzt Pearl White als Nan die seltene Geistesgegenwart, sich, um von verräterischen Blutflecken auf dem Boden abzulenken, ihre Hand an einer zerbrochenen Lampe zu schneiden. Wenige Minuten später ist die Wunde völlig geheilt, und sie läßt sich vom Abenteurer sogar die Hand drücken!« (Marion Shallenberger, Johnstown, Pa.)[10]

Das Publikum bemerkte alle nur erdenklichen Fehler, und für Fachleute der verschiedensten Gebiete war es stets ein Festtag, wenn ein Film ihr Lieblingsthema behandelte. Bisweilen waren diese Beschwerden grundlos; viele Fans kritisierten, daß Valentino in *The Conquering Power* – Rex Ingrams Version von ›Eugénie Grandet‹ – einen Füllfederhalter benutzte. Valentino selbst replizierte: »Warum nehmen die Leute nur Anstoß? Die Geschichte war eine moderne Version... haben die das nicht bemerkt?«

Was bei vielen Filmmachern der Stummfilmzeit auffällt, ist ihr intensives Streben nach Authentizität. Griffith besaß ein feines Gefühl für die Vergangenheit und ging wie ein Historiker an die Arbeit, was er auch seinen Darstellern zu vermitteln wußte.

»Wir machten meistens unsere eigenen Recherchen«, berichtet Dorothy Gish. »Wir gingen in die Bibliothek und schlugen nach, was wir suchten. Doch wenn man sich auf Recherchen einläßt, muß man ungeheuer aufpassen, daß man sich nicht zu sehr in Nebensächlichkeiten verliert. Ich erinnere mich daran, daß ich einmal *Leslie's Magazine* durcharbeitete, und zwar aus jener Zeit, als Oscar Wilde die Vereinigten Staaten besuchte... und Sie wissen, was für ein Aufsehen er erregte! Ich versuchte herauszufinden, was für Kleider ich der Zeit entsprechend zu tragen hätte und wie ich mich zu verhalten hätte – doch ich wurde immer wieder von Oscar Wilde abgelenkt!« Wie authentisch die Details auch immer waren, wie korrekt die Kostüme, wie genau die Charakterzeichnung – ein Element in Hollywoods Kostümfilmen war immer falsch: die Frauen. Ob im antiken Babylon, im Wien der Gründerzeit, das Make-up der Frauen, ihre Frisuren und ihre Kleidung waren ein Kompromiß zwischen der historischen Epoche und dem Produktionsjahr des Films. Das gilt noch heute – und der Grund dafür hat sich noch nicht geändert.

Hollywoodfilme prägen die Mode der ganzen Welt. Die neuesten Filme zeigen nicht nur die letzten Trends in der Mode, bei Frisuren und Kosmetik und bei der Innenausstattung. Die gleichen Leute, die diese Industrien beherrschen, stehen auch hinter der Filmindustrie; das darf kein Filmproduzent vergessen.

Würde ein historischer Film plötzlich die Frauen jener Zeit korrekt darstellen, wäre der Schock für die Uneingeweihten beträchtlich. Die Fans würden erschrecken über die Erscheinung ihres Lieblingsstars. Und ebenso wäre ihr Lieblingsstar entsetzt.

»Diese Angewohnheit, Frisuren, Make-up und Kostüme früherer Epochen dem gegenwärtigen Geschmack entsprechend zu ›verbessern‹, war keine Erfindung Hollywoods«, meint Beulah Marie Dix. »Die englischen Künstler der Viktorianischen Ära taten genau das gleiche. Millais' *The Huguenot* ist ein deutliches Beispiel dafür. Allerdings traf auch die weiblichen Stars beträchtliche Schuld an den hybriden Frisuren und Kostümen. Wenn es einen Konflikt gab zwischen den Wünschen eines Stars und dem guten Ruf einer Kostümabteilung, zögerte das Management nur selten.«

Das zentrale Motiv bei der Herstellung historischer Filme in Hollywood war der Versuch, Tabus des 20. Jahrhunderts zu umgehen. Eine Situation, die in einem modernen Rahmen unglaubhaft oder skandalös hätte wirken können, wurde dadurch, daß man sie in die Vergangenheit verlegte, akzeptierbar. Um aber den Stellvertretungs-Effekt nicht ganz zu zerstören, durfte sich das Aussehen der Frauen nicht allzusehr von der Gegenwart entfernen.

Die Ausstattung mußte jedoch sowohl die historische Epoche selbst als auch den stilistischen Ansatz der Story im Verhältnis dazu berücksichtigen.

Die Hochzeit des Kameramanns Hal Mohr fand vor diesem Altar der Kathedrale statt, die Richard Day nach einem Entwurf von Erich von Stroheim gebaut hatte: *The Wedding March* (1928).

Als Valentino seinen ersten Film für United Artists drehte, hatte sich William Cameron Menzies, der Art-director, auf die übliche heißblütige Romanze eingestellt. Er hatte deshalb stark stilisierte Dekorationen entworfen. Die Handlung spielte in Rußland zur Zeit von Katharina der Großen, doch weder Menzies' Bauten noch die von Adrian entworfenen Kostüme entsprachen auch nur andeutungsweise dem 18. Jahrhundert. Sie waren ängstlich darauf bedacht, Valentinos Fans nicht durch ein Übermaß an historischen Details zu befremden. Der Film sollte ursprünglich *The Untamed* heißen. Am Ende der Dreharbeiten war daraus *The Eagle* geworden; Regie führte Clarence Brown nach einem doppelbödigen, geistreichen Skript

Ausstattung und Architektur 19

von Hanns Krähly, dem Drehbuchautor von Ernst Lubitsch, und es war eher eine Liebeskomödie im Stil von *Forbidden Paradise*. Naturalistisch gespielt, geriet es zu einer ironisch-launigen Karikatur Valentinos durch Valentino. Die Dekorationen wirkten nun aufdringlich und unpassend, die Kostüme sahen nach Maskenball aus. Der Charme von *The Eagle* wurde durch die Ausstattung ähnlich verdorben, wie wenn eine Harold Lloyd-Komödie in einem eleganten Elinor Glyn-Dekor spielen würde.

Das extreme Gegenbeispiel zur unauthentischen Filmarchitektur lieferte der große Erich von Stroheim, der nicht nur detaillierte, ausführliche Drehbücher ausarbeitete, sondern auch für jede Dekoration, jedes Requisit, jede Uniform im voraus gezeichnete Entwürfe machte. Peinlich genau und authentisch in jedem Detail, erwarb sich von Stroheims Kathedrale für *The Wedding March* (Filmarchitekt: Richard Day) den allerhöchsten Beifall, als Kameramann Hal Mohr sich entschied, ihren Hochaltar für seine eigene Hochzeit zu wählen.

1 Die Schwierigkeit, die englischen (bzw. amerikanischen) Termini ›art direction‹, ›production design‹, ›set design‹, ›set construction‹, ›set decoration‹, ›set dressing‹ u.ä. angemessen, d.h. vor allem genau und möglichst wenig umständlich, im Deutschen auszudrücken, ist bekannt. Sie wird zunehmend dadurch zu umgehen versucht, daß die originalen Ausdrücke verwendet werden, was die Sache nicht notwendig klarer macht. Wir haben den Versuch gemacht, uns nach Möglichkeit auf ›Ausstattung‹ bzw. ›Architektur‹ zu beschränken, ohne damit das Problem gelöst haben zu wollen. [A.d.Hg.]

2 *Photoplay*, Jan. 1921, S. 73.
3 Inzwischen wissen wir, daß es einen Architekten gab, nämlich Walter L. Hall.
4 *Photoplay*, Okt. 1920, S. 32.
5 *Photoplay*, Okt. 1920, S. 32.
6 *Photoplay*, Okt. 1920, S. 132.
7 *Photoplay*, Jan. 1921, S. 73.
8 L'Estrange Fawcett: Films: Fact and Forecasts. London: Geoffrey Bles 1927; deutsche, veränderte Ausg.: Die Welt des Films. Zürich: Amalthea, o.J., das Zitat auf S. 215.
9 Beulah Marie Dix in einem Brief an den Verfasser, Aug. 1964.
10 *Photoplay*, Jan. 1921, S. 78.

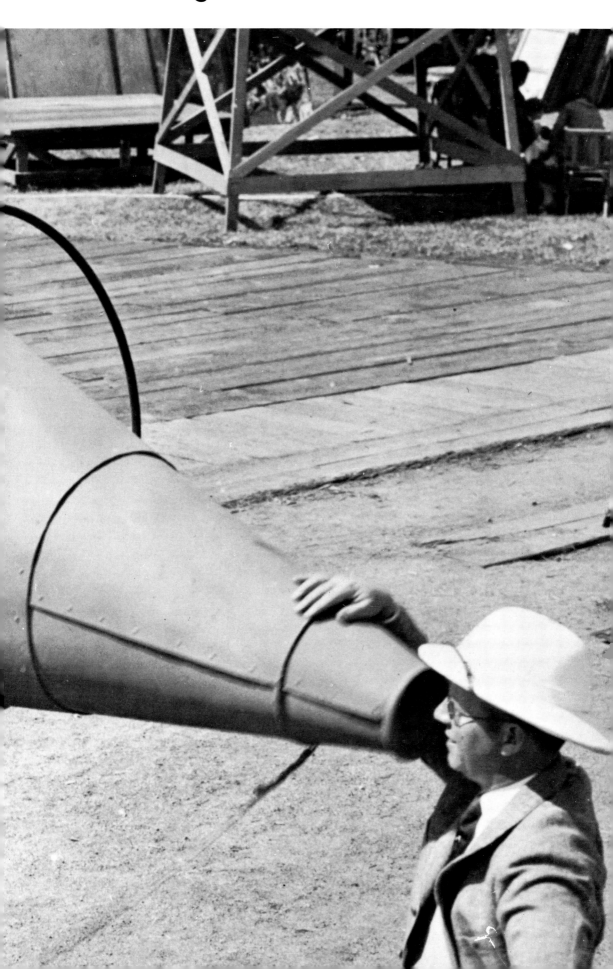

20 Douglas Fairbanks in »Robin Hood«

Douglas Fairbanks in »Robin Hood«

Robin Hood (1922) ist von all den verwegenen Kostüm-Epen, die Fairbanks gemacht hat, vielleicht das überladenste, sicher aber das beeindruckendste. Im Zentrum des Films steht eine gigantische Burg, angeblich die größte je in Hollywood errichtete Kulisse.

Allein auf der Ebene der Filmarchitektur und der Ausstattung ist *Robin Hood* eine außergewöhnliche Leistung für jene Zeit.[1] Fairbanks' Kostümfilme wurden sämtlich eingehend recherchiert und makellos ausgeführt, doch *Robin Hood*, der in der Zeit des Richard Löwenherz spielt, handelt von einer genau definierten und deshalb auch schwieriger zu rekonstruierenden Epoche als *The Black Pirate*, *The Thief of Bagdad* oder *The Gaucho*. Hier wurde bewiesen, daß Hollywood, wenn es die Sache ernsthaft anging, auf dem Feld der Authentizität unschlagbar war.

Fairbanks gab natürlich den Anstoß. Hatte er einmal ein Projekt in die Hand genommen, dann war seine Energie staunenerregend und seine Begeisterung mitreißend. Wenn auch die Sage von Robin Hood seit seinen Kindertagen eine Faszination auf ihn ausgeübt hatte, war er nicht davon überzeugt, daß dies ein idealer Filmstoff sei. Als ihm die Idee vorgeschlagen wurde, lehnte er zunächst ab. Nach dem überwältigenden Erfolg von *The Three Musketeers* wollte er entweder *The Virginian* oder eine Fortsetzung von *The Mark of Zorro*, beziehungsweise *Monsieur Beaucaire*, drehen. Diese Stories wurden von den Szenaristen Kenneth Davenport und Mrs. Lotta Woods entwickelt, während er 1921 seine Europareise machte.

Fairbanks kehrte kurz vor Weihnachten nach Hollywood zurück. Am Morgen des 1. Januar 1922, bei einer Neujahrsfeier mit seinen Mitarbeitern, gab Douglas Fairbanks eine denkwürdige Erklärung ab:

»Ich habe mich soeben dazu entschlossen, die Geschichte von Robin Hood zu verfilmen. Wir werden die Bauten hier in Hollywood errichten. Ich werde den Film *The Spirit of Chivalry* nennen.«

Robert Florey, der damals bei Pickford-Fairbanks die ›Ausländische Abteilung‹ leitete, war bei dieser Gelegenheit anwesend:

»Ich werde nie vergessen, mit welcher Energie und Eindringlichkeit Douglas diese Erklärung abgab. Er schlug mit der Faust auf einen kleinen Tisch. Niemand sagte ein Wort.

›Mary und ich werden ein neues Studio kaufen müssen, wo wir alle zusammen arbeiten können. Ich denke an das alte Jesse Hampton-Studio in Santa Monica. Dort gibt es rundherum nur Felder, und wir können einige richtig große Bauten errichten – Nottingham im 12. Jahrhundert, die Burg von Richard Löwenherz, eine Stadt in Palästina, Sherwood Forest und das Lager der Outlaws. Im Süden ist ein großes freies Feld, wo wir das Kreuzfahrerlager in Frankreich aufschlagen können. Wir werden einige tausend Kostüme nach zeitgenössischen Dokumenten schneidern lassen, tausende Schilde, Lanzen und Schwerter bestellen, ein Turnier veranstalten, wir werden ...‹

›Und was soll das alles kosten?‹ fragte John Fairbanks, Douglas' Bruder und Finanzmann der Firma.

›Das spielt keine Rolle‹, antwortete Douglas, ›so etwas macht man richtig – oder gar nicht!‹

Gegen Mittag des 1. Januar 1922 waren alle überzeugt, daß Douglas absolut recht hatte. *Robin Hood* mußte gedreht werden.«[2]

Robin Hood (1922): Wallace Beery als
König Richard Löwenherz.

Wallace Beery, Robert Florey, Arthur Edeson, Douglas Fairbanks und Allan Dwan
posieren für ein Publicity-Photo während der Dreharbeiten für die Turniersequenz.
Im Hintergrund erkennt man auf Lkws montierte Windmaschinen, die die Fahnen
und Wimpel flattern lassen sollen.

Eine Forschungsgruppe unter Leitung von Dr. Arthur Woods trat in Aktion. Bücher, Dokumente, Stiche und Fotografien strömten ins Studio. Eine riesige Bibliothek, die Robin Hood-Bibliothek, wurde eröffnet. Fairbanks, von seinem Thema besessen, vertiefte sich in die Vergangenheit, studierte Bilder und Berichte und Chroniken... über Turniere, Kostüme, Waffen, das Burgleben, Möblierung und Ausrüstungen. Wilfred Buckland wurde zum leitenden Filmarchitekten ernannt; seine Mitarbeiter waren Irvin J. Martin und Edward M. Langley. Mitchell Leisen, dem Kostümbildner von Cecil B. De Mille, wurde die monumentale Aufgabe übertragen, alles – von Kettenhemden bis zu Königsroben – herstellen zu lassen. Arthur Edeson, der *The Three Musketeers* fotografiert hatte, wurde als Kameramann engagiert, Charles Richardson für die zweite Kamera; Allan Dwan war der Regisseur, Dick Rosson war sein Assistent.

Fairbanks hatte die Absicht, eine Million für die Produktion auszugeben, doch in der Filmindustrie herrschte gerade eine Flaute, und niemand wollte so viel investieren. Fairbanks finanzierte den Film selbst und wurde so der alleinige Besitzer.

Wegen eines Rechtsstreits war Fairbanks gezwungen, zusammen mit Mary Pickford nach New York zu fahren. Am Tag nach seiner Abfahrt engagierte John Fairbanks mehr als fünfhundert Arbeiter, die die Bauten errichten sollten, nachdem endlich die Baupläne genehmigt worden waren.

Robert Fairbanks, ein weiterer Bruder und Geschäftsführer der Firma, war – ebenso wie Allan Dwan – ursprünglich Ingenieur gewesen.

»Wir erarbeiteten einige interessante technische Stunts für die großen Bauten«, erinnerte sich Dwan. »Bei den Innenräumen paßten die Wände nach einem bestimmten System ineinander, das wir so entwarfen und konstruierten, daß sie leicht in Sektionen zusammengebaut werden konnten. Die Innenräume der Burg waren riesig – zu groß, um sie mit normalen Bogenlampen ausleuchten zu können; wir hatten nicht genug. Es war ein offener Bau, und bestimmte Teile wurden abgedunkelt, damit wir die richtige Atmosphäre bekamen. Um sie also ausleuchten zu können, konstruierten wir große Reflektoren aus Blech, etwa sechs Meter im Durchmesser, die das Sonnenlicht einfingen und in die Gewölbe warfen. So konnten wir Effekte erzeugen.

Ein weiteres Problem waren die Rüstungen. Hätten wir sie aus echtem Eisen hergestellt, wären sie nicht zu tragen gewesen, die Leute wären zusammengebrochen. Die waren sehr schwer – die Leute im Mittelalter müssen ziemlich kräftig gewesen sein. Wir benutzten deshalb schweres Segeltuch, das wir mit Silberfarbe besprühten. Es sah dann genau wie eine Rüstung aus, war aber beweglich und man konnte darin laufen und arbeiten. Wir hatten kleine Stücke echter Rüstungen für Großaufnahmen – genug, um vor einem Schwertschlag zu schützen. Der Rest war lediglich schweres Segeltuch.«

Fairbanks wurde am 9. März aus New York zurückerwartet, und die Bautrupps verdoppelten ihre Anstrengungen, um die Burg fertigzustellen.

»Nachdem die Burgmauern durch einen Anstrich die rechte Patina erhalten hatten«, schrieb Robert Florey, »pflanzten die Dekorateure Moos, Efeu und andere Kletterpflanzen in die Gips-Spalten. Es wurde selbst bei Nacht gearbeitet – während wir die riesigen Moskitos verfluchten, die durch die Scheinwerfer angelockt wurden.

Am 8. März wurde die große Zugbrücke, die aus einem Stahlrahmen be-

Die nach Entwürfen von Wilfred Buckland ausgeführte Burg war, den Berichten zufolge, die größte jemals für einen Stummfilm errichtete Dekoration, eingeschlossen der Babylon-Set für *Intolerance*. Ihre Dimensionen wurden noch weiter vergrößert mit Hilfe eines Glass-Shot, durch dessen Verwendung die Burg eine geradezu schwindelnde Höhe erreichte.

Paul Dickey als Sir Guy of Gisbourne.

Douglas Fairbanks in »Robin Hood«

Diese Bankett-Szene läßt die Sorgfalt erkennen, mit der man bei *Robin Hood* vorging. (Die von A. F. Kales gemachten Standphotos wurden so abgezogen, daß sie alten Stichen ähnelten, und sie wurden in einem repräsentativen Geschenkband für Douglas Fairbanks veröffentlicht. Sie erscheinen mit frdl. Genehmigung von Douglas Fairbanks jr. Die hier abgedruckten Reproduktionen können leider der Schönheit der originalen Vorlagen in keiner Weise gerecht werden.)

Der Abschied vor dem Kreuzzug.

stand, fertiggestellt, und damit war die gesamte Fassade komplett. Man konnte die Silhouette der riesigen Burg meilenweit sehen.

Gegen Mittag des 9. März fuhr der Zug in den kleinen Bahnhof von Pasadena ein. Douglas sprang heraus, und sein erstes Wort war: ›Nun?‹

Er hatte ein paar neue Tricks für die Fotografen und schüttelte allen die Hand. Ihren Gesichtern konnte er entnehmen, daß ihm eine Überraschung bevorstand.

›Gehen wir und schauen uns mal an, was ihr im Atelier so getrieben habt‹, meinte er. Ich stieg mit zu Douglas in den Wagen, um so sein erstauntes Gesicht mitzubekommen, wenn er die großartigen Bauten sehen würde. Der Chauffeur fuhr durch Pasadena, umschwärmt von Fotografen und Wochenschau-Kameraleuten in Autos, die alle vor uns das Studio erreichen wollten.

An der Kreuzung Santa Monica und La Brea, etwa 200 Meter vor dem Studio, erblickte Douglas die Burg zum ersten Mal. Er riß seine Augen auf und rief: ›Oh Gott, das ist wahnsinnig... das ist phantastisch!‹

Das epochale Gebäude erhob sich dreißig Meter in die Höhe. Stundenlang durchstreifte Fairbanks mit seinen Begleitern die Bauten. Er war erstaunt, wurde dann aber zunehmend beklommen. Schließlich verkündete er, daß der Film ad acta gelegt würde.

›Dagegen komme ich nicht an‹, meinte Fairbanks zu Dwan. ›Meine Kunst ist intimer. Die Leute kennen mich als intimen Schauspieler. Ich kann in einem so riesigen Ding nicht arbeiten. Was könnte ich da drin machen?‹«

Fairbanks wurde bewußt, daß der Film jenen machtvollen Schwung haben würde, der von seiner Phantasie Besitz ergriffen hatte, als er zum erstenmal von den Kreuzzügen las. Doch wie sollte er sich hier einbringen? Die Konkurrenz der überwältigenden Dekorationen war zu groß. Er würde darin verlorengehen.

»Ich überredete ihn, doch mal an einem Morgen ins Atelier zu kommen«, berichtet Dwan, »und ich nahm ihn mit in eine Dekoration. In etwa zwölf Metern Höhe war ein Balkon. Ich hatte einen großen Vorhang daran befestigen lassen, der in einem weiten Bogen von dem Balkon zum Boden hinabreichte.

›Du gerätst also mit den Rittern in einen Schwerterkampf‹, meinte ich, ›und sie jagen dich die Treppen rauf, dabei fechtet ihr die ganze Zeit. Du kämpfst wie ein Verrückter und kannst ihnen entkommen, doch du gerätst auf die Balustrade: einige andere Ritter kommen dir aus der Tür am anderen Ende entgegengelaufen, und du steckst in der Klemme. Du hast keine Chance. Also springst du auf den Balkon und ihr fechtet miteinander – ‹

Ich brach ab. Und er sagte: ›Ja, und was mache ich *dann*?‹ Ich zeigte es ihm. Ich stieg auf die Balustrade und sprang in den Vorhang. Ich hatte eine Rutsche darunter verborgen, eine Spielplatz-Rutsche, und glitt so auf dem Vorhang zu Boden, machte dabei eine seiner bekannten Gesten und rannte durch den nächsten Torbogen ins Freie.

Darauf sprang er an. ›So mache ich es!‹ rief er. Er ließ auf der Stelle einige Leute kommen, rannte auf den Balkon, erklärte ihnen die Situation, sprang in den Vorhang und glitt hinab. Er wiederholte das tausendmal – wie ein Kind.

Dann sollte er plötzlich an einem der Fenster auftauchen, die so hoch waren, daß niemand sie erreichen konnte. ›Wie komme ich da jemals hoch?‹ fragte er. ›Das ist doch albern.‹

›Du kletterst draußen an den Weinranken hinauf‹, meinte ich. Ein weiter

Douglas Fairbanks in »Robin Hood«

Wassergraben lief um die Burg, etwa zehn Meter breit. Natürlich konnte den niemand überspringen. Aber es gab da eine kleine Mauer, die auf den Graben zuführte. ›Du rennst also auf der Mauer entlang‹, erklärte ich ihm, ›und du springst da rüber an die Weinranken und kletterst rauf zum Fenster.‹

›Bin ich Weltmeister im Weitsprung? Ich soll da rüberspringen?‹

›Klar‹, sagte ich. Ich hatte am Ende der Mauer ein Trampolin. Er rannte, traf genau drauf und wurde zu den Weinranken hinübergeschleudert, wo wir Greifschlingen in einem Netz befestigt hatten. Er packte zu und kletterte zum Fenster hinauf. Natürlich fing er auch damit an zu spielen. Solche Sachen waren es, derentwegen er sich schließlich auf *Robin Hood* einließ, aber es war wirklich nicht einfach.«

Es gab für den Film während der gesamten Produktionszeit kein ausgearbeitetes Drehbuch. Fairbanks erhielt unter seinem Pseudonym Elton Thomas den Credit für die Story, doch tatsächlich war es so, daß diese während der Dreharbeiten von ihm, Dwan und Lotta Woods entwickelt wurde. Fairbanks beklagte sich nach der Premiere, daß sich so viele intelligente Menschen beschwert hätten, weil der Film sich so weit von der Vorlage entfernt habe.

»Wenn diese Kritiker wissen, von welchem Buch sie sprechen«, meinte er, »dann wissen sie viel mehr als ich.«

Die Dreharbeiten zu *Robin Hood* waren Hollywoods große Touristenattraktion. Zu der Zeit wurde in den meisten anderen Ateliers gerade nichts gedreht; so fanden sich unter den Rittern und Damen der Massenszenen Autoren, Techniker und Schauspieler, alle arbeitslos wegen der Flaute und dankbar für die Beschäftigung.

»Die großen Massenszenen wurden sorgfältig vorbereitet«, berichtet Dwan. »Ich teilte sie in Gruppen von fünfzehn bis zwanzig Leuten ein, bestimmte jeweils einen zum Chef, steckte ihn in eine Uniform und ernannte ihn zu meinem Assistenten. Der Krieg hat unsere Arbeit beträchtlich erleichtert. Kein einziger von den Komparsen oder den Technikern war nicht beim Militär gewesen. Ich hatte ein Telefon auf meinem Podest, und wenn ich etwas ändern wollte, brauchte ich nur einen Knopf zu drücken. Die Komparsen sammelten wir mit einem Bus auf der Main Street auf. Wir brachten sie zum Studio, steckten sie in ein Kostüm, gaben ihnen einen Imbiß und bezahlten sie am Abend. Die Hälfte von denen wußte gar nicht, was sie taten.«

»Für den Film war nichts zu teuer«, erzählte Enid Bennett. »Ich spielte das Fräulein Marian und es war wundervoll. Natürlich forderte die Rolle nicht allzu viel, ich brachte sie in majestätischer Art und Weise hinter mich. Dabei war alles so verschwenderisch. Douglas Fairbanks war wundervoll, so inspirierend. Bei Liebesszenen war er sehr schüchtern, doch schließlich drehte er eine wunderschöne Szene, in der mein Profil sich auf der Burgmauer abzeichnet.[3] Ich bekam die Rolle durch Elinor Glyn. Sie entdeckte mich bei einem Empfang und erklärte: ›*Dies* Mädchen muß Fräulein Marian spielen!‹«[4]

In einer der schwierigsten Szenen traten überhaupt keine Menschen auf, nur zwei Vögel. Unterwegs zum Kreuzzug erhält Fairbanks als Earl of Huntingdon von Lady Marian die Nachricht, daß Prinz John während Richards Abwesenheit mit grausamer Unterdrückung herrscht. Er sendet mit einer Taube die Nachricht, daß er gesonnen ist, auf der Stelle umzukehren. Der Bösewicht, Sir Guy of Gisbourne, schickt einen Falken, der die Taube abfangen soll. Es ist eine erstaunliche Szene; die Kamera verfolgt mit dem Teleobjektiv die Vögel und behält beide im Bild, während der Falke seine tödlichen Runden fliegt. Der Falke ergreift die Taube und bringt sie lebend zur Erde. Die Nachricht wird entfernt, die Taube freigelassen. Der Falke wurde aus England importiert; er kostete sechzig Pfund. Von Lloyds versichert, verbrachte er seine Reise nach Hollywood im Dunkeln und wurde nur mit rohem Fleisch gefüttert. Die Szene selbst mußte mehr als hundertmal gedreht werden.

Aus Furcht vor Nachahmern meldete Fairbanks den Film als *Douglas Fairbanks in Robin Hood* zum Copyright an; die Vorausreklame übertraf alles bisher Dagewesene, ebenso der Erfolg beim Publikum. Der Film brach fast überall die Kassenrekorde. In Graumans Egyptian Theatre lief der Film so lange, daß die Straßenbahnschaffner, statt die Station anzusagen, riefen: »Für *Robin Hood* alles aussteigen!«

Robert E. Sherwood schrieb im *New York Herald*: »Das ist der Gipfelpunkt der Filmproduktion – der größte Schritt vorwärts, den der stumme Film auf seinem Weg zur Kunst je getan hat. Hinter all dem optischen Aufwand waltet eine wahrhaft seltene Intelligenz. *Robin Hood* ist nicht einem Bankkonto entsprungen; er entsprang dem menschlichen Geist – und das ist der wichtigste Grund für seine Überlegenheit.«

»*Robin Hood* ist vor allen Dingen eine Show«, schrieb *Photoplay*. »Es scheint uns, daß er den Begriff, den wir als Titel führen, wahrhaft verkörpert. In der Tat stellt er das Äußerste an Schauwerten dar. Wir bezweifeln, daß es auf der Leinwand in dieser aufwendigen Richtung noch Fortschritte geben kann. Dem Regisseur Allan Dwan gebührt höchstes Lob für die Leistung, mit der er derart massive und anscheinend unüberwindliche Schwierigkeiten gemeistert hat. Dieses Spektakel ist sein Triumph.«[5]

Ein oder zwei herbe Dämpfer gab es, als die exakten Kosten errechnet wurden. Der Film verlor während seiner Laufzeit in Chicago $ 90 000. Die Negativ-Kosten betrugen $ 986 000 – ohne Fairbanks' eigenes Honorar. Nachdem auch die Kosten der Kinokopien hinzugerechnet waren, kostete *Robin Hood* etwa $ 1 400 000 – und übertraf damit sowohl *Intolerance* ($ 700 000) und den gefeierten ›Millionen-Dollar-Film‹ *Foolish Wives*. Doch er spielte $ 2 500 000 ein.

Photoplay verlieh dem Film 1922 seine Ehrenmedaille – in jenen Jahren gab es noch keinen Oscar. Der Preis wurde nicht, wie sonst üblich, dem Regisseur überreicht, sondern Douglas Fairbanks: »Trotz der Tatsache, daß ein Dutzend oder mehr Männer und Frauen bei der Produktion dieses Films wichtige Funktionen bekleideten, liegt das Verdienst der Konzipierung und Ausführung der Idee bei Douglas Fairbanks.«[6]

Robin Hood galt lange Jahre als verloren, wurde jedoch von einem Sammler wiederentdeckt, und inzwischen sind ein paar Kopien in Umlauf. Leider geben nur wenige die fotografischen Qualitäten des Originals wieder. Der Historiker Rudy Behlmer berichtet in *Films in Review* über die Robin Hoods der Leinwand und meint, der Film sei »viel zu lang und nicht sehr repräsentativ für den klassischen Fairbanks.«[7]

Der Film ist ein Paradebeispiel für das Thema Atmosphäre und Abenteuer; er ist manchmal würdevoll, doch niemals langsam. Die Stimmung des Films wird – in einer für Allan Dwan charakteristischen Weise – durch ein Gedicht am Anfang des Films angedeutet:

>So flieht der Menschen Tun
>Zurück zur Erde wieder;
>Alte und heil'ge Dinge
>Vergehen wie ein Traum.

Dem Gedicht (›Old and New‹, von Charles Kingsley) folgen Aufnahmen von Burgruinen: eine langsame Überblendung, und die Ruinen sind in ihrer alten Großartigkeit wiedererstanden.

»Geschichte ist – in ihrer idealen Verfassung – eine Zusammensetzung aus Legenden und Chroniken, und aus beidem wird hier ein Eindruck des Mittelalters geboten.«

Die riesige Zugbrücke wird heruntergelassen – direkt auf die Kamera zu. Über sie marschieren zunächst die Junker, dann die Ritter in zwei Reihen, mit flatternden Bannern und Wimpeln. Dazwischen hüpft der Narr des Königs (Roy Coulson). Eine mitreißende Fahraufnahme präsentiert Richard Löwenherz (eine brillante Darstellung von Wallace Beery), der sich zu dem Platz begibt, wo ein Turnier beginnen soll. Am Fuß der Burgmauern ist die Blüte der englischen Ritterschaft versammelt, Hunderte von Männern treffen Vorbereitungen, in Kürze mit Richard zum Kreuzzug aufzubrechen. Der Earl of Huntingdon (Douglas Fairbanks) steht im Lanzenduell Sir Guy of Gisbourne (Paul Dickey) gegenüber. Um einen regelwidrigen Vorteil zu erlangen, bindet sich Sir Guy an seinem Sattel fest. Doch auch mit diesem Mittel kann er der gewaltigen Wucht von Huntingdons Lanze nicht standhalten. Sir Guy kracht zu Boden, und König Richard ruft:

»Huntingdon hat seinen ritterlichen Mut bewiesen! Wir erklären hiermit, daß er auf dem Heiligen Kreuzzug unser nächster Befehlshaber sein soll.«

Von Anfang an nimmt die Erregung den Zuschauer in dieser mitreißenden Eröffnung gefangen, mit dem Anblick Tausender gepanzerter Ritter, mit flatternden Umhängen und Standarten, mit kräftig gebauten, sich aufbäumenden und anstürmenden Pferden, mit splitternden Lanzen und krachenden Rüstungen ... die mit dieser Sequenz ausgelöste Erregung läßt einen während des ganzen Films kaum wieder los.

Arthur Edesons Fotografie setzt Bucklands unglaubliche Bauten so wirkungsvoll ins Bild, daß jede neue Einstellung den Zuschauer fast körperlich packt.

Fairbanks springt flott und unbeschwert von einer meisterhaften Aufnahme zur nächsten, in der sorglos-festen Gewißheit, daß noch Erstaunlicheres folgen wird.

Daß dem Film Schwerfälligkeit nachgesagt wird, ist unverständlich. Eine logische Erklärung könnte sein, daß Filmclubs bei Stummfilmen beharrlich an der Geschwindigkeit von 16 Bildern pro Sekunde festhalten. Dieser Film sollte aber mit etwa 22 Bildern pro Sekunde gezeigt werden, also fast Tonfilm-Geschwindigkeit. Die Projektionsgeschwindigkeiten variierten seinerzeit beträchtlich, und so ist die Verwirrung erklärlich. Doch die langsamere Geschwindigkeit macht den Film um vierzig Minuten länger.

»Wir wußten, daß die Atmosphäre wichtiger war als alle Authentizität und das Vermeiden von Anachronismen«, meinte Dwan. »Atmosphäre, das war es, worum wir uns in erster Linie bemühten.«[8]

In dieser Hinsicht hat es kaum jemals einen größeren Triumph gegeben. Ebenso erfolgreich sind viele der filmischen Ideen. Wenn Robin Hood seine Rache an den Anhängern des Prinzen John vollzieht, schlägt neben ihnen ein Pfeil als Warnung ein. Und jedesmal, wenn das passiert, wirbelt ein plötzlicher Windstoß den Staub auf. Diese Idee entspricht überzeugend den dramatischen Hyperbeln der frühen Chroniken.

Wenn Fairbanks, nachdem er zuvor als Huntingdon durch Rüstung und Bewaffnung beschwert war, später die Rolle des Robin Hood übernimmt, springen er und seine Leute mit der Leichtigkeit von Gazellen durch die Wälder. Dank Fairbanks' Grazie und Humor erscheint diese Beschwörung der Freude an der Freiheit gelungen; wäre Robin Hood von jemand anderem gespielt worden, hätte das nur Peinlichkeit hervorgerufen.

Wenn der Höhepunkt, eine wunderbar choreographierte Kampfsequenz, in deren Verlauf die Burg erobert wird, vorüber ist, ruft König Richard: »Huntingdon!« Keine Antwort. Noch einmal ruft er, mit äußerster Kraft: »*Huntingdon*!« Robins Grünröcke, die nebeneinander oben auf der Burgmauer sitzen, purzeln herunter, wie vom Wind umgeblasen. Elemente einer komödiantischen Ausgelassenheit durchziehen den gesamten Film.

Ein großer komischer Augenblick wurde jedoch nie festgehalten. Charlie Chaplin bat Douglas Fairbanks, ihm die Burg für eine Sequenz in seinem nächsten Film zu leihen.

»Ich versteh nicht, Charlie«, meinte Fairbanks, »was willst du damit anstellen?«

Chaplin spielte es vor: die riesige Zugbrücke senkt sich, und Chaplin erscheint mit einem Kätzchen auf dem Arm. Er setzt die Katze auf den Boden, nimmt eine Flasche Milch, eine Zeitung und ein paar Briefe auf und schlurft wieder hinein. Die Zugbrücke schließt sich langsam.[9]

Fairbanks gefiel der Gag, doch war er ein zu schlauer Geschäftsmann, als daß er sein Schloß in einem anderen Film hätte auftauchen lassen.

Robin Hood war in jeder Hinsicht einmalig. Niemand von denen, die mit diesem Film zu tun hatten, hat später etwas Vergleichbares zustande gebracht. Und der Film selbst, ein sehr seltenes Sammlerstück, ist ebenso zu einer Legende geworden wie die Geschichte, der er entsprang.

1 Die Ausstattung beruhte auf einer Synthese der Stile von Gordon Craig, Max Reinhardt und Robert Jones.
2 Robert Florey, *Le Film*, Montreal, Okt. 1922, S. 6-11.
3 Es ist Fairbanks' Profil.
4 Enid Bennett zum Autor, Palm Desert, Kalifornien, April 1967.
5 *Photoplay*, Jan. 1923, S. 64.
6 *Photoplay*, Dez. 1923, S. 91.
7 *Films in Review*, Feb. 1965, S. 91.
8 *Motion Picture Magazine*, Feb. 1923, S. 25.
9 Robert Florey: La Lanterne Magique. Lausanne: Cinémathèque Suisse 1966 (= Documents de cinéma Nr. 6), S. 77f. Allan Dwan und Douglas Fairbanks jr. haben beide bestätigt, daß diese Szene tatsächlich gedreht worden ist.

21 **Der Fluch des Melodrams oder:**

Der goldene Pfad

Der Fluch des Melodrams oder: Der goldene Pfad

Im Jahr 1927 schrieb ein Fan an *Photoplay*, um sich über den Trend zum Realismus im Film zu beklagen: »Es geht uns schon genug an die Nieren, wenn wir lesen müssen, wie es tagtäglich zugeht, dafür verlangen wir dann im Kino Entspannung. Das Leben ist nun einmal so. Aber warum wählt man ausgerechnet die Häßlichsten aus, damit sie unsere Helden und Heldinnen darstellen? Wozu dieser Realismus? Kehren wir zum goldenen Pfad zurück. Wir wollen nicht das Leben, sondern etwas, das uns glücklich macht. Laßt uns leben.«[1]

Der goldene Pfad – golden nicht wegen seiner Süße und seines Lichts – wurde von allen Produzenten dramatischer Spielfilme in Hollywood beschritten. Noch heute wandeln sie auf ihm, doch Süße und Licht sind schon längst im Staub versunken.

Im festen Glauben an ihre Mission, unterhalten zu müssen, kauften die Filmmacher wirkungsvolle und intelligente Stoffe, entfernten alle Motivationen und differenzierten Untertöne und reduzierten die Handlung auf simples, leicht verständliches Melodram.

Selbst die Wörterbücher definieren Melodram mit einem abfälligen Ton: »Drama, das durch rohe Appelle an das Gefühl geprägt ist.«

Für die Lieferanten von Unterhaltung stellt das Melodram einen unschätzbaren Aktivposten dar. Es stellt nicht die geringste Forderung an das Publikum: Es braucht nicht zu denken, es braucht nur zu schauen. Ihm wird keine Feinheit entgehen, denn es gibt keine Feinheiten. Die Werte sind einfach, die Bedrohung ist klar und die Lösung geradlinig und voller Action. Im reinen Melodram finden sich selten Charakterisierungen, niemals irgendwelche Motivationen. Das Leben wird auf das infantile Niveau eines Groschenheftes reduziert.

Dieses Übermaß an Simplifizierung war der bedauerlichste Aspekt des Stummfilm-Melodrams. In einem mitreißenden Serial oder Action-Film spielte es keine Rolle, ob die Motivationen auf ein Minimum reduziert waren. Die Handlung mußte vorwärtsstreben; niemand fragte, warum der Held etwas tat, solange er es wirkungsvoll tat. Action war alles, was zählte; eine Sequenz stellte den Helden als netten Kerl vor, eine zweite zeigte die süße unschuldige Heldin, eine weitere enthüllte die dunklen Machenschaften des Bösewichts, und schon konnte man sich zurücklehnen und das genießen, worin die Schöpfer des amerikanischen Stummfilms unübertroffen waren – bewegte Bilder, die wirklich *bewegten*.

Die Action-Melodramen jener Zeit bilden eine eigene Kategorie. Der einzige vergleichbare Film der letzten Jahrzehnte war *The Last Voyage*, 1959, gedreht vom Stummfilm-Regisseur Andrew L. Stone, fotografiert vom Stummfilm-Kameramann Hal Mohr.

Das Melodram jedoch in andere Zusammenhänge einzubringen, ist kaum entschuldbar. In einem Film über Politik zum Beispiel ist sein Gebrauch gefährlich und grenzt an Unmoral. Politische Themen sind viel zu wichtig, viel zu verwickelt und viel zu wenig eindeutig, als daß man sie in einem schlichten Schwarz-Weiß-Schema präsentieren dürfte.

In der Stummfilmzeit gingen die Leute eher ins Kino, als daß sie Bücher lasen, infolgedessen übten die Filme einen größeren Einfluß aus als die Ideen zeitgenössischer literarischer Autoren.

Nach der Russischen Revolution gründeten die Amerikaner ihre Kenntnisse des Bolschewismus auf die sensationellen Halbwahrheiten der Zeitungsberichte und auf die Darstellung kommunistischer Aktivitäten in Filmen wie *Dangerous Hours* (1920; Fred Niblo).

In diesem Film geht es darum, wie die russische Unterwanderung der amerikanischen Industrie durch Lloyd Hughes vereitelt wird. Die komplizierten politischen Zusammenhänge wurden bis zur Lächerlichkeit simplifiziert. Dem Publikum wurde das abscheulichste Verbrechen aller Zeiten präsentiert: Die Vergesellschaftung der Frauen. Diese verabscheuungswürdige Tat wurde auf die Weise vorgeführt, daß eine Anzahl berittener Komparsen die Frauen einfingen, sie in den Kerker warfen und prügelten.

Es ist leicht, die stummen Melodramen zu verunglimpfen, und die meisten Filmhistoriker wählen allzugern diesen Weg. Man kann solchen Filmen ihre politische Verantwortungslosigkeit vorwerfen, doch nicht die technische Machart. Daß ein Film in dieser frühen Zeit *überhaupt etwas* aussagen konnte, ist erstaunlich genug, ganz abgesehen von den Einfällen, mit denen Regisseur Niblo und Kameramann George Barnes diese Geschichte beleben.

Politisch ist der Film kindisch, auch wenn Fred Niblo in Rußland gewesen war und im Kreml fotografiert hatte. In *Dangerous Hours* findet sich keine Spur von der Atmosphäre, die er auf jener Reise erlebt haben muß.

Der Film beginnt vielversprechend mit einer dokumentarisch anmutenden Außenaufnahme. Streikende – »mit berechtigten Klagen«, wie der Titel von C. Gardner Sullivan verrät – versammeln sich in der zweiten Woche eines Streiks in einer Seidenspinnerei. Wir lernen einige plump dargestellte Bolschewiken kennen – »gefährliche Elemente, die der Arbeit auf den Fersen folgen, wie das Gesindel und die Leichenfledderer einer Armee«.

Lloyd Hughes spielt John King, »Absolvent einer amerikanischen Universität – doch Anhänger der ›Größeren Freiheit‹, wie sie von liberalen russischen Autoren ausgemalt worden ist.«

King will wissen, warum die Polizei die Bolschewiken von den Streikenden trennt.

»Die arbeiten nicht in den Spinnereien. Das sind nur Aufwiegler, die versuchen, auf billige Weise auf sich aufmerksam zu machen.«

»Sie kämpfen für die Sache der Menschlichkeit«, antwortet King hitzig.

»Dann«, sagt der Polizist, »müssen sie es eben eine Ecke weiter tun.«

Diesem platten Witz folgt bald das allerreinste Melodram. Ein Offizier der Roten Armee mit dem unheimlichen Namen Boris Blotchi (Jack Richardson) versucht, King für seine Spionagegruppe zu gewinnen, die die Industrie zerstören will. Blotchi, so ein Titel, »hängt dem wilden Traum an, die scharlachrote Saat des Terrorismus in amerikanische Erde zu säen«.

King schließt sich ihm an und erliegt einige Rollen lang dieser Verführung. Doch schließlich findet er mit einer solch patriotischen Inbrunst zu sich selbst, daß die Zwischentitel sich mit einem Mal in die Stars and Stripes verwandeln:

»Endlich habe ich euch erkannt!« schreit er. »Ihr seid nicht an Menschlichkeit interessiert, sondern an Mord. Wir in Amerika kämpfen nicht auf diese Weise, und was ihr sagt, darf nicht geschehen! DIES IST AMERIKA!«

Sophia, die Femme fatale (Claire Dubrey), kommt dazu und geifert: »Zur Hölle mit Amerika!«

King wechselt die Seite und fängt an, gegen die versammelten Bolschewiken die Stimme zu erheben. Und auf der Leinwand erscheint, in einem merk-

Der Fluch des Melodrams oder: Der goldene Pfad

würdigen Vorgriff auf die spätere Technik sowjetischer Zwischentitel, ein Satz nach dem anderen, von Mal zu Mal größer werdend:

»Und ich sage: Zur Hölle mit euch!«

»Ihr Feiglinge!«

»Ihr Lügner!«

»Ihr Schweine!«

Einige Zuschauer mögen das für eine beißende Entlarvung gehalten haben, doch glücklicherweise nahmen es nur wenige Kritiker ernst.

»Als Propaganda«, schrieb *Photoplay*, »ist *Dangerous Hours* unwirksam. Die Geschichte handelt von der Bekehrung eines Salon-Bolschewiken. Ein zu zweihundert Prozent amerikanisches Mädchen (Barbara Castleton) überzeugt ihn, daß das alles falsch sei, Trotzki, alles falsch. Doch ist es einfacher, einen Aufruhr zu provozieren, als ihn zu stoppen. Und so kommt es zu einem turbulenten Höhepunkt, der mit viel Schwung in Szene gesetzt ist. Wer erinnert sich übrigens noch an die Zeiten, als alle Bösewichte Deutsche waren?«[2]

Es erschienen so viele verzerrte Darstellungen der Roten Revolution, daß schließlich die Presse sich bewogen fühlte zu protestieren. »Bitte, bitte«, bettelte *Picture Play* 1920 bei den Produzenten, »kann nicht jemand die Bedeutung der Worte ›Bolschewik‹ und ›Sowjet‹ nachschlagen? Keines von beiden bedeutet ›Anarchist‹, ›Halunke‹ oder ›Mörder‹ – wirklich nicht!«[3]

Die melodramatische Behandlung politischer Themen war schon gefährlich genug, in Verbindung mit rassistischen Assoziationen war sie ausgesprochen verwerflich.

Nach der Protestwelle gegen *The Birth of a Nation* kamen Schwarze nicht wieder als Bösewichte vor. Sie wurden nur als Staffage oder in kleinen Komödienrollen eingesetzt. In der Tat gab es damals in Kalifornien nur wenige Schwarze, so daß oft weiße Schauspieler sich schwarz anmalen mußten, um beispielsweise die Rollen von Eisenbahnschaffnern zu spielen. In Los Angeles traf man auf Schwarze eigentlich erst während der Rüstungsanstrengungen im Zweiten Weltkrieg.[4]

Der Akzent verschob sich auf die Gelbe Gefahr. *Patria*, ein von William Randolph Hearst finanziertes Serial, peitschte den Haß auf Japaner und Mexikaner dermaßen an, daß Präsident Wilson sich genötigt sah einzugreifen. Das war 1916; Amerika war noch neutral, doch dunkle Wolken zogen auf. Die Hearst-Zeitungen, die kurz zuvor über den Kampf gegen Pancho Villa berichtet hatten, veröffentlichen nun feindliche Artikel über die japanische ›Gelbe Gefahr‹ und über die Mexikaner. Im Serial wird Amerika von einer unheiligen – und sehr unwahrscheinlichen – Allianz zwischen Mexiko und Japan angegriffen. Und um die große Publizität, die die Wahlrechtsbewegung genoß, finanziell auszuschlachten, werden die Anstrengungen der im Serial zusammenphantasierten Armee von Irene Castle vereitelt.

Mexiko konnte kaum protestieren, da die Vereinigten Staaten die diplomatischen Beziehungen abgebrochen hatten; doch Japan konnte – und tat es auch. Hearsts International Film Service erhielt einen Brief, der sich auf das Serial bezog:

Bei verschiedenen Besuchen im hiesigen Keith Filmtheater habe ich einige Folgen eines Films mit dem Titel Patria *zu sehen bekommen, der hier und, wie ich vermute, in vielen anderen Filmtheatern des Landes gezeigt wird. Darf ich*

Patria (1917): L. Dick Stewart und Milton Sills in bedrohlicher Lage in Episode 7: *Red Dawn*.

Laura la Plante in *The Cat and the Canary* (1927), Regie Paul Leni; eine der besten Melodram-Parodien.

Der Fluch des Melodrams oder: Der goldene Pfad

Dangerous Hours (1919): Die Versammlung der Bolschewiki.

Dangerous Hours: Die Versammlung der Arbeiter.

Ihnen mitteilen, daß mich der Charakter der Handlung sehr beunruhigt hat. Der Film ist den Japanern gegenüber in höchstem Maße unfair, und ich muß befürchten, daß mit ihm die Absicht verfolgt wird, beträchtliche Feindseligkeiten zu erregen, die durchaus nicht günstig für unser Land sein werden, ja mehr noch, die unter den gegebenen Umständen großen Schaden anrichten werden. Ich nehme mir deshalb die Freiheit, die Bitte auszusprechen, daß die Gesellschaft den Film, sollte er noch öffentlich vorgeführt werden, zurückziehen möge.

Hochachtungsvoll Ihr Woodrow Wilson[5]

Patria wurde nicht zurückgezogen: er wurde überarbeitet. »Die japanischen und mexikanischen Flaggen wurden herausgeschnitten«, berichtet Terry Ramsaye, »und der Film kam durch die Zensur und auf den Markt zurück, mit allerdings deutlich geringerem Erfolg.«

Doch die Gelbe Gefahr, verkörpert durch Warner Oland und Sojin, sorgte auch weiterhin für volle Kassen.

Chinatown erschien im Stummfilm selten anders denn als brodelndes Nest, angefüllt mit Intrigen, Laster und Drogenhandel. Die Bewohner der chinesischen Wohnviertel in amerikanischen Städten protestierten energisch gegen diese verzerrende Darstellung.

Als ein Team in New Yorks Chinatown erschien, um Thomas Meighans *Pied Piper Malone* (Alfred E. Green) zu drehen, wurde es mit einem Hagel aus Steinen, Obst, Gemüse und alten Schuhen begrüßt. Doch der Tumult, der gedacht war als Demonstration gegen den üblen Ruf, in den das Quartier durch das Kino gebracht wurde, bestärkte bei allen nur die schlimmsten Vorurteile.

Mit der Zeit nahm man Abstand von der Darstellung leicht identifizierbarer Minoritäten, doch in *Old San Francisco*, einem Melodram der Warner Bros. aus dem Jahr 1927, erstand die übelste Zeit des schaurigen Chinatown wieder in voller Blüte. Das Erstaunliche an diesem Film ist, daß die Produzenten des Jahres 1927 noch immer damit rechnen durften, aus solch üblem Unfug Kapital schlagen zu können.

Gezeigt wird eine vornehme Familie, die letzten Nachkommen spanischer Siedler, deren Mitglieder vom Bösewicht Chris Buckwell (Warner Oland) mit dem Tode bedroht werden. Buckwell hat ein gräßliches Geheimnis, das enthüllt wird, als er dabei ertappt wird, wie er auf der Ranch seiner Opfer umherschleicht. Die Kirchenglocke läutet.

»Halt – nicht diese verfluchten Christen-Glocken!« schreit Buckwell. Als sich Dolores Costello wie ein Racheengel mit einem Schwert der kriecherischen Gestalt nähert, kommt Buckwells schreckliches Geheimnis zutage: in seinen Adern fließt orientalisches Blut!

Bei der Premiere des Films im Warner Theatre war das ganze Kino in purpurnes Licht getaucht, was schon genug sagt. Doch die Kritiker sahen sich zu keiner purpurnen Prosa veranlaßt. Die New Yorker *Post* nannte den Film »schreiend melodramatisch und in äußerstem Maße grotesk – einer der dümmsten Filme, die jemals gedreht wurden.« Die New Yorker *Sun* lobte Regisseur Alan Crosland für die Art, in der er dieses Stück grellen Melodrams inszeniert hatte. »Es baut gekonnt Illusionen auf, trotz der billig gemachten durchsichtigen und ›finsteren‹ Story.«[6]

Croslands Regie ist in der Tat so gekonnt, daß *Old San Francisco* ästheti-

Der Fluch des Melodrams oder: Der goldene Pfad

sches Vergnügen bereitet, trotz Darryl F. Zanucks widerwärtiger Story. Der Höhepunkt des Films, das Erdbeben von San Francisco, ist mittelmäßig ausgeführt, mit Doppelbelichtungen und Modellen, doch die Behandlung des Melodrams ist phantasievoll und packend. Die Dekorationen von Ben Carré, speziell die Innenräume der ›Unterwelt‹, sind gelungen, und Hal Mohrs Lichtführung ist exquisit. Es war eine Schande, solche Talente an derartiges Material zu verschwenden. Aber dies war eine Stärke der Stummfilmmacher: Den vereinten Talenten von Regisseur, Kameramann und Filmarchitekt gelang es oft, noch aus der hoffnungslosesten Vorlage einen visuell reizvollen Film zu machen.

Die reinen Melodramen der ganz albernen Sorte: Heldin, auf die Schienen gefesselt, wird in letzter Minute durch Hund gerettet – wurden auch noch in den 20er Jahren hergestellt, waren dann allerdings die Domäne der Serienhersteller oder der Billigproduzenten wie Gotham.

T. Hayes Hunter führt die Bühnenschauspielerin Blanche Bates
in einer Szene von *The Seats of the Mighty* (1914).

Die meisten Melodramen wurden liebevoll ausgeschmückt, mit reichen Charakterzeichnungen, wunderschönen Dekorationen und einer naiv-befreienden Problemlösung. Damit war Hollywood zufällig auf sein Erfolgsrezept gestoßen. Doch nicht alle Melodramen dieser Art waren todsichere Kassenknüller.

Wid Gunnings Fachblatt *WID's Daily* drang auf eine Rückkehr zu primitiveren Zeiten. Mit der tumben Dickhäutigkeit des Kinobetreibers forderte er 1921: »Zeigt den Kitsch. Die Vollblut-Sachen. Was die Leute von den billigen Sitzen reißt. Lassen wir ein wenig Schönheit weg und tun mehr Action rein. Ein oder zwei Gefühlsschauer sind richtig, vielleicht auch mehr. Gehen wir zurück zu den Ursprüngen – einfache Gefühle – das wollen die Fans.«[7]

Die Berichte und die ungeschminkten Meinungsäußerungen der Kinobesitzer unterstützten solches Spießertum.

Bits of Life, Marshall Neilans experimenteller Film, der sich aus vier Kurzgeschichten, darunter eine feinfühlig inszenierte chinesische Episode, zusammensetzte, wurde mit dem folgenden markigen Kommentar bedacht: »Ich sage: So ein Schlitzaugen-Kram wie der läuft nicht, wenn wir im Geschäft bleiben wollen«, meinte der Besitzer des Electric Theatre in Centralia, Kansas.[8]

The Wedding March (1928; Erich von Stroheim): »Die Pein ist vorüber. Ich halte schon einiges aus, aber vor diesem Film mußte ich kapitulieren, als die Leute rauskamen. Ich dachte, vielleicht liege ich ja falsch, also fragte ich einen Haufen Zuschauer, was sie von dem Film hielten, und zwei vermuteten, daß er wohl in Ordnung wäre (sie vermuteten – wohlgemerkt), und was einige andere sagten, würden Sie sowieso nicht drucken, darum sage ich es Ihnen erst gar nicht.« (Perkins Theatre, Holton, Kansas.)

The Wind, Victor Seastroms (Sjöströms) Meisterwerk, erntete ähnlich gepfefferte Reaktionen. Lubitschs *The Patriot* hingegen fand Verständnis: »Spielte ihn drei Tage lang vor leerem Haus, aber es liegt nicht am Film ... Wundervoller Film, was die Schauspieler betrifft, aber an der Kasse ein großer Reinfall. Wir haben Verluste gemacht, und obwohl die Grippe und das schlechte Wetter eine Rolle spielten, es kann nicht nur daran gelegen haben ...«[9]

Doch selbst die Kinoleute fielen nicht auf jeden abgeschmackten Unsinn herein. »*Speed* – ein Quatsch von Anfang bis Ende. Lucys Unschuld am Mord wurde nicht bewiesen; es wirkte so, als hätte der Regisseur in der Aufregung, das Serial zu beenden, vergessen, daß eine Frau getötet worden war. Das ist ›Mist‹.« (Wigwam Theatre, Oberlin, Ohio.)[10]

Der Theaterkritiker B.T. Clayton stimmte widerstrebend der Meinung der Wirtschaft zu:

»Seit langer Zeit sind die Produzenten – trotz all des in der Presse zusammengekleisterten Geschreibsels über ›bessere Filme‹, ›neue Gesichter‹ und Kunst mit einem großen K – dank des außerordentlichen Erfolgs solcher Schaumschlägereien wie De Milles *Anatol* davon überzeugt, daß das Publikum nur eines will – gestern, heute und morgen: den guten alten Quatsch. Im Jahr 1955 vielleicht wird ein kleines Kino eine mutige Revolution wagen und vom Ergebnis absolut überwältigt sein – so wie die New York Theatre Guild, die in einem Keller irgendwo in der Nähe der Battery begann und eines schönen Tages erwachte und bemerkte, daß ein kunsthungriges Publikum in Scharen diese Höhle aufsuchte und vor Dankbarkeit beinahe schluchzte.

Ein Lichtspielhaus für die Intelligentsia, ein anderes für die Liebhaber von *Die Versuchungen eines Fräuleins vom Amt*. Ein Kino für die Geschichten von Liebe im Mai und duftigen Dessous, ein anderes für die pulsierenden, leidenschaftlichen Sinfonien von Lubitsch und La Negri, hier das prahlerische Säbelgerassel von Fairbanks und die Schäferspiele des Charlie Ray, dort die intellektuellen Opern des William C. de Mille. Und peu à peu werden die Zuschauer des einen zu immer regelmäßigeren Besuchern des anderen. Die Kleinen aus dem Kindergarten werden langsam zu Oberschülern.

Doch selbst der Unsinn wird mit jedem Jahr delikater. Erinnern wir uns der Revolverdramen vor nahezu zwanzig Sommern, als die Abendunterhaltung in der großen Szene im Sägewerk gipfelte, wo der böse Verflucht- seist-du-Jack-

Der Fluch des Melodrams oder: Der goldene Pfad

Dalton den Helden ruppig und rüde auf einen Klotz gefesselt hat, der langsam die Rutsche hinabgleitet, direkt auf eine sirrende Kreissäge zu.

Vergleichen wir den schlechtesten Film des Jahrgangs 1921 mit der alten, wohlbekannten Dramaturgie von *Nellie, the Beautiful Cloak Model*. Ist *Anatol* nicht all den Stücken überlegen, in denen jemand auf die Eisenbahngleise gekettet wird, während in der Ferne schon der Expreßzug pfeift?«[11]

Die Verbesserung war immens. Doch erst durch die leichte Hand von Chaplins *Woman of Paris* und von Lubitsch, Frank Tuttle, Mal St. Clair und eine Schar geistvoller Tüftler begann das schwerfällige Melodram von der Bühne zu verschwinden.

Obwohl immer wieder verspottet, blieb es dem Kino erhalten. Heute hat es einen festen Platz im Spielfim-Repertoire. Vergleichen wir den Brief an *Photoplay* vom Mai 1927 mit diesem, der 1964 die Filmzeitschrift *Films in Review* erreichte:

»Ich habe noch nie verstehen können, warum die Intellektuellen das Melodram so verunglimpfen. Weil im Melodram stets das Gute über das Böse triumphiert, entzündet sich auch noch in dem Schäbigsten von uns allen ein wunderbares kleines Licht. Ich glaube, das Melodram ist eine mächtigere und anregendere Kraft als jede andere literarische oder filmische Gattung.«[12]

Sehr viele Melodramen haben die Filmgeschichte bereichert. Doch ohne dieses Element wäre der Film heute vielleicht unermeßlich reicher.

1 *Photoplay*, Mai 1927, S. 11.
2 *Photoplay*, Mai 1920, S. 111.
3 Harry J. Smalley in *Picture Play*, April 1920, S. 58.
4 Louise Brooks wies darauf hin, daß sich viele Schauspieler aus den Südstaaten weigerten, gemeinsam mit Schwarzen aufzutreten.
5 Terry Ramsaye: *A Million and One Nights. A History of the Motion Picture.* 2 Bde. New York: Simon & Schuster 1926, [Neuausgabe: London: Cass 1964]; der Brief in Bd. 2, S. 779f.
6 Zitiert in »When Critics Disagree«, *Photoplay*, Sept. 1927, S. 84.
7 Zitiert in *Photoplay*, Nov. 1921, S. 64.
8 Zitiert in *Photoplay*, Dez. 1923, S. 114.
9 *Motion Picture Almanac*, 1929, S. 208f.
10 Zitiert in *Photoplay*, Dez. 1923, S. 114.
11 *Picture Play*, Juni 1922, S. 33.
12 *Films in Review*, Jan. 1964, S. 58.

22 **Szenarium**

Der Ort, an dem ein Film zuallererst gesehen wird, ist die Phantasie des Drehbuchautors. Und hier sieht der Film am besten aus. In der Phantasie sind alle praktischen Probleme umgangen, und sie präsentiert den Film in seiner vollkommensten Form, von keiner Anstrengung berührt und von keinem Kompromiß beeinträchtigt. Er wird nie wieder so gut aussehen.

Denn die Phantasie kommt niemals gegen die Realität an. Sie kann für den Künstler lediglich die Ausgangsbasis bilden, von der aus er seinen Traum verwirklicht – ein Ansporn für dessen Verwirklichung.

Der Drehbuchautor kann sich, während er an der Schreibmaschine grübelt, die atemberaubendsten Szenen vorstellen, doch er muß seine Phantasie zügeln. Hat der Film ein entsprechend hohes Budget, dann kann er eine Überschwemmung beschreiben und es der Trickabteilung überlassen, die Katastrophe zu simulieren. Doch wie eindrucksvoll auch das Endresultat aussehen mag, es kann sich niemals mit der ersten wundervollen Idee messen. Denn keine Worte vermögen eine Vision präzise zu beschreiben.

Mehr als alle anderen narrativen Künste muß es ein Film über sich ergehen lassen, gleich mehrfach in kreativer Hinsicht zur Ader gelassen zu werden. Das geschieht von dem Zeitpunkt der allerersten Ideenskizze bis hin zu dem Augenblick, in dem das Bild schließlich die Leinwand erreicht.

In den Anfangstagen des Kinos gab es diese Gefahr nicht – weil es keine Drehbücher gab. Die primitiven Ein- und Zweiakter wurden in wenigen Tagen von Regisseuren gedreht, die eine grobe Vorstellung von der Handlung hatten und bei ihrer Umsetzung weitgehend improvisierten. Solche Regisseure, die einen Film aus dem Ärmel schüttelten, arbeiteten noch bis weit in die 20er Jahre und beherrschten ihr Metier mit hoher Perfektion und ungebremstem Erfindungsreichtum. D. W. Griffith war das glänzendste Beispiel. Ein Mann, der *Intolerance* ohne ein Skript drehen konnte, verfügt über Methoden, die sich jeder Analyse verschließen. Keiner der großen Komiker – Chaplin, Lloyd oder Keaton – drehte jemals nach einem Skript, bis der Tonfilm kam.[1] Doch wurden seinerzeit überhaupt nur ganz wenige Stummfilm-Komödien mit einem konventionellen Szenarium gedreht; das war ihr Geheimnis.

»Tausende, ja hunderttausende Autoren«, schrieb 1917 Alfred Cohn, »haben sich gewundert, warum sie keiner der großen Filmfirmen ein Drehbuch für eine Komödie verkaufen konnten. Der Hauptgrund ist, daß es so etwas wie ein Szenarium oder Skript für eine Slapstick-Komödie gar nicht gibt. Es wird keine Continuity aufgeschrieben und kein Autor schreibt seine Ideen nieder. In einer der größten Komödienfabriken ist ein Stab von etwa zwanzig Leuten angestellt. Doch höchstens einige wenige von diesen ›Autoren‹ haben jemals etwas geschrieben oder könnten in ihrem Leben etwas schreiben. Das Endprodukt ist das Ergebnis von Gemeinschaftsarbeit.«[2]

Gags, die am Konferenztisch der Szenario-Abteilung ausgetüftelt und diskutiert worden sind, wirken wahrscheinlich stärker und witziger als solche, die ein Einzelner an der Schreibmaschine ausgebrütet hat; ihm fehlt der Ansporn der Konkurrenz. Während des Drehens wurden die Gags dann durch Improvisation noch weiter entwickelt.

Für dramatische Spielfilme mußte allerdings ein Szenarium geschrieben werden; als der Standard der Produktionen stieg, wurden bessere Stories gesucht und ausgewiesene Roman- und Zeitschriftenautoren engagiert.

Als der letzte der Improvisations-Regisseure gilt Marshall Neilan. Als er sich eines Tages zu den Dreharbeiten verspätete, vermutete ein Schauspieler, Neilan habe wohl sein Drehbuch verloren. »Klar«, meinte einer von der Crew, »und jetzt sucht er es in der Wäscherei.«

Das Wort ›Szenarium‹ – heute durch den Begriff ›Drehbuch‹ ersetzt – bedeutete nicht eine genaue Drehvorlage. Es war die Abfolge der Szenen, in denen die Geschichte optisch erzählt wird; es sollte ursprünglich dazu dienen, die Vorstellungen des Autors möglichst eindeutig zu vermitteln. Aufgrund dieses Szenariums wurde dann die Drehvorlage, ›continuity‹ oder ›shooting script‹, wie man es heute nennt, abgefaßt.[3]

Das Schreiben für den Spielfilm war stets eine komplizierte Angelegenheit, die jedoch nicht überschätzt werden sollte. Oftmals sollten die Autoren die Story lediglich zu Papier bringen, damit dies als Grundlage für das Budget, die Besetzung und die Produktion dienen konnte.

Der Entstehungsprozeß eines Drehbuchs begann in der Stummfilmzeit nicht wesentlich anders als heute. Ein Film beruht, damals wie heute, zumeist auf einer fremden Vorlage – einem Buch, einem Bühnenstück, selbst einem Gedicht. Nachdem dieses Original von einer Filmfirma erworben und damit »Property« war, wurde es einer Reihe radikaler Veränderungen unterworfen.

Damit sich ein Produzent ein Bild von der Story machen konnte, ohne das Buch lesen zu müssen, wurde es auf die Form einer zusammenfassenden Übersicht reduziert. Hierfür war eine spezielle Lektoratsabteilung zuständig, und man erwartete von den Mitarbeitern dieser Abteilung oft, daß sie die Inhaltsangabe dem Produzenten vortrugen. Es bestand die Möglichkeit, daß sie die Geschichte mißverstanden oder das Thema falsch auslegten – mit Wahrscheinlichkeit jedoch hatten sie kein Interesse daran. Aber auf dieser Zusammenfassung, diesem Report beruhte das Schicksal des Stoffes. Der erste Aderlaß.

Der Produzent übergab sodann den Stoff einem Szenarium-Schreiber, zumeist einer Frau. Von ihr war eher eine spezialisierte, kühle und professionelle Bearbeitung des Originalstoffes zu erwarten. Sie las das Buch mit der Zielsetzung, das Erzählte in eine visuelle Abfolge umzusetzen, daher war kaum damit zu rechnen, daß sie sich emotional so intensiv auf das Buch einließ, wie es der Autor gewünscht hätte. Viele für den normalen Leser bedeutungsvolle Episoden waren für sie wertlos. Aufbau der Atmosphäre, Entwicklung der Charaktere, Steigerung der Spannung – während in einem Roman ganz natürlich ein größerer Raum für die Beschreibung einer einfachen Szene aufgewendet werden kann, erfordert ein Film vor allem ein Fortschreiten der Handlung und Tempo.

Der Rotstift der Szenaristin tilgt Zeile für Zeile wohlkomponierter Prosa. Diese Behandlung ist für den Film nicht unbedingt schädlich. Eine Geschichte wird, wenn sie zur Verfilmung erworben worden ist, zu einem eigenständigen Werk und sollte nicht an den Regeln eines anderen Mediums gemessen werden.

Doch es gab jedesmal erregte Diskussionen, wenn ein populärer Roman verändert, wenn Personen gestrichen oder das Ende umgeschrieben worden war. Viele Stummfilme wurden von der Kritik verrissen, wenn sie vom Original abwichen. In zahlreichen Fällen ist bei vielen die Erinnerung an einen Film länger lebendig geblieben als an den Roman oder das Bühnenstück, auf dem er beruhte.

Fannie Hursts Kurzgeschichte ›Humoresque‹, die im *Cosmopolitan Magazine* erschienen war, wurde 1920 erfolgreich verfilmt (Adaption: Frances Marion, Regie: Frank Borzage). Sie sah den Film in einer Sondervorführung im Ritz-Carlton.

»Eine Cousine von mir, selbst Schriftstellerin, begleitete mich und war höchst schockiert. ›Das ist doch die reine Travestie deiner Erzählung‹, erregte sie sich. ›Die Freiheiten, die die sich herausgenommen haben!‹ Ich gab etwas von mir, das Zustimmung andeuten sollte, dachte aber im Stillen, daß sie etwas sehr Gutes geschaffen hätten. Es gefiel mir.

Das Ich eines Autors ist etwas, das man nur sehr schwer umgehen oder überschauen kann. Ich war der Ansicht, daß ich, wenn ich anderen irgend etwas verkauft hatte, es ihnen auch ganz und gar überlassen hatte. Sie sollten damit ohne meine Einmischung anfangen können, was sie wollten. Bisweilen hatte ich den Eindruck, daß sie mein Konzept verbessert hatten, doch kam das eher selten vor. Das Konzept eines Autors ist sehr kostbar und gehört ihm allein. Wenn jemand anderer sich, wie geschickt auch immer, daranmacht, hat man das Gefühl: ›das bin nicht ich ... das ist einfach nicht von mir ...‹«[4]

Für die Szenaristin war die Adaption ein Auftrag. Wie sehr sie sich auch der Aufgabe widmete, ihr Interesse schwankte natürlich von Mal zu Mal. Sie war hauptsächlich darauf bedacht, ihre Wiedergabe der Story denen verständlich zu machen, die ihre Worte in Bilder umzusetzen hatten.

Als die Stummfilme dann aufwendiger wurden, als der ›Supervisor‹ (der die Produktion zu überwachen hatte) aufkam und immer mehr Leute in eine Produktion verwickelt wurden, wanderte die Adaption durch mehrere Hände, die nicht unbedingt alle kompetent waren.

Das endgültige Drehbuch wurde dann noch mehrfach überarbeitet, bevor es die Zustimmung des Leiters der Szenarium-Abteilung, des Studiochefs, des Supervisors, des Regisseurs, des Stars, seines Agenten oder Managers und bisweilen auch des Autors selbst fand. Viele Versionen, viele Konzepte – alle waren ein Kompromiß zwischen literarischer Konvention und filmischer Verdichtung, was jedesmal einen weiteren Aderlaß in kreativer Hinsicht bedeutete.

In den großen Tagen von M-G-M arbeiteten bis zu zehn Autoren an einem Skript, bevor für die letzte Version der Rahm ihrer Bemühungen abgeschöpft wurde. Kein Wunder, daß Szenaristen eine ähnlich hohe Sterblichkeitsquote hatten wie Rennfahrer.

Die berühmteste aller frühen Szenaristinnen war Anita Loos. Ihre bekannteste Leistung ist das Buch *Gentlemen Prefer Blondes*, doch ihre Errungenschaften auf anderen Gebieten waren noch erstaunlicher.

»Sie ist eine brillante Frau«, meinte Louise Brooks, »wissen Sie, was sie mit fünfzehn machte? Sie schrieb pro Woche drei Skripts für Griffith, zwei ihrer Varieté-Stücke liefen in führenden Vaudevilles, sie schrieb eine Broadway-Kolumne für eine New Yorker Zeitung – und hatte Kalifornien noch nie verlassen!«

Miss Loos korrigierte Miss Brooks mit Zurückhaltung. »Ich schrieb die Broadway-Kolumne nicht«, sagte sie, ich lieferte nur Beiträge dafür, als ich zwölf war. Außerdem lief nur ein Varieté-Stück im Vaudeville.« Sie bestätigte außerdem, daß sie die Zwischentitel für *Intolerance* verfaßt hat.[5]

In dem Theater, das ihr Vater besaß, sah Miss Loos die Filme, die während der Vorstellung zwischen den Akten vorgeführt wurden. Der Inspizient zog den Vorhang hoch, so daß sie die Leinwand von hinten sehen konnte.

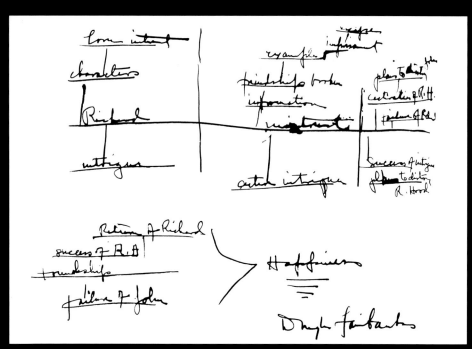

Douglas Fairbanks schrieb seine Szenarios unter dem Pseudonym Elton Thomas. *Robin Hood* entstand nach einer Entwurfsskizze, die nicht sehr viel ausführlicher war als die hier abgebildete.

Auf Pickfair arbeiten Douglas Fairbanks und Edward Knoblock an dem Skript für *The Three Musketeers* (1921).

William de Mille, Jeanie Macpherson, Elinor Glyn und Cecil B. De Mille.

Dolores del Rio und Ilja Graf Tolstoj, der älteste Sohn von Leo Graf Tolstoj, posieren für ein Publicity-Photo während der Produktion von Edwin Carewes *Resurrection* (1927).

»Ich habe sie alle gesehen und ich hatte den Eindruck, daß die Filmleute wohl Stories gebrauchen könnten. Also schrieb ich eine. Ich ließ mich von Mary Pickford inspirieren. Ich schickte die Story per Post, und sie wurde auf der Stelle angenommen. Der Titel lautete ›The New York Hat‹; Mary Pickford spielte die Hauptrolle und D. W. Griffith führte Regie. Ich bekam fünfundzwanzig Dollar. Ich war zwölf Jahre alt.«

Miss Loos schrieb Stories für Biograph, Lubin, Kinemacolor und Kosmik.

Griffiths Biograph Company war jedoch ihr bester Kunde, und schließlich entschloß sich die Firma, sie fest zu engagieren. Als Anita Loos mit ihrer Mutter das Studio besuchte, hielt die Produktions-Sekretärin, dann auch Mr. Griffith zunächst ihre Mutter für die Autorin.

Als Mr. Griffith sich von der Überraschung erholt hatte, daß seine Autorin lediglich ein Meter zweiundvierzig maß und Zöpfe trug, bat er sie, im Studio zu arbeiten. Die Firma hatte schon so viele Anita Loos-Stories gekauft, daß er meinte, da könne sie gleich im Atelier bleiben.

»Ich arbeitete in der Szenarium-Abteilung. Ich *war* die Szenarium-Abteilung. Es gab niemand sonst im Atelier, der schrieb. Fine-Arts kaufte wohl Szenarien, und zwei oder drei Autoren schickten regelmäßig Sachen, aber ich erinnere mich nicht, daß außer mir jemand direkt im Studio arbeitete.«

Ihre frühen Szenarien für Zweiakter bestanden aus etwa anderthalb Seiten. 1916 waren ihre Filmskripte schon bis zu vierzig Seiten lang. Sie schrieb sie mit der Hand und eine Sekretärin tippte sie ab. Sie hat nie gelernt, eine Scheibmaschine zu bedienen.

»Ich saß während der Proben im Atelier, und wenn ein Schauspieler zu irgend etwas ein besonderes Talent zeigte, konnte ich für ihn noch etwas einfügen – so wie man es auch bei Bühnenproben macht, wenn da jemand auftaucht, der witziger ist als erwartet. Ich war bei den Dreharbeiten dabei und ich war beim Schnitt dabei, wo ich die Titel einfügte. Oft zeigten sich in dem gedrehten Material Fehler, die man mit Titeln vertuschen mußte.

In jenen Tagen war alles sehr einfach. Wir hatten so viel Spaß, daß ich mich überhaupt nicht mehr daran erinnere, wann die Arbeit erledigt wurde.«[6]

Die Filme von Miss Loos waren heiter, doch in keiner Weise inkonsequent. Das für sie charakteristische satirische Element verlieh ihren stets unterhaltsamen Stories zusätzliches Gewicht. Sie und ihr Mann, der Regisseur John Emerson, zogen in den Douglas Fairbanks-Triangle-Komödien all die modischen Erscheinungen durch den Kakao – Vegetarier, Publicity-Sucht, Spiritismus, Autosuggestion, rücksichtsloses Big Business, Snobismus – und die Frische dieser Filme nach über fünfzig Jahren beweist, daß die Satire noch heute wirkt. Diese Satire entsprang nicht einem sozialen Gewissen, sondern einem übersprudelnden kreativen Sinn für Spaß. »So lief das eben bei mir ab«, meinte Miss Loos, »ich hätte es gar nicht anders schreiben können.«

Zur gleichen Zeit – 1916 – überredete William de Mille die Firma Famous Players-Lasky, für ihre Filme Drehbücher schreiben zu lassen. »Mein Vater kam aus der Tradition des literarischen Theaters«, berichtete Agnes de Mille, »und er schlug vor, daß es nützlich wäre, detailliert das aufzuschreiben, was man plante. Er schrieb komplette kleine Kurz-Szenarien für Cecil. Dann bat er eine befreundete Autorin, Margaret Turnbull, an die Westküste zu kommen, um ihm zu helfen. Die beiden saßen an Tischen in einem kleinen Holzhaus auf dem Studiogelände und schrieben ihre Szenarien. Papa ließ sich vom Studiomaler ein Schild malen, das er an den Türknopf hängte: SZENARIUM-ABTEILUNG. Das war das erste Mal, daß diese Worte in Hollywood auftauchten.«[7]

Zu diesen beiden Pionieren stießen Hector Turnbull, später Chef der Szenarium-Abteilung bei Lasky, Marion Fairfax und Beulah Marie Dix.

»Damals, in der frühen Zeit des Stummfilms«, erzählte Miss Dix, »verkaufte ein Autor oft eine Originalstory an die Firma und arbeitete dann daran, häufig gemeinsam mit dem Regisseur. Man lernte recht bald, was mit der Kamera gemacht werden konnte und was nicht. Man schrieb zum Beispiel nicht ins Skript: Szene 40 – der Versorgungszug wird in die Luft gejagt.

C. B. beteuerte, daß genau das einmal der Titel einer Episode war, die ihm eingereicht wurde. Er zerlegte sie in fünfzehn Szenen und brauchte zwei Tage, um sie zu drehen.

Es war damals alles sehr wenig förmlich. Jeder im Studio tat alles, worum er oder sie gebeten wurde. Ich trat als Komparse auf, ich kümmerte mich ums Licht – und wer sonst gerade nichts zu tun hatte, trug die Notizen des Regisseurs ins Skript ein. Skriptgirls kamen erst ganz langsam in Mode. Ich habe auch eine Menge Zeit im Schneideraum verbracht.«

Solche offensichtlich lockeren Arbeitsbedingungen, die sich auf alle Aspekte der Produktion erstreckten, waren ein ideales Training für Szenaristen, deren besondere Qualität es ausmachte, daß sie die praktischen Probleme der Produktion im Auge behielten.

Ein fester Stamm erstklassiger Autoren – fast sämtlich Frauen – bildete sich, als die Bedeutung ihrer Arbeit zunehmend Anerkennung gewann: Frances Marion, Eve Unsell, Clara Beranger, Edith Kennedy, Bess Meredyth, Ouida Bergere, Beulah Marie Dix, Marion Fairfax, Jeanie McPherson, Lenore Coffee, Hector und Margaret Turnbull und June Mathis waren die Spitzenautoren der Stummfilmzeit.

Sam Goldwyn, der stets die Arbeit des Autors als wichtigsten Einzelbeitrag für den künstlerischen Erfolg eines Films betrachtete, zog eine Reihe berühmter Autoren – aus Amerika wie aus Europa – an seine Firma. Er nannte diese Gruppe ›Eminent Authors Inc.‹; dazu gehörten Cosmo Hamilton, Channing Pollock, Avery Hopwood, Mary Roberts Rinehart, Gertrude Atherton, Edward Knoblock, Henry Arthur Jones, Somerset Maugham, Sir Gilbert Parker und vor allem Rupert Hughes, der später Regisseur wurde. Diese illustren Namen wurden mit großem finanziellen Aufwand engagiert, um die Reputation der Filmindustrie zu heben; das war ein mutiges, ja tollkühnes Unternehmen. Diese Autoren hatten ihren Ruhm damit begründet, daß sie sich in Worten auszudrücken verstanden, doch sie waren absolut unvorbereitet, Handlungslinien und Charaktere in visuellen Kategorien zu entwickeln. Goldwyn unternahm enorme Anstrengungen, um ihnen die verschiedenen handwerklichen Grundregeln des Films nahezubringen, doch der Plan war von vornherein zum Scheitern verurteilt. Goldwyns Verlust hielt sich glücklicherweise in Grenzen; was er finanziell einbüßte, wurde durch den ungeheuren Prestigegewinn mehr als wettgemacht. Die Eminent Authors-Aktion war eine Art umgekehrte Tonfilm-Revolution – die bedeutendsten Exponenten der literarischen Erzählweise fanden sich plötzlich in einem Medium, das zwar nach ihrem Talent zu verlangen schien, das jedoch rätselhaft war wie eine unbekannte Sprache.

Normale Drehbuchautoren – oft als Lohnschreiber verschrien – mußten mehr als einmal einem ›Eminent Author‹ aus der Klemme helfen, ebenso wie später Theaterleute gerufen wurden, um den Regisseuren zu helfen, die in den Fluten des Tonfilms unterzugehen drohten.

Einige der von den Eminent Authors verfaßten Szenarien gelten noch heute in Hollywood als abschreckende Beispiele.

»Edward Knoblock schrieb für meinen Vater ein Szenarium«, erzählte Agnes de Mille, »doch wie die meisten der berühmten Roman- und Theaterautoren konnte er nicht visuell denken. Eine Zeile in seinem Szenarium lautete: ›Worte vermögen nicht die folgende Szene zu beschreiben.‹

Vater meinte, so etwas sei für den Regisseur wirklich eminent hilfreich! Dann gab es da noch eine Passage, die sich in *Midsummer Madness* fand und die von Cosmo Hamilton stammte: ›Nicht zufällig fanden sie sich allein in einer Berghütte in jener Sommernacht ...‹

Für ›nicht zufällig‹, sagte Vater, brauchte er fünf Dekorationen und zwei Wochen Drehzeit!«

Die meisten Autoren machten kein Hehl daraus, worum es ihnen in erster Linie beim Film ging – Geld. Sie zeigten offen ihre Verachtung für das Medium. In einigen Fällen entsprang diese Verachtung einem Minderwertigkeitsgefühl, das nach all den Jahren des Erfolges nur schwer zu verkraften war, wenn ihnen die Absurdität ihrer Situation klarwurde. Einige verloren jede Umgänglichkeit und neigten dazu, ausfallend zu werden, sie drückten ihren Hohn in – ihrer Meinung nach – genialischen Gesten gegenüber der Engstirnigkeit der Filmproduzenten aus. Ein Bühnenautor lieferte ein drei Seiten langes Szenarium für einen siebzigminütigen Spielfilm ab. Bald war der größte Teil der ursprünglichen Gruppe wieder abgereist; andere Firmen importierten jedoch weiterhin berühmte Namen, wie Elinor Glyn oder Michael Arlen, und auch Goldwyn mochte den Fehlschlag mit den Eminent Authors nicht eingestehen. Er überredete den belgischen Schriftsteller Maurice Maeterlinck, nach Kalifornien zu kommen.

Autoren *waren* wichtig, und im Rückblick erwies sich die Aktion mit den Eminent Authors als folgenreiche Durchgangsphase, und sei es auch nur, um zu beweisen, daß dieser Weg nicht praktikabel war.

Um 1920 waren Szenarien die große Mode. Jedermann schrieb für den Film; die Studios wurden mit Skripts und Stories von Amateuren aus aller Welt überschwemmt. Dies war der einzige Teil der Filmproduktion, an dem die Öffentlichkeit teilnehmen konnte. Man brauchte keine Ausbildung, keine technischen Kenntnisse, und als Ausrüstung genügte eine Schreibmaschine. Es gab mehr Anzeigen für Drehbuchkurse als solche für Schauspielschulen.

»Millionen Menschen könnten Stories und Lichtspiele schreiben – und sie wissen es nicht!« behauptete eine Anzeige für das Irving-System. »Sie glauben es nicht, daß der Schöpfer Ihnen das Talent zu schreiben verliehen hat, Ihnen genauso wie dem bedeutendsten Dichter?«

Die Leute glaubten es – nur die Lektoren mit den rotgeränderten Augen hatten Grund, die Behauptung anzuzweifeln.

Elinor Glyn veröffentlichte eine Reihe von Büchern unter dem Titel »Das Elinor Glyn-System für Schriftsteller«. Der dritte Band war dem Lichtspiel gewidmet, und Miss Glyn riet ihren Lesern, das Visualisieren zu trainieren: »Suchen Sie sich einen ruhigen Platz, wo Sie von nichts und niemand gestört werden. Schließen Sie Ihre Augen und konzentrieren Sie sich auf Ihre Idee. Träumen Sie nicht. Visualisieren Sie!«[8]

Nach Meinung der Drehbuchabteilungen der Studios wäre es ideal gewesen, wenn sie es dabei belassen hätte – doch das war für Miss Glyn erst der Anfang. Bei der Erläuterung zur Personen-Entwicklung empfahl sie: »Lassen Sie Ihren Helden immer nur lächeln! Ein lachender, aktiver Mann, der erfüllt ist vom Geist der modernen Zeit. Allerdings soll er kein grinsender Idiot sein. Er soll nicht um des Lächelns willen lächeln. Es muß Gründe geben für sein Lächeln. Sie sollten Munterkeit und Optimismus wirksam werden lassen und einen energievoll vorwärtsstrebenden Willen!« Miss Glyn riet ihren Schülern, einen normalen, lebenstüchtigen jungen Mann zum Helden zu machen. »Doch halten Sie Ihren Helden rein. Er mag vom rechten Weg abkommen – doch seine Fehler sollten das Ergebnis von Unachtsamkeit, Gedankenlosigkeit, Unbesonnenheit oder Tollkühnheit sein, aber niemals mit direktem Vorsatz begangen werden.«[9]

Ein anderer populärer Kursus stammte von dem erfolgreichen Szenaristen H. H. Van Loan, der *Virgin of Stamboul* verfaßt hatte und dessen Name bei der Premiere im November 1920 als einer der ersten Filmautoren vom Kino – dem ›Strand‹ in Los Angeles – groß plakatiert wurde. In Van Loans anrührend bombastischem Buch »How I Did It« gibt er dem Amateur den Ratschlag:

»Zunächst geben Sie den Anlaß für Ihre Geschichte, dann führen Sie ihre Personen ein; ist das vollbracht, stürmen Sie auf den Höhepunkt zu. Das ist alles. Etablieren Sie die Voraussetzung und dann eilen Sie auf die Schlußszene zu. Verlieren Sie unterwegs keine Zeit. Sorgen Sie für Action, Action und nochmals Action. Streuen Sie ein paar Nervenkitzel ein. Treiben Sie Ihrem Publikum die Tränen in die Augen. Dann, im nächsten Augenblick, vertreiben Sie die Tränen mit einem Lächeln. Wenn Sie so vorgehen, dann haben Sie eine Story.«[10]

Das Palmer Institut für Autoren hatte eine Zeitlang Erfolg, als eine Story von Ethel Styles Middleton, der Frau eines Vorarbeiters aus Pittsburgh, verfilmt wurde – durch die Palmer Photoplay Company. Der Film wurde (von FBO) verliehen und errang einiges Aufsehen. Lloyd Hughes spielte die Hauptrolle und der ehemalige Cutter Del Andrews führte Regie.

»Dieser Film stellt die Avantgarde des wahrhaften Kinodramas dar: aus dem Volk, über das Volk und für das Volk« lautete Palmers Anzeige, und es wurde hinzugefügt, Mrs. Middletons Story beruhe auf »einer erschreckend dramatischen Episode im Leben ihres Bekanntenkreises.«[11]

Der Beirat von Palmer Photoplays wies einige gewichtige Namen auf: Thos. H. Ince; Rex Ingram; Allen Holubar, damals ein bekannter Regisseur; C. Gardner Sullivan und zum guten Schluß James R. Quirk. Eine Anzeige im Jahr 1923 galt einer Dame namens Frances White Elijah: »Ihre erste Story wurde von D. W. Griffith gekauft!«[12]

Palmer produzierte auch eigene Publikationen, und die *Representative Photoplays Analyzed* sind unter historiographischem Gesichtspunkt eine faszinierende Serie, in der die Stories damals aktueller Filme ausführlich wiedergegeben und intelligent analysiert werden.

Schon bald wurde die Unseriosität einer Reihe von Schreibschulen aufgedeckt. Eine bot den wertvollen Rat eines Mr. Lawrence McCloskey »von der Firma Lubin« an, vergaß aber darauf hinzuweisen, daß die Firma Lubin seit einigen Jahren nicht mehr existierte.

Agnes Smith, eine Redakteurin von *Photoplay*, schrieb: »Die Annehmlichkeiten eines Lebens als Autor werden in naiver Weise so vorgeführt: ›Keine körperliche Anstrengung erforderlich – selbst Invaliden winkt Erfolg. Lernen Sie es in 5 Tagen! Beginnen Sie auf der Stelle zu schreiben! Jede angenommene Story bedeutet für Sie zwischen 25 und 150 Dollar.‹« Doch diese zweifelhafte Organisation, so Miss Smith weiter, untertreibe die Situation. »Jeder Autor, der heutzutage nur 150 Dollar für eine Story bekommen würde, würde rausgehen und sich am nächsten Laternenpfahl aufhängen.«[13]

Cecil De Mille sprach im Namen der Lasky Corporation, wenn er verlauten ließ: Wie das Drama die demokratischste Form der Unterhaltung sei, so sei das Schreiben von Szenarien die demokratischste und populärste Form der Freizeitbeschäftigung. »Unerfahrene Autoren spucken Szenarien aus, als ob sie einen Brief nach Hause schreiben. Unsere erfahrenen Autoren benötigen zwischen vier und acht Wochen, um eine Story für die Leinwand vorzubereiten. Amateure meinen, sie schafften drei oder vier an einem Nachmittag.«[14]

Das war im Jahr 1920, und die Lasky Corporation ermunterte immer noch die Amateur-Szenaristen, in der Hoffnung, ein Talent würde vielleicht sein Periskop über die Wasserwüste der Worte erheben. Von zweihundert eingereichten Manuskripten, sagte De Mille, enthalte vielleicht ein einziges eine Idee, die als Grundlage für ein Lichtspiel dienen könnte.

Mitte der 20er Jahre endete die Arbeit eines Amateur-Lichtspielautors nicht auf der Leinwand, sondern im Papierkorb. Die Filmindustrie war nun die exklusive Domäne der Fachleute. Die Tage des Experimentierens waren vorüber.

1 Ich habe den ganz wesentlichen Beitrag unterschlagen, den Richard V. Spencer und Thomas H. Ince von der New York Motion Picture Company [die Firma von Kessel und Baumann, A.d.Hg.] geleistet haben, die das Szenario zum Zentrum der ganzen Truppe machten; das betrifft auch Spencers Nachfolger C. Gardner Sullivan.
2 *Photoplay*, Sept. 1921, S. 119.
3 [Wie an anderer Stelle scheint es auch hier nicht ratsam, eine möglichst differenzierte Terminologie (etwa: Exposé / Treatment / Rohdrehbuch / Drehbuch) in Anwendung zu bringen, die die Sache eher belasten als durchsichtiger machen würde – zumal auch heute noch in bezug auf Drehbücher in Europa und den USA unterschiedliche Gepflogenheiten herrschen. A.d.Hg.]
4 Fannie Hurst zum Autor, New York, Nov. 1964.
5 Anita Loos in einem Brief an den Autor, Jan. 1966. Miss Loos macht sich sieben Jahre jünger!
6 Anita Loos zum Autor, New York, März 1964.
7 Agnes de Mille: *Dance to the Piper. Memoirs of the ballet* (1952), London: Columbus Books 1987, S. 12.
8 Elinor Glyn: *The Elinor Glyn System of Writing*, Book 3. The Author's Press 1922, S. 264.
9 A.a.O., S. 284.
10 H. H. Van Loan: *How I Did It*. Los Angeles: Whittingham Press 1922, S. 24.
11 *Photoplay*, Jan. 1924, S. 99; der Film hieß *Judgment of the Storm*.
12 *Picture Play*, April 1923, S. 15.
13 *Photoplay*, Mai 1927, S. 29.
14 Zitiert in Frances Taylor Patterson: *Cinema Craftsmanship*. New York: Harcourt, Brace 1920, S.169.

23 Der Schnitt: Die Macht im Verborgenen

Der Schnitt: Die Macht im Verborgenen

Die Arbeit eines Cutters beschränkt sich ebensowenig auf das Aneinanderkleben von Szenen wie die eines Dichters auf das Reimen von Wörtern. Beide Elemente sind wesentliche Funktionen, doch sind diese lediglich die mechanischen Stufen eines kreativen Prozesses.

Schnitt heißt: einen Film zum zweiten Mal inszenieren. Den psychologischen Moment abzuschätzen – genau den Punkt für den Schnitt zu treffen – setzt die gleichen intuitiven Qualitäten voraus, wie sie ein Regisseur haben muß.

Der Regisseur kontrolliert die Handlung und bestimmt den Punkt, an dem sie jeweils einsetzen soll. Das tut auch der Cutter. Das Operationsfeld eines Cutters ist beschränkter, denn er muß mit dem arbeiten, was er vorliegen hat. Wenn ein Regisseur mit einer Szene unzufrieden ist, kann er sie ergänzen oder verkürzen und dann neu drehen. Der Cutter muß mit dem auskommen, was er hat, oder es völlig verwerfen. Doch durch sorgsames Auswählen und Arrangieren kann er eine minderwertige Szene in eine gelungene verwandeln. Zusammen mit dem Kameramann und dem Regisseur bildet der Cutter eine der drei wichtigsten Instanzen, die die Qualität eines Films bestimmen; er hat es in der Hand, einen gut inszenierten Film kaputtzumachen oder schlecht inszeniertes Material zu retten. Doch außer vom Regisseur wird seine Tätigkeit niemals in vollem Umfang gewürdigt. Der Produzent und die Mitglieder des Teams machen sich nur selten die mühevolle Arbeit klar, die in die verschiedenen Phasen des Schnitts eingeht. So wundert es nicht, daß Außenstehende der Meinung sind, ein Cutter klebe lediglich die Szenen so, wie sie aus dem Atelier kommen, zusammen.

Allerdings wurde auf diese Weise in den primitiven Anfangszeiten gearbeitet. Zu jener Zeit waren die Szenen relativ lang und mußten durch einen Zwischentitel mit der nächsten verbunden werden. Das Material wurde im Vorführraum begutachtet; der Regisseur sagte dem Kleber (wie man den Cutter in dieser Phase besser bezeichnen kann), wie er die Szenen haben wollte. Der Kleber machte sich Notizen und nahm das Material in den Schneideraum, wo er die Aufnahmen in der festgelegten Weise zusammensetzte.

Mit der Entwicklung und Verfeinerung der filmischen Erzählweise wuchsen auch die Komplexität und die Verantwortung der Schnittarbeit. Es entstand die Funktion des Cutters (engl. editor). Die Montage gab dem Kino eine eigene Identität. Das strikte Festhalten an den Traditionen und Praktiken des Theaters, wie es die Pioniere taten, wurde durch die verschiedensten Einflüsse aufgelöst. Zum einen durch das Werk von D. W. Griffith; doch steht den Experimenten, die er machte, die große Zahl seiner routinierten und oft schwerfälligen Filme gegenüber, wie sie jeder andere Regisseur ebenso hätte machen können. Experimente brauchen ihre Zeit; und die Männer, die Griffith finanzierten, waren damit zufrieden, daß die Industrie alle notwendig erscheinenden Fortschritte gemacht hatte; so ließen sie ihm selten die erforderliche Zeit.
Der eigentliche Anstoß, sich von den Einschränkungen der Bühne zu lösen, kam von den Komödienproduzenten. Sie hatten es nicht nötig, ihren Filmen eine Aura der Würde zu verleihen, wie es die Produzenten dramatischer Spielfilme taten. Je weniger Würde, desto besser. Sie erkannten, daß die Filme, wenn man das Publikum ständig am Lachen halten wollte, sich schneller bewegen mußten. Alles tote Material wurde deshalb schonungslos weggeschnitten. Statt der Einstellung: Person verläßt den Raum... weiterdrehen... weiterdrehen... Schnitt...

weiterdrehen ... weiterdrehen ... Person tritt ein ... Statt dieser tödlichen Routine entwickelten die Cutter von Komödien einen anderen Rhythmus – und schnitten auf Handlung, noch ehe das Bild leer war. Der Übergang war schnell, doch glatt; und diese Technik ließ einige der muffigen theatralischen Dramen so schwerfällig aussehen, daß diese um 1914 sich dem anzupassen begannen.

Tom Miranda, Cutter bei Goldwyn.

Der schnelle Schnitt war keine bewußte Erfindung, sondern eine logische Entwicklung. In vieler Hinsicht war Filmmachen ein Spiel, und die Komödienproduzenten suchten mit jugendlichem Überschwang nach Wegen, um das Spiel unterhaltsamer und trickreicher zu machen. Schon bald wurde das Werk des führenden Komödienproduzenten Mack Sennett als Kunst verehrt – ein Begriff, der ihn nur verlegen machte. Wie Chaplin war er unausweichlich seinem eigenen Talent konfrontiert und geriet so in Abhängigkeit von äußeren Einflüssen, statt sich auf seine eigene Intuition zu verlassen. Bis zu diesem Zeitpunkt brachten die Holterdipolter-Komödien von Keystone, die von so ausgezeichneten Regisseuren wie F. Richard Jones und Del Lord angerichtet wurden, einen ununterbrochenen Strom echten Kintopps auf die Leinwand, dessen Einfluß kaum zu überschätzen ist.

Einen schnellen Schnitt machen zu können, bedeutet nicht gleichzeitig, auch einen guten machen zu können. Probleme beim Schnitt werden nicht einfach durch eine höhere Geschwindigkeit gelöst. Doch zumindest brachte dieses schnelle Schneiden, als es auf den dramatischen Film angewendet wurde, eine erfrischende Wandlung hervor.

Szenen wurden nicht mehr von einer festen Position in einer langen Einstellung gedreht. Sie wurden aufgebrochen in jene Strukturen, aus denen sich die grundlegende Grammatik des Films entwickeln sollte – Totale, Halbtotale, Nahaufnahme. Eine Zeitlang, um 1914/15, besaß das Kino eine solide grammatische Basis, jedoch keine Syntax. Der Totalen folgte die Halbtotale, darauf die Nahaufnahme: es gab kaum Versuche der Umstellung, um so die Wirkung zu erhöhen.

Griffiths Werk brachte eindeutig die Wende. *The Birth of a Nation*, 1915 herausgebracht, war der erste Spielfilm, der die außerordentlichen Mittel der Montage voll ausschöpfte. Dies war ein Meisterstück im wahrsten Sinne des Wortes; es diente dem Rest der Filmindustrie als Vorbild.

Der Schnitt dieses Films, oft rasant und unkontrolliert, ist heute noch wirkungsvoll. Doch fehlt ihm der Schliff, für den Hollywood später berühmt wurde; es fehlt ihm das Fließende, der ›Fluß‹. Das ist eine Eigenschaft der meisten anderen amerikanischen Filmmacher, die Griffith – merkwürdigerweise – nur selten zeigt.

Denn Griffith, der Meister der Montage, konnte zwar die kompliziertesten und erstaunlichsten Schnittsequenzen erdenken. Doch bei der Ausführung schien er das Interesse zu verlieren. Das ist einer der schwer verständlichen Züge dieses großen Mannes, der bei seinen peniblen Inszenierungen darauf achten konnte, daß auch das letzte Detail korrekt war, der aber blind war für augenfällig mißglückte Übergänge beim Schnitt.

Eine Totale leuchtete in strahlendem Sonnenlicht; die nächste Einstellung war trübe und bedeckt. Ein Krieger steckt in der Totale sein Schwert in die Scheide, und in der Nahaufnahme tut er es noch einmal.

Andrew Stone arbeitete mit Griffiths Cutter Jimmy Smith. »Jimmy Smith hat mir erzählt, soweit ich mich erinnere, daß Griffith die Angewohnheit hatte, alles in Totalen zu drehen. Dann setzte er sich in den Vorführraum und entschied, wo er Nahaufnahmen haben wollte. Jimmy hat sich oft darüber beklagt, daß Griffith sich einen Dreck um Übergänge und Anschlüsse kümmerte. Er suchte sich raus, wo er seine Nahaufnahmen haben wollte, und ging dann ins nächstbeste Studio mit irgendeinem Hintergrund, drehte diese wunderschönen kunstvollen Großaufnahmen und schnitt sie ein. Also, zunächst mal ist es sehr schwer, sich im Vorführraum eine Bewegung anzuschauen und dann den Versuch zu machen, sie für die Großaufnahme zu wiederholen. Zum gleichen Zeitpunkt geht das noch – man wiederholt die Bewegung in der gleichen Geschwindigkeit. Doch einen oder zwei Monate später, da ist die Bewegung etwas langsamer oder etwas schneller. Man muß sich auf seine Erinnerung verlassen. Wenn man die beiden Aufnahmen dann aneinander schneidet, sieht man, wie man sich geirrt hat! Dreht man heute eine Großaufnahme nach, dann studiert man zunächst die Szene in der Projektion, anschließend nimmt man einen Schneidetisch mit ins Studio und der Cutter überprüft den Master Shot, während die Nahaufnahmen gedreht werden – damit alles genau paßt. Wenn sich im Master ein Schauspieler hinsetzt und sein Jackett auszieht, kann man ihn in der Nahaufnahme nicht sich hinsetzen und den Schlips abmachen lassen. Und deshalb war Jimmy Smith so sauer auf Griffith, weil der sich nie um Anschlüsse scherte.«[1]

Es ist auch die Theorie entwickelt worden,[2] daß es sich hierbei um ein bewußtes Stilelement handelt, daß Griffith, ebenso wie einige andere Regisseure, diese Handlungswiederholungen ganz bewußt einsetzte. Das könnte zutreffen – und es ist interessant, daß sich in Griffiths frühen Biograph-Filmen und in *The Greatest Question* (1919) keiner dieser Überlappungs-Schnitte findet. *Intolerance* (1916) und *Orphans of the Storm* (1922) sind übersät davon.

So schärfte Griffith in der Filmindustrie das Bewußtsein für die Macht der Montage und schaffte die Grundlagen; die Verfeinerung und die Perfektionierung kam von anderen.

Der Schnitt erreichte – zusammen mit anderen Bereichen der Filmtechnik – um 1918 die Stufe eines soliden Professionalismus. Erstaunlicherweise arbeiteten die meisten Cutter ohne die Betrachtungsgeräte, die heute als selbstverständlich angesehen werden. Sie schnitten in der Hand. Heute ist das den Schnitt-Meistern ein Rätsel: Wie konnten die nur das Tempo oder den Rhythmus beurteilen? William Hornbeck, einer der großen Film-Cutter, betont, es sei ganz einfach, wenn man sich erst daran gewöhnt habe, und er verwende diese Methode gelegentlich noch heute.

Betrachtungsgeräte, speziell die berühmte stumme Moviola,[3] die durch Fußpedale gesteuert wurde und einen Motorantrieb hatte, kamen in den 20er Jahren auf. Es gab auch einige handbetriebene Modelle und versuchsweise andere Apparaturen. Doch die meisten Cutter bevorzugten am Arbeitstisch den einfachen, von hinten beleuchteten Milchglas-Schirm, um damit den Filmstreifen betrachten zu können; einige befestigten ein Vergrößerungsglas an einem beweglichen Arm, das sie zur genaueren Untersuchung herüberschwenken konnten.

Erfahrungen im Schneideraum, ein ideales Training für Regisseure, waren auch bei Leuten anderer Abteilungen begehrt.

Als Bebe Daniels Mitte der 20er Jahre Komödien für Paramount drehte, arbeitete sie auch mit den Autoren zusammen.

»Eines Tages kam die Cutterin Dorothy Arzner zu mir und sagte: ›Bebe, aus dieser Szene hättest du noch wesentlich mehr machen können...‹ Sie begann es mir zu erklären, aber ich verstand es nicht. ›Komm mal abends bei mir im Schneideraum vorbei und ich zeige dir, was ich meine.‹ Also ging ich zu ihr und es war faszinierend. Ich ging dann jeden Abend zu ihr, wenn ich nicht selbst zu arbeiten hatte. Hier lernte ich mehr über das Schreiben von Filmen, als es bei irgendwem sonst in der Welt möglich gewesen wäre.

Dorothy hielt den Film gegen das Licht und schnitt ihn in der Hand. Ich erinnere mich an meine erste Lektion; sie hielt den Film hoch und sagte, ›also von hier ab ist alles tot – da schneiden wir diese Großaufnahme rein – dann kommen wir bis hier. Das brauchen wir nicht – Augenblick mal, hier können wir einsteigen...‹

Langsam begann ich zu verstehen und lernte selbst, den Film zu schneiden. Wir markierten den Kader mit einem Wachsstift, kratzten die Emulsion mit einer Rasierklinge ab, pinselten den Leim auf, legten das andere Stück Film darauf und drückten fest an. Dann überprüften wir die Perforation und betrachteten den Schnitt unter dem Vergrößerungsglas. Dorothy schnitt die Komödien, während wir drehten, und es war sehr hilfreich, morgens die geschnittenen Muster anschauen zu können. Wir konnten so das richtige Tempo halten. Wir wären vielleicht beim Drehen langsamer geworden, doch die geschnittenen Muster ließen uns das richtige Tempo halten.

Jeden Abend schleppte ich mich müde nach oben und arbeitete mit Dorothy bis sieben oder acht, dann ging ich mit verkleisterten Fingern nach Hause. Ich erinnere mich, wie ich zu Dorothy meinte, ich wolle sie nicht länger belästigen, indem ich dauernd vorbeikäme.

Der Schnitt: Die Macht im Verborgenen 23

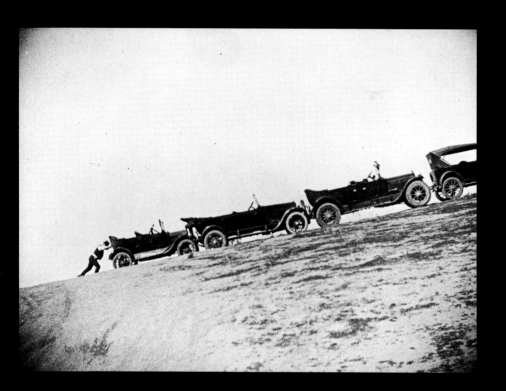

Super-Hooper-Dyne Lizzies, eine Mack-Sennett-Komödie von 1925, Regie Del Lord, Schnitt William Hornbeck. Billy Bevan bringt einige geparkte Wagen in Unordnung, als er sein Uralt-Modell eine Straße hinaufschiebt. Diese Sequenz erschien in Robert Youngsons Film *When Comedy Was King*, der von der Twentieth-Century-Fox herausgebracht wurde; daraus stammen auch diese Kadervergrößerungen.

24 **Zwei einzigartige Verfahren:**

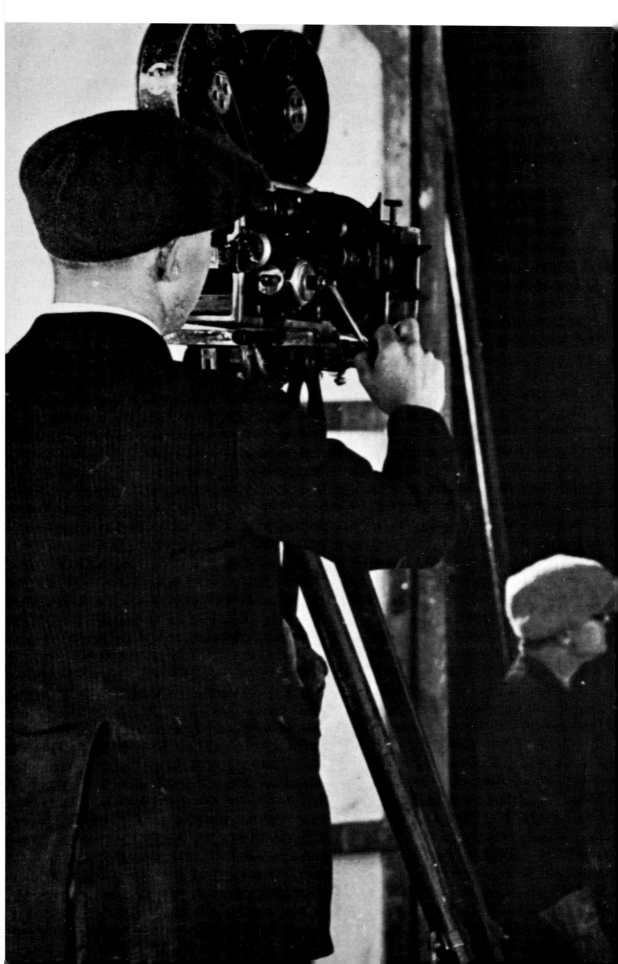

Virage und Titel

Zwei einzigartige Verfahren: Virage und Titel

Sepia-getönte Fotografien sind nicht mehr in Mode; das gleiche gilt, aus anderen Gründen, für das Viragieren oder Einfärben von Filmen. Das Sepia-Tönen von Fotografien war ein Überbleibsel der viktorianischen Angewohnheit, alles zu verkleiden; das nackte Schwarz-weiß galt als zu hart und – bei Porträts – bisweilen als unhöflich. Das Viragieren von Filmen wurde aus ähnlichen Gründen eingeführt, bekam jedoch schon bald eine sinnvollere Funktion.

Nachtszenen ließen sich nur schwer und mit hohen Kosten drehen. Das Filmmaterial war sehr wenig empfindlich, und man brauchte zur ausreichenden Beleuchtung von Totalen sehr viel Licht. Für die Massenszenen in *The Hunchback of Notre Dame* (1923; Wallace Worsley) wurden, bis sie für die Kamera hell genug ausgeleuchtet waren, sämtliche Bogenlampen Hollywoods benötigt.

Wenn man eine blaue Gesamt-Virage vornahm, konnten Großaufnahmen, die bei Nacht gemacht worden waren, mit Totalen, die bei Tag gemacht worden waren, miteinander kombiniert werden – die Farbe erzeugte einen einheitlichen Nacht-Effekt. (Einige dieser Tag-für-Nacht-Sequenzen sind heute auf normales Schwarzweiß-Material kopiert worden, und die offensichtliche Nachlässigkeit verwirrt das Publikum, das die Schuld, ganz natürlich, der ›Primitivität‹ des Stummfilms zurechnet.)

Normale Tages-Aufnahmen wurden orange viragiert, Feuer-Szenen rot, Szenen am frühen Morgen goldfarben, und es gab eine weite Palette feiner Farbtönungen wie z.B. Pfirsich-Gelb für Kerzenlicht oder Sonnenuntergänge. Diese Viragen waren nicht einfach Ersatz für die Farbe – sie halfen auch sehr wirkungsvoll, die Atmosphäre von Szenen zu schaffen oder zu verändern und den dramatischen Effekt zu erhöhen.

In *Smouldering Fires* (1924; Clarence Brown), einem brillanten Drama über das unglückliche Schicksal einer Frau über vierzig, die sich in einen Fünfundzwanzigjährigen verliebt, wurde die Virage höchst kreativ eingesetzt. Bei einer Party-Szene, in der die Frau (Pauline Frederick) sich schmerzhaft der Jugendlichkeit ihres Gatten und seiner Freunde bewußt wird, färbt sich die Leinwand dunkelrot – eine Farbe, die gegen Ende in der spannungsvollen Auflösung des Ganzen wiederkehrt, wenn sie sich ihre Niederlage eingestehen muß. An anderen Stellen des Films wird die Atmosphäre sorgfältig durch das gelbe Kerzenlicht, die goldene Dämmerung, das hellrote Kaminfeuer und das dunkle Blau der Nacht unterstützt...

Im Kino tauchte Farbe zum erstenmal auf, als experimentierfreudige Vorführer farbige Folien vor die Linse hielten.[1] Bald schon wurden die Filmstreifen selbst nicht nur eingefärbt, sondern auch getönt. Tönen war ein Prozeß, bei dem die schwarzen Bildteile farbig wurden, die Weißflächen jedoch unberührt blieben. Wenn man getöntes Material noch zusätzlich einfärbte, erhielt man eine Art Zwei-Farben-Effekt. In *Back to God's Country* (1920; David Hartford) bekamen die Waldszenen eine zusätzliche Dimension: Die Bäume waren grün, der Hintergrund und die hellen Stellen des Bildes waren hellgelb. Die Wirkung war höchst eindrucksvoll. In *Napoléon* (1927; Abel Gance) ist Napoleons Gesicht, während er den Brand der britischen Flotte im Hafen von Toulon betrachtet, in den Abglanz des Feuers getaucht, während der Nachthimmel hinter ihm ein tiefes Blau zeigt. Diese Farbstellung wurde blau-getöntes Rosa genannt.

Für das Einfärben war meist der Schnittmeister zuständig. Er entschied gemeinsam mit dem Regisseur über den Farbton; er klebte alle Szenen für Gelb, alle Szenen für Blau zusammen, schickte sie ins Labor, und ordnete sie anschließend wieder in der Originalreihenfolge in die Arbeitskopie ein. Die Farbbäder der Labors waren ständig in Benutzung. Jede Kopie mußte einzeln eingefärbt und das Filmmaterial mußte *nach* der Kopierung behandelt werden.

Das Einfärben ist oft mit dem Handkolorieren von Postkarten gleichgesetzt worden; das ist ein völlig falscher Vergleich. An diesem Prozeß ist nichts Primitives. Eine viragierte Originalkopie eines gut fotografierten Stummfilmes war in künstlerischer Hinsicht gleichermaßen anregend wie befriedigend. Das Viragieren wurde einzig deshalb aufgegeben, weil durch die Färbung die Tonspur beeinträchtigt wurde. Bisweilen kamen Tonfilme leicht braungetönt heraus, doch szenenweise Farbänderungen tauchten erst wieder auf, als Farbfilmmaterial es den Filmmachern ermöglichte, Kompilationsfilmen auf diese Weise einen Hauch von Nostalgie zu verleihen.

Schon Jahre, bevor das Einfärben im Jahr 1921, als neun Farben auf den Markt kamen, allgemein üblich wurde, und lange vor den ersten Experimenten mit Technicolor gab es mehrfarbige handkolorierte Filme. Wieder erinnert die Idee an das Bemalen von Postkarten. Einige Filme gerieten tatsächlich ähnlich abstoßend, doch andere waren erstaunlich gelungen.

Pathécolor, so hieß das beste Verfahren, wurde Anfang des Jahrhunderts vorgestellt und bei besonderen Sequenzen dramatischer Filme benutzt, in Trickfilmen und für Pathés regelmäßige Modeberichte. Es war ein teurer und arbeitsaufwendiger Prozeß; andere Firmen versuchten Pathécolor zu imitieren, doch konnten sie dessen Präzision nie erreichen. Ihre Versuche mit der Handkolorierung ergaben Farbkleckse, die auf der Leinwand hin- und herwaberten wie buntes Gelee. Pathécolor, ein Schablonen-Verfahren, war fast immer synchron und litt nur selten unter dem verwirrenden Effekt, daß eine Person das Bild verließ und ihre Farbe hinter ihr zurückblieb.

Arthur Kingston, ein früher Kameramann, der in Frankreich und England wirkte und später als Erfinder bekannt wurde, arbeitete vor dem 1. Weltkrieg für die Firma Pathé.

»In Vincennes«, so berichtete er, »beschäftigte Pathé etwa dreihundert Frauen. Jede Arbeiterin saß an einer Bank. Zu ihrer Rechten war ein Projektionsschirm aus Milchglas sowie eine Kurbel. Eine Kurbeldrehung transportierte den zu kolorierenden Film um ein Feld weiter. Das Bild wurde auf 16 x 24 cm vergrößert.

Zu ihrer Linken war eine weitere Kopie des betreffenden Films, aus dem die Schablone gefertigt werden sollte. Vor ihr befand sich ein Pantograph mit einer zehnfachen Verkleinerung, an dem eine elektromagnetisch betriebene bewegliche Nadel befestigt war. Diese war an einen 50-Hertz-Stromkreis angeschlossen, und mit ihr wurden die Schablonen für jede Farbe geschnitten. Es gab nie mehr als drei Farben. Eine Frau arbeitete an den blauen Feldern, eine andere an den roten, eine dritte an den gelben.

Wenn man weitere Farben hinzufügen wollte, wurden die Kopien zunächst speziell getont. Dann wurden die drei Schablonen auf einer Spezialmaschine synchronisiert und die Farben mit Walzen aufgetragen. Die größte Schwierigkeit war das schnelle Schrumpfen des Nitrofilms. Wenn eine der Kopien nur ein wenig geschrumpft war, entstanden Farbüberlappungen. Also entwickelten wir spezielle Schrumpfungs-Tabellen, die in Verbindung mit einem

Zwei einzigartige Verfahren: Virage und Titel 24

Ein Entwicklungsbad; das gleiche Verfahren wurde auch bei der Virage verwendet.

Um eine zu lange Folge von Vorspanntiteln zu vermeiden, wurden auf dem Haupttitel möglichst viele Informationen untergebracht.

John Emerson und Anita Loos begutachten eine Folge von Titelkarten.

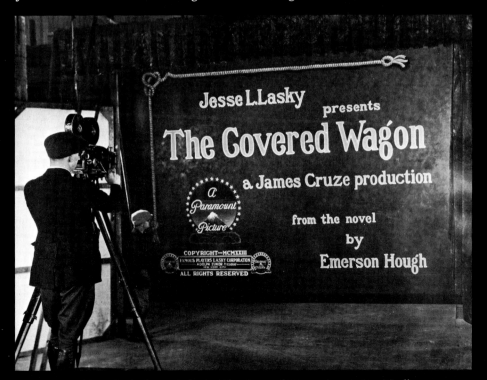

Karl Brown filmt die Anfangstitel von *The Covered Wagon* (1923). Der Titelkarton wurde auf dieses enorme Format vergrößert, damit ein Vorhang eingesetzt werden konnte, der den Titel enthüllte. Die hier abgebildete Karte wurde nicht verwendet. Ein stattdessen neu angefertigter Titel trug den Schriftzug: ›Adolph Zukor and Jesse L. Lasky present‹.

Zwei einzigartige Verfahren: Virage und Titel

präzisen Projektor arbeiteten. Dann konnten wir ein Perforationsloch pro Bild neu stanzen. Wir konnten uns darauf verlassen, daß unsere farbigen Kopien nahezu perfekt waren.«[2]

Das Handkolorieren war in Amerika nie sehr weit verbreitet, wurde jedoch im europäischen Film weiterhin in besonderen Szenen verwendet – das Feuerwerk in *Casanova*, die exotischen Sequenzen von *Mille et une Nuits*. Den Amerikanern stand ab Mitte der 20er Jahre das Zwei-Farben-Verfahren von Technicolor zur Verfügung, und sie verwendeten es ähnlich häufig wie die Franzosen ihre Handkolorierung, so in den Szenen mit Christus in *Ben-Hur*, in der Modenschau in *Fig Leaves* und in der abschließenden Liebesszene von *King on Main Street*.

Der Farbfilm machte zwar das Handkolorieren überflüssig, doch hat nichts jemals das Verfahren der Tonung ersetzt. Viele heute gedrehte Schwarzweiß-Filme könnten durch den phantasievoll angewendeten Einsatz von Einfärbungen gewinnen, vor allem historische Filme. In den meisten Labors ist in Vergessenheit geraten, wie man die Tonung durchführt; die zur Stummfilmzeit übliche Methode war das Ersetzen des Silbers durch eine farbige Metallkomponente. Das war meist ein Eisen-Cyanid; Sulphid ergab ein warmes Braun, Vanadium Grüngelb und Uran-Ferrocyanid ein Rotbraun. Der Film wurde in Bäder getaucht, die die entsprechenden Chemikalien enthielten.

»Die Verwendung von feinen Tonungen«, schrieb *Motion Picture Photography*, »dämpft den scharfen Kontrast von Schwarz-weiß und gibt zugleich den schwarzen Silberablagerungen einen Ton von Wärme.«[3]

Und diese Tönungen verliehen den Filmen einen Zauber.

Das Schreiben von Zwischentiteln – etwas, das es nur beim Stummfilm gegeben hat – war eine spezielle Kunst. In jener Zeit erhielt ein Romanautor zwischen einem und zehn Cent pro Wort. Ein Filmtitel-Schreiber erhielt etwa zwei Dollar zwanzig Cent pro Wort – weniger für die Wörter, die er schrieb, als vielmehr für die, die er wegließ und es dabei immer noch fertigbrachte, die Story zu erzählen.

Die Zwischentitel werden oft als die Crux des Stummfilms angesehen, als unüberwindliches Hindernis für einen vollen Genuß durch ein heutiges Publikum. Es ist naheliegend, daß das plötzliche Auftauchen eines geschriebenen Textes auf jemand, der daran nicht gewöhnt ist, verwirrend wirkt. Tatsächlich ist es weitgehend eine Frage der Gewöhnung an eine Konvention. Autoren, Regisseure und Cutter taten alles, um mit möglichst wenig Zwischentiteln auszukommen – und alles um sie effektvoll wirken zu lassen, *wenn* sie auftauchten.

Trotz der Versuche, Filme zu drehen, die keine Zwischentitel enthielten, erkannten die Filmmacher, daß selbst das aufgewecktste Publikum einer Handlung ohne die Hilfe der Titel nicht zu folgen vermochte. Der Verzicht auf Titel im Stummfilm ist ebenso einfach – und wünschenswert – wie der Verzicht auf Dialog im Tonfilm. Es ist machbar... und es *wurde* gemacht; doch die Ergebnisse waren durchweg langweilig. Quälend lange Bildpassagen wurden gebraucht, um einen einfachen Titel zu ersetzen, und die Wirkung war alles andere als künstlerisch befriedigend, sie war meistens eher irritierend und durchsichtig bemüht.

»Vor nicht allzulanger Zeit«, schrieb Gerald Duffy, Mary Pickfords Titel-autor, »stellte ein mächtiger Produzent die wahnsinnige Behauptung auf, der perfekte Film sei einer ohne einen einzigen Zwischentitel. Andere seiner verrückten Kollegen akzeptierten diesen Wahn als Tatsache.

Es war wie im Tollhaus. Es hätte die Abschaffung meines Gewerbes und des Filmgewerbes bedeutet – aber vor allem *meines* Gewerbes. Der Unsinn wurde so weit getrieben, daß der abenteuerliche Charlie Ray einen Film ohne Zwischentitel machte, in der Hoffnung, so vermute ich, daß es der perfekte Film würde: *The Old Swimming Hole* – und das war es. Die Neuerung hat ihn so gut wie ruiniert.

Dieser Film ohne Titel war das stärkste Argument für den Film *mit* Titeln. Und als donnernder Beweis für die Wahrheit wurde der größte Lacher durch einen Titel-Ersatz hervorgerufen. Charlie schrieb in sein Tagebuch: ›Ich hab von den Weibern die Nase voll‹, wurde dann umgehend das Opfer einer Romanze und strich den Satz mit Inbrunst wieder aus. Ohne die Worte, wo wäre da der Lacher geblieben?«[4]

The Old Swimming Hole, inszeniert von Joseph de Grasse, war ein netter Film, praktisch ohne Handlung. Wie Burns Mantle schrieb: »Niemand darin hätte wahrscheinlich etwas zu sagen, das einen Titel lohnen würde.«[5] Doch mit ein paar präzise plazierten Titeln hätten, ohne den Fluß des Ganzen zu zerstören, einige Längen vermieden werden können.

Der Erfolg von Zwischentiteln beruhte, wie bei jedem anderen kreativen Prozeß, auf Können und Urteilsvermögen. Manchmal erdrückten sie einen Film und riefen nur ein leidvolles Stöhnen hervor statt des Freudengeschreis, mit dem man gelungene Bonmots begrüßte, die von Spitzenautoren wie Ralph Spence, Gerald Duffy, Joe Farnham oder George Marion jr. stammten. Diese Männer besaßen die einmalige Fähigkeit, knappe, treffende, geistreiche, epigrammatische und atmosphärische Titel zu schreiben, die in den Werken eines Wilde oder Conrad nicht fehl am Platz gewesen wären.

Das Schreiben solcher Titel war ein merkwürdiges Gewerbe. Ökonomie und Kürze scheinen deren wichtigste Eigenschaften zu sein. Und doch waren einige der wirkungsvollsten Titel ziemlich lang und weitschweifig. Die erläuternden Titel in *The Covered Wagon* vermitteln einfache Fakten, doch mit der Verwendung historischer Namen und den atmosphärischen Beschreibungen gewinnen sie fast epische Qualitäten, die der Stimmung des Films genau entsprechen. Man hätte einfach schreiben können:

»Banions Treck erreicht Fort Bridger als erster.«

Doch die erläuternden Titel dramatischer Filme vermittelten Stimmung wie Information gleichermaßen. Der Titel im Film hieß tatsächlich:

»Wyoming und die ersten Ausläufer der Rockies waren durchquert, als – zur Zeit der ersten Oktober-Fröste – der Banion-Treck in das alte Fort Bridger einzog, dem Wingate-Treck einige Meilen voraus.«

Die epische Einfachheit wird auch deutlich, wenn eine von Tully Marshall gespielte Person vorgestellt wird:

»Am nächsten Tag kam ein Händler – jener einsame Nomade der Prärie mit seiner kleinen Karawane – ein Wanderer zwischen der Neuen Grenze und der Zivilisation – in ungestörter Friedlichkeit, denn er hatte keinen Pflug und war nicht auf der Suche nach Land.«

Es war die Hauptaufgabe eines erläuternden Titels, der folgenden Szene

lungen – einem Film nützen. Viele wichtige Meter Film können mit Hilfe einiger wohlgesetzter Worte gespart werden. Jeder Meter Film ist kostbar.«[10]

Die ersten Titel waren kühne Behauptungen: »In jener Nacht« oder »Am nächsten Tag« – manchmal mit der Ausschmückung »Und dann kam die Dämmerung«. Mit der Entwicklung der Technik entwickelten sich auch die Titel.

Peter Milne schrieb in *Photoplay*: »Titelautoren sind jetzt ins andere Extrem geraten. Eine Situation, die die simple Feststellung erfordert, daß eine Nacht vergangen ist, wird heutzutage oft der Auslöser für eine blühende literarische Ergießung wie die folgende:

›Und dann kam der sanfte Vorbote eines neuen Tages und vertrieb die schwermütige Dunkelheit der Nacht.‹

Als Entschuldigung für eine solch unnütze Verschwendung muß die poetische Stimmung herhalten, die sie angeblich schaffen soll. Wir haben eine intensive Studie durchgeführt, um die Verwandlung einfacher Aussagen in wortreiche Zwischentitel zu verfolgen, die dazu gedacht sind, Geist und Seele in einen gefühlvollen Zustand zu versetzen.

›In jener Nacht‹ wird zu ›Tiefe Dunkelheit überzieht das Firmament, das übersät ist von Myriaden glitzernder Lichter...‹

›Am nächsten Tag‹ wird zu ›Und wieder erhebt sich die Sonne, und die Sorgen von gestern sind vergessen angesichts der weiten Bahn neuer Aussichten, die sich in ihrem strahlenden Schein eröffnen.‹

Die Verlagerung des Schauplatzes aus der Stadt in die Ebenen des Westens bietet die Gelegenheit für das folgende literarische Feuerwerk:

›Allein... unter der Kuppel von Gottes gewaltiger Kathedrale der Natur.‹

Wenn sich die Entwicklung der Titel von der Kürze zu überbordender Geschwätzigkeit weiter fortsetzt, werden wir noch statt ›Freigegeben vom National Board of Review‹ lesen: ›Für würdig erklärt von den Göttern und der großen amerikanischen Öffentlichkeit durch verehrungswürdige Männer und Frauen, die jene bedeutende und erlauchte Körperschaft bilden... den Hütern der öffentlichen Moral... das National Board of Review.‹«[11]

In der Frühzeit durchlief das Titel-Schreiben zwei andere wenig glückliche Entwicklungsphasen. In der ersten zerstörten die Titel jede Möglichkeit von Spannung und Überraschung, indem sie den Inhalt der folgenden Szene einschließlich der Lösung verrieten. Es war so ähnlich, als ob man einen Krimi mit den Worten »Es war der Gärtner« beginnen würde. D. W. Griffith beging diesen Fehler wie viele andere auch: In *Goddess of Sagebrush Gulch* (1912) macht er sich um den Blutdruck der Zuschauer verdient, indem er eine möglicherweise aufregende Szene mit dem Titel einleitet:

»Hilfe, wo Hilfe nötig ist! Tom, ein mutiger junger Mann, rettet Gertrude vor dem Zahn einer Schlange.«

Solch mangelndes Vertrauen in die Fähigkeit des Publikums, der Handlung zu folgen, war in dieser frühen Epoche verzeihlich, denn ein hoher Prozentsatz des amerikanischen Publikums bestand aus Einwanderern, denen amerikanische Sitten und Gebräuche noch fremd waren und die gewisse Szenen hätten mißverstehen können, hätte man ihnen nicht sorgsame Erläuterungen an die Hand gegeben.

In einigen Kinos der jüdischen Viertel New Yorks verkörperten sogenannte ›Spieler‹ die männlichen und weiblichen Stimmen: Sie lasen nicht nur die

Titel vor, sondern improvisierten während der Szenen weiter. Diese Spieler waren Überbleibsel aus der Zeit, als Titel noch nicht allgemein üblich waren. Ein Spieler mußte ziemlich geistesgegenwärtig sein; da er oft ohne Probe agieren mußte, konnte er leicht von einer unvorhergesehenen Wendung der Handlung überrascht werden:

Während die Filmheldin einen jungen Mann umarmt, schnurrt die Spielerin: »Oh, Lionel, ich liebe dich, ich liebe dich –«. Da erscheint der wahre Geliebte, die Spielerin erkennt, daß sie den Bruder mit dem Liebhaber verwechselt hat, und fährt ohne Unterbrechung fort, »– aber als Schwester. Schau, da kommt mein Verlobter.«

Die zweite unglückliche Phase, die die Zwischentitel durchliefen – eine Phase, die lediglich den Spielern hilfreich sein konnte – kam mit *The Spoilers* (1914) auf, wo Dialog-Titel durch die Nennung des Sprechenden ergänzt wurden. Da sich in *The Spoilers* außerdem noch den Inhalt ankündigende Titel fanden, war der Film ein wenig benachteiligt.

Die frühen Titel waren meist in einfachen Druckbuchstaben gesetzt, in größerer oder kleinerer Type, manchmal zusammen mit dem Filmtitel und dem Namen oder einem Symbol der Produktionsfirma. Als die Filmmacher die Bedeutung der Zwischentitel erkannten, begannen sie, Hintergründe als Ergänzung oder Kontrast zum Titel selbst zu verwenden.

Diese kunstvollen Hintergründe wurden üblicherweise nur für erläuternde Titel zu Beginn einer Sequenz benutzt; die Titel wurden mit Silhouetten oder allegorischen Motiven geschmückt. Diese Zeichnungen und Hintergründe waren eher zurückhaltend, um die Klarheit des Titels nicht zu beeinträchtigen, sie stellten jedoch etwas mehr dar als bloße Verzierungen. Die Hauptabsicht war, einen gedanklichen Zusammenhang herzustellen; gleichzeitig hatten sie den Vorteil, den abrupten Wechsel vom Filmbild zum reinen Schwarzweiß der Schrift-Texte abzuschwächen. Der harte Schnitt von einem hellen Bild auf einen schwarzen Titel ist vielleicht ein gutes Training für die Augen, doch sie ermüden schnell dabei; künstlerische Hintergründe stellten bei diesem Übergang einen gewissen Ausgleich dar.

Die Idee, Titel in die Szene einzublenden, wie es heute bei der Untertitelung fremdsprachiger Filme gemacht wird, hatten auch schon die Stummfilmleute, und sie wurde benutzt, um den Fluß der Bewegung nicht zu stören, etwa beim Wagenrennen in *Ben-Hur* oder bei der Jagd durch die Straßen in dem Gangsterfilm *Walking Back* (Rupert Julian). Doch für den allgemeinen Gebrauch waren der Aufwand für Kopierung und nochmaliges Einkopieren zu kompliziert und teuer, vor allem, wenn man fremdsprachige Kopien für das Ausland brauchte.

Normalerweise konnten Exportnegative mit Flash-Titeln versendet werden – Titeln aus zwei oder drei Kadern, die die Gesamtlänge verkürzten und so Transportkosten und Einfuhrzölle reduzierten. (Da etwa England, um von der Invasion amerikanischer Filme zu profitieren, den Einfuhrzoll auf vier Pence pro Fuß erhöht hatte, bedeuteten diese Flash-Titel eine beträchtliche Einsparung.) Der Verleiher konnte dann wieder Titel von normaler Länge herstellen, indem er bei den Flash-Titeln die Kopiermaschine stoppte und dann genügend Positiv-Material belichtete. Die Produzenten übernahmen diese Methode, indem die Titel auf kleine Glasplatten fotografiert wurden, die dann in die Kopier-

Zwei einzigartige Verfahren: Virage und Titel

maschinen eingespannt und wie Flash-Titel verwendet wurden; diese geniale Methode ersparte Tausende Meter Negativmaterial.

Weiteres Material konnte durch eine vereinfachte Schreibweise eingespart werden: aus »programme« wurde »program«, aus »employee« »employe«.

Doch stets war das größte Problem der Titel-Schreiber, einen möglicherweise komplizierten Gedankengang in ein paar Worte zu komprimieren.

»In Mary Pickfords *Through the Back Door*«, schrieb Gerald Duffy, »gab es einen Titel, der besonders viel zu transportieren hatte. Er sollte andeutungsweise zu verstehen geben, daß Mary durchbrennt – ohne es direkt zu sagen, denn sie tat es nicht. Wir wollten nur das Publikum dazu verleiten, dies zu glauben. Außerdem sollte angedeutet werden, daß ihre Mutter sich scheiden lassen wolle. Zudem hatten wir die Personen zuletzt in Long Island gesehen. Jetzt befanden sie sich in einem Hotel in New York – und es war notwendig, dem Publikum zu vermitteln, daß es ein Hotel in New York war.

Ein weiterer wichtiger Punkt war, daß der Titel komisch sein sollte. Diesen Titel zu schreiben, war ein haarsträubendes Unternehmen. Doch die Möbel in dem Film waren meine Rettung. Mein Titel lautete: ›Wo findet man Ausreißer, Scheidungswillige und rote Plüschmöbel – wenn nicht in einem New Yorker Hotel?‹ Vierzehn Worte erzählten alles.«[12]

---

1 Die Filme, die 1896 bei Koster and Bial's in New York gezeigt wurden, waren mit der Hand koloriert.
2 Arthur Kingston zum Autor, Denham, Buckinghamshire, Juli 1965.
3 Carl Louis Gregory (Hg.): *Motion Picture Photography* (1920), 2.Aufl., hgg. von H.C. McKay, New York: Falk 1927, S. 197.
4 *Picture Play*, Aug. 1922, S. 22.
5 *Photoplay*, Mai 1921, S. 51.
6 *Film Daily Year Book*, 1926, S. 180.
7 Louise Brooks: *Lulu in Hollywood*, New York: Knopf 1982; dt.: *Lulu in Berlin und Hollywood*, München: Schirmer-Mosel 1983, S. 122.
8 Von Bändern transkribiert im *Oral History Research Office*, Columbia University, New York, Feb. 1959.
9 *Photoplay*, Jan. 1929, S. 101.
10 Artikel von Griffith in: *Motion Picture Magazine*, Juli 1926, S. 25.
11 *Photoplay*, Okt. 1925, S. 132.
12 *Picture Play*, Aug. 1922, S. 22.

25 **Margaret Booth**

Margaret Booth

Margaret Booth ist eine der großen Cutterinnen des Films. Sie hat heute einen hohen Posten im Management von M-G-M und führt den allumfassenden Titel ›Editor-in-Chief‹ (Chef-Cutterin).[1] Als eine der wenigen, die alle Regimewechsel seit den Zeiten Thalbergs überstanden hat, nimmt Miss Booth heute eine sehr einflußreiche Position ein. Ihre geradezu erstaunliche Geistesgegenwart und Auffassungsgabe, die etwas an Thalberg erinnern, sind das Ergebnis einer langen Karriere und der uneingeschränkten Hingabe an dieses Handwerk, das den ganzen Menschen fordert.

Ihre vielleicht berühmteste Leistung war die erste Version von *Mutiny on the Bounty* (Frank Lloyd). Sie schnitt zahllose weitere M-G-M-Filme: *Mysterious Lady* (Fred Niblo) mit Garbo, *The Enemy* (Niblo) mit Lillian Gish, *Lady of Chance* (Robert Z. Leonard), *Telling the World* (Sam Wood) und *A Yank at Oxford* (Jack Conway).

Miss Booth redet nicht gern über ihre Arbeit und ist bescheiden gegenüber ihren Leistungen. Sie ist bekannt dafür, daß sie nichts Schriftliches veröffentlicht. So war es schwierig, sie dazu zu überreden, ihre Karriere zu beschreiben. Schließlich ließ sie sich erweichen, kurz bevor sie 1965 von London, wo sie einen Besuch gemacht hatte, wieder nach Kalifornien zurückkehrte: in ihrer Hotelsuite gab sie, umgeben von Koffern und ungepackten Kleidern, gerade so viel von den Erinnerungen an ihre Arbeit preis, daß man einen Eindruck von ihrer Persönlichkeit gewinnen konnte und von den Problemen, die sie zu bewältigen hatte.

Margaret Booth: Ich hatte gerade die Schule verlassen und fing als Kleberin bei der D. W. Griffith Company an. Dort lernte ich, wie man Negative schneidet; damals mußte man die Negative nach Augenschein schneiden. Wir stellten die Arbeitskopie nach dem Negativ her, ohne daß wir Randnummern hatten. Wir richteten uns nach den Bewegungen. Ab und zu gab es einen winzigen Punkt auf dem Negativ, dann wußte man, daß man richtig lag. Doch es war eine mühselige Arbeit. Die Großaufnahmen von Lillian Gish in *Orphans of the Storm* waren kilometerlang und alle sehr ähnlich, also mußten wir uns alle gegenseitig helfen.

Das ging so ein paar Monate, dann wechselte ich zu Paramount ins Labor, wo ich die eingefärbten Teile für die Kinokopien zusammensetzte. Das dauerte nur zwei oder drei Wochen. Schließlich begann ich meine Arbeit für Mr. Mayer im alten Studio an der Mission Road.

Louis B. Mayer war zu der Zeit unabhängiger Produzent und ließ seine Filme durch First National vertreiben. An der Mission Road gab es einen bemerkenswerten Regisseur – John M. Stahl. Ich wurde seine Assistentin. Ich stand neben ihm, wenn er schnitt, und er bat mich, mit in die Projektion zu kommen, um die täglichen Muster anzuschauen. Auf diese Weise brachte er mir die Bedeutung des Schnitts für die Dramaturgie bei, er brachte mir bei, was Tempo ist – eigentlich hat er mir den Schnitt überhaupt beigebracht.

In jener Zeit machte noch jeder alles, und ich fuhr manchmal mit zu Außenaufnahmen und arbeitete als Skriptgirl. Nachdem Mayer seine Firma mit Metro und Goldwyn vereinigt hatte [1924], arbeitete ich dann im Culver City Studio. Ich war immer noch Assistentin, doch abends ging ich nochmal hin und schnitt die Outtakes – das, was Stahl aussortiert hatte. Nach einiger Zeit fing Stahl an, sich meine Versuche anzugucken, und manchmal übernahm er eine ganze Sequenz, die ich geschnitten hatte, in seinen Film. Dann kam ich schließlich dazu, für ihn meinen ersten Schnitt zu machen – und so wurde ich Cutterin.

Diese Lehrzeit war ziemlich hart, denn Stahl war ein sehr strenger Lehrmeister. Er war Perfektionist; er nahm sich die Sachen immer und immer wieder vor. Er drehte jede Sequenz so, daß sie auf sehr verschiedene Art geschnitten werden konnte.

Auf dem Gelände des Mayer-Studios: John M. Stahl während der Dreharbeiten von *The Wanters* (1923), mit Paul Bern, Amos Myers und Sidney Algiers.

Mit Irving Thalberg war es genauso. In *Romeo and Juliet* (Cukor) hatte ich fünf Versionen der Balkonszene. Eine mit Tränen, eine ohne Tränen, eine nur in Großaufnahmen, eine andere nur in Totalen und schließlich eine, die aus Totalen und Großaufnahmen gemischt war.

Als Stahl M-G-M verließ, bat er mich mitzukommen. Doch ich wollte nicht nur für einen einzigen Mann arbeiten; ich mochte es, für viele zu arbeiten ... Ich habe das Gefühl, daß die Leute genug von dir haben, wenn der Film fertig ist, und umgekehrt auch. Ich arbeitete weiter für M-G-M, meistens mit Thalberg – der bedeutendste Mann, der jemals mit der Branche zu tun hatte. M-G-M war für mich wie ein Zuhause. Ich habe dort seit meiner Jugend gearbeitet; ich kannte alle dort und wollte niemals woanders arbeiten.

Ich glaube, wir haben uns damals mehr Zeit für den Schnitt genommen als heute. Man hatte mehr Zeit, etwas auszuprobieren; und wir machten viele Filme, sehr viele – nicht wie heute, wo man sie schnell drehen und schnell auf den Markt bringen muß. Man konnte sagen: ›Den bringen wir nicht heraus, bevor nicht alles perfekt ist.‹ Und man konnte Sachen nachdrehen lassen. Wenn man eine Großaufnahme brauchte, um eine Szene zu verbessern, dann ging man hin und drehte eine. Das machte man selbst – oder sonstwer – es kostete gar nichts. Heute würde die gleiche Großaufnahme fünftausend Dollar kosten.

Wenn ich Stummfilme schnitt, zählte ich immer, um den Rhythmus hinzukriegen. Wenn ich marschierende Soldaten schnitt oder etwas anderes mit einem bestimmten Takt, und ich wollte den Kamerawinkel ändern, dann zählte ich eins-zwei-drei-vier-fünf-sechs. Ich machte mir selbst einen Takt. So machte ich es, als ich noch den Film in der Hand schnitt. Als dann Moviolas aufkamen, konnte man genauso zählen. Man beobachtete den Rhythmus auf dem Projektionsschirm.

Damals arbeiteten wir noch mehr mit der Leinwand-Projektion. Während wir den Film schnitten, führten wir ihn laufend vor. Wir nahmen die notwendigen Korrekturen vor und projizierten ihn dann nochmal. Schneiden und vorführen, schneiden und vorführen. Und langsam bildete sich für uns die Form, der Rhythmus des Films heraus.

Nicht immer gab es bereits Titel, wenn wir mit dem Schnitt anfingen. Wir stellten das Material zusammen und führten es dem Titel-Autor vor. Er gab uns provisorische Titel, damit wir weitermachen und den Film fertigstellen konnten, bis dann schließlich die endgültigen Titel eingefügt werden konnten. Die vorläufigen Titel wurden mit einer Schreibmaschine getippt und im Labor gedreht; manchmal waren die Buchstaben ziemlich groß. Titel-Tippen nannten wir das. Titel hatten ihren eigenen Rhythmus – ein knapper halber Meter pro Wort, damit die Leute Zeit zum Lesen hatten.

Ich glaube, der Regisseur hat einen großen Anteil am Schnitt. Es ist eine Gemeinschaftsarbeit. Manchen Cuttern werden Dinge zugeschrieben, zu denen der Regisseur mehr beigetragen hat, als man allgemein denkt. Es ist ganz anders als beim Bücherschreiben, wo man allein arbeitet. Man schneidet etwas und der Regisseur kommt herein und sagt: ›Das gefällt mir nicht‹ oder ›Warum ist das nicht stärker akzentuiert?‹ Verschiedene Köpfe tragen dazu bei. Es gibt wohl kaum einen Cutter, der einen Film ganz allein schneidet, ohne daß irgend jemand irgend etwas dazu sagt.

Regisseure spielen nicht unbedingt die Rolle des Cutters herunter, aber sie spielen gerne die Rolle des Cutters. Sie haben Lust am Schneiden. Sie setzen sich gerne in den Schneideraum und spielen mit dem Material ihrer eigenen Filme. Davon halte ich nichts. Jeder sollte seine Arbeit selber machen dürfen. Die Regisseure möchten sich am Schnitt beteiligen, die meisten sind jedoch schlechte Cutter. Sie sehen dabei aber immerhin, daß sie etwas über den Schnitt lernen und wo sie Fehler gemacht haben.

Clarence Brown war ein wunderbarer Techniker; ich habe eine Anzahl seiner Filme geschnitten, und ich habe ihn niemals im Schneideraum gesehen. Er arbeitete in der Projektion; er schaute sich die Filme immer wieder an und machte dann seine Bemerkungen. Er verstand etwas vom Schnitt. Es war wundervoll, mit ihm zu arbeiten.

Charles Brabin war ein guter Regisseur; er überließ den Schnitt uns. John Stahl schnitt seine Filme natürlich selbst, und Reginald Barker, ein ausgezeichneter Regisseur für Filme, die außerhalb des Studios gedreht waren und die eine wunderbare Vitalität ausstrahlten, arbeitete ebenfalls im Schneideraum. Fred

Niblo dagegen sagte uns, was er haben wollte und wie er es sich vorstellte, hielt sich aber ansonsten heraus.

Der Ton war anfangs sehr nervenaufreibend. Es war schwer, die Synchronität hinzubekommen. Es war für uns alle neu und ich fand es fürchterlich. Zum erstenmal kam ich mit Ton in Berührung, als ich den Stummfilm *The Bridge of San Luis Rey* (Charles Brabin) schnitt. Man entschied, daß am Anfang und am Ende jeweils eine Sprech-Sequenz eingefügt werden sollte. Aber auch bei Stummfilmen konnte es ganz schön nervig zugehen. Als wir zu einer Preview-Vorstellung für *Trail of '98* (Clarence Brown) fuhren, fügte ich auf der Zugfahrt noch die Zwischentitel ein. Ich reichte sie einem Assistenten, damit er sie mit der Hand einklebte. Der Zug ruckelte und schwankte, und ich konnte sie kaum lesen. Ich hatte ziemlich Angst, daß ich sie ihm verkehrtherum gab. Als wir im Kino waren, konnte ich mich kaum dazu überwinden, den Film anzugucken, weil vielleicht ein Titel auf dem Kopf stand ... Thalberg machte sich auch Sorgen um den Film, und ich dachte: ›Wenn ich deshalb bloß keinen Ärger bekomme ...!‹ Die Vorführung ging ganz glatt, doch das Preview war schlecht. Die Leute interessierten sich einfach nicht für den Film. Wir waren alle sehr enttäuscht.

Im Fox-Wilshire hatten wir ein Preview des Selznick-Films *Our Dancing Daughters* (Harry Beaumont) mit Joan Crawford, dessen Schnitt ich gemacht hatte. Als ich reinging, standen noch fünfhundert Leute draußen vor dem Kino. Also setzten wir ein zweites Preview an. Ich war ziemlich angespannt, denn es wurden Arbeitskopien vorgeführt – und die rissen oft. In der Nacht mußte ich auf die Schnelle ins Studio zurück, um eine Rolle zu flicken, während sie schon mit der Projektion der ersten Rolle angefangen hatten.

Einige Cutter führen über ihre Arbeit Buch und können sich an alle Filme erinnern, die sie geschnitten haben. Daran habe ich kein Interesse. Bedenken Sie, ich war seit 1937 nicht mehr im Schneideraum. Ich arbeite in der Projektion. Regisseur und Cutter arbeiten an einem Film, und dann komme ich dazu und mache die Schlußarbeiten.

Technisch hat es seit der Stummfilmzeit keine Fortschritte gegeben – außer einem. Man kommt von den Abblenden und Überblendungen ab. Das gefällt mir viel besser als die alte Technik der weichen Blenden, die das Tempo verlangsamten. Es gab eine Zeit, da machten wir Blenden über zwei bis drei Meter. Lange Zeit haben wir dem Publikum beigebracht, das Verstreichen der Zeit an einer weichen Blende zu erkennen. Jetzt wird es dazu angehalten, Schnitte selbst zu deuten – eine neue Technik, die durch eine neue Generation von Regisseuren eingeführt wurde, die sich keine Blenden mehr leisten konnte. Und das finde ich sehr gut.

1 Im Juni 1988 arbeitete Margaret Booth immer noch. Der Schauspieler Elmer Booth ist ihr Bruder.

MACK SENNETT COMEDIES

A WILD GOOSE CHASER

Passed by the National Board of Review
Copyrighted MCMXXV Pathecomedy by Pathe Exchange Inc.

MACK SENNETT COMEDIES

Titles by
FELIX ADLER and **A. H. GIEBLER**

Film Editor
WM. HORNBECK

Supervised by
J. A. WALDRON

William Hornbeck

Neben seinem legendären Ruf wegen des meisterhaften Schnitts von *Shane*, von *A Place in the Sun* und von *Giant* genießt William Hornbeck höchstes Ansehen auch in England, wo er in den 30er Jahren als Chef-Cutter (supervising editor) für Alexander Korda arbeitete. Heute ist er Vizepräsident bei Universal Pictures und leitet die Schnittabteilung.

Die Leistungen, die von ihm allgemein bekannt sind, mögen vielleicht für *ein* Menschenleben schon erstaunlich genug sein, um so überraschender ist seine unbekannte frühere Karriere. William Hornbeck war nämlich während der 20er Jahre Chef-Cutter des Mack Sennett-Studios. Dort war er verantwortlich für den Schnitt jener Komödien-Zweiakter, von denen viele klassische Beispiele für die Filmmontage sind.

William Hornbeck: Meine Mutter betrieb um 1909 in Los Angeles ein Hotel, und einige Filmleute mieteten sich dort ein. Die erzählten ihr, daß sie auf der Suche nach einem Grundstück seien, weil sie ein Studio errichten wollten.

»Also«, meinte sie, »die hübscheste Gegend von Los Angeles, wo die Sonne immer scheint, ist draußen, wo wir wohnen, in Edendale. Wir besitzen da ein bißchen Land.«

Ganz ohne Absicht schickte sie sie genau da hin, wo wir wohnten. Sie kauften uns etwas Land ab und bauten schließlich Ateliers an der Allesandro Street, die dann später der Glendale Boulevard wurde. Mack Sennett übernahm sie später, und aus ihnen wurden die Studios der Keystone Company.

Ich war damals etwa zehn Jahre alt, ganz wild auf Filme und guckte den Leuten durch den Zaun bei der Arbeit zu. Schließlich bekam ich den Job, Zeitungen im Studio abzuliefern. Ich kannte alle und konnte überall hingehen, wohin ich wollte. Besonders gern mochte ich die Modellabteilung mit den kleinen Zügen. Ich versuchte, einen festen Job zu bekommen, dafür war ich aber noch zu jung.

»Sieh erst mal zu, daß du lange Hosen bekommst«, sagten die, »dann geben wir dir auch einen Job.«

In der Zwischenzeit eröffnete meine Mutter ein Restaurant mit dem Namen ›Katie's‹. Ich war der Tellerwäscher. Ich kann mich noch erinnern, eines Mittags, die Teller stapelten sich, da klingelte plötzlich das Telefon. Es war der Wachmann vom Sennett-Studio: »Wir haben einen Job frei, wenn Willie ihn haben will.«

Ich warf meine Schürze in die Ecke, sprang auf mein Fahrrad und raste zum Studio.

Ich war inzwischen vierzehn und arbeitete im Labor, Film aufrollen. Später wurde ich dann Kopierer für sechs Dollar pro Woche. Ich wollte in den Schneideraum, war aber immer noch zu jung dafür. Ich wurde Vorführer; dann brach der Krieg aus, 1917, und alle tauglichen Männer wurden eingezogen. Auf diese Weise kam ich in den Schneideraum, und gegen Kriegsende schnitt ich selbst. Ohne den Krieg hätte ich noch Jahre warten müssen. Mit zwanzig war ich der Leiter der Abteilung.

Der Mann, von dem ich das meiste über Schnitt lernte, war F. Richard Jones, ein ganz außergewöhnlicher Cutter, der später ein wichtiger Regisseur und Produzent wurde und der für Sennett Spielfilme wie *Mickey* und *The Extra Girl* drehte, beide mit Mabel Normand.

Natürlich kann man niemand per Unterricht beibringen, wie man schneidet. Man kann nur Hinweise und Tips weitergeben, die der andere befolgen sollte. Diese Tips sind keine Regeln; wenn es feste Regeln für den Schnitt gäbe, könnte man sie in ein Buch schreiben und jeder könnte Cutter werden. Aber man kann Ratschläge weitergeben; dann muß jeder seinem eigenen Urteil folgen.

Einen Zweiakter zu drehen, dauerte damals viel länger, als man heute glaubt – es waren oft bis zu drei oder vier Wochen Dreharbeiten. Wir hatten acht oder zehn Produktionsteams, um den Rhythmus von einem Film pro Woche durchzuhalten. Wir mußten den einen Film schaffen, sonst gab es kein Geld.

Die Person, die wirklich ihr Handwerk verstehen mußte, war der Kameramann. Er mußte seine Kurbel-Geschwindigkeiten genau beherrschen. Autos sollten mit der richtigen Geschwindigkeit rasen, auch wenn sie tatsächlich ganz langsam fuhren. Dick Jones war sehr daran interessiert, wie man mit Kamera-Geschwindigkeiten eine Szene verbessern konnte. Er probierte oft eine Szene mit verschiedenen Geschwindigkeiten; mit vierzehn Bildern pro Sekunde, zwölf, zehn, sechs...

Die Crew bei Sennett war ganz klein. Der Kameramann hatte keinen Assistenten; er machte alles selbst. Er mußte am Morgen seinen Film einlegen, er mußte die Kamera tragen, er mußte kurbeln, er mußte die Klappe halten. Dann mußte er morgens – nach der Entwicklung – sein Negativ-Material selbst kontrollieren. Man machte keine Kamera-Reports, also mußte er das Material selbst durchsehen und nach NGs suchen (NG bedeutet Nicht Gut).

Am Ende einer Aufnahme sagte der Regisseur vielleicht: »Also, die war, glaube ich, gut.« Dann drehte der Kameramann noch ein paar Bilder weiter und machte mit Finger und Daumen das OK-Zeichen. Sagte der Regisseur »NG«, machte er das NG-Zeichen – die ausgestreckte Hand, wie ein Verkehrspolizist.

Vielleicht entschloß sich der Regisseur nachträglich, eine NG-Aufnahme doch zu benutzen; deshalb mußte der Kameramann selbst ins Labor gehen und sein Material für die Kopierung auswählen.

Wir hatten ein eigenes Kopierwerk. Die Muster wurden zuerst dem Regisseur gezeigt, dann bekam Sennett eine eigene Vorführung, entweder im Studio oder abends zu Hause, wo er Apparate für die Projektion hatte. Anschließend nahm der Cutter das Material und ging an die Arbeit.

Zuerst schnitten wir den Film in der Hand und betrachteten ihn über einer Leuchtplatte. Wir konstruierten 1921 eine Art Moviola, aber die war sehr plump und fürchterlich laut. Noch eine ganze Zeit lang trauten wir ihr nicht und schnitten nach beiden Methoden.

Am Freitagabend oder am Samstag, wenn wir die Arbeitskopie endlich fertig hatten, machten sich alle Cutter an den Negativ-Schnitt. Derselbe Cutter, der das Positiv geschnitten hatte, schnitt auch das Negativ. Wir hatten in dem Raum lauter Lichtkästen. Man zerlegte das Negativ in einzelne Einstellungen und hängte sie vor die Lichtkästen, so daß man den Anfang der jeweiligen Aktion sehen konnte. Es gab in einem Zweiakter oft mehrere hundert Schnitte, also nahm sich jeder einen kleinen Abschnitt vor, vielleicht sechzig Meter. Es gab keine Kennziffern, also nahm man sich die erste Szene eines Abschnitts, dann ging man herum und suchte sich das Negativ dazu. Manchmal gab es acht oder zehn takes von einer Einstellung. Dann probierte man den ersten, den zweiten, bis man den passenden fand.

William Hornbeck

Wir versuchten, vor Samstagnacht 24 Uhr fertig zu werden, denn dann mußten wir das Negativ nach New York abschicken. Ein- oder zweimal hätten wir es fast verpaßt. Manchmal wurde es früher Sonntagmorgen, aber wir haben den Zug immer erwischt.

Natürlich war es mehr als nur ein Job für uns. Wir hatten einen sehr langen Arbeitstag. Es gab keine Gewerkschaften, und so konnte man alle möglichen Arbeiten machen. Oft hab ich eine Szene, ein Insert oder auch Titel gedreht; auf diese Weise habe ich viele verschiedene Aspekte des Filmgeschäfts kennengelernt. Wenn man ein Insert brauchte, ging man in die Kamera-Abteilung, holte sich eine Kamera und etwas Film und drehte es. So lernte man etwas über Belichtung und Licht... Heute müßte man eine komplette Crew engagieren.

links: 1926 schloß Larry Semon einen Regievertrag mit Mack Sennett.
Diese Gag-Aufnahme zeigt Semon und Sennett und dahinter Del Lord und Eddi Cline, in gespielter Verärgerung über den Verlust ihrer Jobs.
rechts: 1921: William Hornbeck, der Leiter der Schnittabteilung bei Mack Sennett.

Viele der Stunts in den Sennett-Komödien, wo Sachen über einem Abgrund hängen, wurden mit Klaviersaiten gemacht. Der Draht war sehr fest, außer wenn ein Knick drin war. Für einen Film haben sie sich mein Auto ausgeliehen – einen Dodge. Es war ein schönes Auto. Sie zogen es an Drähten ungefähr zehn Meter hoch – und die Drähte rissen. Glücklicherweise war niemand drin, aber das Auto war ziemlich kaputt. Sie haben es repariert, aber es lief nie mehr richtig. Der einzige schlimme Unfall, an den ich mich erinnere, passierte, als Kameramann Al Jenkins das Straßenrennen in Santa Monica drehte. Einer der Wagen brach aus, riß seine Kamera um und tötete ihn.

Mack Sennett überwachte seine Filme während der gesamten Herstellung. Aber er konnte es sich nicht leisten, einen zurückzuweisen; ob gut oder schlecht, die Filme mußten auf den Markt. Viele entsprachen nicht ganz unseren Standards, aber sie gingen raus.

Wir hatten einen, den wir *zu* schlecht fanden, also hielten wir ihn zurück.

Der Firma ging es nicht allzu gut; der Vertrag mit Pathé lief aus und war nicht verlängert worden. Pathé war der Meinung, unsere Filme seien nicht gut genug. Eddie Cline hatte die Idee, mit dem Film etwas Unfug zu treiben. Wir überdrehten die Titel und nannten den Film *The Gosh-Darned Mortgage*. Wir fanden ihn immer noch schrecklich. Schließlich schickten wir ihn nach New York. Als die Abnahmekommission ihn sah, gab sie ihm die beste Beurteilung aller unserer Filme und verlängerte den Vertrag für das nächste Jahr. Sie sagten: »Solche Filme wollen wir haben«.

Sennett kannte sich mit Komödien aus, aber natürlich machte auch er Fehler. Er warf Frank Capra raus. Capra war Autor, Gagman, und er hatte sich vorgenommen, Regisseur zu werden. Er lag Sennett dauernd in den Ohren, ihm doch einen Film zu übertragen, und schließlich stimmte Sennett zu. Nach ein paar Mustern meinte er: »Aus dem Kerl wird nie ein Regisseur« – und feuerte ihn.

Sennett wußte aber, was eine Komödie ist. Er war kein sehr kultivierter Mann, er war ja ursprünglich von Beruf Kesselschmied, und darüber kursierten zahlreiche Witze. Einer betraf Hampton del Ruth. Einer von den Haupttiteln bei Sennett-Komödien lautete »überwacht von Mack Sennett in Kooperation mit Hampton del Ruth«. Die Pointe war: Als Sennett herausfand, was ›Kooperation‹ bedeutet, warf er Hampton del Ruth raus.

1928 hatten wir einen Spielfilm über den Weltkrieg in Produktion – *The Good-bye Kiss* mit Johnny Burke. Ich hörte, daß Sennett sich dafür nach Spielfilm-Cuttern wie Lloyd Nosler oder Donn Hayes umsah. Einige arbeiteten auch eine Zeitlang an dem Film. Arthur Tavares blieb am längsten; er arbeitete vier oder fünf Wochen daran.

Ich hätte den Film sehr gerne gemacht, aber Mack meinte: »Bleib bei deinen Zweiaktern. Du weißt, du hast deine Arbeit, die wirst du immer haben, und du machst deine Zweiakter gut. Wir brauchen einen Prestige-Cutter.«

Darüber war ich ziemlich sauer, denn die bekamen sehr viel mehr Geld als ich. Nun, einige Zeit danach kam Arthur Tavares zu mir und meinte, für den Boß zu arbeiten sei ziemlich hart. Ich hatte den Film fast vergessen, aber da wußte ich sofort, was er meinte.

Sennett sagte selten etwas während der Vorführung eines Films. Aber ich wußte, was bestimmte Bewegungen bedeuteten. Wenn er sich in seinem Stuhl nach rechts krümmte, wußte ich, was *das* hieß. Wenn er sich nach links krümmte, wußte ich, er war nicht glücklich. Er hatte die schreckliche Angewohnheit auszuspucken. Er kaute Tabak oder an seinen Zigarren, und wenn er ausspuckte, dann hieß das, er war *ziemlich* unglücklich. Diese Signale kannte der arme Tavares nicht.

Eines Tages telefonierte Sennett mit mir. »Komm heute abend zum Essen und schau dir den Film an.«

Ich protestierte, ich hätte einen Haufen Arbeit, aber Mack bestand darauf, und ich ging hin. Und ich sah die ganzen Signale, die der gute alte Tavares nicht verstanden hatte. Am Ende drehte sich Sennett um und fragte: »Willst du den Film machen?«

Ich stimmte natürlich zu.

»Kannst du jemand anders für deine Zweiakter kriegen?«

»Klar«, sagte ich, »der, an dem ich gerade arbeite, ist bald fertig, es ist schon alles in der richtigen Reihenfolge.«

»Was ist mit Notizen?« fragte Sennett.

»Ich mach keine Notizen«, antwortete ich.

»Tavares und die andern Jungs haben sich Notizen gemacht.«

»Ich brauch keine.«

»Das hab ich denen auch gesagt!« meinte Sennett. »Man braucht keine. Die machen sich Notizen und bringen den Film am nächsten Abend, und ich sage: Mein Gott! Das ist doch genau dasselbe!«

Also wurde abgemacht, daß ich *The Good-bye Kiss* schneiden sollte. »Noch was anderes stört mich an Tavares«, fügte Sennett hinzu. »Er kommt zum Essen und nimmt immer einen Haufen Kartoffeln und sonst nichts, oder eine Menge Fleisch und sonst nichts. Ein Mann mit so einem Geschmack *kann* gar kein guter Film-Cutter sein.«

27 Die Stuntmen des Stummfilms

Die Stuntmen des Stummfilms

In der Stummfilmzeit war ein Stunt ein Spiel mit dem Feuer. Es war ein Beruf, in dem es nur wenige Veteranen gab. Welche Qualifikationen man auch hatte – ob Zirkusakrobat oder Kunstflieger, Tierbändiger oder Rennfahrer – bei jedem Engagement mußte man mit neuen Herausforderungen und ungewissen Wagnissen rechnen.

Die Filmtechnik kannte keine der modernen Annehmlichkeiten wie Rückprojektion oder Wandermasken (wenngleich beide noch vor Ende der Stummfilmzeit aufkamen); mit solchen Hilfsmitteln kann sich ein Mann dem Anschein nach nur mit den Fingernägeln an einem Fenstersims im zwölften Stockwerk eines Hauses festkrallen, während er in Wirklichkeit auf festem Boden steht.

In jenen Tagen wurde alles, was man auf der Leinwand sah, auch faktisch geleistet – entweder vom Schauspieler selbst oder von einem Stuntman, der ihn doubelte. Je stärker Serials und Thriller das Publikum faszinierten und immer größere Massen anzogen, desto häufiger mußten sich die Schauspieler in immer knifflichere Situationen begeben. Von einem Stuntman, der gewohnt war, von einem Pferd herunterzufallen, verlangte man bald, daß er von einem Motorrad stürzte und schließlich aus einem Flugzeug sprang. Die erste Aufnahme war im allgemeinen auch sein erster Versuch; ein Training gab es nicht.

Wo es möglich war, wurden Vorsichtsmaßnahmen getroffen, aber für viele Stunts brauchte man uneingeschränkte Bewegungsfreiheit; man kann einem Mann nur wenig helfen, der aus einem Zug springt oder mitten in der Luft von einem Flugzeug zum anderen klettert. Das ist Sache des Stuntman; alles, was einem zu tun bleibt, ist, dafür zu sorgen, daß die Kamera-Kurbel sich dreht.

Als ›Selbstmord‹-Buddy Mason gefragt wurde, ob es irgendwelche Normen gäbe, nach denen Stuntmen – von anderen Stuntmen – beurteilt würden, antwortete er: »Nö. Bloß, naja, wenn es so weit ist, daß sie dich beim Vornamen nennen, wenn du ins Krankenhaus kommst, dann gehörst du dazu.«[1]

Einige der größten Stuntmen waren die Stars selbst. Buster Keaton, ehemaliger Vaudeville-Akrobat, machte fast alle Stunts selbst – und er doubelte auch seine Schauspieler.

»Ich habe mehr Stuntmen ausgebildet als irgendein anderes Studio in Los Angeles. Ich habe die allerletzten Typen genommen und Stuntmen aus ihnen gemacht.

Sie kennen doch die Szene in *Sherlock, Jr.*, wo ich mich mit einem Motorrad-Bullen anlege, auf seine Lenkstange springe und wir auf der Straße über ein Hindernis fahren und der Polyp über Bord geht? Nun, der Bulle, der heruntefiel, war ich. Ich nahm Ernie Orsatti, der bei der Requisite Assistent war und meine Größe hatte – zog ihm meine Kleider an, und ich zog die Kleider von dem Bullen an.

Dann mußte ich die Szene machen, in der ich auf der Lenkstange mitfahre. Das war ein totaler Wahnsinnsjob. Erstens, ich hatte keine Bremsen – es gibt nämlich nur Fußbremsen. Also, ich habe ein paar schöne Stürze zustandegekriegt, wirklich vom Feinsten. Einmal habe ich direkt auf dem Dach eines Autos geparkt. Es war ein Frontalzusammenstoß. Ich landete mit dem Hintern an der Windschutzscheibe und den Füßen in der Luft!«

In demselben Film flüchtet Buster auf das Dach einer Lokomotive, die auf dem Abstellgleis steht. Er klettert an einem Seil hoch, und genau dies Seil dient zum Öffnen des Wasserbehälters.

»Der Wasserschwall traf mich mit solcher Wucht, daß meine Hände vom Seil losgerissen wurden und ich runterfiel. Und im Fallen prallte ich auf die Gleise und schlug mit dem Kopf genau auf die Schiene. Genau hier!« – er zeigte auf eine Stelle am Hinterkopf – »Ich hatte ein paar Stunden Kopfweh, daran erinnere ich mich noch. Das Haus von Mildred Harris war in der Nähe, und sie gab mir ein paar scharfe Drinks – das war während der Prohibition, da konnte man nicht einfach irgendwo einen trinken gehen.

Am nächsten Tag wachte ich auf, mein Kopf war klar und ich dachte nicht daran, mit der Arbeit aufzuhören. Jahre später war ich im Militärhospital in Sawtelle. Da lassen sie dich nicht eher wieder raus, bis sie alles an dir geröntgt haben. Selbst wenn du Schuppen hast, behalten sie dich da. Der Doktor ruft mich rein und sagt: ›Wann haben Sie sich das Genick gebrochen?‹

Ich sagte, ich habe mir nie das Genick gebrochen. Er sagt: ›Sehen Sie sich diese Röntgenaufnahme an. Die Knochenhaut ist über den Bruch gewachsen, gerade über dem ersten Rückenwirbel.‹ Ich fragte ihn, vor wie langer Zeit das seiner Meinung nach passiert sei. ›Es könnte zwischen zehn und fünfzehn Jahre her sein.‹ Ich fange an zurückzudenken – es war dieser verdammte Sturz auf das Gleis. Ich habe nie etwas davon gemerkt. Nie aufgehört zu arbeiten. Glück gehabt. Keinen Nerv gequetscht oder so. So ein Dusel. Das hätte mich ruinieren können... es gibt so viele Sachen an der Wirbelsäule, die einem Ärger machen können!«[2]

Harold Lloyds Sensationsfilme wurden genauso hoch über der Straße aufgenommen, wie es im Film aussieht. Manchmal wurde eine falsche Fassade auf dem Dach eines großen Gebäudes errichtet, ein anderes Mal arbeitete Lloyd oberhalb einer hölzernen Plattform. Immerhin riskierte er oft Stürze in vier bis fünf Meter Tiefe. Einmal beschloß das Team auszuprobieren, was geschehen wäre, wenn Lloyd den Halt verloren hätte. Sie ließen eine Puppe auf die Holzplattform fallen, und sie schlug so auf, daß sie hinunter auf die Straße stürzte. Lloyds Stunts sind um so bemerkenswerter, als er sie mit nur einer unversehrten Hand vollführte – Daumen und Zeigefinger seiner rechten Hand wurden ihm 1919 bei einem Fotografier-Termin abgerissen, als eine Bombenattrappe, die man für eine komische Pose benutzte, sich als echt erwies. Hin und wieder benutzte Lloyd ein Double für das Klettern – zum Beispiel Harvey Parry bei *Feet First* und Bill Strothers bei *Safety Last*.

In den Filmen von Richard Talmadge standen immer sein großes athletisches Können und sein Wagemut im Mittelpunkt. Talmadge, der in Wirklichkeit Metzetti heißt und mit der Familie Talmadge nicht verwandt ist, hat seinen reichen Erfahrungsschatz als Stuntman nutzbringend verwendet und arbeitet jetzt als Second Unit-Regisseur bei Großproduktionen. Im Vorspann eines Films von 1923 *Let's Go* (William K. Howard) erschien der Titel: »Die verblüffenden athletischen ›Stunts‹, die in diesem Film von Mr. Talmadge durchgeführt werden, sind echt und wurden nicht mit Hilfe von ›Doubels‹, ›Puppen‹ oder Kameratricks hergestellt.«

Richard Talmadge arbeitete mit Douglas Fairbanks zusammen; weniger als sein Double, denn Doug war berühmt dafür, daß er seine Stunts selbst machte, sondern eher als Modell. Fairbanks beobachtete, wie er die komplette Aktion durchführte, um Schwachstellen, Risiken und die effektvollsten Bewegungen herauszufinden, und machte anschließend selbst den Stunt für die Kamera.

Die Stuntmen des Stummfilms

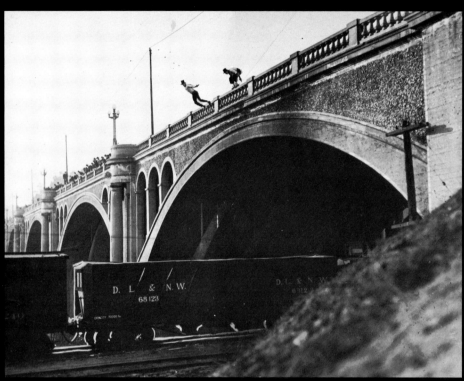

Einige der waghalsigsten Stunts wurden für Komödien ausgeführt: eine Szene aus *Loafers and Lovers* (1920), einem Zweiakter, bei dem Melville Brown Regie führte.

Hidden Dangers, ein Serial aus dem Jahr 1920, bei dem William Bertram Regie führte.

Charles ›Lightning Hutch‹ Hutchinson bei einem Fünfmetersprung für *The Whirlwind*, einem Serial aus dem Jahr 1919, Regie Joseph Golden (Publicity-Photo, aufgenommen nach dem Matte-Shot-Verfahren).

»Die Stunts von Doug waren eigentlich keine großartigen athletischen Heldentaten«, sagte Allan Dwan. »Es waren gute Stunts, und er führte sie mit großer Grazie aus. Das war der Schlüssel. Wenn Doug ein Duell zu fechten hatte und auf einen Tisch springen mußte, timte ich seinen Sprung genau – und ich ließ den Tisch genau auf die Höhe zurechtzimmern, die für seine Sprungkraft ideal war. Und das Gleiche galt für Kletterpartien. Jede Dekoration, die wir bauten, richtete ich für Handgriffe ein. Sie waren immer da, und er griff automatisch zu. Ein Mann mit längeren Armen oder ein kleinerer Mann wäre nicht gut mit ihnen zurechtgekommen, aber für Doug waren sie optimal. Er war sportlich und stark genug, nur mit den Händen hochzuklettern, aber wir brachten trotzdem Handgriffe an. Wenn er eine Wand hochkletterte, war die Wand präpariert. Wenn er sprang, dann genau über die Distanz, die er graziös überspringen konnte. Niemals angestrengte Bewegungen.

Wir setzten Stuntmen nur in gefährlichen Situationen ein, wenn die Möglichkeit bestand, daß er sich verletzen könnte. In einem seiner Filme, an dem ich nicht beteiligt war, bestand Doug darauf, einen Stunt zu machen, den ich ihn nie hätte machen lassen – und er verletzte sich. Er sprang über das Geländer eines Balkons auf ein unten bereitstehendes Pferd. Pferde, müssen Sie wissen, bewegen sich instinktiv zur Seite, wenn sie spüren, daß sich etwas auf sie zubewegt. Genau das tat dieses Pferd, und Doug fiel zu Boden und verletzte sich. Ich hätte für diese Szene einen Stuntman eingesetzt. Das war nicht graziös. Das war einfach nur idiotisch.«

Im Durchschnitt dauerte die Karriere eines Stuntman weniger als fünf Jahre. Entweder verletzte er sich schwer oder er hatte genug Geld verdient, um mit diesem hochgefährlichen Spiel aufzuhören und sich eine andere Beschäftigung zu suchen.

Wie wurde ein Stuntman ein Stuntman? Normalerweise durch Zufall. Ein Statist oder Kleindarsteller bekam mehr bezahlt, wenn er Stunts übernahm, und das erwies sich als großer Anreiz.

»Ungefähr um 1915 herum«, erinnerte sich Eddie Sutherland, »arbeitete ich als Schauspieler in einem Helen Holmes-Serial, das *The Hazards of Helen* hieß; ich bekam fünfzehn Dollar die Woche. Wenn ich Stunts machte, wie etwa von einem fahrenden Zug herunterzuspringen, bekam ich fünf Dollar Zulage, und wenn man fünfzehn Dollar in der Woche verdient, sind fünf sehr wichtig.

In einer Szene sind der Held (Leo Maloney) und die Heldin auf dem Dach eines Zuges, der Dynamit geladen hat, und müssen runterspringen. Jemand hatte ein Lasso um einen Telegrafenmast geschlungen und das andere Ende des Seils an einem Baum auf der anderen Seite der Schienen festgebunden. Gene Perkins, ein sehr guter Stuntman, doubelte Helen, und ein Kerl namens Harold Lloyd – nicht der Komiker – doubelte Maloney. Sie sprangen ab und griffen nach dem Seil – und verfehlten es. Perkins war nicht verletzt, nur ein bißchen durchgerüttelt und verschrammt. Aber der andere Kerl brach sich das Bein, und das ganze Fleisch war heruntergerissen, man mußte für diesen Tag mit dem Drehen aufhören. Ich war scharf darauf, den Job zu bekommen, und ging zu Perkins und sagte: ›Paß mal auf, ich weiß, was ihr dabei falsch gemacht habt.‹

Er sagte: ›Schön, erzähl das Mac (J. P. McGowan, dem Regisseur).‹ Ich sagte McGowan, daß Gene und ich es schaffen könnten, ohne dabei verletzt zu

Ormer Locklear, der reisende Flugkünstler, mit Milton Moore, bei der Arbeit an *Cassidy of the Air Lanes* (1919); Regie Jacques Jaccard.

Der Stunt, der Gene Perkins das Leben kostete.

werden. Er sagte: ›Ach, Eddie ... Wenn du verletzt wirst, bringt mich deine Familie um. Ich kenne sie.‹

›Hör zu, es ist ein Kinderspiel. Ich weiß, wie man es machen muß.‹

›Wie?‹

›Das sag ich dir nicht. Wenn ich das tue, läßt du es mich nicht machen.‹

Ich überredete ihn, es mich machen zu lassen. Die beiden anderen waren direkt gegen das Seil gesprungen, und ich rechnete mir aus, man müßte mit einem Hechtsprung abspringen, um die Geschwindigkeit des Zuges auszugleichen. Der Zug fuhr nicht sehr schnell, weil sie die Szene unterdrehten. Wir machten alles fertig fürs Drehen. Gene und ich hechteten auf das Seil zu, und wir schafften es beide. Der Zug fuhr noch ein paar Meter weiter und ging in die Luft. Wir wurden durch die Explosion vom Seil gerissen – und ich landete im Krankenhaus.«

Cliff Bergere begann Stunts zu machen in der verzweifelten Hoffnung, zum Film zu kommen, und weil er einen langen Ledermantel besitzen wollte, wie er ihn bei dem Kunstflieger Ormer Locklear gesehen hatte. Bergere, der damals noch sehr jung war, hatte in San Francisco einen Job als Assistent eines Fliegers, der Tagesausflüge veranstaltete.

»Von dem Moment an«, erinnerte sich Bergere, »beobachtete ich Locklear mit Habichtsaugen. Ich sah seine Vorstellung am Himmel über Frisco und sagte zu mir, wenn das alles ist, um zu so einem Mantel zu kommen, dann werde ich Stuntman.«

Bei einer Begegnung mit Isadore Bernstein, dem Generalmanager bei Universal, ließ Bergere die Bemerkung fallen, daß er eigentlich Stuntman sei, obwohl er im Moment als Verkäufer arbeite. Bernstein bot ihm einen Job an, bei dem er als Double von Robert McKim von dem 25 Meter hohen Mast eines Schoners springen sollte; Bergere akzeptierte. Dann wurde ihm klar, auf was er sich eingelassen hatte, und er begann schleunigst mit dem Training. Eine halbe Stunde lang stand er auf dem Sprungturm im nächstgelegenen Schwimmbad und war vor lauter Schwindel und Angst unfähig, sich zu bewegen. Zu seiner großen Erleichterung wurde das Skript geändert – McKim fiel bloß noch über Bord.

»Fünfundzwanzig Meter! Mein Gott, ich wäre in tausend Stücke zerplatzt!«

Aber die Begegnung mit Bernstein zahlte sich aus. Bernsteins Visitenkarte, mit dem eigenhändigen Vermerk: ›Mit Empfehlung für Cliff Bergere‹, verschaffte diesem ein Angebot als Double für Fred Thomson in einem Serial mit dem Titel *The Eagle's Talons* (Duke Worne). Bergere mußte aus einem Flugzeug auf das Dach eines fahrenden Zugs abspringen. Sein Pilot war Al Wilson, selbst ein erfahrener Stuntflieger.

»In 85 m Höhe bedeutete mir Al, meinen Sitz zu verlassen und die Leiter runterzusteigen. Ich schaute mich um und konnte den Zug nicht entdecken und gestikulierte ›Wozu?‹.

Al drosselte die Maschine und brüllte: ›Mach, daß du rauskommst!‹ Ich dachte mir: ›Also, bevor er verrückt spielt, sollte ich wohl doch besser aussteigen.‹ Ich kletterte behutsam die Leiter hinunter, bis meine Füße auf der untersten Sprosse waren. Ich klammerte mich mit beiden Armen an der Leiter fest, und keine zehn Stangen Dynamit hätten mich von dieser Leiter weggekriegt. Langsam gingen wir tiefer, bis wir direkt über dem Zug waren, der mit einer

Geschwindigkeit von ungefähr fünfundvierzig Kilometern in der Stunde fuhr. Al zog das Flugzeug hoch und gab mir Zeichen, daß ich wieder hochklettern sollte.«

Bergere verhedderte sich in den Spanndrähten, erinnerte sich aber daran, was Wilson ihm gesagt hatte, lockerte mit äußerster Willensanstrengung seinen Griff und befreite sich. Ohne weitere dramatische Ereignisse landete das Flugzeug; Wilson besprach sich mit dem Lokführer und man entschied, daß der Zug mit hundert Kilometern pro Stunde fahren sollte. Dann starteten sie zum zweiten Mal.

»Diesmal stieg ich die Leiter hinunter und kaum war ich mit den Füßen auf der untersten Sprosse angekommen, landete ich auch schon in der Hocke genau auf dem Dach des Zuges.

Als ich zurückkam, fiel mir auf, daß alle, vom Regisseur bis zum letzten Mann, sehr nervös zu sein schienen, und als ich eine Bemerkung darüber machte, erfuhr ich, daß gerade vier Tage zuvor Gene Perkins bei dem Versuch genau dieses Stunts tödlich verunglückt war.«[3]

Gene Edward Perkins war vierundzwanzig, als er starb – einer der größten Stuntmen aller Zeiten.

»Als ich ihn zum ersten Mal sah«, erzählte Clarence Brown, »wirkte er auf mich wie der kühlste Mensch, den ich je gesehen hatte. Seine Selbstkontrolle war erstaunlich. Seine Augen waren kalt wie Eis, obwohl sie immer lächelten. Er hatte einen unheilbaren Hang, mit Flugzeugen herumzuspielen; ich habe ihm gesagt, er solle auf dem Boden bleiben. Sein Gefühl für Timing und Distanz war so perfekt und seine Körperbeherrschung so ausgezeichnet, daß er gute Aussichten gehabt hätte, die meisten seiner Stunts glücklich zu überstehen. Aber er wollte nicht hören. Das tun sie nie.«[4]

Dick Grace, der berühmteste Stuntman der Stummfilmzeit, hielt Perkins für den größten Sensationsdarsteller beim Film.

In einem Artikel in *Photoplay* hat er beschrieben, wie Perkins von einem Flugzeug auf das Dach eines Personenzuges hinüberwechseln sollte, während Pal Malvern, der den Schurken doubelte, ihn einholen und auf dem Zugdach in einen Kampf verwickeln sollte.

»Beeinträchtigt von einem Piloten, der im Kurven-Fliegen ungeübt war, und von einem steifen Seitenwind, wurde das Überwechseln ungewöhnlich gefährlich. Nach zwei mißlungenen Anflügen gab man dem Zug Signal, mit höherer Geschwindigkeit zu fahren. Beim dritten Versuch prallte Gene, an der Strickleiter hängend, gegen den Pullmanwagen. Es schien ihm jedoch nichts weiter auszumachen und er hing wie zuvor an der letzten Sprosse, als das Flugzeug mit einer weiten Kehre zu einem erneuten Versuch ansetzte.

Als sich das Flugzeug im vierten Versuch dem Zug näherte, konnte man sehen, daß Gene versuchte, die Leiter hochzuklettern. Er probierte es mehrere Male, aber immer schien ihm die Kraft auszugehen. Schließlich wurden seine verzweifelten Bemühungen schwächer, und mit einem hoffnungslosen Kopfschütteln entglitt die Leiter seinen Händen. Er fiel vielleicht fünfzehn Meter tief, aber die Geschwindigkeit des Flugzeugs erhöhte die Wucht, mit der er aufschlug, um ein Vielfaches.«[5]

Der Komiker Reginald Denny war Augenzeuge der Tragödie. Er berichtete, daß Perkins William Desmond doubelte und daß ein Freund von Perkins, der sich kurz zuvor ein Flugzeug gekauft hatte, anstelle eines erfahrenen Stunt-Fliegers wie Al Wilson oder Frank Clarke den Job bekommen hatte.

»Der Pilot hätte das Flugzeug abfangen und die Abdrift durch den Wind berücksichtigen müssen, als er sich dem Zug näherte. Aber er fing den Vogel erst direkt über dem Zug ab, und Gene wurde natürlich vom Seitenwind weggedrückt. Dann kam er noch einmal zurück – aber dieses Mal wurde es zu knapp. Jeder wirklich gute Pilot hätte runtergehen und ihn absetzen können – es gab genug gute Landeplätze. Aber dieser Kerl flog bloß in der Gegend herum und geriet in etwa zwanzig Meter Höhe in Panik, und zum Schluß mußte Gene loslassen, und das war sein Ende. Es hätte auch gutgehen können, aber er hatte den Sicherheitsgurt nicht an der Leiter festmachen lassen, den man ums Handgelenk schlang, damit man verschnaufen konnte.«[6]

Reginald Denny, ein sportlicher Mann, begann seine Leinwandkarriere mit der Boxer-Serie *The Leather Pushers*. Sein großer Durchbruch kam, als man ihm eine Rolle in dem Thriller *The Abysmal Brute* (Hobart Henley, 1923) gab, in den er jene flotte Komik einbrachte, die ihn berühmt machen sollte. Der Film war allerdings ein melodramatischer Abenteuerfilm – und Denny sah, daß er seine Stunts selbst machen mußte.

»Eine Seenot-Rettungsszene wurde im Februar gedreht, und die Brandung ging etwa fünf bis sechs Meter hoch. Jemand brachte Schnaps mit – die dachten wohl, ich könnte welchen gebrauchen, was durchaus stimmte. Aber stattdessen betrank sich die gesamte Crew damit.

Der Mann, den sie zu meiner Rettung losschickten, mußte in Wirklichkeit von mir gerettet werden. Als sie mich fragten, ob ich mit den Brechern fertigwerden würde, sagte ich, ich wolle es erst einmal probieren. ›Bringt ein Boot raus und behaltet mich im Auge.‹ Eigentlich wußte ich Bescheid: Wenn sich eine Welle bricht, läßt man sich einfach von ihr forttragen und kommt auf die nächste, indem man auf dem Wellenrücken reitet. Wenn man aber in eine hineingerät, während sie bricht, ist man geliefert.

Wir hatten fünf Kameras. ›Sobald wir mit dem weißen Taschentuch winken‹, sagten sie, ›kannst du jederzeit anfangen.‹ Ich schärfte dem Mann ein, daß er auf keinen Fall ins Wasser gehen solle, wenn ein Brecher hereinkam. ›Warte, bis sich die Welle gebrochen hat und laß dich dann von ihr raustragen.‹ Aber er war so ängstlich, daß er losrannte, sobald mit dem Taschentuch gewunken wurde. Er stürzte sich ins Wasser, während sich eine Welle brach, und ich mußte ihn wirklich retten. Als ich ihn erreichte, war er in einem fürchterlichen Zustand, er hatte Unmengen Wasser geschluckt und war schon ziemlich weit untergegangen. Die See war nicht rauh, aber die Dünung war sehr hoch.

Ich schaffte es, ihm klarzumachen, daß ich mich herumdrehen würde – ich hielt ihn auf meinem Rücken – und daß er meine Knöchel fassen und sich lang strecken sollte, weil wir sonst untergehen würden. Ich sah dieses riesige Ding anrollen und schrie ›Also los!‹ und drehte mich herum. Er bekam meine Fesseln auch richtig zu fassen, und ich begann zu tauchen. Aber dann riß er in Panik die Beine hoch, und damit war's passiert. Der Brecher erfaßte uns und brach über uns weg. Sie hatten die Einstellung im Kasten – aber sie konnten sie wegschmeißen. Wir sollten schließlich nicht *beide* gerettet werden.«

Unter Filmleuten – inklusive der Stuntmen – waren Verletzungen im allgemeinen nicht zahlreicher oder schwerwiegender als andere Unfälle am Arbeitsplatz. Im Jahr 1925 gab es zum Beispiel nur drei Todesfälle bei Dreharbeiten: Der Stuntman R. D. Jones ertrank bei dem Versuch, in einem Kanu die Stromschnellen für *The Ancient Highway* (Irvin Willat) zu überwinden. Max Marx kam in Universal City ums Leben, als beim Drehen von *Strings of Steel* (Henry MacRae) ein Seil riß. Der Elektriker Carl Barlow starb nach einem Sturz von einem Gerüst während der Arbeiten zu *The Big Parade* (Vidor). Nach der Statistik für jenes Jahr erlitten sieben Schauspielerinnen schwere Verbrennungen, neun Menschen bekamen einen Hitzeschlag oder hatten einen Nervenzusammenbruch, vier kamen bei Autounfällen zu Schaden, sechs wurden von Pferden verwundet und vier Stuntmen trugen Verletzungen davon, während sie Stars doubelten.

Dennoch berichteten die Zeitungen ständig von mißglückten Stunts und davon, daß sehr erfahrene Männer ums Leben kamen. Der brillante Kunstflieger Leutnant Ormer Locklear starb, als er bei einem Sturzflug für den Film *The Skywayman* (James P. Hogan) die Kontrolle über sein Flugzeug verlor. Mit ihm starb sein Assistent Leutnant Milton Elliott. Der Unfall passierte in der Nacht, und man vermutete, daß Locklear Leuchtraketen, die man als Positionssignale abgeschossen hatte, mit Bodenscheinwerfern verwechselte. Locklear hinterließ eine Frau und zwei Kinder; Fox veranlaßte, daß die Familie des Piloten zehn Prozent vom Gewinn des Films erhielt.

Es war 1922, als eine Menschenmenge an der Kreuzung 72. Straße und Columbus Avenue in New York zusammenströmte, um zuzuschauen, wie eine Szene für *Plunder* (George B. Seitz) gedreht wurde. Pearl White spielte die Hauptrolle, und Miss White war bekannt als ein Star, der seine Stunts selbst ausführte. Diesmal allerdings wurde sie vom Stuntman John Stevenson gedoubelt, der dafür eine blonde Perücke trug. Vom Dach eines Doppeldecker-Busses schwang er sich auf einen höhergelegenen Brückenträger – verfehlte ihn und stürzte siebeneinhalb Meter tief, bevor er auf den Boden aufschlug. Er starb noch am selben Tag an den Folgen eines Schädelbruchs und einer Gehirnquetschung.

Für einen Stuntman gehörte es zur Routine, um Haaresbreite dem Tod zu entgehen. Dick Grace hatte beim Doubeln einer berühmten Filmschauspielerin, deren Namen er nicht nennen wollte – »das wäre ein Vertrauensbruch« –, ein duftiges Ballettkleid an, das Feuer fangen sollte. Der Requisiteur übergoß ihn mit Benzin und warf ein Streichholz auf ihn.

»In Sekundenschnelle war ich eine lodernde lebende Fackel«, schrieb Grace. »Es war einfach zuviel, zu spüren, wie die Flammen meinen Leib ergriffen, Rücken, Nacken, Arme und Gesicht, ich verlor die Selbstkontrolle. Mit dem qualvollen Schrei eines Menschen, der dabei ist zu verbrennen, setzte ich mit einem Sprung vom Balkon, hinunter ins Parterre.

›Hilfe! Ich verbrenne!‹ Alle schienen vor Entsetzen gelähmt. Dann begann alles vor meinen Augen zu verschwimmen. Ich war aber noch geistesgegenwärtig genug, die Arme vor dem Kopf verschränkt zu halten und so mein Gesicht vor schweren Verbrennungen zu schützen. Ich rannte immer weiter, und so loderten die Flammen und der Rauch größtenteils hinter mir, obwohl sie mir meterhoch über den Kopf schlugen.«

Grace wurde von einem Regieassistenten gerettet, der ihn zu Fall brachte, ihn in einen Mantel wickelte und sich nach Leibeskräften bemühte, die Flammen zu ersticken. Andere halfen ihm dabei, und so gelang es schließlich. Dann untersuchte Graces Arzt die Verletzung. Vom Hals bis zur Taille war keine Haut mehr vorhanden. Der Arzt wusch Grace sofort mit Alkohol ab.

»Die Schmerzen waren unerträglich, und ich verlor zweimal das Bewußtsein. Auf meinem Körper war ein halber Quadratmeter Haut verbrannt, der größte Teil davon Verbrennungen dritten Grades, in schwerstem Ausmaß.«[7]

Dank des unbarmherzigen Zupackens des Arztes hatte Grace ein paar Monate später praktisch keine Narben mehr.

Zwei Jahre zuvor, 1923, war der Star Martha Mansfield verbrannt. Jemand hatte ein brennendes Streichholz zu Boden geworfen. Miss Mansfield, die für den Film *The Warrens of Virginia* (Elmer Clifton) ein Kostüm mit einem Reifrock trug, berührte das Streichholz mit dem Kleid – und war in Sekunden eine lebende Fackel. Sie starb am nächsten Tag an den Brandwunden und dem erlittenen Schock. Kurz darauf entgingen Dot Farley und Bebe Daniels ganz knapp dem gleichen Schicksal.

Ein wichtiger Name unter den Stuntleuten war Leo Nomis, einer der ganz wenigen Veteranen des Geschäfts. 1922 doubelte Nomis in *Manslaughter* Jack Mower in der Rolle eines glücklosen Polizisten, der das Opfer von Leatrice Joys verrückter Vorliebe für schnelle Wagen wird. Laut Drehbuch sollte der Polizist Leatrice verfolgen, ihr Wagen sollte auf der Autobahn ins Schleudern geraten und der Polizist mit dem Motorrad voll dagegen prallen. Das voraussehbare Ergebnis eines solchen Zusammenstoßes bewahrte Jack Mower davor, es selbst zu machen, obwohl er als Western-Darsteller durchaus dafür geeignet gewesen wäre. De Mille engagierte Nomis und machte aus dem Stunt eine Zirkusvorstellung.

»Es standen Krankenwagen herum, und hunderte von Leuten kamen, um sich das anzugucken. Es war fürchterlich ... ich glaube, die erwarteten alle ...«, erinnerte sich Leatrice Joy.

Miss Joys Platz im Auto übernahm Richard Arlen. Leo Nomis kalkulierte, daß er bei einem frontalen Zusammenprall mit etwa 75 Stundenkilometern genug Beschleunigung hätte, um sicher fortgeschleudert zu werden.

»Es ist ganz einfach‹, sagte Nomis, ›wenn ich nicht irgendwo hängenbleibe. Werde ich aber nicht. Falls doch – Mr. De Mille, würden Sie sich dann ein wenig um meine Frau und meine Kinder kümmern?‹« Adela Rogers St. Johns schildert den Zwischenfall in dramatischen Tönen:

»Der beeindruckende Mann in den Wickelgamaschen sagt knapp: ›Ich werde mich um sie kümmern, solange ich lebe. Mach dir deswegen keine Sorgen.‹ Das riesige Motorrad heult auf. Die Stille der Landschaft wird zerrissen durch den schrecklichen Knall von reißendem Eisen und krachendem Stahl. Ein Körper wird durch die Luft geschleudert, wirbelt herum wie eine Kinderpuppe und bleibt regungslos auf der anderen Seite des Autos liegen. Leo Nomis hat für diesen Tag seine Arbeit getan.«[8]

Die Berichte darüber, was mit Nomis passierte, sind widersprüchlich. Mrs. St. Johns erwähnt nur ein gebrochenes Schlüsselbein, und sie berichtet, daß Nomis schon nach zwei Wochen wieder arbeitete.

Leatrice Joy hat die Sache anders in Erinnerung. »Der Mann schlug gegen das Auto, und obwohl man auf der anderen Seite des Autos Matten ausgelegt hatte, brach er sich sechs Rippen und das Becken und mußte schleunigst ins

Krankenhaus gebracht werden. Er hatte sich am Motorrad verletzt. Man hätte für diese Einstellung nicht ein Menschenleben aufs Spiel setzen sollen. Wenn man es auf der Leinwand sieht, wirkt es wie eine Puppe.«

Die Rechtfertigung dafür, ein Menschenleben zu riskieren, war, daß die Zuschauer vor Schreck den Atem anhielten; darüber herrschte unter den Stuntmen Einigkeit. Sie waren entsetzt, wenn ihre tollkühnen, sorgfältig kalkulierten Unternehmungen leichtfertig als ›Trickaufnahmen‹ abgetan wurden.

Trickaufnahmen waren seit den Anfängen ein fester Bestandteil des Films, doch die schnell abgedrehten Thriller und Serials griffen selten auf solche Täuschungen zurück. Das Publikum, dem die Fan-Magazine versichert hatten, daß ihr Lieblingsstar seine – oder ihre – Stunts selbst ausführe, protestierte, wenn Trickaufnahmen und allzu deutliche Glas-Aufnahmen auftauchten. Die Thriller hatten sich einen Ruf erworben, der durch Studioaufnahmen und Spezialeffekte Schaden nahm.

1924 wurde *The Lone Wolf* (S. E. V. Taylor) in *Photoplay* kritisiert: »Das Ganze wird gegen Ende reichlich albern durch ein luftiges Umsteigen von Flugzeug zu Flugzeug, das zum großen Teil offensichtlich im Studio gedreht wurde. Der Realismus einiger Flugzeug-Stunts, die wir schon zu sehen bekommen haben, wird in diesem Film, über den das Publikum nur lachen kann, nicht erreicht.«[9]

Die Frische, Vitalität und rauhe Ehrlichkeit der frühen Stummfilm-Melodramen mit ihren realen Schauplätzen wurde langsam durch anspruchsvollere, ausgefeiltere Produktionen verdrängt, in denen alle technischen Tricks angewendet wurden, um ein Höchstmaß an Erregung und teuren Schauwerten zu bieten. Manchmal griff man auf die Arbeit des Trick-Studios zurück – doch die meisten Regisseure kannten den Wert realistischer Sensationen, und die letzten Jahre des Stummfilms erlebten die unglaublichsten Stunts – das Wagenrennen in *Ben-Hur*, der ›Landrush‹ in *Tumbleweeds*, die Feuersbrunst in *The Fire Brigade* (William Nigh), die Abstürze und Flugkunststücke in *Wings*, die Sintflut in *Noah's Ark*, bei der mehrere Statisten ertranken, und die erstaunlichen Luftkämpfe in *Hell's Angels*, die einzigen Sequenzen, die von der stummen Fassung erhalten sind.

Die Teufelskerle der alten Zeit, deren Ansehen allein auf ihrem körperlichen Mut beruhte, besaßen die Eigenschaften einer vergangenen Zeit; sie waren die erfahrenen Gladiatoren des Amphitheaters Hollywood und präsentierten Kunststücke von haarsträubender Gefährlichkeit, allein um die Massen zu unterhalten. Ihr Lohn war der aufbrausende Beifall, so wie es immer gewesen war... doch nun waren die Kaiser verschwunden, und das Schicksal senkte den Daumen zum Zeichen des Endes.

Was diese Männer jedoch hinterließen, waren nicht bloß die Geschichten, die man sich am Tresen erzählt. Zusammen mit ihnen ging dem Film ein grundlegender Realismus verloren. Wir sind noch nicht reif genug, um an Action-Filmen keinen Gefallen zu finden – und was an einer Aktion attraktiv ist, beruht auf dem physischen Element. Das gleiche gilt für den Film im ganzen. Ein denkender Mensch sieht nicht sehr unterhaltsam aus. Doch wenn er eine tiefe Schlucht in einem ungestümen Sprung mit dem Auto überwindet... wenn er sich von einem Flugzeug zu einem anderen schwingt... wenn er die wildesten Höhenflüge der Phantasie vollführt, nur unseretwegen – dann ist das ein berauschendes und befriedigendes Erlebnis. Ein Erlebnis ohne Risiko.

Die Stuntmen des Stummfilms

1 *Photoplay*, Nov. 1927, S. 30.
2 Buster Keaton zum Autor, Hollywood, Dez. 1964.
3 *Speed Age*, Nov. 1951, S. 13.
4 Zitiert nach: *Photoplay*, Nov. 1927, S. 32.
5 *Photoplay*, Aug. 1925, S. 128.
6 Reginald Denny zum Autor, San Marino, Kalifornien, Dez. 1964.
7 *Photoplay*, Aug. 1925, S. 128.
8 *Photoplay*, Dez. 1922, S. 30.
9 *Photoplay*, Juli 1924, S. 45.

28 Ohne sie entsteht kein Film

Sie werden in den Filmgeschichten nicht erwähnt, doch ohne sie gäbe es keine Filmgeschichte.

Die Bühnenarbeiter, Zimmerleute, Requisiteure, Elektriker und Assistenten mußten oft ebenso hart arbeiten wie der Regisseur oder die Schauspieler, jedoch ohne den Lohn einer Nennung im Nachspann oder die persönliche Genugtuung eines schöpferischen Beitrags. Diese Männer waren das Rückgrat der Industrie – die Fußtruppen einer Armee, die die Schlachten für eine ganze Hierarchie von Napoleons gewann.

The Motion Picture Herald schrieb gegen Ende der Stummfilm-Ära:

»Die Leute in der Filmproduktion arbeiten ebenso hart wie die Leute in anderen Industrien in Amerika. In etwa sieben von zehn Fällen arbeiten sie länger als die Beschäftigten jeder anderen Branche. Sorgfältige und auf Untersuchungen basierende Regelungen in bezug auf Ernährung, Schlafen, körperliche Betätigung und Freizeit sind hier so notwendig wie auf keinem anderen denkbaren Gebiet.«[1]

Einige dieser Techniker gehörten den Gewerkschaften ihrer jeweiligen Branche an, doch gab es keine Gewerkschaften, die sie als Filmschaffende schützten. Nicht, daß Gewerkschaften überflüssig gewesen wären – allzu oft wurden sie ausgebeutet und machten Überstunden unter untragbaren Bedingungen. Doch damals waren Gewerkschaften wenig gefragt, denn die allgemeine Begeisterung für den Film erfaßte auch das letzte Mitglied der Truppe.

Wie ein Regieveteran sagte: »Ich kann mich an keinen Knatsch erinnern, den ich zu irgendeiner Zeit mit irgendeinem Mitarbeiter bei irgendeiner Produktion, an der ich beteiligt war, gehabt hätte – wegen zu schwerer oder zu langer Arbeit.«[2]

Diese Leute waren, wie die sprichwörtliche Mutter des Stars, die besten Kumpel der Filmindustrie und zugleich ihre schärfsten Kritiker. Eine wirklich gelungene Darstellung der Schauspieler wurde durch den heftigen Beifall jener Schattengestalten hinter den Scheinwerfern belohnt. Dieses ganz spontane und echt gemeinte Lob bedeutete dem Empfänger oft mehr als eine Handvoll guter Kritiken. Ann Harding meinte, als sie frisch vom Broadway in Hollywood ankam, die Zustimmung einer Atelier-Crew bedeute ihr mehr Ansporn als alles, was ihr je von einem Publikum am Broadway entgegengebracht worden sei.

»Diese Typen sind nämlich abgebrüht, und zwar ziemlich. Wenn man eine Szene so hinlegt, daß sie ihnen gefällt, dann ist man wirklich gut.«

Diese Männer wußten, was man haben mußte, um eine erstklassige Darstellung abzuliefern; sie hatten fast alles gesehen, was man überhaupt sehen konnte. Sie ließen sich nicht so leicht beeindrucken.

Die Männer mit den interessantesten Jobs waren die im Requisitenfundus. Manche von ihnen waren buchstäblich ein Phänomen; sie besaßen fast übernatürliche Kräfte, sie schafften es immer wieder, mit den richtigen Gegenständen im richtigen Augenblick zur Stelle zu sein. Komödien-Produktionen fuhren zu Außenaufnahmen ohne ein Drehbuch, nur mit einem Haufen Ideen – deren Erfolg oft vom Requisiteur abhing. Würde er irgendeinen obskuren Gegenstand sofort zur Hand haben, oder würde er ihn erst aus dem Studio holen lassen müssen?

Zu Bebe Daniels' Team bei Realart gehörte ein Requisiteur namens Charlie. »Er dachte immer schon *voraus*«, erinnert sich Miss Daniels voll Bewunderung.

»Er konnte ein Ruderboot aus der Hosentasche zaubern. Wenn man Charlie einen Streich spielen wollte und ihn um etwas Absurdes bat – er hatte es oder konnte es besorgen. Ein Esel, den wir benutzten, hatte nur ein halbes Ohr, was etwas blöd aussah. Wir fragten Charlie, ob er da nicht etwas machen könne. Er schaffte es so perfekt, daß wir ihn fragten, wie er darauf gekommen sei, so etwas mitzubringen. ›Naja‹, gab er zu, ›ich hab mal gehört, wie jemand darüber geredet hat, daß man eine Geldbörse aus einem Schweineohr machen kann.‹ Er hatte die Geldbörse auch dabei.«

Haakon Froelich mit einem für *The Queen of Sheba* (1921) angefertigten Relief.

Unternehmungsgeist und persönliche Initiative beschränkten sich nicht auf die besser bezahlten Techniker. Reeve Houck, ein Chefelektriker im Ince-Studio, ärgerte sich so sehr über die unzureichende Studiobeleuchtung für bestimmte Effekte, daß er etwas eigenes erfand. Er entwickelte ein winziges Kohlebogen-Licht, um eine Streichholzflamme oder den Schein einer Fackel zu simulieren. Dieses seinerzeit kleinste künstliche Licht entwickelte eine Leuchtstärke von 1000 Lux. Ein Schauspieler konnte es in seiner Hand verbergen, das Kabel wurde durch seinen Ärmel und das Hosenbein geführt. Wenn er ein Streichholz anzündete, drückte er den Knopf seines ›Baby-Bogens‹, und es wirkte so, als ob die Flamme sein Gesicht erleuchtete. Der Bogen konnte in Laternen oder in Autoscheinwerfer eingebaut werden; es gab fünf verschiedene Größen, und wenn man das Kabel verbergen konnte, war die Illusion perfekt.

Ein großer Teil der heutigen Techniker in den Hollywood-Studios ist über sechzig Jahre alt; sie sind seit der Stummfilmzeit in der Filmindustrie beschäftigt, und wenn sie auch an manchem künstlerischen Mißerfolg mitgearbeitet haben, blieb ihr eigener Ruf doch unbeeinträchtigt. In der ganzen Welt gelten die Männer hinter den Kulissen von Hollywood als Spitzenkönner.

»Als ich nach dreißig Jahren nach Hollywood zurückkehrte«, erzählt Clive Brook, »hatte ich diese fabelhaften Leute vergessen. Aber sie waren noch da, dieselben, mit denen ich Stummfilme gedreht hatte. Während einer Außenaufnahme verpatzte einer der Reiter einen Sprung und zerbrach ein großes Gattertor. Überall sonst wäre dadurch die Produktion für einen Tag verzögert worden. Aber nicht in Hollywood. Der Requisiteur hatte fünf Ersatztore auf Lager.«

1 Zitiert in: *Photoplay*, März 1932, S. 70.
2 Andrew L. Stone zum Autor, London, April 1962.

29 Es war ein hartes Leben

Es war ein hartes Leben

›Nur Arbeit adelt!‹ Dieses calvinistische Credo, überraschenderweise von F. Scott Fitzgerald geäußert, bringt die Religion des Viktorianischen Zeitalters auf den Punkt.

In England, wo der viktorianische Puritanismus auf den fruchtbarsten Boden fiel, adelte Arbeit nur, wenn die Arbeit selbst von Adel war. In jener Zeit verbrachten viele ihre Freizeit mit Essen und Schlafen und dem Weg zur Arbeit. Es war eine Zeit, in der allein der Gedanke, mit Unterhaltung Geld zu verdienen – mit schlecht verbrachter Freizeit – als unmoralisch galt. Die Welt der Unterhaltung wurde mit hochmütiger Gleichgültigkeit betrachtet; Besuche im Theater oder in der Music Hall waren von einem gewissen Schuldgefühl begleitet. Von solchen moralischen Widerständen behindert, konnte sich die Stummfilmindustrie in Großbritannien niemals recht entfalten.

Die amerikanische Sozialstruktur war weniger klar definiert, die Haltung der Arbeit gegenüber aufgeklärter. Die viktorianischen Grundsätze galten auch hier – oft sogar sehr streng, doch man betonte hier eher den Unternehmungsgeist. Man wurde zwar nicht in die New Yorker High Society aufgenommen, wenn man seinen Reichtum mit Klohäuschen erworben hatte, doch ansonsten wurde man seiner Arbeit wegen sozial nicht geschnitten, solange man nur etwas *unternahm*. Die Unterhaltungsindustrie wurde als notwendig angesehen, und die Männer, die in ihr arbeiteten, waren akzeptierte, wenn nicht sogar respektierte Mitglieder der Gesellschaft.

Allerdings waren viele Angehörige der Filmindustrie in der geistigen Enge Europas im 19. Jahrhundert aufgewachsen, und dieser Mief haftete ihnen noch bis weit ins 20. Jahrhundert an. Praktisch alle in der Filmindustrie hatten in anderen Berufen angefangen – einige im Theater, doch die meisten mit trivialerer Arbeit, sie waren an strenge Arbeitszeiten und öde Routine gewöhnt. Der plötzliche Bruch, den der Aufstieg in die glamouröse und erregende Sphäre der Filmproduktion bedeutete, zusammen mit einer ebenso plötzlichen starken Erhöhung des Verdienstes, impfte vielen ein Schuldgefühl ein. Dieses Schuldgefühl drückte sich selten bewußt aus; es schlug sich nieder in dem geradezu fanatisch hohen Maß an harter Arbeit, das Filmtechniker und Schauspieler auf sich nahmen.

Für viele von ihnen war der Umstand, daß ihre Arbeit etwas Angenehmes hatte, eine ganz neue Erfahrung. Einige entstammten ärmlichsten Verhältnissen. Während sie in Kalifornien einige tausend Dollar pro Woche verdienten, kämpften ihre Familien weiter um ihren Lebensunterhalt, weigerten sich aber, Unterstützung anzunehmen.

So verwundert es nicht, daß Hollywood sich vom Rest der Welt abkapselte, zu einer Traumfabrik wurde, die selbst ein wenig wie im Traum lebte. Der Schutzwall, den es errichtete, diente weniger dazu, Außenseiter abzuhalten, als vielmehr dazu, die eigenen wahren Gefühle zu verbergen. Hollywood lag quer zur übrigen Welt und war sich dieser Tatsache nur zu bewußt.

Um die Schuldgefühle zu dämpfen, die heimlich an ihnen nagten, unterwarfen sich Techniker und Schauspieler oft den unglaublichsten Arbeitsbedingungen, ›allein um des Films willen‹.

Für manche war eine solche Erfahrung ein Abenteuer, eine Herausforderung. Für andere war es ein Purgatorium.

Back to God's Country (David Hartford) wurde 1919 von einer Firma produziert, die sich Canadian Photoplays Ltd. nannte und in Calgary ihren Sitz hatte; es war die Absicht von Ernest Shipman, dem Organisator der Firma, die Erzählungen von James Oliver Curwood an den Originalschauplätzen zu verfilmen. Das bedeutete Arbeit bei Temperaturen bis zu 20 Grad unter Null. *Back to God's Country* war ungeheuer erfolgreich – *Photoplay* lobte »einige der bemerkenswertesten ›Sachen mit Tieren‹, die jemals gefilmt wurden«[1] – und prägte den Stil weiterer Filme mit Nell Shipman als Hauptdarstellerin. Um 1923 drehte sie eine Serie von Zweiaktern unter klirrend kalten realistischen Bedingungen, mit ›Flash‹, dem Wunder-Hund, und Johnny Fox.

Bei den Dreharbeiten zu einem dieser Filme im Norden von Idaho verloren Nell Shipman und ihr Regisseur und Ehemann Bert Van Tuyle die Verbindung zu den anderen Mitarbeitern. Van Tuyle hatte sich am Fuß verletzt, der sich entzündete. Obwohl er immer wieder in ein Delirium verfiel, bestand er darauf, vom Schlitten zu steigen und zu laufen, während Nell Shipman den Schlitten ziehen mußte. Als sie den Schlitten über das Eis des Priest Lake schleppte, fiel sie mehrmals durch Löcher ins Wasser. Aber sie machte weiter – hielt ihren Mann am Arm fest oder zog ihn auf den Schlitten, wenn er erschöpft war, obwohl sie selbst Erfrierungen an den Füßen hatte. Nach zwanzig Meilen dieser schrecklichen Qualen erreichten sie eine Ranch, und Van Tuyle wurde schleunigst ins Krankenhaus transportiert, wo man seinen Fuß amputierte.[2]

Solche Unfälle waren nicht selten. Trotz der entsetzlichen Erfahrungen, die von Stroheim mit seiner Truppe im Death Valley gemacht hatte, schickte Paramount das Team von *The Water Hole* (F. Richard Jones) in den gleichen mörderischen Teil der Wüste – im Juni, wenn die Temperaturen die 50° C überschritten.

»Wir standen morgens vor Sonnenaufgang auf«, erzählte Nancy Carroll, der Star des Films. »Wir schminkten uns im Licht der Autoscheinwerfer. Dann zogen wir im Gänsemarsch zum Drehort. Wir gaben uns Mühe, in die Fußstapfen des Vordermannes zu treten, denn jede andere Spur im Sand hätte im Film erklärt werden müssen. Die Männer schleppten die Kameras mit, und wir fingen an zu drehen, sobald genug Licht da war. Gegen halb zwölf wurde die Hitze unerträglich, und wir warfen uns einfach dort zu Boden, wo wir einen Schutz fanden, ein Dach oder ein Zelt – und ruhten uns aus. Zum Glück war ich sehr jung und sehr stark, aber der Kameramann C. Edgar Schoenbaum drehte in der Hitze durch. Er machte den entscheidenden Fehler, keinen Hut zu tragen, und nach einiger Zeit begann er rosa Heuhaufen zu sehen. Das erste Anzeichen für einen Sonnenstich ist rosa. Der chinesische Koch schnappte eines Tages über und jagte mit einem Messer hinter den Leuten her. Das Filmmaterial konnte nicht dort gelassen werden, weil es sonst zerschmolz; also kam ein Auto und holte es ab. Aber oft platzten auf dem Rückweg die Reifen. Es war fürchterlich. Die Leute saßen da und heulten.«[3]

Die Stummfilm-Ära in Hollywood war eine Periode erstaunlicher Gegensätze. Die Studios unternahmen alles nur Denkbare, um ihre Stars im Atelier zu verhätscheln, und schickten sie dennoch in die Wildnis so unvorbereitet wie Napoleons Armee im russischen Winter.

Colleen Moore beschrieb in *Photoplay* ihre Erlebnisse bei Außenaufnahmen zu *The Huntress* (John Francis Dillon) in der High Sierra, mitten im Winter. Sie lebte in der Hütte eines Sommerlagers, die absolut untauglich war für Temperaturen unter dem Gefrierpunkt; sie war aus rohen Pinienstämmen errichtet, mit fingerdicken Lücken dazwischen. Die Kälte war fast nicht auszuhalten. »Diese abgehärteten Bergler«, schrieb Miss Moore, »glauben, die Welt sei nicht in Ordnung, solange es nicht 20 Grad unter Null ist.«

Ihre Hütte war mit qualmenden Ölfunzeln und einem wirkungslosen Ofen ausgestattet. Es gab kein fließendes Wasser, nur eine Blechkanne mit Eisstücken darin. Um ein Bad zu nehmen, mußte sie drei Meilen zu einer heißen Quelle fahren.

»Wenn ich nicht gerade Freude oder Trauer für die Kamera produziere«, schrieb sie, »mache ich Feuer, schleppe Wasser, mache es auf dem Ofen heiß, halte die Hütte sauber, mache das Bett, hacke Kleinholz für den Ofen – alles in allem führe ich das Leben einer Pionierfrau im Planwagen. Ich habe Brandblasen und Frostbeulen, Hände und Gesicht sind schmutzig, rauh und rissig. Ach, der weite Westen und die großen Hügel des Westens... ich wünschte, man beließe sie in der Phantasie, da klingt das alles so viel romantischer!«[4]

Als Miss Moore 1962 England besuchte, erinnerte sie sich an diese Erlebnisse. »Es war so schrecklich!« lachte sie. »Und wenn man an die Tausender denkt, die sie mir dafür zahlten! Jeden Morgen kam der Requisiteur und machte erst einmal Feuer in unserem kleinen Ofen und setzte das Wasser auf. Wir konnten nicht aufstehen, es war zu kalt. Wir mußten sogar die Schminke auf den Ofen stellen, um sie aufzutauen.

Das waren die einzigen *wirklich* rauhen Außenaufnahmen, die ich erlebt habe. *The Sky Pilot* (King Vidor) war ziemlich schlimm, bis auf einen Umstand – wir waren gut untergebracht. Während der Dreharbeiten im Schnee, die recht schwierig waren, wohnten wir in einem kleinen Hotel im Bahnhofsgebäude, und es war warm, es gab reichlich heißes Wasser und wir kamen abends gerne nach Hause – die Verpflegung war ausgezeichnet, und so machte es uns nichts aus, wenn wir einen harten Tag hatten.

Bei *The Huntress* war die Verpflegung schrecklich, Sie können es sich nicht vorstellen. Eine Zeitlang lebte ich tatsächlich von rohen Eiern und Keksen, weil das gekochte Essen so widerlich war. Aber ich muß auch sagen, wenn man jung ist, und alles ist so aufregend und macht Spaß – dann hackt man auch das Eis auf...«[5]

Filmmacher, die den alten Westen für die Leinwand an Originalschauplätzen wiedererstehen ließen, mußten oft die gleichen schwierigen Verhältnisse ertragen wie die Pioniere selbst. Die Verfilmung des Western-Epos *The Covered Wagon* (James Cruze) geriet selbst zu einem Epos.

»Die Bedingungen waren rauh«, erinnert sich Lois Wilson, neben J. Warren Kerrigan Star dieses Films, »doch nicht schlimmer als bei einigen anderen Western, in denen ich mitspielte. Ich erlitt leichte Erfrierungen, unser Proviant ging zu Ende, und wir mußten eine Zeitlang von Äpfeln und Baked Beans leben, aber ich habe jede Minute von *The Covered Wagon* genossen. Es war ein Abenteuer. Ja, wir waren durchgefroren, aber ich glaube nicht, daß der Film so gut geworden wäre, wenn wir es gemütlicher gehabt hätten und nicht in so unerwartete Schwierigkeiten geraten wären. Der Schnee zum Beispiel. Niemand hatte zu der Jahreszeit in der Wüste Schnee erwartet. Die Zelte wurden so vom Schnee begraben, daß sie praktisch über unseren Betten zusammenbrachen. Also schrieb Walter Woods, der mit uns im Gelände war, eine Schnee-Sequenz ins Drehbuch.

Reginald Barker, einer der besten Regisseure für Außenaufnahmen, mit dem Kameramann Percy Hilburn, während der Dreharbeiten zu *Snow Blind* (1921).

Der See auf der Baker-Ranch im Snake Valley in Nevada wurde so mit einer Uferpartie hergerichtet, daß dort die Sequenz der Flußüberquerung des Platte River in *The Covered Wagon* (1923) gedreht werden konnte.

Es war ein hartes Leben 29

Die Kameracrew gerät in Schwierigkeiten, als die Stromschnellen-Sequenz für *The Hillbilly* (1924), Regie George Hill, gedreht wird.

Mittagspause bei *The Covered Wagon*: Ernest Torrence, Charles Ogle, Ethel Wales, Regisseur James Cruze, J. Warren Kerrigan und Lois Wilson.

Wissen Sie übrigens, daß die Planwagen in dem Film praktisch alle Original-Conestogas waren? Famous Players veröffentlichte eine Anzeige, und die Leute kamen aus dem ganzen Mittleren Westen mit ihren Wagen und Pferden. Einige brachten ihre Familie mit. Sie erhielten zwei Dollar pro Tag und zwei Dollar für die Pferde, und sie wurden verpflegt. Das war alles.

Wir hatten auch sehr viele Indianer. Die Arapaho-Indianer ernannten James Cruze zum Häuptling; sie nannten ihn Stehender Bär. James war wie ein Bär. Es gab da einen alten Indianer, der schon die Indianerkriege mitgemacht hatte, und ich glaube, sogar den Bürgerkrieg. Egal, alles, was er sich in seinem Leben wünschte, war eine Unions-Uniform, die er von der Regierung bekam. Er konnte kein Englisch, aber Tim McCoy diente als Dolmetscher; er hatte allen Indianern die Geschichte des Films erzählt, und sie stürzten sich mit voller Begeisterung hinein. Dieser Indianer war ein Meister mit Pfeil und Bogen, und als er hörte, ich solle im Film erschossen werden, meldete er sich freiwillig. ›Sehr guter Schuß‹, sagte er Cruze, durch Tim McCoy. ›Sehr gut. Schieße Pfeil durch Ladys Schulter. Nicht viel Schmerzen. Kein Knochen zerbrechen. Ganz durch gehen!‹

Ich fing an, mich sehr für die Indianer zu interessieren. Ihr Leben und ihre Sitten faszinierten mich. Ich meine, wir haben sie nicht fair behandelt, und ich spende alles, was ich entbehren kann, für ihre Schulen – ganz besonders für eine: die Mission zum Heiligen Rosenkranz in Pine Ridge, Dakota, die sich um fünfhundert Sioux-Kinder kümmert.«[6]

Bei den Dreharbeiten zu *The Love Flower* (1920) verließ die D. W. Griffith-Truppe mit der Jacht ›Grey Duck‹ Miami, Florida, in Richtung Nassau auf den Bahamas – und fünf Tage lang hörte und sah man nichts mehr von ihnen. Die Navy beorderte alle verfügbaren Schiffe zur Suche des verschollenen Bootes: Es trieb ohne Wasser und Proviant drei Tage lang in schwerer See, und die Schwierigkeiten steigerten sich noch, als zwei Mitglieder der Crew über Bord gespült wurden.

»Als die Story schließlich in die Schlagzeilen geriet«, schrieb *Photoplay*, »kamen Gerüchte auf, es sei nur eine ›Presse-Sache‹. Aber es war ein echtes Abenteuer.«[7]

Etwa zwei Wochen später kamen Nachrichten aus Sizilien, daß Herbert Brenon am Ätna verschwunden sei. Bei den Dreharbeiten für eine italienische Produktion hatte er sich während einer Mittagspause vom Team entfernt und war von Banditen gefangen worden.

»Er wurde wegen Lösegeld festgehalten«, schrieb *Photoplay*, »bis die gemeinen Kerle entdeckten, daß er Amerikaner war und daß seine Regierung die Suche unterstützte. Er tauchte sicher und wohlbehalten wieder auf. Junge, Junge!«[8]

Etwa zur gleichen Zeit wurde Marshall Neilan in den San Bernardino-Bergen eingeschneit, und Matt Moore wanderte fünfzehn Stunden durch den Schnee, um Hilfe zu holen; er kehrte mit Führern und Proviant zurück. Aber die Presseagenten, die die Zwischenfälle mit Griffith und Brenon so intensiv wie möglich ausgeschlachtet hatten, hatten keine Verwendung für diese Story.

Tragischer war das Schicksal von Lynn Reynolds, die 1927 gerade dabei war, Szenen im Schnee zu drehen, als das Team in einen Blizzard geriet. Renee Adoree war eines der Opfer dieses Unglücks. Für mehrere Tage verschollen, fand man die Gruppe halb verhungert und halb erfroren. Von diesem Erlebnis völlig zermürbt, erschoß sich Lynn Reynolds später.⁹

Irving Sindler, der Requisiteur bei dem Valentino-Film *Son of the Sheik*, hat die Erlebnisse während der Dreharbeiten in der Wüste in einem Tagebuch festgehalten. Er beschreibt, wie Vilma Banky mit ihrem Löffel in etwas stippte, das wie Brombeermarmelade aussah – es war aber eine Zuckerdose, die von Fliegen wimmelte; oder wie Montagu Love von dem Brackwasser krank wurde und trotzdem weiterarbeitete; wie die Hitze niemals nachließ, selbst bei Nacht nicht: »Um Mitternacht ist es immer noch zu heiß zum Einschlafen. Die Laken brennen wie Feuer«; wie, nach nur zwei Stunden Schlaf, die Crew um 4 Uhr aufstehen mußte, um den ganzen Tag zu arbeiten, wie sie eine Sanddüne hinaufkrabbelten, manchmal auf Händen und Knien, während Fliegen sich an Mund und Augen festsetzten...

Doch Irving Sindler behielt seine stoische Haltung: »Hauptsache, wir machen für Herrn Valentino ein paar wunderschöne Wüstenszenen. Das kann nicht ewig dauern.«

Son of the Sheik war Valentinos letzter Film. Seine Gesundheit hatte unter den Strapazen der Produktion gelitten, und er starb an den Folgen einer Doppel-Operation wegen Blinddarm- und Bauchfellentzündung.

Diese extremen Beispiele werden durch viele wohlorganisierte Außenaufnahmen aufgewogen, bei denen das Team in guten Hotels wohnte, mit Transportmitteln und fahrbaren Küchen ausgestattet war, und bei denen für alles im voraus gesorgt wurde.

Aber an solche Erlebnisse erinnert man sich nicht!

1 *Photoplay*, Jan. 1920, S. 115.
2 Dank Tom Trusky von der Boise State University ist Nell Shipmans Autobiografie publiziert worden: Nell Shipman: *The silent Screen and my talking Heart. An Autobiography.* Boise, Idaho: Boise State Univ. Press 1987 (= Hemingway Western Studies Series). In dem Buch erfahren wir, daß sie einige ihrer Filme selbst inszeniert hat, daß sie jedoch auf die Namensnennung verzichtete zugunsten ihres Lebensgefährten Bert Van Tuyle – den sie nie heiratete und der als Produktionsleiter und Regisseur von Actionszenen mitarbeitete. Nach dem Abenteuer, über das sie im 4. Kapitel mit dem Titel »Only Human« berichtet, wurden Van Tuyle einige Zehen amputiert, er verlor nicht den ganzen Fuß.
3 Nancy Carroll zum Autor, New York, März 1964.
4 *Picture Play*, Okt. 1923, S. 54.
5 Colleen Moore zum Autor, London, Sept. 1962.
6 Lois Wilson zum Autor, New York, April 1967.
7 *Photoplay*, März 1920, S. 105.
8 *Photoplay*, April 1920, S. 88.
9 Eine bedeutendere Rolle spielte möglicherweise der Umstand, daß Lynn Reynolds' Ehe gerade auseinanderbrach.

30 Der Stummfilm war niemals stumm

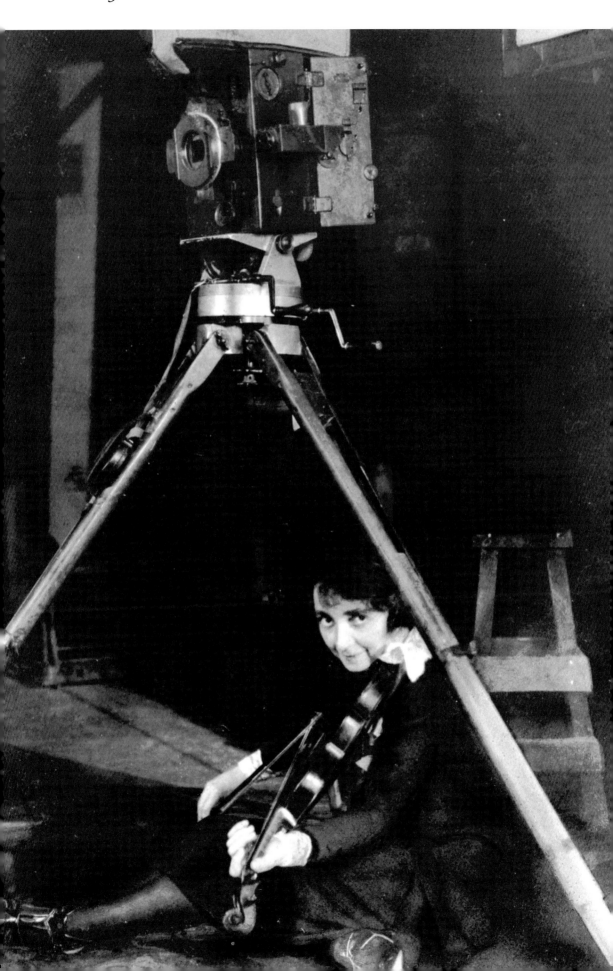

Die Kinobesitzer hatten *ein* Ziel: die Stille aus den Stummfilmen zu vertreiben. Anfangs reichte ein Klavier aus, um das Rattern des Projektors zu übertönen. Bald schon leistete sich auch das billigste Kino einen Klavierspieler und einen Geiger. Mit den Verbesserungen auf der Produktionsseite ging eine Verbesserung auf der Präsentationsseite einher. Während des Goldenen Zeitalters beruhte der Ruf eines Lichtspieltheaters oft auf seinem Orchester. Es gab Leute, die behaupteten, sie gingen »nur wegen der Musik« ins Kino.

Ein erstklassiges Orchester konnte den langweiligsten Film erträglich machen, und eine sorgfältige Musikauswahl konnte, zusammen mit einer guten Darbietung, der Magie des Kinos eine weitere Dimension hinzufügen.

Die Kritiker sahen allerdings die Filme meist ›kalt‹, ohne jegliche Begleitung, nur mit dem Rattern des Projektors, mit Hüsteln und Kommentaren. Ein Film, der die Feuerprobe einer Pressevorführung überstand und dann noch gute Kritiken erhielt, hatte das Lob mit Sicherheit verdient.

Kinomusiker arbeiteten unter Zuhilfenahme eines festen Repertoires, es sei denn, es war ein besonderer, ein ›großer Film‹; *Broken Blossoms* wurde mit einer zum großen Teil eigens dafür komponierten Musik von Louis F. Gottschalk herausgebracht. Zu einem normalen Film gab es ein sogenanntes ›cue sheet‹, das als Teil des Reklamematerials vom Vertrieb versandt wurde. Cue sheets sahen wie folgt aus:

Nr.	*Titel oder Beschreibung*	*Tempo*	*Musikstück*
1.	Dies ist die Geschichte	Leichtes Intermezzo	Melodie Caprice (Squire)
2.	Doch Paris	Leichtes Intermezzo	Demoiselle Chic (Fletcher)
3.	Jean Jacques	Liebesmelodie	Melodie d'Amour (Engleman)
4.	Die Ananiaz von Cadiz	Fließende Romanze	Serenade Italienne (Czibulka)

Beliebt waren außerdem die Werke von Grieg, Schubert und Weber. Durch die Kinoorchester erreichte die klassische Musik Menschen, von denen die meisten sie noch nie zuvor vernommen hatten.

In den 20er Jahren waren einige Theater mit riesigen Orgeln ausgestattet, die einen Film mit größerer Lautstärke und kleinerem Personalaufwand als bei einem Orchester begleiten konnten. Außerdem boten sie zusätzliche Attraktionen; sie brachten eine weite Palette von Geräuscheffekten hervor – Donner, Schüsse oder den Pfiff einer Lokomotive.

Diese Orgeln unterschieden sich im Klang grundsätzlich von ihren Gegenstücken in den Kirchen. Der Wurlitzer-Katalog zitierte einen Kinobesitzer aus St. Louis: »Die Wurlitzer ist die einzige Orgel, die den Hall – oder das Dröhnen – einer Kathedrale vermeidet, welcher im Musikprogramm eines Lichtspieltheaters nichts zu suchen hat.«

In anderen unternehmungsfreudigen Etablissements saßen Geräuschemacher im Orchestergraben oder hinter der Leinwand und versuchten, synchron zum Film den Schuß eines Revolvers oder das Klappern von Hufen zu simulieren. Für diesen Zweck wurden komplette Ausrüstungen angeboten und spezielle 22er-Revolver für Western hergestellt. Der Lauf war blockiert, für den Fall, daß die Pistole in falsche Hände geriet; da man für eine ordentliche Western-

Schießerei sechs Schüsse als nicht ausreichend ansah, enthielten die Revolver acht oder sogar zwölf Patronen.

Diese Versuche, die Stille zu übertönen, erreichten einen Gipfel der Absurdität im Jahr 1922, als Watterson Rothacker, ein ehrgeiziger Tycoon und Besitzer entsprechender Labors, zu beweisen versuchte, daß der tönende Film möglich sei. Er benutzte den Rundfunk für dieses Experiment; Frank Bacon spielte einen zuvor auf Tonträger aufgezeichneten Sketch im Rothacker-Studio in Chicago nach, während eine stumme Filmkamera seine Aktionen aufnahm und ein Stenograph seine Abweichungen vom Text festhielt. Später übertrug Bacon diesen Text per Radio in eine Filmvorführung, wo der Film projiziert wurde. Synchronität stellte sich, um es freundlich auszudrücken, sporadisch ein.

Während der französische Film *L'Assassinat du Duc de Guise* (1908) allgemein als der erste angesehen wird, der mit einer speziell komponierten Musik versehen wurde (die, im Auftrag der Gebrüder Lafitte, von Camille Saint-Saëns komponiert war und vom ›Orchestre de Salle Charras‹ aufgeführt wurde), gilt *Judith of Bethulia* (1913) als der erste, bei dem ein Orchester im Atelier verwendet wurde. D. W. Griffith benutzte es, so vermuten die Historiker, um Blanche Sweet bei einigen gefühlvollen Szenen zu helfen. Doch Blanche Sweet konnte sich nicht daran erinnern, daß zu irgendeinem Zeitpunkt der Produktion Musiker anwesend waren. Sie wies darauf hin, daß Griffith seltener als alle anderen Regisseure Musik einsetzte. Er selber sagte einmal, er würde nie einen Musiker engagieren, »der die Rolle nicht so stark empfinden könne, daß er bei den Proben weinen müsse«.

Allerdings beschäftigte Griffith eine Blaskapelle, um in den Schlachtszenen von *Intolerance* die Begeisterung der Komparsen anzufeuern. Auch die Denishawn-Tanztruppe bei Belsazars Fest brauchte Musik.

Im selben Jahr, 1915, arrangierte Cecil B. De Mille, daß während der Produktion von *Carmen* auf Wunsch des Stars, der berühmten Opernsängerin Geraldine Farrar, die Musik von Bizet gespielt wurde. Miss Farrar verlangte Charles Gardners Stück ›The Lilac‹ für ihre Liebesszenen.

Auch andere Regisseure erkannten den Wert von Musik beim Drehen. Das Rattern der Kameras konnte bei nervösen Schauspielern ausgesprochen lähmend wirken – außerdem war der Krach, wenn nebenan Dekorationen aufgebaut oder abgerissen wurden, für alle störend. Musik half, den Lärm zu übertönen, sie half, eine gewisse Atmosphäre zu schaffen, und verbesserte die Stimmung allgemein. Schon bald hatte jede Produktion ein kleines Orchester – eine Violine und eine transportable Orgel waren die verbreitetsten Instrumente –, das sowohl im Atelier wie bei Außenaufnahmen spielte.

Maurice Tourneur hat behauptet, er habe einmal ein Team beobachtet, das eine Verfolgungsjagd von einem Lastwagen aus filmte, begleitet von einem zweiten Fahrzeug, das nebenherraste – voll wild aufspielender Musikanten.

Bei Stummfilm-Produktionen wurden die Dekorationen direkt nebeneinander, ohne Schallschutz, errichtet. In manchen Studios konnte es passieren, daß vier verschiedene Filme gleichzeitig in nebeneinander liegenden Dekorationen entstanden.

Während der angeblichen Fehde zwischen Gloria Swanson und Pola Negri machte folgende Anekdote die Runde: Miss Negri bestand bei einer wichtigen gefühlvollen Szene auf sanfter, herzerweichender Musik. Die Musiker in

Der Stummfilm war niemals stumm 30

William de Mille und
Efrem Zimbalist sr.

Pauline Starke und Conrad Nagel in *Sun-Up* (1925). Regie Edmund Goulding

den anderen Dekorationen wurden gebeten, während dieser schwierigen Szene still zu sein. Es wird erzählt, daß Miss Swanson für diesen Tag eine Blaskapelle engagierte, die genau im entscheidenden Augenblick einen schmissigen Militärmarsch anstimmte. Tatsächlich war es Allan Dwan, der die Kapelle als scherzhaften Gag besorgt hatte, doch Miss Negri hat immer geglaubt, das sei das Werk von Miss Swanson gewesen.

Trotz ihrer Lehrjahre bei Griffith benutzte Mary Pickford oftmals Musik, um ihre Gefühle in Wallung zu bringen. Eine ihrer Lieblingskompositionen war Cadmans ›From the Land of the Sky Blue Water‹, daneben Massenets ›Élégie‹, die für die entscheidende Szene in *Stella Maris* erklang, wo Unity in den Spiegel schaut und ihre eigene Häßlichkeit erkennt. In *Tess of the Storm Country* (dem Remake von 1922) jedoch gab es bei dem zarten Moment, als sie vor dem Richter steht, keine Musik. Als ob es Griffith selbst sei, war es die sanfte Stimme von Forrest Robinson als Richter, die sie zum Weinen brachte.

John Robertson, der Regisseur von *Tess*, hatte kein Interesse an Musik im Atelier; ebensowenig sein Star Richard Barthelmess. Rupert Hughes, selbst ein erfahrener Musiker, lehnte jegliche Musik ab, wenn er Regie führte.

Chaplin hatte hin und wieder Musik beim Drehen, doch zog er sich oft in einen abgelegenen Teil des Studios zurück, um Violine zu spielen, während er die Details einer Szene ausarbeitete. Die Violine taucht in *The Vagabond* auf.

»Ich liebte Musik«, sagt William Wellman. »Es ist wirklich schade, daß wir heute keine mehr benutzen können. Ich hatte die schärfste Combo der Welt. Ich hatte ein Mädchen an der Orgel, ein Mädchen mit der Geige und einen witzigen alten Kerl mit dem Cello. Und, Junge, die konnten spielen! Sie spielten auch zwischen den Szenen und hielten so den ganzen Verein auf Trab. Es war einfach wundervoll.«

King Vidor betonte gleichfalls die Bedeutung von Musik im Atelier: »Es war sehr hilfreich, um in Stimmung zu kommen. John Gilbert mochte ›Moonlight and Roses‹ bei *The Big Parade*. Andere Schauspieler verlangten etwas aus der Oper. Während der Arbeit an *The Crowd* ließ ich immer Tschaikowskys ›Pathétique‹ spielen. Das war ein Thema, das zum Film paßte.«

»In jedem Atelier gab es Musiker«, erzählte Conrad Nagel. »Mickey Neilan hatte ein Musiker-Quartett, da gab es immer Spaß beim Drehen. Bei *Tess of the d'Urbervilles* hatten er und seine Frau Blanche Sweet öfters Krach. Sobald ein Streit anfing, setzte das Orchester ein mit ›Poppa Loves Momma... Momma Loves Poppa‹, und alles löste sich in Gelächter auf. Diese Musiker kannten hundert oder hundertfünfzig Musikstücke, und ihnen fiel zu jeder Situation das Richtige ein. Seit Hunderten von Jahren haben die Regimenter, wenn sie in den Krieg zogen, eine Kapelle mitgenommen. Die Musik spornte die Soldaten an. Und dasselbe galt auch im Stummfilm-Atelier; die Musik hielt dich in Stimmung.«

Regisseur Edward Sloman war jedoch ganz anderer Meinung. »Der Unsinn der Musik beim Drehen zeigte sich ganz klar bei den untalentierten oder unerfahrenen Schauspielern. Meiner Meinung nach machte man sich nur etwas vor. Ich habe es einzig aus dem Grund akzeptiert, weil ich den Musikern nicht ihre angenehmen Posten wegnehmen wollte. Mary Philbin hat immer inständig darum gebettelt, aber – glauben Sie mir – Regie mit harter Hand hat ihr mehr genützt als all die Musik, die sie hörte.«

Der Stummfilm war niemals stumm

»Beim Stummfilm«, so erinnert sich Ben Lyon, »hörte man das Rattern der Kamera ziemlich laut durch die Musik hindurch. Bei der letzten Probe vor der Aufnahme baten wir manchmal den Kameramann: ›Gibst du uns die Kamera?‹ Kein Film drin – aber das Rattern war eine Inspiration. Und die Musik half auch sehr. Wenn von mir eine gefühlvolle Szene gefordert war, ließ ich immer ›My Buddy‹ spielen – heiliger Strohsack, das hat mir sehr genützt!

Dann kam plötzlich der Tonfilm auf und alles wurde schalldicht gemacht – alles war still. Die Kamera steckte in einer schalldichten Kabine, und alle verhielten sich absolut leise bis zum Ende der Aufnahme. In dieser völligen Stille waren wir völlig hilflos. Wir brauchten eine ziemlich lange Zeit, bis wir uns daran gewöhnt hatten.«

31 **Schauspielen im Stummfilm**

Schauspielen im Stummfilm

Allein der Gedanke an Stummfilm-Schauspieler läßt manche Leute in helles Lachen ausbrechen. In ihrer Vorstellung hat die Schauspielerei jener Jahre die Subtilität einer Kavallerieattacke.

Allgemein verbreitete Vorstellungen enthalten oft ein Körnchen Wahrheit. Niemand würde bestreiten, daß die Darstellung im Stummfilm in seiner Anfangszeit so war; die frühen Produktionen waren lediglich abfotografierte Versionen von Melodramen reisender Theatertruppen, und die Schauspieler sahen keinen Grund, ihren übertriebenen Stil für die Kamera zu ändern. Viele Melodramen trugen diese Tradition bis in die Zeit des Tonfilms weiter.

Allerdings ist der Theaterstil seit seinen Anfängen ein Stil der forcierten Darstellung gewesen. Die griechischen Schauspieler, mit ihren hinter Masken verborgenen Gesichtern, arbeiteten stark mit der Gestik. Bei ihren Auftritten in den großen Theaterbauten mußten ihre Bewegungen auch noch aus weiter Entfernung klar erkennbar sein; das Gebärdenspiel war weitausholend und kunstvoll.

Selbst heute, nachdem der Realismus das gesamte Konzept der Schauspielkunst umgewälzt hat, sind die Darsteller im Theater immer noch auf ein gewisses Maß an Übertreibung angewiesen, um ihren menschlichen Aktionen etwas Übermenschliches zu verleihen.

Das Kino jedoch ist selbst schon überlebensgroß. Gibt ein Schauspieler auf einer zehn Meter großen Leinwand die gleiche Vorstellung wie als kleine Figur auf der Bühne, so verrät das nur einen erschreckenden Mangel an gesundem Menschenverstand. In den frühen Tagen des Stummfilms hingegen verriet es lediglich eine entschuldbare Unkenntnis des Mediums.

Sarah Bernhardt, die alt und in ihrer Manier festgelegt war, spielte für den Film ganz so wie für ein Publikum im Theater – sie nahm an, die Kamera hielte ihre Darbietung ebenso fest wie die Daguerreotypie ihr Abbild. Das geschah auch. Sie hielt sie fest und verwandelte sie. »Ich verlasse mich darauf, daß diese Filme mich unsterblich machen«, sagte sie. Erinnerung und Legende hätten ihr einen besseren Dienst erwiesen. Nach einem halben Jahrhundert wirkt das Idol von damals ernüchternd, unverständlich und lächerlich. »Haben die Leute damals sie wirklich ernst genommen?« fragt das moderne Publikum.

Es mag beruhigend sein, daß Mme. Bernhardt von ihren Filmauftritten ebenso schockiert war wie die Zuschauer heute. Sie soll in Ohnmacht gefallen sein, als man ihr *Camille* vorführte. Als sie dann *Queen Elizabeth* spielte, fand sie diese ganze Filmerei lächerlich.

»Sarah Bernhardt vermittelt dort in keiner Weise das, was sie auf der Bühne bot«, berichtete Alfred Lunt. »Sie war außerordentlich... sie hatte eine unglaubliche Stimme. Es hat auf der ganzen Welt niemals eine solche Stimme gegeben, niemals. Mit ihrer Gestik und so trieb sie es schon ein bißchen zu weit, wenn man das so sagen kann, aber sie war sehr wirkungsvoll. Ich glaube nicht, daß sie den Film sehr ernst genommen hat.«

Der alte Stil des forcierten Spiels verschwand im Theater zusehends in den ersten Jahren dieses Jahrhunderts.

»Als ich zum Theater kam«, erzählte Alfred Lunt, »war davon kaum noch etwas übrig. Einige der älteren Herren, die noch über die Bühnen taperten, auf das Proszenium fixiert waren – die brachten noch den alten Stil. Doch sonst war er praktisch verschwunden.

Das Spiel von Priscilla Dean wirkt noch heute genauso lebendig wie damals – und bemerkenswert natürlich: eine Szene aus *The Dice Woman* (1926).

Die Vielseitigkeit von Norma Talmadge: Szenen aus ihren frühesten Filmen.

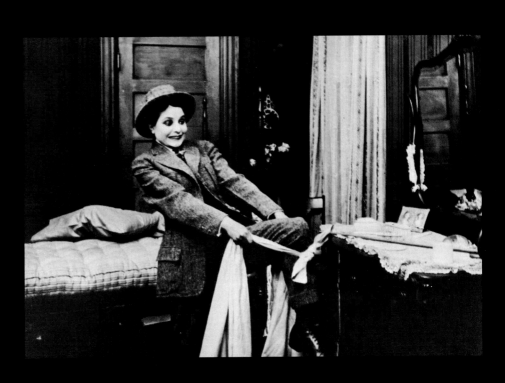

Schauspielen im Stummfilm

Ich erinnere mich, als kleiner Junge sah ich einmal Richard Mansfield in *The Scarlet Letter*. Ich war wohl kaum älter als elf Jahre, es muß also etwa 1904 gewesen sein. Ach, ich fand ihn schrecklich – er übertrieb so beim Spiel. Selbst in dem Alter merkte ich, daß er die Grenzen der Wahrheit weit überschritt.«

Alfred Lunt vertrat gemeinsam mit seiner Frau Lynn Fontane, mit Helen Hayes und Katherine Cornell eine starke naturalistische Strömung, die in den 20er Jahren einen großen Einfluß auf das amerikanische Theater ausübte.

Doch andere Theaterschauspieler, die im Film auftraten, hinterlassen den Eindruck, als sei das forcierte Spiel noch bis weit in die 20er en vogue gewesen. Neben den Famous Players (berühmten Schauspielern), die in Adolph Zukors Famous Plays eine überhöhende Wirkung hatten, und solchen Stars wie Beerbohm Tree und Constance Collier, die die Würde des Theaters auf die Produktionen der Triangle übertrugen, brachten solche bedeutenden Größen wie Otis Skinner und Wilton Lackaye einen derartigen Bombast in ihre Filmrollen ein, daß sich die Vermutung aufdrängt, sie hätten noch nie etwas von einer naturalistischen Methode vernommen.

Ernst Lubitsch ist ebenso konzentriert wie Pola Negri in dieser Probeaufnahme für *Forbidden Paradise* (1924).

Schauspiel-Stile altern schnell; Darstellungen, die vor nur zehn Jahren annehmbar waren, wirken heute mitunter absurd. Wir haben jeden Geschmack am Stil des forcierten Spiels verloren – so sehr, daß wir ihn heute überall komisch finden, und es ist unmöglich, diejenigen, die ihn gekonnt anwendeten, von denen, die unfähig waren, zu unterscheiden, weil die Methode im ganzen lächerlich wirkt.

Doch haben einige herausragende Darsteller, die ihre eigenen Standards schufen und mit den Konventionen brachen, ihre ursprüngliche Kraft bewahrt; ihr Stil ist zeitlos, und glücklicherweise hat sich etwas von ihrer Arbeit auf Zelluloid erhalten.

Eleonora Duse ist im italienischen Film *Cenere* (1916) ein Musterbild der Zurückhaltung, indem sie sich eher auf delikate Handbewegungen verläßt als auf die damals so beliebten weit ausholenden Armschwünge. Man kann nicht behaupten, sie habe ihren Stil dem Film angepaßt, denn Augenzeugen ihrer Amerika-Tournee von 1924 berichten, daß ihre Darstellung dort ganz ähnlich war. Obwohl sie alt und krank und ihre Stimme kaum noch vernehmbar war, besaß sie enormen Charme und eine sehr ausdrucksvolle Körpersprache.

»Sehr im Unterschied«, so berichtete Alfred Lunt, »zu einem anderen Italiener – einem Mann namens Rosso, den ich einmal sah. Der drehte voll auf. Wenn er eine große, gefühlvolle Szene spielte, gab es rauschenden Applaus. Er unterbrach, verbeugte sich anmutig und spielte weiter.«

Während man bei den frühen Stummfilmen gezwungen war, vorwiegend Theaterschauspieler zu verwenden, kristallisierte sich eine Gruppe authentischer

John Griffith Wray macht vor, wie er eine Szene in *Anna Christie* (1923) gespielt haben möchte; links William Russell.

Edwin Carewe führt Alla Nazimova in *My Son* (1925).

Schauspielen im Stummfilm 31

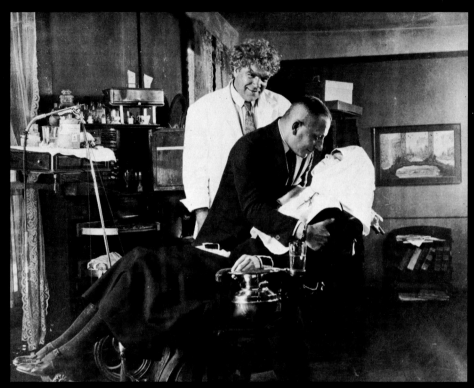

Erich von Stroheim zeigt Gibson Gowland, wie er sich in der Zahnarzt-Szene von *Greed* (1925) über Zasu Pitts hermachen soll.

Norma Shearer und James Kirkwood in *Broken Barriers* (1924), unter der Regie von Reginald Barker.

Filmschauspieler heraus, die intuitiv einen naturalistischen Stil entwickelten, der ideal für die Kamera war. Er wirkte damals echt – und er wirkt auch heute noch echt.

Mary Pickford zeigte von ihren allerersten Filmen an die Kennzeichen einer echten Persönlichkeit, was nicht unerheblich dazu beitrug, daß sie sich den Titel ›Amerikas Sweetheart‹ gewann. Andere Schauspielerinnen der Griffith-Schule zeigen die gleiche Frische, einen Einfallsreichtum und eine Direktheit, die auch die kleinste Künstlichkeit auf seiten eines ihrer Partner sofort unerträglich plump erscheinen ließ. Norma Talmadge, die bei Vitagraph begann und dann zu Triangle ging, war eine der großen dramatischen Schauspielerinnen des Films, die, selbst in absolut konstruierten Situationen, vollkommen natürlich erschien.

Ihre Schwester Constance war eine brillante Komödiantin, und in der Komödie hätte kein Schauspieler zu übertreiben gewagt, es sei denn, er oder sie hätte eine burleske Wirkung angestrebt.

Zurückhaltung und Naturalismus sind heute en vogue. Damals war Realismus nicht sehr beliebt, und viele Schauspieler und Regisseure lehnten ihn strikt ab. Sie wollten ihrem Publikum etwas Angenehmeres als das Leben bieten. Sie meinten, die Zuschauer erlebten tagsüber genug an Realistischem; sie kämen ins Theater oder ins Kino, um zu vergessen, um etwas Spannendes zu erleben und um Leute so zu sehen, wie sie sich normalerweise *nicht* verhalten. Und deshalb überlebten stilisierte Darstellungen, speziell im Melodram. Überdies war man der Meinung, daß, wenn man eine wahrhaftige Figur präsentierte, auch die Darstellung wahr bleiben würde – hätte man einmal die Wahrheit gefunden, könne man noch so viel forcieren und übertreiben, sie bliebe wahr.

Es ist schwer zu glauben, daß Schauspieler, die in einem triefenden Melodram gestikulierten, herumfuchtelten und einfach alles an die Wand spielten, einer zurückhaltenden, realistischen Darstellung fähig gewesen sein sollen – und doch ist es so. Überraschung löst bei ihnen der Vorschlag aus, sie hätten ihr Melodram normal spielen sollen.

»Aber das Ganze war doch ein Humbug«, protestieren sie. »Man kann doch Humbug nicht realistisch spielen – man mußte sich dem Geist der Sache anpassen.«

Heute ist es eher so, daß die Veteranen der Stummfilm-Ära ihre Darstellungen mit Befangenheit betrachten, und sie lachen über alle Hinweise auf ihren Schauspiel-Stil. Dabei haben die wenigsten Grund, sich zu schämen. Zugegeben, der eine oder andere hatte überhaupt keine Fähigkeit zum Spielen, doch die Mehrzahl konnte nicht nur spielen – sie beherrschten mindestens zwei unterschiedliche Stile. Florence Vidor brauchte als würdige Patrizierin in den Salonkomödien von Lubitsch und Mal St. Clair nur ihr wundervolles Haupt zu neigen, um ihre Absicht vollkommen klar zu machen. In *Eagle of the Sea* (Frank Lloyd) fuchtelt sie im klassischen Melodram-Stil herum; hier hat sie mit ihren anderen Rollen so viel Ähnlichkeit wie eine Serial-Heldin mit der Duse.

Elinor Fairs Heldin in *Yankee Clipper* (Rupert Julian) ruft heute beim Publikum schallendes Gelächter hervor. Doch im selben Jahr, 1927, verkörperte sie eine Hauptrolle in der leichten Komödie *Let 'Er Go, Gallegher* (Elmer Clifton), wobei sie charmant und absolut naturalistisch war.

Die Person, die normalerweise den Stil einer Rolle festlegte, war der Regisseur. Für einige war forciertes Spielen ein rotes Tuch.

»Es kamen viele reisende Theatertruppen nach Los Angeles«, berichtete Joseph Henabery, »und ich habe sie alle gesehen, da ich als Platzanweiser auf der Galerie arbeitete und sie auf diese Weise umsonst zu sehen bekam. Schließlich dachte ich, ich wäre so weit, mir ein gutes Urteil über die Schauspieler erlauben zu können; als dann der Film aufkam, hatte ich den Eindruck, daß alle etwas desorientiert waren.

Es gab zwei Schulen der Bühnen-Darstellung – zunächst die Anfänge einer naturalistischen, realistischen Schule. Und dann die forcierte Richtung. Wenn man sich für den Film interessierte, war man ein bißchen hin- und hergerissen, für welche man sich entscheiden sollte.

Aber wenn man dann diesen Delsarte-Stil stumm auf der Leinwand sah, sagte man nur: ›Fürchterlich!‹ Ich habe es tatsächlich oft erlebt, daß Bühnenschauspieler, die sich zum erstenmal selbst auf der Leinwand sahen, in heiligem Schrecken aufschrien: ›Das soll ich sein?‹ Sie hatten sich nie selbst gesehen. Wirklich noch *niemals*, und sie wußten deshalb nicht, wie fürchterlich sie waren. Die waren dann ganz leicht davon zu überzeugen, daß das, was als feiner Stil galt, eigentlich Schmiere war, wie wir es nennen. Ich glaube, der Film hat entscheidend dazu beigetragen, den Darstellungsstil zu verändern und zu verbessern, mehr als irgend etwas sonst.

Man erkannte allmählich, daß es auch im Theater möglich war, Dinge subtil auszudrücken und etwas eher in Andeutungen zu vermitteln als alles wild herauszutrompeten.«

Doch andere Regisseure dachten nicht im Traum daran, etwas anderes zuzulassen als den ›grandiosen‹ Stil.

»Es gab genug Leute, die Realismus wollten anstatt des Melodrams«, erzählte Blanche Sweet, »und wir freuten uns, als Tom Ince beschloß, *Anna Christie* (1923) zu verfilmen, ein in jeder Hinsicht realistisches Stück. Doch er ging nicht weit genug – er machte gar nicht den Versuch, es so spielen zu lassen. Er fügte sogar einige Schiff-Szenen ein, um das Melodram zu betonen. Wir sagten: ›Nein, mach das nicht. Das ist nicht so ein Film.‹ Der Regisseur war John Griffith Wray. Ich mochte ihn; er war so ernsthaft, so interessiert bei seiner Arbeit, aber wir hatten unterschiedliche Auffassungen. Unsere Arbeitsstile paßte nicht zusamen.

Er war ein sehr heftiger Mann, und ich arbeitete lieber ganz ruhig. Dazu kam, daß die beiden anderen Hauptdarsteller – William Russell und George Marion, der die Rolle schon auf der Bühne gespielt hatte – auch meiner Ansicht waren. Doch Wray hatte eine mehr melodramatische Auffassung von der Sache; wir versuchten immer wieder, das zu dämpfen, und kamen so ständig mit ihm in Konflikt. Wray zählte zu den dynamischen, lauten Regisseuren – er benutzte selbst bei der Großaufnahme ein Megaphon. Er war ein netter Kerl und ich mochte ihn wirklich, aber er bestand darauf, alles zu forcieren und zu übertreiben.

Ich mag es nicht, wenn sich jemand über den Kopf des Regisseurs hinweg direkt an den Produzenten wendet, um Änderungen zu erreichen, aber ich mußte es tun. Ich ging zu Tom Ince und sagte ihm, daß wir eine Anzahl Szenen wiederholen müßten. Und er sagte, er wolle es selbst machen. Er hatte lange Zeit nicht mehr selbst Regie geführt, und ich hatte mit ihm als Regisseur auch nie zusammengearbeitet, ich wußte also nicht, was uns bevorstand. Als er dann kam und die Szenen nochmal drehte, wurde alles doppelt so schlimm wie bei Wray!«

Der Naturalismus konnte zwar die amerikanische Filmindustrie nicht widerstandslos in einem Zug erobern, doch er faßte Jahr für Jahr immer stärker Fuß. Als das *Motion Picture Magazine* 1914 einen Wettbewerb mit der Preisfrage veranstaltete: Was muß beim Film am dringendsten verbessert werden?, erhielt der Leser Walter Scott Howard eine ehrende Anerkennung für »seine beredte Anklage gegen die Sünde der ›Unnatürlichkeit‹«.

»Grimassenschneiden, affektiert lächeln und die Mimik einer tausendfachen Gymnastik unterziehen, das mag vor einer gemalten Kulisse hingehen; doch eine Szene, die die Natur völlig realistisch zeigt, sträubt sich geradezu gegen die Mätzchen einer Puppe und muß mit *wahrhaftigen menschlichen Wesen* bevölkert werden. Serviert es uns weniger üppig, dafür aber natürlicher. Menschliche Existenz – das echte, pulsierende Leben des Volkes! Begrabt eure plumpen Monstrositäten, bevor ein neuer Don Quijote kommt, um eure morbiden Heldinnen, eure ekelhaften Bösewichte, euren Haufen bemalter Kreaturen von der Leinwand zu holen und der Lächerlichkeit preiszugeben...«[1]

1916 war eine Reihe einflußreicher Regisseure ernsthaft bemüht, den durchdringenden Mief des theatralischen Darstellungsstils zu vertreiben.

Albert Capellanis Karriere in Amerika war nur relativ kurz; er war einer der zahlreichen Importe aus Frankreich, und er inszenierte einige Filme der Nazimova.

»Capellanis exzellente Leistung«, schrieb Allen Corliss 1917, »liegt eher in seiner exquisiten Herausarbeitung von Details und Finessen als in der Breite und Durchschlagskraft, wie bei Griffith und Brenon. Er ist subtil, wie seine Muttersprache; er erreicht seine Effekte vermittels einer verborgenen Kunstfertigkeit, die sich sozusagen von hinten anschleicht und mit einem Stich ins Herz trifft. ›Seid natürlich‹ ist Caps Slogan, den er in großen Lettern überall in seinem Atelier in Fort Lee, New Jersey, angeschlagen hat.[2] Er mag es nicht, wenn seine Schauspieler schauspielern – was paradox klingt, es aber nicht ist. Auf der Bühne natürlich zu wirken, ist eine der schwierigsten Aufgaben für einen Schauspieler, vor allem, weil er sich dabei an ein Publikum wendet und seine eigene Befangenheit niederkämpfen muß. Für einen Film-Schauspieler gibt es jedoch, nach Capellanis Meinung, keinen Grund, befangen und theatralisch zu sein. Capellani duldet nicht die Übertreibungen in Mimik und Gestik, die in früheren Jahren als essentiell für die Schauspieler im Film angesehen wurden und die noch immer einer der Hauptfehler so vieler Film-Schauspieler sind. Er sagt: ›Spielen im Film sollte wie die Natur selbst sein. Meine Künstler – sie müssen natürlich sein. Deshalb bin ich auch zu ihnen so sanft – wie Sie es nennen. Oh! Sie sind so sehr bemüht beim Spielen – und wenn sie es sind, dann werden sie schlecht. Ich spreche sanft, immer nur sanft. Ich versuche, sie durch mein Reden dahin zu bringen daß sie natürlich sind, daß sie gehen und reden wie wirkliche Menschen.‹«[3]

Auch Maurice Tourneur brachte einen neuen, naturalistischen Stil in das dramatische Spiel ein. Doch während Capellanis Unterspielen jahrelanger Erfahrung beim Film entsprang, kam Tourneurs Stil vom Theater.

Jacques Tourneur erzählt: »Mein Vater war, bevor er nach Amerika ging, am Théatre Antoine. Der Direktor dieses Theaters, Antoine, war ein Mann, der seine Schauspieler eisern dazu zwang zu unterspielen. Er war seiner Zeit um fünfzig Jahre voraus, und seine Inszenierungen der Stücke von Ibsen und Tschechow wurden exakt so gespielt, wie man sie auch heute spielt. Ich glaube, mein Vater brachte nach Amerika alles mit, was er bei Antoine gelernt hatte.«[4]

Marshall Neilan, eine talentierte, wenn auch etwas wilde Figur und einer von Amerikas sechs Spitzenregisseuren, faßte die Haltung der Filmleute gegenüber der erdrückenden Dominanz des Theaters in ihrer Kunst im Jahr 1917 kurz und bündig so zusammen:

»Je eher die Leute von der Bühne, die sich dem Film zugewandt haben, verschwinden, desto besser für den Film.«

In den 20er Jahren war das Spielen, wie es im amerikanischen Film praktiziert wurde, das Vorbild für die ganze Welt.

Andere Länder mit eigener Filmproduktion, die sich schwerer von den Fesseln des Theaters freigemacht haben, haben es nie geschafft, dem Starsystem Hollywoods durch die Entwicklung eigener Persönlichkeiten etwas Entsprechendes entgegenzusetzen. In Italien und Deutschland behauptete das forcierte Spiel seine Position mit erstaunlicher Hartnäckigkeit. Als Fritz Langs *Metropolis* in Amerika herauskam, meinte *Photoplay*, der Film werde durch die schreckliche Schauspielerei nahezu ruiniert. »Die Dekorationen sind unglaublich schön; das Chargieren der Schauspieler unglaublich schlecht.«[5]

Und ein Autor beschrieb das Spiel in italienischen Filmen so bildhaft, daß alle weiteren Erläuterungen überflüssig sind. Er schrieb: »Das Spiel in diesen Filmen ist so, als habe jemand gerade ›Feuer!‹ gerufen.«

---

1 *Motion Picture Magazine*, Dez. 1914, S. 126.
2 Dieses berühmte Plakat ist auch Alice Guy-Blache zugeschrieben worden, in deren ›Solax‹ Studio Capellani arbeitete.
3 *Photoplay*, Jan. 1917, S. 88.
4 Jacques Tourneur zum Autor, London, Okt. 1964. Antoine inszenierte später selbst Filme.
5 *Photoplay*, Mai 1927, S. 52. Die Übertreibung war Absicht. Es handelte sich um sogenanntes ›expressionistisches Spiel‹, bei dem Gefühle durch Gesten und Körperhaltung vermittelt werden sollten.

32 **Die Stars**

»Ziegfeld heulte vor meiner Tür, ein Perlenhalsband in der Hand. Aber ich hielt es einfach nicht mehr aus mit ihm ... ich hielt es einfach *nicht mehr* aus! Ich entschloß mich, nach Hollywood zu gehen, weil Jesse Lasky mir viertausend Dollar pro Woche bot. Und als ich ankam, mein Lieber – es war unglaublich. Sie hoben einfach mein Auto hoch, mein kleines Auto, und sie trugen mich darin – alle diese wundervollen Jungs trugen mich darin in mein Hotel! Oh, es war göttlich, mein Lieber, einfach göttlich! Und dann der Prince of Wales...«

Louise Brooks schüttelte resigniert den Kopf. »Es ist immer wieder dasselbe«, sagte sie. »Die Stars erzählen einem ständig den gleichen totalen Blödsinn. Sie erzählen ihn nur verschieden, das ist alles. Etwas Schlimmes passiert ihnen niemals. Solches Zeug finden Sie in jedem dieser Bücher, die sie veröffentlichen: Memoiren, Biographien ... Wahrheit ist ein Fremdwort für die.«

Louise Brooks zählte nicht zu den großen Stars der Stummfilm-Ära. Sie drehte verhältnismäßig wenige Filme in Amerika; ihre zwei bekanntesten waren *Tagebuch einer Verlorenen* und *Die Büchse der Pandora*, beide von G. W. Pabst in Deutschland gedreht. Aber von allen Persönlichkeiten jener Zeit hat sich Louise Brooks im Lauf der Zeit am glänzendsten gehalten. Sie ist zum Idol für Tausende geworden, die zu jung sind, um Erinnerungen an ihre Stummfilmzeit haben zu können, und deren Bewunderung auf Wiederaufführungen in Archiven und Filmclubs beruht. Louise Brooks-Fanclubs sind überall in der Welt aus dem Boden geschossen. In den Augen ihrer jugendlichen Bewunderer ist sie eine brillante Schauspielerin, eine leuchtende Persönlichkeit und eine Schönheit, die in der Filmgeschichte nicht ihresgleichen hat.

In *Die Dämonische Leinwand* fragt Lotte Eisner: »Ist sie wirklich eine große Schauspielerin oder ist sie lediglich ein blendendes Geschöpf, dessen Schönheit den Zuschauer verführt, ihr vielfältige Eigenschaften zu verleihen, denen sie im Grunde fremd bleibt?«[1]

Nachdem Miss Brooks Paris besucht hatte, änderte sie die Stelle. In der englischen Ausgabe heißt es: »Heute wissen wir, daß Louise Brooks nicht nur ein blendendes Geschöpf ist, sondern eine erstaunliche Schauspielerin, begabt mit beispielloser Intelligenz.«[2]

»Verdammte Lotte«, meinte Louise Brooks, »wenn ich mein Schandmaul gehalten hätte und sie 1928 nicht damit aufgezogen hätte, daß sie mich für eine dumme Gans hielt, hätte sie in diesem entlarvenden Absatz über mich die letzte suggestive Frage vermutlich nicht geändert.«

Louise Brooks ist eine der bemerkenswertesten Persönlichkeiten in der Geschichte des Films. Oberflächlich besehen, deuten die Umstände auf eine Figur aus *Sunset Boulevard* hin. Miss Brooks beschreibt sich selbst als eine Einsiedlerin: Sie lebt allein in Rochester, New York; sie geht selten aus, empfängt selten Besucher, und sie verbringt die meiste Zeit im Bett. In Wahrheit aber ist sie eine Frau von ungeheurer schöpferischer Energie. Sie ist eine glänzende Autorin; mehrere ihrer Artikel erschienen in *Sight and Sound*. Seit ihrem Rückzug vom Film ist genug Zeit vergangen, daß sie sich Filme unvoreingenommen ansehen kann. Ihr Gedächtnis ist hervorragend, und wenn sie sich auch an alle ihre Erlebnisse in den 20er Jahren erinnern kann, gehört sie doch selbst dieser Ära nicht mehr zu. Sie ist nicht von morbider Nostalgie angekränkelt; sie liebt Stummfilme ihrer Schönheit und ihrer Qualität wegen. Doch hat sie seit damals an Reife gewonnen und kann mit Abstand über die Filme reden.

Eine Unterhaltung mit ihr ist ein schöpferisches Erlebnis. Unermüdlich auf der Suche nach Wahrheit, ist sie fähig, Übertreibungen oder Ausschmückungen im Handumdrehen zu entlarven. Die Erfindungen des einen oder anderen Produzenten oder Stars lassen sie in Wut geraten. »Wie kann man so einen Schrott glauben? Die wollen einem doch nur weismachen, wie phantastisch sie sind. Denken Sie einmal nach, wie hätte das so überhaupt passieren können?«

Sie ist absolut ehrlich – über sich selbst und mit sich selbst. Ihre Sprache ist farbig, Adjektive, die nicht druckfähig sind, kommen ohne Vorwarnung. Ihre Stimme ist melodisch, und sie muß sie manchmal scharf werden lassen, um den Flüchen ein bißchen Nachdruck zu verleihen.

Louise Brooks hat noch immer ihr vollendetes Gesicht, dem sich die Konturen des mittleren Alters zugesellt haben. Das Haar ist grau und glatt zurückgekämmt. Jugendlicher Elan und Humor, die sie mit der erfahrenen Eloquenz einer reifen Frau ausbalanciert, vermitteln den Eindruck, daß für Louise Brooks die Unannehmlichkeiten nicht gelten, die sich angeblich einstellen, wenn man die sechzig überschritten hat.

»Noch etwas anderes tun diese Stars«, fährt sie fort, »sie haben diese Lügen so oft erzählt, daß sie sie selbst glauben. Als ich anfing, meine Autobiographie zu schreiben, mußte ich mich von tausend kleinen, schützenden Lügen freimachen, einer nach der anderen.«

Miss Brooks warf ihre Memoiren *Naked On My Goat* in den Ofen. Ihre sorgfältig recherchierten, brillant geschriebenen Aufsätze über andere Stars und Regisseure der Periode sind glücklicherweise erhalten geblieben.[3] Sie hat den Film unter wichtigen Aspekten neu beleuchtet und, was ebenso bedeutsam ist, auch unsere Haltung dem Film gegenüber. Eine für sie charakteristische, tiefgründige Ansicht zitiert James Card in seinem Artikel für *Sight and Sound*: »Große Filmkunst besteht nicht aus vielsagenden Bewegungen des Gesichts und des Körpers, sondern darin, Bewegungen der Gedanken und der Seele in eine Art intensive Isolation zu übertragen.«[4]

Das Folgende sind Niederschriften von Gesprächen mit Miss Brooks – Beobachtungen zu anderen Stars, Darstellungen von Regisseuren und Anekdoten aus ihrer eigenen Karriere. Sie hatte nichts dagegen, daß ich ein Tonband benutzte – sie ermutigte mich sogar dazu.

»Diese anderen Leute«, sagte sie, »schreiben Bücher aus anderen Büchern zusammen. Einmal war ein Journalist einen ganzen Tag bei mir und nahm alles, was ich sagte, auf Band auf. Was hat er daraus gemacht? Nichts, er hat es nicht einmal abgehört. Diese Leute müssen etwas Schriftliches haben, damit sie sich an ihre Schreibmaschine setzen und das abschreiben können, was schon alle anderen geschrieben haben.«

Louise Brooks: Ich habe die Schauspielerei gelernt, indem ich Martha Graham beim Tanzen beobachtete, und ich habe gelernt, mich im Film zu bewegen, indem ich Chaplin beobachtete. Er parodierte andere Leute und alberte herum – das war im Sommer 1925, als er zur Uraufführung von *The Gold Rush* in New York war. Wenn er nicht gerade mit einem Haufen Leute unterwegs war, kamen wir alle in die Suite von A. C. Blumenthal im Ambassador. Dort war Charlie ganz er selbst und fühlte sich vollständig glücklich, und er machte dauernd Parodien, die ganze Zeit. Er hatte gerade Isadora Duncan nachgemacht und sagte: »Schau her, Loui-

Die Stars 32

The Iron Mule (1925). Der Regisseur William Goodrich (in der Mitte, stehend, mit Schillerkragen) ist besser bekannt als Roscoe Arbuckle. Die liegende Figur ist Al St. John.

se, rate mal, wen ich imitiere.« Er ging vor mir her und wackelte mit dem Hintern, oh, ein abscheulich alberner Gang. Natürlich wußte ich Bescheid. Er drehte sich herum und bemerkte meine Miene: sie war grimmig und bleich. Ich war erst achtzehn. Er kam schnell zu mir her und sagte: »Oh, das habe ich nicht gemeint, ich habe nicht dich imitiert!«

Aber natürlich war es doch so, und es kostete mich Jahre, diesen albernen Gang wieder loszuwerden, den ich so sorgfältig bei den Follies kultiviert hatte. Ich dachte, er wäre einfach spitzenmäßig – bis er ihn imitierte.

In dem Augenblick entdeckte ich, daß Bewegung die Grundlage von allem ist. Egal, wie gut Ronald Colman eine Szene spielte, wenn man ihn dann mit seinem schrecklich schwerfälligen Gang durch einen Raum trampeln sah, ging ihr ganzer Sinn verloren.

Da wir gerade von Chaplin reden: Er schreibt in seinem Buch, wir müßten davon loskommen, auf irgendeine Art und Weise zu gehen ... *in* der Szene und außerhalb. Zum Teufel. Er hat seine ganze Figur auf einer bestimmten Art zu gehen aufgebaut. Die Garbo ist reine Bewegung. Zuerst hat sie ein Gefühl, und aus dem Gefühl heraus entsteht die Bewegung, und aus der Bewegung kommt der Dialog. Sie ist so perfekt, daß die Leute sagen, sie sei keine Schauspielerin. Die Leute sehen viel lieber die Darbietung von jemand wie Peter Sellers, als sich wahre Darstellungskunst anzusehen, die nicht greifbar ist. Die Leute können das Tanzen ziemlich gut beurteilen, weil jeder schon selbst einmal zu tanzen versucht hat. Sie können die Technik erkennen. Sie können Gesang beurteilen, weil jeder schon einmal selbst zu singen versucht hat, und sie erkennen die Technik. Deshalb brauchen sie, um die Darstellungskunst zu beurteilen, eine sichtbare Technik, und die gibt es nicht. Etwas darzustellen, ist eine absolut individuelle Reaktion.

Deshalb gerate ich so in Harnisch, wenn mir einer sagt, die Garbo könne nicht spielen. Sie ist *so* phantastisch. Sarah Bernhardt war immer tausendmal berühmter als die Duse, weil sie eine ›Vorstellung‹ gab.

Von Proust stammt die brillante Beobachtung: ›Das Maß an Mediokrität, das bei der Berührung mit dem Geheimnisvollen entsteht, ist unglaublich.‹ Ist das nicht ein wunderbarer Satz für die Garbo?

Der beste Schauspieler, mit dem ich jemals zusammengearbeitet habe, war Osgood Perkins. Wenn ich mit Regisseuren wie Mal St. Clair oder Eddie Sutherland eine Komödie machte, lachten wir gewöhnlich über eine Szene, bevor wir sie drehten. Nicht so bei Frank Tuttle. Ich wußte nicht einmal, daß ich in einer Komödie spielte, bis ich mir diesen Film *Love 'em and Leave 'em* [1926] in einer öffentlichen Vorstellung ansah. Ich spielte völlig ernsthaft, und das war genau das, was er haben wollte.

Wissen Sie, was die gute Zusammenarbeit mit einem Kollegen ausmacht? Timing. Man muß nicht unbedingt etwas fühlen. Es ist wie das Tanzen mit einem perfekten Partner. Osgood Perkins gab einem das Stichwort so, daß man perfekt reagierte. Das war Timing – weil Emotion nicht das Ausschlaggebende ist.

Nehmen Sie Adolphe Menjou. Er empfand nie etwas. Er pflegte zu sagen: »Jetzt mache ich Lubitsch Numero 1. Jetzt mache ich Lubitsch Numero 2.« Und genau das hat er getan. Man empfand nichts, wenn man mit ihm arbeitete, aber wenn Sie ihn auf der Leinwand sehen – dann war er ein großartiger Schauspieler.

Ich bewunderte Jack Pickford und ich bewunderte Mickey Neilan. Mickey war ein weit besserer Regisseur, als allgemein angenommen wurde. Und wußten Sie, daß auch Jack ein ausgezeichneter Regisseur war? Aber die haben keine dicke Sache daraus gemacht. Heutzutage verbringt ein Regisseur eine Menge Zeit damit, Interviews zu geben. Er redet hochgestochen daher, und seine Filme haben siebentausend Bedeutungen, von denen man keine auf der Leinwand sehen kann. Und das, was sie mit ihren Worten beschwören, was in ihrer Einbildung existiert, ist etwas ganz Abgehobenes. Im Gegensatz dazu kümmerten sich die Regisseure in den 20ern schlicht und einfach um die Sache.

Es gibt eine göttliche Geschichte: Da waren drei dicke Freunde, Jack Pickford, Mickey Neilan und Norman Kerry. Alle drei waren ziemliche Schluckspechte. Es passierte, als Mary Pickford *Dorothy Vernon of Haddon Hall* drehte, mit Mickey als Regisseur. Sie fuhren rauf nach San Francisco, um im Golden Gate Park die Außenaufnahmen für die große Schlußprozession zu drehen. Es war neun Uhr morgens; da war der große Zug mit Pferden und Hunderten von Statisten, und Mary saß auf ihrem milchweißen Schlachtroß. Es war alles fertig zum Drehen. Es war eine sehr teure Sequenz, nur Mickey Neilan war nicht da. Also fragte Mary: »Wer ist in der Stadt?« »Na ja«, sagte jemand, »es heißt, daß Norman und Jack in der Stadt sind.« Sie klapperten alle Flüsterkneipen ab, in denen Mickey und Norman und Jack hätten sein können, und alle Hotels, aber sie konnten sie nirgends finden. Also machte Mary die Regie bei der Sequenz. Es gab keinerlei Schwierigkeiten. Sie wußte, wie sie es machen mußte. Niemand dachte sich groß etwas dabei. Heute würden alle durchdrehen, und keiner würde eine Hand rühren.

Beim Drehen der Prozession richtete Charles Rosher gerade eine Einstellung ein, als er zufällig zu den Zuschauern rüberguckte, die hinter den Absperrseilen standen. Da stand Neilan und sagte: »Ich muß schon sagen, das klappt ja alles ganz gut!« Und dann verschwand er wieder auf seine Kneipentour.

Sobald ein Regisseur sich durchsetzte oder zu mächtig wurde, begannen die Produzenten nach Mitteln zu suchen, um ihn loszuwerden. Durch das Blockbuchen war den Filmgesellschaften ein großer Verdienst sicher, egal, wer bei den Filmen Regie führte. Wenn ein Regisseur so groß geworden war, daß er den Produzenten Widerstand entgegensetzen und eine bestimmte Besetzung und ein bestimmtes Budget verlangen konnte, bekam er einen miesen Film und wurde vom Studio gefeuert. Wegen all der schon im voraus verkauften Filme spielte es keine Rolle, wenn ein paar davon schlecht waren.

Ich habe drei Filme mit Regisseuren gemacht, die man zur Regie gezwungen hatte und die deshalb derartige Ängste und Seelenqualen litten, daß mir davor graute, zu den Aufnahmen zu gehen und ihre Kämpfe mitansehen zu müssen.

Luther Reed wollte nie Regie führen. Er war Drehbuchautor gewesen. Damals war ein Drehbuchautor nicht viel mehr als das Werkzeug, mit dem man einen Film zu Papier brachte, damit man das Budget und die Besetzung festlegen und in die Produktion geben konnte. Frank Strayer war ebenfalls Autor gewesen. Meistens standen sie still hinter der Kamera und überließen die Regie dem Kameramann oder Menjou oder Beery.

Ich drehte *Rolled Stockings* mit Dick Rosson; er war Allan Dwans Assistent gewesen, und das war es auch, was er sein wollte. Bei *Rolled Stockings* saß er schwitzend da, und das Skript zitterte in seinen Händen. Es gab nicht genug Bromo-Seltzer, um ihn aus seinem Stuhl hochzubringen.

Einer der Regisseure, die sie rausgeworfen haben, war James Cruze – er war faszinierend. Der seltsamste Mann, den ich jemals kennengelernt habe. Er hat *The Covered Wagon* gedreht. Ich habe mit ihm und Tommy Meighan einen Film gemacht, der *The City Gone Wild* hieß. Er machte fast nie seinen Mund auf und trank von morgens bis abends. Er war es, der den Drink mit dem Namen ›The Well-digger's Ass‹ (Der Hintern des Brunnengräbers) erfand. Ein ziemlicher Rachenputzer. Wenn jemand fragte: »Warum heißt er so?« – »Na, du weißt doch, wie kalt der Hintern des Brunnengräbers wird!«

Jimmie sagte während der Dreharbeiten fast überhaupt nichts, und ich selbst habe nie ein Drehbuch gesehen. Wir waren zu Außenaufnahmen im Griffith Park. Er sagte: »Okay, Louise, steig ins Auto.«

Ich stieg ins Auto.

»Jetzt setz dich ans Steuer!«

Ich setzte mich ans Steuer.

»Jetzt fahr los, schnell – so schnell du kannst.«

»Ich kann nicht fahren!« Er starrte mich an. Er durchbohrte mich regelrecht mit seinem Blick. »Du kannst *nicht fahren*??«

Es war, als hätte ich gesagt, ich könne nicht sprechen. Er war wütend. Es wäre ihm nie eingefallen, mich zu fragen, ob ich fahren kann, oder mir zu erzählen, worum es in der Szene ging. Mit dem Drehen war es an dem Tag aus, weil sie ein Double finden mußten und Kleider, die wie meine aussahen.

Aber Cruze war ein wundervoller Mann. Ich weiß nicht, was ihn ruiniert hat. Ich glaube nicht, daß es der Alkohol war, denn der hat ihn nie irgendwie verändert.

Er arbeitete sehr schnell, aber das bedeutet nicht, daß er seine Filme nicht ernst nahm. Wie Pabst beschäftigte er sich intensiv mit seinen Drehbüchern, bevor er mit dem Drehen anfing. Nach Beginn der Dreharbeiten habe ich Pabst nie mit einem Drehbuch gesehen. Andere Regisseure legten das Drehbuch niemals aus der Hand.

Ich sage nicht, daß das etwas Schlechtes ist. Ein Regisseur kann dann schnell arbeiten, wenn er alles bereits im voraus im Kopf hat. Er hat den fertigen Film vor Augen, als Ganzes, geschnitten und getitelt. Pabst drehte eine Einstellung – zack, das war's. Ich erinnere mich, wie ich meinen berühmten Gang als Follies-Girl über die Bühne machte, in der Theaterszene von *Die Büchse der Pandora*. Ich hatte ihn genau geplant. Ich machte vier Schritte auf der Bühne und Pabst sagte: »Schnitt.« Das war's. Ich hatte ihm geboten, was er wollte.

Diese jungen Komödienregisseure – Eddie Sutherland, Mal St. Clair – dachten, sie wären Genies wie Chaplin und Sennett. Was sie nicht wußten, war, daß während *sie* ausgingen und die ganze Nacht tranken, sich vergnügten und tanzten, Chaplin und Sennett über den nächsten Tag nachdachten. Chaplin beschäftigte sich jahrelang in Gedanken mit einem Film. Einmal, 1925, ging ich mit ihm in ein ungarisches Restaurant im jüdischen Viertel von New York. Er ging dort jeden Abend hin. Gott weiß warum; niemand wußte warum. Immer forderte er den Geiger auf zu spielen und gab ihm Fünf-Dollar-Scheine. Und wieviel Jahre später machte er *Limelight*? Und da war die Szene. Er war selbst der Geiger.

Mal St. Clair jedoch, der bei Sennett arbeitete, und Eddie Sutherland, der Chaplins Mitarbeiter war, stellten sich vor, daß Sennett und Chaplin ihre Szenen tatsächlich aus der Luft am Drehort erfanden. Und Mal und Eddie dachten, sie könnten auf diese Art Filme machen ... noch dazu mit einem Riesenkater.

Zu der Zeit, als ich mit Eddie Sutherland verheiratet war, hatte er große Schwierigkeiten mit *Fireman Save My Child*. Er hatte keine Vorbereitungen dafür gemacht. Wenn ihm am Drehort keine Eingebung kam, dachte er sich einen Grund aus, warum er nicht drehen konnte. Er sagte etwa: »Diese Bauten sind zu nah an der Kamera. Setzt sie weiter nach hinten, und wir drehen morgen.« Und dann tanzte er für gewöhnlich um zwei Uhr nachmittags zu Hause an. Er und Monte Brice, der Autor, trafen sich dann mit Tom Geraghty, einem anderen Autor. Sie gingen ins Wohnzimmer, und Eddie sagte: »Na, wie wärs mit ein paar Martinis?« Er hatte einen Cocktail-Shaker, in den etwa fünf Liter paßten. Er mixte die Martinis und sie fingen mit ihrer Konferenz an. Nach etwa einer Stunde erzählten sie dann Geschichten, als sie selbst einmal dies und jenes gemacht hatten, und Jack Pickford hatte auch etwas gemacht, und Tommy Meighan noch etwas anderes. Zu dem Zeitpunkt ging ich dann nach oben und nahm mir ein Buch vor. Aber ich konnte hören, wie sich das Gespräch immer weiter von dem entfernte, was sie am nächsten Tag tun würden. Es endete in der Regel damit, daß wir alle zusammen in einen Club zum Abendessen gingen.

Eddie Sutherland und Louise Brooks während der Dreharbeiten zu *It's the Old Army Game* (1926).

Am nächsten Morgen dann stand Eddie auf und band sich eine rote Krawatte um. Dann sagte er: »Wenn ich eine rote Krawatte umbinde, merken die Leute nicht, daß meine Augen wie zwei venezianische Sonnenuntergänge aussehen.« Dann mußten die Bauten ein weiteres Mal versetzt werden ...

Ich habe viele, viele Male mit Produzenten im Vorführraum gesessen, um neue Filme anzusehen. Sie hatten nicht die blasseste Ahnung, was sie sich da eigentlich ansahen. Gangster, Revuemädchen – wenn es um ihre Lieblingsthemen ging, gefiel es ihnen. Spielen, Boxkämpfe, Pferderennen – das waren die Sachen, die ihnen selbst Spaß machten.

Dieser schmächtige Kerl in dem engen Jackett, der hinter dem massigen Schreibtisch saß, mit ein paar schweren Jungs auf jeder Seite, die Kanonen hatten, um ihn zu schützen – das war das Leben!

Als ich kurz für Harry Cohn arbeitete, in den Columbia-Studios, gab es als Kulissen: ein Büro, eine Straße, auf der sie Autos rauf- und runterfahren ließen, ein Penthouse und einen Nachtclub. Zu der Zeit konnte man alle Filme von Cohn in diesen vier Kulissen drehen. Man brauchte nur ein paar Typen in engen schwarzen Anzügen, die Autos, die Pistolen, die Mädchen – und schon konnte man anfangen zu drehen.

Damals, als ich in Nachtclubs und am Theater arbeitete, kannte ich all die wirklichen Gangster. Männer wie Capone. Sie waren die widerlichsten, idiotischsten Grobiane. Aber merkwürdigerweise hatten sie *ein* großes Talent. Während der Prohibitionszeit besaßen sie viele Nachtclubs, und sie stellten für diese Clubs Leute ein, die niemand sonst genommen hätte. Ein Mädchen wie Helen Morgan zum Beispiel; niemand wollte sie. Sie hatte eine zarte kleine Stimme, sie hatte sehr lange Beine, sie hatte einen großen Busen, was damals gar nicht modern war; sie war nicht besonders lebhaft, und sie saß am Klavier, ohne ein Mikrofon zu benutzen. Die Gangster liebten sie. Sie brachten sie in einem Nachtclub unter, der ›The Backstage‹ hieß, und urplötzlich wurde sie von Ziegfeld ›entdeckt‹.

Niemand konnte mit den Summen konkurrieren, die die Produzenten und Geschäftsführer verdienten, denn eine der Hauptquellen ihrer Einnahmen war absolut unmöglich nachzuweisen. Als Otto Kahn in den Aufsichtsrat der Paramount gewählt wurde, versuchte er herauszufinden, was ›allgemeine Unkosten‹ (overheads) bedeutete. Nachdem das Budget für eine Produktion festgesetzt war, fügten die Produzenten einfach eine Summe für allgemeine Unkosten hinzu. Zu dieser Zeit (1928) kostete ein Film von Eddie Sutherland etwa 350 000 Dollar. Die Produzenten addierten dazu irgendeinen Betrag zwischen dreißig- und fünfzigtausend Dollar an allgemeinen Unkosten. Selbst die gewieftesten Buchhalter, die für einen brillanten Finanzmann wie Otto Kahn arbeiteten, konnten nicht herausfinden, wohin das Geld floß.

Wissen Sie, wer meine Lieblingsschauspielerin ist? Die Person, die ich gerne wäre, wenn ich jemand anderes sein könnte? Das erraten Sie nie! Sie arbeitete bei Universal. Sie kam mit dem Tonfilm. Sie war ziemlich außergewöhnlich in ihrer Erscheinung, ihre Stimme war exquisit und klang wie weit entfernt, fast wie ein Echo. Sie war eine exzellente Schauspielerin, vollkommen einzigartig. Sie hat sich selbst umgebracht. Sie hatte einen irischen Namen und war mit einem berühmten Agenten und Produzenten verheiratet, Leland Hayward. Margaret Sullavan. Ihre wundervolle Stimme – fremd, ahnungsvoll, rätselhaft – wie eine Stimme, die im Schnee singt.

Ein anderer Faktor, der sehr wichtig für mich ist: Kleider. Die Kleider einer Frau sind nicht nur der Schlüssel zu ihrer eigenen Persönlichkeit, ihren Ansprüchen und Zielen, sie geben auch einen unmittelbaren Eindruck von einer Zeit, ihren Moralvorstellungen und ihren Verhaltensweisen. Geschichte auf einen Blick. Ich mußte nach Berlin und Paris gehen, um Regisseure zu finden, denen bewußt war, daß Kostüme und Dekorationen genauso wichtig waren wie Schauspieler und Kameras.

Vielleicht ist das der Grund dafür, daß die Leute von Sternbergs alte Filme mögen. Sie sind wundervoll aufregend für das Auge, nachdem man Western gesehen hat und Spione in Büros, Spione in Bierkneipen, Spione, die sich mit Frauen im Bett tummeln. Oder diese gottverdammt häßlichen Kriegsfilme. Heute haben wir ganz sicher das Zeitalter der Häßlichkeit.

Dietrichs Kleider in *Ich küsse Ihre Hand, Madame* (1929) waren fantastisch. Was sie nicht anziehen konnte, trug sie über dem Arm. Sie war groß, stark, und sie hatte von Natur aus die Energie eines Bullen. Sternberg versuchte, sie in eine Garbo zu verwandeln. Er trieb ihr jede eigene Bewegung aus und setzte sie auf ein Piedestal. Jedesmal, wenn ich ihre Filme sehe, frage ich mich ›Woran denkt sie jetzt in drei Teufels Namen?‹. Und ich erinnere mich daran, was von Sternberg über eine Szene mit ihr erzählt hat. Er sagte zu ihr: »Zähl bis sechs, und dann schau diese Lampe an, als ob du ohne sie nicht mehr leben könntest.«

Und man kann sehen, daß sie es so machte. Bei der wahren Schauspielerei denkt man nie an das, was man wirklich tut – es ist wie im Leben. In dieser Sekunde denke ich an sieben verschiedene Dinge, und Sie tun das auch.

Wußten Sie, daß ich einen Film mit Roscoe Arbuckle gemacht habe, als er bei einer Kurzfilmserie Regie führte, die *Windy Riley* hieß? Dieser hieß *Windy Riley Goes to Hollywood* (1931). Er arbeitete unter dem Namen William Goodrich. Er machte keinen Versuch, wirklich Regie zu führen. Er saß in seinem Stuhl wie ein Toter. Er war sehr liebenswürdig und irgendwie sanft entschlafen, seit der Skandal seine Karriere ruiniert hatte. Doch für mich war es eine angenehme Überraschung, ins Studio zu kommen, um diesen miesen Film zu drehen, und festzustellen, daß mein Regisseur der große Roscoe Arbuckle war. Oh, ich fand ihn phantastisch im Film. Er war ein wundervoller Tänzer – wundervoll bei Gesellschaftstänzen – in seiner Blütezeit. Es war, als ob man in den Armen eines riesigen Krapfens dahinschwebte – geradezu wonnevoll.

Von dem Moment an, wenn feststand, daß ich mit einem bestimmten Regisseur arbeiten sollte, war er mein Mann, egal, was ich von ihm dachte. Solange der Film gemacht wurde, war er wundervoll. Ich glaube, Schauspieler, die sich bei einem Film mit dem Regisseur anlegen, setzen eine Menge aufs Spiel. Es ist *ihr* Gesicht, das sie auf der Leinwand sehen werden, nicht das des Regisseurs.

Wallace Beery war den ganzen Tag mit listigen Anstrengungen beschäftigt, mich in Two-Shots mit dem Rücken zur Kamera zu kriegen. Billy Wellman sagte zu mir: »Laß dir das nicht von ihm gefallen.« Ich sagte: »Es ist mir völlig schnuppe, was er macht. Du bist der Regisseur. Wenn du nicht willst, daß er mich austrickst, sag ihm das.« Das Ergebnis war, daß er Großaufnahmen von mir machen mußte, um mein Gesicht ins Bild zu bringen. So bekam ich eine Großaufnahme, während Wally in einem Two-Shot war!

Ich bin der Ansicht, daß die Autoren-Theorie der *Cahiers du Cinéma* Humbug ist; ich habe die erste englische Ausgabe gelesen. Ich habe zwei Stunden und drei Wörterbücher gebraucht, um durch den Auteur-Artikel von Bazin durchzukommen und das herauszufinden, was schon seit den Anfängen des Films allgemein bekannt ist: daß einige Autoren und einige Regisseure eifersüchtig sind auf den Ruhm der Stars. Und die Autoren-Theorie ist nur ein weiterer Versuch, die Stars mit Worten von der Leinwand wegzubekommen. Und der blödeste, den man sich bislang ausgedacht hat. Wenn ein Film fertig ist, können einem schlechten Regisseur Worte auch nicht mehr helfen; und ein großer Regisseur hat sie nicht nötig.

Einmal stand ich mit einem Vertreter dieser Art von Tralala im Foyer des

Dryden Theatre im Eastman House und sah durch die Glastüren einen Film, der im Theater lief. Ich fragte: »Wer ist der Regisseur?« Er sagte: »Ich weiß nicht.« Für mich war das unglaublich. Er selbst hatte den Film ausgesucht, um ihn einer Gruppe von Leuten unten aus New York zu zeigen. Das erste, was ich über einen Film wissen will, ist, wer ihn inszeniert hat.

Als ich ein altes Lexikon durchblätterte, dessen Vorsatzblätter mit Goethe-Zitaten beklebt waren, stieß ich auf dieses: ›Der Roman [Film] ist eine subjektive Epopöe, in welcher der Verfasser sich die Erlaubnis ausbittet, die Welt nach seiner Weise zu behandeln. Es fragt sich also nur, ob er eine Weise habe; das andere wird sich schon finden.‹[5]

1 Lotte Eisner: *L'Écran démoniaque* (1952); dt.: *Die dämonische Leinwand*. Wiesbaden-Biebrich 1955; Neuausgabe, hgg. v. Hilmar Hoffmann und Walter Schobert, Frankfurt: Kommunales Kino 1975 (TB-Ausgabe: Frankfurt: S. Fischer 1980, 2. Aufl. 1990 [=fibü 3660], hier S. 312.)

2 Nachzulesen in der Nachbemerkung von Lotte H. Eisner, die in der deutschen Ausgabe des Buches von Louise Brooks (s. Kap. 24, Fn. 7) abgedruckt ist: a.a.O., S. 131-133.

3 Veröffentlicht als: *Lulu in Berlin und Hollywood*; s.o. Kap. 24, Fn. 7.

4 *Sight & Sound*, Sommer 1958, S. 240.

5 *Maximen und Reflexionen* (Sophien-Ausgabe I, 42.2, S. 122).

33 Geraldine Farrar

Geraldine Farrar

Die legendäre Farrar einen Filmstar zu nennen, ist genauso, als würde man Winston Churchill als Maler bezeichnen. Sie war in allererster Linie eine Opernsängerin. Ihre Auftritte waren stets von stürmischer Begeisterung umjubelt; sie wurde von jugendlichen Fans verfolgt, von Schülern und Studenten, die sie anbeteten und die als Gerry-flappers bekannt waren.

Sie ist in Massachusetts geboren, im Jahr 1882.[1] Ihr Vater, Sid Farrar, war ein berühmter Baseballspieler in der National League. 1910 debütierte Geraldine in Berlin und wurde zum führenden Mitglied der Berliner Oper und der Metropolitan Opera in New York. 1915 überredeten Morris Gest und Jesse Lasky sie, zum Film zu gehen. In seiner Autobiographie ›I Blow My Own Horn‹ äußert Lasky die Vermutung, daß Miss Farrars Einwilligung auf den Umstand zurückzuführen gewesen sei, daß sie ihre Stimme ernstlich überstrapaziert hätte. »Wie dem auch sei«, schrieb er, »es zeigte sich, daß sie die bezauberndste, anmutigste Schauspielerin war, die ich jemals nach Hollywood brachte, und sie war, im Gegensatz zum traditionellen Verhalten der Primadonnen, frei von jeder Launenhaftigkeit. Wenn das Drehbuch von ihr verlangte, bis zur Taille im Schlamm zu stehen, oder an Kleidern, Haut und Haaren für Scheiterhaufenszenen mit Brandschutzmitteln eingeschmiert zu werden, erhob sie keinerlei Einwände.«[2]

Miss Farrar, die zweiundachtzigjährige, bestätigte Laskys Beschreibung. Sie hatte nichts von Arroganz oder den anderen Manierismen an sich, die ehemals großen Stars zugeschrieben werden. Sie war herzlich und aufgeschlossen, und ihr Sinn für Humor ließ kaum Zweifel an ihrer irischen Abstammung. Das Treffen wurde von Agnes de Mille arrangiert, einer engen Freundin von Miss Farrar seit ihren ersten Tagen in Hollywood; im März 1964 fuhren wir zu Miss Farrars Haus in Connecticut und verbrachten einen Nachmittag mit Erinnerungen an, wie sie es nennt, »jene wundervollen Tage«.

Geraldine Farrar: Für mich war es wie Ferien. Ich war beim Stummfilm und konnte meine Stimme schonen. Ganz besonders faszinierte mich die Pantomime; wir benutzten unsere Gesichter, unsere Augen, und wir brachten *uns selbst* ein. Wir schminkten uns selbst und sorgten selbst für unsere Kostüme. Man mußte sehr vorsichtig mit den Frisuren sein, weil die Szenen nicht mehr der Reihe nach gedreht wurden, deshalb mußte man wissen, wo man gerade war; Aufnahme zweiundzwanzig mußte zu Aufnahme dreiundvierzig passen. Ich werde nie *Joan the Woman* (1916) vergessen. Mr. De Mille war in den Kampfszenen sehr um meine Sicherheit besorgt, insbesondere um die Auswirkungen des vielen Rauchs auf meine Stimme. Einmal steckte ich bis zur Taille im Schlamm, dabei hatte ich eine schwere Rüstung an und trug ein Schwert. Mr. De Mille ließ zwei Männer einen Schutz über mich halten, um zu verhindern, daß mir etwas auf den Kopf fiele. Allerdings waren sie nicht immer zur richtigen Zeit an der richtigen Stelle ... Ich erinnere mich, daß ich in meiner Rüstung, die aus silberglänzendem Aluminium war und achtzig Pfund wog, von einer Leiter rutschte.

Ich hatte immer Angst vor Pferden und konnte überhaupt nicht reiten. Sie gaben mir einen prächtigen Schimmel; das Tier merkte sofort, daß ich eine Anfängerin war, und benahm sich alles andere als ritterlich. Im Griffith Park ging es mit mir durch, und ich wurde, vor Schreck gelähmt, von Jack Holt gerettet. Ich sah mich schon auf meinen Spitzhelm fallen, festgenagelt in meinem schweren Panzer, aufgespießt, mit den Beinen in der Luft. Für die Totalen stellten sie ein

Double zur Verfügung, Pansy Perry. Meine Güte, wie ich das Reiten haßte! »Fertig zum Aufsitzen!« riefen sie, und ich stöhnte »Nicht schon wieder...«

Ich weiß noch, wie ich zufällig mitanhörte, als zwei Cowboys über mich sprachen. Einer von ihnen sagte: »Ich habe sie noch nie auf der Leinwand gesehen, aber es heißt, daß sie singen kann. Eines weiß ich verdammt genau – reiten kann sie nicht.«

Joan the Woman war von einer mystischen Aura umgeben. Es war vor dem Krieg; tatsächlich gingen meine Ritter später nach Frankreich. Der Cowboy, der den Heiligen Michael spielte, nahm sechs feindliche Soldaten gefangen und rettete seine Geschützstellung. Er ist nicht zurückgekommen. Ein anderer ging nach Reims; er berichtete mir in einem Brief, daß er gerade etwas erlebt habe, das vollkommen dem Angriff entsprach, den wir auf Orléans gemacht hatten. Er erzählte von einem curé, der, als er sich mit ihm unterhielt, sein Interesse für den historischen Aspekt der Angelegenheit nicht verstehen konnte. Ein anderer Mann wurde tatsächlich bei Compiègne getötet, in einer Schlacht, in der er auch im Film gekämpft hatte. Das Erlebnis, an jenem Ereignis teilgenommen zu haben, die Waffen benutzt und die Kostüme getragen zu haben, hatte bei ihnen einen tiefen Eindruck hinterlassen.

Zum Film ging ich, weil wegen des Krieges in Europa die Opernhäuser geschlossen wurden. Morris Gest hatte mich als Carmen gesehen, und da Famous Players zu dieser Zeit Leute vom Theater engagierte, schlug er vor, ich solle einen Film daraus machen. Es war wundervoll – anstrengend, aber ganz wundervoll. Das Schlimmste war das fürchterliche weiße Make-up. Es war dort wahnsinnig heiß und die Klieg-Lampen machten es noch schlimmer. Das Gesichts-Make-up zerfloß im Nu, und man mußte weggehen und alles noch einmal machen. Man bekam dauernd Klieg-Augen – eine Entzündung, die vom Staub der Bogenlampen verursacht wurde[3] –, und man verbrachte die meiste Zeit damit, truppweise ins Krankenhaus zu gehen. Die Klieg-Lampen waren eine ausgesprochene Plage. Man hatte einen Einfall, machte eine phantastische Geste – und dann stotterte der Bogen, das Licht auf dem Gesicht flackerte, und die Einstellung war ruiniert.

De Mille war für mich ein Genie, und ich mochte ihn sehr gern. Er machte nie eine Großaufnahme vor einem weißen Hintergrund, und er hätte auch nie zugelassen, daß sich der Hintergrund hinter einer Großaufnahme bewegte. Er wollte die Aufmerksamkeit ganz auf den ausdrucksvollen Moment konzentrieren.

Meine blauen Augen wurden im Film weiß. Ich war entsetzt über die Muster des ersten Tages, aber er fand eine Lösung für das Problem. Ein Mann hielt einen Streifen schwarzen Samt in die Höhe. Wenn ich darauf starrte, weiteten sich meine Pupillen. Er war genial, wenn es um das Lösen solcher Probleme ging.

William de Mille schrieb die Drehbücher – *Maria Rosa*, hervorragend, *Carmen*, *Joan the Woman*, *The Woman God Forgot*, *Temptation*, *The World and the Woman*... Cecil De Mille inszenierte sie alle, bis auf das letzte – dabei führte Frank Lloyd Regie. Seine Stärke waren Filme, die mit dem Meer zu tun hatten; später machte er *The Sea Hawk* und *Mutiny on the Bounty*. Ich mochte ihn als Regisseur, aber er hatte mit Schiffen eine glücklichere Hand als mit Menschen.

Cecil De Mille liebte Wagner, er wollte immer den *Ring des Nibelungen*

Reginald Barker gibt Geraldine Farrar Szenenanweisungen für *The Turn of the Wheel* (1918); in der Mitte Percy Hilburn.

Geraldine Farrar in *Carmen* (1915), Regie Cecil B. De Mille.

verfilmen. Er war so rücksichtsvoll. In *Joan the Woman* wurde ich in den Kerker geworfen. Er sagte, er möchte einen Vorschlag machen. Wenn er mir nicht gefiele, würde er nicht weiter darauf bestehen, aber er wolle ihn gern vorbringen. Er wollte ein paar weiße Mäuse nehmen, sie braun anmalen und über mich hinweglaufen lassen. Nun, er war so nett dabei, daß ich nicht nein sagen konnte. Und ich sagte mir, wenn ich das überstehe, wird er die Aufnahme hoffentlich nicht wiederholen wollen.

De Mille drehte selten mehr als einen Take. Er erklärte die Szene, aber er spielte sie nie vor. Jeder improvisierte. Das Problem bei *Joan the Woman* war, daß allein das Schwert kaum zu handhaben war. Die Standarte, die im Wind hin- und herflatterte, war über drei Meter lang und hatte eine enorme Zugkraft. Ich möchte nicht anmaßend erscheinen, aber ein Mädchen mit einer Hollywood-Diät könnte das heute nicht schaffen. Man mußte kräftig sein, um diese Rolle zu spielen.

Diese Filme waren spontan. Alle Elemente fügten sich durch den Enthusiasmus zusammen; das war das Geheimnis ihres Erfolgs. Als die Filme schließlich in die Studios zogen, verloren sie den weiten Horizont, sie verloren die Fähigkeit, den besten Moment unserer weitgehend improvisierten Darstellungen einzufangen. Es gab zuviel Technik. Bei unseren Filmen spürte man ein tiefes Gefühl für das Leben.

Kalifornien, wissen Sie, war ein Traum. Die Leute waren freundlich und großzügig – dabei arbeiteten wir hart. Nicht, daß Sam Goldwyn diese Ansicht geteilt hätte. Er kam immer mit demselben Zug an und fand uns jedesmal beim Mittagessen. »Arbeitet ihr hier überhaupt?« fragte er.

Ich sagte ihm, er solle einen anderen Zug nehmen, dann würde er schon sehen. Goldwyn war ein Mann, der eine große Verantwortung trug. Das Famous Players-Studio in der Vine Street war nicht viel größer als eine Hundehütte, und doch brachten er und Lasky und De Mille es fertig, diese großen Filme zu machen. Komparsen bekamen fünf Dollar am Tag; sie kamen von der Straße und lagen uns in den Ohren: »Gibts heute Arbeit?« Alles, was man tun mußte, um Komparsen zu bekommen, war, aufs Dach zu steigen und zu pfeifen.

Nach meinen Filmen für De Mille kam es zum Bruch zwischen Lasky und Goldwyn. Ich ging zu Goldwyn nach Fort Lee, wo Mary Garden *Thaïs* drehte.

Willard Mack war mit Pauline Frederick verheiratet. Mack konnte mit seinem Charme jeden um den Finger wickeln. Irgendwie schwatzte er Goldwyn ein Drehbuch für mich auf. Ich sollte in dem Film *Hellcat* Pancha O'Brien spielen, die Tochter einer irischen Lady und eines Kerls in der Art von Pancho Villa. Es gab da höchst merkwürdige Einfälle in dem Drehbuch; ich sollte mich in ein Zelt schleichen, die amerikanische Flagge zerschneiden und die Stücke auf einen Misthaufen werfen. Und wie ist das mit der Zensur? Ach, darüber machen wir uns später Gedanken, sagte er. Ein anderer Einfall war, daß ich einem gefesselten Mann die Fesseln an den Händen aufschnitt und seine Pulsadern gleich mit. Wie ich schon sagte, charmant – aber ein lausiger Autor.

Statt eines fröhlichen mexikanischen Kostüms trug ich einen langen Rock aus Kattun, der auf dem Boden schleifte – zwischen Schafen und Rindern! Es war haarsträubend; ich mußte versuchen, mit einem Gewehr zu schießen. Ich konnte es nur hin- und herschwenken und versuchen abzudrücken. Schießen konnte ich ungefähr genauso gut wie reiten.

Nie war irgend etwas zum Drehen fertig. Reginald Barker war der Regisseur; er war ganz in Ordnung, außer, daß er auch selber nie fertig war. Er war immer mit Nachdenken beschäftigt. Ich hatte ein Klavier dabei und übte meine Programme, so war die Zeit nicht vergeudet.

Caruso machte auch Filme, aber er war nicht vorsichtig genug. Als ich Carusos Manager erzählte, daß ich wieder filmen würde, fragte er: »Aber wird das nicht deiner Opernkarriere schaden?« Ich sagte ihm, daß das bisher nicht der Fall gewesen sei. Caruso war ein wunderbarer Sänger, aber er war kein Schauspieler. Er konnte keine Liebesszenen spielen. Wir sagten immer zu ihm: »Du singst, und wir drapieren uns um dich herum.« In seinen Filmen mußte man ihm das romantische Liebespaar an die Seite geben, um seine Darbietungen zu unterstützen.

Warum ich vom Film weggegangen bin? Das geschah folgendermaßen: Ich gab eine Abendgesellschaft für Fritz und Harriet Kreisler. Es ging ziemlich formell zu. Der Butler kam auf mich zu; er war alt und seine Gelenke knackten hörbar.

»Mr. Goldwyn möchte Sie sprechen«, sagte er, »er hat eine wichtige Nachricht.«

Sam sah äußerst verlegen aus.

»Bringst du das Drehbuch?« fragte ich ihn in der Erwartung, daß ich einen Film machen würde, und wunderte mich, daß er um diese Zeit noch vorbeigekommen war. »Wenn ich gewußt hätte, daß du abkömmlich bist, hätte ich dich mit eingeladen.«

Nein, er habe das Buch nicht dabei. Er nestelte die ganze Zeit nervös an seinem Kragen. Es schien, als hätte er eine ernstliche Auseinandersetzung mit seinen Bankiers gehabt. Er wand sich fortwährend und schien unfähig, zu sagen, warum er gekommen war.

»Was ist los?« fragte ich.

Endlich sagte er, daß mein Vertrag noch zwei Jahre Laufzeit hätte, und er wüßte gerne, ob wir uns nicht arrangieren könnten. Meine Filme brächten nicht das ein, was er sich erhofft habe. Er frage sich, ob wir die Vereinbarungen nicht auf eine prozentuale Beteiligung hin ändern könnten. Ich ging zu einer Schublade und nahm ein Papier heraus.

»Ist das der Vertrag?« Er bestätigte es. »Na schön, warum zerreißen wir ihn nicht einfach?«

Er war verblüfft. »Würdest du das wirklich tun?«

»Natürlich«, erwiderte ich, »wenn du anfängst, dir Sorgen zu machen, ob meine Filme Geld einbringen oder nicht. Ich kann meine Zeit nicht damit verbringen, auf die Zahlen zu achten. Laß ihn uns zerreißen.«

Er war baff; er hatte noch nie jemanden getroffen, der so etwas getan hätte. Jahre später sah ich Sam wieder, bei Noel Cowards *Bittersweet* in Boston. Als wir uns begrüßten, fragte er ganz im Ernst: »Warum machen wir nicht *Carmen* mit Dialog?« Ich hatte damals schon ganz weißes Haar und nahm es als das schönste Kompliment. Aber ich sagte ihm, *die* Peinlichkeit wolle ich ihm ersparen.

Von allen meinen Filmen mag ich *Joan the Woman* am liebsten. Ich habe eine ganze Liste von Dingen, die ich verabscheue, unter anderem Mikrofone und Schallplatten, aber Filme gehören nicht dazu. Ich glaube, ich mochte sie, weil sie stumm waren. Sie haben auch meine Stimme geschont. Man konnte sich ganz dem Ausdruck widmen. Natürlich sprachen wir die Dialoge. Mit voller Stimme. Wenn ich es recht bedenke, haben sie letzten Endes meine Stimme wohl doch nicht so sehr geschont.

1 Miss Farrar starb am 11. März 1967.
2 Jesse Lasky (mit Don Weldon): *I Blow My Own Horn*, London: Victor Gollancz 1957.
3 Heute weiß man, daß Klieg-Augen durch ultraviolettes Licht verursacht wurden.

34 **Gloria Swanson**

Gloria Swanson

Gloria Swanson, die Alterslose, prachtvoll gewandet in ein fließendes, durchscheinendes Abendkleid, lehnte auf einer Couch im Carlton Tower Hotel in London.

Von ihren klaren blauen Augen gefesselt, gab der Fernsehredakteur seinem Erstaunen darüber Ausdruck, daß diese Heldin seiner Jugend all ihren Zauber erhalten habe.

»Die Geschichte von *Sunset Boulevard* – wieviel davon ist Ihre Geschichte?« fragte er.

»Alles«, sagte Miss Swanson und nahm eine affektierte Norma Desmond-Sprechweise an. »Ich bin *wirklich* der größte Star aller Zeiten. Aber ich verberge mich vor den Leuten. Ich lebe in der Vergangenheit. Und wenn Sie einen kurzen Blick in die Badewanne werfen, finden Sie dort in diesem Augenblick eine Leiche mit dem Gesicht nach unten treiben.«

Die Eigenschaft, die man bei diesem Star am wenigsten erwartet, ist das Talent zur Selbstironie.

»Ach, es war wundervoll, Sie hier zu haben«, sagte das Zimmermädchen, als Miss Swanson sich zur Abreise fertigmachte.

»Danke, sehr liebenswürdig von Ihnen«, entgegnete sie freundlich.

»Ich habe mir schon immer gewünscht, Sie einmal persönlich zu treffen – und jetzt endlich ist es geschehen«, sagte das Mädchen.

»Und ich wette, Sie waren überrascht, eine so kleine, dicke Nudel zu finden«, murmelte Miss Swanson.

Ihre eins achtundfünfzig sind ihr wunder Punkt – und doch lenkt sie die Aufmerksamkeit darauf. Niemand sonst nimmt es wichtig. Man verläßt Gloria Swanson in der Überzeugung, daß sie eins sechsundachtzig groß ist.

Sie ist eine Frau von enormer Energie und lebhaftem Humor, und sie steckt voller Überraschungen. Sie hat exzentrische Ernährungsgewohnheiten, sie unterstützte Goldwater, und sie hat andere Eigenschaften, die viele für geradezu unsozial halten. Aber sie entwaffnet aufgebrachte Kritiker mit restlos freimütigen und charmanten Erklärungen für ihre Überzeugungen. Sie hat kein Talent zu Ausflüchten oder Lügen. Obwohl sie der berühmteste Star ihrer Generation ist, hat sie es geschafft, ein normaler Mensch zu bleiben. Wer erwartet, daß Gloria Swanson über die Vergangenheit redet, verrät nur seine Unkenntnis von einer der grundlegenden Tatsachen des Filmgeschäfts: Gloria Swanson ist nämlich *nicht* Norma Desmond – aus diesem Grund hat sie es auch so weidlich genossen, die Rolle zu spielen. Miss Swanson lebt nicht in der Vergangenheit, und es bedarf einiger Überredung, sie dazu zu bringen, über ihre Karriere zu sprechen.

In der Tat ist ihre Karriere so einzigartig, so außergewöhnlich, daß der Versuch, sie zusammenzufassen, so aussichtsreich wäre wie der, ›Krieg und Frieden‹ auf einen Stecknadelkopf zu schreiben. Es gibt aber eine Episode, die in ihrer eigenen Beschreibung ein helles Licht auf ihre Einstellung zu ihrer Arbeit und ihren persönlichen Mut wirft.

Gloria Swanson: Die meisten Leute, sogar die vom Fach, glauben, ich sei eine von Mack Sennetts Badenixen gewesen. Das ist nicht wahr. Es macht keinen Unterschied, so oder so – außer, daß ich noch immer nicht schwimmen kann. Als sie mich mit Mack Swain und Chester Conklin in *The Pullman Bride* besetzten, war das das

Gloria Swanson, Tom Kennedy und Bobby Vernon in *Nick of Time Baby*, einer Keystone-Komödie von 1917, bei der Clarence Badger Regie führte.

erste Mal überhaupt, daß ich einen Badeanzug anhatte. Wir gingen hinunter an den Strand, wo ein paar Werbefotos gemacht wurden. Phyllis Haver und ich standen auf einem Felsen; ich trug einen albernen Badeanzug und hatte eine große Schleife im Haar. Ich haßte das alles. Ich war erst siebzehn und hatte keinen Sinn für Humor. Damals war ich eine recht zimperliche junge Dame.

Gloria Swanson als *Sadie Thompson* (1928); der Soldat ist Raoul Walsh, der bei dem Film auch Regie führte.

Ich spielte meine Komödien so, wie es vielleicht die Duse gemacht hätte. Ich schätze, ich war eine der ersten, die Komödien todernst spielte. Ich war komisch, weil ich nicht versuchte, komisch zu sein. Je ernster ich wurde, desto komischer wurde die Szene. Und ich haßte alles; ich verabscheute *Pullman Bride*, weil mich Mack Sennett dort zum erstenmal in eine Klamauk-Komödie steckte. Bis dahin hatte ich mit Bobby Vernon in Clarence Badger-Komödien gespielt – aber Vernon war an Triangle verkauft worden. Mich behielt Mr. Sennett – er wollte eine zweite Mabel Normand aus mir machen. Ich sagte ihm, ich wolle keine Zweite – wer oder was auch immer – sein, und er zerriß meinen Vertrag. Als ich für *Pullman Bride* bei einem ›Pratfall‹ zu Boden plumpsen sollte, war das das Ende – ich ging.

Nun, in einem Schaufenster sah ich ein grünes Kostüm. Ich fand es sehr attraktiv, aber ich konnte es mir nicht leisten, und so dachte ich, daß es wohl Zeit sei, wieder zu arbeiten. Ich hätte für jede Gesellschaft arbeiten können, die Komödien herstellte – Sunshine ... Christie ... Universal ... egal wo. Aber ich wollte zum dramatischen Film. Also ging ich zu Triangle, wo mein alter Kumpel Bobby Vernon war.

Sie fingen gerade mit einem neuen Film an; die ersten Einstellungen waren Außenaufnahmen. In dieser Komödie gab es irgendeinen Gag mit zwei Frauen, die die gleichen Hüte tragen. Ich spielte eine der Frauen, doch der starke Wind wehte mir immer den Hut vom Kopf, und ich ging zurück ins Studio, um mir eine Hutnadel zu holen. Warum ich selbst ging und sie nicht jemand anders schickten, weiß ich nicht, vielleicht war ich zu dem Zeitpunkt noch nicht an der Reihe. Wie dem auch sei, ich kam, bewaffnet mit meiner Hutnadel, vom Fundus zum Auto zurück, und der Chauffeur sagte mir, er könne mich nicht zum Drehort fahren. Ich dachte, die hätten mich gefeuert.

Ich saß da und fragte mich, was los war, als ich einen Mann sah, der einen Kamelhaarmantel umhängen hatte. Zuerst dachte ich, es müsse D. W. Griffith sein, der immer einen Kamelhaarmantel auf diese Art trug, aber kurz darauf kam jemand zu mir und sagte, Mr. Jack Conway wünsche, daß ich in sein Büro komme.

Er war nicht da, aber seine Sekretärin gab mir ein Drehbuch zu lesen. Es war eine Geschichte aus der *Saturday Evening Post*, mit dem Titel ›Smoke‹.[1] Beim Lesen wurde ich langsam unruhig. Die Hauptperson, Patricia, war ein sportlicher Typ. Sie ritt – das ging in Ordnung, weil ich selbst ein Pferd besaß –, und sie fuhr Auto, was ich ebenfalls konnte. Aber als es dazu kam, einen Kopfsprung von einem Pier zu machen, war ich wie versteinert. Eine Stelle der Handlung verlangte von ihr, einem Mann, der sie liebte, das Leben zu retten.

Plötzlich hörte ich Schritte: Mr. Conway. Ich wußte nicht, was ich sagen oder tun sollte. Hier winkte mir das Glück – ich kann nicht sagen, daß ich nicht schwimmen kann, sonst nehmen sie ein anderes Mädchen. Ich werde schwimmen lernen müssen.

Mr. Conway sah mir ins Gesicht und sagte: »Na, wie finden Sie es?« Ich stammelte: »Ich finde es wunderbar – welche Rolle werde ich spielen?«

»Die Patricia natürlich«, antwortete er, »die weibliche Hauptrolle.«

Ich sagte: »Ach so, ja, natürlich, ich würde es schrecklich gern tun.« Und er sagte mir, ich solle mich morgen früh zur Arbeit melden.

Ich ging vom Studio geradewegs zum YWCA (Christlicher Verein junger Frauen), zog mir einen Badeanzug an und stieg ins Becken – am flachen Ende, versteht sich. Als ich zum tiefen Ende hinüberschaute, sah ich, wie der Schwimmlehrer eine Frau auf dem Rücken treiben ließ. Das genügte mir. Wenn er von mir verlangt, daß ich das tue, gehe ich unter, dachte ich – ich werde wegsacken. Kopf unter, Beine nach oben. Als er auf mich zukam, paddelte ich schnell aus dem Wasser und rannte weg. Ich bin nie wieder hingegangen.

Wir fingen also an zu drehen, und ich unterließ es, ihnen zu sagen, daß ich nicht schwimmen konnte. Wie üblich, waren die ersten Szenen Innenaufnahmen. Aber der schreckliche Augenblick kam näher – und schließlich kündigte Mr. Conway an, daß heute die Nacht sei, in der wir alle zu den Wilmington Docks hinunter gehen würden, wo die großen Schiffe hereinkamen. Und ich würde diesen Mann retten müssen.

Glücklicherweise flirtete Mr. Conway auf dem Weg nach draußen ein bißchen mit mir, und ich dachte: »Ist das nicht schön? Er mag mich, da wird er sehr verständnisvoll sein.« Vorn neben dem Fahrer saß eine junge Dame, die ich nie vorher gesehen hatte. Ich dachte, das sei vielleicht eins der Skriptgirls. Als Mr. Conway ging, sprach ich sie an: »Darf ich fragen, wer Sie sind?« »Sicher«, sagte sie, »ich bin Taucherin.« Lieber Himmel... das war Musik in meinen Ohren. Aber warum wollten sie, daß ich mit hierher kam? Während ich noch rätselte, kam Mr. Conway und sagte: »Wir sind fertig für deine Szene. Es ist die, in der du von deinem Auto aus diesen Mann siehst, der in dich verliebt ist. Er schleppt sich mit seinen Krücken auf den Pier und springt ins Wasser, um Selbstmord zu begehen. Du stürzt aus dem Auto, rennst hinüber, reißt dir dein Abendkleid vom Leib, springst mit einem Kopfsprung ins Wasser und rettest ihn.«

Stellen Sie sich vor, ich und jemanden retten! »Mr. Conway«, sagte ich, »ich kann vielleicht ein bißchen schwimmen, aber ich kann nicht tauchen.«

Er sah mich an, als traute er seinen Ohren nicht. »Aber du bist doch eine von Sennetts Wassernixen!«

Ich zeigte auf das Mädchen auf dem Beifahrersitz des Autos. »Sie ist eins!« rief ich. »Sie, sie!«

»Ich weiß«, sagte Mr. Conway, »aber das ist ja noch nicht alles, was du zu tun hast, du mußt in einer anderen Episode einen Kopfsprung von einer Yacht machen, und du mußt einen von einer Klippe machen... Du fängst besser gleich an, es gibt noch so viel zu tun.«

»Bitte, lassen Sie mich fünf Minuten allein«, bat ich ihn. Ich ging ans Ende des Piers und sah in das schwarze Nichts. Kein Mond war da, keine Sterne, alles nur schwarz, schwarz, schwarz. Ich dachte: »Das ist das Ende.« Dann sagte ich zu mir: »Wenn ich bewußtlos werde, komme ich wenigstens wieder nach oben und treibe auf dem Wasser. Also sage ich dem Hauptdarsteller, daß ich es bin, wenn er etwas da draußen herumtreiben sieht – und daß er kommen und mich retten soll.« Und dann war ich nicht mehr überzeugt, daß dies mein Ende sein sollte, darum sagte ich zu Mr. Conway: »Also gut, ich mache es. Heute nacht werde ich nicht sterben.«

Ich war nervös wie ein in der Startmaschine tänzelndes Pferd. Ich wollte es hinter mich bringen. Und dieser Mann brauchte so unendlich lange, um auf den Pier hinauszukommen. Er ist so schrecklich überdramatisch, dachte ich. Einige Werftarbeiter, die dabeistanden, meckerten über »diese verrückten Filmmenschen.« Wir hatten nur Leuchtkugeln zur Verfügung, die eineinhalb Minuten brannten. Danach – nichts. Ich konnte also mit dem Kopf irgendwo anstoßen und nie wieder auftauchen. Ich konnte unter den Pfeilern verloren gehen, weil kein Licht da war. Aber als mein Name gerufen wurde, lief ich los, wie von einer Kanone abgeschossen. Ich riß mir das Abendkleid herunter, stellte mich in Positur, wie ich es in Anzeigen gesehen hatte, und sprang kopfüber ins Wasser. Gerade als ich absprang, hörte ich, wie jemand sagte: »Das Wasser muß hier fast zwanzig Meter tief sein.«

Das allerletzte, was ich tun wollte, war, in zwanzig Meter tiefes Wasser zu springen. Zehn Zentimeter, und ich wäre zufrieden gewesen – aber zwanzig Meter! Während ich unter Wasser war, konnte ich nur an die zwanzig Meter denken. Der Mann war angewiesen worden, nach mir Ausschau zu halten – er brauchte es nicht zu tun. Ich suchte nach ihm. Und ich schwamm zu ihm hin. Ich tat es tatsächlich; ich schwamm. Und zwar durch das ganze Bild. Als es vorüber war, wurde ich zu einer Swimmingpool-Party eingeladen, und ich war so stolz auf mich, daß ich mir einen Badeanzug kaufte und zum Schwimmbecken ging. Es war, als wäre ich auf dem Sprungbrett festgenagelt. Es war nur einen halben Meter über dem Wasser, aber ich konnte nicht springen. Ich mußte zurückgehen und fühlte mich wie ein Idiot. Und geschwommen bin ich seitdem nie wieder.

1 Der Film lief unter dem Titel:
   You Can't Believe Everything.

35 **Betty Blythe**

Betty Blythe

Die Reaktionen der alten Stars auf die Bitte um ein Interview waren oft überraschend. »Es tut mir leid«, sagte Dorothy Phillips, die früher einen Ruf als die ›Sarah Bernhardt der Leinwand‹ genoß, »aber ich habe weder Zeit noch Lust, über die Vergangenheit zu reden.«

Betty Blythe, legendärer Star von *The Queen of Sheba* (1921), war von entwaffnender Freundlichkeit.

»Wie komisch, daß Sie *Sheba* und J. Gordon Edwards erwähnen«, sagte sie. »Wo ich gerade heute morgen beim Frühstück über ihn nachgedacht habe. Was für ein wundervoller Regisseur! Kommen Sie nur vorbei – ich werde Ihnen sehr gern über ihn erzählen.«

The Queen of Sheba (1921).

Miss Blythe lebte 1964 noch immer in Hollywood, in einem Haus mit der seltsamen Nummer 314 ³/₄, und sie war noch immer beim Film aktiv. Sie war, so königlich und elegant wie eh und je, in der Ballsaal-Szene von *My Fair Lady* aufgetreten, in der sie von ihrem früheren Kameramann Harry Stradling fotografiert wurde. Obwohl sie sich nach einer Operation am Fuß zeitweilig nicht bewegen konnte, war Miss Blythe gastfreundlich und charmant.

An der Wand hing ein Gemälde ihres verstorbenen Mannes, des Regisseurs Paul Scardon. Vor den Fenstern im spanischen Stil breitete sich ein herrliches Panorama von Hollywood aus; das Abendlicht ließ die Tankstellen und Motels verschwinden und verwandelte die hohen Palmen in Silhouetten. Die Szenerie gab den Eindruck einer Kulisse von *The Queen of Sheba*.

Miss Blythe hatte eine lebendige Erinnerung an den Film; da es ihre wichtigste Rolle gewesen war, bedeutete *The Queen of Sheba* noch immer sehr viel für sie. Sie war von J. Gordon Edwards ausgewählt worden, um die Nachfolge von Theda Bara anzutreten. Die Zeit der Vamps war zu Ende, und seine ganze Sorge galt den Bemühungen um einen neuen Stil.

Betty Blythe: Merkwürdigerweise kauften mein Mann und ich nach meiner Rückkehr aus Europa, nach *Chu Chin Chow* und *She*, ein Haus, das dem Haus von Theda Bara genau gegenüberlag.

Ich glaube, wenn sie irgend jemanden auf der Welt haßte, dann mich. Weil ich ihre Nachfolgerin war. Na, jetzt könnte sie meine Nachfolgerin werden – ich bin fast so fett wie sie damals war. Ich habe drei Monate im Krankenhaus gelegen, was kann man da schon dagegen tun? Dies hier sind die einzigen Schuhe, in die ich hineinkomme, aber – Sie wissen gar nicht, wie schön es ist, wieder einen Schuh anzuhaben. Du meine Güte!

Ich schätze Mr. Edwards als einen der elegantesten Gentlemen, die ich je gekannt habe. Sehen Sie, mein Mann war Brite: er war vom selben Schlag. Mr. Edwards kam nicht aus England, hatte aber dieselbe vornehme Lebensart. Er war ein so gebildeter Mann, so edel wie Seide.

Und er hatte entsetzlich viel Macht. Wenn er etwas getan haben wollte, wurde es getan – auf der Stelle, peng. Dabei hatte er diese große Liebe zum Theater, diese Liebe zur Welt des Entertainments. Es war einfach ein Teil seiner tiefliegenden Neigungen, den er auf diese wundervollen Filme übertrug.

Wir arbeiteten sechs oder sieben Monate lang Seite an Seite an *Sheba*, und bis zum letzten Tag hieß es »Mr. Edwards« und »Miss Blythe«. Wir saßen nie zusammen rum und plauderten oder lachten. Er war ständig mit Nachdenken beschäftigt, er dachte an die nächste Szene: Ist es *so* richtig? Oder ist es *so* richtig? Also verhielt man sich ruhig im Atelier. Ich ging nie rüber, um mich zu Mr. und Mrs. Edwards zu setzen, wie ich es bei anderen Regisseuren getan hatte.

Er hatte etwas sehr Bezwingendes an sich. Immer beobachtete und überlegte er, und so wollte ich nicht stören. Erst nachdem der Film fertig war, wurden wir Freunde; ich besuchte sie oft zu Hause zum Dinner, und später in Paris kamen sie zu mir.

Er war ein ausgezeichneter Bühnenregisseur gewesen. Die Idee zu *The Queen of Sheba* war ihm schon Jahre vorher gekommen. Er begann mit dem Schreiben während seiner Hotelaufenthalte, als er mit einer Theatergruppe von Stadt zu Stadt reiste. Er brachte etwa zwanzig Jahre damit zu.

Nachdem er die ganzen Theda Bara-Filme gemacht hatte, stellte er sich etwas völlig Neues vor. Er wollte eine jüngere Frau. William Fox war auf den Hund gekommen, kurz vor dem Bankrott. Er war ein Mann, der verrückt auf Geld war – das war alles, was er kannte, alles, woran er denken konnte. Ausgerechnet da brachte Mr. Edwards diese Idee vor. Ich habe keine Ahnung, wie Fox die Finanzierung zustande brachte, aber ich weiß, daß Mr. Edwards daran beteiligt war.

Nun stand Theda Bara damals ziemlich hoch im Kurs. Sie hatte in der ganzen Welt ihr Publikum. Mit ihrem Stil hatte sie eine phantastische Marktnische in unserer Branche gefunden. Die Welt akzeptierte diesen Stil – und verlangte nach ihr.

Ich lebte seit ungefähr einem Jahr in Kalifornien; ich war zwar dort geboren, aber meine Zeit als Schauspielerin hatte ich in New York verbracht. Ich fing beim Theater an, und als ich in Arthur Guy Empeys *Over the Top* große Aufmerksamkeit erregte, nahm mich Vitagraph für zwei Jahre unter Vertrag. Da entschloß ich mich, nach Hollywood zu gehen.

Eines Tages rief mich mein Presseagent Herbert Howe, ein brillanter

Mann, an und sagte: »Bei der Fox suchen sie gerade nach einer Königin. Ich möchte heute nachmittag mal mit dir hingehen.«

Ich erinnere mich noch, daß ich ein kleines weißes Sommerkleid trug und im Haar ein purpurfarbenes Ding hatte, das ganz lang herunterhing. Sie wissen schon, wie im Theater. Sah warscheinlich ziemlich ulkig und aufgedonnert aus, aber in Hollywood nimmt man es nicht so genau, und ich war jung.

Mr. Edwards machte sofort großen Eindruck auf mich. Er sah mich so scharf, mit einem so wachen Blick an. Die Wände seines Büros waren kahl, bis auf ein einziges Bild – ein prächtiges Gemälde von Salomos Tempel. Es wurde später für unsere Ausstattung kopiert.

J. Gordon Edwards und John Boyle während der Dreharbeiten zu *The Queen of Sheba* (1921).

»Miss Blythe«, sagte Mr. Edwards, »würden Sie so freundlich sein und mir etwas über dieses Bild erzählen?«

Das hatten sie mir bei meiner Kunstausbildung in Paris gründlich beigebracht. Dem Lehrplan entsprechend hatte ich zwei Tage pro Woche im Louvre zugebracht. Ich mußte genau aufschreiben, was ich gesehen und was ich empfunden hatte. So waren mein Kunstverständnis und mein Gespür recht gut trainiert. Ich blieb ein paar Minuten vor dem Bild stehen und betrachtete es. Ich weiß nicht mehr genau, was ich gesagt habe, aber so in etwa, daß die Großartigkeit und der Überschwang doch überwältigend seien, emotional und auch, wenn man es historisch betrachtete. »Die Menschen damals müssen die Kunst sehr geliebt haben, um in einem solchen Stil zu leben.«

Nun, es geschah nichts weiter, und ich hörte weder von ihm etwas noch von sonst jemand. Mr. Edwards fuhr nach New York. – Später, als wir gute Freunde geworden waren, erzählten er und seine Frau, wie es weitergegangen war.

Fox sagte zu ihm: »Na, wir werden jetzt wohl Sheba finden müssen, nicht wahr?«

»Nein«, sagte Mr. Edwards, »ich habe sie gefunden – in Kalifornien.«

Ich glaube, ich war nicht einmal eine halbe Stunde in seinem Büro gewesen – aber dieser Mann hatte einen Scharfblick! Ein Gefühl, vielleicht, daß ich Kunst studiert hatte... ich weiß nicht, was es gewesen sein könnte.

»Schön«, sagte Fox, »beschaffen Sie ein paar Filme, in denen sie gespielt hat.«

Sie ließen meine ersten Filme von Vitagraph kommen. »Meine Güte! Sie ist schrecklich«, sagte Fox. »Sehen Sie sich das an... oder das... *so was* kann niemals eine *Königin* spielen! Was reden Sie da nur, Jack?«

»Nur keine Aufregung«, entgegnete Mr. Edwards. »Das ist meine Sheba. Aber ich will Ihnen nicht dreinreden, Mr. Fox. Ich mache alles, was Sie wünschen.«

Also begannen sie damit, alle Frauen zu fotografieren, sogar die große Geraldine Farrar. Ich weiß nicht, ob Mr. Edwards sie damals schon für zu alt hielt, ohne die erforderliche jugendliche Wärme, jedenfalls blieb er bei seiner Ansicht. Fox sah sich noch mehr Filme an, holte Tausende von Fotos von Vitagraph herüber. Er war noch immer absolut dagegen, mich zu engagieren.

Es versteht sich, daß ich diese fünf Monate auf den Knien zubrachte und um diese Rolle betete. Außerdem arbeitete ich fast die ganze Zeit. Ich mußte immerzu daran denken, aber es kam keine Nachricht, wie auch immer.

Eines Morgens klingelte in meinem Appartement im Hollywood Hotel das Telefon; man sagte mir, daß Mr. J. Gordon Edwards morgen nachmittag Probeaufnahmen von mir machen wolle, die für drei Uhr angesetzt seien. Aber vorher müßte ich mich in der Garderobe einfinden, um mein Kostüm auszusuchen.

Probeaufnahmen! Das gab mir Hoffnung. O mein Gott, ich zitterte wie Espenlaub. Im Kostümfundus wurde ich Margaret Whistler vorgestellt.

»Hier sind Ihre sechsunddreißig Kostüme für die Rolle. Sie können sich eins aussuchen. Welches, überlasse ich ganz Ihnen.«

Ich wählte eines mit einem großen Pfau als Muster. Ich bin ganz verrückt nach Pfauen; wir hatten später zweiundzwanzig davon auf unserer Ranch auf dem Land. Dieses Kostüm hatte Perlen bis zu den Knien; wenn man darin ging, konnte man die Beine sehen. Wenn man stillstand, war der Körper ganz von diesem prächtigen Pfauenmuster eingehüllt. »Ah«, sagte ich, »der Pfau – das ist genau das Richtige für mich.« Vielleicht war es eine glückliche Fügung; ich kenne mich da nicht aus.

Zu dem Kostüm gehörte eine lange Schleppe – kilometerlang. Sie füllte die ganze Garderobe aus.

»Schreiten Sie«, sagte Margaret Whistler. »Schreiten Sie und beobachten Sie sich.« Also ging ich weit zurück und schritt auf einen großen Spiegel zu. Und ich sah meinen Körper. Ich sah meine Beine, meinen Oberkörper, meine langen Arme. Ich sagte: »Bin ich das?«

Mein ganzes Leben hatte ich ihn gewaschen und gebadet und ihn bewegt und ihn ernährt und abends ins Bett gelegt. Aber nie hatte ich meinen Körper wie ein Werk der Kunst, der Bildhauerei, betrachtet. So viel zu diesen zwei Jahren im Louvre!

Ich hatte ein wunderbares Gefühl, ganz ungeheuer. Ich kann immer noch die Schauer auf meinem ganzen Leib spüren.

»Wie in der Geschichte vom häßlichen Entlein!« sagte ich. Und ich dachte: »Warum besitze ich ein solches Medium, ein solches Instrument? Wo war es die ganze Zeit?«

An dem Nachmittag war ich um zwei Uhr fertig geschminkt im Atelier. Der Schauspieler, der Salomo spielte, war ebenfalls da – Fritz Leiber. Genial von J. Gordon Edwards, daß er Fritz Leiber ausgewählt hatte. Mit seinem hohen Wuchs und dem klassisch geschnittenen Gesicht hätte er geradewegs biblischen Zeiten entsprungen sein können.

Fritz Leiber geleitete mich zum Thron. »Improvisiert ein wenig«, sagte Mr. Edwards. Da Leiber ein hervorragender Shakespeare-Schauspieler war, deklamierte er mir einen Satz von Shakespeare. Ich hörte schweigend zu und antwortete dann mit irgendeinem Gedicht, das zum Ausdruck paßte. Das war sehr wichtig für den Kontakt zwischen den Schauspielern.

Betty Blythe 35

Die Arena, wie sie für *The Queen of Sheba* gebaut wurde. Tom Mix hatte

Salomon und Sheba erleben, wie ihr totes Kind wieder zum Leben erweckt wird. Fritz Leiber und Betty Blythe in *The Queen of Sheba*.

Die Szene war zu Ende. Während wir auf den Lichtwechsel warteten, kam Sol Wurtzel, der Chef der Fox-Studios an der Westküste, herüber und sagte: »Miss Blythe, wir werden Ihnen in etwa drei Tagen Nachricht geben. Es ist sehr nett von Ihnen, daß Sie hergekommen sind und das hier mitgemacht haben.«

Ich sagte: »Ich bin Ihnen sehr dankbar, Mr. Wurtzel.«

Wir arbeiteten noch ein paar Stunden weiter. Mr. Edwards konnte mittlerweile erkennen, wie gut wir miteinander harmonierten. Wir waren beide großgewachsen, Leiber und ich, beide hatten wir Sinn für die Kunst, und es paßte alles irgendwie zusammen.

Als die Probeaufnahmen beendet waren, bat mich Mr. Edwards, noch ein paar Minuten Platz zu nehmen. Ich wartete etwa eine halbe Stunde. Mr. Edwards ließ mir Tee bringen, aber wir redeten nicht miteinander. Er blieb in der Nähe, erledigte dies und das.

Dann kam Sol Wurtzel herein, mit dem Vertrag in der Hand. Er gab mir einen Füllfederhalter.

Sie können sich nicht vorstellen, wie mir zumute war. Es war die begehrteste Rolle im ganzen Land. Es gab keine Schauspielerin in New York, die nicht liebend gern Probeaufnahmen gemacht hätte; sogar die Großen, wie Jane Cowl. Ganz Hollywood leckte sich die Finger nach dieser Rolle.

Ich glaube, J. Gordon Edwards war zu der Zeit ungefähr sechzig. Natürlich war ich noch sehr jung; vielleicht erschien er mir nur älter als andere Männer aus meinem Bekanntenkreis. Er nahm sich gewöhnlich zwei Stunden frei für das Mittagessen; in dieser Zeit ging er in sein hübsches Haus an den Hügeln, legte sich hin und ruhte aus. Deshalb vermute ich, daß er damals um die sechzig war.

Er führte Regie mehr mit dem Gefühl als mit Worten. Es wurden Stühle für seine Frau und ihn gebracht, und wir begannen mit der Probe.

»Jetzt werden wir die Liebesszene spielen. Das ist Ihre Position ... Ihre Thronsessel stehen hier ...«

Er beobachtete uns genau, wenn wir unsere Sätze lasen – Sätze, die wörtlich der Bibel entnommen waren.

»Nein, nein – nicht so, Miss Blythe. Kommen Sie zurück, versuchen wir's nochmal.«

Im Verlauf der Proben schmiedete er uns allmählich zusammen. Ich werde nie die Liebesszene vergessen. Meine Güte! Wir waren völlig erschöpft, als es vorbei war. Wir zitterten beide. Von Edwards ging diese Wirkung aus. Seine Regie brachte Tiefe und Ernsthaftigkeit hervor – und alles, was man über die Leinwand-Etikette wußte.

Während der Aufnahme sprach er nie, das überließ er völlig uns. Aber er hatte immer ein Fünf-Mann-Orchester im Atelier. Für die Eingangsszenen des Films mußten wir hinunter nach Laguna, auf den obersten Gipfel eines hohen Felsens. Die Wellen brachen sich am Fuß des Felsens und überschütteten uns mit Gischt. Und direkt hinter mir stand das Fünf-Mann-Orchester! Mr. Edwards machte nie von sich aus Vorschläge, welche Musik gespielt werden sollte; er sagte zu einem Assistenten: »Fragen Sie Miss Blythe, ob sie etwas anderes hören möchte.« Ich mochte Brahms sehr gern. Ich war Sängerin und musikalisch ausgebildet, und so wußte ich, was ich gern wollte. Ich mochte ›Thaïs‹ oder Opernarien.

Das Phantastische an Mr. Edwards war folgendes: Egal, wie dramatisch es auch zuging, es war nie übertrieben.

Sheba schickte eine Nachricht an Salomo, daß sie ihm ein Geschenk zukommen lassen wolle. Sie würde sich gern selbst der Begleitung anschließen und ihn wiedersehen, aber für den Augenblick wünsche sie, er möge das Geschenk annehmen. Es ist ihr gemeinsames Kind.

Diese Szene wurde aus großer Entfernung gedreht, die Kameras waren praktisch an der Vine Street. Langsam bewegten sie sich vorwärts, rollten langsam auf den kleinen Jungen zu. Er war erst fünf Jahre alt und ungefähr *so* groß, aber als er Salomo sah, machte er eine ganz kleine Bewegung mit dem Arm. Dann schnitt Mr. Edwards auf eine Großaufnahme von Salomo, wie er sagt: »Unser Kind!« Es war großes Drama.

In dem Film gab es spektakuläre Aufnahmen. Das Wagenrennen war ein echter Nervenkitzel. Nell Craig spielte die Böse, Vashti, und sie war wahnsinnig vor Eifersucht – nicht auf mich, sondern auf die Rolle. Junge, Junge! Sie haßte mich, wie noch nie eine Frau eine andere gehaßt hat. Es gelang mir nicht, ihre Sympathie zu gewinnen, es war schlicht unmöglich. Aber sie war eine sehr gute Schauspielerin.

Ich hatte vier Schimmel, und sie hatte vier Rappen. Ich hatte viel Kraft in den Beinen und Füßen. Selbstverständlich war auf dem Boden des Wagens ein Mann, für den Fall, daß etwas schiefginge. Und wie diese Pferde losjagten! Es schien, als ob wir durch die Luft sausten – im Fliegen. Für die Pferde wurde es ein Wettrennen.

Dann wurde Nell Craig von der Kraft der Pferde nach vorne gerissen. Sie hatte schöne Hände, aber sie hatte keine Kraft darin. Sie brach sich drei Rippen. Also mußten sie sie durch ein Double ersetzen; einer der Männer zog ihr Kostüm an, und weiter ging es in einem herrlichen Wagenrennen. Es war ein echtes Wettrennen. Die Zuschauer in New York sprangen vor Aufregung von ihren Sitzen. Tom Mix betreute die Pferde... sie haben nicht mit mir darüber gesprochen, aber mehrere wurden verletzt.

Es gab ein paar tolle Nachtszenen mit hunderten von Soldaten. Man erlaubte mir nicht, in jener Nacht dabeizusein, weil ich bei den Szenen nicht beteiligt war, aber es waren mindestens hundert ausgebildete Schwimmer und Stuntmen, die aus großer Höhe ins Wasser sprangen. Körper wirbelten durch die Luft wie Popcorn. Der Regieassistent von Mr. Edwards war Mike Miggins. Er war ein Mann von Welt und ein selten kluger Kopf. Er war schon bei den Theda Bara-Filmen bei Mr. Edwards gewesen, so daß er, wenn eine Massenszene anstand, die Sache sehr gut beherrschte.

In unserer Abschiedsszene gestalteten wir die Tragik in einer sehr leisen Art des Schmerzes. Wir standen weit weg, ganz am Ende eines großen Saales im Palast. Als die Kameras losschnurrten, rief Mr. Edwards »Action!«, und wir blickten uns nur in die Augen. Dann ging ich mit dem kleinen Jungen ganz langsam bis an die Schwelle einer der hohen Türen und hielt inne. Ich drehte mich um und hob, mit dem Rücken zum Publikum, den Arm, und so stand ich da. Und er tat dasselbe. Kein Geheule, keine Tränen, nichts dergleichen. Wir wußten einfach, was wir zu tun hatten, weil wir beide Menschen mit Gefühl waren. Und dann ließ ich schließlich den Arm sinken, drehte mich um und richtete meine Augen auf die Jahre, die nun kommen würden, ohne ihn. Ich legte meinen Arm um das Kind. Ich blickte es nicht an. Ich schaute nur in die Ewigkeiten, die ich ohne diese große Liebe würde zubringen müssen.

Mr. Edwards hatte sein Taschentuch hervorgeholt. Miss Whistler hörte, wie er, während er sich die Augen wischte, sagte: »Das kann man so niemals wiederholen. *Schnitt.* Ihr könnt alle nach Hause gehen.«

Wir gingen alle nach Hause. Es war drei Uhr nachmittags...

Wir mußten nach Italien fahren, um *Pelleas and Melisande* und *Pygmalion* zu drehen. Mr. Edwards hatte fünf Projekte, die alle in der Nachfolge von *Sheba* angelegt waren. Er ging nach Italien und ließ all diese großartigen Bauten errichten, und dann machte Fox, dieser Mensch, ihm wegen mir den Garaus. Er ruinierte seine Karriere und er ruinierte meine. Es hätte mit mir weitergehen können wie mit Theda Bara, eine Großproduktion nach der anderen. Mr. Edwards kehrte hierher zurück, nach Kalifornien, und sein ganzes Genie als Regisseur ging vor die Hunde. Die Details kenne ich nicht, außer daß Fox daran schuld war. Heute noch trage ich die Liebe zu dieser wunderschönen Sache im Herzen – *The Queen of Sheba*.

In dem Nachruf für J. Gordon Edwards in *Photoplay* aus dem Jahr 1926 ist zu lesen, daß er am Weihnachtstag 1925 gestorben ist: »Er stand im Begriff, aus dem Plaza Hotel in Manhattan nach Hollywood abzureisen, weil er einen neuen Versuch machen wollte, wieder beim Film Fuß zu fassen. Edwards war einmal ein großer Regisseur. Trotzdem hat man ihm, als er das letzte Mal nach Hollywood kam und sich um Arbeit bemühte, keine Chance gegeben. Am Weihnachtstag war er so weit, es noch einmal zu versuchen. Er war 58 und arbeitslos. Ein gebrochenes Herz. Sie nannten es Lungenentzündung.«[1]

Die Filmgeschichte hat Edwards vergessen. Von seinen Filmen ist keiner erhalten.[2] Nur einige faszinierende Standfotos geben eine Vorstellung von der Qualität seiner Produktionen. Sein Enkel, Blake Edwards, ist ein bedeutender Hollywood-Regisseur. Aber der Name J. Gordon Edwards ist heute kaum mehr als eine flüchtige Erinnerung.

1 *Photoplay*, März 1926, S. 34.
2 In der Zwischenzeit sind zwei seiner Filme, *Drag Harlan* und *The Silent Command*, wieder aufgefunden worden.

36 **Das heroische Fiasko: »Ben-Hur«**

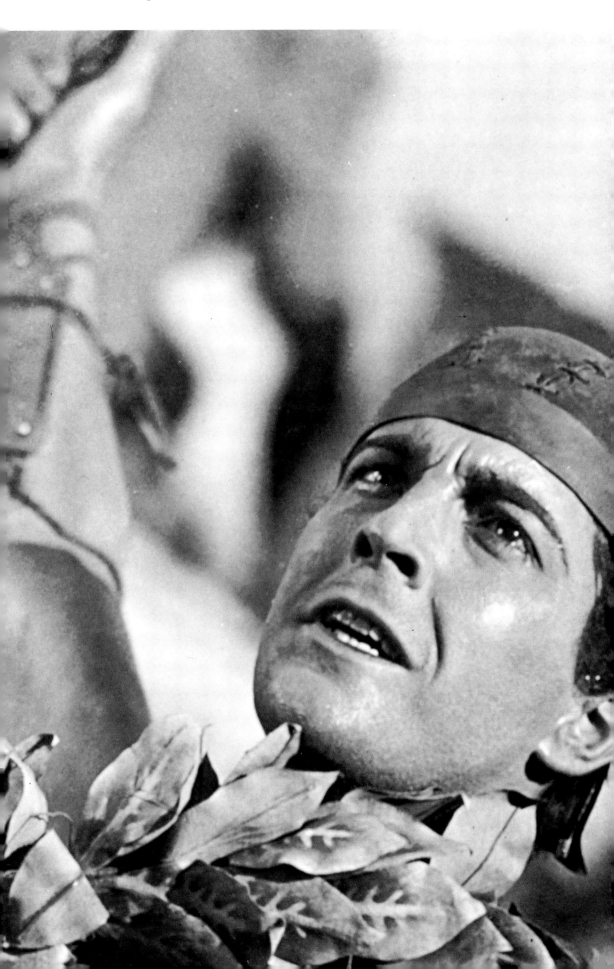

Das heroische Fiasko: »Ben-Hur«

Mut in einer übersichtlichen Situation ist beeindruckend genug. In einer chaotischen Situation kann man ihn nur als heroisch bezeichnen. Die Techniker und Darsteller, die an *Ben-Hur* mitwirkten – die scheinbar endlose Gefahren ertrugen und für Männer arbeiteten, die verwirrt und konfus waren –, zeigten Mut in einem Ausmaß, das in der Filmgeschichte wohl einmalig ist. Sie machten aus der Produktion eine Art Dünkirchen des Kinos: Eine demütigende Niederlage wurde unter schweren Verlusten in einen brillanten Sieg verwandelt.

Ben-Hur war von Anfang an ein Projekt von imponierendem Format. General Lew Wallace schrieb fünf Jahre lang an dem Roman und konnte erleben, wie daraus trotz seiner Zweifel ein finanzieller Erfolg wurde, wie das Buch alle Verlagsrekorde brach und zum größten Verkaufsschlager eines einzelnen Buches avancierte – nach der Bibel.

Ben-Hur war der erste Roman, dem der Papst seinen Segen gab; während diese Ehre den Verkauf des Buches förderte, bildete sie ein schier unüberwindliches Hindernis für alle Ambitionen der Theaterproduzenten. General Wallace gab bekannt, daß er aus religiösen Gründen eine Dramatisierung seines Stoffes nicht zulassen würde. Mark Klaw und Abraham Erlanger, Amerikas erfolgreichste Impresarios, bedrängten ihn hartnäckig neun Jahre lang. Als der General endlich nachgab, stellte er ihnen eine Reihe ungewöhnlicher Bedingungen, darunter die Klausel, daß die Rechte erlöschen würden, wenn das Stück nicht in jeder Saison aufgeführt würde.

Die Original-Produktion hatte im November 1899 Premiere, und sie hatte bereits $ 71 000 gekostet, ehe sich der Vorhang hob. Das Stück lief, in der Dramatisierung von William Young und in der Inszenierung von Ben Teal, ein Jahr lang am Broadway. Der Aufwand war immens: Komplizierte Massenszenen und riesige Chöre; kunstvolle Lichteffekte; eine Rettung aus Seenot, bei der Bühnenarbeiter in den Seitenkulissen lange Tücher schwenkten, um Wellen zu simulieren – und ein Wagenrennen, bei dem sich zwei Pferde auf einer Art Tretmühle abrackerten, während hinter ihnen ein gemaltes Panorama des Circus Maximus abrollte. Ben-Hur wurde von Ernest Morgan gespielt, Messala von dem späteren Western-Star William S. Hart. Später wurde Morgan in der Titelrolle durch William Farnum, einen weiteren zukünftigen Filmstar, ersetzt.

Die spektakulären Effekte wurden ständig verbessert; aus den zwei Pferden wurden fünf, dann acht ... Eine Zeitlang konnte *Ben-Hur* nur in acht Städten aufgeführt werden, in denen es hinreichend große Theater für die Mammut-Produktion gab.

1905 starb General Wallace; *Ben-Hur*, inzwischen auf Tournee, galt als erfolgreichste Produktion der Theatergeschichte.

Die Filmindustrie war in der Zwischenzeit kaum über das Kinetoscope hinausgekommen. Kein Film konnte es mit dem Bühnenstück aufnehmen, weder im Hinblick auf die Handlung noch was den Produktionsaufwand betraf. Doch *Ben-Hur* war ein magischer Titel, und als in Sheepshead Bay ein Wagenrennen arrangiert wurde, das als eine besondere Attraktion zu einem Feuerwerk gedacht war, nutzte Regisseur Sidney Olcott von der Kalem Company die Gelegenheit, eine Filmversion zu produzieren – praktisch umsonst.

»Ich nahm einen Kameramann und ein paar Schauspieler mit zur Rennbahn und drehte das Rennen«, erzählte Olcott. »Ich fügte noch eine Rolle mit Innenaufnahmen dazu, und schwupp: *Ben-Hur* war verfilmt!«[1]

Der kleine Film kam 1907 heraus: »Sechzehn prachtvolle Szenen mit illustrierten Titeln, die wirklich spektakulärste Film-Produktion aller Zeiten.« Harper and Brothers, der Verlag des Buches, und Klaw und Erlanger, die Produzenten des Stücks, verklagten die Kalem auf der Stelle wegen Verletzung des Copyright. Kalem verteidigte sich, voll selbstgerechter Empörung, standhaft mit dem Argument, der Film sei eine gute Reklame für Buch und Bühnenstück. Das Problem von Verfilmungsrechten war bis dahin noch nie aufgetaucht, und der Musterprozeß zog sich bis 1911 hin, als Kalem sich geschlagen gab und 25 000 Dollar zahlte.

Nicht lange danach, im Jahr 1913, hatte der erste Film, der es mit *Ben-Hur* ernstlich aufnehmen konnte, im New Yorker Astor-Theater Premiere: der italienische *Quo Vadis?*, der mit *Ben-Hur* die religiösen und mystischen Elemente gemeinsam hatte – *und* das Wagenrennen. 1915 kam Griffiths Meisterwerk *The Birth of a Nation* in die Kinos, und der mitreißende Ritt der Klansmen stellte die Wirkung der in *Ben-Hur* auf der Tretmühle polternden Pferde etwas in den Schatten.

Nun fing die Filmindustrie an, sich für den Stoff zu interessieren. Henry Wallace erwies sich jedoch als ein ebenso schwer zu überwindendes Hindernis wie sein Vater, dessen Abneigung gegen die Bühne sich in Henrys Haltung gegenüber dem Kino widerspiegelte. Die gleichen religiösen Skrupel dienten als Vorwand, und es dauerte bis 1919, bis Wallaces Sturheit durch Douglas Fairbanks' ansteckende Begeisterung überwunden wurde.

In der Gerüchteküche der Filmindustrie wurde verbreitet, Wallace würde die Rechte komplett für $ 400 000 abtreten. Das ließ Abraham Erlanger umgehend aktiv werden. Er hatte sich, um die Gültigkeit der Bühnenrechte zu wahren, skrupulös an die Klauseln seines Vertrages gehalten; gemäß der Abmachung hatte es in jeder Saison Neuaufführungen der Inszenierung gegeben. Da er die Bühnenrechte besaß, beanspruchte er für sich das Vorkaufsrecht für die Filmrechte, die er mit gehörigem Profit weiterzuverkaufen beabsichtigte. Doch da Wallace nun bereit schien, die Rechte abzutreten, äußerten andere Produzenten ihr Interesse: Adolph Zukor, D. W. Griffith, Marcus Loew... Bald hatte jede größere Firma irgendein Angebot unterbreitet.

Erlanger unternahm einige rasche Schachzüge. Er tat sich mit Florenz Ziegfeld, berühmt durch seine *Follies*, und Charles Dillingham zusammen und gründete eine Firma – die Classical Cinematograph Corporation – deren einzige Aufgabe darin bestehen sollte, die Rechte für *Ben-Hur* zu erwerben und sie zu einem möglichst hohen Preis weiterzuverkaufen. 1921 kaufte die Classical Cinematograph Company die Rechte für $ 600 000 – und Erlanger bot sie anschließend für $ 1 000 000 an.

Diese riesige Summe versetzte der Industrie einen Schock. Die Sache überstieg damit für alle Interessenten jeden Rahmen. *Intolerance*, die bis dahin aufwendigste Produktion, hatte insgesamt nicht so viel gekostet – und eine Million zu zahlen, bevor auch nur ein einziger Meter gedreht war, schien ein absurdes Unternehmen. Doch das unausgeschöpfte Potential einer Verfilmung von *Ben-Hur* bohrte wie ein schmerzender Zahn in den Geschäftsinstinkten einiger wichtiger Manager.

William Fox produzierte mit seinem ungebremsten Sinn fürs Spektakuläre die opulent ausgestattete *Queen of Sheba*.

Im Jahr darauf, 1922, fand Frank Godsol, der Finanzmann hinter der Goldwyn Company, eine Lösung für das Problem. Er brauchte ein Prestigeobjekt, konnte aber, so viel war klar, nicht darauf hoffen, die nötige Million zusammenzubekommen. Stattdessen machte er, clever wie er war, Erlanger den Vorschlag, er solle die Rechte der Goldwyn Company überlassen. Die würde den Film in einem garantierten Standard – »im Kaliber von *Birth of a Nation*, *Orphans of the Storm* oder *Way Down East*« – produzieren, und der Gewinn sollte geteilt werden.

Erlanger zeigte sich einem solchen, bis dahin noch nicht dagewesenen Angebot gegenüber aufgeschlossen, stellte aber strikte Bedingungen. Nach dem Vorbild von General Wallace verlangte er volles Mitspracherecht für alles – Regisseur, Schauspieler, Drehbuchautor – und bestand auf der Zustimmung zur endgültigen Kinokopie. Er übernahm die Bedingung, daß man die Gestalt Christi nicht sehen dürfe, daß sie durch eine helle Lichtsäule angedeutet werden solle. Die Szenario-Abteilung der Goldwyn wies darauf hin, daß eine Lichtsäule wohl kaum drei Akte lang eine dramatische Rolle spielen könne ...

Während beide Seiten um die Bedingungen rangelten, unternahm June Mathis, die höchst einflußreiche Chefin von Goldwyns Szenario-Abteilung, den nächsten konstruktiven Schritt, indem sie Mr. Erlangers Vertrauen erwarb. Miss Mathis, die für das Drehbuch von *The Four Horsemen of the Apocalypse* und die Besetzung mit Rudolph Valentino die Verantwortung trug, war eine der wichtigsten Figuren in der Filmindustrie. Nach dem Bruch mit Metro, die *The Four Horsemen* produziert hatte, waren sie und Valentino zu Lasky gegangen. Nach einem Streit hatte Frank Godsol sie zu Goldwyn gelockt, indem er ihr ein enormes Gehalt und völlig freie Hand garantierte. Mit ihrer unbezähmbaren Kraft und Energie stürzte sich Miss Mathis mit einem Enthusiasmus auf ihre neue Aufgabe, der alle Widerstände und Einwände zu Staub werden ließ. Ihr Wort war Gesetz, und ihre erste Entscheidung war, daß der Film in Italien gedreht werden sollte. Eine Anzahl Amerikaner hatte bereits in Italien produziert, allen voran J. Gordon Edwards, dessen Firma Nero viele der Schwierigkeiten erlebt hatte, die *Ben-Hur* zum Verhängnis werden sollten.

Eine Abordnung von zwei Männern wurde nach Rom entsandt, um die Möglichkeiten zu erkunden: Major Edward Bowes, Vizepräsident von Goldwyn und später ein bekannter Name im Rundfunk, und mit ihm J. J. Cohn, ein Produktionsleiter des Studios.

Mit geschäftsmäßiger Objektivität ignorierte Cohn die landschaftlichen Schönheiten und konzentrierte sich auf die technischen Möglichkeiten. Aufgrund seiner Beobachtungen und Erkundigungen kam er zu dem Ergebnis, daß Italien – im Hinblick auf die Filmherstellung – eine unerschlossene Wildnis sei.

Major Bowes hingegen war ein anderer Typ. Wie ein Augenzeuge berichtete, war er ein leichtes Opfer der habgierigen Italiener. Diese waren entschlossen, die riesige Produktion, mit all den daran hängenden Vorteilen, an Land zu ziehen, um ihrer dahinsiechenden Wirtschaft aufzuhelfen. Sie warfen *einen* Blick auf Major Bowes und wußten: dies war ihr Mann. J. J. Cohn war fest entschlossen zu empfehlen, daß der Film in Hollywood gedreht werden solle. Major Bowes aber ging zu einem ausgedehnten Abendessen mit ein paar italienischen Filmindustriellen. Er kam sternhagelvoll ins Hotel zurück und warf den Vertrag aufs Bett, in dem stand, daß *Ben-Hur* in Rom gedreht werden sollte.[2]

Charles Brabin, der Regisseur, bei der Arbeit an Bord der Piratengaleere bei Anzio, 1924. Der mit dem Rücken zur Kamera stehende junge Mann ist Basil Wrangell.

Reaves Eason mit Megaphon, Francis X. Bushman mit Peitsche, rechts sitzend Ramon Novarro. Auf dem Podest Percy Hilburn, erster Kameramann beim Wagenrennen; dritter von links ist Jay Rescher.

Die Originaldekoration des Circus Maximus, davon abgesetzt die Miniatur.
Im Vordergrund Lloyd Nosler, der den Schnitt überwachte.

Die Originaldekoration des Circus Maximus mit der passend dazugesetzten Miniatur;
die oberen Ränge sind vollbesetzt mit Miniatur-Publikum. Dasselbe System wurde
mit Verbesserungen bei der Dekoration in Culver City verwendet. Im Vordergrund
das für den Schnitt von Ben-Hur verantwortliche Team: die beiden italienischen
Assistentinnen, Basil Wrangell und Lloyd Nosler.

Miss Mathis hatte die erste Runde gewonnen. Allerdings war ihre Wahl von Regisseur und Hauptdarsteller bei den Goldwyn-Managern noch umstritten.

In dem Bemühen, Mr. Erlanger ihre hohen künstlerischen Absichten zu beweisen, verschoben sie die Entscheidung, um die Werke aller bedeutenden Regisseure einer Sichtung zu unterziehen und von allen in Frage kommenden Schauspielern Probeaufnahmen machen zu lassen.

Miss Mathis setzte ihre Arbeit an dem Projekt fort, im festen Vertrauen auf ihre mächtige Position und die Weisheit ihrer Entscheidungen. Einigen wenigen engen Freunden verriet sie die Namen ihrer Wahl: George Walsh sollte Ben-Hur spielen, Francis X. Bushman seinen Gegenspieler Messala, und als Regisseur dachte sie sich Charles Brabin.

Gerüchte über die neuesten Bewerber belebten monatelang die Parties von Hollywood; Valentino galt als logische Besetzung des Ben-Hur, aber nach einem heftigen Streit mit Famous Players-Lasky hatte er mit dem Studio gebrochen. Sein Vertrag mit Lasky hinderte ihn jedoch daran, für andere Firmen zu arbeiten.

Das Goldwyn-Studio machte Probeaufnahmen mit John Bowers, Robert Frazer, Antonio Moreno, Edmund Lowe, Ramon Novarro, William Desmond, Allan Forrest und Dutzenden anderer, darunter Ben Lyon.

»June Mathis schickte jemand zu First National mit der Bitte, Probeaufnahmen mit mir drehen zu dürfen«, erzählte Ben Lyon. »Als die maßgeblichen Herren mir davon berichteten, meinte ich: ›Das ist doch ein Witz. Ich kann doch nicht Ben-Hur spielen. Man sieht meine Rippen – ich bin viel zu mager. Ich habe nicht sehr regelmäßig gegessen…‹ Aber sie bestanden darauf, und eines Abends ging ich hinüber zum Goldwyn-Studio, in den Make-up-Raum. Als ich mich auszog, hätte der Maskenbildner beinah angefangen zu lachen. Ich sah aus wie ein Windhund beim Rennen. Die Make-up-Leute meinten: ›Dagegen müssen wir wohl was machen. Wir werden Ihnen Muskeln *anmalen*.‹ Sie fingen an, den Körper und die Arme zu schattieren, um mich muskulöser erscheinen zu lassen. Dann hatte der Make-up-Assistent eine glänzende Idee: ›Ich weiß, wie wir ihn kräftiger aussehen lassen können; wir ölen ihn ein, wie am Strand!‹

Das taten sie dann auch – und ich ging ins Atelier, um meine Probeaufnahme zu machen. Da gab es ungeheuer viele Lampen, und es dauerte eine Viertelstunde, bis sie mich ausgeleuchtet hatten. Als endlich alles zum Drehen fertig war, waren meine sämtlichen Muskeln zerflossen, und so bekam ich die Rolle nicht. Ich blieb also Ben Lyon, statt Ben-Hur zu werden.«

Für eine kurze Zeit war der Cowboy-Star Charles ›Buck‹ Jones in der engeren Wahl; seine mimischen Fähigkeiten waren eher zweifelhaft, aber Hollywood wies fröhlich darauf hin, daß er, wenn schon nicht schauspielen, so doch wenigstens einen Streitwagen führen könne. Virginia Pearson, ein Vamp der ersten Tage, war als Iras vorgesehen.

Herbert Howe ließ sich mit der Bemerkung vernehmen: »Es sieht so aus, als könnte *Ben-Hur* den *Photoplay*-Preis für den besten Film des Jahres 1940 gewinnen, vorausgesetzt, daß kein Weltkrieg dazwischenkommt. Wir haben einen Tip für den Schauspieler, der am Ende die Rolle des Ben-Hur kriegen wird. Es ist Jackie Coogan. Unsere Informanten in Hollywood berichten, daß Jackie jeden Tag mehrere Stunden mit seinem Roller fährt, um für das große Wagenrennen zu trainieren.«[3]

Eine der wenigen Hauptrollen, die ohne große Diskussionen besetzt wurde, ging an Francis X. Bushman, den großen Liebhaber der frühen Filmjahre. Paradoxerweise war Bushman nicht übermäßig begeistert.

»Es gab keine großen Fragen, ich bekam die Rolle einfach angeboten. Ich hatte bisher immer positive Helden gespielt und war deshalb unsicher. Ich ging zu Bill Hart, der den Messala jahrelang auf der Bühne dargestellt hatte, und fragte: ›Bill, meinst du, ich sollte diesen fiesen Römer spielen?‹ ›Frank‹, sagte er, ›das ist doch die verdammt beste Rolle im ganzen Film.‹ Er erzählte mir, wie er einmal Ben-Hur spielen mußte und krank geworden war, in der Hoffnung, wieder Messala spielen zu dürfen. Damit hat er mich überzeugt, und ich nahm an.«

Bushman versuchte intensiv, Valentino, der direkt neben ihm wohnte, zur Übernahme der Titelrolle zu überreden. »Und was dann?« war Valentinos Antwort. »Was soll ich nach Ben-Hur spielen? Danach kann es nur abwärts gehen.« Er favorisierte Antonio Moreno für die Rolle.

Im Metro-Studio sah sich eine junge Schauspielerin namens Carmel Myers von einer sehr geschäftsmäßig wirkenden Dame hinter der Kamera prüfend beobachtet; die Dame stellte sich als June Mathis vor und ließ von ihr diverse Fotografien in ägyptischen Kostümen machen. Aufgrund dieser Fotos – Probeaufnahmen wurden nicht gedreht – erhielt Carmel Myers die Rolle der Iras.

Der Mann, der eigentlich erwartete, die Regie von *Ben-Hur* zu bekommen, war Rex Ingram, Regisseur von *The Four Horsemen of the Apocalypse* und ein enger Freund von June Mathis. Er war so begierig auf den Stoff, daß er in seinen Vertrag mit der Metro eine Klausel einsetzen ließ: Er sei für die Regie bei *Ben-Hur* vorgesehen; für den Fall, daß die Rechte von einer anderen Firma gekauft werden sollten, würde Metro ihm auch dann die Erlaubnis geben, den Film zu machen.

»Während der Dreharbeiten zu *Where the Pavement Ends*«, erinnerte sich Ingrams Kameramann John Seitz, »erhielt Rex die Nachricht, daß *Ben-Hur* ohne ihn gemacht würde. Das bewirkte eine plötzliche Veränderung seiner Persönlichkeit. Alles war bis dahin gut gelaufen, und fast alles war so passiert, wie er es sich ausgerechnet hatte. Deshalb war es für ihn ein großer Schock.«

Ingrams Star Ramon Novarro hat bestätigt, daß Ingram völlig fassungslos war: »Marcus Loew persönlich hatte ihm den Film versprochen. Seine Reaktion, als er ihn verlor, war hundertprozentig irisch – und Sie wissen, was das heißt.«

James Quirk verkündete in *Photoplay*: »Der neueste Stand ist der, daß von Stroheim *Ben-Hur* drehen soll. Falls das zutrifft, wären wir kaum überrascht, wenn er nach Europa ginge, um Palästina und das Römische Reich in all ihrem alten Glanz wiedererstehen zu lassen.«[4]

Im Herbst 1923 wurden die Gewinner des Ben-Hur-Wettbewerbs der erwartungsvollen Menge verkündet – doch es gab keinen Beifall. June Mathis war der eigentliche Sieger, denn George Walsh sollte Ben-Hur spielen und Charles Brabin Regie führen. Eine weitverbreitete Reaktion war Bestürzung: George Walsh, Bruder des Regisseurs Raoul, konnte es zwar körperlich mit Bushman aufnehmen, doch als Schauspieler zählte er gerade zum guten Durchschnitt. Gertrude Olmsted sollte die Esther spielen.

»Die Besetzung könnte einen völlig entmutigen, wenn nicht der Regisseur Charles Brabin hieße, und er ist ein guter Regisseur, und June Mathis ist eine gute Drehbuch-Autorin – also warten wir es ab«, schrieb *Photoplay*.[5]

Die Wahl von Charles Brabin war eine Überraschung, denn er zählte nicht zur ersten Garnitur der amerikanischen Regisseure. Er stammte aus Liverpool, arbeitete seit 1908 in der amerikanischen Filmindustrie und war mit Theda Bara verheiratet. June Mathis, die mit ihm zusammengearbeitet hatte, als sie noch eine unbekannte Schauspielerin war, bewunderte ihn außerordentlich und hielt seine Inszenierungstechnik für ›perfekt‹. Sie sagte einmal, sie habe Ingram für *The Four Horsemen* allein aus dem Grund ausgewählt, weil er mit Brabin gearbeitet habe. Brabin hatte viele Jahre lang einfache Standardfilme hergestellt, doch als dann 1923 seine unabhängige Produktion *Driven* herauskam und als Meisterwerk gefeiert wurde, fühlte sie sich in ihrem Vertrauen zu ihm bestätigt. Die Kassandras von Hollywood hielten ihn jedoch eher für einen ›Tapeten-Regisseur‹ und prophezeiten sein Scheitern.

Nach und nach versammelte sich das Team in Rom. Als Francis X. Bushman eintraf, begrüßte ihn Charles Brabin mit der Nachricht, daß noch fast nichts fertig sei. »François«, sagte er, »ich werde deine Szenen wohl kaum vor August angehen können.« Bushman nahm die Gelegenheit wahr und machte mit seiner Schwester eine Sightseeing-Tour. Die Arbeit am Film ging so langsam voran, daß er fünfundzwanzig Länder von Norwegen bis Afrika besuchen konnte, ehe er zum Drehort geordert wurde.

Auch Carmel Myers wurde nicht sofort benötigt; sie hatte genügend Zeit, in Deutschland einen Film mit Julanne Johnston und Edward Burns zu drehen.

George Walsh hatte nicht so viel Glück. Entzückt von der Aussicht, mit einem Schritt zu den Spitzenstars aufzusteigen, hatte er einer Reduzierung der Gage zugestimmt, als ihm die Rolle angeboten wurde.

Er erhielt weder die Gage noch die Behandlung, die ein Star normalerweise erwarten konnte. Auf dem Schiff nach Italien stellte er fest, daß man ihn in der zweiten Klasse untergebracht hatte. Nach seiner Ankunft in Rom hielt man ihn weitgehend im Hintergrund und ignorierte ihn fast völlig.

Auch June Mathis erlitt einen schweren Schock, als sie in Rom ankam. Man informierte sie, sie dürfe sich unter keinen Umständen gegenüber Mr. Brabin beim Drehen einmischen. Allerdings gab es für Mr. Brabin sowieso kaum etwas zu drehen. Der Ausstattungs-Chef Horace Jackson und der Technische Direktor Colonel Braden waren damit beschäftigt, den riesigen Circus Maximus und die Dekoration des Joppa-Tores außerhalb der Porta San Giovanni nahe der Via Appia zu errichten, doch Streiks hielten die Arbeit auf.

Die italienischen Arbeitskräfte waren nicht teuer, aber auch nicht schnell. Das Land befand sich in einer unruhigen Situation: Seit Mussolini an die Macht gekommen war, hatten sozialistische Arbeiter mit allen Kräften versucht, dem Wirtschaftssystem durch Streiks und Bummelaktionen Schaden zuzufügen.

Mussolini wurde in Hollywood sehr bewundert, wo er als politisches Pendant zu Douglas Fairbanks galt. Er hatte Anweisung gegeben, daß die Amerikaner jede erdenkliche Unterstützung erhalten sollten. Doch als er von dem Unterschied zwischen den Löhnen der Studioarbeiter in Hollywood und denen seiner italienischen Zimmerleute erfuhr, ließ er sich von dem Zeitpunkt an selbst ein paar Verzögerungstaktiken einfallen.

Da die großen Bauten noch lange nicht fertig waren, beschloß Brabin mit seinen Kameraleuten John W. Boyle und Silvano Balboni, die Seeschlacht zu drehen. Er hatte auf siebzig Schiffe gehofft, schließlich erhielt er die Erlaubnis, dreißig bauen zu lassen. Die Arbeitskämpfe erstreckten sich auch auf die Werften, und Brabin mußte einsehen, daß er nichts ausrichten konnte. Die ständigen Verzögerungen trieben den Mitarbeitern des *Ben-Hur*-Teams nach und nach allen Enthusiasmus aus. Wochen der Untätigkeit hatten einen verderblichen Einfluß auf ihr Verantwortungsgefühl.

Francis X. Bushman besuchte Brabin in Anzio und war verblüfft, als er die ganze Gesellschaft antraf, wie sie untätig in der Sonne herumlag.

»Charlie Brabin war ein netter Kerl und wir waren sehr enge Freunde«, erinnerte sich Bushman. »Er war ein exzellenter Geschichtenerzähler – er hätte den schönsten Film in den wunderbarsten Worten ausmalen können, aber *das* hat er nicht gemacht. Ich war einige Tage bei ihm in Anzio, und die ganze Zeit erzählte er nur Geschichten und trank Wein. Ich bekam gar nicht mit, daß er draußen am Strand einige hundert Komparsen hatte, die in der Sonne lagen und nichts taten.«

Nach vielen Verzögerungen wurden zwölf Schiffe fertiggestellt. Nur zwei waren in allen Details komplett: das Flaggschiff der Piraten und das der Römer. Der Rest waren Seitenriß-Profile, die man auf Flößen oder bereits vorhandenen Schiffsrümpfen befestigt hatte und die als Hintergründe für die Szenen dienten, die an Bord der Hauptschiffe gedreht wurden.

Die Hafenverwaltung von Anzio befand, daß diese Fahrzeuge nicht seetüchtig seien, und befahl sie zurück in den Hafen. Man bemühte sich, die Schiffe sicherer zu machen, aber die Behörde hatte immer noch Einwände. Sie weigerte sich, die Erlaubnis zum Drehen der Seeschlacht zu geben, wenn die Schiffe nicht fest verankert würden. Die Kameramänner sahen sich also vor die Aufgabe gestellt, die Illusion einer heftigen Seeschlacht zu erzeugen, während die betroffenen Einheiten stur an einer Stelle blieben.

Ein weiteres Problem stellten die zahllosen Fischerboote dar, die dauernd ins Bild fuhren. Eine Gruppe von Motorbooten erhielt die Aufgabe, draußen vor der Bucht auf- und abzufahren und die kleinen Boote zur Kursänderung zu veranlassen. Die Leitung dieses Patrouillendienstes hatte Basil Wrangell, ein junger Russe, dessen Mutter Italienerin war, weshalb man ihn als Dolmetscher engagierte. Er sollte länger mit der Produktion verbunden bleiben als alle anderen.

Drüben in Hollywood fusionierte (1924) die Firma Goldwyn mit Metro und der Mayer-Gruppe. Das Sorgenkind *Ben-Hur* wanderte so aus den Händen von Frank Godsol, der alles an Marcus Loew verkauft hatte, in die von Louis B. Mayer, Irving Thalberg und Harry Rapf. Das neue Triumvirat diskutierte ausführlich über den Film, und sie schauten sich Brabins Muster an. Louis B. Mayers Tochter Irene erinnerte sich an diese Vorführungen:

»Das ganze Team hatte jedes Gefühl für Dimensionen verloren. Es gab überhaupt kein effizientes Arbeiten. Das Drehbuch war nicht fertig, und der Film war nicht professionell geplant. Brabins Aufnahmen waren fürchterlich. Er hatte da drüben riesige Bauten zur Verfügung, aber man sah sie nie als Ganzes im Film. Was man sah, war Quark. Die Masken waren schlimm, die Perücken schrecklich. Sie waren nicht mehr fähig, sich auf den eigenen Geschmack zu verlassen. Die Atmosphäre war gespannt, Leute erlitten Verletzungen, und ein Haufen Geld wurde verschwendet.«[6]

Mayer, Thalberg und Rapf waren sich einig, daß es kein Zurück gab. Obwohl ihnen klar war, daß das existierende Material in keiner Weise dem investierten Geld angemessen war, sahen sie ein, daß das Projekt nicht abgebrochen werden konnte. Stattdessen beschlossen sie einen harten Einschnitt. Alles bis dahin gedrehte Material sollte beseitigt werden. George Walsh war noch nicht aufgetreten; er wurde durch Ramon Novarro ersetzt, einen vielversprechenden Metro-Star, der mit beträchtlichen Kosten zum Kassenknüller aufgebaut wurde.

Charles Brabin sollte zurückgezogen werden; Fred Niblo sollte seinen Platz einnehmen. Von der ursprünglichen Besetzung blieben Francis X. Bushman und Carmel Myers. Harry Edington übernahm die Produktionsleitung. June Mathis wurde durch die Szenaristen Bess Meredyth und Carey Wilson ersetzt. Christy Cabanne war Assistenz-Regisseur.

Diese harten Maßnahmen waren zweifellos notwendig. Was allerdings die Leute, die schon so lang an diesem Projekt arbeiteten, schmerzte, war weniger, wer ersetzt wurde, als die Art, wie das stattfand.

Die Rettungsaktionen wurden unter dem Mantel der Verschwiegenheit in die Tat umgesetzt. Ramon Novarro verschwand aus Hollywood und nahm in Pasadena einen Zug. Marcus Loew schärfte ihm ein, er solle auf Presseanfragen die Auskunft geben, er mache einen kleinen Urlaub.

Fred Niblo ging an Bord der ›Leviathan‹ und erklärte den Reportern, er müsse in Frankreich Außenaufnahmen für seine letzte Produktion *The Red Lily* drehen; von dort wolle er für einen Norma Talmadge-Film nach Monte Carlo fahren.

Hollywood war überzeugt davon, daß er der Ersatzregisseur sei, doch neue Gerüchte kamen auf, als man Marshall Neilan an Bord der ›Olympic‹ entdeckte. Für ein, zwei Tage war er der aktuelle Favorit. Sollten womöglich er und Niblo die Sache gemeinsam übernehmen? Dann entdeckte jemand, daß er nach Frankreich unterwegs war, um dort *Sporting Venus* mit seiner Frau Blanche Sweet zu drehen.

Zur Reisegesellschaft der Metro-Goldwyn-Mayer auf der ›Leviathan‹ gehörten: Marcus Loew, der offizielle Chef des neuen Firmenzusammenschlusses; Fred Niblo und seine Frau Enid Bennett; Bess Meredyth und Carey Wilson; Ramon Novarro; J. Robert Rubin und Joe Dannenberg (der als ›Danny‹ im *Film Daily* schrieb). Louis B. Mayer, der die Gesellschaft zum Hafen begleitet hatte, machte zum Abschied einen optimistischen Scherz: »Paßt auf, daß auch genug Kamele im Film sind!«

Photoplay berichtete: »Die Aufregung um die Dreharbeiten zu *Ben-Hur* in Italien geht weiter und ist für die Filmwelt ungefähr genauso interessant, wie es der Film selbst werden dürfte.«[7]

In Italien war die Stimmung auf dem Nullpunkt. In einem Versuch, das Team im letzten Moment umzuorganisieren, hatte June Mathis den Posten des Regisseurs verschiedenen Leuten angeboten. Keiner beneidete Brabin um seine ungeheure Verantwortung, und alle lehnten ab. Miss Mathis selbst besaß keine Autorität mehr, und ihre letzten verzweifelten Versuche, den Film zu retten, blieben fruchtlos.

Der schwerste Schlag traf wohl George Walsh. »George und ich machten jeden Morgen einen Dauerlauf«, erzählte Francis X. Bushman. »Wir machten gemeinsam Fechten, Boxen und Ringen, und ich kannte ihn recht gut. Eines Tages las ich im römischen American Express-Büro im *Telegraph* über neue Planungen für den Film. Wir bekamen den *Telegraph* gebündelt alle vier oder fünf Tage, und ich entdeckte diesen Artikel, in dem stand, daß Novarro für die Titelrolle engagiert worden sei. Ich ging hinaus und zeigte ihn George.

›Hast du irgendeine Ahnung davon?‹

›Weißt du, Frank‹, meinte er, ›ich habe so etwas kommen sehen. Aber mich hier drüben *so* lange schmoren zu lassen, daß ich ganz aus dem Filmgeschäft raus bin – und mich dann auszuwechseln!‹«

In New York gab Metro-Goldwyn ein Zwischenergebnis bekannt: Charles Brabin werde aus Krankheitsgründen ersetzt. Mit keinem Wort wurden Walsh oder June Mathis erwähnt.

»Was mich ganz besonders verletzte«, meinte George Walsh, »war, daß sie nicht alle Fakten bekanntgegeben hatten. Das rief in der Öffentlichkeit den Eindruck hervor, ich sei an der Rolle gescheitert.«[8]

Brabin machte schnell die wahren Umstände deutlich erkennbar, indem er Metro-Goldwyn wegen Vertragsbruchs verklagte; er forderte 583 000 Dollar Schadenersatz. Er gab zu Protokoll, daß bei seiner Ankunft in Italien die für den Produktionsstart notwendigen Dinge nicht vorhanden gewesen seien und daß er eine Situation des allgemeinen Chaos und der Unzulänglichkeit angetroffen habe.

June Mathis blieb, obwohl ihres Postens enthoben, in Rom bei ihrem Verlobten Silvano Balboni, der ebenfalls seinen Job verloren hatte. Sie übergab der Presse Mitteilungen, in denen sie die Schuld an dem Desaster rundheraus auf Charles Brabin abschob. Sie distanzierte sich von dem Material, das er gedreht hatte, und erklärte, sie habe erwartet, die Oberleitung der Produktion selbst zu übernehmen, habe dann aber Brabin in dieser Position gefunden. Sie fügte noch hinzu, sie sei, trotz ihrer eigenen Enttäuschung, vor allem über die Behandlung von George Walsh empört.

»Ich hatte volles Vertrauen in seine Fähigkeit, den Ben-Hur zu spielen. Mir war klar, daß viele nicht an ihn glaubten, doch das gleiche war geschehen, als ich Rudolph Valentino für die Rolle des Julio in *The Four Horsemen* auswählte. Valentino hat sich durchgesetzt, und ich bin sicher, daß George Walsh es ebenso geschafft hätte. Allerdings bekam er keine Gelegenheit, sich entweder zu beweisen oder zu scheitern. Er wurde, ohne eine Chance erhalten zu haben, zurückgezogen. Es war so, daß Mr. Novarro schon drei Tage in Rom war, ehe man Mr. Walsh darüber informierte, daß er als Hauptdarsteller ersetzt worden sei.«[9]

Sobald er nach Amerika zurückgekehrt war, wurde Charles Brabin von Colleen Moore als Regisseur für *So Big* verpflichtet. Dieser Erfolg stellte seinen Ruf wieder her, und einige Zeit später wurde er auch von M-G-M wieder unter Vertrag genommen. Ironischerweise endete seine Verbindung mit dieser Firma ein weiteres Mal damit, daß er abgelöst wurde.[10]

»Miss Mathis reagierte tapfer auf die Machtübernahme«, sagte Ramon Novarro. »Sie erzählte mir auch von einem Traum, in dem sie einen brennenden Gegenstand zu fassen bekam, den sie dann von sich warf. Aber, wie wir auf Spanisch sagen: ›Wir sehen das Gesicht, doch wir wissen nicht, wie es im Herzen steht‹.«[11]

June Mathis wurde ebenfalls von Colleen Moore unter Vertrag genommen; sie starb unerwartet im Jahre 1927.

Gegen Ende 1924 wurde von Culver City eine offizielle Erklärung über die allgemeinen Umstellungen herausgegeben. »Jetzt, nachdem die Tat mit wenig Anstand vollbracht worden ist und es nach einem gerichtlichen Vergleich riecht«, schrieb *Photoplay*, »erklärt die Firma, die Fusionierung von Metro und Goldwyn habe den Wechsel der Schauspieler nötig gemacht, da Mr. Novarro unter Vertrag stand und es gute Geschäftspolitik sei, ihm eine so wichtige Rolle zu übertragen, um seinen Wert als Attraktion zu steigern. Mr. Loew erläutert, warum er sich genötigt sah, Mr. Walsh abzulösen, und wünscht ihm dann alles Gute. Doch was wir gern wüßten – wird Mr. Walsh diese guten Wünsche auf seinem Bankkonto deponieren? Das ist schon ein merkwürdiges Geschäft.«[12]

Juli und August 1924: keine Dreharbeiten. Fred Niblo und Harry Edington sahen sich zahllosen Vorbereitungsarbeiten für die Produktion gegenüber, ein Ergebnis der Entscheidung, Brabins Material zu vernichten und von Grund auf neu zu beginnen. Techniker trafen ein und gingen wieder mit der Regelmäßigkeit von Touristen. In den ersten Septembertagen machte sich Louis B. Mayer mit Gattin und zwei Töchtern nach Italien auf.

Daheim in Hollywood zirkulierten *Ben-Hur*-Witze: Ein Regisseur trifft am Broadway eine Freundin. »Ich bin gerade zwischen zwei Produktionen«, erklärt er. »Welche Produktionen?« »Also – *Cabiria* und *Ben-Hur*.« Meint der Flapper: »Die Arbeit an *Ben-Hur* dauert doch schon so lange – werden die Kostüme nicht etwas altmodisch wirken?«

Rex Ingram, der ursprünglich gehofft hatte, er werde den Film inszenieren, und der durch die Wahl von Charles Brabin tief getroffen war, sah seine Hoffnungen ein zweites Mal zerstört. Bitterlich enttäuscht, erklärte er seinen Rückzug vom Filmgeschäft. Glücklicherweise erwies sich sein Rückzug bloß als ein etwas verlängerter Urlaub; Erich von Stroheim und Dimitri Buchowetski setzten sich für seine Rückkehr ein und erklärten ihn öffentlich zum »besten Regisseur der Welt«.

Als Louis B. Mayer in Italien ankam, drehte Fred Niblo gerade die Szene neu, die den Sturz der Vorgänger-Equipe ausgelöst hatte: Die Seeschlacht der Galeeren. Die für Brabin gebauten Schiffchen sahen zu klein aus, um wirklich Eindruck machen zu können. Man hatte sie vollständig verworfen; die eindrucksvollen Schiffe, die schließlich im Film erschienen, waren nach Entwürfen des italienischen Filmarchitekten Camillo Mastrocinque neu gebaut und vollkommen seetüchtig.

Aber Niblo sollte bei Livorno eine noch schlimmere Katastrophe erleben als die, von der Brabin bei Anzio heimgesucht worden war. »Ich hatte jeden Morgen Angst davor, in See zu stechen«, schrieb er später. »Ich fürchtete, unser Glück würde nicht anhalten, und es würde an diesem Tag einen Unfall geben...«[13] Er fährt fort und behauptet, es habe keinen gegeben; damit zieht er diskret den Vorhang vor eines der dramatischsten Desaster der Filmgeschichte.

Als Vorspiel entdeckte Niblo einen Haufen geschärfter Schwerter, die auf dem Piraten-Flaggschiff unter Segeltuch versteckt waren. Weitere Untersuchungen ergaben, daß der Mann, der die Komparsen engagierte, diese in Faschisten und Antifaschisten getrennt hatte. Auf diese Weise wäre der Kampf auf See zu einer klassischen Schlacht ausgeartet, wenn man es nicht vorher entdeckt hätte.

Aber auch so drohte Unheil. Laut Drehbuch sollten die römischen Triremen von den Piraten gerammt werden. Nach heftigen Kämpfen sollte das römische Flaggschiff Feuer fangen, und die Komparsen sollten ins Wasser springen.

Das heroische Fiasko: »Ben-Hur« 36

Die Jerusalem-Miniatur; vorn Lloyd Nosler.

Die Piratengaleere rammt die römische Trireme - der Startschuß für eine der aufregendsten und gefährlichsten Sequenzen der Filmgeschichte.

Rettungsboote fischen Statisten aus dem Wasser.

Das Ende der Trireme.

Das heroische Fiasko: »Ben-Hur«

Die Jerusalem-Miniatur, wie sie im Film erscheint: Kathleen Key (Tirzah) und Ramon Novarro (Ben-Hur) in dem Moment, als der Ziegel fällt.

Die Werbeabteilung der M-G-M fügte die verschiedenen Elemente zusammen,

Für die Grund-Totale wurde das Schiff mit Öl getränkt, damit man es leicht durch Fackeln in Brand setzen konnte.

Beide Schiffe waren mit italienischen Komparsen vollgestopft, Männern aus den Armenvierteln der Region, die für den Job angegeben hatten, sie könnten schwimmen. Nur die wenigsten konnten es wirklich.

Der Zusammenstoß wurde eindrucksvoll arrangiert. Das Piratenschiff war durch Taue mit einem Motorboot verbunden, das das Schiff durchs Wasser zog und krachend in die Breitseite der römischen Trireme brechen ließ.

Es war nicht notwendig, daß der Rammsporn in den Schiffsrumpf eindrang; dies sollte später durch einen Schnitt ins Innere erreicht werden, wo die vom Wasser eingeschlossenen Sklaven gezeigt werden würden. Doch als das Piratenschiff dumpf gegen die römische Trireme schlug, wurden die Komparsen von Panik ergriffen. Viele sanken in ihrer vermeintlich verzweifelten Lage auf die Knie und flehten die Heiligen um Hilfe an.

Weil sie schon völlig demoralisiert waren, konnten sie, als dann eine echte Notlage eintrat, gar nicht mehr reagieren. Als die Einstellung für die brennende Trireme eingerichtet wurde, entfachte ein plötzlich aufkommender Wind die Flammen schneller als erwartet. Das Feuer verbreitete sich über das ganze Schiff, und die Statisten vergaßen ihre Sicherheitsvorschriften.

Al Raboch, dem die Massen unterstellt waren, versuchte sie zu sammeln, doch nur wenige beachteten ihn überhaupt. Sie stürzten sich über die Reling. Raboch selbst wurde dadurch vor einem Unglück bewahrt, daß ihm jemand einen Schild über den Kopf hielt und ihn so vor herabstürzenden brennenden Hölzern schützte.[14]

Von den Statisten sollten einige über Bord springen, Dingis lagen bereit, sie aufzusammeln. Doch manche von ihnen trugen Rüstungen.

»Ich hörte ihre Hilferufe«, erzählte Francis X. Bushman. »Ich sagte zu Niblo: ›Mein Gott, Fred, die ertrinken. Paß auf!‹

›Ich kann nichts machen‹, schrie er zurück, ›diese Schiffe kosten mich 40 000 Dollar pro Stück.‹«

An dem Abend fehlten mehrere Statisten. Fred Niblo und Enid Bennett blieben mit Claire McDowell und anderen Mitgliedern des Teams die ganze Nacht auf und überprüften die Namenslisten. Schließlich blieben drei Kleiderhäufchen übrig. Ein Regieassistent, ein als Italienerfeind bekannter Franzose, nahm sie in einem Boot mit hinaus, in das er Ketten und Gewichte geladen hatte. Er hatte vor, nicht nur die Kleider zu versenken, sondern auch Leichen, falls er welche entdecken sollte.

Bosley Crowther beschrieb in seinem Buch *The Lion's Share*,[15] daß zwei Tage später drei Männer, noch als römische Soldaten kostümiert, auftauchten und wütend nach ihren Kleidern verlangten. Ein Fischerboot hatte sie aufgenommen und weiter unten an der Küste an Land gesetzt.[16]

Die Ansichten über die Zahl der Opfer gehen auseinander. Francis X. Bushman berichtete, er habe den italienischen Garderobier gefragt, wie viele ertrunken seien. »Ach, Mr. Bushman«, war die dunkle Antwort, »viele Kostüme fehlen...«

Basil Wrangell vermutet, einige Statisten müßten ertrunken sein. »Viele konnten nicht schwimmen, hatten jedoch gelogen, um den Job zu bekommen. Und nachdem ich den Film gesehen habe, halte ich es kaum für möglich, daß niemand ertrunken ist. Auf jeden Fall wird das Studio die Sache vertuscht haben, und nur die, die dabei waren, könnten Ihnen die Wahrheit berichten.«[17]

Als einer derjenigen, die dabei waren, war Ramon Novarro sicher, daß niemand ertrunken ist. »Ich stand neben Mr. Niblo, als es passierte, und ich bin mir bei meiner Sache sicher.«

»Das hätte einen ungeheuren Stunk gegeben, wenn es irgendwelche Opfer gegeben hätte«, erinnert sich Gene Mailes, der Sohn von Claire McDowell. »Es wäre zu einer internationalen Affäre gekommen. Ich bin sicher, daß niemand ums Leben kam.«[18]

»Ich war an Land und schaute zu, als die Galeere Feuer fing«, berichtete Enid Bennett, die Frau von Fred Niblo. »Ich war machtlos. Alles, was ich tun konnte, war beten. Ich erinnere mich, daß ein Mann vermißt wurde. Es hieß, Fred würde verhaftet, wenn dieser Mann nicht wieder auftauchte. Also ordnete M-G-M an, die Niblos sollten auf der Stelle nach Rom zurückfahren, was wir auch taten. Es war eine Reise in Angst. Jedesmal, wenn ein Carabiniere im Zug auftauchte, dachten wir: jetzt ist es so weit. Ich habe das Gerücht gehört, daß drei Mann vermißt wurden, aber ich erinnere mich nur an einen. Und ich erinnere mich auch, daß der Garderobier dessen Kleider und Habseligkeiten verschwinden ließ, um Fred zu schützen. Als der Mann dann auftauchte, mußten sie ersetzt werden.«[19]

Die Galeeren-Szene war aber noch nicht komplett; für weitere Aufnahmen auf See wurden strenge Sicherheitsvorkehrungen getroffen, ein Taucher wurde dem Team zugewiesen. »Nur um die Kostüme zu retten«, wie es zynisch hieß.

Der plötzliche Abbruch der Arbeit an der Seeschlacht-Szene zwang die M-G-M, die fehlenden Einstellungen mit Modellen nachzudrehen. Die Modellaufnahmen wurden von Kenneth Gordon MacLean durchgeführt. Für die Aufnahmen im Inneren der Galeeren wurde ein neun Meter tiefes Bassin gebaut. Die Tiefe – und das Wasser – waren notwendig, um den Rammstoß aus der Perspektive der Galeerensklaven drehen zu können; die Schiffswand sollte eingedrückt und die hilflosen Sklaven sollten mit Tonnen von Wasser überschüttet werden, während die Kamera heftig hin- und herschwang.

Bei den Ausschachtungsarbeiten stießen die Arbeiter auf einige alte Katakomben. »Oh, mein Gott!« rief der aufgeregte Produktionsleiter. »Wenn Mussolini davon erfährt... wenn die Museumsleute davon erfahren... dann sind wir erledigt.«

Die Katakomben mußten gegen das Wasser abgedichtet werden. Das bedeutete Verzögerungen und weitere unvorhergesehene Ausgaben. Doch die Filmleute entdeckten zu ihrer Freude, daß die ganze Gegend reich an römischen Antiquitäten war. Bald waren alle eifrig dabei, archäologische Raritäten auszugraben, von denen einige, wie sich herausstellte, zweitausend Jahre alt waren.

In der Zwischenzeit drehte das Hauptteam die Floß-Szenen auf dem Mittelmeer. Dabei wurde der nicht mehr ganz junge Schauspieler Frank Currier als Quintus Arrius fast vier Stunden lang den scharfen Winden und dem eisigen Wasser ausgesetzt. Novarro, der diese Strapaze mit ertragen mußte, bewahrte ihn nur dadurch vor einer Lungenentzündung, daß er ihn zwischen den Aufnahmen ständig schlug und ihm üppige Portionen Brandy einflößte, der ihnen vom Kameraboot herübergeschickt wurde.

»Die Aufnahmen für die Floß-Szene dauerten drei volle Tage«, erzählte Novarro. »Man hätte auch Doubles einsetzen können, zumal das Floß anfangs eine gute Meile von der Kamera entfernt war.«

Im Film sieht Currier totenblaß aus und zittert sichtlich. (In der 1958er Version von *Ben-Hur* vermied man solche rigorosen Anforderungen an die Schauspieler, indem man die Szene im Studio drehte, mit einem gemalten Himmel als Hintergrund.)

Fred Niblo arbeitete unter einem immensen Druck; und der Umgang mit den Massen italienischer Komparsen, von denen die wenigsten ein Wort Englisch verstanden, war bisweilen mehr, als er ertragen konnte. Normalerweise war er ein umgänglicher und charmanter Mann, doch einmal verlor er die Kontrolle. Francis X. Bushman verließ daraufhin den Drehort.

»Ich hatte die Nase voll. Das hätte er meiner Meinung nach nicht tun dürfen. Italiener sind doch geborene Schauspieler. Man muß ihnen nicht erklären, was sie tun sollen. Die hätten es *ihm* erklären können. Aber er wollte es anders haben und fing an, die Männer, Frauen und Kinder mit Gegenständen zu bewerfen. Das machte mich verrückt.«

Fred Niblos Frau Enid Bennett war ein Musterbild an Takt und Diplomatie. Niblos verbissene Sturheit wurde durch ihren entwaffnenden Charme und ihre aufrichtige Besorgtheit um das Wohlergehen des Filmteams ausgeglichen. Sie brachte ihn dazu, sich zu entschuldigen, und die Dreharbeiten wurden wieder aufgenommen. Die Leute, die in der zweiten Produktionsphase an *Ben-Hur* beteiligt waren, äußern sich voller Dankbarkeit über Miss Bennett und die stimulierende Wirkung, die sie auf die Moral der Truppe hatte.

Im Gegensatz zu den Lobeshymnen anderer amerikanischer Filmteams über italienische Techniker war es den *Ben-Hur*-Leuten unmöglich, einen kompetenten italienischen Elektriker zu finden. Am Ende importierte man eine Gruppe Elektriker aus Wien, und die Beleuchtungsanlage wurde an Ort und Stelle gebaut.

Ein weiteres Problem waren die Pferde. Einige prächtige weiße Rösser, ideal für das Wagenrennen, wurden in Bulgarien aufgetan, doch ihr Besitzer hatte einen anderen Interessenten an der Hand. Jedes Angebot des Metro-Goldwyn-Repräsentanten wurde durch den unbekannten Konkurrenten überboten. Der Preis stieg unaufhörlich. Schließlich wurden Nachforschungen angestellt, und der andere Bieter stellte sich als ein Beauftragter des Papstes heraus. Der Papst bekam die Pferde.

Carmel Myers, die eine der wenigen war, die das Nichtstun des Brabin-Regimes genossen hatten, erkannte, daß jetzt unter Niblo die Dinge in Gang kamen. »Es war göttlich gewesen. Ich wohnte mit meiner Mutter im Hotel Excelsior und wir machten Sightseeing-Touren. Die Italiener himmelten uns an – wir brachten sehr viel Geld ins Land – und wir bewunderten sie. Wir schlossen sehr viele Freundschaften. Als Mr. Niblo die Leitung übernahm, besprachen wir die Kostüme für meine Rolle als Iras. Er sagte mir, ich solle mir die aufregendste Frisur zulegen, die jemals auf der Leinwand zu sehen gewesen sei. Ich war ein wenig verwundert; dafür gibt es normalerweise Friseure. ›Wo finde ich – was mache ich ...‹

Er schickte mich fort: ›Finden Sie es‹, sagte er.

Meine Mutter und ich hielten eine kleine Konferenz ab, und sie beschloß, nach Wien zu fahren, ihrer Geburtsstadt, wo es die ausgefallensten und elegantesten Frauen gibt. Dort zogen wir durch die Frisiersalons, und in einem entdeckte ich diese weiße Seidenperücke. Diese ›Frisur‹ galt als sehr extravagant. Sie machte praktisch Geschichte.«

Die ständigen Streitereien zwischen Faschisten und Antifaschisten machten aus den Dreharbeiten zu *Ben-Hur* mehr und mehr ein politisches Blutbad, so grausam wie die römische Geschichte selbst.[20]

Fred Niblo berichtete: »Es war so, als würden zwei Gruppen von Republikanern und Demokraten anfangen, sich gegenseitig mit Hämmern, Nieten, Brettern und anderen Waffen zu bewerfen.«

Die Dekoration des Kolosseums war noch immer nicht fertig. Außer durch die politischen Auseinandersetzungen wurde die Arbeit durch die Einstellung der italienischen Arbeiter aufgehalten.

»Eines Tages kam ich zum Kolosseum und sah etwa fünfhundert Arbeiter auf dem Boden herumsitzen«, erzählte Bushman. »Ich wurde wütend und legte mich mit dem Vorarbeiter an. ›Sie haben versprochen, diese Arena in sieben Wochen fertigzustellen, jetzt sind es schon sieben Monate, und Sie sind immer noch nicht fertig.‹

›Nun, Signor Bushman‹, grinste der Vorarbeiter, ›wenn das hier fertig ist, haben wir keine Arbeit. Warum sollten wir uns selber um diesen Job bringen?‹

Ich wußte, daß Mussolini hinter all diesen Schwierigkeiten steckte«, fügte Bushman hinzu. »Er ließ in der einen Woche die eine Gruppe streiken, in der nächsten eine andere.«

Als schließlich das Kolosseum fertig war, war es Herbst geworden, die Tage waren kürzer und die Herbstsonne stand niedriger. Es war jetzt unmöglich, gleichmäßige Lichtverhältnisse zu bekommen.

Das Wagenrennen zu drehen, allen widrigen Umständen zum Trotz, war die Aufgabe des Second-Unit-Regisseurs B. Reaves Eason. Eason, der sonst billige Western drehte, war wegen seiner Erfahrung mit Pferden ausgewählt worden. Obwohl Fred Niblo nominell das Material kontrollierte, das Eason drehte, hatte er mit der eigentlichen Regiearbeit nichts zu tun. Eason konnte ziemlich viel Zeit damit verbringen, das Wagenrennen zu arrangieren, während Niblo andere Sequenzen fertigstellte. *Ben-Hur* war von Anfang an so geplant gewesen: Brabin sollte sich ganz den intimen Szenen mit den Hauptdarstellern widmen; italienische und deutsche Second-Unit-Regisseure sollten zur gleichen Zeit die Massenszenen drehen.

Eason war ein bemerkenswerter Mann. Seine Western waren wohl kompetent gedreht, sie ließen aber nichts von seiner genialen Begabung für Action ahnen, die er in dieser Szene beweisen sollte – ebenso wie dann in den ›Landrush‹-Sequenzen in *Cimarron* (1931) und bei der Kavallerie-Attacke in *The Charge of the Light Brigade* (1936). Er war ein erfahrener Reiter, aber rücksichtslos, wenn es darum ging, die von ihm gewünschten Effekte zu erreichen. Die Todesrate der Pferde in Rom war erschreckend. Wie Francis X. Bushman berichtete: »Niemals kümmerte sich ein Arzt um die Tiere. Sobald sie lahmten, wurden sie erschossen. Es gab da einen Kerl namens Cameron, der sie anmietete. Ich fragte ihn, wie viele wir verloren hätten. ›Oh‹, meinte er, ›so etwa hundert.‹«

In Amerika wurde alles streng vom Tierschutzbund SPCA überwacht, und die Zahl der Verluste ging drastisch zurück. (Dann gab es aber bei Easons Sequenzen für *The Charge of the Light Brigade* ein so fürchterliches Blutbad, daß ein besonderes Gesetz verabschiedet wurde, das Tiere bei zukünftigen Produktionen schützen sollte.)

In einem Interview gegen Ende seines Lebens erläuterte Eason seine Einstellung zur Regie von Action-Szenen: »Man kann eine kleine Armee über die Leinwand jagen – und es hat keine Wirkung aufs Publikum. Aber wenn man Details des Geschehens zeigt, wie feuernde Kanonen, Männer im Nahkampf oder eine Faust, die auf ein Auge schlägt, dann löst die Aktion stärkere Gefühle aus, als wenn alle Komparsen Hollywoods im Bild herumlaufen würden. Deshalb wirken reale Katastrophen in den Wochenschauen so lahm. In einem Film braucht man Details und Großaufnahmen. Nur dann wirkt er lebendig.«[21]

Diese Detail-Arbeiten zogen sich über vier Monate hin. Eason versuchte die Szene in Rom zu drehen, mußte jedoch erleben, daß er scheiterte. Die langen Schatten schränkten das Blickfeld zu sehr ein, und der Bodenbelag der Rennbahn selbst war alles andere als zufriedenstellend.[22]

»Während einer Aufnahme«, erzählte Bushman, »fuhren wir gerade um die Kurve, als ein Rad an dem Wagen von einem der anderen Jungs brach. Die Nabe krachte auf den Boden und der Mann flog zehn Meter hoch in die Luft. Ich drehte mich um und sah ihn da oben – es war wie bei einer Zeitlupe. Er landete auf einem Holzstoß und starb an inneren Verletzungen. Es zeigte sich, daß die tiefen Furchen in den Spina-Kurven zu gefährlich waren.«

Das war nicht der einzige Unfall. Bei einer anderen Gelegenheit raste Bushman mit seinem Wagen hinter Novarro her, als Novarro eine unsichere Bewegung machte und in die falsche Richtung fuhr. Bushmans Wagen krachte auf der Stelle in ihn hinein und rollte über die Trümmer hinweg. Alle waren überzeugt, daß Novarro tot sein müsse, doch obwohl eines der Pferde starb, blieb Novarro unverletzt. Die abergläubischen Stuntmen führten seine wunderbare Rettung auf die Wirkung der Amulette zurück, mit denen sein Kostüm besetzt war.

»Ramon hatte einfach nicht die richtige Technik«, sagte Bushman. »Er hielt die Zügel wie bei einer Kutsche. Man muß sich das Zeug *ums Handgelenk schlingen*, die Füße fest gegen die vordere Verkleidung stemmen und sich ganz nach hinten lehnen. Nur so kann man die Pferde um die Kurve bringen, die gehen dir sonst durch. Dieser ganze Krach regt sie auf – achtundvierzig Pferde, zwölf Wagen – und nicht gefedert.«

Nur bei einer einzigen Gelegenheit war die künstlerische und technische Crew komplett im Circus Maximus versammelt – als der König und die Königin von Italien dort einen Besuch machten.

»Es war der kälteste Tag, den ich je erlebt habe«, berichtete Carmel Myers. »Wir stellten uns alle da draußen auf und warteten über eine Stunde auf die Ankunft von König und Königin, von Prinzen und Prinzessinnen. Keiner von uns wußte, was er tun sollte, wenn sie nun *tatsächlich* kämen.«

Niemand hatte Francis X. Bushman etwas von dem Besuch gesagt, und er kam in einem offenen Wagen angefahren, in dem prächtigen Kostüm des Messala, bereit zur Arbeit. Als er die Menschenmenge sah, ließ er den Chauffeur weiterfahren. Er grüßte die Massen mit einer majestätischen Geste, drehte eine Runde um die Arena und verschwand.

Der Rest der Veranstaltung ging völlig daneben – im besten *Ben-Hur*-Stil. Die königliche Familie kam weder mit den Darstellern in Kontakt noch mit einem einzigen der prominenten Gäste, wie Norma Talmadge, Julanne Johnston oder Loro Bara, Thedas Schwester, die speziell wegen dieses Ereignisses erschienen waren. Das königliche Gefolge fuhr glatt vorbei. Novarro schwor, er würde eine Statisten-Tagesgage extra verlangen – bis ein weiteres königliches Gefährt mit einer Prinzessin vorbeikam, die ihn erkannte, sich verbeugte und lächelte.

»Damit haben Sie fünf Dollar gespart«, meinte Novarro zum Geschäftsführer.

Im Januar 1925 wurde der Rückzug angetreten, was noch dadurch beschleunigt wurde, daß ein Feuer den Kostümfundus vernichtete.

Irving Thalberg hatte die ganze italienische Expedition von Anfang an als ökonomischen Wahnsinn angesehen, doch Loew, Mayer und die anderen Manager hielten weiter an der Hoffnung fest, daß sich die italienischen Investitionen bezahlt machen würden. Bei einem Besuch in Italien war Mayer mit Niblo in heftigen Streit geraten und reiste dann ab, um eine Europa-Tour zu unternehmen.

Vor der Abreise hatte er jedoch durch Basil Wrangell, der zu Mayers persönlichem Dolmetscher avanciert war, eine Vorführung der besten europäischen Filme arrangieren lassen. Wrangell übersetzte die Zwischentitel, damit Mr. Mayer die Handlung verfolgen konnte. Einer dieser Filme war Mauritz Stillers *Gösta Berlings Saga*. Auf seiner Reise nahm Mayer dann Stiller und dessen Protegé Greta Garbo unter Vertrag.

Nach Mayers Abreise wurde Wrangell dem Cutter Lloyd Nosler als Assistent beim Schnitt zugeordnet. Nosler, der schon bei mehreren Filmen mit Niblo zusammengearbeitet hatte, hatte Brabins Cutter Aubrey Scotto abgelöst und sah sich zwei jungen Assistentinnen gegenüber (Irene Coletta und Renata Bernabei), die kein einziges Wort Englisch sprachen. So hatten seine Italienisch-Kenntnisse Wrangell einen weiteren Job verschafft.

Die meisten Dekorationsbauten waren abgerissen, nur der Circus Maximus stand noch, weil man hoffte, im Frühjahr zur endgültigen Fertigstellung des Wagenrennens zurückkehren zu können. Schließlich gelang es Thalberg, auch diese Idee abzublocken.

»Wenn einmal in künftigen Zeiten Archäologen Rom ausgraben werden«, meinte Fred Niblo, »und sie stoßen auf die Ruinen dieser großartigen Dekoration, werden sie sagen: ›Was für eine bedeutende Zivilisation ist das doch damals gewesen.‹«[23]

M-G-M gab offiziell bekannt, das *Ben-Hur*-Team sei am 17. Januar 1925 abgereist, und mit der Erklärung, alle im Ausland durchzuführenden Aufnahmen seien abgeschlossen, verwandelten sie einen Rückzug in ein taktisches Ausweichmanöver. Sie räumten allerdings ein, daß die Wetterbedingungen nicht günstig gewesen seien, fügten jedoch hinzu, der Film sei praktisch abgedreht; er werde in Hollywood bis zum 1. März fertiggestellt sein.

Das Schnitt-Team blieb noch bis Anfang Februar. Basil Wrangell war der einzige Ausländer, der von M-G-M weiterbeschäftigt und nach Amerika eingeladen wurde. »Das lag daran, daß wir mehrere hunderttausend Meter belichteten Film katalogisiert und eingedost hatten, und ich – neben Nosler – der einzige war, der wußte, wo man was finden konnte. Diese Katalogisierung war eine

Höllenarbeit, aber glauben Sie mir, sie ersparte uns schließlich bei der endgültigen Schnittfassung sehr viel Zeit. Mein erstes Jahr in Amerika arbeitete ich an diesem Film; ich kam nie vor Mitternacht nach Hause und hatte nur zwei Sonntage frei. Es war die harte Tour, ein neues Land kennenzulernen.«

Ermutigende Neuigkeiten hellten für die heimkehrenden Veteranen den Horizont etwas auf: Sid Grauman, der berühmte Kinobesitzer, hatte sich vertraglich verpflichtet, *Ben-Hur* ein volles Jahr in seinem Egyptian Theatre zu zeigen, mit einer Mindesteinnahme von $ 300 000 für M-G-M. In New York war das Knickerbocker für zwei Jahre angemietet worden.

James Quirk prophezeite in *Photoplay*, der Film würde, sollte er schließlich einmal Premiere haben, sicherlich mit zahllosen Superlativen ausgeschlachtet werden: »Die größte Story aller Zeiten«, »Die süßeste Liebesgeschichte aller Zeiten«, »Allergrößtes Meisterwerk« und vielleicht »Der Film, den jeder Christ sehen sollte«.

»Nicht nur jeder Christ«, fügte er hinzu, »jeder Mohammedaner, jeder Jude, jeder Buddhist und jeder Sonnenanbeter in Amerika wird sich eine Eintrittskarte kaufen müssen, wenn der Film einen Gewinn einspielen soll. Mindestens siebeneinhalb Millionen Dollar müssen an der Kinokasse eingenommen werden, bevor M-G-M einen einzigen Cent verdient. Man muß ihnen also verzeihen, wenn sie jedes nur erdenkliche Adjektiv im Wörterbuch, in der *Encyclopaedia Britannica* und in einer Bibliothek von Kreuzworträtselheften heranziehen. Es muß einfach ein guter Film werden.«[24]

In dem Bewußtsein, daß die Aufmerksamkeit der Welt auf die Firma gerichtet war, drehte Metro-Goldwyn-Mayer groß auf. Trotz der bereits investierten über drei Millionen Dollar gaben sie weiterhin in großem Stil ungeheure Summen aus.

Da die Circus Maximus-Dekoration in Rom jetzt abgeschrieben werden konnte, mußte eine neue in Culver City errichtet werden. Der Chef-Ausstatter der M-G-M, Cedric Gibbons, und Horace Jackson entwarfen sie nach dem Vorbild der italienischen Bauten und kombinierten paßgenau hergestellte Modelle mit der lebensgroßen Konstruktion.

Jetzt, da die Firma auf heimischem Grund und mit eingespielten Technikern arbeitete, hoffte man inbrünstig, daß die Pechsträhne mit *Ben-Hur* endlich zu Ende sei. Solche Hoffnungen wurden schleunigst zerstört.

Kaum hatten die Kontruktionsarbeiten auf einem großen Freigelände hinter dem M-G-M-Studio begonnen, als die Stadt Los Angeles beschloß, auf eben diesem Gelände ein riesiges Speicherbecken auszuschachten. Baukolonnen der M-G-M, die am Bauplatz erschienen, mußten erleben, wie ein Dampfbagger ihre Dekoration demolierte. Hektische Telefonate ergaben nur, daß weitere Abrißmaschinen auf dem Weg waren. Schließlich fand man ein Ersatzgelände an der Kreuzung von La Cienega und Venice Boulevard. Achthundert Mann arbeiteten in Schichten; nach vier Monaten konnte ›Breezy‹ Eason seine Arbeit am Wagenrennen wieder aufnehmen.

Samstag war ein Riesenfesttag für die gesamte Filmkolonie. Unter den Tausenden, die den Circus Maximus bevölkerten, waren Stars vom Kaliber Douglas Fairbanks und Mary Pickford, Harold Lloyd, Lillian Gish, Colleen Moore, Marion Davies und John Gilbert. Sid Grauman war da, um die letzten Phasen dessen in Augenschein zu nehmen, worin er investiert hatte. Regisseure erschienen gleichfalls en masse; Reginald Barker, selbst ein ausgezeichneter Action-Spezialist, George Fitzmaurice und Henry King, die beide kurz zuvor in Italien gearbeitet hatten, Sidney Franklin, Rupert Julian und Clarence Brown.

Da es sich hier um den spektakulärsten Moment bei einem epochemachenden Film handelte, erschien Fred Niblo, um die Aktivitäten von einer hohen Plattform aus zu überwachen. B. Reaves Eason und sein Assistent Silas Clegg arbeiteten weiterhin vom Boden aus.

Zweiundvierzig Kameramänner wurden für das Ereignis engagiert. Ihre Kameras wurden an allen nur möglichen Stellen versteckt aufgestellt, von wo aus sich interessante Einstellungen ergeben könnten. Sie wurden hinter den Schilden der Soldaten verborgen, in den riesigen Figuren der Spina, in Gruben, auf hohen Gerüsten ...

Die Menge wurde in einzelne Sektionen unterteilt; jede Sektion stand unter dem Kommando eines Regieassistenten. Man hatte dringende Aufrufe nach zusätzlichen Assistenten veröffentlicht, und unter denen, die ihre Dienste angeboten hatten, war ein junger Mann von der Universal, William Wyler.

»Ich bekam eine Toga und einen Satz Signale«, erinnerte sich Wyler. »Die Signale waren eine Art optischer Telegraf, und ich hatte die Aufgabe, meine Abteilung der Menge aufstehen und jubeln und sich wieder hinsetzen zu lassen, je nachdem, was verlangt wurde. Es gab wohl an die dreißig andere Assistenten, die die gleiche Aufgabe hatten. Es ist behauptet worden, ich sei der Regieassistent der gesamten Sequenz gewesen, doch das war alles, was ich zu tun hatte.«[25]

Vierunddreißig Jahre später war Wyler der Regisseur von M-G-Ms zweiter Version von *Ben-Hur*.

Es gab zwölf Kampfwagen und achtundvierzig Pferde. Stuntmen fuhren zehn davon, Bushman und Novarro fuhren an diesem besonderen Tag selbst. Die Stunt-Fahrer waren Cowboys, Zureiter von Polo-Ponies, Zirkusleute und auch Filmdoubles. Um ein echtes großes und packendes Rennen zu bekommen, in dem jeder sein Letztes gab und in dem ohne Tricks gefahren wurde, war für den Sieger eine Sonderprämie ausgesetzt. Die Tatsache, daß eigentlich Ben-Hur das Rennen gewinnen sollte, spielte keine Rolle; der Tag war für die Grundeinstellungen mit der jubelnden Menschenmenge gedacht. Ben-Hur würde an einem anderen Tag gewinnen.

Der Anreiz für die Stuntmen spornte auch die Menge an. Sobald die Wetten abgeschlossen waren, brauchten die Assistenten die allgemeine Begeisterung nicht mehr anzuheizen.

An diesem Samstag war die Atmosphäre eher wie bei einem Rodeo-Karneval als bei einem Drehtag. Die Stuntmen boten eine außerordentliche Show. Während des Eröffnungsrennens verlor ein Gespann ein Hufeisen – es flog an einer Kamera vorbei und verpaßte nur knapp einige Zuschauer. Ängstliche Assistenten versuchten die Menge auf ihren Plätzen zu halten, aber die Begeisterung war zu groß. Beim nächsten Rennen, das durch einen spektakulären Zusammenstoß an Spannung gewann, reagierten die Massen so, wie es das Publikum im originalen Circus Maximus in Antiochia getan haben mochte.

Als der Tag zu Ende ging, trugen Douglas Fairbanks und Harold Lloyd einen Scheinkampf mit Lanzen aus, und die Menschenmenge verließ die Arena genauso erschöpft wie die Wagenlenker selbst.

Das heroische Fiasko: »Ben-Hur« 36

Dieser eine große Tag war so eindrucksvoll, daß viele der Meinung waren, damit sei die Sequenz abgedreht. Doch Eason und seine Crew verbrachten noch Wochen in der leeren Arena mit komplizierten Details des Rennens – Großaufnahmen von rasenden Rädern, donnernden Hufen, flatternden Mähnen, angespannten Muskeln und knallenden Peitschen. Trotz aller Vorsichtsmaßnahmen gab es die unvermeidlichen Unfälle. Als ein Rettungsteam mit vier schwarzen Pferden ein Wagenwrack aus der Arena ziehen sollte, ließ Eason zur Erhöhung der Spannung andere Gespanne daran vorbeirasen. Erschreckt von den heranstürmenden Wagen, geriet das Rettungsteam in Panik und krachte in eine Kameraplattform. Eason, der unten drunter stand, rettete sich durch einen Sprung zwischen die Pferde.

Im Film wird Messalas Rad durch Ben-Hurs Wagen von der Achse abgetrennt. Messala stürzt, und die anderen Wagen, die in halsbrecherischem Tempo um die Spina-Kurve kommen, können ihm nicht ausweichen. Einer nach dem anderen kracht auf das Wrack, unter dem der zerschmetterte Messala liegt. Ben-Hur fährt dem Sieg entgegen.

»Dank M-G-M war jedermann davon überzeugt, daß nicht ein einziges Pferd getötet worden sei«, berichtete Francis X. Bushman. »Bei dem großen Zusammenstoß fuhren die Stuntmen voll auf das Wrack zu. Sie wußten, was sie zu tun hatten, und obwohl es ein paar Kratzer gab und hier und da etwas Blut floß, wurde keiner der Männer dabei ernsthaft verletzt. Alle konnten sehen, daß die Männer in Ordnung waren, also verkündete M-G-M: ›Stellen Sie sich vor – kein Pferd verletzt!‹ Aber allein bei dem einen Zusammenstoß starben fünf Pferde.«[26]

Die Kollision war für eine bestimmte Kurve geplant, wo zehn Kameras aufgestellt waren. Die Achse war mit solcher Sorgfalt und Präzision angesägt worden, daß sie genau an der richtigen Stelle brach.

»Am letzten Renntag«, sagte Bushman, »hatte ich nur im Kopf, rechtzeitig zu Weihnachten nach Hause zu kommen. Die Pferde waren alle naßgeschwitzt, und wir waren total erschöpft. Plötzlich explodierten Rauchbomben, Pistolen wurden abgefeuert und die Hölle brach los. Das war unser Abschied. Wir schüttelten allen die Hände, und ob Sie es glauben oder nicht – wir hatten Tränen in den Augen. Wir hatten so lange Zeit so vieles gemeinsam durchgemacht...«

Die zweiundvierzig Kameraleute hatten an dem großen Tag fast 16 Kilometer Film belichtet, alles in allem hatte aber Cutter Lloyd Nosler für diese eine Sequenz sechzig Kilometer zu bewältigen. In der fertigen Fassung war das Wagenrennen schließlich 225 Meter lang.

Doch diese 225 Meter gehören zu den wertvollsten der Filmgeschichte. Denn dies hier war das erste Mal, daß ein Action-Regisseur, der die Möglichkeiten des Kinos erkannt hatte, den nötigen Mut und das Können besaß, diese Möglichkeiten voll auszuschöpfen.

Die Premiere von *Ben-Hur* war am 30. Dezember 1925 im George M. Cohan Theatre in New York.

»Die Resonanz war so, wie es sich Regisseur, Stars und Produzenten nur wünschen konnten«, berichtete *Photoplay*. »Ramon Novarro, Francis X. Bushman, May McAvoy und Fred Niblo zusammen mit Enid Bennett kamen zur Premiere aus Hollywood angereist. Doch Ramon hatte Pech. Er hatte sich im

Das heroische Fiasko: »Ben-Hur« 36

Zug eine leichte Erkältung zugezogen und mußte nach seiner Ankunft in New York sofort ins Bett, das er während der gesamten Dauer seines Aufenthaltes an der Ostküste nicht verlassen durfte.

Die anderen besuchten die Premiere und wurden mit überwältigendem Applaus empfangen. Zum erstenmal in der Geschichte des Films vergaß sich das blasierte Broadway-Publikum so weit, daß es während des Wagenrennens wild zu jubeln begann.

Fred Niblo wurde nach dem Ende des Films bestürmt, und es sah ganz so aus, als würde er das Kino überhaupt nicht verlassen können. Hundert Freunde wollten ihm gratulieren. Er entschuldigte sich für seine feuchte Hand, was deutlich zeigte, wie nervös er auf die Aufnahme des Films gewartet hatte.«[27]

Die Kritiken waren gleichermaßen ermutigend. *Photoplay* meinte, der Film rechtfertige die vier Millionen Dollar und die jahrelange Arbeit. »*Ben-Hur* ist nicht ein simples Stück Zelluloid auf einem simplen Stück Leinwand. Es ist ein Werk der Schönheit und des Vergnügens für die nächsten zehn Jahre, mindestens. Dies ist ein wahrhaft großer Film. Niemand, ganz gleich, welchen Alters er ist oder welcher Religion er anhängt, sollte diesen Film versäumen.«[28]

Motion Picture Magazine war ebenfalls der Meinung, daß er ein Meisterwerk sei, meinte jedoch, er habe Fehler – jene Fehler, die das Kino im ganzen zeige. »Unter der spektakulären Oberfläche«, schrieb die Kritikerin Agnes Smith, »hat der Film wenig Geist und nicht sehr viel Herz. Er befriedigt das Auge, ohne die Seele anzurühren. Abgesehen von Miss Bronsons Szenen und Mr. Novarro, setzt der Film eher in Erstaunen, als daß er zu bewegen vermöchte.«[29] Die gelungenen Titel von Katherine Hilliker und H. H. Caldwell befand Miss Smith eines besonderen Lobes für wert.

Die Reaktion im Ausland war, im ganzen gesehen, begeistert. Nur Mussolini war wütend. Er hatte sich vorgestellt, daß Bushman, der überragende Römer, der Held wäre. Als er sah, daß der Römer geschlagen wurde, verbot er den Film für Italien. Ebenso wurde der Film in China verboten. »*Ben-Hur* ist christliche Propaganda, die das Volk zum Aberglauben verführt, was im gegenwärtigen Zeitalter der revolutionären Aufklärung nicht toleriert werden darf«, lautete das Verdikt.

Ramon Novarro mit dem Lorbeerkranz des Siegers.

Die kompletten Negativ-Kosten beliefen sich auf knapp vier Millionen Dollar. Der Film spielte mehr als neun Millionen ein, doch die Verleihkosten und der 50%-Anteil von Erlangers Classical Cinema Corporation ließen für M-G-M gerade drei Millionen übrig – eine Million weniger, als die Herstellung gekostet hatte. Der Prestigewert war jedoch unschätzbar.

Als alles vorüber war, bemerkte ein M-G-M-Manager mit verständlichem Zynismus: »Noch nie gab es etwas Vergleichbares. Niemals wird es etwas Vergleichbares geben. Und niemals hätte es etwas Vergleichbares geben dürfen.«

Ben-Hur wurde 1931 in einer gekürzten Fassung mit Musik und Geräuschen neu herausgebracht. Die Kürzung half nicht viel, das Tonfilm-verrückte Publikum hielt ihn für altmodisch und zeigte ihm die kalte Schulter. Der Film verschwand, und der Titel ging in die Legende ein. In seiner filmischen Version erwies sich der *Ben-Hur*-Stoff als ebenso kurzlebig wie in der Bühnenversion und überlebte allein in der Erinnerung jener, die das Glück hatten, ihn zu sehen.

Ende der 50er Jahre wurde jedoch in Amerika eine Kopie wiederentdeckt. Gleichzeitig ging M-G-Ms zweite Version unter der Regie von William Wyler ihrer Vollendung entgegen, und die Firma hatte strikte Maßnahmen ergriffen, um zu verhindern, daß noch irgendeine Kopie des Originals existierte. Mit Entrüstung stellten sie fest, daß, gerade als die Wyler-Version anlief, der bekannte Filmsammler William K. Everson eine Gegenpremiere von Niblos Originalfassung veranstaltete. M-G-M schaltete das FBI ein, und Everson mußte erfahren, daß ihm unter Umständen eine Gefängnisstrafe drohte. In letzter Minute wurde er, ein ausgewiesener Filmhistoriker, durch eine Intervention Lillian Gishs gerettet, die zu seinen Gunsten aussagte. Das Verfahren wurde fallengelassen.

M-G-Ms Eifer, das Original zu unterdrücken, entsprang nicht der Furcht vor Vergleichen. Die wenigsten Firmenangehörigen kannten die Version von 1925. Sie wollten lediglich hinderliche Ware aus dem Weg räumen und den Markt für ihr neues Produkt freimachen. Sie wollten außerdem jede unautorisierte Auswertung verhindern, die dem neuen Film schaden könnte.

Doch Everson hatte seine Absicht eindeutig erreicht, obwohl er nur eine verkratzte 16mm-Kopie der Ton-Fassung vorführte – nämlich zu beweisen, daß der *Ben-Hur* von 1925 dem *Ben-Hur* von 1959 überlegen war. Das Original hat seine Kraft als einer der ohne jeden Zweifel besten Monumentalfilme aller Zeiten nicht verloren. Das Spiel der Darsteller wirkt veraltet und theatralisch, doch ihre Würde paßt ausgezeichnet zur Legendenhaftigkeit der Geschichte. Der Film selbst ist, als das Produkt eines organisierten Apparates und weniger als das eines Einzelnen, nicht in sich geschlossen. Er ist eher wie eine Bildergalerie, in der man einen oder zwei Säle zur Neudekorierung leergeräumt hat. Man durchschreitet sie ohne zu murren, in der sicheren Erwartung anderer Schätze. Einige Passagen in *Ben-Hur*, vor allem einige Innenaufnahmen mit Dialogszenen, sind nicht sehr spannend und dienen lediglich dazu, die Handlung voranzutreiben. Aber solche Szenen beeinträchtigen nicht die Wirkung des Films im ganzen; *Ben-Hur* hat auch heute noch eine ebenso starke Wirkung wie bei seiner Premiere.

Das Wagenrennen sticht hervor als die gelungenste Sequenz des Films, knapp gefolgt von der Galeeren-Schlacht. Die schlimmsten Teile sind die Vamp-Szenen, die verstaubt und lächerlich wirken und schon 1925 albern gewesen sein müssen. Die Geburtsszene in Technicolor, mit Betty Bronson als Maria, ist ein grelles Beispiel der kommerziellen Kunst der 20er Jahre und ästhetisch ebenso abstoßend wie eine Neonreklame in einer Kirche. Fred Niblo lehnte es ab, mit dieser Szene, die von Christy Cabanne inszeniert wurde, in Verbindung gebracht zu werden, doch richteten sich seine Einwände eher gegen das Bild von Miss Bronsons Darstellung der Jungfrau Maria als gegen das Design von Ferdinand Pinney Earle. Miss Bronsons heitere Gelassenheit ist noch das Erträglichste an dieser Szene – doch ist alles vergeblich angesichts ihres schimmernden Technicolor-Heiligenscheins.[30]

Der Film besitzt ein stärkeres Gefühl für die historische Epoche als die 1959er Version, obwohl die Frauen in bester Hollywood-Tradition eher die Produktionszeit als die Epoche der Handlung widerspiegeln.

Das für den orthochromatischen Film erforderliche Make-up läßt die Schauspieler seltsam blaß wirken; es gibt keine dunkleren Hauttöne oder sonnengebräunte Gesichter. Da die Handlung am Mittelmeer spielt, wo das Klima heißer ist als in Kalifornien, verhindern die weißen Gesichter eine stärkere Glaubwürdigkeit.

Die Eröffnungssequenz führt ausgezeichnet in Zeit und Ort ein – mit einer Leichtigkeit, die leider nie wieder erreicht wird. Ben-Hur erscheint mit dem Rücken zur Kamera, wie er gerade einer römischen Marschkolonne zuschaut. Er dreht sich zu uns um, und wir fahren vor ihm her durch die Menschenmenge. Esther (May McAvoy) spielt, auf einem Esel sitzend, mit einer Taube, die plötzlich von ihrer Hand auffliegt. Sie flattert vor Ben-Hur zu Boden, der sie mit einem Sprung vor den trampelnden Füßen der Menge rettet. Doch seine hastigen Bewegungen erschrecken den Vogel und er fliegt wieder auf. Ben-Hur, dem dessen schöne Besitzerin ins Auge gefallen ist, jagt ihm nach. Die Taube läßt sich an den gefährlichsten Stellen nieder. Sie wird knapp von Pferdehufen gestreift, beinahe von Wagenrädern zerquetscht. Schließlich nimmt Ben-Hur seine Kappe ab, schleicht sich an den Vogel heran und erwischt ihn ... Er gibt die Taube Esther zurück, und als er sich verabschiedet, streichelt sie zärtlich den Vogel mit der Wange. Dieses Geflecht aus Drama, Komödie, Spannung und Romanze ist überaus gelungen inszeniert.

Die Sequenz am Joppa-Tor, eine der wenigen italienischen Außenaufnahmen, die im Film enthalten sind, ist gleichermaßen eindrucksvoll. Die Truppen marschieren vorbei; ein Mann spuckt aus, als die berittenen Centurionen vorbeiparadieren. Der Statthalter ist sehr fett und mit einem Lorbeerkranz gekrönt. Standarten flattern im Wind. Auf dem Dach ihres Palastes lehnen sich Ben-Hur und seine Schwester Tirzah vor, um besser sehen zu können. Ein Ziegel löst sich von der Mauer und fällt hinab. Ben-Hurs Reaktion. Schnitt auf eine Aufsicht auf die Straße: Es gibt ein Gedränge, doch wir können nicht genau erkennen, was sich abspielt. Eine Nahaufnahme zeigt, daß der römische Statthalter von dem Ziegel am Kopf getroffen worden ist. Soldaten rennen auf Ben-Hurs Palast zu; Schnitt nach innen, in Großaufnahme wird die Tür aufgestoßen und Soldaten dringen ein. Hinter ihnen reitet ein heroischer Messala zu Pferd herein.

Die Galeeren-Sequenz beginnt mit Aufnahmen der sieben römischen Triremen unter vollen Segeln. Dann ein Titel: »Stattlich und schön, doch hinter der Schönheit, tief im Bauch eines jeden Schiffes, eine Hölle menschlicher Qualen.« Die Kamera fährt langsam auf den Hortator zu, der mit Hammerschlägen den Takt angibt; hinter ihm ist ein nackter Sklave an einen Strafblock gefesselt, der Rücken gezeichnet von Peitschenstriemen. Im Takt mit den rhythmischen Hammerschlägen wird auf die Galeerensklaven geschnitten, die die Riemen bewegen – zunächst in Großaufnahme, dann immer weiter bis zur extremen Totalen, während die Kamera immer näher auf die rastlosen Hämmer zufährt.

Plötzlich dreht einer der Sklaven durch und versucht, seine Ketten durchzubeißen. Er wird mit Peitschen geschlagen, während ein anderer Sklave ruft: »Er ist tot, und immer noch Schläge – und Schläge – und Schläge.«

Am Horizont wird eine Flotte von Piratenschiffen gesichtet. ›Alles auf

Gefechtsstation‹ wird befohlen. Der Piratenkapitän läßt einen gefangenen Römer auf den Rammsporn binden – »Ich werde dich an Rom zurückreichen – auf meine Weise« – dann rammt sein Schiff die Trireme. Der Kampf ist außerordentlich gut arrangiert und äußerst brutal; dem Publikum bleibt nicht erspart, wenn Piraten abgeschlagene Köpfe schwingen oder wenn Breitschwerter bis zum Heft in Leiber gestoßen werden. Eine erschreckende Einstellung zeigt einen verwundeten Römer hilflos an Deck liegen, umgeben von den Schlangen, die die Piraten geworfen haben. Die wirkungsvolle, rhythmische Montage des Kampfs erreicht einen Höhepunkt mit der Aufnahme gefesselter Sklaven, die aufschreien, als das Feuer sie einschließt. Die vielleicht eindrucksvollste Aufnahme zeigt ein Piratenschiff, das an einer Trireme entlangfährt und die Riemen wie Streichhölzer abknickt.

Das Wagenrennen ist atemberaubend spannend und filmisch so bedeutend wie die Hafentreppe von Odessa in Eisensteins *Panzerkreuzer Potemkin*. Der *Ben-Hur* von 1959 rekonstruierte den Beginn dieser Sequenz Bild für Bild; man schaffte es, viel mehr spektakuläre Zusammenstöße unterzubringen, doch dafür fehlen einige der aufregendsten Einstellungen des Rennens, wie die dramatischen Aufnahmen, die aus der Grube heraus gedreht wurden.

Die Sequenz blendet auf mit einer Reihe berittener Trompeter, die den Beginn der Veranstaltung ankündigen; die Kamera fährt dann langsam hinter einer Kavallerieschwadron her, die aus dem Gebäude in die Arena reitet. Die Reihe der Reiter rückt durch die riesigen Säulen ins Amphitheater ein; die Kamera fährt mit ihnen ein und kommt zum Stehen. Es gibt eine kurze Pause. Die Reiter bewegen sich weiter vorwärts. Dann schwenkt die Kamera langsam aufwärts und zeigt den riesigsten Dekorationsbau der Filmgeschichte, gefüllt mit der größten Menschenmenge, die jemals die Leinwand bevölkerte.

Hier wird einmal die Legende durch die Realität übertroffen. Jeder Filmliebhaber hat irgendwann von der monumentalen Dekoration gehört, aber niemand hätte sie sich *so* riesenhaft vorgestellt...

Dieses Wunder wurde von Cedric Gibbons und Horace Jackson erdacht und unter der Leitung von Andrew MacDonald ausgeführt. Als sie dabei waren, Modelle zu entwerfen, die die realen Bauten ähnlich wie bei einer Glasaufnahme ergänzen sollten, hatten sie die geniale Idee, einen Satz Tribünen mit zehntausend winzigen Leuten zu fabrizieren, die alle aufstehen und winken konnten. Die Kamera fotografierte die Miniatur und die Originaldekoration zusammen. Da der Film ja nicht dreidimensional ist, wird die Perspektive flach, und die Modelle wirken so, als seien sie integraler Teil der Hauptdekoration. Das Erstaunlichste ist aber, daß Gibbons und Jackson die Modelle so konstruierten, daß die Kamera sie abschwenken konnte, ohne daß der Anschluß beider Elemente sich störend bemerkbar machte. Bei einem Glass-Shot muß die Kamera fest in einer Position bleiben; eine Verschiebung bloß um Millimeter, und der gemalte obere Teil eines Gebäudes erscheint auf der Leinwand gegenüber dem Unterteil in Originalgröße um Meter verschoben. *Dieser* Entwurf gab dem Kameramann alle Freiheiten und ersparte M-G-M Hunderttausende von Dollar.

Andere Spezialeffekte waren ebenso beeindruckend: Der Einsturz des riesigen Senatsgebäudes, ein Effekt, bei dem A. Arnold Gillespie mit Frank Williams zusammenarbeitete, ist ein meisterhaftes Beispiel für Williams' neue Wandermasken-Technik.

Die Christus-Figur wird im ganzen Film zurückhaltend und wirkungsvoll behandelt – weit besser als die weiße Lichtsäule, die Erlanger gefordert hatte. Das gelungenste Beispiel erscheint in Rabochs Gestaltung der Szene am Brunnen, wo die Hand Christi dem verdurstenden Ben-Hur Wasser gibt; das Motiv erscheint zunächst als eine Hand, die Holz sägt. Niblo verwendet in späteren Szenen eine Hand, einen Arm oder eine Fußspur. Die meisten davon sind in Technicolor gedreht. Die Kameraarbeit ist, trotz der Vielzahl der Kameramänner – Rene Guissart, Percy Hilburn, Karl Struss, Clyde de Vinna, George Meehan, E. Burton Steene – sehr schön und die Lichtführung ziemlich einheitlich.

Schwierig wird es, wenn man die Leistungen der Schauspieler an modernen Standards mißt, denn die Darsteller spielen im großen Stil. Doch die Benutzung des forcierten Spiels ist dramatisch und choreografisch berechtigt, wenn es auch die Identifikation mit den Personen verhindert.

Novarro ist bemerkenswert. Zunächst erscheint sein Stil hoffnungslos veraltet; doch nach und nach setzt sich die elektrisierende Kraft seiner Brillanz durch.

Francis X. Bushman ist in seiner körperlichen Erscheinung ein großartiger Messala, doch versucht er seine Bedrohlichkeit in einem knarzend melodramatischen Stil auszudrücken, der heute schwer erträglich ist.

May McAvoy, eine intelligente und hübsche Schauspielerin, wird in einer Rolle verschlissen, die ihr kaum mehr als ein paar unschuldige Blicke abfordert.

Frank Currier gibt als Quintus Arrius eine sorgfältige und zurückhaltende Darstellung, die im Gedächtnis bleibt.

Claire McDowell als Ben-Hurs Mutter ist typisch für den Darstellungsstil. Alles was sie macht, geschieht in großartigen Gesten – und es *ist* großartig. Sie verleiht dem Film seinen eindringlichsten Augenblick: die Szene, in der sie mit ihrer Tochter, beide leprakrank aus der Gefangenschaft entlassen, zum alten Hur-Palast zurückkehrt und den schlafenden Ben-Hur vorfindet. Sie wagt es nicht, ihn zu berühren; stattdessen küßt sie zärtlich den Stein, auf dem er schläft. Miss McDowell war eine große Schauspielerin.

Der Stil des Regisseurs Fred Niblo war meist kalt und leblos (*Blood and Sand*, *Mark of Zorro*), doch mit dem Antrieb eines großen Budgets und den auf ihn gerichteten Erwartungen der Welt produzierte er einen wirklichen Film und nicht seine üblichen Serien von Ansichtspostkarten. Die Tatsache, daß der Handlungsbogen im letzten Drittel durchhängt, ist weniger sein Fehler als der der Drehbuchautoren; das Wagenrennen, der Spannungshöhepunkt, findet sich in der ersten Hälfte des Films. Die Stimmung schwankt zwischen blutdürstiger Action und religiösem Mystizismus; das funktioniert vielleicht in einem Roman, in einem Film wirkt es jedoch ernüchternd.

Der Schnitt ist insgesamt makellos; wo immer Nosler gefordert wurde, wie beim Wagenrennen und der Galeerenschlacht, entledigt er sich der Aufgabe mit Genialität. Andere Cutter, die einige der kleineren Szenen schnitten, waren Bill Holmes, Harry Reynolds und Ben Lewis.

Ben-Hur repräsentiert das Können der Filmtechniker zu einem bestimmten Zeitpunkt in der Entwicklung des Films. Er ist der lebende Beweis dafür, was sie auch unter ungünstigsten Bedingungen zu erreichen vermochten. Von den vielen katastrophal verlaufenen Produktionen seither – die bedeutendste

Parallele war *Cleopatra* – hatte keine ein so siegreiches Ende wie die Original-Version von *Ben-Hur*.

Etwas Vergleichbares hatte es nie zuvor gegeben. Etwas Vergleichbares hat es bis jetzt nicht gegeben. Doch die Filmindustrie sollte dankbar sein, daß der Film *überhaupt* gemacht wurde. Denn wenn auch *Ben-Hur* seine Produzenten wohl kaum reich gemacht hat, so hat er sicherlich die Technik des Films reicher gemacht.

1 *Motion Picture Magazine*, Feb. 1925, S. 100.
2 J. J. Cohn erklärte, Bowes habe ohne ihn eine zweite Europareise unternommen – und auf der seien die Verträge mit den Italienern unterzeichnet worden.
3 *Photoplay*, Mai 1923, S. 57. [Jackie Coogan ist Jahrgang 1914. A.d.Hg.]
4 *Photoplay*, Sept. 1923, S. 27.
5 *Photoplay*, März 1924, S. 76.
6 Irene Mayer Selznick zum Autor, New York, März 1964.
7 *Photoplay*, Okt. 1924, S. 36.
8 George Walsh in einem Brief an den Verfasser, März 1966.
9 *Photoplay*, Okt. 1924, S. 84.
10 Es handelte sich um den Film *Rasputin and the Empress* mit den Barrymores. Neuer Regisseur wurde Richard Boleslawski.
11 Ramon Novarro in einem Brief an den Autor, März 1966.
12 *Photoplay*, Jan. 1925, S. 92.
13 *Motion Picture Magazine*, April 1926, S. 98.
14 A. Arnold Gillespie schreibt, er sei der einzige M-G-M-Mann an Bord des Unglücksschiffes gewesen – »zugleich als Regie-Assistent, Beauftragter für Spezialeffekte u.s.w.« – und er habe einen feuchten Abgang gehabt. Er erinnert sich außerdem daran, daß nur sechs Schiffe in Anzio gebaut worden seien und daß der Schiffbauer Tito Neri mit Gillespie und dreihundert Arbeitern vierundzwanzig Stunden am Tag geschuftet habe, um die sieben majestätischen Galeeren, die im Film auftauchen, fertigzustellen.
15 Das Buch enthält ein Kapitel über die Produktion von *Ben-Hur*.
16 Bosley Crowther: *The Lion's Share*. New York: Dutton 1957, S. 97.
17 Basil Wrangell in einem Brief an den Autor, Feb. 1966.
18 Gene Mailes auf Tonband zum Autor, Sept. 1966.
19 Mrs. Sidney Franklin zum Autor, Palm Desert, April 1967.
20 Gillespie meint, die politischen Auseinandersetzungen seien hier etwas übertrieben wiedergegeben.
21 Ezra Goodman: *The Fifty-Year Decline and Fall of Hollywood*, New York: Simon & Schuster 1961, S. 300.
22 Gillespie berichtet, in Rom seien ›Versuchs‹-Proben für das Wagenrennen zur Eingewöhnung der Pferde durchgeführt worden, doch die ersten richtigen Filmaufnahmen seien erst im neuen Circus in Culver City gedreht worden. Er räumt Verletzungen von Pferden ein, hält jedoch die Zahl von hundert toten Pferden für stark übertrieben.
23 *Motion Picture Magazine*, April 1926, S. 98.
24 *Photoplay*, April 1925, S. 27.
25 William Wyler zum Autor, London, Juli 1963.
26 Die anderen Veteranen des Wagenrennens, die ich in der Zwischenzeit gesprochen habe, bestreiten übereinstimmend, daß auch nur ein Pferd getötet wurde, aber auch, daß die Wagenlenker gewußt hätten, was auf sie zukam.
27 *Photoplay*, März 1926, S. 49.
28 *Photoplay*, März 1926, S. 54.
29 *Motion Picture Magazine*, März 1926, S. 8.
30 1987 hatten David Gill und ich das Privileg, die Technicolor-Sequenzen für die M-G-M/Turner-Kopie von *Ben-Hur* zu restaurieren; wir sahen die Originalfarben, und sie waren subtil und geschmackvoll.

37 **Die Produzenten**

Die Produzenten

Produzenten sind der ewige Stachel im Fleisch des kreativen Filmmachers. Wie schwer es ist, ihre Rolle zu definieren, so schwer ist es, ihren Beitrag genau zu umreißen. Es sind die Männer, die den Film auf die Ebene des Geschäfts reduzieren.

Einige Produzenten sind verantwortlich für die Auswahl des Themas, die Auswahl der Stars und die Auswahl des Regisseurs. Einige, wie Sam Goldwyn und David O. Selznick, weiteten ihre Verantwortung aus und ließen so, aus tiefem persönlichen Interesse, große Dinge entstehen. Doch in der Mehrheit haben sie kaum konstruktiven Anteil am schöpferischen Prozeß.

Sie sind in erster Linie Geschäftsleute, eine Art Promoter, die vor allem mit der Verwaltung und den Finanzen befaßt sind. Das soll ihre Bedeutung nicht herabmindern. Keine Industrie kann ohne diese Männer überleben, und solche Produzenten, die ihre wahre Funktion erkennen und sie effizient ausführen, sind unverzichtbar. Sie können einem Regisseur die Last und die Verantwortung in entscheidendem Maß abnehmen.

Allzu häufig jedoch benutzen Produzenten ihre finanziellen Möglichkeiten, um eine diktatorische Macht auszuüben. Sie meinen, ihnen stünde ein Mitspracherecht bei der künstlerischen Durchführung ihrer Produktionen zu, und versuchen ihren eigenen Geschmack durchzudrücken; das mag sich im Falle eines Goldwyn oder Selznick günstig auswirken, meist erweist es sich als katastrophal. Bestenfalls ist das Ergebnis ein erzwungener Kompromiß.

Produzenten sind geschützt durch Anonymität. Während die Arbeit eines Regisseurs normalerweise auf der Leinwand überprüfbar ist, bleibt die Arbeit eines Produzenten ein Geheimnis. Dennoch erscheint sein Name im Vorspann genauso groß wie der des Regisseurs. Mit welchem Recht kann er Anerkennung beanspruchen für etwas, das die künstlerische Arbeit eines anderen ist?

In den meisten Fällen hat er das Recht, weil er oder sein Studio die Finanzierung des Films sichergestellt haben. Dieser könnte ohne seinen Anteil vielleicht gar nicht entstehen. Die einzige Vorbedingung, als Produzent Anerkennung zu gewinnen, ist Geld – denn Geld bringt seine eigenen Kontakte. Heute kann eine geschickte Investition dazu führen, daß der Name eines Produzenten erscheint, ohne daß dieser selbst jemals am Film mitgearbeitet hat.

In der Stummfilm-Epoche grassierte die Korruption nicht so stark, doch das Problem existierte bereits. Carl Laemmle, der Chef der Universal, wurde zum Gespött der Industrie wegen der Heerscharen von Verwandten, die er beschäftigte. Um 1927 waren es vierzehn.

»Das waren alles seine Verwandten aus Laupheim«, erinnerte sich Erich von Stroheim. »Die meisten waren unfähig, überhaupt irgend etwas zu übernehmen – man nahm sie halt in Kauf, ob man sie mochte oder nicht. Einige waren ganz nett, andere waren arrogante Bastarde. Das erste Skriptgirl, das ich hatte, war eine Nichte und zugleich Spitzel für das Management. Wenn ich sie beim Spionieren erwischt hätte, hätte ich sie verprügelt; doch komischerweise – ich weiß nicht, ob es an meinem Aussehen lag oder meiner Uniform – sie hat mich nicht angeschwärzt.«[1]

James Quirk brachte, aus Verärgerung über die Zustände, den Fall eines gewissenhaften Studiomanagers an die Öffentlichkeit, der sich vorsichtig über die Unfähigkeit der Familienbande geäußert hatte. Ihm wurde klargemacht, daß er sich um seine eigenen Sachen zu kümmern habe; drei Monate später saß er auf der Straße.

»Es ist eine allgemein bekannte Tatsache«, ergänzte Quirk, »daß diese Verwandten mit ihren Familienaffären das ganze Studio in Mitleidenschaft ziehen und die Firma mindestens eine Million Dollar im Jahr kosten. Die Minderheitsaktionäre ertragen es – aber komisch finden sie es nicht.«[2]

Im Rückblick scheint es, daß sich Laemmle mehr von dem traditionellen jüdischen Familiensinn hat leiten lassen als von kruder Vetternwirtschaft. Er war ein weichherziger Mann, der seine Macht genoß und sie gebrauchte, um jungen und unerfahrenen Leuten eine Chance zu geben und um wohltätige Zwecke zu unterstützen und Freunden in finanziellen Engpässen zu helfen. Wenn er von Geschäftspartnern zu hören bekam, sein Wohlwollen gelte oft den Falschen, zuckte Laemmle mit den Schultern und meinte: »Nun, Unheil wird damit nicht angerichtet, und das Geld werde ich nicht vermissen.«

Es war Laemmle, der als erster die Talente von Irving Thalberg entdeckte und der genug Weitblick besaß, nicht an dessen Jugend Anstoß zu nehmen und seine ungewöhnliche Reife zu akzeptieren. Thalberg war einundzwanzig, als Laemmle auf Europareise ging und ihm die Leitung des Studios überließ.

Universal konzentrierte sich zu der Zeit auf Quantität, und das Studio kochte geradezu über von Aktivität. Um ihren Ruf als Fließbandproduzent zu überwinden, investierte die Firma in ›Spezial-Filme‹; *Blind Husbands* unter der Regie von Erich von Stroheim verschaffte Universal ein großes Prestige, und von Stroheim erhielt für seine dritte Produktion *Foolish Wives* carte blanche.

Entsetzt über seine Extravaganzen, schritt Thalberg ein und versuchte, von Stroheims Begeisterung zu bremsen. Zunächst hatte er keinen Erfolg. Die Dreharbeiten zu *Merry-go-round* dauerten schon über ein Jahr und das Budget hatte noch nie dagewesene Höhen erreicht, als Thalberg seinen mutigsten – und umstrittensten – Schritt unternahm: eines Nachts wurden im Westlake Park von Stroheims Kameras einfach abgebaut und die Dreharbeiten damit beendet.

Thalberg und von Stroheim sollten sich auch bei den nächsten Filmen weiter in den Haaren liegen, und für viele Beobachter verkörperten ihre Auseinandersetzungen den ewigen Kampf zwischen Kunst und Kommerz. In Wahrheit lag die Sache nicht so einfach: Stroheim war ein brillanter Regisseur, und seine Brillanz wurde von Thalberg anerkannt. Er war aber auch von einer ausschweifenden Extravaganz, und Thalberg hatte die Aufgabe, seine Exzesse im Rahmen zu halten. Es ist zweifelhaft, ob von Stroheim von einer anderen Firma derartige Freiheiten eingeräumt und solch kostspielige Zugeständnisse gemacht worden wären. Eine Anekdote, die man sich bei M-G-M erzählte, berichtet von Thalbergs Reaktion, als er sich einige Muster zu *The Merry Widow* anschaute – sehr, sehr lange Szenen, in denen von Stroheim den Inhalt der Garderobe eines Barons gedreht hatte – Stiefel, Schuhe, Slipper, Schuhspanner...

»Worum, zum Teufel, geht es hier eigentlich?« fragte Thalberg.

»Ich wollte diesen Mann als Schuhfetischisten kenntlich machen«, erläuterte von Stroheim.

Thalberg war einem Herzanfall nahe. »Und Sie sind ein Materialfetischist!«

Von Stroheim war nicht der erste, der unter der Einmischung des Produzenten zu leiden hatte. Thomas H. Ince führte das System ein, sich für jeden Film, der ihm gefiel, den Credit als Regisseur unter den Nagel zu reißen. Terry Ramsaye erzählt in *Million and One Nights*, wie durch den Produzenten William Fox im Jahr 1916 Herbert Brenons Name aus dem Vorspann zu seinem

Die Produzenten 37

Wie sich das Gesicht des Filmgeschäfts wandelt:
United Artists 1919: D. W. Griffith, Mary Pickford, Charles Chaplin und Douglas Fairbanks.

United Artists 1956: die Unterzeichnung des Vertrages, mit dem die United Artists Management Group Mary Pickfords Aktienpaket übernahm.

Film *Daughter of the Gods* entfernt und der Film völlig umgeschnitten wurde. Fox, der daran Anstoß nahm, daß sich die gesamte Publizität auf Brenon konzentrierte, ging so weit, daß er Order gab, ihn von der Premiere fernzuhalten. Brenon verschaffte sich, laut Ramsaye, dadurch Zutritt, daß er einen falschen Bart trug.³

Adolph Zukor und Jesse Lasky mit den Plänen für das Paramount-Studio.

Fox' Einmischung fand bezeichnenderweise *nach* Beendigung der Dreharbeiten statt, denn zu der Zeit waren die Regisseure bei ihrer Arbeit völlig ihre eigenen Herren. Wichtige Regisseure waren ihre eigenen Produzenten und hatten die finanzielle Seite ihrer Filme ebenso wie die künstlerische selbst in der Hand. Kaum einer hatte über Einmischungen des Managements zu klagen, denn das Management war über Produktionsmethoden kaum im Bilde.

Die Einführung der ›Supervisors‹, der Oberleiter, war eine offene Beleidigung.

»Supervisors«, schrieb Terry Ramsaye in *Photoplay*, »haben die Aufgabe, Autoren, Regisseuren und Schauspielern die Richtung anzugeben, sie zu inspirieren und zu ermutigen. Aber bis auf wenige Ausnahmen stochern sie im Nebel ihres beschränkten geistigen Horizonts herum, haben nicht *eine* kreative Zelle im Gehirn und kennen nicht den Unterschied zwischen Ermutigen und Kujonieren.«⁴

Maurice Tourneur zog es vor, Hollywood zu verlassen, anstatt sich dem System der Supervisors zu unterwerfen. Der Ärger begann bei den Dreharbeiten zu *The Mysterious Island*.

»Nach vier Drehtagen«, erinnerte sich Maurice Tourneurs Sohn Jacques, der den Schnitt machte, »war ich gerade im Atelier, als ein Mann auftauchte. Er war kein Techniker und er hatte auch mit der Produktion nichts zu tun. Er schaute nur zu.

›Könnten Sie den Herrn bitte aus dem Atelier entfernen?‹ bat mein Vater.

Der Regieassistent forderte ihn auf zu gehen, und das tat er dann auch. Fünf Minuten später kam ein wütender Anruf von Louis B. Mayer. ›Haben Sie ... aus dem Atelier geworfen?‹

›Natürlich. Ich kann niemand im Atelier dulden‹, antwortete mein Vater.

›Aber er ist Ihr Produzent!‹

›Mein was?‹ fragte mein Vater. ›Was hat ein Produzent zu tun?‹

›Der Produzent überwacht die gesamte Produktion und schaut sich täglich die Muster an und macht seine Bemerkungen und alles.‹

›So etwas wie einen Produzenten gibt es gar nicht. Ich brauche keinen. Wenn er ins Atelier kommt, werfe ich ihn raus.‹

Also, am nächsten Tag kommt der Produzent wieder ins Atelier. Er konnte nichts dafür; das war sein Auftrag. Mein Vater sagte, ›Ich fange nicht an zu arbeiten, bevor dieser Mann nicht das Atelier verläßt.‹ Und er setzte sich hin und wartete. Schließlich ging der Produzent. Er nahm die Sache sehr freundlich auf. Am nächsten Tag rief Mayer wieder an.

›Mr. Tourneur, Sie müssen einen Produzenten haben. Jeder Regisseur muß ab sofort einen Produzenten haben. So ist das neue Verfahren des Studios.‹«

Tourneur verließ das Atelier; innerhalb von drei Tagen saß er im Zug nach New York, wo er ein Schiff nach Frankreich nahm.

Auch Rex Ingram weigerte sich, nachzugeben; als geschworener Feind von Louis B. Mayer überredete er Marcus Loew, ihm ein Atelier in Nizza einzurichten.

Doch in Hollywood wurde die Autonomie des Regisseurs ernsthaft durch die wachsende Zahl der ›Snoopervisors‹, der ›Schnüffelleiter‹, gefährdet.

»Sie sind wie Goldfische«, witzelte der Humorist Irvin S. Cobb. »Sie können mit offenen Augen herumschwimmen und dabei schlafen.«

Die intellektuellen Qualitäten dieser unpopulären Spezies waren ebenfalls eine Zielscheibe der Kritik. »Was ist ein Supervisor?« fragte Douglas Furber von M-G-M. »Ein Mann, der weiß, was er will – es aber nicht buchstabieren kann.«

Eine von Wilson Mizners bissigen Bemerkungen war noch treffender. »Ein Kaffeetäßchen«, so bemerkte er über einen Produzenten, »könnte ihm als Schutzkappe gegen die Sonne dienen.«

Der Begriff ›Supervisor‹ machte dem des ›Produzenten‹ Platz, und gegen Ende der Stummfilmzeit war dieser ein wohletablierter Teil der Filmindustrie. Unter den Produzenten gab es einige ausgezeichnete Männer – David O. Selznick, der einer der bedeutendsten unabhängigen Produzenten wurde und der, gemeinsam mit Irving Thalberg, dem Begriff wieder Ansehen verlieh. Al und Ray Rockett, zwei Enthusiasten, die den außerordentlich erfolgreichen *Abraham Lincoln* produzierten; Julian Johnson, ein ehemaliger Redakteur von *Photoplay*; Benjamin Glazer, Autor und Kollege von Erich von Stroheim; Bertram Millhauser, der zahllose Serials gemacht hatte und einer der wenigen Supervisors war, die dem Regisseur freie Hand ließen... Doch die meisten von ihnen waren ebenso überflüssig wie unkreativ. Hollywood faßte ihren Wert in dem Begriff ›Gletscher-Wächter‹ zusammen – »sie stehen herum und passen auf, daß das Studio nicht von einem Gletscher eingeschlossen wird.« Die Bitterkeit, die in jener Zeit aufkam, hat viele Leute einfach ruiniert.

1 Erich von Stroheim auf einer Bandaufnahme, die John Huntley für das British Film Institute gemacht hat, London, 1953.
2 *Photoplay*, Nov. 1927, S. 28.
3 Terry Ramsaye: *A Million and One Nights. A History of the Motion Picture*. 2 Bde. New York: Simon & Schuster 1926, [Neuausgabe: London: Cass 1964]; der Brief in Bd. 2, S. 779f.
4 *Photoplay*, Sept. 1927, S. 78.

38 David O. Selznick

David O. Selznick, ursprünglich ein Protégé von B. P. Schulberg, wurde im Lauf seines Lebens zum angesehensten unabhängigen Produzenten der Filmindustrie. Er starb am 22. Juni 1965, und die Nachrufe konzentrierten sich auf sein berühmtestes Werk *Gone with the Wind*.[1]

Dabei wurde seine frühe Karriere übersehen, weil sie praktisch unbekannt geblieben ist. David Selznick war der Sohn eines Produzenten der ersten Stunde, Lewis J. Selznick, und um seinen einmaligen Charakter zu verstehen, ist es wichtig, etwas über seinen Vater zu wissen.

Lewis Selznick stammte aus der Ukraine. Er war als Emigrant über England nach Amerika gekommen, ließ sich in Pittsburgh nieder und gründete eine Bank und drei Juweliergeschäfte, noch ehe er vierundzwanzig Jahre alt war. Selznick sprudelte über von Ideen; er konnte tatkräftig geschäftliche Unternehmungen entwickeln, doch gelang es ihm nicht immer, sie durchzuhalten. 1912 brach in New York sein ›größter Juwelierladen der Welt‹ zusammen. Ein alter Freund, Mark Dintenfass, Besitzer einer der kleinen unabhängigen Produktionsfirmen, aus denen sich Universal zusammensetzte, zog Selznick mitten in den heftigen Konflikt zwischen Pat Powers und Carl Laemmle hinein. Bei diesem Streit stand Dintenfass zwischen den Fronten. Er wollte seine Universal-Aktien verkaufen, doch keine der beiden Seiten zeigte das mindeste Interesse. Selznick versuchte zu helfen; er führte Gespräche mit Powers und Laemmle und gewann dabei einen Eindruck davon, wie die Filmindustrie funktionierte. Das weckte seinen Unternehmungsgeist, und zwar gründlich.

»Das war ein leichtes Spiel für mich«, erinnerte er sich später. »Ich wußte, was ich erreichen wollte, übernahm den Job selber, suchte mir ein schönes Büro, ging hinein und nahm die Sache in die Hand. Das lief wie geschmiert. Die Leute kamen zu mir und erzählten mir alle, wie der Hase lief, und im Handumdrehen war ich vollständig im Bilde.«[2]

Selznick stellte fest, daß bei der Universal ein General-Manager fehlte, und übernahm den Posten selbst. Da in der Firma ein einziges Chaos herrschte, fragte niemand danach, ob diese Entscheidung autorisiert war.

Selznick entfaltete blühende Aktivitäten, bis Laemmle ihn zum Rücktritt aufforderte; doch zu diesem Zeitpunkt war er schon ein Experte für die machiavellistischen Manöver in der Filmindustrie. Er wurde Vizepräsident und General-Manager der World Film Corporation. Wie Terry Ramsaye es ausdrückte: »Er ernannte sich auch zum Haupt-Störenfried der Filmindustrie.« Als Laemmle in einer Anzeigenserie in den Fachblättern die Kinobesitzer aufforderte, »den Verstand, den Gott euch verliehen hat, zu gebrauchen«, antwortete Selznick, das Filmgeschäft erfordere »weniger Verstand als sonst irgend etwas auf der Welt«.

Nachdem er aus der World Film Corporation hinausgedrängt worden war, gründete er seine eigene Firma, um Filme mit Clara Kimball Young zu produzieren, die bei World Film der wichtigste Star gewesen war. Die Clara Kimball Young Film Corporation setzte einen Trend, den Mary Pickford umgehend mit der Mary Pickford Film Corporation aufnahm. Selznick veröffentlichte in der Fachpresse einen offenen Brief, in dem er Mary Pickford dazu gratulierte, daß sie den Mut besitze, einer Idee zu folgen, die er entwickelt hatte. »Bitte übermitteln Sie meinem Freund Mr. Adolph Zukor meine tiefe Verbundenheit. Es ist in der Tat erfreulich, unter den Kollegen einen Mann zu wissen, der so großherzig ist, daß weder falscher Stolz noch mangelnde Weitsicht ihn davon abhalten können, sich einen ausgezeichneten Plan anzueignen, auch wenn er von einem anderen entwickelt wurde.«³

Lewis J. Selznick Enterprises produzierte Filme mit Miss Young, Norma und Constance Talmadge, Olive Thomas, Elaine Hammerstein ... Nebenbei bildete der Vater seine Söhne aus, Myron in der Produktion – er wurde später ein bekannter Agent – und David auf dem Gebiet der Promotion.

Die Selznick Company, später Select Pictures, wurde durch die Konkurrenz ausgeschaltet. Zur gleichen Zeit unternahm David O. Selznick (das ›O‹, offiziell Oliver, stand für gar nichts; Selznick legte es sich zu, um sich von einem Verwandten zu unterscheiden, den er nicht mochte) seine ersten Versuche in der Filmproduktion.

David O. Selznick: In der ersten Zeit hatte, glaube ich, mein Vater ein ebenso starkes Interesse am Film wie ich. Bei Filmen wie *War Brides*, mit Nazimova, Regie Herbert Brenon, da war er wohl sehr interessiert. Doch das verlor sich, als er sich in allen Details um den Aufbau einer großen Firma mit Zweigstellen in aller Welt kümmern mußte. Ich glaube kaum, daß er da noch Zeit hatte. Er war zu sehr mit dem Aufbau seines Imperiums beschäftigt.

Ich glaube, der Stummfilm bot überragende Unterhaltung – er war außerordentlich kreativ, und ein wunderbares Medium, das uns verlorengegangen ist. Es gibt Beispiele dafür, daß und wie sein Einfluß für den Tonfilm nutzbar gemacht wurde, und dieser Einfluß besteht natürlich weiterhin. Im Rückblick glaube ich, daß Hollywood etwas absolut Phantastisches vollbracht hat, unter den größten Schwierigkeiten, als alles noch neu war und jeder einzelne am Nullpunkt anfangen mußte.

In jener Zeit war das Kennzeichen dafür, ob eine Szene gelungen war, die Anzahl der Zwischentitel. Brauchten wir zu viele, wenn wir eine Szene diskutierten, dann warfen wir die Szene automatisch raus. Dadurch lernten wir, eine Geschichte filmisch zu erzählen. Wir beschrieben eine Szene in Schnitten. Wir sagten: »Die machen das und das, und dann schneidest du auf eine Großaufnahme, und dann schneidest du auf dies oder jenes« ... und wir erzählten einander die Szene, bezogen auf die Montage und weniger auf die Dialoge. Wenn sich etwas als nicht besonders filmisch herausstellte, sagten wir: »Ach, das ist nicht gut«, und fingen nochmal von vorne an. Das war es, was es zu einem so wundervollen Medium machte. Heute wird eine Szene danach beurteilt, wie der Dialog auf dem Papier aussieht. Wir konstruierten jede einzelne Szene so, daß sie einen Anfang, eine Mitte und ein Ende hatte. Jede Szene erzählte ihre eigene Geschichte, auf die dann die nächste Szene folgte. Diese Kunst ist ganz verloren gegangen.

Ich finde es schade, daß durch den Tod, den Rückzug oder die Pensionierung so vieler Pioniere so viel von der Kenntnis des filmischen Handwerks in diesem Land verloren gegangen ist. Im Gegensatz dazu verstehen Regisseure im Ausland – wenn wir einmal von ihrer mangelnden Fähigkeit absehen, Unterhaltung für ein amerikanisches Publikum zu machen – sehr viel mehr davon, eine Geschichte im Film zu erzählen, als eine bedauerlich große Anzahl amerikanischer Regisseure heute. Ich halte zum Beispiel Fellini für das bedeutendste filmische Talent seit vielen Jahren. Sie müssen bedenken, daß die Stummfilmzeit von jungen Männern geprägt wurde. Alle steckten in einem Lernprozeß. Da gab es keine erfahrenen Experten – außer sie hatten sich Erfahrung und Kenntnisse in relativ kurzer Zeit angeeignet. Die Cutter hatten angefangen, indem sie die Schneideräume ausfegten; dann lernten sie, wie man Film zusammenklebt und wie man schneidet. Die praktischen Handgriffe des Schneidens sind nicht allzu schwer zu erlernen, doch ein kreativer Filmschnitt ist etwas anderes. Die Fähigkeit von jemandem, etwas Kreatives beizutragen, wurde in den Konferenzen bei der Projektion deutlich, bei Diskussionen über Muster und erste Montagefassungen, so daß sich beispielsweise die Regisseure vorwiegend aus den Technikern rekrutierten.

Das war ein gewaltiger Vorteil im Vergleich zu einem Großteil der heutigen Regisseure. Es wurde ihnen klar, daß gutes Kino, um diesen Ausdruck zu benutzen, ein Medium des Schnitts ist oder doch sein sollte. Sie lernten so etwas auf ihrem Weg nach oben, und als Regisseur war es ihnen dann klar. Sie verstanden die technische Seite, wie man eine Story im Film erzählt, während viele heutige Regisseure keine Ahnung vom filmischen Handwerk haben; sie waren vorher Bühnenregisseure oder Autoren und sind deshalb von ihrer Crew abhängig oder, in einigen wenigen Fällen, von ihrem Produzenten. Kazan erzählte mir, nachdem er bereits einige Filme inszeniert hatte, daß er gerade erst anfange zu verstehen, wie man eine Geschichte im Film erzählt. Ich glaube, er hat es gelernt.

David O. Selznick.

Damit will ich nicht sagen, daß ein guter Film, vom Standpunkt der Unterhaltung aus, nicht von jemandem gemacht werden könnte, der von diesen Dingen keine Ahnung hat. Wenn die Szenen vom Drehbuch, vom Aufbau, von den Dialogen und der Darstellung her wirkungsvoll genug sind, dann können sie sehr gute Unterhaltung sein – und die Filme können sehr erfolgreich sein. Wenn sie aber den Beitrag erstklassiger, erfahrener Filmhandwerker vermissen lassen würden, würde ich sie neu drehen.

Ich habe mit einer ganzen Anzahl guter Regisseure jener Zeit zusammengearbeitet. Besonders angetan war ich von dem Talent Bill Wellmans, dessen Beitrag zum Film in der Filmgeschichte niemals gebührend gewürdigt worden ist. Wellman war meines Wissens der erste Regisseur in Amerika, der die bewegte Kamera verwendete.

Ich meine nicht den Kamerawagen, wie ihn Griffith für den Ritt der Klansmen in *The Birth of a Nation* verwendet hat, sondern ich spreche davon, daß man die Kamera selbst bewegt, daß man echte Dynamik in die Bewegung der Kamera bringt. Das wurde in diesem Land von Wellman eingeführt, etwa zur gleichen Zeit, als einige deutsche Regisseure damit anfingen.

Ich war auch selbst im Atelier, als Wellman zum ersten Mal ein Mikrofon von der Stelle rückte, ob Sie es glauben oder nicht. Der Ton war noch ziemlich neu, und zu der Zeit bestanden die Toningenieure darauf, daß das Mikrofon fest an einer Stelle bliebe. Wellman, damals ein ziemliches Temperament, wurde sehr wütend, nahm selbst das Mikrofon in die Hand, hängte es an einen Galgen, gab den Befehl zur Aufnahme – und bewegte es. Damit endete das, was für das Kino ein völliger Verlust des Filmischen war; wenn Sie sich die ersten Tonfilme anschauen, sehen sie, daß die Personen wie an einer Stelle festgenagelt sind und sich, so war die Anweisung des Toningenieurs, nicht bewegen durften.

Das waren einige der Errungenschaften Wellmans, die ich stets auf die Tatsache zurückgeführt habe, daß er im 1. Weltkrieg Flieger war; er besaß das Auge eines Mannes, der im Flugzeug sitzt und an ständige Bewegung gewöhnt ist. Die Eröffnungssequenz seiner *Legion of the Condemned* (1927) habe ich oftmals erwähnt als eines der brillantesten Beispiele dafür, wie man eine Geschichte filmisch erzählen kann. Er erzählte die gesamte Geschichte von vier verschiedenen Männern und brauchte für jeden wohl weniger als eine Minute. Er war wirklich ein bemerkenswertes Talent. Wellman war ein enger persönlicher Freund von mir, und wir haben uns, als wir jung waren, natürlich über nichts anderes unterhalten als über Filme. Morgens, mittags und nachts, sieben Tage in der Woche. Wir arbeiteten wirklich sechs Tage pro Woche im Atelier.

Mein erster Spielfilm war *Roulette* (1924), den wir für siebzehntausend Dollar herstellten. Ich konnte Henry Hull überreden, seine Rolle für einen neuen Smoking zu spielen. Davor drehte und schnitt ich eine Wochenschau für Ford, mein Kameramann war Ernest Schoedsack; er schleppte alle paar Tage seine ganze Ausrüstung irgendwo anders hin, er war ein bemerkenswert schneller halbdokumentarischer Kameramann. Ich machte auch einen Film über Firpo, der gekommen war, um gegen Jack Dempsey zu boxen, mit dem Titel *Will He Conquer Dempsey?*, und eine Wochenschau mit Valentino als Preisrichter bei einer Schönheitskonkurrenz.

Nachdem ich kurz mit *White Shadows of the South Seas* zu tun hatte, ging ich zu Paramount; dort war meine erste richtige Produktion – abgesehen von ein paar Western und, noch davor, meinen jugendlichen Unternehmungen drüben in New York – eine Story mit dem Titel *Heliotrope*, aus der dann *Forgotten Faces* wurde. Ich wollte ein paar wirklich gute Filme machen; *Forgotten Faces* gelang dann recht gut. Es ging alles sehr glatt, und ich verstand mich mit dem Regisseur Victor Schertzinger sehr gut. Tja, damals war alles viel einfacher.

Ich war B. P. Schulberg unterstellt, dem Chef des West Coast Studios der Paramount. Aber der hatte mit der praktischen Durchführung des Films nichts zu tun, außer dem ursprünglichen Beschluß, ihn zu machen. In jenen Tagen war man als ›Supervisor‹ nie *vollständig* für etwas verantwortlich, da man noch einen Studiochef über sich hatte. Ich würde sagen, ich war für *Forgotten Faces* genau so weit verantwortlich, wie heutzutage irgendein Produzent für einen Film verantwortlich ist. Absolute Unabhängigkeit erreichte ich erst 1931 bei RKO.

Ein Supervisor hatte zumindest mehr Autorität als heute die bei einem Studio festangestellten Produzenten. Er war mit den Details enger vertraut, weil alles noch nicht so stark in Abteilungen untergliedert war wie heute im System der großen Studios – oder was davon übriggeblieben ist. Man war völlig unabhängig in bezug auf Dekorationen, Kostüme und alle anderen Details der Produktion, solange man das Budget einhielt.

Ich wurde ziemlich schnell Schulbergs leitender Assistent, wodurch ich die zweite Stelle im Studio einnahm und so immer mit dem Gesamtprogramm

39 Wir lachen nicht mehr so wie früher

Die Stummfilmzeit war das Goldene Zeitalter der Komödie. So weit herrscht zumindest Einigkeit, dank der Wiederaufführungen und der Kompilationsfilme, durch die die Stummfilmkomödien ein zweites Mal populär geworden sind. Es sind verschiedene Versuche unternommen worden, mit modernen Produktionen an den einmaligen Stil der Stummfilmkomödien anzuknüpfen. Das aufwendigste Beispiel ist Stanley Kramers *It's a Mad, Mad, Mad, Mad World* (1963), ein Cinerama-Koloß mit einer langen Besetzungsliste alter Stars in Gastrollen.

Doch man kann kein neues Goldenes Zeitalter der Komödie erschaffen, indem man einfach den Stil des ursprünglichen *nach*-schafft. Kramers Film hat lediglich die Aufmerksamkeit auf die Tatsache gelenkt, daß auch ohne Farbe, Cinerama und Stereo-Ton die Komödien vierzig Jahre zuvor sehr viel witziger waren.

Auch wenn der Film kein finanzieller Mißerfolg war, stellten Kritiker wieder die alte Frage: Warum entstehen heute nicht mehr solche Filme wie damals?

Sie entstehen nicht, weil sie nicht mehr entstehen können. Den Filmmachern heute fehlen nicht unbedingt die Fähigkeiten, es fehlen ihnen die Mittel. Es ist wirtschaftlich nicht mehr möglich, mit Komödien-Teams zu Außenaufnahmen aufzubrechen und den Film unterwegs zu improvisieren. Alles muß geplant, aufgeschrieben und in einen Terminplan gefaßt werden. Und die großen Komiker wußten es von Anfang an – Komödien können nur in Ausnahmefällen geplant werden. Sie müssen sich ereignen.

Die stummen Komödien besaßen jene wunderbare Spontaneität, weil sie normalerweise spontan *waren*. Die Mehrzahl der stummen Komiker arbeitete ohne Drehbuch, was aber nicht bedeutete, daß sie ihre Filme einfach zusammenschluderten. Chaplin, Lloyd und Keaton hatten Genie, doch verließen sie sich bei ihrer Arbeit nicht allein auf diese schöne Eigenschaft. Außer Chaplin arbeiteten alle Spitzenkomiker mit einem Team von Gagmen, Leuten, die weniger dafür bezahlt wurden, Gags aufzuschreiben, als viel mehr dafür, sie sich auszudenken, sie weiterzuerzählen, zu verbessern, zu verfeinern und dann einen Weg zu finden, wie man sie drehen könnte.

Buster Keaton beschäftigte vier solcher Gagmen, Lloyd etwa zehn. Sie wurden ebenso hoch bezahlt wie Regisseure, und viele von ihnen wurden später auch Regisseure. Oftmals begleiteten sie das Team zu den Außenaufnahmen, und wenn die Aufnahmen ins Stocken gerieten, brachten sie neue Ideen ins Spiel oder verbesserten alte. Stumme Komödien kosteten manchmal mehr und nahmen mehr Zeit in Anspruch als normale Spielfilme. Doch es war diese Methode der inspirierten Improvisation, durch die das entstand, was als Goldenes Zeitalter der Komödie berühmt wurde.

Die beeindruckendste Eigenschaft der Komiker war ihre verblüffende Fähigkeit, harte Arbeit zu leisten. Sie arbeiteten Tag und Nacht, wenn sie glaubten, es würde ihrem Film nützen. Sie gaben niemals auf. Wenn ein Gag beim erstenmal danebenging, versuchten sie es immer wieder, bis sie den gewünschten Effekt erzielten. Und ihre Hartnäckigkeit endete nicht mit dem Drehschluß.

Wenn die Publikumsreaktion falsch war, wenn die Gags nicht ankamen, zogen sie den Film zurück und drehten die schwächeren Teile neu. Das konnten sich nicht alle Produzenten leisten; die kürzeren Fließband-Komödien hatten selten ein Preview. Doch für die langen Komödien gab es normalerweise eines, und die Produktionen der Studios von Roach und Sennett wurden häufig in ein laufendes Programm eingeschoben. Harold Lloyd legte großen Wert auf Previews, und Irving Thalberg schrieb ihm das Verdienst zu, sie erneuert zu haben.

Das vielleicht Schätzenswerteste an der Epoche war die völlige Unbefangenheit aller Beteiligten. Niemand war von dem Bewußtsein erfüllt, daß man dabei war, ein Goldenes Zeitalter zu schaffen. Niemand, mit Ausnahme von Chaplin und Sennett, war bis dahin in den Ruf eines Genies gekommen. Das Filmmachen war immer noch ein Spaß. In Keatons Atelier war Baseball der beliebteste Sport. Wenn er Kamera-Crews oder Gagmen brauchte, engagierte Keaton sie weniger wegen ihrer Erfahrung im Filmgeschäft als auf dem Baseball-Platz. Wenn sie sich zugleich als kundige Techniker erwiesen, war das reiner Zufall.

Insgesamt war die ganze Epoche eine erstaunliche Folge von glücklichen Zufällen und glänzenden Fügungen – von dem Augenblick, als Chaplin über seine unsterbliche Aufmachung als Tramp stolperte, bis hin zur zufälligen Besetzung von Oliver Hardy in einem Film mit Stan Laurel.

Chaplin, Lloyd und Keaton sind als die drei bedeutenden Gestalten der Filmkomödie anerkannt. Doch es gab im Stummfilm noch viele andere ausgezeichnete Komiker, deren Werk fast völlig in der Versenkung verschwunden ist.

Harry Langdon drehte vergleichsweise wenige lange Spielfilme; die besten davon – *Long Pants* (1927) und *The Strong Man* (1926), beide unter der Regie von Frank Capra – werden glücklicherweise noch immer gezeigt. In ihnen erweist sich Langdon als das vierte Genie der Filmkomödie. Chaplin setzte Pathos in bestimmten wichtigen Augenblicken ein; Langdon benutzte es, in unterschiedlicher Ausprägung, fast ununterbrochen. Er spielte eine einfache, kindliche und sehr verwundbare Figur, deren unschuldiger Charme im Publikum Zuneigung und Beschützerinstinkte auslöste. Langdons Figur blickte in die Welt wie eine verwunderte weiße Maus. Als Komiker stand er völlig für sich, und dazu war er ein brillanter Pantomime.

Langdon wurde in Council Bluffs, Iowa, geboren und arbeitete als Zeitungsjunge; das Theater übte eine geradezu magische Anziehungskraft auf ihn aus. Es gelang ihm, eine Stelle als Requisiteursgehilfe zu bekommen, und er lief von zu Hause fort, um sich einer Theatertruppe anzuschließen. Er verbrachte einige Zeit bei der Kickapoo Indian Medicine Show, in deren Programm er einen Auftritt hatte, um anschließend Medizin an das Publikum zu verkaufen. Dann schloß er sich der Gus Sun Minstrel Company an, bei der er eine Sing- und Tanznummer hatte, mit einem Stuhl einen Balanceakt machte, einem Jongleur assistierte und die Garderobe verwaltete – bis ihr Pullman-Wagen eines Nachts in Council Bluffs, Iowa, ausbrannte, woraufhin Langdon nach Hause und zu Bett ging.

Er machte weitere Erfahrungen, indem er als Zirkusakrobat und Clown arbeitete, für eine Zeitung Comic Strips zeichnete und im Vaudeville auftrat.

»Jede Sache hat ihre eigenen Schwierigkeiten«, sagte Langdon in einem *Photoplay*-Interview. »Zeitungs-Comics sind schwer, weil man in vier oder fünf Bildern eine ganze komische Geschichte erzählen muß. Man kann sich nicht entfalten wie im Zirkus, auf der Bühne oder auf der Leinwand.

Vaudeville ist manchmal schwerer und manchmal leichter, als in der Zeitung oder im Film Witze zu reißen. Wenn man ein lahmes Publikum hat, ist es die härteste Sache der Welt. Das Komische an diesem ganzen merkwürdigen Geschäft ist, daß das Publikum wirklich lachen will, daß es aber die schwierigste Sache ist, es dazu zu bringen. Sie wollen nicht weinen, und doch weinen sie beim kleinsten Anstoß. Vielleicht wollen deshalb so viele Komiker Tragödien spielen – als eine Art von Erholung.«[1]

Als Langdon in Los Angeles auftrat, engagierte ihn Mack Sennett. Mit seiner Filmfigur blieb er bei dem Kostüm seiner Vaudeville-Jahre – ein kleiner weicher Hut, ein großer Mantel und ein Paar riesige flache Schuhe.

Die meisten Komödien, die Langdon für Sennett drehte, waren Standardware für ihre Zeit, doch einige gehören in die Spitzenkategorie der Stummfilmkomödie. Seine Filme entstanden fast alle mit demselben Team – Harry Edwards, Regie; Arthur Ripley und Frank Capra, Gagmen; William Williams, Kamera; William Hornbeck, Schnittüberwachung; Al Giebler, Titelautor.

Photoplay berichtete, 1925 sei der Lieblingskomiker der ganzen Filmkolonie Harry Langdon: »Fragen Sie Harold Lloyd, wer ihm im Kino die größten Lacher abringt. Fragen sie irgendeinen Star. Alle nennen Langdon. Innerhalb eines Jahres hat er sich als Komiker eine Position direkt hinter Keaton und Lloyd erobert.«[2]

Der enorme Erfolg von Langdons erstem unabhängigen Spielfilm *Tramp, Tramp, Tramp* (1926) bestätigte diese Einschätzung. Wegen seiner längeren Spieldauer engagierte Langdon mehr Gagmen. Im Film werden Frank Capra, Tim Whelan, Hal Conklin, J. Frank Holliday, Gerald Duffy und Murray Roth genannt. Joan Crawford spielte das Mädchen.

»Dieser Film befördert Langdons trauriges Gesicht und gefühlvolle Figur aus der Kategorie der Zweiakter auf eine Stufe mit Chaplin und Lloyd«, schrieb *Photoplay*. »Er kommt ihnen an Bedeutung zwar noch nicht gleich, doch ist er ein wertvoller Zuwachs für die Gruppe der Komödienmacher, von denen wir entschieden zu wenige besitzen.«[3]

In *Tramp, Tramp, Tramp* spielt er den Sohn eines Schuhmachers (Alec B. Francis), dessen Lebensunterhalt bedroht ist. Harry verspricht, etwas Geld aufzutreiben – »Ich krieg es in drei Monaten zusammen, und wenn's ein Jahr dauert.« Er beteiligt sich an einem Marathon-Marsch, einer Werbeveranstaltung für Burton-Schuhe, fest entschlossen, sowohl den Preis von 25 000 Dollar als auch das Mädchen auf den Burton-Plakaten zu gewinnen. Dieser Rahmen bietet die Grundlage für einige wunderbar einfallsreiche Gags. Bisweilen neigt eine Episode dazu, ihren Witz isoliert zu entwickeln, und kommt mit der Langdon-Figur in Konflikt; es gibt eine überlange Spannungs-Szene (die in *The Chaser* wiederholt wurde), die zwar fachmännisch inszeniert ist, die aber eher in einen Harold Lloyd-Film gehört. Doch der größte Teil von *Tramp, Tramp, Tramp* ist ein Genuß.

Die Szene mit Harry als Sträfling ist ein Meisterwerk sorgfältigen Timings. Im Steinbruch erhält Harry den Befehl, einen Vorschlaghammer zu holen. Der ist ihm zu schwer. Er legt ihn auf den Haufen zurück und nimmt ein winziges Hämmerchen. Der Aufseher zwingt ihn, einen großen zu nehmen. Diesmal fällt der Kopf ab. Nun sucht der Aufseher wütend einen anderen aus; in dem Durcheinander von Händen und Hämmern gerät Harry die Flinte des Aufsehers in die Finger. Da es Harry ist, weiß er damit nichts anzufangen, also wirft er sie fort. Sie geht los, und ein anderer Aufseher eilt herbei. Erschrocken läßt Harry ihm einen schweren Hammer auf den Fuß fallen – der Mann verschwindet humpelnd und fluchend. Harry wendet sich schnell wieder dem Haufen zu, durchwühlt ihn und verschwindet, als der andere Aufseher wegschaut, wieder mit dem ursprünglichen kleinen Hammer. Er setzt sich vor einen riesigen Felsblock und klopft sachte auf ihn ein, wie ein Kind auf ein Ei. Nichts passiert, also nimmt er einen Kieselstein und zertrümmert den stattdessen. Langdon bewahrt einen kindlichen Charme, ohne kindisch zu wirken; seine Komik bleibt, auch in den gewaltsamen Passagen, immer sanft.

Gegen Ende des Films heiraten Harry und Joan, und uns wird ein Klein-Harry vorgestellt. Langdon spielt auch diese Rolle. Er ist der kleine Harry im Kinderbett, er niest, wirft einen Ball aus dem Bett – der springt von der Wand zurück und trifft ihn. Die verwunderte Reaktion, die weit geöffneten Augen und die verzögerte Spätzündung sind allesamt typische Langdon-Gesten, und sie passen perfekt zum Baby. Langdons Team verliebte sich offenbar in diese Szene – die nachgedreht werden mußte, als ein echtes Baby nicht mitspielen wollte – sie geht dann immer weiter und wird immer bezaubernder.

Mit diesem Spielfilm hätte sich Edwards als Spitzenregisseur für Komödien etablieren können, doch den erhaltenen Unterlagen zufolge brauchte er zu lange und überzog das Budget, deshalb gab Langdon seine nächste Produktion an Frank Capra. (Harry Edwards blieb dennoch ein enger Freund und arbeitete noch in späteren Jahren mit Langdon zusammen.[4])

Edwards war vielleicht erstklassig, doch Capra war brillant. Er verstand Langdons Figur besser als alle anderen, einschließlich Langdon selbst. *The Strong Man* wurde ein Meisterwerk.

»Es ist ein großes, phantastisches Gelächter von Anfang bis Ende«, schrieb *Photoplay*. »Zunächst geht ein Lachen ins andere über. Ein leises Lachen wird von einem brüllenden Gelächter hinweggefegt. Schließlich fließen die Tränen – und dann ist man so weit, daß man hinausgetragen werden muß.«[5]

The Strong Man wird oft von Archiven und Filmclubs in aller Welt gezeigt. Sein überwältigender Höhepunkt ist den besten Actionfilmen ebenbürtig. Der Film spielt in einer sündigen, alkoholverseuchten Stadt; der Starke Mann ist so betrunken, daß er nicht auftreten kann; um das aufgebrachte Publikum zu beruhigen, schiebt der Manager des Saloons seinen Assistenten (Harry Langdon) auf die Bühne. Harry ist verloren. Er sieht sich dem grölenden Unmut gegenüber und macht eine kleine olé-Bewegung. Er schaut sich suchend nach den Gewichten und der riesigen Kanone um und macht ein weiteres olé. Er versucht ein Gewicht anzuheben, scheitert und beginnt mit einem Steptanz. Draußen vor dem Saloon marschiert die örtliche Kirchengemeinde auf, fest entschlossen, die Sünder zu vertreiben. Drinnen dreht das ungeduldige Publikum endgültig durch, und Harry eröffnet in einer phantastischen Action-Szene das Feuer mit der Kanone, was damit endet, daß die Mauern von Jericho zusammenstürzen – ehrfürchtiges Erstarren des Priesters und seiner Gemeinde. Allein auf der schlichten technischen Ebene ist *The Strong Man* eine große Leistung, von Elgin Lessley – der mit Roscoe Arbuckle und Buster Keaton gearbeitet hatte – überragend fotografiert und von Harold Young vorzüglich geschnitten. Der Film hat noch heute seinen Platz als eine der perfektesten Komödien, die je gemacht worden sind.

In *Long Pants*, der vom gleichen Team gemacht wurde, hat sich unbegreiflicherweise der Glanz von *The Strong Man* nicht erhalten. Er bleibt eine wichtige und über weite Strecken gelungene Komödie. Doch das Ergebnis deutet darauf hin, daß irgendwo etwas nicht stimmt.

Die Erklärungen widersprechen einander, und die betroffenen Parteien sind nicht bereit, darüber zu sprechen. Folgendes scheint sich ereignet zu haben: Nach dem Erfolg von *The Strong Man* brauchte sich Langdon endlich nicht mehr unter so großem Druck zu fühlen, im Vertrauen darauf, mit Capra und Ripley ein perfektes Team gefunden zu haben. Er fuhr für vier Wochen zum Golfspielen. Als er zurückkam, mußte er feststellen, daß sich Autor und Regisseur zerstritten hatten; Ripley war der strikten Meinung, Langdons Auftritt im Film erfolge zu spät. Capra verbat sich jede Einmischung. Langdon unterstützte Ripley, und bei der Herstellung des Films, nämlich *Long Pants*, herrschten unerträgliche Bedingungen. Langdon feuerte Capra.

Wütend schrieb Capra einen Brief an die Filmjournalisten. Er behauptete, es sei unmöglich, mit Langdon zusammenzuarbeiten, er mische sich überall ein, er sei eitel und egoistisch und halte sich für den Größten im Filmbusiness. Das Wichtigste aus dem Brief wurde abgedruckt, die Story wurde aufgegriffen und von allen möglichen Zeitungen aufgeblasen. Mir selbst erscheint diese Geschichte wenig glaubhaft, denn Capra gilt als ein freundlicher und rücksichtsvoller Kollege und als bedeutender Regisseur. Allerdings wird sie von der im allgemeinen verläßlichen Katherine Albert berichtet,[6] und Capra bestätigt sie in seiner Autobiographie.[7]

Der Bruch traf Langdon wie ein Schlag, doch mußte er seinen Vertrag mit First National erfüllen, wenngleich er den Willen zur Arbeit verloren hatte. Er inszenierte seinen nächsten Film *Three's a Crowd* nach einer Story von Arthur Ripley selbst. Er war stark von *The Gold Rush* beeinflußt. Harry rettet ein Mädchen, das er im Schnee gefunden hat (Gladys McConnell), und bringt es zu seiner kleinen Hütte im Slum, zu der eine unwahrscheinlich lange und vermutlich symbolische Treppe hinführt. Sie hat ein Baby, und er kümmert sich darum, als ob es sein eigenes wäre. Es gibt in dem Film nur sehr wenige Lacher. Es ist eine überraschend düstere Komödie, und trotz ihres sanften, anrührenden Charmes ist sie oberflächlich inszeniert. Zum traurigen Schluß kommt der Mann des Mädchens, um es abzuholen. Bei ihrem Abschied leuchtet Harry mit einer kleinen Öllampe. Während ihr Wagen davonfährt, steigt er seine lange, lange Treppe zur schneebedeckten Straße hinab, fassungslos darüber, was mit ihm geschehen ist. An der Ecke bläst er seine Lampe aus und alle Straßenlichter erlöschen.

Photoplay war unnötig hart: »Noch mehr von dieser Sorte, und er wird in jene Vorhölle verlorener Kinoseelen geschickt – ins Vaudeville. Langdon greift nach dem Mond – und erwischt ein schwaches Glühwürmchen.«[8]

Wenn sich in *Three's a Crowd* Langdons Deprimiertheit widerspiegelte, dann zeigte er sich in *The Chaser* gut erholt. Langdon inszenierte auch diesen Film, und hier erweist er sich, zumindest im Rückblick, als ausgezeichneter Komödienregisseur – nicht von der Klasse eines Capra, doch sicher so gut wie Edwards. Der Stil ist in der Tat so ähnlich, daß man meinen könnte, Edwards wäre zurückgekehrt, um seinem alten Freund zu helfen. Die lang gehaltenen Einstellungen von *Three's a Crowd* sind verschwunden, das Tempo der alten Zweiakter ist wieder hergestellt. Die Vorstellung von Harry als Schürzenjäger ist wenig überzeugend, und die einzige Szene, die er seinen amourösen Eroberun-

Die Harold-Beaudine-Truppe auf dem Christie-Gelände.

Benjamin Stoloff führt Regie bei *Roaring Lions at Home* (1924);

Wir lachen nicht mehr so wie früher 39

Während der Produktion von *Hands Up* (1926): Raymond Griffith und der Gag-Schreiber Monte Brice.

gen widmet, ist schnell beschrieben: Er ist umwerfend komisch, eine Valentino-Parodie, aber an der Figur total vorbei. Viel wirksamer sind jene Szenen, in denen er aufgrund eines Gerichtsbeschlusses die Rolle seiner Frau als Haushälterin einnehmen muß. Mit einem voluminösen Rock angetan, schlurft er mit einer Pfanne hinaus zum Hühnerstall und versucht ein Huhn dazu zu bringen, ein Ei zu legen. Er hält das Huhn über die Pfanne und hofft, daß ein Ei direkt hineinfällt. Als nichts passiert, beguckt er neugierig das schläfrige Huhn, hält es an sein Ohr und schüttelt es wie einen kaputten Wecker. Mittlerweile ist ihm ein anderes Huhn unter den Rock gekrabbelt, hat ein Ei gelegt und ist wieder hervorgekrochen. Als Harry das erste Huhn laufen läßt und einen Schritt zurücktritt, entdeckt er voller Erstaunen, daß er offensichtlich selber ein Ei produziert hat. *The Chaser* ist voll von solch unerwarteten Überraschungen.

Heart Trouble war Langdons letzte unabhängige Produktion. Sie ist seit der Erstaufführung zwar nicht wieder gezeigt worden, doch ich bezweifle, daß der gnadenlose Verriß in *Photoplay* berechtigt war: »Wenn dies in einem Nacht-Kino in der Nähe eines Übernachtungsheims läuft, wo man 15 Cents für die Gnade einer Schlafstatt zahlt – kaufen Sie sich eine Karte. Es wird Sie keine Sekunde vom Schlaf abhalten. Doch wenn Sie einen Film genießen wollen, bleiben Sie draußen. Nur ein Haufen dummer Gags, keine Story und so viele geistlos-alberne Situationen, daß es reicht, um den Abgang Harry Langdons zu besiegeln.«[9]

Langdons Abgang machte in ganz Amerika Schlagzeilen. »Witzbold macht pleite.« Neben seiner finanziellen Krise ging auch seine Ehe zu Bruch. Techniker wie Produzenten zeigten ihm die kalte Schulter. Als er 1929 mit Hal Roach einen Vertrag über eine Reihe Zweiakter abschloß, mußte er erkennen, daß Capras Brief nicht vergessen war. Roach sagte: »Also bitte nicht die überhebliche Tour wie damals bei First National.«

»Harry Langdon war ein wundervoller Komiker«, meinte Eddie Sutherland, der später als Regisseur mit ihm arbeitete. »Ich glaube, er hat sich selbst zerstört. Als ich ihn schließlich in dieser Tonfilm-Komödie hatte, war der arme Kerl ein erledigter, gebrochener Mann. Der Ton bekam auch Langdon nicht. Er war da nicht sehr witzig.«

Ein anderes tragisches Opfer des Tonfilms war Raymond Griffith, der allerdings schon vor dem Tonfilm Probleme hatte, Verträge zu bekommen. Mit seinem Zylinder war Griffith als Komiker eine Mischung aus Adolphe Menjou und Max Linder. Seine Figur war ein weltmännisch-selbstsicherer Mann von Eleganz, der völlig aus der Fasson gebracht wird, speziell durch Frauen.

Griffith war in erster Linie ein brillanter Schauspieler. Als ehemaliger Tänzer bewegte er sich mit erstaunlicher Grazie. Nach einer Anzahl von Nebenrollen, in denen er mühelos alle an die Wand spielte, erhielt Griffith seine eigene Komödien-Serie bei Paramount.

»Ich sah ihn, zufällig, zum ersten Mal in *The Eternal Three* (Marshall Neilan)«, schrieb 1924 ein Fan aus Philadelphia. »Das war ein ganz gewöhnlicher Film mit gewöhnlichen Darstellern – mit einer Ausnahme: Raymond Griffith. Sein Darstellungsstil ist überragend, wie in jedem seiner Filme, und ich glaube, ich habe keinen verpaßt, in dem er mitspielte.

Doch selbst als großer Bewunderer muß man zugeben, daß er an einigen fürchterlich schlechten Filmen beteiligt war. *Poisoned Paradise* [1924, Louis

Gasnier] war SCHRECKLICH. Irgend jemand hinter mir sagte: ›Um Gottes Willen, was macht dieser Barrymore nur in diesem Haufen Wachsfiguren?‹

Ich hoffe, wie viele andere auch, daß ein einsichtiger Produzent ihm so bald wie möglich einen Vertrag als Hauptdarsteller anbietet.«[10]

Mit dem Erfolg kam für Raymond Griffith der unvermeidliche Ärger; die Kolumnistin Adela Rogers St. Johns behauptete, er habe den Erfolg so ernst genommen, »daß es vielleicht das Komischste ist, was er je vollbracht hat.« Seine Konversation, so behauptete sie, bestehe hauptsächlich aus möglichen Untertiteln seiner zukünftigen Filme.

»Er treibt das Spiel sogar so weit, daß er privat durchaus Meinungsverschiedenheiten mit seinem Regisseur hat, öffentlich jedoch dessen Autorität bestätigt, wie ich es selbst erlebt habe.«[11]

Raymond Griffith war zweifellos ein eitler Mensch, aber er war auch außerordentlich talentiert. Als er seinen Star-Vertrag in der Tasche hatte, erhielt er darin auch das Recht, mit seinem Regisseur Meinungsverschiedenheiten auszutragen. Keaton und Lloyd hatten sich dieses Recht erobert; Griffith meinte, daß er ebenfalls weit genug gekommen sei, um zu wissen, was für seine Filme das Beste sei. Sein Problem lag in der Art, wie er seine Kontrolle ausübte.

»Mir sind in meinem Leben einige sture Menschen begegnet, aber er übertraf sie alle«, sagte Monte Brice, der Autor von *Hands Up* (1926, Clarence Badger), einer von Griffiths besten Komödien. »Auf der Stelle hatten wir einen Riesenstreit über Mack Swain. Wir waren bei Außenaufnahmen, und Mack sollte aus seinem Laden gestürzt kommen. Jemand hat sein Pferd gestohlen. Ich erinnere mich an den Titel – ›Niemand stiehlt mir mein Pferd und macht es sich im Sattel gemütlich!‹ Die ganzen Anwohner standen da herum und lachten herzlich über Mack. Griff stand an einem Zaun, beobachtete die Sache und kaute an seinen Fingern.

›He‹, sagte er zu mir, ›schmeiß ihn raus.‹

›Mack Swain rausschmeißen?‹

›Schmeiß ihn raus!‹

›Mein Gott, ich bin nicht dazu da, Leute zu engagieren und rauszuschmeißen. Mach du das. Was paßt dir denn nicht an ihm?‹

›Viel zu witzig!‹

Also, wir brechen ab. Mack weiß gar nicht, was eigentlich los ist. Wir gehen alle ins Hotel zurück.

›Du kannst ihn doch nicht nach einer kleinen Szene beurteilen‹, sagte ich. ›Er kommt raus, er ist ein witziger Kerl – die Leute kennen ihn aus den Chaplin-Filmen und deshalb lachen sie.‹

›Ich will ihn nicht.‹

Clarence Badger, der Regisseur, wird krank – zu viel Hitze oder was auch immer, und er zieht sich auf sein Zimmer zurück. Und so bleibt alles an mir hängen.

Schließlich kann ich Ray davon überzeugen, daß Mack wegen seines großen Schlapphuts so witzig ist. Wir lassen aus dem Studio einen anderen Hut kommen, damit er etwas normaler spielen kann. Aber damit ist ein ganzer Tag vorbei ...

Griff war ein großartiger Gagman, aber er war stur, wirklich. Trotzdem, wir hatten viel Spaß. *Hands Up* war ein verteufelt komischer Film.«

Da er ein vorzüglicher Pantomime war, achtete er darauf, daß er in jedem seiner Filme die Gelegenheit bekam, dieses Talent zu entfalten. In der Postkutschen-Szene in *Hands Up* erzählt er zwei jungen Mädchen eine Gespenstergeschichte. Jedes Ereignis wird mimisch dargeboten, ausgelassen und brillant. In *Miss Bluebeard* (Frank Tuttle) macht er eine Katze nach. Sein natürliches Talent für Pantomime war für Griffith von besonderer Wichtigkeit; er hatte nämlich in jungen Jahren seine Stimme verloren, und mit seinem heiseren Flüstern konnte er auf der Bühne nichts mehr werden. Als eine französische Pantomimen-Truppe eine Tournee durch die amerikanischen Vaudeville-Theater machte, schloß er sich ihnen an und tourte eine Saison lang durch Europa.

Er erzählte immer, er habe seine Stimme als Junge verloren, als er in dem berühmten alten Melodram *The Witching Hour* mitspielte. Jeden Abend mußte er aus Angst vor angedrohten Prügeln schreien. Eines Abends brachte er nur noch einen Quieker heraus – dann nichts mehr. Er war unfähig, auch nur eine Zeile seines Textes herauszubringen. Doch ist eine Geschichte, die von Griffith selbst stammt, automatisch mit Vorsicht zu genießen. Es ist wahrscheinlicher, daß er seine Stimme durch eine Entzündung der Bronchien verlor.

»Griffith war ein geborener Lügner«, berichtete Eddie Sutherland, der eine seiner erfolgreichsten Komödien, *He's a Prince*, inszenierte. »Und ich meine das nicht bösartig. Doch hätte er all das vollbracht, was er erzählte, hätte er hundertachtzehn Jahre alt sein müssen.

Ray und ich waren privat richtig enge, dicke Freunde. Er war ein sehr entschlossener, sehr rücksichtsloser, sehr raffinierter Kerl. Sein großer Fehler als Komiker war, wie ich ihm klarmachte, daß er nicht zwischen Komödie, Travestie, Farce und Schwank unterscheiden konnte. Er warf alles durcheinander. Und er brachte es nicht fertig, das Opfer eines Witzes sein. Nun kommt aber der Erfolg fast aller bedeutender Komiker daher, daß sie in komischen Situationen das Opfer sind. Griff war dafür zu eitel. Er praktizierte sich in eine Schwierigkeit hinein und überlegte dann, wie er wieder herauskommen könnte. Das klappte in ein paar Filmen ganz gut, war aber keine solide Grundlage.«

Griffith besaß eine gründlichere Ausbildung für die Komödie als alle anderen Komiker. Neben seinen Jahren als Tänzer, als Schauspieler, auf den Vaudeville-Bühnen, mit den Pantomimen-Truppen, hatte er sich auch durch die verschiedenen Abteilungen im Sennett-Studio hindurchgearbeitet. Er war bei der Keystone nicht nur Schauspieler, er arbeitete auch als Gagman und wurde Sennetts rechte Hand.

»Als er ein paar Jahre später Sennett verließ«, berichtete Herbert Howe, »war er ein Meister darin, wie die Komödie funktioniert. Er konnte Gags bauen. Er konnte seine Sache auf die Sekunde timen. Er wußte auf den Zentimeter genau, wie lang eine Szene sein mußte, um damit den größten Lacher zu erzielen. Außer als Schauspieler hatte er auch Erfahrung als Regisseur und Drehbuchautor. Seine Haltung gegenüber der Kunst der Filmkomödie ist die eines Mathematikers. Da geht es nicht um Emotionen, sagt er immer; es ist pure Mathematik.«[12]

Raymond Griffith verschwand mit dem Ende der Stummfilmzeit von der Leinwand, er wurde als ein weiteres Opfer des Tons abgeschrieben. Seine Stimme, so erkannte man, würde im Tonfilm niemals wirken.

Doch 1929 berichtete *Photoplay*, Griffiths heiseres Flüstern ließe sich

»weit besser aufnehmen als so mancher glockenklare Bariton!«¹³ Er war wieder auf dem Weg nach oben. Howard Hughes, der fünfundzwanzigjährige Millionär, nahm ihn für 75 000 Dollar unter Vertrag. Hughes mußte schließlich das Geschäft abschreiben. Ray Griffiths Comeback war ein Mythos.

Doch *eine* brillante Rolle hatte er noch zu verkörpern. Es war bittere Ironie, als er von Lewis Milestone gebeten wurde, in *All Quiet on the Western Front* (1930) die Rolle des toten französischen Soldaten in der Szene im Granattrichter mit Lew Ayres zu spielen.

Griffith verschwand von der Stummfilmleinwand auf Grund von Vertragsschwierigkeiten. Nach *All Quiet* begann er für Warner Bros. Drehbücher zu schreiben. 1934 war er einer von Darryl F. Zanucks Autoren. Er beendete seine Karriere als Produzent.

»Griffith ist einer der Intelligentesten, die wir heute im Gewerbe haben«, schrieb die Kolumnistin Selma Robinson 1926. »Ein Mann mit einem brillanten Verstand, sprühendem Humor, einem Instinkt für Proportionen, einem genialen Talent zum Verfassen von Drehbüchern und Inszenieren von Filmen, und einem untrüglichen Gefühl für Rhythmus, wodurch seine Darstellungen in ihrem Timing so perfekt erscheinen.«¹⁴

1923 wurde Raymond Griffith als Gagman von Douglas MacLean engagiert, einem weiteren vergessenen Meister der Stummfilmkomödie. MacLean hatte eine Ausbildung als Ingenieur gemacht, arbeitete dann jedoch als Vertreter für Anleihen, als Reporter, Autoverkäufer, Bühnenschauspieler, Filmverkäufer, Studioassistent und Kleindarsteller. Er hatte einen gewissen Erfolg als Partner von Mary Pickford in *Captain Kidd, Jr.* und *Johanna Enlists*. Mit Henry Kings *23 ½ Hours Leave* wurde er zum Star, gemeinsam mit Doris May. Er kam zu dem Entschluß, daß er eine Zukunft als unabhängiger Komiker hätte; als er keinen Produzenten fand, finanzierte er seinen Film *Going Up* selbst und engagierte klugerweise Raymond Griffith als Autor.

»*Going Up* ist eine der amüsantesten Komödien, die in letzter Zeit auf die Leinwand gekommen sind – die beste Chance, die sich Douglas MacLean geboten hat, seit er zum Star wurde«, kommentierte *Photoplay*.¹⁵ Der Film war ein großer finanzieller Erfolg und etablierte MacLean als einen der Spitzenkomiker.

»Das Publikum muß sich überlegen fühlen«, war MacLeans Rat, »aber es darf nicht höhnisch werden. Die Leute sollen sich den Gestalten der Geschichte ein wenig überlegen fühlen, aber sie dürfen sich nicht dem Film überlegen fühlen. Sie dürfen nicht merken, daß es ein Film ist. Gestalte es ein wenig als menschliches Drama – oder Komödie –, das sich vor ihren Augen abspielt. Ich versuche nicht, meine Filme komisch zu machen. Ich versuche, sie unterhaltsam zu machen.«¹⁶

MacLean beendete, ebenso wie Griffith, seine Karriere als Produzent.

In Hollywood versuchte ich mehrfach, mit ihm in Kontakt zu kommen. Schließlich hatte ich die Stimme eines Mannes am Telefon. Er schien ernsthaft verwundert, als ich ihn bat, mit Mr. MacLean sprechen zu dürfen.

»Wußten Sie nicht, daß er krank ist?« fragte er. »Ich bin sein Pfleger.«

»Es tut mir wirklich leid«, meinte ich. »Wäre es möglich, ihm zu schreiben?«

Der Krankenpfleger war geduldig. »Ich vermute, Sie verstehen mich nicht recht. Mr. MacLean hat jede Fähigkeit zur Kommunikation verloren.«

Diese Bemerkung war treffend. Denn nicht bloß war Douglas MacLean vergessen, nicht bloß war sein Lebenswerk verloren – auch die Erinnerung an ihn ist ausgelöscht.

1 *Photoplay*, Juni 1925, S. 86.
2 *Photoplay*, März 1926, S. 110.
3 *Photoplay*, Aug. 1926, S. 88.
4 Mrs. Mabel Langdon zum Autor, London, Sept. 1967.
5 *Photoplay*, Nov. 1926, S. 52.
6 *Photoplay*, Feb. 1932, S. 40.
7 Frank Capra: *The Name Above the Title*. New York: Macmillan 1971; dt.: *Autobiographie*. Zürich: Diogenes 1992, S. 68f. Ein solcher Brief ist jedoch nie aufgetaucht.
8 *Photoplay*, Okt. 1925, S. 125.
9 *Photoplay*, Sept. 1928, S. 111.
10 *Picture Play*, Jan. 1925, S. 13.
11 *Cal York*-Kolumne, *Photoplay*, Dez. 1925, S. 110.
12 *Photoplay*, Mai 1925, S. 39.
13 *Photoplay*, April 1929, S. 78.
14 *Motion Picture Magazine*, Mai 1926, S. 35.
15 *Photoplay*, Dez. 1923, S. 74.
16 Zitiert in *Photoplay*, Nov. 1926, S. 139.

40 Reginald Denny

Reginald Leigh Dugmore Denny wurde in Richmond, Surrey, geboren[1] und besuchte das St. Francis Xavier College in Mayfield, Sussex. Diese biographischen Details, so gewöhnlich sie erscheinen mögen, erklären, warum die Karriere eines der besten Stummfilm-Komiker durch die Einführung des Tons zerstört wurde.

Denny verkörperte vorzugsweise die Rolle des typischen jungen Amerikaners, der versucht, mit den Problemen des Lebens in den Vorstädten zurechtzukommen. Als der Tonfilm seinen makellosen britischen Akzent enthüllte, war es mit diesen Rollen und mit seiner Karriere abrupt zu Ende.

Mit *Madame Satan* (C. B. De Mille, 1931) begann er eine zweite Karriere als Nebendarsteller. Als einer der Besten in Hollywood spielte er alles, von Benvolio in M-G-Ms *Romeo und Juliet* (Cukor, 1936) bis zu weniger anspruchsvollen Rollen in *Abbott and Costello Meet Dr. Jekyll and Mr. Hyde*. Zusammen mit Sir C. Aubrey Smith, Basil Rathbone und Alan Mowbray wurde er einer von Amerikas Lieblings-Engländern. Seine Karriere im Stummfilm geriet in Vergessenheit, nicht nur beim Publikum, sondern auch bei Denny selbst.

Als ich ihn in Hollywood kennenlernte, gestand er mir, daß er seit über zwanzig Jahren keinen seiner Stummfilme mehr gesehen habe. Er hatte offensichtlich keine Vorstellung mehr davon, wie gut er gewesen war, und es brauchte einige Überredungskunst, bis er damit einverstanden war, sich *Skinner's Dress Suit* anzusehen. Er kam mit seiner Familie zum Haus des Filmsammlers David Bradley in Hollywood und erwartete die Vorführung mit erkennbarer Nervosität. Das Programm begann mit einer Episode aus *The Leather Pushers*, jener Boxer-Serie, durch die Denny nach Hollywood kam. Dieser Zweiakter zeigte Denny in einer netten, doch recht oberflächlichen Rolle; das bißchen Humor kam von den anderen Darstellern.

Dagegen war *Skinner's Dress Suit* eine Offenbarung. Flüssig und gekonnt von William A. Seiter inszeniert, zeigte er Denny in Bestform – als Komiker, dessen Eleganz und technisches Können ebenso groß waren wie seine menschliche Wärme, ohne daß diese doch an den Rand gedrängt wurde.

Während sich die Familie Denny diese Komödie von 1926 anschaute, änderte sich die Atmosphäre zusehends. Anfangs wurden die Gags des Films mit zurückhaltend-erleichtertem Kichern aufgenommen. Doch als die Story sich entwickelte, bogen sich die Zuschauer, unter ihnen die Sennett-Komikerin Minta Durfee, vor Lachen und gaben dem Film aus vollem Herzen ihre Zustimmung.

Mrs. Denny entdeckte sich selbst als Statistin und identifizierte auch noch Janet Gaynor. Am Ende wurde Denny mit Glückwünschen überhäuft. Schüchtern lächelnd gab er zu, er hätte das Schlimmste von dem Film erwartet. »Tatsächlich hat er sich bedeutend besser gehalten, als ich gedacht habe.«

Der für Denny typische Stil der Komödie gehörte zu Hollywoods Standardrepertoire, seit Mr. und Mrs. Sidney Drew und Mr. und Mrs. Carter de Haven, überwiegend unter der Regie von William A. Seiter, die Posse auf der Leinwand populär gemacht hatten. Um 1960 produzierte Universal eine Reihe von Situationskomödien mit Doris Day und Rock Hudson, die in erstaunlichem Maße jenen ähnelten, in denen damals Reginald Denny und Laura la Plante die Hauptrollen spielten.

Dennys Eigenschaften als Komödiant wirken im Rückblick viel bedeutender, als sie seinerzeit erschienen. Natürlich waren die 20er Jahre das Goldene

Zeitalter, wo Chaplin, Keaton, Lloyd und später auch Langdon die höheren Ränge einnahmen und andere Komiker im Vergleich dazu bescheiden wirkten. Doch Dennys Stil war eigenständig genug, um auch solch überwältigender Konkurrenz standzuhalten. Er inszenierte und konzipierte seine Filme zwar nicht selbst, wie es Chaplin, Lloyd oder Keaton taten, noch übte er eine ähnlich starke Kontrolle aus. Doch war sein Talent eindrucksvoll genug, daß man ihn gemeinsam mit Raymond Griffith auf eine Stufe knapp unterhalb der Meister stellen kann.

Eines der Geheimnisse von Dennys Erfolg war William A. Seiter, der für fünf Jahre sein Regisseur war. Er war ein fröhlicher Mensch, der Golfspielen fast so sehr liebte wie das Kino und der seine Filme mit einer ungezwungenen Leichtigkeit hinter sich brachte. »Er wollte kein Regisseur von Großfilmen sein«, erzählte einer seiner Darsteller. »Er hatte Spaß an netten, mittelgroßen Filmen. Einfach, leicht, unaufgeregt.«

Seiter war ein entscheidender Faktor in Dennys Karriere, denn er hatte den richtigen Sinn für dessen Talent und brachte es zu optimaler Entfaltung. Dennys beste Filme tragen unverkennbar Seiters Handschrift, auch wenn seine finanziell erfolgreichsten Harry Pollard zum Regisseur hatten.

»Pollard hatte nicht das richtige Gefühl für Komödie«, sagte Denny. »Er hatte nicht Bill Seiters Fähigkeiten. Pollard war auf die deftige Komik aus, ich dagegen bevorzugte die leichtere Komödie. Wir kamen einfach nicht auf einen Nenner.

Doch wir haben zusammen angefangen mit *The Leather Pushers*. Wir produzierten die Serie in New York, und zwar unabhängig. Wir mußten sie unabhängig drehen, weil sich sonst niemand heranwagte. ›Boxen? Wer will sich denn sowas angucken?‹

Wir machten zwei Folgen, hatten nicht genug finanzielles Polster und gingen pleite. Dann zeigte Pat Powers Interesse, und der alte Laemmle von Universal schnappte ihm alles, woran er interessiert war, vor der Nase weg. Die hatten mal Streit gehabt. Also bot uns Laemmle einen Vertrag an – 11 500 Dollar für das Negativ und eine Arbeitskopie.

Die hielten nicht viel von der Sache, aber als sie den Film herausbrachten, Mann, da überschlugen sie sich! Wir machten noch vier weitere Folgen. Natürlich hatten wir überall Schulden, doch Universal sagte, sie würden uns das Geld vorschießen, damit wir unsere Rechnungen bezahlen könnten. Der Ärger war nur, wir schrieben das nicht in den Vertrag. Als wir mit Nummer sechs anfingen, sperrte Universal unseren Kredit, informierte alle unsere Gläubiger und zwang uns in den Bankrott. Dann kauften sie alles auf.

Während die gerichtlichen Sachen in New York liefen, brachte man mich nach Kalifornien. In Hollywood scheinen sie immer etwas gegen jemand zu haben, der aus New York kommt. Ich saß herum und hatte nichts zu tun; das gefiel ihnen nicht, und da fingen sie an mit einer Serie von Stories über die Northwest Mounted Police, mit Nat Ross als Regisseur, einem Verwandten des alten Laemmle. *Jaws of Steel* gehörte dazu. Ich werde es nie vergessen. Ich hatte in meinem Leben kaum jemals im Sattel gesessen, und jetzt sollte ich jemand anderen auf dem Pferd verfolgen. Ich wurde abgeworfen und brach mir den Knöchel. Wir drehten zwei Filme, das war alles, dann brach Universal die Serie ab. Sie meinten: ›Du liebe Zeit, seht euch das bloß an!‹ Sie wollten mich so haben, daß ich *The Leather Pushers* fortsetzen konnte.

Harry Pollard kam rüber und drehte alle Folgen, bis auf die letzten sechs. Dann besetzte man mich für *The Kentucky Derby* (King Baggott), eine Abenteuergeschichte ohne irgendwelche komischen Elemente. Sie hatten keinen Schimmer, wie sie mich als Komiker einsetzen könnten. Doch als wir *The Abysmal Brute*, nach Jack London, drehten, schlug ich zum ersten Mal vor, ein paar komische Elemente einzufügen. Das war in der Szene, wo der Typ in das große Haus zum Dinner geht. Dieser Junge, dessen Vater ein Schläger war, hatte bisher nur in Imbißstuben gesessen. Er war noch nie in einem großen Hause gewesen; er wußte also nicht, wie er sich benehmen sollte. Also begann ich es komisch anzulegen, und der Regisseur Hobart Henley dachte, ich wollte mir einen Jux machen.

›Warum nicht, um Gottes Willen?‹ fragte ich. ›Bringen wir hier etwas Komik hinein. Es ist doch ganz natürlich, und wir bekommen ein paar Lacher.‹

Henley ging darauf ein, und wir brachten etwas Komik in den Quatsch. Der Film wurde ein Riesenerfolg.«

Dennys Karriere als Komiker begann mit seinem nächsten Film, Harry Pollards *Sporting Youth* (1923), einem Film, der nach dem Schema der Rennfahrer-Komödien mit Wallace Reid entworfen war. *Photoplay* hielt ihn für fast ebenso gut und fügte noch hinzu, Denny fülle die Lücke, die Reids Tod hinterlassen habe[2], besser als jeder andere Schauspieler.

Pollard und Denny hatten eine Meinungsverschiedenheit über die Hauptdarstellerin für diesen Film; Pollard wollte seine Frau Margarita Fischer, die Denny als ungeeignet ansah. Schließlich setzte Denny ein junges Mädchen durch, das ihm in einem Western aufgefallen war: Laura la Plante.

Von den Dreharbeiten zu *Sporting Youth* in Del Monte gab Miss la Plante für das *Picture Play Magazine* eine lebendige Beschreibung der lockeren Atmosphäre im Filmteam:

»Reggie ist ein so ausgezeichneter Schauspieler, daß er eine Szene mit witzigen Sprüchen veralbern kann, ohne ihre dramatische Wirkung aufs Spiel zu setzen. Ich meine, er kann albern sein und dennoch einen ernsthaften Ausdruck bewahren, was ich nicht kann. In der Szene, in der er schließlich ertränkt werden soll, nahm er eine steife Pose ein, hob die Arme zum Himmel und rief, als er ins Wasser sprang: ›Ich habe nur ein Leben, das ich der Universal Picture Company opfern kann –‹

›Corporation‹, korrigierte Eddie Stein, der in solchen Sachen sehr genau ist, er ist nämlich unser Geschäftsführer, und dadurch hätte ich beinahe meine Szene geschmissen.«[3]

Als Denny William A. Seiter zugewiesen wurde, entwickelten sich die Arbeitsbedingungen sogar noch angenehmer. Mit dem Kameramann Arthur Todd und ein paar Nebendarstellern, die oft genug auftraten, um sie als Ensemble bezeichnen zu können, bildete Reginald Dennys Crew ein sehr enges Team; dazu zählten außerdem Cutter John Rawlins, Regieassistent Nate Watt und Besetzungschef Fred Datig. Der Verdacht der Universal, daß sich das Ganze zu einer Familienaffäre entwickeln würde, bestätigte sich, als Miss la Plante und William Seiter heirateten.

»Wir haben uns nie gestritten«, erzählte Denny, »es gab nie ein böses Wort, und wir haben die Filme immer im Budgetrahmen gehalten. Das Management brauchte sich nie Sorgen zu machen, und trotzdem haben sie uns

Reginald Denny in *His Lucky Day* (1929); *What Happened to Jones?* mit Otis Harlan.

What Happened to Jones? mit (v. rechts) Reginald Denny, Otis Harlan und Zasu Pitts.

Reginald Denny 40

Skinner's Dress Suit (1925): Reginald Denny und Laura la Plante.

schließlich auseinandergerissen. Wir kamen zu gut miteinander aus, Bill Seiter und ich.

Wir setzten uns immer vor Drehbeginn zusammen und sprachen die Story durch. Es gab einen tollen Austausch von Ideen; wir hörten uns an, was jeder zu sagen hatte. Wenn jemand eine bessere Idee hatte, warum nicht? Wir probierten alles aus. Doch lag unser großes Geheimnis grundsätzlich darin, daß Bill Seiter und ich das Skript nahmen und Vorschläge machten und alles heftig durchdiskutierten. Am Ende stimmte dann alles. Man kann kein Komiker sein, wenn man nicht das, was man macht, für komisch hält.

Wenn wir zu müde wurden, hörten wir auf. Das war das Wundervolle mit Bill Seiter. Wenn wir am Samstag arbeiteten, und wir wollten zum Golfspielen, dann wurde mir gegen Mittag etwas schwindlig. Wir packten unseren ganzen Kram in die Kiste, und Bill sagte: ›Du darfst nicht weiterarbeiten, wenn du dieses Schwindelgefühl hast.‹

Dann wurde ich untersucht, und es war alles in Ordnung. Aber man kann dir nicht nachweisen, daß dir nicht schwindlig ist. Wenn wir zu einem Football-Spiel wollten, war es das Gleiche. ›Also gut‹, sagte Bill, ›um zwölf Uhr kriegst du diesen Schwindel.‹«

Diese vergnügte Stimmung übertrug sich in den Denny-Komödien auch auf die Leinwand und zeigte sich im Spiel der Darsteller. Ein Komiker mag noch so gut sein, durch eine ungeschickte Bewegung eines seiner Partner kann sein Timing ruiniert werden. In diesen von Seiter inszenierten Filmen war die Besetzung makellos: Otis Harlan, der kleine Dicke mit der ängstlichen Miene; Ben Hendricks jr., der fesche Schwager mit dem Oberlippenbärtchen; Emily Fitzroy, die Schwiegermutter mit dem Blick, der dich erstarren läßt; William Austin, groß, eitel und wuterregend ... Wie *Motion Picture Magazine* schrieb: »Wir warten noch immer darauf, daß Denny es endlich unternimmt, einen Film einmal ganz konsequent von vorn bis hinten in die Hand zu nehmen – stattdessen sammelt er einfach kompetente Schauspieler um sich.«[4] Doch diese Schauspieler waren viel mehr als nur kompetent.

Reginald Denny stammte vom Theater. Sein Vater W. H. Denny war Schauspieler, ebenso seine Großmutter Mrs. Henry Leigh. Denny selbst hatte seinen ersten Auftritt als kleiner Junge 1899 am Royal Court Theatre in London. Mit sechzehn riß er von der Schule aus, weil er sich dachte, seine Theaterkarriere sei lange genug unterbrochen gewesen. 1911 kam er als Mitglied des achtköpfigen Chors von *Quaker Girl in New York* nach Amerika; schließlich spielte er die gewichtigere Rolle des Prinzen Carlo, als der eigentliche Darsteller krank wurde.

Nach seiner Rückkehr nach England 1912 machte er mit einem dramatischen Sketch eine Tournee durch die Music-Halls; im folgenden Jahr ging er mit der Bandsmann Opera Company nach Indien und Fernost. 1914 kehrte er nach Amerika zurück, wo er bis 1917 Tourneen absolvierte.

»Als Amerika in den Krieg eintrat, meinte ich, jetzt sei es an der Zeit, mich zur Armee zu melden, was ich im britischen Rekrutierungsbüro in New York tat. Meine Frau, die ich während der Indien-Tournee geheiratet hatte, hielt das für eine fürchterliche Dummheit, da wir seit 1916 eine Tochter hatten, Barbara.«

Denny wurde vom Royal Flying Corps angenommen und begann seine Pilotenausbildung in Hastings, wo er die Brigade-Meisterschaft im Schwergewichtsboxen gewann. Bevor sein Kurs beendet war, kam der Waffenstillstand, und er wurde entlassen. Wenn seine Dienstzeit nicht besonders dramatisch gewesen war, solange der Krieg dauerte, so sollte sich dies auf seiner Rückfahrt ändern.

»Als Offizier stand mir eine Überfahrt erster Klasse zu, doch im R.C.A.F.-Entlassungcamp in Folkstone wurde uns gesagt, wenn wir wichtige Gründe hätten, schnell nach Haus zu kommen, könnten wir am nächsten Tag abfahren, es stünde uns dann allerdings keine Erste Klasse zur Verfügung. Die Reise an Bord eines kleinen Bananen-Frachters, der *Taloa*, war schrecklich. Der Dampfer war total überfüllt, der Laderaum mit Truppen vollgestopft. Eine Meuterei brach aus, als der befehlshabende Offizier Arbeitskommandos zur Reinigung des Schiffes aufstellen wollte. Ich war einer der drei letzten Offiziere an Bord. Es war unmöglich, auch nur irgendeine Form von Disziplin zu halten, deshalb sprangen wir in Halifax auf das Lotsenboot über und ließen uns per Bahn nach New York fahren.«

Denny hatte seine Frau nicht benachrichtigt, da er unter normalen Umständen seine Rückfahrt erst Wochen später hätte antreten können.

»Als ich in New York ankam, entdeckte ich, daß meine Frau in einem Stück mit dem Titel *Nellie of N'Orleans* spielte. Als ich im Theater ankam, war sie gerade in ihrer Garderobe und machte Maske. Ich trat ins Zimmer und wollte sie umarmen, aber sie stieß mich zurück und sagte, es sei zu Ende zwischen uns.

Ich ging in ihr Appartement und besuchte unsere Tochter Barbara. Als meine Frau am Abend heimkam, versuchte ich mit ihr zu reden, aber es hatte keinen Zweck. Sie war in einer hochgradig nervösen Verfassung, und ich fand heraus, daß sie für die Hauptrolle in einem neuen Stück probte. Sie erlaubte mir nur so lange in ihrem Appartement zu bleiben, bis ich wenige Tage später Arbeit gefunden hatte.«

Im Blackstone Theatre in Chicago erreichte Denny die Nachricht, daß seine Frau einen völligen Nervenzusammenbruch erlitten habe; er eilte nach New York zurück und lieferte sie in ein Sanatorium ein. Barbara wurde von ihrem Kindermädchen auf eine Farm gebracht, und Denny fuhr wieder nach Chicago. Sein Stück lief drei Wochen. Vollkommen pleite, lieh er sich etwas Geld, um nach New York zu kommen, wo er einen Vertrag für die *Passing Show* des Jahres 1919 unterzeichnete.

Der Titel erwies sich als Ironie; noch ehe die Proben abgeschlossen waren, rief die Actors' Equity einen Schauspieler-Streik aus, und Denny war wieder ohne Arbeit. Doch diese Katastrophe führte ihn zur World Film Corporation in Fort Lee, New Jersey, wo er mit dem Regisseur Oscar Apfel zwei Filme drehte: *Bringing Up Betty* und *The Oakdale Affair*.

Zurück zum Theater; Denny spielte in *The Passing Show*, bis er ausgeliehen wurde, um mit John Barrymore in *Richard III.* zu spielen. Er und Barrymore wurden enge Freunde, und Denny ist noch heute der Meinung, daß *Richard III.* die beste Leistung dieses großen Schauspielers ist. Nun kamen zahlreiche Angebote von Filmproduzenten, und Denny arbeitete mit den Regisseuren John Robertson (*39 East* und *Footlights*) und George Fitzmaurice (*Experience*).

»Dann hatte ich die Idee für eine Serie, die an berühmte Gemälde anknüpfte. Ich drehte eine Folge mit dem Titel *The Beggar Maid*, für die ich Mary

Astor entdeckte. Sie war damals etwa fünfzehn. Ein Mann namens Isaac Wolper finanzierte das Ganze, und wir drehten es für einen Apfel und ein Ei. Wir hatten einen Kameramann mit dem Namen Lejaran A. Hiller, der seiner Zeit weit voraus war; er war überragend. Er war Berufsfotograf und hatte sich auf Illustriertenfotos spezialisiert. Ich schrieb den größten Teil der ersten Story, und Herbert Blache führte Regie. Ich schrieb eine zweite Story, *The Angelus*, nach Millet. Der erste Film kam heraus, und – es war eine Sensation! Neunzig Prozent seines Erfolges beruhte auf der phantastischen Kameraarbeit; sie war wundervoll.

Famous Players brachte den Film heraus, und sie boten Wolper einen Vertrag an, weitere Folgen draußen im Astoria-Studio zu drehen. Ich riet ihm, das Angebot nicht anzunehmen. ›Du bekommst Hiller nicht‹, sagte ich ihm. ›Die werden ihren eigenen Kameramann einsetzen, und Hiller ist dein bester Trumpf. Bleib unabhängig und nutze Famous Players als Vertrieb.« Aber nein, er unterschrieb. Also sagte ich adieu. Der nächste Film war ein übler Reinfall; sie gaben ein paar Kopien in Auftrag, und damit war der Vertrag zu Ende. Isaac Wolper beging Selbstmord: er sprang vom Knickerbocker Building.«

Nachdem mit *The Leather Pushers* seine Hollywood-Karriere begonnen hatte, wurde Reginald Denny der wichtigste Star bei Universal und neben Chaplin der höchstbezahlte Engländer beim Film. Dennoch weigerte sich Universal hartnäckig, ihm ein eigenes Produktionsteam zu geben. Mit Bill Seiter hatte er praktisch eins, doch als man Seiter von den Denny-Komödien abzog, damit er la Plante-Filme drehte, stellte sich das Problem von neuem.

»Sie gaben mir Freddie Newmeyer, der Harold Lloyds Regisseur gewesen war. Er sollte *That's My Daddy* inszenieren. Aber wir hatten nicht die gleiche Auffassung von Komödie. Also führte ich Regie. Ich ging zu ihm und erklärte, mir gefiele die Art nicht, wie er die Sequenzen haben wollte, und er sagte: ›In Ordnung, Reggie, mach du weiter.‹ Ich hatte schon die Story selbst geschrieben; ich weigerte mich, die schreckliche Story zu drehen, die sie mir gegeben hatten. Nach meiner Story schrieben sie dann ihr eigenes Szenarium (Earle Snell war der Verfasser), das ich prompt aus dem Fenster warf. Wir drehten nach meinem Original.

Ich probte mit den Schauspielern, machte auch sonst alles und schrieb die Titel. Universal übernahm den Film und machte ein Sneak-Preview, das man vor mir zu verheimlichen suchte. Ich schaffte es, hinzukommen und den Film zu sehen; sie hatten alberne Titel eingeschnitten und ihn völlig ruiniert. Es war niederträchtig.

›Ich werde für Sie keinen einzigen weiteren Film mehr drehen, wenn Sie mir nicht diesen aushändigen, damit ich den Schnitt wiederherstellen kann.‹

›Unmöglich‹, sagten die, ›das Negativ ist schon weggeschickt.‹

›Das interessiert mich einen Dreck‹, sagte ich.

Sie mußten das Negativ zurückholen. Es war eine ziemliche Plackerei, aber ich schaffte es, den Schnitt und die Originaltitel zu rekonstruieren.

That's My Daddy handelte von einem jungen Mann, der mit einem reichen Mädchen verlobt ist, und von einem kleinen Waisenmädchen. Dieses Mädchen hat immer davon geträumt, daß es irgendwo einen richtigen Papa für sie gibt, einen Papa mit Zylinder und allem. Sie läuft aus dem Heim fort, wird von einem Auto angefahren und landet im Krankenhaus. Währenddessen ist der junge Mann auf dem Weg zu seiner Hochzeit. Er trägt Zylinder und Cut, und da er in Eile ist, fährt er sein eigenes Auto. Er ist zu sehr in Eile, und ein Verkehrspolizist stoppt ihn.

Ich will mich herausreden: Mein kleines Kind habe einen Unfall gehabt, und ich müsse ins Krankenhaus. Es ist ein irischer Polizist und er sagt: ›Klar, ich weiß Bescheid. Folgen Sie mir, ich bringe Sie hin.‹

Im Krankenhaus führen sie mich zu dem kleinen Mädchen und sagen ihr: ›Dein Vati ist da!‹ Es ist genau wie in ihrem Traum. Und ich habe ein Kind am Hals ... an meinem Hochzeitstag.

Das Mädchen war ein süßes kleines Ding, Jane la Verne. Harry Pollard besetzte sie später in *Uncle Tom's Cabin*, und Universal nahm sie unter Vertrag. Sie war ganze sechs Jahre alt; ich ging sehr zurückhaltend mit ihr um und schaffte es, daß sie wirklich an das glaubte, was sie tat. Sie war umwerfend. Und dann nahm Universal den Film und machte aus ihr ein naseweises Kind mit witzigen Titeln! Es war fürchterlich.

Nachdem ich den Film neu geschnitten hatte und er herausgekommen war, rief mich der Generalmanager in sein Büro und zeigte mir einen Brief vom New Yorker Büro. Sie meinten, das sei der schlimmste Film, den sie je gesehen hätten.

Der alte Laemmle war nicht da; er war auf Badekur. Ich stieg in mein Flugzeug, flog hin, landete neben dem Sanatorium und suchte den alten Herrn auf.

›Schauen Sie mal‹, sagte ich, ›ich weiß, daß das Universal-Büro einen Bericht über diesen Film geschickt hat, aber ich sage Ihnen, Mr. Laemmle, was ich tun werde. Wenn dieser Film nicht mehr Geld einspielt als die letzten vier Filme, die wir gemacht haben – und er hat nur die Hälfte gekostet – dann arbeite ich so lange umsonst, bis die Differenz ausgeglichen ist. Und das unterschreibe ich auch. Aber wenn er mehr Geld einspielt als die letzten vier, dann bekomme ich von Ihnen mein eigenes Team.‹

Der alte Herr fragte: ›Meinen Sie das ernst?‹ Ich antwortete ihm, daß ich es ernst meinte, und er war fast so weit, die Sache perfekt zu machen. Dann erreichten die ihn vom Büro und sagten: ›Er versucht Ihnen etwas aufzuzwingen‹, und er ging nicht darauf ein. Natürlich spielte der Film sein Geld ein. Trotz der schlechten Kritiken. Sie hatten die Presse auch auf ihrer Seite. ›Dennys Schwanengesang‹ wurde es betitelt. Später dann kam der alte Herr zu mir und sagte: ›Es tut mir leid. Ich habe wohl auf die falschen Leute gehört.‹«

Wenn man die Geschichten der Denny-Komödien auf dem Papier liest, wirken sie wie reine Farce oder wie albernste Situations-Komödien. Doch Denny liebte es, die ausgefallensten, absurdesten und unmöglichsten Situationen aufzunehmen und sie realistisch zu spielen. Er spielte ungern plumpe Komik, wie seine Zwistigkeiten mit Pollard und Newmeyer andeuten, aber er schätzte sie durchaus, wenn sie gut eingesetzt war.

»Richtigen Quatsch mag ich – grobe Späße, fliegende Sahnetorten, ›Pratfalls‹, und so weiter. Doch es muß *passen*. Das Timing und alles andere muß stimmen. Einfach so hinplumpsen oder in einen Eimer Farbe springen, ohne einen Grund – das beleidigt meinen Geschmack. Es muß realistisch sein. Es muß glaubwürdig sein.

In einer richtig guten Farce nimmt man eine ziemlich unmögliche Situation, spielt sie aber ernsthaft. Eddie Horton (Edward Everett Horton) war ein großer Farceur. Er war glaubwürdig und ernst. Um ein Beispiel zu geben: In einer Szene ist er in ein junges Mädchen verliebt, seine Sekretärin, ohne zu wissen, daß sie verheiratet ist. Ganz plötzlich beginnt sie von ihrem Baby zu erzählen.

›Sie haben ein Baby?‹ fragt er, ›woher haben Sie ein Baby, wenn ich so fragen darf?‹

›Auf natürlichem Wege –‹

›Sie sind verheiratet?‹

›Ja.‹

›Wo ist denn Ihr Gatte?‹

›Ich habe ihn erschossen.‹

Seine Reaktion darauf war hervorragend. Er wendet sich mit dem Ausdruck totaler Überraschung zum Publikum. Dann sagt er leise: ›Unsinn.‹

Für mich war das ebenso folgerichtig wie superb.

Heute nehmen sie eine unmögliche Situation und veralbern und übertreiben sie. Vielleicht werde ich ja alt, aber oft sehe ich sogenannte Komödien und frage mich, wo da der Humor ist. Neulich habe ich im Fernsehen in einer Komödie mitgespielt; ich habe mich dafür geschämt. Aber man wird dafür bezahlt; da macht man es halt. Es war absurd – idiotische Burleske, kein Witz dabei. Alles Abstrakte und Absurde gilt heute als Komödie. So denke ich über die Sache.«

1 Reginald Denny starb im Juni 1967 – in Richmond, Surrey.
2 Wallace Reid starb im Januar 1923. [A.d.Hg.]
3 *Picture Play*, Jan. 1924, S. 70.
4 *Motion Picture Magazine*, Mai 1926, S. 84.

41 **Harold Lloyd**

Harold Lloyd

Die erstaunliche Karriere des Harold Lloyd verkörpert den Wunschtraum Hollywoods. Dafür gab es in der Geschichte Hollywoods kein Vorbild. Ein netter junger Mann setzt sich durch, heiratet seine Hauptdarstellerin, erringt einen Erfolg nach dem anderen, wird einer der zehn reichsten Entertainer der Welt, kauft sich ein sechs Hektar großes Anwesen und zieht sich vom Film zurück. An diesem Punkt droht normalerweise die Katastrophe. Nicht so im Falle Harold Lloyds. Er blieb ein außerordentlich reicher Mann, die Ehe mit seiner Frau blieb stabil, er behielt sein Anwesen und, was noch erstaunlicher ist, er blieb der gleiche nette Mann wie vorher, dessen Persönlichkeit nicht dadurch, daß er den Gipfel erreichte, verändert wurde.

Dieser Erfolg war durchaus verdient. Harold Lloyd war neben Chaplin und Keaton einer der drei großen Meister der Filmkomödie. Und wie Chaplin und Keaton war er nicht einfach ein Schauspieler, sondern ein schöpferischer Filmmacher. Er überwachte genauestens jede Phase der Produktion und war größtenteils für die Regie verantwortlich.

Chaplin, Keaton und Langdon verkörperten einmalige Typen. Lloyd begann seine Karriere, indem er praktisch Chaplin imitierte. 1917 wechselte er zu einem Typus, der zwar individuell, jedoch kaum einmalig war. Sein bebrillter Streber war das Musterbild des jungen Amerikaners jener Zeit, wie er in der Literatur durch Harry Leon Wilson, Homer Croy und die Horatio Alger-Stories populär wurde.

»Ich war einer der ersten Komiker, der glaubhaft war«, behauptete Lloyd. Lloyds Typ war der einzige, der den Zuschauern aus dem Alltag bekannt vorkam. Chaplin und Keaton verkörperten den Underdog, und es gab viele Situationen, in denen sich das Publikum mit ihnen identifizieren konnte. Im Unterschied dazu stand Lloyd der amerikanischen Mittelklasse nahe. Er war der junge Mann von gegenüber, der junge Mann aus dem Büro nebenan – ein ganz durchschnittlicher Zeitgenosse.

Harold Clayton Lloyd wurde am 20. April 1893 in Burchard, Nebraska, geboren. »Es ist unmöglich, meiner Jugend irgendwelchen Glanz zu verleihen«, schrieb er in seiner Autobiographie.[1] »Sie war aufregend genug und voller Zwischenfälle, und manches erschien mir als Abenteuer, aber es war nichts Romantisches daran. Ich war einfach ein normaler, sommersprossiger, frecher amerikanischer Junge.«

Lloyd organisierte seine eigenen Shows; sein erster Bühnenauftritt war eine winzige Rolle in *Macbeth*. Später nahmen seine Bühnenrollen zu. Er erinnerte sich, daß ein Bühnenregisseur, Lloyd Ingraham – der später Stummfilm-Regisseur wurde – ihm prophezeite, er würde sich in dem Metier noch einen Namen machen.

Lloyds Eltern trennten sich, als er sechzehn war, und er beschloß, sein Glück in einem anderen Geschäft zu suchen – beim Boxen.

»Aber ich mochte den Kampf nicht, und obwohl die Menschenmenge für mich schon erregend war, blieb meine Karriere als Faustkämpfer kurz und nicht besonders brillant. Ich machte ein paar Kämpfe und entschied dann, daß mein erster Entschluß doch richtig gewesen war, und kehrte zu meiner ersten Sehnsucht, der Bühne, zurück.«

Im Jahr 1911 erhielt Lloyds Vater eine hohe Entschädigung für einen Unfall und wollte mit dem Geld unbedingt seinem Sohn helfen. »Aber ich wußte nicht, ob ich nach New York gehen sollte, dem Mekka des Showbusiness, oder nach Kalifornien, wo ich keine Schwierigkeiten haben würde, als Schauspieler eingesetzt zu werden. Wir haben dann tatsächlich eine Münze geworfen, und Kalifornien gewann. Nur die Großzügigkeit meines Vaters erlaubte es mir, dorthin zu gehen.«

Die Edison Company hatte in Long Beach ein Studio eröffnet; bei einer Gelegenheit kamen sie für Außenaufnahmen nach San Diego. Lloyd war dort an einer Schauspielschule Assistent und arbeitete einen Tag lang als Komparse; er spielte einen Yaqui-Indianer.

»Damals in San Diego, da war ich ganz unten. Es war die härteste Zeit meiner ganzen Karriere. Ich hatte noch genau einen Nickel in der Tasche. Ich kaufte mir dafür sechs Doughnuts, und das waren die tollsten Doughnuts, die ich in meinem Leben gegessen habe. Ich lebte vierundzwanzig Stunden davon, und dann hatte ich unerwartet wieder etwas Geld in der Tasche, das mir jemand geschuldet hatte.«

Schließlich wurde er Kleindarsteller bei der Morosco-Theatertruppe. Als das Gerücht aufkam, die Truppe würde aufgelöst, ging Lloyd zum erstenmal nach Hollywood, um sich Arbeit beim Film zu suchen. Zu seiner Enttäuschung ließen die Pförtner ihn nicht ins Studio. Er wanderte stundenlang vor dem Eingang der Universal hin und her; der Pförtner war freundlich, doch bestimmt.

»Am nächsten Tag hatte ich eine Idee, wie ich doch durch das Tor kommen könnte. Ich hatte meine Schminkutensilien dabei, die ich am Theater benutzt hatte. Ich schlich mich hinter das Gebäude, legte etwas Make-up auf, gab meinem Hut eine andere Form, und als die Komparsen nach der Mittagspause ins Studio zurückströmten, schlüpfte ich mit ihnen durchs Tor.«

Er befand sich nun zwar im Studio, hatte damit aber noch keine *Arbeit* im Studio. Er kriegte bald heraus, daß der entscheidende Mann, auf den man achten mußte, der Regieassistent war, der die Statisten engagierte. Nachdem er sich einige Tage in Make-up durchs Tor geschlichen und einige Regieassistenten bestürmt hatte, erhielt Lloyd ein paar Statistenrollen. Mit ihm arbeitete ein junger Mann, der eine entscheidende Rolle in seiner Karriere spielen sollte – Hal Roach.

»Wir wurden ziemlich schnell Freunde. Hal erhielt eine Rolle in einem Film mit J. Warren Kerrigan. Er war eigentlich kein Schauspieler. Ihm fehlte die Bühnenerfahrung, die ich hatte, und er konnte die Rolle nicht zur Zufriedenheit des Regisseurs J. Farrell MacDonald spielen. Also erhielt ich die Chance und machte alles richtig.

Hal dachte bei sich ›Verdammt...‹, doch komischerweise begann damit unsere Partnerschaft. Er bekam etwas Respekt vor meiner Schauspielkunst, wenn man das so nennen will!«[2]

Lloyd und Roach erhielten als Statisten fünf Dollar pro Tag. Als Universal beschloß, kein Statist sei mehr als drei Dollar pro Tag wert, beschlossen die beiden, hier hätten sie keine Zukunft. Kurz darauf verließen sie das Studio.

Roach wollte unbedingt Komödien produzieren, und Lloyd sollte ihm dabei helfen. Als Roach einige Hundert Dollar von einem Verwandten erbte, erkannte er, daß seine Chance gekommen sei. Er machte ein paar billige Filme, von denen *Just Nuts* mit Jane Novak und dem Cowboy-Star Roy Stewart der letzte war. Als Lloyd, der neben diesen beiden den komischen Part spielte, entdeckte,

Harold Lloyd 41

Die Zeit als ›Lonesome Luke‹: Bud Jamieson, Bebe Daniels, Harold Lloyd und Gus Leonard, 1917.

Hot Water (1924).

daß Stewart zehn Dollar pro Tag erhielt, während er selbst nur fünf kriegte, war er ganz durcheinander.

»Es ging mir ein paar Tage im Kopf herum, und ich fühlte mich ziemlich mies. Doch dann faßte ich Mut. Ich marschierte also zu Hal, und Hal sagte, er hätte Stewart nur für diesen Preis bekommen können, er hätte es sich jedoch nicht leisten können, mir das gleiche zu zahlen.

›Also‹, sagte ich, ›ich hätte es für fünf gemacht, wenn du das allen bezahlt hättest. Aber wenn du ihn nur für zehn bekommst, dann kannst du auch mich nur für zehn bekommen.‹ Und ich kündigte.«

Lloyd ging zu Keystone. Roach versuchte, ihn durch Richard Rosson zu ersetzen, mußte diese Idee jedoch bald begraben, denn Rosson ging als Regisseur zu Essanay.

»Dann knobelte sich Hal eine Sache aus, und Pathé bot ihm einen Vertrag, wenn er uns drei – Stewart, Jane Novak und mich – wieder zusammenbekäme. Nun, Roy Stewart hatte eine weitere Western-Serie begonnen, Jane Novak hatte andere Verpflichtungen, und ich wollte gerade einen Vertrag mit Sennett unterzeichnen. Doch Hal bot mir fünfzig Dollar pro Woche, also verließ ich Keystone. Und von da an ging es richtig los mit uns.«

Roach begann mit Lloyd eine Serie von Einaktern für Pathé zu drehen, die auf einer Figur namens ›Lonesome Luke‹ aufgebaut waren.

»Ich mochte Luke nicht«, erzählte Lloyd. »Luke war zur Hälfte eine Imitation. Ich gab mir alle Mühe, mich von Chaplin abzusetzen, und meine Kleider waren wirklich das Gegenteil von denen Charlies, meine waren zu klein statt zu groß. Trotz alledem, in Sachen komische Kleidung gab Charlie den Ton an. Lonesome Luke war ein greller komischer Typ, und auch da gab Charlie den Ton an. Er war in dieser Abteilung der King.

Ich habe mir neulich ein paar Lonesome Luke-Sachen angesehen. Er war ein rauher Charakter, der hart rangeht. Die Gags waren grob und grausam, und sie waren gewalttätig. Doch Luke war finanziell ziemlich erfolgreich, und sie machten Geld damit. Als ich sagte, ich wolle etwas ganz Individuelles machen, wollte mich niemand lassen. Luke machte zuviel Geld für sie.«

Pathé wies mit unbestreitbarer Logik auf die Tatsache hin, daß man ziemlich viel Geld in die Ausbeutung von Lonesome Luke gesteckt habe – daß aber niemand von Harold Lloyd gehört habe. Sein Name war niemals auf der Leinwand erschienen.

Inzwischen war Bebe Daniels Lloyds Partnerin geworden, und eines abends saßen sie in einem Kino und warteten auf eine ihrer Komödien. Als Lonesome Luke auf der Leinwand erschien, hörte Lloyd einen kleinen Jungen sagen: ›Oh, da ist der Kerl, der so ist wie Chaplin.‹

»Wenn ich die Adresse von dem Jungen gewußt hätte,«, schrieb Lloyd später, »hätte ich ihm einen Orden geschickt, denn er gab den letzten Anstoß. Ich ging zu Roach und sagte ihm, ich würde aufhören. Ich wolle nicht ewig ein drittklassiger Imitator eines anderen sein, und sei es auch so ein Genie wie Chaplin.«

Roach telegrafierte wieder an Pathé, und diesmal gaben sie ihre Zustimmung, daß Lloyd seinen neuen Typ ausprobieren dürfe. Um die Zweiakter mit Luke durch etwas anderes zu ersetzen, engagierte Roach Toto, einen gefeierten Clown, und bat Lloyd, seine Zweiakter selbst zu inszenieren.

»Ich sagte: ›Nein, ich will wieder Einakter machen.‹ Die dachten, ich sei nicht bei Trost. ›Warum?‹ fragten sie, ›du hast doch bei Luke Zweiakter gemacht. Warum willst du jetzt wieder Einakter machen?‹

›Weil die Figur erst eingeführt werden muß‹, meinte ich. ›Wir machen jede Woche einen Einakter. Für Zweiakter brauchen wir einen ganzen Monat. Wenn ich einen schlechten drehe, muß das Publikum einen ganzen Monat warten – mit dem Gestank des mißratenen in der Nase. Bei den Einaktern können wir es in der nächsten Woche wieder ausbügeln.‹«

Die Figur entsprang Lloyds Wunsch, so weit wie möglich von Lonesome Luke wegzukommen und eine natürlichere Rolle zu spielen. »Ich wollte Komödien machen, in denen die Leute sich selbst und ihre Nachbarn wiedererkannten. Dabei stieß ich auf das einfache Make-up mit der Brille.«

Lloyd, ein eifriger Kinogänger, bekam die Anregung durch einen Film über einen bebrillten und offenbar harmlosen Geistlichen, der zu einem harten Kerl wurde, wenn die Situation es erforderte. Seine Brille fand Lloyd bei einem Optiker an der Spring Street in Los Angeles. Sie kostete fünfundsiebzig Cent.

»Ich mußte die ersten paar Filme mit dem Brillen-Typ selbst inszenieren. Ich hatte das gar nicht vor. Ich wollte nicht einmal den ersten drehen. Ich engagierte einen Regisseur dafür – J. Farrell MacDonald, der Filme inszeniert hatte, in denen Roach und ich als Komparsen arbeiteten. Er hatte noch nie eine Komödie gedreht. Er fragte immer: ›Harold, wie willst du diese Szene?‹ Ich mußte ihm genau sagen, wie die Szene gehen sollte, und dann ging er hinein und sagte es den anderen. Das ging so bei jeder Szene. Nach etwa einem Drittel des Films kam er zu mir. Er war ganz offen: ›Harold‹, sagte er, ›ich komme damit nicht klar. Ich weiß nicht, wo es langgeht. Du erklärst mir alles, was ich tun soll. Ich muß dich bei jeder Kleinigkeit um Rat fragen, und ich fühle mich blöd dabei. Ich glaube, du kommst sehr viel schneller voran, wenn du die Sache selbst übernimmst.‹«

Lloyd inszenierte also diese erste Komödie mit der Brillen-Figur – *Over the Fence* (1917). Für die zweite engagierte er Gil Pratt. Gilbert Walker Pratt hatte seine Filmkarriere bei Kalem begonnen und bei der New York Motion Picture Company; in Roachs Firma führte er gemeinsam mit Lloyd Regie und spielte Bösewichte. Alf Goulding, ein Australier mit einer großen Bühnenerfahrung, der bei Fox arbeitete, war der nächste Regisseur, der im Roach-Studio auftauchte. Pratt und Goulding lösten sich bei den ersten fünf Filmen ab. Als Roachs Versuch mit Toto scheiterte, übernahm Roach eins der Teams. Pratt ging zu Vitagraph, und Roach und Goulding machten die Regie wechselweise.

1919 schloß Roach einen Vertrag mit Pathé über neun Zweiakter. *Bumping into Broadway* war der erste, *Captain Kidd's Kids* der zweite. Es war außerdem der letzte Film mit Bebe Daniels. Sie hatte zwei Jahre zuvor mit Lloyd einen Tanzwettbewerb im Sunset Inn in Santa Monica besucht. Cecil B. De Mille war ebenfalls dort: »Ich würde Sie gern in meiner Firma haben«, sagte er. Miss Daniels wies darauf hin, daß sie unter Vertrag sei. »Wenn Sie es nicht mehr sind, lassen Sie es mich wissen«, sagte De Mille. Miss Daniels wollte unbedingt eine dramatische Schauspielerin werden, und bei der ersten Gelegenheit verließ sie Roach. Zu ihrer Überraschung war De Mille noch immer interessiert.

Das Problem, Bebe Daniels zu ersetzen, wurde durch Roach gelöst. Er hatte in der Bryant Washburn-Komödie *Marriage à la Carte* (1916; James Young) ein Mädchen namens Mildred Davis gesehen. Er führte den Film Lloyd vor, dem sie der ideale Typ schien. (Er heiratete sie später.)

Pathé war begeistert von den Zweiaktern, hielt sie jedoch zurück, bis die restlichen Einakter herausgekommen waren. In der Zwischenzeit baten sie Lloyd um ein paar Reklamefotos. Ein Fotograf des Witzel-Studios in Los Angeles kam ins Atelier und fing an, Aufnahmen zu machen. Eine sollte zeigen, wie Lloyd eine Bombenattrappe hielt und zum Himmel schaute.

»Und dann war ich selbst dem Himmel verdammt nah!« sagte Lloyd.

Die Bombe war scharf. Jemand hatte drei geladene Bomben in die Kiste mit den Bombenattrappen gelegt, und der Requisiteur hatte eine scharfe gereicht.

»Ich hielt die Bombe genau vor das Gesicht, da hätte sie mir den Kopf abgerissen, aber durch irgendeine Vorsehung hatte ich sie gesenkt, um dem Kameramann etwas zu sagen. Diese kleine Geste rettete mir das Leben.«

Durch die Explosion zersplitterten Fenster, die Decke bekam Risse, und Lloyd wurde für neun Monate lahmgelegt. Seine Hand war verletzt, und es schien sicher, daß er für den Rest seines Lebens blind sein würde. Sein Gesicht war aufgerissen und bedeckt mit Pulververbrennungen.

»Die folgenden Monate waren so schlimm, daß ich davon nicht sprechen kann, ohne daß es mich schaudert«, schrieb Lloyd in seiner Autobiographie. »Bis zu dem Zeitpunkt hatte ich ein normales, sorgenfreies, glückliches Leben geführt. Ich hatte Entmutigung, Armut, Sorgen und harte Arbeit kennengelernt. Doch das alles machte mir nichts aus, denn die Zukunft war rosig, ich war jung und stark, und alles machte mir Spaß. Diese Explosion lehrte mich zum erstenmal, was es heißt, wirklich zu leiden.«

Im sicheren Glauben, entstellt zu bleiben, fand er sich damit ab, falls er überhaupt je wieder würde sehen können, Komödien-Regisseur zu werden; falls nicht, Komödien-Autor. Auf jeden Fall schienen seine Tage als Schauspieler gezählt.

Es grenzte an ein Wunder, aber er wurde vollkommen wiederhergestellt. Für seine rechte Hand wurde ein Spezialhandschuh angefertigt, und Lloyd begann mit der Arbeit zu *Haunted Spooks*, kurz nachdem er das Krankenhaus verlassen konnte.

»Ich machte es mir zur Regel, wenn ich die Brille aufhatte, niemals etwas Unwahrscheinliches zu machen. Ein wenig außergewöhnlich durfte es schon sein, aber man sollte sich doch vorstellen können, daß es im Bereich des Möglichen lag. In *Get Out and Get Under* machte ich etwas, was ich sehr selten tat, aber es war ziemlich komisch.

Ich reparierte meinen Ford und hatte die Motorhaube geöffnet. Ich steckte meinen Kopf hinein, dann folgten die Schultern, dann war ich zur Hälfte drin, und bald verschwanden auch meine Füße im Motorraum. Wir drehten den Film als Satire. In jener Zeit war gängige Meinung, ein Ford Modell T könnte auch ohne alles fahren – ich fuhr also eine Weile, bis ich entdeckte, daß er gar keinen Motor hatte. Die Leute von Ford sind erst kürzlich, vor etwa acht Monaten, hinter mir hergewesen, weil sie diesen Film verwenden wollten. Sie waren *entzückt* davon. Aber ich habe ihn ihnen nicht gegeben; ich müßte erst wissen, was sie damit vorhaben.«

Lloyd ist stets sehr vorsichtig gewesen, wenn es um das Schicksal seiner alten Filme ging. Vielleicht haben Sammler sich Kopien von *Safety Last* oder *Grandma's Boy* sichern können, doch die meisten Lloyd-Filme besitzt Lloyd selbst. Er hält ein waches Auge auf die Aktivitäten von Archiven, Filmclubs und Repertoire-Kinos. In Abständen hat er seine besten Filme in Form von Zusammenstellungen veröffentlicht: *Harold Lloyd's World of Comedy*, *Harold Lloyd's Funny Side of Life*... Wie zur Stummfilmzeit stützt er sich auf Publikumsreaktionen und Previews.

»Die Kinozuschauer sind deine besten und deine schlechtesten Kritiker. Wenn man sie direkt fragt, was falsch ist, dann sind sie hilflos. Aber wenn man sich hineinschleicht und zuhört, erfährt man alles.

In den alten Tagen war es immer ein Vergnügen, im Publikum zu sitzen und die Reaktionen zu hören. Sie ließen sich völlig gehen. Sie schrien. Heute mögen sie das nicht mehr. Sie sind gehemmt. Innerlich haben sie wahrscheinlich ebenso viel Spaß, aber damals kamen sie richtig in Stimmung. Alle anderen machten es, also ließen auch sie sich gehen.

Was mich bei der Wiederaufführung der Filme wirklich reizt, ist, zu sehen, ob es mir gelingt, eine verlorene Generation zu fesseln oder zu gewinnen. Wie viele Teenager kennen schon Lloyd? Was sollte sie überhaupt an Lloyd interessieren? Sie kennen die Komödien jener Zeit nicht, und es kümmert sie auch nicht. Wir spielten *The Freshman* (in *Harold Lloyd's Funny Side of Life*) im Encino Theatre in San Fernando Valley. Das Kino war voller Teenager, überwiegend Mädchen. Und die Reaktion – ich glaube kaum, daß sie besser hätte sein können. Sie füllten anschließend Karten aus, und wir bekamen eine fast hundertprozentig positive Reaktion.

Irving Thalberg hat gesagt, es sei meine Idee gewesen, die Previews einzuführen. Ich glaube nicht, daß er damit recht hatte, aber einer der ersten war ich schon. Als wir für einen Einakter ein Preview machen wollten, packte ein alter Kinomanager in Glendale die Gelegenheit beim Schopf. Er zog sich seine weiße Fliege und seinen Frack an, stellte sich vor das Publikum und erklärte, was passieren würde.

Wenn wir einen Film drehten, machten wir alles, so gut wir es konnten, ohne aber die Sache zu weit zu treiben. Wir wußten, daß es ein Preview geben würde – um dem Publikum die letzte Entscheidung zu überlassen. Dann machten wir uns wieder dran und arbeiteten zwei Wochen, drei Wochen, sechs Wochen – so lange, wie wir brauchten, um bestimmte Szenen neu zu drehen. Dann machten wir wieder ein Preview.

I Do war ursprünglich ein Dreiakter, aber die erste Rolle zündete einfach nicht. Sie begann damit, daß ein Mädchen von zu Hause wegläuft. Die Eltern des Mädchens sind begeistert, denn sie mögen den jungen Mann, und heimlich helfen sie den beiden wegzulaufen. Das war komisch, fiel aber beim ersten Preview durch. Also ließen wir die ganze erste Rolle weg, fingen mit der zweiten an – und es wurde einer der erfolgreichsten Zweiakter.

Grandma's Boy war noch so ein Beispiel. Die Idee dazu hatte ich schon eine ganze Weile. Wir versuchten ein paarmal, die Sache in Gang zu bringen, machten dann aber andere Sachen. Es war eine wunderschöne Idee, aber anders als unsere normalen Komödien. Also legten wir es schließlich als Zweiakter an. Wie *Sailor-Made Man* kurz zuvor, wuchs es immer mehr an. ›Kümmern wir uns

Harold Lloyd und Mildred Davis in *Grandma's Boy* (1922).

Grandma's Boy: Dick Sutherland, Harold Lloyd und Anna Townsend.

Harold Lloyd 41

For Heaven's Sake (1926).

Welcome Danger (1929): v. links: Mal St. Clair, der Regisseur (den Credit erhielt am Ende Clyde Bruckman); Wally Howe; Walter Lundin an der Kamera; angeschnitten Gaylord Lloyd, der Bruder von Harold; Jimmy Anderson; ›Bard‹ Bardwell, Chefbeleuchter; mit dem Schild in der Hand Jake Jacobs, Lloyds Double; Barbara Kent.

nicht um die Länge‹, sagten wir. ›Machen wir ihn so lang, wie wir wollen... wir entwickeln ihn so, wie wir es für richtig halten.‹ Am Ende war aus dem Zweiakter ein Fünfakter geworden. Unser erstes Preview war eine große Enttäuschung. Es war gut, aber nicht gut genug. Ich erinnere mich, Roach und ich hatten unsere Familien mitgebracht, und wir ließen die Mädels in dem einen Wagen, während Hal und ich in dem anderen saßen, um die Sache auszufechten. Wir verbrachten fast eine Stunde da im Auto, und die Mädels waren nicht gerade glücklich darüber.

Hal meinte: ›Schau mal, Harold, wir machen Komödien. Wir machen Sachen, um die Leute zum Lachen zu bringen. Laß uns wieder solche Filme machen, wie wir sie drehen *sollten*.‹

Ich sagte: ›Hal, dieser hat Herz. Er ist anders als das, was wir bisher gemacht haben. Er ist viel feiner. Er hat wirklich Gefühl.‹

›Aber er hat keine Lacher‹, sagte er.

›Hal, du hast absolut recht. Vielleicht sollten wir uns noch mal dranmachen und mehr Lacher in den Film einbauen.‹

›Das sollten wir wohl lieber‹, sagte er.

Wir bauten etwa zwanzig Gags ein – über den ganzen Film verteilt. Dann gaben wir ziemlich viel Geld aus für eine kleine Zeichenfigur, die wir Icky tauften und die die guten und die schlechten Seiten des Jungen repräsentieren sollte. Wir machten wieder ein Preview. Wir fanden, daß uns der kleine Icky überhaupt nicht half. Aber die Gags, die halfen! Wir gingen zurück und drehten noch ein paar Gags, ohne allerdings unser Thema aus den Augen zu verlieren. Davon gingen wir keinen Millimeter ab.

Und wenn ich von meinen Filmen einen Lieblingsfilm auswählen müßte, dann würde ich mich für *Grandma's Boy* entscheiden. Diese Komödie hätte ebensogut ein Drama werden können. Es ging um einen Jungen, der ein Feigling ist; seine Großmutter schenkt ihm einen Talisman und erzählt, er habe seinem Großvater gehört, der im Bürgerkrieg ein noch größerer Feigling war. Sie erzählt ihm, wie er ihm half, gegen alle Tücken zu bestehen. Der Junge nimmt den Talisman und geht, überzeugt davon, daß er gewinnen wird, schnurstracks auf seinen stärksten Gegner los, einen Tramp. Er bezieht wieder und wieder Prügel, gibt jedoch nicht auf, weil er weiß, daß er schließlich gewinnen wird. Dann findet er heraus, daß der Talisman nichts anderes ist als der Griff von dem alten Regenschirm der Großmutter. Aber sie macht ihm klar, daß es funktioniert hat: der Talisman gab ihm Kraft zum Durchhalten. Er macht weiter und gewinnt schließlich, einfach, weil er an sich selbst glaubt. Wenn man einen tragischen Film über einen Feigling machen wollte, könnte man das gleiche Thema verwenden.«

In den Komödien-Studios umgab den Regisseur nicht der gleiche Glamour, und er trug auch nicht die gleiche Verantwortung wie sein Kollege vom dramatischen Fach. Komödien waren immer das Werk von einer ganzen Anzahl von Leuten. Harold Lloyd war sehr von seinen Gagmen abhängig.

»Als Hal und ich anfingen, mußten wir uns die Gags selber ausdenken. Als Hal mit Toto beschäftigt war und ich meinen ersten Film mit der Brille machte, mußte ich mir alle Gags allein überlegen. Als die Filme anfingen, Geld einzuspielen, engagierte ich so viele, in meinen Augen gute, Ideen-Leute, wie ich nur bekommen konnte.

Einer davon war ein Mann namens Frank Terry. Er war einer der Besten, aber auch einer der Schlechtesten. Er kam mit zehn Ideen an, und nur in einer steckte ein Körnchen Brauchbares. Die restlichen waren schrecklich. Er war ein origineller Kopf, hatte jedoch keinerlei Geschmack. Als es eine Zeitlang nichts zu tun gab, schickte ich ihn rüber zu Fox, damit er sich etwas Geld verdienen konnte.

›Er wird euch einen Haufen schlechter Ideen bringen‹, sagte ich, ›aber er ist ein guter Mann.‹ Sie behielten ihn zwei Wochen. ›Harold‹, meinten sie, ›wolltest du uns auf den Arm nehmen?‹ Sie gaben ihm den Laufpaß. Sie schafften es nicht, das kleine Weizenkorn aus der Spreu herauszupicken. Armer Frank ... Er war Australier. Er konnte hereinkommen und mir sechs Gags erzählen, und ich sagte: ›Nein, Frank – nein, nein, nein!‹ Dann ging er wieder raus und sagte: ›Lloyd hat mal wieder eine miese Laune – eine *ganz miese* Laune.‹

Ich kam oft morgens oder wenn ich Zeit hatte, in den Gag-Raum, und die überfielen mich mit ihren Ideen. Ich hatte ein paar sehr gute Jungs: Fred Newmeyer, der unser Requisiteur gewesen war, Ted Wilde, Tim Whelan, Sam Taylor, Clyde Bruckman, Jean Havez, Johnnie Grey, Tommy Gray...

Manchmal dachte ich: die schaffen das, und schickte sie allein oder zu zweit los, um sie selbständig etwas drehen zu lassen. Oder ich teilte sie auf und ließ sie so arbeiten. Man hat eine Szene – sagen wir mal: das Jackett des Zauberers in *Movie Crazy* (1932). Wir bauen das aus und kommen zu dem Punkt, wo ich mit der Frau von einem hohen Tier tanzen soll. Es ist entscheidend, daß ich einen guten Eindruck mache. Natürlich weiß ich nicht, daß ich das Jackett eines Zauberers anhabe, das voller weißer Mäuse und Tauben steckt, und sie weiß es ebensowenig. Also, was machen wir jetzt daraus? Ich schicke die Jungs raus, sie sollen Ideen ausarbeiten. Möglicherweise kommen sie mit einer brauchbaren Idee zurück, aber das passierte selten. Meistens war es so, daß sie einen Einfall hatten, und wir saßen da und arbeiteten ihn aus. Alles hing von meiner Entscheidung ab; ich mußte ja alles spielen.

Wir hatten kein Skript, aber wir machten detaillierte Notizen für die jeweilige Sequenz, die wir drehen wollten. Wir unterbrachen sogar die Arbeit für drei oder vier Tage, um exakt das auszuarbeiten, was wir haben wollten. Aber wenn wir es abgedreht hatten, war es womöglich etwas ganz anderes geworden als unsere ursprüngliche Idee. Wir blieben für alles offen. Wenn uns etwas einfiel, das besser war als das, was wir auf dem Papier konzipiert hatten, dann machten wir eben das. Wenn man nach einem ausgearbeiteten Skript gedreht hätte, hätte man sich völlig festfahren können. Nachdem man es einigemal geändert hatte, hätte man wahrscheinlich das Skript wegwerfen müssen, weil man den Faden verloren hätte. Wir dagegen bauten die Arbeit stückweise auf, so wie beim Hausbau. Das Aufbauen war sehr wichtig.

Wir hatten eine bestimmte Anzahl feststehender Sachen, Gags, von denen wir wußten, daß wir sie machen würden. Das waren die ›Inseln‹. Wir wußten, daß wir dahin kommen mußten. Aber was wir dazwischen machten, hing ganz von uns ab. Wir improvisierten und entwickelten es während der Arbeit.

Manchmal machten wir fünf, sechs, sieben oder acht Takes. Sie sagten: ›Harold, jetzt hast du es!‹ und ich sagte: ›Denkt euch noch etwas anderes aus.‹ Dann kam eine neue Kleinigkeit, und ich improvisierte das. Natürlich gab es auch Fälle, wo wir zehnmal wiederholten und dann den ersten Take nahmen, weil er einfach spontaner oder weniger kompliziert war als die anderen. Aber im allgemeinen erwiesen sich die Aufnahmen, bei denen wir eins aus dem anderen entwickelten, als die besten. Wir starteten vielleicht mit nur einer oder zwei kleinen Ideen. Wenn wir dann fertig waren, gab es in der Szene zehn Ideen, an die wir vorher im Gag-Raum gar nicht gedacht hatten.

Das war einer der Vorteile, wenn man ohne Skript arbeitete. Es erlaubte einem völlige Freiheit. Als ich mit Preston Sturges an einem Film mit dem Titel *Mad Wednesday* arbeitete, wollte er eine Szene genau so gespielt haben, wie er sie im Drehbuch geschrieben hatte. Wir waren angebunden und hatten keine Freiheit. Ich glaube, dadurch ist der Film mißglückt.

Ich habe auf jede Nennung als Regisseur verzichtet, obwohl ich praktisch alle meine Filme inszeniert habe. Die Regisseure waren vollkommen von mir abhängig. Ich hatte die Jungs, weil ich wußte, daß sie etwas von Komödien verstanden, daß sie wußten, was ich wollte, daß sie mich kannten – und auf die Details achten konnten. Wenn man vor der Kamera spielt, kann man sich nicht selbst beobachten, und diese Jungs konnten mir sagen: ›Harold, wäre es nicht witziger, wenn du es soundso machen würdest?‹

Wenn etwas danebenging und es mir nicht gefiel, konnte ich niemandem als mir selbst die Schuld geben. Ich hatte bei allen meinen Filmen die völlige Kontrolle.

Aber nehmen Sie einen Film wie *Mad Wednesday*, da war es das genaue Gegenteil. Ich hatte nur beim ersten Drittel die Kontrolle. Bis zur Friseur-Szene. Und Howard Hughes, der Produzent, ließ es zum Glück unangetastet. Aber in der Bar-Szene hat er schrecklich geschnitten, er hat einige der besten Sachen rausgeschnitten und hat dann bis zum Schluß weitere Schnitte gemacht. Doch bis dahin hatte Sturges nach meiner Meinung schon alles verdorben. Aber das erste Drittel gefiel mir.

Von allen meinen Regisseuren war Sam Taylor der wichtigste. Er war für mich eine ungeheure Hilfe. Er war ein brillanter Kopf. Als ich einige Zeit lang nichts produzierte, trennte er sich von mir, in Freundschaft, und machte dann Filme mit Pickford, Fairbanks, Bea Lillie, John Barrymore. Er war ein akademischer Typ und eine der größten Hilfen, die ich je hatte.

Hal lasse ich aus dem Spiel, denn Hal fällt in eine andere Kategorie. Hal und ich gehören verschiedenen Zeiten an. Eigentlich war er kein sehr guter Regisseur. Er liebte das Risiko, er hatte Drive, und er ging mit einer unerschütterlichen Gelassenheit zu Werke. Aber in den frühen Jahren, bei den Lonesome Luke-Filmen, drehte er, bis er bei den letzten fünf oder zehn Minuten angekommen war, dann sagte er: ›All right, die Sache ist gelaufen.‹ Und er hörte einfach auf. Den Rest spulte er einfach nur noch ab.

Es gab aber doch eine Art Affinität zwischen Hal und mir. Er sagte immer: ›Was ich mir auch für eine Szene einfallen lasse, Lloyd hat es einfach raus, sie so auf die Leinwand zu zaubern, wie ich sie mir vorgestellt hatte.‹ Roach war sehr kreativ, er war ein sehr guter Gagman und er hatte großen Mut.«

Lloyd zahlte seinen Gagmen die besten Gagen im Gewerbe. Sie erhielten zwischen fünfhundert und achthundert Dollar pro Woche, was außerordentlich viel war. Er schaffte es, von allen Studios Gagmen abzuwerben.

»Wir hatten einmal eine sehr komische Situation mit einem Stückeschreiber namens Frank Craven. Er hatte viele sehr gelungene Broadway-Erfolge verfaßt, wie *The First Year*, in dem er auch die Hauptrolle spielte. Er war ein exzellenter Schauspieler und ein exzellenter Komiker. Er machte auch Sachen beim Film, mit ziemlichem Erfolg, und ich lernte ihn eines Tages auf einer Party kennen. Wir kamen ins Gespräch über die Zahl der Leute, die ich als meine Ideenlieferanten engagiert hatte.

›Harold‹, fragte er, ›warum machst du nur diese ganzen Ausgaben? Du zahlst diesen Kerlen einen Haufen Geld. Warum nimmst du dir nicht *einen* Mann, der das alles für dich erledigen kann? Dabei könntest du einiges sparen.‹

›So ein Mann ist mir noch nicht über den Weg gelaufen‹, antwortete ich.

›Ich glaube, ich könnte es, Harold‹, meinte er.

›Frank‹, sagte ich, ›du hast meine ganze Hochachtung. Du bist sehr talentiert. Aber ich glaube nicht, daß du das könntest.‹

›Möchtest du es einmal riskieren?‹ fragte er. ›Ich würde dich sehr viel mehr Geld kosten als jeder von diesen Männern, aber doch bei weitem nicht so viel wie die ganze Gruppe zusammen.‹

›Frank‹, schlug ich vor, ›wollen wir ein Experiment machen? Möchtest du nicht einmal kommen und einige Zeit mit der Gruppe zusammenarbeiten? Ich werde dir ein paar Sachen zum Ausarbeiten geben, und wenn du es schaffst, kommen wir vielleicht ins Geschäft.‹

Er kam vorbei und saß drei Tage mit meiner Gag-Gruppe zusammen. Ich ließ ihn ganz in Ruhe. Ich ging hin, sprach mit den Gagmen, und sie bombardierten mich mit ihren Ideen. Schließlich, nach dem dritten Tag, sagte Frank: ›Auf Wiedersehen, Harold!‹ Dann meinte er: ›Was mich irritiert, ist dieses Medium. In meinem eigenen Medium habe ich haufenweise Ideen. Aber da habe ich nun drei Tage gesessen, und diese Kerle warfen nur so mit Ideen um sich, und mir fiel nicht eine verdammte Sache ein. Das hat mich wirklich sehr getroffen. Ich hätte dir gerne geholfen, Harold, aber es ist dein Medium!‹«

Die Techniker im Lloyd-Studio waren eine eingeschworene Truppe; sie gehörten zum größten Teil seit Jahren zur Firma: Walter Lundin als erster Kameramann, Homer Scott als zweiter Kameramann, in der ersten Zeit auch Fred Jackman; Freddie Guiol und Bill MacDonald als Requisiteure; Jack Murphy als Produktionsleiter, H. M. Walker als Titel-Autor, Joe Reddy als Presseagent, Red Golden als Regieassistent und Tom Crizer als Cutter.

»Diese Leute beschäftigte ich das ganze Jahr. Es konnte vorkommen, daß wir vier Monate Pause machten, aber das änderte nichts. Ihre Gehälter liefen weiter, und sie beschäftigten sich in der Zeit, womit sie wollten. Sie waren nicht sehr glücklich, als die Gewerkschaften aufkamen, das kann ich wirklich sagen! Es ging ihnen ohne Gewerkschaft bedeutend besser. Das war natürlich in anderen Studios nicht so, wo die Angestellten anders behandelt wurden als bei mir.

Wir bewahrten uns im Studio die ›komödiantische‹ Stimmung – ob mit Kamera oder ohne. Einmal habe ich einen ganzen Arbeitstag in den Sand gesetzt, weil die Jungs jemand weisgemacht hatten, der Lloyd hätte nicht alle Tassen im Schrank. Also verhielt ich mich ich den ganzen Tag so, daß dieser Jemand es glauben mußte, und wir hatten einen herrlichen Spaß. Klar, damals konnten wir uns solche Sachen noch leisten.

Requisiteure – ich muß erzählen, wie wichtig die Requisiteure waren! O Mann! Die waren buchstäblich lebenswichtig, glauben Sie mir. Von ihnen hing manchmal mein Leben ab. Sie waren diejenigen, die die Sicherheitsmaßnahmen austüftelten. Natürlich haben sie hin und wieder auch etwas versiebt, aber nicht sehr oft, und wir hatten großes Vertrauen in sie. Wenn jemand sagte: ›Freddie hat sein OK gegeben‹, dann machte ich weiter. Ich wußte, daß Fred (Guiol) nichts durchgehen lassen würde, was er nicht gründlich ausprobiert hatte und von dessen Sicherheit er nicht überzeugt war. Dasselbe galt für Bill MacDonald. Die waren beide lange Jahre bei mir. Freddie Guiol wurde schließlich Regisseur und arbeitete eng mit George Stevens zusammen, der Kameramann bei Roach gewesen war. George Stevens schwor auf ihn – er wollte keinen Film ohne Guiol drehen.

Der Sicherheitsfaktor war immer wichtig, aber ganz besonders bei *Safety Last*. Die Idee für den Film kam mir, als ich die Seventh Street in Los Angeles hinunterspazierte und eine riesige Menschenmenge vor dem Brockman Building sah. Ich fragte, was denn Aufregendes los sei. ›Gleich wird ein Mann an dem Gebäude hochklettern‹, erklärte man mir. Also wartete ich, und tatsächlich kam ein Dachdecker namens Bill Strothers heraus und wurde der Menge vorgestellt. Vermutlich das übliche Ritual bei solchen Gelegenheiten. Dann fing er an zu klettern. Ich schaute ihm etwa drei Stockwerke lang zu, geriet dann aber dermaßen in Aufregung, daß ich weitergehen mußte. Ich hatte Angst, er könnte jeden Augenblick zu Tode stürzen. Ich ging etwa einen Block weiter, dann hielt mich meine Neugier zurück. Ich ging nicht weg, sondern bog nur um die Ecke, so daß ich von Zeit zu Zeit heimlich gucken konnte, wie weit er gekommen war. Da standen auch noch andere Leute, und ich erkundigte mich: ›Wo ist er jetzt?‹

›Ach, er ist am sechsten Stock.‹

Er arbeitete sich an den Fenstern hoch, von einem Fenster zum nächsten. Ich weiß immer noch nicht, wie er das machte, aber er schaffte es. Als er das Gebäude ganz hinaufgeklettert war, fuhr er mit einem Fahrrad auf der Dachkante entlang – und kletterte auf eine Fahnenstange und machte einen Kopfstand. Als alles vorbei war, ging ich zu ihm und stellte mich vor. Ich erzählte ihm, daß ich beim Film sei, und lud ihn ein, bei unserem nächsten Film mitzumachen. Ich dachte mir, wenn es *mich* so beeindruckt hatte, dann würde es auch das Publikum beeindrucken. Wir würden seine Kletterei in unsere Story einbauen.

Roach und ich engagierten ihn, aber wir brauchten zwei oder drei Wochen, um die Story auszuarbeiten, und Bill begann sich bei seinem Nichtstun zu langweilen. Er bekam ein neues Angebot, an einem Gebäude hochzuklettern, und er fragte, ob wir ihn gehen lassen würden.

›Nein, nein‹, sagten wir, ›vielleicht brechen Sie sich ein Bein.‹

Die Sache zog sich hin. Schließlich ließen wir ihn gehen. Es war nur ein dreistöckiges Gebäude, aber er stürzte vom ersten Stock und brach sich ein Bein. Also mußte *ich* im Film klettern, während Bill Strothers von dem Polizisten gejagt wurde. Wenn man genau hinschaut, erkennt man, daß er humpelt. Wir nannten ihn Humpel-Billy.

Wir drehten bei *Safety Last* als erstes die Kletterei. Wir wußten nicht genau, wie der Film anfangen würde. Aber wir hatten die Kletterei im Kasten und waren sehr zufrieden damit. Wir waren geradezu in Hochstimmung.

In jenen Tagen gab es natürlich noch keine Rückprojektion, wenn man mich also beim Klettern sieht, dann klettere ich *wirklich*. Wir ließen unterhalb der Fenster des Wolkenkratzers Plattformen anbringen – etwa drei bis vier Meter tiefer, mit Matratzen gepolstert. Nach Beendigung der Dreharbeiten warfen wir eine Puppe auf eine dieser Plattformen, sie prallte ab und stürzte auf die Straße. Ich muß verrückt gewesen sein, das zu machen.«

Neben dem echten Gebäude wurden außerdem speziell konstruierte Teile auf den Dächern anderer Häuser errichtet.

»Bei der ganzen Sache gingen wir ein höllisches Risiko ein, glauben Sie mir. Das war kein Zuckerschlecken. Wir brauchten mindestens anderthalb Monate, um die Kletterei zu filmen. Wir konnten täglich nur ein paar Szenen drehen, weil dann die Schatten die Straße unten verdunkelten. Wir konnten nur von elf bis halb zwei drehen. Wir kamen jeden Tag ganz früh an, um alles vorzubereiten, und probten einige Szenen, so daß wir in dem Augenblick, wo die Schatten richtig standen, schnell vorankamen.«

Für die großen Totalen, in denen die bekannte Figur mit dem Strohhut im Vergleich zum Gebäude winzig erscheint, setzte Lloyd Bill Strothers ein. Ein Zirkusakrobat machte den Stunt, als Lloyds Fuß sich in einer Schlinge verfängt; er schwingt vom Gebäude fort, macht einen Bogen und landet auf einem Sims. Doch praktisch alle anderen Szenen wurden von Lloyd selbst gespielt.

Gegen Ende der Produktion besuchte er eine Wahrsagerin am Strand. Als sie die Schwielen an seinen Händen fühlte, sagte sie ihm, er verdiene sein Geld wohl mit Handarbeit.

»Das war tatsächlich so. In der ersten Zeit habe ich einfach Todesängste ausgestanden. Aber nachdem ich dort oben ein paar Tage gearbeitet hatte, alberte ich genauso herum wie die anderen.«

Look Out Below, ein Einakter, war Lloyds erster Film mit Spannungseffekten, darauf folgte *High and Dizzy* mit zwei Akten. Bei *Never Weaken*, einem Dreiakter, spielte der Höhepunkt auf den Gerüsten eines halbfertigen Wolkenkratzers. *Safety Last* war der erste lange Spannungs-Film.

»Den drehten wir, weil es den Anschein hatte, als könne nach *High and Dizzy* nichts Nennenswertes mehr kommen. Wir *mußten* einfach noch einen Spannungs-Film machen.«

Lloyd findet es allerdings störend, wenn er immer wieder auf seine Wolkenkratzer-Eskapaden angesprochen wird. »Erinnert sich denn niemand an meine anderen Filme?« fragte er. »Ich habe fast zweihundert gemacht, und nur fünf waren Spannungs-Filme.«

Lloyd bezieht sich nur auf seine Wolkenkratzer-Komödien, wenn er von ›Spannungs-Filmen‹ spricht. Aber spannende Sequenzen gab es in vielen seiner Komödien. In *Girl Shy* (1924) stellt Lloyd fest, daß ihm nur noch wenige Minuten bleiben, um sein Mädchen davon abzuhalten, einen anderen Mann zu heiraten. Er organisiert sich alle möglichen Transportmittel – von einer Straßenbahn bis zu Pferd und Wagen – um rechtzeitig zur Kirche zu kommen. Diese Sequenz ist ähnlich aufregend gedreht wie das Wagenrennen in *Ben-Hur*, obwohl sie ein Jahr früher entstanden ist.

Eine weitere spannende Sequenz, die ebenfalls ausgezeichnet gemacht ist, findet sich in *For Heaven's Sake*. Harold beaufsichtigt eine Horde Betrunkener, die einen offenen Doppeldecker-Bus kapern und in halsbrecherischem Tempo durch die Straßen von Los Angeles rasen. Auch hier benutzt Lloyd keine Trickaufnahmen. Der Bus kreischt um die Ecken, wie es scheint auf zwei Rädern, und schwankt genauso wie seine betrunkenen Fahrgäste. Einer von ihnen vollführt einen Seiltanz auf dem Geländer des Oberdecks...

»Der ganz Bus war auf einem Lastwagen befestigt, aber auf einem beweglichen Unterbau. Es war schrecklich da oben, denn man hatte das Gefühl, der

Bus würde wirklich umkippen. Wenn er sich neigte, fielen wir alle um; dadurch entstand die perfekte Illusion, als ob der Bus auf zwei Rädern durch die Kurven fährt.

Der Seiltänzer arbeitete mit einer Schiene, einer eisernen Schiene, die an einem Bein hochlief und am Körper befestigt war. Er mußte also seinen Körper und sein freies Bein so bewegen, daß man nicht merkte, daß das andere Bein völlig steif war. Oh, wir haben die Sachen ganz schön raffiniert ausgetüftelt, glauben Sie mir!

Eine solche Szene erforderte mitunter zwei Wochen. Wir bekamen eine ganze Polizei-Abteilung, die etwa drei Blocks abriegelte. Wir benutzten nur unsere eigenen Fahrzeuge und unsere eigenen Fußgänger. Alle Leute, die man in diesen Szenen sieht, waren unsere eigenen, und sie wurden alle bezahlt.«

Filmhistoriker und Kritiker loben zwar Lloyds Komödien, wenden jedoch ein, komisch sei er nur aufgrund seiner Vorlagen. Sie behaupten, Lloyd selbst sei gar kein Komiker gewesen.

»Darauf könnte ich so einiges antworten. Das ist vollkommen falsch. Ich meine, wenn man kein Komiker ist, kann man nicht erfassen, was eine Komödie ausmacht. Komik kommt von innen. Sie kommt aus dem Gesicht. Sie kommt aus dem Körper.«

Lloyd versucht den Eindruck zu vermitteln, als sei er sich seiner Leistung stets sicher gewesen, als sei er nie von irgendwelchen Zweifeln gequält gewesen. Ein Interview aus dem Jahre 1924 enthüllt eine andere Seite dieses großen Komikers:

»Da ist eine Sache an Harold, die immer merkwürdig ist. Wenn man ihn fragt, wie es mit seinem Film klappt, verzieht er sein Gesicht und sieht fürchterlich niedergeschlagen und elend aus. ›Ich habe Angst davor‹, sagt er.«

Lloyd zog sich 1938, als er mit seiner Produktion *Professor Beware* unzufrieden war, vom Film zurück. Er sagte, man habe ihn zu dem Film gedrängt, und er sei unter seinem normalen Niveau gewesen. Er beschloß, keinen weiteren Film zu drehen, solange er nicht das richtige Thema hätte.

»Dann fing ich an, mich für andere Sachen zu interessieren. Ich machte einen letzten Film, *Mad Wednesday*, der mir nicht gefiel. Daraufhin zog ich mich ganz zurück.«

Lloyd beschäftigte sich mit einer Fülle von Aktivitäten und Hobbies, die er alle mit seiner typischen Intensität anging.

Sein Ziel ist es, überragende Leistungen zu erreichen. Er wurde ein brillanter Stereo-Fotograf und gewann Preise auf diesem Gebiet. Als passionierter Musikliebhaber hat er ein stereofonisches Tonsystem konstruiert, das es mit den besten der Welt aufnehmen kann. Für seine Schallplatten-Sammlung erhält er ein Exemplar jeder Neuerscheinung, so wie das British Museum jedes neue Buch erhält. Er hat sie sorgfältig katalogisiert, und seitenweise finden sich die Werke seines Lieblingskomponisten Beethoven.

In seinem weitläufigen 32-Zimmer-Haus ist ein langer Korridor mit gerahmten Fotos gefüllt, mit den Signaturen von Frank Capra – »Für Harold, von dem wir Gagmen alle abstammen« – von Chaplin, von Cecil B. De Mille – »To Harold Lloyd, hoping that the public never laughs at my spectacles as they do at yours.«[3]

Er verwahrt seine Filme in einem feuersicheren Tresor, zusätzlich gibt es noch einen Schneideraum. Für sein eindrucksvolles Anwesen ›Greenacres‹ hat er verfügt, daß es nach seinem Tod in den Besitz der Gemeinde Beverly Hills übergehen soll; er ist Direktor der Handelskammer von Beverly Hills und sehr engagiert in städtischen Einrichtungen. Er gehört zu den leitenden Persönlichkeiten eines bedeutenden Projekts der Shriner [eines Freimaurerordens]: dieser Orden ist der Träger von siebzehn Kliniken für behinderte Kinder in den Vereinigten Staaten, Mexiko und Kanada.

Er hat jedoch die Verbindung zum Film nie aufgegeben und dachte bisweilen daran, Filme mit anderen Komikern zu inszenieren. Er meinte, er würde gerne mit Dick van Dyke zusammenarbeiten. Er hat Komödien produziert, darunter einen Film mit Lucille Ball.

»Da gab es eine Szene, in der Edmond O'Brien an einem Mädchen vorbeiläuft, das mit ihm anzubändeln versucht, indem sie ihr Taschentuch fallen läßt. Ich schlug vor, er solle vorbeigehen, das Taschentuch mit den Zehen aufheben und in ihren Schoß fallen lassen. Sie versuchten es immer wieder. Da ich selbst nicht im Atelier war, wußte ich nicht, wie es gelaufen war, bis sie mir berichteten, daß es nicht klappte.

›Das ist einfach nicht komisch‹, sagten sie. ›Sollen wir es wegschmeißen?‹

›Nein‹, sagte ich, ›das *ist* komisch. Ich habe es selbst in meinem Film *Welcome Danger* gemacht. Laßt mich mal sehen, wie ihr es gemacht habt.‹

Es wirkte einfach unbeholfen und plump.

›Nein – ihr müßt es in einem fließenden Tempo machen. Du gehst vorwärts und darfst keine Pause machen.‹ Ich zeigte es Ed, alle bogen sich vor Lachen, und er war ganz wild darauf, es zu probieren. Er machte es so, wie ich es ihm gezeigt hatte, und es war perfekt.

Ich habe viele moderne Komödien gesehen, vor allem die Slapstick-Spektakel. Ihr Fehler liegt vor allem darin, daß die Gags nicht genügend motiviert sind. Ich will Ihnen erklären, was ich meine: Die bauen die Komödie nicht schrittweise auf, die bereiten das Publikum nicht darauf vor, einen bestimmten Gag zu erwarten, und wenn der Gag kommt, dann entwickeln sie ihn nicht genügend. Sie setzen nicht noch einen Gag drauf, um das Lachen zu steigern. Natürlich kriegen sie ihre Lacher – manchmal haben sie schon tolle Gags. Aber das Publikum sieht sie natürlich nicht so, wie ich sie sehe. Sie könnten *so* viel besser sein!«

Harold Lloyd genießt sichtlich die offene Zuneigung, mit der seine Filme aufgenommen worden sind.

»Wir haben wirklich nicht an die Nachwelt gedacht, damals«, sagte er. »Aber wir nehmen es gerne an, wenn man diese alten Filme als Klassiker bezeichnet. Normalerweise muß man erst tot sein, bevor man zum Klassiker wird. Die Freude hat man nicht zu Lebzeiten!«

---

1 *The Autobiography of Harold Lloyd*, Kapitel 1, *Photoplay*, Mai 1924, S. 32.

2 Wenn nicht anders angegeben, entstammen die folgenden Zitate Gesprächen, die der Autor mit Harold Lloyd in London und Hollywood zwischen Juni 1963 und Dez. 1964 geführt hat.

3 De Mille spielt mit der (im Deutschen nicht vorhandenen) doppelten Bedeutung von ›spectacles‹: seine Filmspektakel gegen Lloyds Brille setzend. [A.d.Hg.]

42 **Buster Keaton**

Wenigstens starb er in einer Woge neuerwachten Ruhms. Nur wenige Stars haben eine so spektakuläre Wiederentdeckung erlebt. Noch weniger Stars ist eine so warme Zuneigung entgegengebracht worden.

Buster Keaton starb am 1. Februar 1966, als die Publizität um sein Comeback gerade ihren Höhepunkt erreichte. Eine Retrospektive hatte ihn auf das Filmfestival in Venedig geführt, wo ihm Kritiker, Journalisten und Filmmacher stehende Ovationen gaben. Erneut häuften sich die Angebote von Filmproduzenten und vom Fernsehen. Zeitungen und Zeitschriften in aller Welt veröffentlichten Artikel über ihn. Das Erscheinen einer lang erwarteten Biographie stand kurz bevor.[1]

Keaton war glücklich, ihm war aber auch klar, daß der Wert dieses Beifalls rein akademisch war.

»Natürlich ist es toll«, sagte er der Filmhistorikerin Lotte H. Eisner nach seinem Triumph in Venedig, »aber es kommt alles dreißig Jahre zu spät.«

Als er wirklich Ermutigung und Unterstützung nötig hatte, in den ersten Jahren des Tonfilms, wurde sie ihm von allen versagt. Joseph M. Schenck, sein Produzent und Schwager und die wahrscheinlich mächtigste Person im Filmgeschäft, überredete ihn, die unabhängige Produktion aufzugeben und sich M-G-M anzuschließen. Keaton gab später zu, daß das der größte Fehler seines Lebens gewesen sei. Er verlor dadurch das Team, mit dem er von Anfang an zusammengearbeitet hatte. Er verlor seine Gagmen und wurde gezwungen, nach festen Drehbüchern zu arbeiten. Schlimmer noch, Streitigkeiten mit seinen Produzenten und die streng überwachte Studio-Routine zerstörten seinen Elan. Er wurde zum Alkoholiker. Seine Frau Natalie Talmadge, die Schwester von Norma Talmadge, die mit Schenck verheiratet war, reichte die Scheidung ein.

»Wie übel sie doch dem armen Buster mitgespielt haben«, meinte Louise Brooks. »Als sich seine Frau scheiden ließ, sorgte Joe Schenck dafür, daß er die Rechte an seinen Filmen abtreten mußte, also konnte er sie nie weiterverkaufen. Sie gehörten nicht mehr ihm selbst, wie es etwa bei Lloyd oder Chaplin war. Er besaß keinen Pfennig. Er lebte in einem wundervollen Haus im Stil eines Millionärs. Das Einkommen eines Millionärs fließt allerdings von allein, Jahr für Jahr. Der arme Buster lebte in einer Villa mit acht oder neun Dienern, und das mit dreitausend Dollar wöchentlich. Schenck machte Geld mit Schauspielern, mit Filmen, mit Stories. Was kratzte es ihn oder Sam Goldwyn, wenn sie zweitausend oder viertausend Dollar pro Woche beim Bridge verloren? Oder ob sie im Clover Club zwanzigtausend verloren? Für die Schauspieler aber war es ein gefährlicher Zwang, bei derlei Spielen mitzumischen, denn kam der Augenblick, wo man keinen Pfennig mehr hatte, war man unten durch. Dann war man nicht mehr genehm. Kein Schauspieler konnte mit einem Produzenten finanziell mithalten. Der arme kleine Buster, der mit seinen wöchentlichen dreitausend Dollar wie ein Millionär zu leben versuchte. Es war unmöglich. Und so machten sie ihn kaputt.«

Die meisten von Keatons Tonfilmen waren bedauerlicherweise Mißerfolge, und wie er selbst waren sie sehr bald vergessen. 1945, nachdem *Life* einen Artikel von James Agee veröffentlicht hatte, blühte sein Ruhm in Amerika wieder auf. Filmclubs begannen damit, seine Filme *The General* und *The Navigator* zu zeigen. Als das Publikum dieser Komödien zahlreicher wurde, stellte sich auch Keatons ruinierter Ruf wieder her. Mitte der 50er Jahre kamen weitere Keaton-

Filme neu heraus. Ein paar Jahre später veranstaltete die Cinémathèque Française eine Keaton-Retrospektive; von fast allen seinen Filmen, den Zweiaktern wie den langen Spielfilmen, wurden wieder Kopien entdeckt. Keaton verkündete Pläne für eine Serie von Wiederaufführungen, die von einer Münchner Firma veranstaltet werden sollten. Das Vorhaben scheiterte, als Schencks Erben Besitzansprüche erhoben. Zum Zeitpunkt seines Todes lag Keatons gesamtes filmisches Werk in einem Lager in Deutschland fest. Der Mann, der schließlich die Kontrolle über Keatons Filme übernahm und die verschollenen wiederfand, war Raymond Rohauer.

Keatons Haus in San Fernando Valley hieß ›The Keatons‹. Es war ein Bungalow, recht gemütlich, aber kaum zu vergleichen mit seiner früheren Residenz (die später James Mason erwarb). Buster verbrachte seine Freizeit mit seinen Hühnern und mit Fernsehen. Am Ende jedoch verringerte sich seine freie Zeit mehr und mehr, als Produzenten und Agenten sich um ihn bemühten. »Ich werde keine wöchentliche TV-Serie machen«, meinte er. »Das würde mir zu sehr nach harter Arbeit aussehen. Ich glaube, ich habe achtzehn Angebote in dieser Saison abgelehnt.«

Zu seinen letzten realisierten Projekten zählte ein Samuel Beckett-Film, mit dem schlichten Titel *Film* – »das war einer seiner wilden Tagträume« – diverse Werbefilme, darunter einer für Ford, in dem der Stil von *Cops* rekonstruiert wurde; ein Farbfilm *The Railrodder*, der zeigte, wie Buster Kanada mit einer handgetriebenen Draisine durchquerte, einige Folgen der Serie *Pajama Party* und Richard Lesters *A Funny Thing Happened on the Way to the Forum*.

Keaton sprach sehr distanziert von seiner Karriere. Wenn er jedoch die Mechanismen eines Gags oder die Schwierigkeiten beim Arrangement einer komplizierten Szene beschrieb, dann war er ganz bei der Sache. Zwischen Hustenanfällen (er starb an Lungenkrebs) demonstrierte er einige lustige Sachen und schritt durch den Raum mit dem unverwechselbaren Keaton-Gang.

Das Zimmer war mit Fotos, Urkunden und Preisen dekoriert. Ein Billardtisch nahm die eine Hälfte des Raumes ein; die andere war das, was Keaton seinen Saloon nannte. Er hatte etwa die Dimension einer Telefonzelle, war jedoch mit authentischen Schwingtüren und einem Schild ›Bühneneingang‹ ausgestattet.

»Alle haben eine Cocktailbar, ich ziehe dies vor. Hier gibt es einen Spucknapf, einen Handlauf aus Messing und Bier vom Faß. Wenn Sie Bier mögen, das hier ist das beste im ganzen Ort. Ich habe hier einen 27-Liter-Tank; statt es nach dem alten System aus einem Holzfaß durch spiralig gewundene Leitungen laufen zu lassen, ist mein Faß in einem Kühlschrank untergebracht. Ich benutze eins aus Aluminium, dadurch hat das Bier die Temperatur des Kühlschranks. Keine Leitungsspiralen. Kein Eis.«

In einer entfernten Ecke hingen zwei Cowboy-Hüte, die ihm von den Verbänden der Rinderzüchter in Texas und Oklahoma überreicht worden waren, sowie ein Feuerwehrhelm als Zeichen der Ehrenmitgliedschaft bei der Feuerwehr von Buffalo, New York. Es gab da auch die Nachbildung eines Käppi der Konföderierten-Armee. Ein Oscar stand auf dem Tisch – »Für Buster Keaton wegen seiner einmaligen Talente, denen die Leinwand unsterbliche Komödien zu verdanken hat« – und daneben ein Eastman Award. Es war vor allem der Eastman Award, auf den Keaton besonders stolz zu sein schien und den er besonders hervorhob.

Coney Island (1917):
Alice Mann, Roscoe Arbuckle
und Buster Keaton.

Donald Crisp gibt Regieanweisungen für Keatons Abstieg unter Wasser in
The Navigator (1924). Die Unterwasser-Sequenz wurde später im Lake Tahoe
gedreht.

»Davon gibt es nur zwanzig«, erklärte er. »Fünf haben sie an männliche Stars der Filmgeschichte verliehen – und das ist einer davon.«

Ein Foto von Roscoe Arbuckle lächelte von der einen Wand; eine kolorierte Original-Lithographie der alten ›General‹-Lokomotive beherrschte eine andere. Darunter hing ein komisches Foto von drei Busters, die nebeneinander auf einer Bank saßen und sich die Augen, die Ohren und den Mund zuhielten, wie die drei kleinen Affen. Es gab ein Foto von Busters Vater Joe Keaton mit dem Zug, den er in *Our Hospitality* fuhr. Ein neueres Foto zeigte Buster mit Harold Lloyd und Jacques Tati.

»Hier ist ein Foto für Sie«, sagte Keaton. »Das ist das beste, das ich habe. Es zeigt ein Abendessen im Roosevelt Hotel, das gegeben wurde, um Rudolph Valentino bei United Artists zu begrüßen. Hier sind acht der zehn größten Filmstars versammelt – William S. Hart, Norma Talmadge, Douglas Fairbanks, Mary Pickford, Charlie Chaplin, Rudolph Valentino, Constance Talmadge und ich – es fehlen nur Harold Lloyd und Gloria Swanson. Es ist eine großartige Fotografie. Heute könnte man so etwas nicht machen, denn selbst wenn es gelänge, acht der Top-Stars zu versammeln – wenn sie erst zusammensäßen, wären einige von ihnen schon nicht mehr unter den ersten zehn. Die kommen und gehen so schnell.«

Nachdem er vor den Bildern seiner Kinder und Enkel stehengeblieben war, wies Keaton auf den merkwürdigsten Gegenstand hin – einen sorgfältig gerahmten, für einen Stunt ausgestellten Scheck über den Betrag von sieben Dollar und fünfzig Cent.

»Das war ein Stunt, den ich für Lew Cody gemacht habe. Der Gag war, daß er in den Keller hinuntergeht, um den Boiler anzustellen oder so was, in voller Abendgala, und daß er auf ein Stück Seife tritt. Nun kann Cody nicht vom Stuhl fallen, ohne im Krankenhaus zu landen, und deshalb hat er diese zwei Stuntmen. Sie können beide gute Stürze machen, sind aber gar nicht komisch. Eddie Sutherland, der Regisseur, wollte keinen normalen dramatischen Sturz – es mußte komisch aussehen, sonst hätte er die Szene nicht gebrauchen können. Ich drehte gerade *The Cameraman* mit Ed Sedgwick, und dachte, daß er eine Weile auf mich verzichten könne, deshalb sagte ich: ›Gebt mir Codys Kleider.‹

Ich zog diese Abendgarderobe an, kam die Treppe herunter, doch statt das Stück Seife zu treffen, worauf mir beide Beine wegrutschen, machte ich es anders. Ich warf meinen Fuß nach vorne, so daß ich auf den Hinterkopf fiel, unten angekommen, machte ich eine Rolle rückwärts und blieb mit den Rockschößen über dem Kopf liegen. Perfekt für einen Schnitt. Ich wurde im Liegen völlig verdeckt, also mußte sich Cody nur in der gleichen Position hinlegen und die Kamera etwas höherstellen, dann nahm er die Frackschöße wieder weg, schüttelte sich und spielte weiter.

Als sie dann die Kamera höherstellten, vergaßen sie, eine Klappe zwischen den Aufnahmen zu drehen, und so sah es wie eine durchgehende Szene aus. Der arme Eddie Sutherland schaut sich also mit Irving Thalberg die Muster in der Projektion an. Und Thalberg sagt: ›Sie dürfen doch Cody so etwas nicht machen lassen! Wissen Sie, was für ein Risiko Sie eingegangen sind? Cody hätte wochenlang ausfallen können!‹

Sie gaben mir einen Stunt-Scheck über sieben fünfzig. Ich habe ihn nie eingelöst. Die schulden mir ziemlich viel Zinsen, denn das wurde 1928 gedreht!«

Es war deutlich, welches Vergnügen es Keaton bereitete, sich zu erinnern. Er war fasziniert von der Technik des Filmmachens, von den sorgfältigen und detaillierten Vorbereitungen, die alle dem eigentlichen Ziel eines Komikers dienen: das Publikum zum Lachen zu bringen.

Er behandelte solche Einzelheiten mit der größten Sorgfalt. Seine Gags machte er nie auf gut Glück; sie wurden mit der Präzision geplant, mit der ein Ingenieur einen Entwurf macht. Und er war ein unübertroffener Meister solcher Stunts, bei denen mit Körperbeherrschung ein komischer Effekt erreicht wurde.

Er besaß dafür eine ideale Ausbildung. Er wurde am 4. Oktober 1895, in Piqua, Kansas, geboren – während eines Wirbelsturms,

Sein Vater Joseph Keaton erinnerte sich in einem seiner seltenen Interviews an die Zeit, in der er mit seiner vierköpfigen Medicine-Show-Truppe *Kathleen Mavourneen* auf Tour war.

»Zwischen den Akten verkauften wir Patent-Medizin, die garantiert alles heilte und allem vorbeugte – inklusive Wirbelstürme. Aber nachdem der Wirbelsturm vorüber war, war unser Repertoire das einzige, was uns geblieben war. Das Zelt und die Medizin waren weg. An dem Abend, als ich in unsere kleine Pension in Piqua zurückkehrte, nachdem ich in der ganzen Gegend hinter unserem Zelt hergelaufen war, erzählte mir die Wirtin, daß unsere kleine Truppe auf fünf Personen angewachsen war.

Meine Frau hatte einen Sohn geboren – unser erstes Baby. Ich war überglücklich. Ich stellte mir schon die Zeit vor, wenn das kleine Kerlchen erst größer würde und ich nicht mehr den Bluthund in *Onkel Toms Hütte* spielen müßte.«[2]

Das Baby wurde Joseph getauft, wie sein Vater und sein Großvater, und wurde von Harry Houdini, dem Partner seines Vaters, umbenannt. Als er sechs Monate alt war, fiel der kleine Keaton die Treppe hinunter. Er blieb vollkommen unverletzt, brach aber in Tränen aus, als Houdini ihn aufnahm und tröstete. »Das Baby hat aber ganz schöne ›Buster‹ (Püffe) eingesteckt!« meinte er. Von dem Augenblick an wurde aus Joseph ›Buster‹ Keaton.

Buster hatte eine aufregende Kindheit. Sein Vater erzählte: »Wir nannten uns ›Die drei Keatons‹, Buster, seine Mutter und ich; wir waren eine burleske Akrobatiknummer, in der meine Frau und ich Buster über die Bühne warfen wie einen lebenden Medizinball.« Als ›Der menschliche Mop‹ war Buster weniger ein Darsteller als ein unzerbrechlicher Gegenstand. Offizielle Untersuchungen wurden eingeleitet, nachdem es Vorwürfe wegen Grausamkeit gegeben hatte. Aber Buster überstand alles unversehrt.

Seine schulische Erziehung dauerte einen Tag – einen Tag, an dem er gründlich alles veralberte, wobei ihm der Rest der Klasse als Publikum diente. Die Schule hielt es im Hinblick auf die allgemeine Disziplin für ratsam, daß er nicht wiederkäme.

William Randolph Hearst versuchte, ›Die drei Keatons‹ für einen Zweiakter zu engagieren. Später schlug er eine Serie vor, die auf einem Comic-Strip in seinen Zeitungen beruhen sollte, der den Titel trug *Bringing Up Father*. Joe Keaton hatte jedoch keine Zeit für Filme.

Buster verließ ›Die drei Keatons‹, als sein Vater wieder einmal zuviel getrunken hatte. Er ging nach New York, um solo aufzutreten. Er hatte auf der Stelle Erfolg, als Max Hart, New Yorks einflußreichster Agent, ihm ein Engagement in *The Passing Show of 1917* verschaffte.

Kurz bevor die Proben im Winter Garden anfingen, traf er Lou Anger, einen alten Freund vom Vaudeville.

»Du warst doch noch nie im Film?« fragte Anger.

»Nein«, antwortete er, »Joe konnte das nicht ausstehen.«

»Also, dann komm mit ins Norma Talmadge-Studio.«

Anger und Keaton gingen zum Colony-Studio, wo Norma Talmadge und ihre Schwester Constance arbeiteten und wo Roscoe Arbuckle gerade eine Komödie mit dem Titel *The Butcher Boy* beginnen wollte.[3]

»Das Filmmachen faszinierte mich auf der Stelle«, erzählte Keaton. »Also blieb ich bei ihnen und ging bei den Dreharbeiten ein und aus. Zunächst fragte ich tausend Dinge über die Kamera, dann ging ich mit in die Projektion, um den Schnitt kennenzulernen. Es faszinierte mich einfach.«

Keaton war so vom Film begeistert, daß er Max Hart bat, seinen Vertrag über 250 Dollar pro Woche zu lösen, um für 40 beim Film arbeiten zu können. Überraschenderweise ging Hart darauf ein, wobei er noch meinte, Keaton täte einen sehr klugen Schritt.

Im Colony-Studio traf Keaton seine zukünftige Frau Natalie Talmadge, eine Schwester von Norma. Sie arbeitete, nach einem erfolglosen Versuch, sich als Schauspielerin zu etablieren, beim Arbuckle-Team als Skriptgirl und Sekretärin.

»Arbuckle galt damals neben Chaplin als der bedeutendste Komödien-Regisseur beim Film. Er führte bei all seinen Filmen selbst Regie. Man konnte etwas lernen, wenn man ihm zuschaute. Nach nur drei Filmen bei ihm wurde ich sein Regieassistent. Nicht im Sinne eines heutigen Regieassistenten, der darauf achtet, daß alle Leute im Atelier sind. Es bedeutete, wenn er eine Szene spielte, in der ich nicht auftrat, stand ich neben der Kamera und beobachtete ihn. Ich führte Regie, wenn er in der Szene war. Und so hatte ich nach einem Jahr bei ihm keine Schwierigkeiten, Regie zu führen, als ich mich selbständig machte.«

Keatons Karriere wurde durch die Einberufungsbehörde unterbrochen. »Ich ging zur Infanterie. Ich verbrachte elf Monate in der Armee, davon sieben in Frankreich. Ich war nahe genug an der Front, um sie zu hören, aber als ich selbst hinkam, waren die Deutschen auf dem Rückzug, was großartig war. Ich freute mich wie ein Schneekönig.«

Nach seiner Rückkehr 1919 erhielt er Angebote von Fox und Warner Bros.; Warner war damals eine unbedeutende kleine Firma, doch Fox bot eine Wochengage von tausend Dollar. Keaton zog es vor, für seine alte Gage von 250 Dollar zu Schenck zurückzukehren. Er bewunderte Schenck und fühlte sich ihm zu Dank verpflichtet, nachdem er entdeckte, daß Schenck während seiner Militärzeit regelmäßig wöchentliche Schecks über 25 Dollar an die Familie geschickt hatte.

»Ich bin die Uniform wieder los und drehe zwei Filme mit Arbuckle – *The Hayseed* und *The Garage*. Da erklärt Schenck Marcus Loew in New York, daß er Arbuckle an Paramount verkaufen will, damit der dort lange Filme dreht, und daß er mit mir Zweiakter drehen will. Nun kannte mich Loew von der Bühne – er kannte ›Die drei Keatons‹. Und vielleicht hatte er mich in dem einen oder anderen Arbuckle-Film gesehen. Er ist Kinobesitzer; er hat gerade die Metro-Studios gekauft, und die Metro-Studios liegen direkt neben dem neuen Keaton-Studio. Er hat auch Metro Exchange gekauft, das mit aller Welt handelte, und er hat alle Verträge mit den Metro-Stars übernommen. Und er sagt: ›Ich übernehme die Keaton-Filme‹ – bevor wir überhaupt damit angefangen hatten!

Er geht zum führenden New Yorker Theaterpoduzenten John Golden, der *Seventh Heaven*, *Turn to the Right* und *Lightnin'* gemacht hat, und sagt: ›Ich brauche eine Ihrer berühmten Shows. Ich möchte daraus sofort einen Film machen, eine Musterproduktion, um die Qualität der Filme bei Metro zu verbessern.‹

Golden und Belasco waren die beiden führenden Produzenten von Bühnen-Shows, wobei sich Golden nicht scheute, auch Klamotten wie *Officer 666* zu inszenieren. Golden schlägt *The New Henrietta* vor. Die Stars der Original-Show waren William H. Crane und Douglas Fairbanks. Es war einer von Fairbanks' großen Broadway-Erfolgen – ehe er überhaupt ein Atelier von innen gesehen hatte.[4]

Loew sagt: ›William Crane soll seine Rolle wieder spielen, und gebt mir den Bühnenregisseur. Hat er irgendwelche Filmerfahrung?‹

›Nein‹, sagt Golden.

›Na, dann stellen wir ihm einen Filmregisseur an die Seite.‹ Das ist Herbert Blache.

Aber sie bekommen Fairbanks nicht. Er ist inzwischen ein großer Star bei United Artists. Sie fragen ihn, wer seine Rolle übernehmen könnte, und er sagt: ›Keaton.‹«

Der Film wurde in *The Saphead* (1920) umbenannt und so umgeschrieben, daß Keatons Rolle, Bertie, zur Hauptfigur wurde.

The Saphead war ein elegant inszenierter Schwank, sehr gut gemacht, mit höchst charmanten Szenen. Keaton brachte nicht allein eine erstklassige Darstellung in den Film ein, auch viele der Gags stammten von ihm, und das Finale mit seinem totalen Durcheinander in der Börse war eine typische Keaton-Sequenz. *Photoplay* fand allerdings nur gedämpftes Lob; man urteiltete, der Film sei intelligent inszeniert (Herbert Blache bekam gemeinsam mit dem Bühnenregisseur Winchell Smith den Credit), geschnitten und getitelt, und stufte ihn als gute leichte Unterhaltung ein.

»Buster Keaton ist ein natürlicher, gefälliger Komiker«, war der Kommentar zu Keatons erstem großen Auftritt.[5]

Zur gleichen Zeit drehte auch Roscoe Arbuckle seinen ersten langen Spielfilm. George Melford war sein Regisseur bei *The Round Up*, einer Western-Romanze, in der sein Namensvetter Maclyn Arbuckle auf der Bühne Erfolg gehabt hatte. Der größte Teil wurde ernst gespielt. Wie es ein Kritiker in *Photoplay* ausdrückte: »Ich habe geglaubt, niemand könne ›Fatty‹ Arbuckle als Sheriff mit Kerben am Revolver ernst nehmen, deshalb bedeutet es für ihn einen Triumph, daß das Publikum ernst bleibt, während er diese Möglichkeit durchspielt.«[6]

Eine ungenannte Nebenrolle spielte Buster Keaton – das letzte Mal, daß die beiden gemeinsam auftraten.

»Gleich nach *The Saphead* ging ich bei Lone Pine am Rand der Mojave-Wüste auf die Jagd. Das ist ein gutes Revier für Wachteln, und ich wollte dort etwas schießen. Und da war Arbuckle und machte Außenaufnahmen. Ich hatte gar nichts mit dem Film zu tun – das war Paramount – aber sie hatten eine Szene zu drehen, und Arbuckle sagte: ›Steckt Keaton in ein Kostüm, und ich erschieße ihn dann.‹

George Melford, der Regisseur, sagte: ›Okay‹, und sie kostümierten mich als Indianer. Sie plazierten die Kamera über Arbuckles Kopf. Man kann sehen, wie er auf mich zielt und schießt ... und als er schoß, starb ich. Aber als er mich traf, rannte ich gerade so schnell ich konnte, deshalb segelte ich durch die Luft, kam runter und pflügte durch den Staub – direkt an einem Fünfzehn-Meter-Steilhang. Schon mal gesehen, wie ein Kaninchen am Hinterkopf getroffen wird, was dann passiert? Nun, ungefähr so sah das bei mir aus.

Das Komische an der Sache war, meine Mutter, die in Muskegon in Michigan lebte, schaute sich den Film an, weil sie Arbuckle mochte und die Show vom Broadway kannte. Als dieser Indianer auf der Leinwand starb, sagte sie: ›Das ist Buster.‹ Wie die mich bloß erkannt hat, möchte ich wissen. Niemand hatte ihr gesagt, daß ich in dem Film war, und ich hatte ihr auch nichts geschrieben. Es war einfach eine Totale mit einem Indianer. Aber sie erkannte, daß ich es war. ›Das hätte kein anderer geschafft‹, meinte sie.«

Als Joseph Schenck Arbuckles Vertrag verkaufte, bekam Keaton das Arbuckle-Team.

»Dann übernahm ich von ihm das Studio. Das war das alte Chaplin-Studio, bevor Charlie sich sein neues in La Brea baute. Dadurch hatte ich eine Stadt-Dekoration da, einen ganzen Block, als mein Studio. Wir hatten allen Platz der Welt für nur ein Arbeitsteam. Natürlich machten wir oft Außenaufnahmen.

Bei Außenaufnahmen sind das Hauptproblem die Leute. Leute stehen da herum und schauen zu und stehen im Weg. Aber wir hatten nie viel Ärger. Wenn wir in einer dicht bewohnten Gegend drehen wollten, benachrichtigten wir immer die Polizei. Die schickten dann zwei oder drei Verkehrspolizisten, die den Verkehr regelten oder uns sonst irgendwie halfen.

Wir haben dafür eigentlich nie bezahlt, aber wir gaben ihnen normalerweise einen Statisten-Scheck oder einen Stunt-Scheck. Das waren vielleicht zehn Dollar oder so. Wenn wir die Feuerwehr brauchten, fragten sie: ›Was wollt ihr haben?‹ Wir gingen hin und erklärten, was wir brauchten, und wenn der Anruf kam, schickten sie alles. Es kostete uns gar nichts. Niemals. Keine unserer Eisenbahn-Sachen hat uns je etwas gekostet. Die Leute von der Santa Fe-Linie platzten vor Stolz, wenn sie SANTA FE auf der Leinwand sahen. Das stand auf ihren Waggons, ihren Lokomotiven, überall. Sie waren hochzufrieden. Billiger kann man nicht an Werbung kommen.«

Das Keaton-Team bestand aus dem Regisseur Eddie Cline, der gemeinsam mit Buster Keaton Regie führte, und einem Kern von drei Gagmen. Jean Havez und Clyde Bruckman mochte Keaton besonders. Havez, ein leutseliger dicker Mann, der aussah wie Roscoe Arbuckle, hatte Shows für Kolb und Dill geschrieben. Von ihm stammt der Song ›Everybody Works but Father‹.

Clyde Bruckman war einer der besten Gagmen im Gewerbe. Als Keaton ihn in einem seiner Filme als Co-Regisseur nannte, wurde er von Harold Lloyd engagiert. In Wirklichkeit hatte er keinerlei Regieerfahrung, und die durch seinen neuen Job auf ihm lastende Verantwortung zermürbte ihn. Hinzu kam, daß er durch Eheprobleme zum Trinker wurde.

Es war im Jahr 1955, als sich Bruckman von Keaton eine Pistole auslieh. Nach einer Mahlzeit in einem Restaurant in Hollywood, die er nicht bezahlen konnte, ging er in die Toilette und erschoß sich.

Zu den anderen Gagmen der Keaton-Truppe gehörten Joseph A. Mitchell, der vom Vaudeville und vom Theater herkam, und Thomas Gray, der für die Revuen *The Greenwich Village Follies* und *Music Box Revues* geschrieben hatte.

Später versuchte es Keaton mit Robert E. Sherwood, Al Boasberg, Carl Harbaugh und anderen einflußreichen Autoren. Er fand sie alle für die Stummfilm-Komödie ungeeignet.

Sein Chef-Techniker war Fred Gabourie, der für die Dekorationsbauten und die Spezialeffekte verantwortlich war. Seine Leistungen in den Keaton-Komödien machten ihn zu einem der gesuchtesten Techniker im Filmgeschäft.

Studiochef war Lou Anger, offiziell der Produktionsleiter. Doch meist erfüllte Gabourie diese Aufgabe. Bert Jackson war der Requisiteur, Denver Harmon der Chef-Elektriker. Elgin Lessley war erster Kameramann, Byron Houck, ein ehemaliger Baseballspieler bei den Philadelphia Athletics, war zweiter Kameramann, Bert Haines der Kameraassistent. Später kam Devereaux Jennings als erster Kameramann hinzu.

»Bevor wir mit einem Film anfingen, wußten alle im Studio Bescheid, worum es sich drehte, und deshalb brauchten wir nie etwas Schriftliches. Weder Chaplin noch Lloyd noch ich hatten jemals ein Drehbuch, auch nicht, als wir später auf lange Spielfilme umstiegen.

Nachdem wir keine wilden Zweiakter mehr machten und auf den Spielfilm umgestiegen waren, mußten unsere Jungs vom Szenarium auf die Story achten. Wir konnten keine weithergeholten Geschichten erzählen. Und Farcen konnten wir zum Beispiel auch nicht drehen. Das wäre Gift für uns gewesen. Die Zuschauer wollten die Geschichten glauben, die wir ihnen erzählten. Deshalb schieden Farcen und Burlesken aus. Etwas außerhalb der Normalität Liegendes konnten wir nur in Traumsequenzen machen oder in einer Vision. Deshalb war die Konstruktion der Story sehr wichtig für uns.

Jemand brachte eine Idee an. ›Das ist ein guter Anfang‹, sagten wir. Wir ließen die Mitte aus. Wir achteten nie besonders auf die Mitte. Wir gingen sofort zum Schluß. Wir arbeiteten am Schluß, und wenn wir einen Schluß hatten, mit dem wir alle zufrieden waren, dann gingen wir zurück und arbeiteten den Mittelteil aus. Aus irgendwelchen Gründen kam die Mitte immer von alleine zustande.«

Keatons erste unabhängige Komödie war ein Zweiakter mit dem Titel *One Week*.

Sybil Seely spielte die weibliche Hauptrolle. Sie war praktisch unbekannt.

»Wenn mein Studiomanager eine Hauptdarstellerin billig bekommen konnte, dann nahm er sie. Er hielt sie einfach nicht für wichtig.« Aber auch Keaton selbst war nicht besonders wählerisch. Sie mußte attraktiv sein und etwas schauspielern können. Er legte aber keinen Wert auf besonderen Sinn für Humor, damit sie nicht während einer Szene plötzlich lachen mußte. Nur manchmal griff er auf bekannte Namen zurück, so bei Phyllis Haver in *Balloonatics*.

One Week bestimmte den Stil aller späteren Keaton-Filme: Eine Gag-Sequenz als Anfang ... eine langsame Steigerung ... der wild-verrückte Höhepunkt ... und dann die Übersteigerung des Höhepunkts durch die Schlußsequenz. Buster und seine junge Frau haben sich ein Do-it-yourself-Haus gekauft. Der eifersüchtige Rivale verändert alle Nummern an den Bauteilen. Das Ergebnis: Chaos. Das Haus ist ein beängstigendes Durcheinander, mit Türen, wo Fenster sein sollten, und dem Küchenherd auf halber Höhe an der Außenwand. Die Neuvermählten machen das Beste aus der Situation und geben eine Einweihungsparty. Ein Wolkenbruch geht nieder, der Regen kommt durch das Dach, und die Gäste werden klitschnaß. Nach dem Regen – Wind. Das zerbrechliche kleine Haus kann dem Sturm nicht standhalten und fängt an, sich um die eigene Achse zu drehen; die Gäste werden aus den Fenstern geschleudert. Ein älterer Herr stemmt sich gegen die mächtigen Böen, schaut auf seine Uhr und dankt Buster für seine Gastfreundschaft. Die Gäste gehen nach Hause. Nach dem Sturm – neue Schwierigkeiten. Das Haus ist auf dem falschen Grundstück errichtet worden. Aufgefordert, das Haus zu verlegen, bindet Buster es an seinen Ford und fährt damit quer durch die Stadt. Auf Fässern gelagert, kommt das Haus glatt voran, bis die Fässer auf einem Bahnübergang in den Gleisen steckenbleiben. Ein Zug rast heran. Verzweifelt versuchen sie das Haus zu bewegen. Zwecklos. Buster zieht seine Frau in Sicherheit und sie halten sich die Augen zu, in Erwartung des Zusammenstoßes. Der Zug dampft harmlos vorbei – auf einem Nachbargleis. Erleichtert machen sie sich wieder daran, ihr Haus von der Stelle zu bewegen. Bevor sie es schaffen, donnert ein Zug aus der Gegenrichtung mitten durch das Haus hindurch. Buster stellt ein Schild an die Trümmer: ZU VERKAUFEN und schlendert resigniert davon. Dann fällt ihm etwas ein und er kehrt zurück; er heftet an das Schild eine Broschüre mit dem Titel ›Gebrauchsanweisung‹.

One Week begründete nicht nur das Schema für die Gags, an das sich die folgenden Keaton-Filme hielten, sondern legte auch ihre Technik fest. Die einfachen Dekorationen, das flache Komödien-Licht, der sparsame Einsatz von Titeln – und die im ganzen exzellente Regieführung. Buster Keaton nannte nur seinen Co-Regisseur Eddie Cline, doch besteht kein Zweifel darüber, auf wen die Verantwortung für das Gesamtergebnis zurückzuführen ist. Cline wurde später ein erfolgreicher Komödien-Regisseur, doch kaum einer seiner Filme erreichte den Elan dieser frühen Keatons. Im Rückblick war Buster Keaton wahrscheinlich der bedeutendste aller Komödien-Regisseure. Im Vergleich zu ihm war Chaplins Einsatz filmischer Mittel langweilig.

Keaton war intuitiv auch ein brillanter Cutter. Er sagte, er habe den Schnitt durch Erfahrung gelernt. Doch 1920 konnte er nur wenig Erfahrung besitzen. Keaton dachte nach: »Ja ... nun, ich weiß nicht –« Mrs. Keaton warf ein, daß vielleicht das Gefühl des Schauspielers für Timing ihn befähigte, das Tempo der Komödien richtig hinzubekommen.

Keaton stimmte zu. »Ich war schon ein alter Hase, als ich zum Film kam. Ich war zu dem Zeitpunkt einundzwanzig Jahre alt. Ich machte meinen ersten eigenen Film mit fünfundzwanzig. Tempo – bei schneller Action schneidet man etwas knapper als sonst. Bei einer dramatischen Szene verlängert man die Sache etwas. Sobald wir die Szene auf der Leinwand gesehen haben, wissen wir, was wir machen müssen. Wir gehen in den Schneideraum und rollen bis zur Stelle, wo die Action ist. Da – wenn er aus der Tür tritt, Schnitt. Das ist es. Dann die nächste Einstellung. Ab da, wo er gerade rauskommt. Kleb die beiden Stücke zusammen. Wir hatten keine üblichen Moviolas. Wir hatten Geräte mit kleinen Kurbeln, aber die waren bloß lästig.

J. Sherman Kell war mein Cutter. Wir nannten ihn Pater Sherman. Er sah aus wie ein Priester. Er schnitt das Filmmaterial auseinander und legte es in die Regalfächer. Ich sagte: ›Gib mir die Totale des Ballsaals.‹ Er suchte das heraus.

›Gib mir jetzt die Nahaufnahme, wo der Butler die Ankunft seiner Lordschaft verkündet.‹ Während ich das schneide, klebt er es zusammen. Er rollt sie auf, so schnell, wie ich sie ihm rüberreiche. Damals mit dem Nitrofilm bestand ein ziemliches Brandrisiko, aber wir kümmerten uns gar nicht darum. Wenn ein Streichholz diesen Filmen zu nahe kam, Junge, Junge, das konnte leicht in die Luft gehen...

Es war ein großer Vorteil damals, wenn man sein eigenes Studio besaß und das einzige Team dort war. Das Grundgerüst deines Teams – das war der Techniker, der Chef-Kameramann und sein Assistent, der Requisiteur, der Chef-Elektriker – die sind alle bei dir angestellt, zweiundfünfzig Wochen im Jahr. Wenn ich also im Schneideraum sitze, und der Film ist fertig, und ich brauche noch eine besondere Einstellung, dann kann ich das machen. Wenn ich eine Sequenz raushaben will – ›Wenn ich hier auf der Straße nach links gehen würde, dann könnten wir diesen ganzen Teil weglassen und hier wieder ansetzen‹ – dann können wir uns am Nachmittag die Kameras nehmen, auf die Straße gehen und es drehen. Das kostet gerade das Benzin für unser Auto und das Filmmaterial, das wir bei Eastman kaufen, um damit zu drehen. Und das ergibt, alles zusammen, etwa zwei Dollar und neununddreißig Cent.

Wenn man das heutzutage in einem der großen Studios versuchte, dann würde so eine Szene mindestens zwölftausend Dollar kosten. Nur um hinzufahren, die Sache zu drehen und wieder ins Studio zu fahren. Alles muß nämlich gemietet werden. Alles. Und natürlich fährt das Team nicht einfach los, sondern die Gewerkschaft zwingt dich, soundso viele Requisiteure mitzunehmen, soundso viele Maskenbildner... dies muß mit und jenes... das Garderobenfahrzeug fährt mit, der Verpflegungswagen fährt mit.«

Der beeindruckendste Aspekt bei Keatons Filmen ist die ungeheure Mühe, die für jeden Gag aufgewendet wurde. Einen Produktionsaufwand dieses Ausmaßes kann man nicht einfach mit dem Wunsch erklären, die Leute zum Lachen zu bringen. Es ist nicht verwunderlich, daß Keaton als Kind Ingenieur werden wollte. In vielen seiner Filme übertraf er diese seine Ambition sogar noch, denn einem normalen Ingenieur stellten sich kaum solche bizarren Probleme.

»Der Gag war, daß das Schiff, das ich gebaut hatte, vom Stapel laufen sollte«, erzählte Keaton zu dem Zweiakter *The Boat* von 1921. »Und es sollte die Rampe hinab ins Wasser gleiten – und sofort untergehen.

Wir brauchten drei Tage. Wir hatten laufend Probleme. Wir packten vielleicht über eine halbe Tonne Eisenbarren und Stahlträger hinein, um es schwerer zu machen. Wir lassen es los und schauen zu, wie es die Rampe hinabgleitet. Dann wird es immer langsamer – so langsam, daß wir die Aufnahme nicht gebrauchen können. Wenn Wasser dabei ist, kann man schlecht unterdrehen, weil man das sofort erkennt. Das Wasser wird zu kabbelig.

Nun, als erstes bauen wir ein Heckteil an das Schiff, das wegbricht, wenn es ins Wasser kommt, und wie eine Schöpfkelle wirkt, die Wasser ins Schiff schaufelt. Das klappt wunderbar, nur der Bug bleibt oben. Wir haben eine Luftblase im Bug.

Wir ziehen die Jacht wieder hoch und bohren lauter Löcher in den Bug und wo sich sonst noch Luftblasen bilden könnten. Neuer Versuch.

Nun, Holz besitzt eine gewisse Auftriebskraft, egal wie stark man es beschwert, und diesmal zögert das Boot, ehe es langsam versinkt. Unser Gag ist aber keinen Pfifferling wert, wenn es nicht glatt wegsackt.

Also gehen wir an die Balboa-Bay, versenken einen Anker, von dem wir ein Kabel über eine Rolle am Heck des Schiffs führen, das andere Ende hängt an einem Schlepper. Wir machen alle Luftblasen aus dem Boot, wir haben sichergestellt, daß das Heck genügend Wasser übernimmt, und mit dem Schlepper außerhalb des Bildes *zogen* wir das Boot unter Wasser.

Als sie *The Buster Keaton Story* mit Donald O'Connor drehten, hatten sie bei der Rekonstruktion dieses Gags die gleichen Schwierigkeiten. Also erzählte ich der Konstruktionsabteilung, wo die Mucken waren, wie man sie vermeiden konnte und wie man es überhaupt machen mußte. In einem Punkt brachten sie eine Verbesserung an. Sie benutzten zwar auch einen Anker, bauten aber zusätzlich eine Verlängerung an die Ablauframpe, so daß sie das Boot besser unter Kontrolle hatten. Und sie führten das Kabel unterhalb der Rampe zu einem schweren Lkw.«

Sherlock, Jr. (1924) ist, allein von seinem technischen Einfallsreichtum her gesehen, eine Offenbarung. Es ist zweifellos Keatons raffiniertester Film. Doch sein Erfolg als Komödie ist zweifelhaft. Die Gags, so brillant sie auch erdacht und ausgeführt sind, verblüffen das Publikum eher, als daß sie es amüsieren. Sie werden weniger mit Gelächter als mit atemlosem Erstaunen aufgenommen.

»Das passierte oft«, meinte Keaton, »das gab es auch in *The General*, wo ich eine Eisenbahnschwelle dadurch aus dem Weg räume, daß ich eine andere draufwerfe. Sie lachen dann ein wenig später.«

Sherlock, Jr. wurde von Roscoe Arbuckle begonnen. Keaton hat nie ein Hehl daraus gemacht, was er Arbuckle verdankte – »Ich habe alles von ihm gelernt« –, und als Will Hays nach den Prozessen verhinderte, daß Arbuckle wieder als Schauspieler arbeiten konnte, engagierte Keaton ihn als Regisseur.

»Er traute sich nicht, seinen richtigen Namen zu benutzen, und so taufte ich ihn William Goodrich. Zunächst schrieb ich Will B. Good. Nun, das ist vielleicht ganz witzig, aber wir haben uns dann auf William Goodrich geeinigt. Soviel dazu. Gegen Ende des dritten Drehtages bemerken wir einen Fehler. Er ist jetzt so reizbar und ungeduldig, daß er leicht wütend wird. Er schreit die Leute an, wird hitzig und gerät völlig außer sich – und natürlich klappt dann nichts mehr. Er hatte sich noch nicht von diesen Prozessen erholt, als er wegen Mordes angeklagt war und beinahe verurteilt wurde. Es hat ihn einfach verändert. Mit andern Worten, man hat ihn dadurch zu einem nervlichen Wrack gemacht.«

Lou Anger schlug eine Lösung vor. William Randolph Hearst, so berichtete er, habe Schwierigkeiten, einen Regisseur für *The Red Mill*, Marion Davies' neuen Film, zu finden. Warum sollte man nicht Arbuckle vorschlagen?[7]

Keaton ging die Sache sehr klug an; er sprach mit Marion Davies und wies darauf hin, daß Arbuckle nach den Prozessen in einer fürchterlichen Verfassung sei und daß nur eine Beschäftigung als Regisseur ihm helfen würde.

»Roscoe und ich sind so dicke Kumpel, daß es ihm nichts nützen würde, wenn er den Job von mir bekäme«, erklärte Keaton. »Er würde es bloß für eine milde Gabe halten.«

Ironischerweise waren es gerade die Hearst-Blätter gewesen, die die Arbuckle-Affäre von einem Justizfall zum nationalen Skandal aufgeblasen hatten. Das Verhältnis, das Hearst und Marion Davies miteinander hatten, stieß in der

Öffentlichkeit auf Kritik, und Miss Davies' Filme litten finanziell darunter. Den Gerüchten zufolge hatte Hearst grünes Licht dafür gegeben, einen Hollywood-Skandal aufzudecken – einen Skandal, der übel genug war, um damit all seine eigenen Affären wegschwemmen zu können. Er machte damit auf einen Schlag das große Geld, und Arbuckle wurde zum Sündenbock für ganz Hollywood.

Keaton erzählte, er habe einmal gehört, wie Hearst behauptete, er habe während der Arbuckle-Prozesse mehr Zeitungen verkauft als beim Untergang der ›Lusitania‹.

Arbuckle geriet in ein Dilemma, als Marion Davies Hearst überredete, ihn zu engagieren; er wollte Keaton nicht hängenlassen, zugleich aber auch nicht die Chance zu einem teuren Film verpassen. Keaton sagte, er habe Verständnis: »Das ist eine zu große Chance, Roscoe. Wir lassen dich nur ungern gehen, aber – «

Arbuckle mußte nicht lange überredet werden. Er nahm das Angebot an. Keaton warf die Ergebnisse der ersten drei Tage auf den Müll, begann noch einmal von vorn und beendete *Sherlock, Jr.* in eigener Regie.

›Sherlock, Jr.‹ ist ein junger Kino-Vorführer, der davon träumt, ein großer Detektiv zu werden. In der erstaunlichsten Szene schläft Buster in seiner Vorführkabine ein... und eine Traumsequenz zeigt, wie er mitten durch den Saal geht und in die Leinwand hineinsteigt. Die Figuren des Films werden zu Figuren seines eigenen Lebens, und sie werfen ihn prompt hinaus. Er rappelt sich hoch und klettert wieder auf die Leinwand. Während er das tut, wechselt die Szene – statt im Innern eines Zimmers steht er nun vor der Haustür. Als er sich umdreht, um die Eingangstreppe hinabzusteigen, kommt ein neuer Schnitt, und er fällt von einer Gartenbank. Er will sich gerade auf die Bank setzen, als sich der Hintergrund in eine Straßenszene verändert und er mit einem harten Plumps auf die Bordsteinkante fällt.

Buster rappelt sich hoch, geht die Straße hinunter und befindet sich plötzlich an einer Felskante. Er rutscht aus, fängt sich und findet wieder sicheren Stand. Dann riskiert er einen vorsichtigen Blick über die Kante. Schnitt – er ist in der gleichen Position, doch jetzt mitten unter Löwen im Dschungel. Er beginnt lässig davonzuspazieren, und die Löwen folgen ihm. Ein neuer Schnitt – und er steht einsam in der Wüste. Plötzlich rast eine Lokomotive durch das Bild...

Das ist zu subtil, um witzig zu sein. Es ruft Bewunderung hervor, Erstaunen, doch selten Gelächter. Die Haupthandlung wird angehalten, selbst der Film im Film wird zum Stehen gebracht, denn die Szenen haben keinerlei Zusammenhang, weder mit der Story noch untereinander. Es wirkt exhibitionistisch und selbstgefällig. Es ist allerdings auch eine der brillantesten Spezialeffekt-Sequenzen der Filmgeschichte. Buster Keaton ist noch immer sehr zufrieden damit.

»Alle Kameramänner aus der Branche gingen mehrmals in den Film und versuchten ums Verrecken herauszufinden, wie wir einige Sachen hingekriegt hätten. Oh, da waren schon ein paar tolle Aufnahmen drin! Wir bauten eine Dekoration mit einem großen schwarzen Bildrahmen. Dann bauten wir die ersten Sitzreihen und den Orchestergraben und all das. Aber der Trick lag an unserem Licht. Wir leuchteten die Dekoration so aus, daß es aussah, als würde ein Film auf eine Leinwand projiziert.

Bei den Außenaufnahmen brauchten wir nur die genaue Entfernung zwischen der Kamera und meinem Standort. Dann konnte der Kameramann die

Höhe abschätzen. Wenn wir eine Einstellung drehten, schickten wir sie sofort in die Dunkelkammer und ließen sie auf der Stelle entwickeln – und das kriegte dann der Kameramann. Er schnitt sich ein paar Felder ab und steckte sie in den Sucher. Wenn wir dann die Szene wechselten, konnte er mich genau an die richtige Stelle setzen. Hauptsache, die Entfernung stimmte.

Bei *Seven Chances* benutzten wir Vermessungsinstrumente. Ich hatte ein Automobil, einen Stutz Bearcat-Roadster. Ich bin vor einem Country Club. Wir haben eine Totale von mir und dem Auto. Ich setze mich hinein, löse die Handbremse, lehne mich zur Fahrt zurück – und bewege mich nicht. Die Szene blendet über, und ich stehe vor einer kleinen Hütte. Ich lehne mich vor, ziehe die Handbremse, stelle den Motor ab und gehe in die Hütte. Später komme ich aus der Hütte, steige ins Auto, und die Szene verwandelt sich wieder in den Club. Ich und das Auto bewegen uns nie. Nur mußte das Auto präzise die gleiche Entfernung, die gleiche Höhe und alles haben, damit die Szene funktionierte. Für den Trick benutzten wir Vermessungsinstrumente, damit die Vorderseite des Autos die gleiche Entfernung zur Kamera behielt – das war das ganze Geheimnis.«

Sherlock, Jr. wurde trotz der immensen Sorgfalt, mit der man bei der Produktion vorging, nicht mit dem Beifall aufgenommen, den man hätte erwarten dürfen. Der Kritiker von *Photoplay* war noch nicht einmal von den Spezialeffekten beeindruckt: »Dies ist bei weitem nicht das Ausgelassenste, was Keaton zu bieten hat, aber es ist kurz, präzise und amüsant. Komödien sind wie Oasen in der Welt des Zelluloid, eine Seltenheit und ein Labsal, und man möchte Buster mit seinem unbeweglichen Gesicht und seiner einmaligen Gelassenheit in diesem neuen Rahmen nicht missen.«[8]

»Das war schon in Ordnung«, meinte Keaton, »der Film hat sein Geld eingespielt, wenn er auch kein großer Kassenerfolg war. *Hospitality* brachte mehr, *Battling Butler* brachte mehr, *College* brachte mehr, *Steamboat Bill* brachte mehr. Und bei M-G-M spielten dann *The Cameraman* und *Spite Marriage* beide mehr ein. Vielleicht achtete zu der Zeit das Publikum nicht so sehr auf die Trick-Stunts, die in dem Film waren.«[9]

Buster vermied bei der nächsten Produktion jedes Risiko; sie sollte alle anderen übertreffen und sein größter finanzieller Erfolg werden. Darin stellte man die Idee von der einsamen Insel auf den Kopf: Buster und sein Mädchen finden sich einsam an Bord eines Passagierdampfers. Als er an der einsamen Insel beidreht, ist diese alles andere als einsam, sie wimmelt von Kannibalen. Nachdem sie die Idee so weit entwickelt hatten, planten Keaton und sein Szenaristen-Team einige dramatische Szenen. Keaton, der immer ein Freund von Authentizität war, wollte die Kannibalen realistisch dargestellt haben – »ernsthaft, nicht burlesk« – und er wollte die Spionageszenen am Anfang des Filmes dramatisch behandelt haben. Deshalb engagierte Keaton Donald Crisp, weil er dachte, dieser hätte den erfolgreichen *Goose Woman* inszeniert, der tatsächlich von Clarence Brown gedreht worden war. Crisp war ein Veteran aus frühesten Griffith-Tagen, hatte an *The Birth of a Nation* mitgearbeitet und Filme für Reliance-Majestic und Mutual gedreht; in den 20er Jahren drehte er Standardware für Lasky und später für De Milles PDC. In Erinnerung geblieben sind vor allem seine schauspielerischen Leistungen.

Crisp erwies sich als ein gewisses Problem: Obgleich er wegen seiner Erfahrung mit dem Drama engagiert worden war, entwickelte er eine Leidenschaft

College (1927): vorn James Horne, auf dem Podest Buster Keaton.

Buster Keaton in *The General* (1926).

The General

ren die Züge auf Schmalspur. Und die Gleisanlagen in jener Zeit waren ziemlich primitiv; sie konnten nicht so viel Schotter zwischen die Schienen schütten und man sah da immer Gras wachsen.

Ebenfalls *The General*.

Ich brauchte Schmalspurgleise, also ging ich nach Oregon. Denn in Oregon gibt es im ganzen Staat kreuz und quer Schmalspurbahnen, die für die Sägewerke benutzt werden.[11] Und da fand ich Züge, die durch Täler fuhren, über Berge, an kleinen Seen und Bergflüssen vorbei – genau das, was ich suchte. Also besorgten wir uns die Ausrüstung für das rollende Material, Räder und Wagen, und bauten unseren Güterzug und unseren Passagierzug, und wir rekonstruierten drei Lokomotiven. Glücklicherweise waren die Maschinen, die auf diesen Holz-Strecken liefen, so uralt, daß es eine leichte Sache war. Es gab sogar noch Lokomotiven mit Feuerung. Damals nahm man nicht irgendwelche Zahlen als Bezeichnungen für die Lokomotiven – man gab ihnen Namen. Deshalb hieß unsere Haupt-Maschine ›The General‹ und diejenige, auf der ich hinter ihr herjage, ›Texas‹. Und die ›Texas‹ bricht schließlich mit der brennenden Brücke zusammen.

    Wir bauten die Brücke und stauten den Fluß darunter an, damit der Strom etwas besser aussah. Ich plante die Szene mit Gabourie und einigen seiner Mitarbeiter, von denen einer Grobschmied war. Wir hatten eine Schmiedewerkstatt direkt am Drehort.

    Die Komparsen kamen meilenweit aus der ganzen Gegend, um im Film mitzumachen. Keiner von ihnen hatte Erfahrung – wir mußten ihnen alles beibringen. Und für die Schlachtszenen setzten wir die State Guard von Oregon ein. Der Drehort war etwa zwölfhundert Meilen von Hollywood weg.«

Keaton fügte noch hinzu: »Eisenbahnen sind eine tolle Sache im Film. Man kann damit ganz wilde Sachen machen.«

Ein großer Teil der Jagd wurde nicht von der Lokomotive aus gedreht, sondern von einem Fahrzeug, das nebenher auf einer Straße fuhr. Die Fahraufnahmen sind präzise geplant, damit die Lokomotive immer in der Bildmitte bleibt, und es gibt keine Erschütterungen. Keaton rüstete den Wagen mit Westinghouse-Stoßdämpfern aus und benutzte eine Planiermaschine, um die Straße vor dem Dreh eben zu bekommen. »Darauf haben wir sehr geachtet«, sagte er.

Keatons nächster Film war *College*. James W. Horne, ein junger Regisseur, der mit *The Cruise of the Jasper B* einen Erfolg gelandet hatte und später viele Laurel and Hardy-Komödien drehte, zeichnete für diesen verantwortlich.

Aber Keaton betonte, daß er auch diesmal den größten Teil der Regie selbst übernommen hatte. »James Horne war für mich absolut nutzlos«, sagte er ungerührt. »Harry Brand, mein Geschäftsführer, brachte ihn an. Er hatte noch nicht viele Filme gemacht, und auch keine wichtigen. Kleine schnelle Sachen. Ich weiß nicht, wozu er da war, denn ich machte *College* praktisch allein.«

Keaton hielt die Credit-Nennungen im Titelvorspann für ziemlich überflüssig. Carl Harbaugh wird im Vorspann von *College* und *Steamboat Bill, Jr.* als Autor genannt, aber Keaton meinte, er sei einer der überflüssigsten Männer gewesen, die er jemals in der Szenario-Abteilung gehabt habe. »Er war kein guter Gagman, er war kein guter Titel-Autor, er konnte keine guten Stories konstruieren... Aber ich mußte irgendeinen Namen nennen, und er stand auf der Gehaltsliste.

Sehen Sie, ich habe einen Film mit dem Titel *The Playhouse* gemacht. Ich spielte alle Rollen, mit Doppelbelichtungen: Ich bin das ganze Orchester, ich bin die Leute in den Logen, im Publikum und auf der Bühne. Ich kaufte von mir selbst eine Eintrittskarte – ich bin der Einlaßkontrolleur, der mir selbst die Karte abnimmt. Also setzten wir in den Namensvorspann die Namen der Rollen: jedesmal Keaton. Ich nahm damit bewußt viele Leute aus der Filmindustrie auf den Arm, vor allem einen Kerl namens Ince. In seinen Filmen hieß es am Anfang immer: Thomas H. Ince präsentiert: *Hohlsaumnähen an der mexikanischen Grenze*. Autor: Thomas H. Ince. Regie: Thomas H. Ince. Schnitt: Thomas H. Ince. Dies ist eine Thomas H. Ince-Produktion.

Also habe ich das benutzt, als ich *Playhouse* drehte. Autor: Keaton... Regie: Keaton... Kostüme: Keaton... und alle Darsteller waren auch Keaton. Das gab ein herzhaftes Gelächter beim Publikum. Die haben sich darüber totgelacht. Wäre es später gewesen, hätten wir sowas mit Namen wie Zanuck und Mervyn Le Roy und einigen anderen gemacht. Nachdem ich mich einmal darüber lustig gemacht hatte, habe ich doch gezögert damit, meinen Namen als Autor und Regisseur zu nennen.«

Steamboat Bill, Jr. war Keatons letzter unabhängig produzierter Film. Insgesamt besitzt er nicht die Geschlossenheit der anderen Keaton-Produktionen, doch der Schlußteil des Films ist unvergeßlich. Er stellt an Wagemut alles andere in den Schatten. Passenderweise ist es eine Wirbelsturm-Sequenz.

Keaton spielt den gelehrten und stutzerhaften Sohn eines gestandenen Kapitäns eines Mississippidampfers namens Steamboat Bill Canfield (Ernest Torrence). Ein Streit mit dem Besitzer eines nagelneuen Flußdampfers führt dazu, daß Canfield ins Gefängnis geworfen wird.

Trotz eines phantastischen Unwetters kommt Buster hin, um ihm zu helfen, und bringt ihm einen Brotlaib, der mit so nützlichen Gegenständen wie Schraubenzieher, Feilen und Schraubenschlüsseln gefüllt ist. Doch sein Vater, der ihn enterben möchte, will nichts mit ihm zu tun haben. Buster erklärt dem Wärter: ›Ich warte um die Ecke, bis er verhungert.‹

Als sich der Wärter umdreht, versucht er mit außerordentlich gelungener Mimik klarzumachen, was genau das Brot enthält. Steamboat Bill versteht ihn nicht und glaubt, sein Sohn sei übergeschnappt.

»Ich weiß, was los ist«, sagt Buster in einem Titel. »Du schämst dich über meine Backerei.«

Der Laib, der im Regen ganz naß geworden ist, beginnt gefährlich weich zu werden. Plötzlich brechen die Werkzeuge heraus und fallen scheppernd zu Boden. Buster wird selbst ins Gefängnis geworfen.

Nun hatten Keaton und seine Gagmen geplant, die Flucht durch eine riesige Flut zu ermöglichen. Der Wolkenbruch war schon eingeführt, ebenso der Fluß. Doch Harry Brand hatte dem Produzenten Joe Schenck erklärt, eine Überschwemmungs-Szene könnte die geschäftlichen Chancen der Komödie zunichte machen: Es hatte erst kurz vorher Flutkatastrophen gegeben, die mehrere Menschenleben gefordert hatten.

Schenck sah das ein und bestand darauf, daß die Szene geändert würde. Buster brachte als Kompromiß einen Hurrikan ein – und Gebäudedekorationen im Wert von hunderttausend Dollar wurden für weitere fünfunddreißigtausend Dollar umgebaut.

Diese Szene ist der Schwanengesang von Keatons treuem Team und eine der erstaunlichsten Spezialeffekt-Sequenzen, die jemals arrangiert wurden.[12] Der Drehort für alle Außenaufnahmen lag am Sacramento-River, direkt gegenüber von Sacramento. Ein vierzig Meter hoher Kran wurde auf einen Leichter montiert, der dazu dienen sollte, die auf Bruch konstruierten Gebäude nach oben zu reißen und Buster herumwirbeln zu lassen, als würde er fliegen.

Die Sequenz beginnt mit der Aufnahme eines Autos. Der Fahrer betätigt die Starterkurbel. Es regnet bereits; plötzlich stellt sich das Verdeck hoch, wie ein Segel, und das Auto verschwindet die Straße hinunter, den Fahrer, der immer weiter die Kurbel festhält, hinter sich herziehend. Dann bricht der Anleger zusammen. Ganze Häuser macht der mächtige Sturm zu Kleinholz.

»Ich hab ganz schön was abgekriegt«, erzählte Keaton. »Wir hatten sechs von diesen Liberty-Motoren, und vor diesen Windmaschinen zu arbeiten, ist wirklich hart. Wir fuhren mit einem Lkw an einer vorbei – und die Maschine blies ihn vom Ufer in den Fluß. Eine einzige Maschine!«

Buster sucht, so schnell er kann, in einem Krankenhaus Schutz. Das gesamte Gebäude wird vom Wind weggetragen; zurück bleibt nur das Fundament – und ein überraschter Buster, der in einem der Betten sitzt.

Dann kommt Keatons wahrscheinlich berühmtester Augenblick: Die gesamte Fassade eines Hauses fällt komplett in einem Stück über ihn. Doch er bleibt stehen, knapp umrahmt vom Giebelfenster.

Als Keaton bei dem New Yorker Wetterbüro Erkundigungen einholte, erfuhr er, daß im vorangegangenen Jahr 796 Menschen bei Stürmen, jedoch nur 36 bei Überschwemmungen ums Leben gekommen waren.

Dann machte Keaton »den größten Fehler meines Lebens«, wie er es ausdrückte, indem er die unabhängige Produktion für United Artists aufgab und sich von Schenck überreden ließ, zu M-G-M zu gehen. Er geriet sehr bald mit den Produktionsmethoden des Studios in Konflikt. Thalberg weigerte sich anzuerkennen, daß Keatons Methode effizient sei. Er bestand darauf, daß die Komödien geschrieben werden sollten – und Keaton war völlig verloren, als es acht Monate dauerte, um ein Szenarium fertigzustellen. Bei dem Versuch, in den Straßen von New York einige sorgfältig niedergeschriebene Szenen zu drehen, mit der Regieanweisung, daß ›niemand in New York weiß, daß diese Person existiert‹, war Keaton die Ursache für einen Verkehrsstau über drei Kreuzungen, in alle Richtungen. Dann lief wieder eine Menschenmenge zusammen, als er versuchte, andere im Skript vorgesehene Szenen an der Battery zu drehen.

Thalberg mußte seinen Irrtum eingestehen, und *The Cameraman* (1928) entstand, ohne daß sich jemand einmischte, unter der Regie von Ed Sedgwick, mit dem Keaton außerordentlich gut zurechtkam. Der Film war ein triumphaler Erfolg.[13]

Doch Keatons Team war auseinandergerissen. Gabourie wurde Chef der technischen Abteilung bei M-G-M. Dev Jennings wurde Kameramann für Spezialeffekte. Die Gagmen wurden durch normale Szenaristen ersetzt. Als der Tonfilm kam, versuchte M-G-M Jimmy Durante auf Kosten Keatons aufzubauen. Ein Unglück folgte dem anderen. Keaton begann immer mehr zu trinken. Seine Frau ließ sich scheiden. Er brachte es fertig, Louis B. Mayer zu beleidigen, der ihn daraufhin feuerte.

Er versuchte sich durchzuschlagen, indem er Filme in Mexiko, Frankreich und England machte, die aber alle erfolglos waren. 1935 unterzog er sich zwei Entziehungskuren wegen seines Alkoholismus, und fünf Jahre lang rührte er keinen Tropfen mehr an. M-G-M stellte ihn wieder ein, jedoch nicht als Komiker. Statt seiner alten Gage von dreitausend Dollar pro Woche verdiente er nun hundert Dollar als Gagman; er arbeitete für Abbott und Costello, die Marx Brothers, Red Skelton und die anderen Komödien-Stars der M-G-M.

Es war eine Zeit der Enttäuschungen und Erniedrigungen. Es ist ein Zeichen für die Blindheit der Hollywood-Produzenten, daß sie einen Mann zu einem Gagman machten, der einer der drei anerkannten Meister der Filmkomödie gewesen war.

Buster Keaton hatte nie das bewußt angestrebte Ziel, ein großer Komiker zu werden. Er machte Filme, so gut er es verstand. Er war sowohl vom Medium selbst fasziniert wie auch von der Herausforderung, die komplizierte Effekte für ihn bedeuteten.

Seine Größe verdankte sich dem Zusammentreffen mehrerer Faktoren: Er brachte für die stumme Komödie ideale Voraussetzungen mit. Er war eine einmalige Leinwandpersönlichkeit. Er verfügte über ein wahres Schauspieltalent mit dem dafür unerläßlichen Gefühl für Timing und Bewegung. Er war ein brillanter Filmregisseur, der seine Kamera genau zu plazieren wußte. Er hatte auch ein intuitives Gefühl für den Schnitt, er war technisch hoch begabt, er verfügte über Erfindungsreichtum, Autorität und Weitblick. Und er besaß persönlichen Mut in einem Maß, das ihm, hätte er es in Kriegszeiten einzusetzen gehabt, höchste nationale Ehren eingetragen hätte.

Doch es hätte ihm an Größe gefehlt, wenn nicht noch eine Eigenschaft hinzugekommen wäre: Die Fähigkeit, extrem hart zu arbeiten, sich dem Film mit Haut und Haaren zu verschreiben. Dies machte, zusammen mit den anderen bemerkenswerten Charakteristika, Buster Keaton zu einem Meister des Films.

Eine letzte Episode illustriert sowohl seinen Mut, Probleme anzugehen, wie seine Fähigkeit, sie zu lösen. Er beschrieb die Dreharbeiten zur Unterwasser-Sequenz in *The Navigator*:

»Zunächst hatten wir vor, das große Bassin unten in Riverside zu benutzen. Wenn wir es höher bauten, konnten wir am tieferen Ende bis zu zwei Meter mehr Wassertiefe erreichen. Also gingen sie hin, bauten es höher, füllten Wasser hinein – und das zusätzliche Gewicht des Wassers drückte den Boden des Swimmingpools weg. Er zerkrümelte, als ob es ein Keks wäre. Und wir mußten ihnen ein neues Schwimmbecken bauen.

Als nächstes machten wir Tests bei Catalina und fanden heraus, daß etwas Milchiges im Wasser war – es war die Laichzeit der Fische um die Insel. Sobald man den Grund berührte, stieg es mit dem Schlamm auf und verdunkelte die Szene.

Lake Tahoe hat das klarste Wasser der Welt, und es ist immer kalt, weil der See in 1600 Meter Höhe liegt und ziemlich groß ist. Also gingen wir hinauf nach Tahoe. Ich arbeitete in dieser Szene tatsächlich in sechs Metern Tiefe.

Stellen Sie sich vor: Wir bauten diese Kamerabox für zwei Kameras, etwas größer als dieser Tisch, mit einem langen eisernen Ausstiegsrohr zur Oberfläche, mit einer Leiter drin. Darin befanden sich zwei Kameras und zwei Kameraleute. Sie wurde aus Bohlen gebaut und gut versiegelt, damit kein Wasser eindringen konnte. Aber da sie aus Holz war, mußten wir sie mit zusätzlichem Gewicht beschweren. Wir legten etwa eine halbe Tonne auf. Dann stellten wir fest, daß der Innenraum die gleiche Temperatur haben muß wie das umgebende Wasser. Also haben wir ein Thermometer draußen hingehängt, das der Kameramann durch die Scheibe sehen konnte, und eins drinnen.

Als erstes müssen wir morgens, wie bereits in der Nacht, Eis hineintun und immer nachlegen, damit die Temperatur in der Kamerabox der Wassertemperatur draußen entspricht, sonst beschlagen nämlich die Scheiben. Eine von beiden Seiten wird immer beschlagen, wissen Sie. Das Problem war, wenn die beiden menschlichen Körper unten drin waren, gaben sie Wärme ab, und wir mußten sofort Eis nachlegen. Gingen die Kameramänner rein, mußte mehr Eis hinein.

Das war also die ganze Konstruktion, und dazu ich im Tiefsee-Taucheranzug da unten – und der Kameramann sagt: ›Ich bin zu nah dran. Ich muß weiter zurück.‹

Ich verschob diese Kamerabox. Ich habe sie bewegt. So viel kann man also heben, wenn man sich in fünf bis sechs Meter Tiefe befindet. Die Box wog wohl an die 1300 Pfund, mit zwei Kameras, zwei Kameraleuten, etwa dreihundert Pfund Eis, weiteren knapp tausend Pfund Ballast – und ich hob sie an und verschob sie. Ich habe einen Monat an dieser Szene gedreht. Ich konnte nur jeweils dreißig Minuten unten bleiben, denn die Kälte des Wassers dringt dir bis in die Nieren. Nach etwa einer halben Stunde beginnt man steif zu werden. Man will dann nur noch rauf und raus.«

1 Rudi Blesh: *Keaton* (1966), New York: Collier Books 1971.
2 *Photoplay*, Mai 1927, S. 98.
3 Keaton erzählte mir eine Version, die von Rudi Bleshs Buch ein wenig abweicht. Er sagte, er habe Anger und Arbuckle auf der Straße getroffen, und Arbuckle habe ihn ins Studio eingeladen. Ich sprach darüber mit Rudi Blesh, der mich darauf hinwies, daß er die meisten seiner Interviews in den Jahren 1952 und 1953 geführt hatte. »Im Zweifelsfall«, meinte Blesh, »würde ich die frühere Version nehmen, die er mir erzählte, als er noch in seinen Fünfzigern war und eine ziemlich präzise Erinnerung hatte.« Als Verbeugung vor der Authentizität des Keaton-Buches habe ich diese Story der Blesh-Version angepaßt. Alles übrige Material bleibt, wie Keaton es berichtete.
4 Fairbanks' erste Filmrolle war Bertie, das Lamm von Wall Street, nach *The New Henrietta*. Der Film hieß *The Lamb* (1915; Christy Cabanne).
5 *Photoplay*, Mai 1921, S. 53.
6 *Photoplay*, Juli 1924, S. 107.
7 David Yallop weist in seinem Buch über Arbuckle: *The Day the Laughter Stopped. The true Story of Fatty Arbuckle*. New York: St. Martin's Press 1976 [und zwar im Teil 3 mit dem Titel ›After‹] darauf hin, daß *The Red Mill* erst 1927 gemacht wurde. Deshalb bezweifelt er diese Episode und behauptet, Arbuckle habe den ganzen *Sherlock, Jr.* inszeniert. Ich bin auf Hinweise gestoßen, daß sich Keaton zwar in bezug auf *The Red Mill* geirrt hat, daß Arbuckle aber an anderen Filmen gearbeitet hat, während Keaton *Sherlock, Jr.* drehte.
8 *Photoplay*, Juli 1924, S. 46.
9 Genauere Zahlen finden sich in Tom Dardis: *Buster Keaton – The Man Who Wouldn't Lie Down*. New York: Scribner 1979.
10 *Motion Picture Classic*, April 1927, S. 80.
11 Warum Keaton dies behauptete, bleibt sein Geheimnis, denn weder die Eisenbahnen im Bürgerkrieg noch die Holz-Bahnen in Oregon hatten Schmalspur.
12 Harry Langdons *Tramp, Tramp, Tramp* (1926; Harry Edwards) enthält eine brillante Wirbelsturm-Szene, die jedoch an diese nicht heranreicht.
13 M-G-M-Unterlagen zeigen, daß die Arbeit am Drehbuch nur drei Monate dauerte. Keaton improvisierte einige Szenen in New York, darunter das Baseball-Spiel im Yankee-Stadion; die meisten anderen New York-Szenen wurden auf dem Freigelände gedreht.

43 **Chaplin**

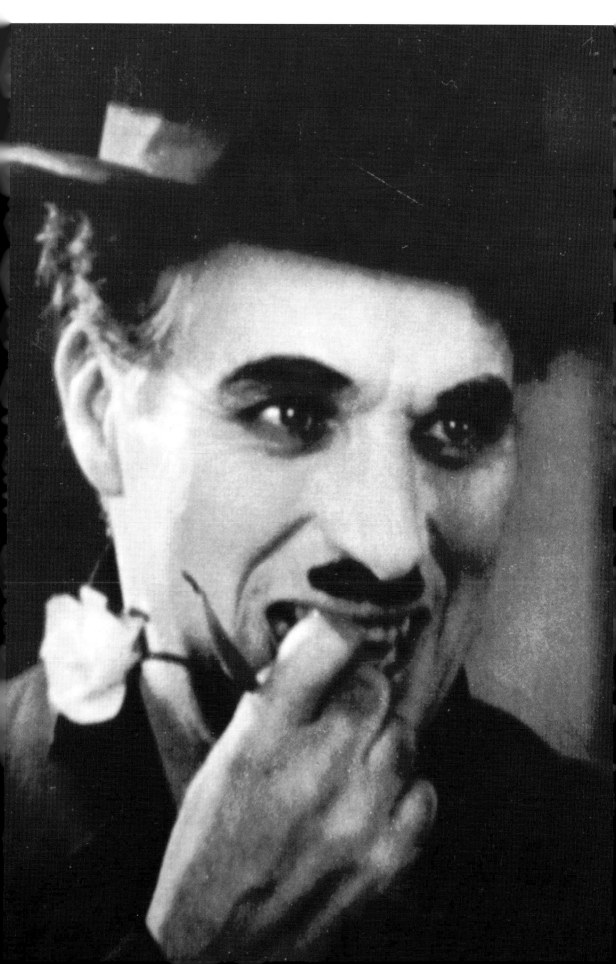

Als 1964 Chaplins *My Autobiography*[1] erschien und 1967 *A Countess from Hong Kong* herauskam, führte das zu einem neu erwachenden starken Interesse, nicht nur an seinen Filmen, sondern auch an den bösen Kontroversen, Gerüchten und Ressentiments, die seine Karriere seit seinen ersten Auftritten im Film fünfzig Jahre zuvor überschattet hatten.

In Hollywood selbst war Chaplin immer noch ein explosives Thema. 1966 produzierte die American Society of Cinematographers einen Film über den Beitrag des Kameramanns zur technischen Entwicklung der Filmindustrie und weigerte sich rundheraus, einen Ausschnitt aus einem Chaplin-Film zu verwenden.

»Sie wären erstaunt zu erfahren, wie verhaßt Charlie in Hollywood ist«, schrieb einer der an dem Film Beteiligten. »Sie haben über alles von Charlie gelacht, es aber zugleich zurückgewiesen. Ich muß zugeben, daß darin keine grossen Fortschritte in der Kameratechnik zu erkennen sind, aber was ist gegen die Art der Komödie, die Charlie uns gegeben hat, einzuwenden? Ich finde, ihm ist in diesem Land übel mitgespielt worden. Ich bin beschämt über die Art und Weise, wie die Truman-Administration Vorwürfe gegen ihn erhoben hat, als er die Vereinigten Staaten auf einer Urlaubsreise verließ. Natürlich provozierte er Ärger. Er war reichlich arrogant und ging mit den Leuten ziemlich rüde um. Aber ich glaube an Freiheit und Gerechtigkeit für alle – und ihm ist keine Gerechtigkeit geschehen, so wie sie jedem zusteht. Ich habe ihn nie für einen Kommunisten gehalten, nicht einmal für einen Sympathisanten der Commies. Aber was für ein Entertainer ist er! Und das ist am Ende alles, was zählt!«[2]

Eine weniger tolerante Haltung nahm ein sonst vernünftiger und hochangesehener Hollywood-Produzent ein, der fast genauso lange beim Film gearbeitet hat wie Chaplin selbst: »Er ist also ein bedeutender Schauspieler. Hat er deshalb das Recht, sich aus dem Land wegzuschleichen? Wir Amerikaner haben ihm eine Heimat geboten... haben ihm eine Karriere ermöglicht. Er ist durch uns sehr reich geworden, und was gibt er uns dafür? Gar nichts. Wird er Bürger der Vereinigten Staaten? Nein. Er schleicht sich einfach weg, dreht sich um und beschimpft uns. Er zeigt niemandem gegenüber Loyalität; und ich hoffe, er kehrt nie wieder nach Amerika zurück.«[3]

Bei meinen Recherchen über die Stummfilm-Zeit habe ich mit vielen Menschen gesprochen, die entweder mit Chaplin zusammengearbeitet haben oder ihn auf der Höhe seines Erfolges gut kannten. Im allgemeinen vermied ich seinen Namen, da ich glaubte, über Chaplin sei bereits alles gesagt, was man über ihn sagen könne. Doch immer wieder kam ohne besonderen Anstoß das Gespräch sehr bald auf Chaplin. Und es kamen über ihn als Person und über seine Arbeit zahlreiche unbekannte Facetten ans Licht.

Minta Durfee folgte 1914 Virginia Kirtley als Chaplins Hauptdarstellerin bei Keystone. Als man sie nach Europa einlud, zur Feier ihres fünfzigjährigen Jubiläums beim Film, brachte sie aus Hollywood ein Tonband mit. Es handelte sich um eine Unterhaltung, die sie mit Chester Conklin, einem anderen Keystone-Veteranen, geführt hatte.

Conklin erzählte, er habe gerne mit Chaplin zusammengearbeitet, der aber habe eigentlich gar nicht zu Keystone gepaßt. »Er war ein Charakter-Komiker. Er mußte langsam arbeiten. Bei uns entsprang die Komik dem schnellen Tempo, und das konnte Charlie nicht.«

Aus den Anfangstagen der Figur des Tramp: 1914, mit Frank Williams, der später den Travelling-Matte-shot entwickelte, und Henry ›Pathé‹ Lehrman.

The Gold Rush (1925): v. links: Henri d'Abbadie d'Arrast, Eddie Manson, Chaplin, Rollie Totheroh und Chuck Reisner.

Conklin beschrieb dann einen der bedeutendsten Augenblicke in der Geschichte der Filmkomödie, den Augenblick, in dem sich die Figur des Tramps herauskristallisierte. Chaplin beschreibt in seiner Autobiographie, wie Sennett ihn aufgefordert habe, sich eine komische Aufmachung zu suchen, und er schildert detailliert die entzückten Reaktionen, als er in der Dekoration einer Hotelhalle improvisierte. Doch Chaplin hatte offensichtlich einen anderen wichtigen Moment vergessen. Dazu Conklin:

»An einem regnerischen Morgen saßen Roscoe Arbuckle, Ford Sterling und ich in der Garderobe und spielten Karten. Charlie kam hereingeschlendert und setzte sich an den Make-up-Tisch. Damals benutzten wir oft Krepp-Haar. Charlie hielt sich verschiedene Stückchen Krepp-Haar unter die Nase und betrachtete sich im Spiegel. Schließlich fand er ein Stück, das ihm gefiel, und er klebte es sich mit Leim an, dann stand er auf und nahm Roscoe Arbuckles Hut und seine Hose, mein Jackett (ein Cutaway, wie es damals hieß, ein Gehrock) und sein eigenes Stöckchen und ging ins Atelier. Da stand eine Hotel-Dekoration für Mabel Normands Film *Mabel's Strange Predicament* (1914). Charlie ging also in die Empfangshalle und fing an, seine Betrunkenen-Nummer zu spielen, die er vom Vaudeville kannte. Er blieb mit dem Fuß im Spucknapf stecken und kriegte ihn nicht wieder heraus – all diese Sachen. Alle kamen herbei und lachten. Sennett stand daneben und schaute zu. Schließlich ging er zu Charlie und sagte: ›Hör mal, mach das gleiche, wenn wir diesen Film mit Mabel und Chester drehen.‹ Nun, natürlich war das Ergebnis, daß er uns im Film an die Wand spielte.«

Minta Durfee sah Chaplin das erste Mal, als sie mit Mack Sennett und einigen Keystone-Leuten eines Abends zum Essen ausging und sie schließlich im örtlichen Sullivan & Considine Theatre landeten. »Er trug einen Zylinder, ein kleines Jackett mit Manschetten an Fäden, so daß er sie verlieren konnte, und ein Stöckchen.« Sennett hatte Chaplin offensichtlich schon oft gesehen und mochte seine Nummer. Nicht lange, nachdem er von Keystone engagiert worden war, um Ford Sterling zu ersetzen, wurde er gemeinsam mit Miss Durfee für *Cruel, Cruel Love* besetzt.

»Ich saß auf seinem Schoß, mitten in einer komischen Liebesszene, als die Jungs beschlossen, Charlie zu taufen. Sie hatten die Plane, mit der die Dekoration abgedeckt war, mit Wasser gefüllt und ließen es mitten in der Szene herabstürzen. Natürlich wurden wir beide klitschnaß. Charlie haßte Wasser und er drohte, auf der Stelle zu gehen. Aber er kam bald zurück. Er nahm so etwas nicht sehr übel. Und später machte er dann zusammen mit meinem Mann (Roscoe Arbuckle) eine der schwierigsten Sachen, die ein Schauspieler tun kann: In der letzten Szene von *Rounders* lagen sie in einem Boot und spielten total Betrunkene, während es langsam mitten im Echo Park-See versank. Für einen Mann, der wasserscheu ist, war das eine ziemliche Leistung.«

Eddie Sutherland, der Regisseur von *Behind the Front* und *We're in the Navy Now*, arbeitete bei *A Woman of Paris* und *The Gold Rush* als Chaplins Assistent und nahm dafür eine Gagenkürzung von vierhundert Dollar in Kauf.

»Chaplin hat mir mehr beigebracht, als ich sagen kann. Bei *A Woman of Paris* bemängelte ich ein Detail im Film – ich hielt es für einen zu großen Zufall. Edna Purviance war von dem Jungen, Carl Miller, in Rolle eins verführt worden, dann trifft sie ihn in Rolle fünf zufällig wieder.

›Halten Sie das für angemessen?‹ fragte Charlie.

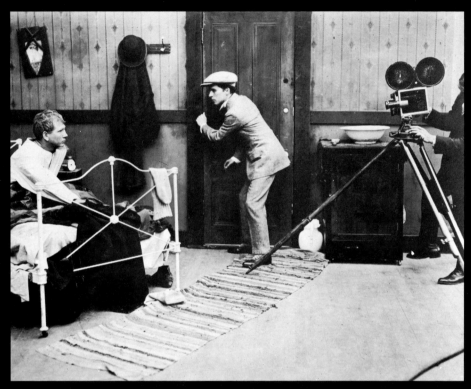
Chaplin gibt Tom Wilson Regieanweisungen in *Sunnyside* (1919).

Shoulder Arms (1918).

Chaplin 43

Am Drehort wird das Make-up überprüft für *The Gold Rush*.

Wie ein Gag funktioniert: Auf dem Dach postierte Gehilfen schütten Schnee über Chaplin. Ein Außenaufnahme für *The Gold Rush*.

›Nicht unbedingt‹, antwortete ich.

›Gut‹, sagte Charlie, ›ich habe nichts gegen Zufälle – das Leben besteht aus Zufällen –, aber ich *hasse es*, wenn etwas angemessen ist.‹

Im selben Film gab es eine Szene, wo der Junge stirbt. Lydia Knott spielte die Mutter, und Charlie wollte als Reaktion von ihr einen totalen Schock. Während die Sûreté ihr die Standardfragen stellt – ›Wie ist sein Name, wie alt war er?‹ – verlangte er von ihr, absolut keine Reaktion zu zeigen. Die Zuschauer sollten das Gefühl bringen, nicht die Schauspielerin. Ich weiß nicht, wie oft wir das gedreht haben. Sie spielte immer wieder die süße, lächelnde, tapfere alte Dame. Sie war ein feiner Mensch und dazu sehr willensstark, und so war es eine ziemliche Mühe. Charlie versuchte es vielleicht fünfzigmal. Dann bat er mich zu übernehmen. Ich drehte es etwa dreißigmal. Schließlich wurde die alte Dame so wütend, daß sie uns beschimpfte. ›Also gut‹, giftete sie, ›wenn ihr es so haben wollt. Aber das ist nicht meine Art.‹ Und sie spielte die Szene in einer derartigen Stimmung, daß wir zufrieden waren. Ich würde sagen, wir drehten die Szene mehr als hundertmal. Wir brauchten fast eine Woche, um diese eine Reaktion zu bekommen. Lydia Knott war meines Wissens die einzige Schauspielerin, die sich jemals mit Chaplin angelegt hat.[4]

Es hat Wochen gedauert, bis wir alle Details für die Szene in *The Gold Rush* ausgeknobelt hatten, in der Chaplin seine Stiefel ißt. Die Schnürsenkel waren aus Lakritz, ebenso die Schuhe. Die Nägel waren irgendwelches Zuckerzeug. Wir ließen so etwa zwanzig Paar Schuhe von einem Konditor herstellen, und wir drehten die Szene nochmal und nochmal. Charlie speiste, als sei es die verschwenderischste Abendtafel im Astor. Er wußte, daß das Publikum es mochte, wenn eine Figur gegen die Rolle spielte: Wenn es ein abgerissener Typ war, sollte sein Benehmen hoch vornehm sein.

Einige Leute waren auf Charlie sauer, weil sie glaubten, er habe ihre Ideen als seine eigenen ausgegeben. Das ist unfair. Während wir dabei waren, die Handlung von *The Gold Rush* auszuarbeiten, hatte er die Idee von der Hütte, die vom Wind weggeblasen wird. Dann meinte ich: ›Hey, wie wäre es, wenn sie an einen Abhang kommt und da hin und her wackelt?‹

›Nein, nein, nein‹, sagte Charlie. ›Zu naheliegend, zu naheliegend.‹ Und ich ließ es. Wir arbeiteten weiter an der Story, und eines Tages kommt Charlie hereingestürzt und sagt: ›Ich habs! Das Haus wird vom Sturm an eine Felsschlucht geblasen und balanciert auf der Kante, und man erwartet, daß es runterkippt...‹

Ich weiß heute, daß Charlie das von mir nicht gestohlen hat. Ich habe es ihm in den Kopf gepflanzt. Er hat es vielleicht gar nicht bewußt gehört. Aber unterbewußt saß es da fest.

Als ich anfing, mit Charlie zu arbeiten, erkundigte ich mich bei allen, die ihn kannten, nach seinen Eigenheiten. Ich fand heraus, daß er ein so komplexer Charakter war, daß es unmöglich ist, ihn mit einfachen Worten zu erfassen.

Wenn er vor der Kamera stand, stand ich dahinter. Aber ich inszenierte nicht Chaplin. Er wußte ganz genau, ob er gut war oder schlecht. Er fragte: ›Wie war das?‹ Und ich sagte: ›Nun, ich glaube, das hat nicht ganz geklappt‹, und er stimmte zu. ›Machen wir's noch mal.‹ Natürlich machte er alles fünftausendmal. ›Wir drehen das alles noch mal‹, meinte er zu den Mustern. ›Das kann ich besser bringen. Wir sind dann nur einen Tag hinter dem Drehplan.‹ So überzog er jeden

Tag den Drehplan um einen weiteren Tag. Aber Charlie besaß die Geduld eines Hiob. Ein wahrer Perfektionist. Mit dieser Arbeitsmethode brauchten wir anderthalb Jahre, um *A Woman of Paris* zu drehen. Ich verließ *The Gold Rush* nach achtzehn Monaten, und da hatte er gerade zwei Drittel geschafft. Aber natürlich drehte er nicht ununterbrochen. Wir drehten drei oder vier Tage, machten dann ein paar Wochen Pause und überdachten die Szene, probten und verfeinerten sie.

Ich fand gleich am Anfang meiner Zusammenarbeit mit Charlie heraus, daß, wenn man bei einer Idee gleich nein sagte, diese Idee dann tot war, denn er ist ein sehr sensibler Mann. Ich versuchte immer, eine Idee am Kochen zu halten. Bei *A Woman of Paris* kam er einmal unter Volldampf ins Atelier. Er hatte nachts eine Idee im Traum gehabt; die ganze Sache sollte in einer Lepra-Kolonie enden. Edna Purviance hätte ein Bekehrungserlebnis und würde hingehen, um kleine Lepraopfer zu pflegen.

Anstatt sofort nein zu sagen, machte ich den Vorschlag, die Idee zu überdenken. Er überdachte diese Idee zwei oder drei Tage lang – und es war Bockmist. Schließlich fragte er: ›Was ist los? Dir gefällt sie doch auch nicht.‹

Ich sagte: ›Ganz ehrlich, sie gefällt mir nicht, Charlie.‹

›Also, du liegst falsch‹, sagte er und verschwand für drei Tage. Sie wurde nie wieder erwähnt. Später im Leben hatte Charlie wohl keine Leute mehr, die nein sagten, und das ist bedauerlich.

Ich denke sehr gerne an meine Tage mit Chaplin zurück. Er ist jemand, den ich persönlich sehr liebe und dessen Arbeit ich außerordentlich bewundere. Und er war immer ganz großartig zu mir.«[5]

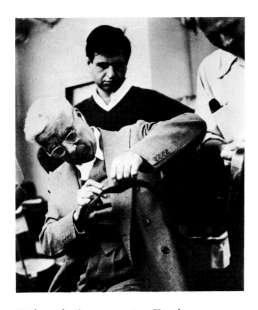

Während seiner gesamten Karriere überwachte Chaplin nicht allein jeden einzelnen Abschnitt der Produktion, vielfach machte er die Arbeit auch selbst.

Chaplins Ideen wurden im allgemeinen in Story-Konferenzen entwickelt, wie es der klassischen Tradition der Stummfilmkomödien entsprach. Andere Ideen entsprangen visuellen Anstößen. Die berühmteste Szene in *A Woman of Paris* verdeutlicht Menjous Verhältnis zu Edna Purviance dadurch, daß er in ihrem Zimmer aus einer Schublade ein Taschentuch nimmt. Ein Requisiteur hatte aus Versehen einen Kragen in einer Schublade vergessen, und das brachte Chaplin auf diese Idee.

Die Idee zu seinem Film über den Goldrausch von Yukon kam ihm auf Pickfair. Mary Pickford hatte Douglas Fairbanks eine Serie stereoskopischer Ansichtskarten geschenkt. Als Chaplin bei Fairbanks eine große Sammlung solcher Karten entdeckte, verbrachte er einen Nachmittag damit, sie durchzusehen. Eine ganze Anzahl handelte vom Goldrausch 1898, und so wurde die Grundidee zu *The Gold Rush* geboren.

Viele Menschen, die Chaplin persönlich kannten, berichten übereinstimmend, daß er auch noch in dem armseligsten Film ein Fünkchen Qualität zu fin-

den vermochte. Er sah sich gern Filme an und zeigte offen sein Vergnügen an ihnen. Er kam jedem Film, jedem Regisseur zu Hilfe, der hart kritisiert wurde, denn er wußte, wie schwer es war, einen Film zu machen.
»Ich schaute mir seine Filme gern in seiner Begleitung an«, schrieb Dagmar Godowsky. »Er lachte, bis ihm die Tränen kamen – dann gab er mir einen Stoß in die Rippen und sagte: ›Warte ab, was gleich passiert!‹ Wenn es passierte, bog er sich vor Lachen. Ich glaube, ich hatte mehr Spaß dabei, Charlie beim Anschauen von Charlie zuzusehen, als am Film selbst.«6

The Circus (1927)

»Es ist viel über Chaplins Talent als Redner geschrieben worden«, meint Agnes de Mille in ihrem Buch *Dance to the Piper*, »und über seine virtuose Fähigkeit zur Improvisation, durch die jede Salonrede zu einem Kunstwerk wurde; doch wer hat ihn je als höflichen, anregenden Zuhörer gewürdigt?

Mein Gott, was für ein Publikum war Chaplin! Sänger sangen wie bei einer Premiere. Die Leute entwickelten plötzlich einen Geist und einen Witz, den sie nie bei sich erwartet hätten – selbst als Margaret und ich noch klein waren, da setzte er sich zu uns und schenkte uns, den Kindern, seine ganze ungeteilte Aufmerksamkeit; es war unglaublich, wie er für uns in einer Ecke zänkische Weiber nachmachte, nörgelnde Verwandte, französische Schauspielerinnen, und so weiter. Ja, beim Himmel, er brachte auch uns dazu, sie nachzumachen. Ich war nie wieder so gut wie damals.«7

Es ist schwer zu glauben, daß seit dem Krieg eine Generation herangewachsen ist, die niemals Charlie Chaplin gesehen hat. Durch Copyright-Beschränkungen, die Chaplin und seine Agenten durchgesetzt haben, ist eine Anzahl seiner Filme aus dem Verkehr gezogen. Andere sind nur auf 8-Millimeter erhältlich, wobei die mindere Qualität der Kopien jeden Funken Komik tötet.

Chaplin bedeutete für das Publikum der Stummfilmzeit sehr viel. Er war ganz ohne Frage die beliebteste Persönlichkeit in der Welt der Unterhaltung. Er konnte gar nicht schnell genug Filme drehen. Ein Komiker, Billy West, imitierte Chaplins Make-up und Kostüm und drehte eine Serie von Komödien. Doch die Presse lehnte diese Art Plagiat ab; *Photoplay* druckte den Namen nur in Kleinbuchstaben: billy west. Chaplin ließ sich jedoch davon nicht aus der Ruhe bringen. Als er einmal Billy Wests Team bei der Arbeit auf der Straße traf, blieb er lange genug stehen, um zu West die Bemerkung zu machen: »Sie sind ein verdammt guter Imitator.«[8]

Die Verehrung für Chaplin war so groß, daß Zuschauer aller Altersklassen die langen Pausen zwischen seinen Filmen beklagten. 1920 veröffentlichte *Photoplay* einen Leitartikel, der adressiert war an:

»Ein Genie auf Urlaub: Charlie! Uns geht Dein Streit[9] nichts an, wir wollen uns auch nicht in Deine Geschäfte einmischen! Aber wir alle...flehen Dich an, denn wir sind traurig und verwirrt in einer traurigen und verwirrten Welt. Gib uns wieder eine jener magischen Stunden tiefgründigen Vergessens, mit denen Du uns früher so überreich beschenkt hast, wie das Licht des freundlichen Nachbarn, das uns hilft, nach Hause zu finden.

Wir wollen keine Befehle erteilen, keinen Ratschlag geben, nicht einmal kritisieren; wir erheben unsere Stimme, weil wir Dich brauchen – weil Du dieses krause Kleinod Gottes für uns alle zu einem lebenswerteren Aufenthaltsort gemacht hast – weil die Welt, seit Du Dich so zurückgezogen hast, schal wird und alles Glück entschwunden ist. Komm zurück, Charlie!«[10]

Chaplin führt Regie / 1966

Gloria Swansons Chauffeur fuhr sie mit dem Wagen zum Tor des Pinewood-Studios bei London. Der wachhabende Sergeant grüßte elegant.

»Guten Tag, Miss Swanson«, sagte er und wies dem Chauffeur den Weg. Miss Swanson atmete erleichtert auf. »Dem Himmel sei Dank«, meinte sie. »Ich dachte schon, ich müßte eine Szene aus *Sunset Boulevard* spielen, um eingelassen zu werden.«

Miss Swanson besuchte die Pinewood-Studios, um Charles Chaplin zu treffen und zuzusehen, wie er *A Countess from Hong Kong* mit Marlon Brando und Sophia Loren inszenierte. Sie wollte den Besuch inoffiziell halten und hatte Chaplin nichts gesagt. »Wir tauchen einfach auf und schauen, was passiert«, hatte sie gesagt. Das letzte Mal, als sie Chaplin bei der Arbeit im Atelier gesehen hatte, war zu Zeiten der Essanay Company – im Jahr 1915, und der Film hieß *His New Job*.

»Viele Leute sind der Meinung, ich hätte in dem Film mitgespielt. Ich kann mich nur erinnern, daß eines Morgens Chaplin im Atelier war und jemanden für eine kleine Rolle suchte. Ich wurde aus einer Gruppe Komparsen ausgewählt. Nachdem ich bei der Probe zum zwölften Mal einen Tritt in den Hintern bekommen hatte, meinte er, ich sei nicht geeignet. Ich war hocherfreut, denn ich war eine junge Dame, ziemlich etepetete und ohne jeden Funken Humor. Die Szene spielte in der Praxis eines Arztes; als ich mich bückte, um meine Geldbörse aufzuheben, gab er mir einen Tritt in mein *derrière*. Nachdem ich ihm einmal nicht gefallen hatte, war die Sache erledigt. Ich hatte nichts mit dem Film zu tun. Ich würde gern wissen, wie meine Karriere verlaufen wäre, wenn ich ihm gefallen hätte.«

Miss Swansons Ankunft entzückte die alten Hasen im Pinewood-Studio. Ein Mann, der den Korridor entlangschlenderte, schaute überrascht zweimal hin, als wir an ihm vorbeigingen. In der Kantine waren die Serviererinnen ganz aus dem Häuschen und wechselten sich ab, um sie zu bedienen und um ein Autogramm zu bitten.

Chaplins Atelier war geschlossen: ABSOLUT KEIN EINTRITT. Der Produzent eines anderen Pinewood-Films bot uns an hineinzugehen. Er tauchte wenige Augenblicke später wieder auf. »Alles in Ordnung«, sagte er, »Mr. Chaplin ist gerade fertig mit Drehen. Er würde sich sehr freuen, Sie zu sehen.«

Im Atelier saßen überall unbeschäftigte Techniker herum. Alles war ruhig und geordnet, aber es gab auch ein Gefühl der Erwartung, wie Augenblicke vor einem Boxkampf. Die Zuschauer auf den besten Plätzen drehten sich um und starrten auf Gloria Swanson, als sie eintrat. Aus dem beleuchteten Bereich der sonst dunklen, hangarartigen Halle trat eine rüstige Gestalt, mit einem grauen Hut, einem grauen Jackett und einer grünen Sonnenbrille. Sie zeigte das unverkennbare Chaplin-Grinsen und streckte die Arme aus.

»Fünfzig Jahre!« rief Gloria Swanson. Sie umarmten sich.

»Erinnerst du dich, wie du mir zwölfmal in mein *derrière* getreten und mich dann rausgeworfen hast?« fragte sie. »Damals, 1915, bei Essanay?«

»Ach, ja«, antwortete Chaplin. »Nun ja, ich war schon immer der Meinung, daß du in *dramatischen* Rollen eine bessere Schauspielerin bist...« Chaplin nahm sie beim Arm und stellte sie Sophia Loren vor, die ein atemberaubendes Abendkleid trug – und Lockenwickler.

Gebannt starrte ich Chaplin an. Hier, endlich, stand die bedeutendste Persönlichkeit der Filmgeschichte vor mir. Er war offensichtlich von den Problemen seines Films in Anspruch genommen, doch schien er erfreut, seine alte Freundin zu treffen. Er plauderte entspannt; ein kurzgesprochenes amerikanisches ›a‹ und einige Ausdrücke von der Westküste durchzogen sein sanftes Englisch. Als er mit umwerfender Komik nachmachte, wie sein drei Jahre altes Kind auf den Ruf ›Ruhe‹ seines Assistenten reagiert hatte (»Komm nach Hause, Daddy«, sagte es und zog den Vater am Ärmel), brach wieder der unbezähmbare Charlie durch die verbindliche Oberfläche des beschäftigten Regisseurs.

In der Unterhaltung fiel der Name Allan Dwan, und daß er demnächst einen neuen Film drehen würde, mit achtzig Jahren.

»Allan Dwan...« sagte Chaplin, mit Sehnsucht in der Stimme. »Achtzig! Nun, ihr wißt, daß ich auch auf die Achtzig zugehe. Noch vier Jahre...«

Chaplin hatte Miss Swanson zuletzt vor sieben Jahren in Südfrankreich getroffen: Ob sie dort noch lebe?

»Nein – New York.«

»Oh. Nicht Los Angeles?«

»Nein... da könnte ich nicht leben. Das ist zu leer. Ich brauche das Theater. Und dann die Hochhäuser...«

Chaplin stimmte eifrig nickend zu. »Ja, und diese Autoabgase! Uns gefällt es in der Schweiz recht gut. Es ist nichts Aufwendiges. Das Leben ist recht einfach. Aber es ist angenehm. Sehr angenehm.«

1 Charles Chaplin: *My Autobiography*. London: Bodley Head 1964; dt.: *Die Geschichte meines Lebens*. Frankfurt/M: S.Fischer 1964, TB-Ausg.: Frankfurt/M 1977 u.ö. [=Fischer-TB 4460].
2 Private Quelle.
3 Private Quelle. Seit Chaplin 1972 seinen Ehren-Oscar erhielt, hat man all dies in Hollywood vergessen. Eine detaillierte, sorgfältige Beschreibung seines Lebens bietet David Robinson: *Chaplin*. London: Collins 1985; dt.: *Chaplin. Sein Leben – Seine Kunst.* Zürich: Diogenes 1989.
4 David Robinson schreibt: »Schade um die Legende, aber Sutherland hat mit der Anzahl der Takes erheblich übertrieben. Tatsächlich hat Charlie diese Szene am Freitag, den 4. Mai (1923), neununddreißigmal gedreht und Miss Knott dann für Samstag wieder bestellt und weitere einundvierzig Takes gemacht. Für eine einzige kurze Einstellung sind jedoch achtzig Takes eine ganze Menge.« (S. 314)
5 Von Bandaufnahmen des Autors, New York, Dez. 1964; und von Aufnahmen des Oral History Research Office, Columbia, New York, Feb. 1959.
6 Dagmar Godowsky: *First Person Plural*. New York: Viking 1958, S. 76.
7 Agnes de Mille: *Dance to the Piper*, (s. Kap. 22, Fn. 7), S. 85.
8 Ben Berk, Aufnahmeleiter bei Billy West, zum Autor, New York, Dez. 1964.
9 Das bezieht sich auf Streitigkeiten mit seiner ersten Frau Mildred Harris. Die Ehe wurde im November 1920 geschieden. [A.d.Hg.]
10 *Photoplay*, April 1920, S. 27.
11 James Card spielte Miss Swanson *His New Job* im Eastman House, Rochester, im Mai 1966 vor — und da war sie, in einer winzigen Rolle als Sekretärin.

44 Der Stummfilm in Europa

Vor dem 1. Weltkrieg wurden in England und Frankreich mehr Filme produziert als in jedem anderen Land. Der Krieg brachte Amerika die Vorherrschaft. Die zerstörten europäischen Industrien brauchten Jahre, um sich zu erholen. Deutschland, das nicht nur durch die Niederlage, sondern auch durch die anschließende, alles lähmende Wirtschaftskrise betroffen war, erholte sich erstaunlich schnell, denn die Unterhaltungsindustrie wurde von Männern wie Krupp, in Gemeinschaft mit prominenten Bankiers, finanziert, Männern, die in der Überzeugung lebten, daß in Krisenzeiten die Unterhaltung immer Konjunktur hat.

Deutschland, und speziell sein bedeutendster Regisseur Ernst Lubitsch, präsentierte schon kurz nach dem Krieg Filme von hoher Qualität, und wenn sie es auch an Zahl kaum mit Hollywood aufnehmen konnten, zeigten sich amerikanische Produzenten doch beunruhigt.

»Diese Angst vor der ›Deutschen Invasion‹ ist uralt und sehr dumm«, sagte Adolph Zukor 1921. »Man scheint zu glauben, daß die Deutschen ein magisches Rezept besäßen, wie man großartige Filme herstellt. Ein Europäer könnte, wenn er *Birth of a Nation*, *Miracle Man* und *Four Horsemen* gesehen hat, ebensogut in Panik geraten und denken, alle amerikanischen Filme seien vom gleichen Kaliber.«[1] Als Mr. Zukor diese Feststellung traf, machte er sich gerade auf den Weg nach Europa, um mit dem berühmtesten deutschen Filmstar, Pola Negri, zu verhandeln.

Die Produzenten entschieden: Wenn wir die Deutschen schon nicht schlagen können, dann ziehen wir sie eben auf unsere Seite. Sie investierten hohe Summen in europäische Firmen, Verleihe und Studios und lagen auf der Lauer nach interessanten Talenten. Sobald ein vielversprechender Regisseur oder Star auftauchte, wurde er von den Vertretern der Außenbüros mit Angeboten an Ruhm und Geld nach Hollywood gelockt, die man nicht abschlagen konnte.

In Amerika versuchte man derweil, sich mit allen Mitteln gegen die Flut deutscher Produktionen abzuschotten. Die Schauspieler-Organisation Actors' Equity machte öffentlich Front: Bei einem schon überschwemmten Markt, erklärte sie, würden diese Importe zu weiteren Produktionsrückgängen und Entlassungen führen. Die Gewerkschaften wandten sich allgemein gegen Importe, mit der Begründung, sie würden die niedrigen Löhne in Deutschland fördern, indem billig hergestellte aufwendige Produktionen unterstützt würden. Der Veteranen-Verband American Legion mischte sich mit einem dröhnenden Patriotismus in den Streit ein.

Dabei kontrollierte Amerika 80 Prozent der in der Welt verliehenen Filme. »Es ist beschämend einzugestehen, daß wir uns vor der Bedrohung durch die Filme irgendeines Landes fürchten«, schrieb James Quirk. »Das Kino ist *unsere* Kunst, und die Furcht vor Konkurrenz erscheint wie das Eingeständnis, daß wir auf eigenem Terrain geschlagen worden sind.«[2]

Eine Aufführung von *Das Kabinett des Dr. Caligari* (1919) in Los Angeles wurde durch Proteste der American Legion, Actors' Equity und der Motion Picture Directors Association verhindert; später wurde er dann doch gezeigt, nachdem sich die Aufregung gelegt hatte. Deutsche Filme waren düster und pessimistisch, weil die Deutschen, so war die allgemein verbreitete Meinung, eine Vorliebe für Horror und Qualen auf der Leinwand hatten – nicht, um mit den Leidenden zu fühlen, sondern um die gezeigten Qualen zu genießen.

Trotz allem gelang es Adolph Zukor, Pola Negri zu Paramount zu locken,

Eine Karikatur von Bernard Partridge aus dem ›Punch‹; ironischerweise ist die Kamera eine Bell & Howell.

Marco de Gastynes *La Vie Merveilleuse de Jeanne d'Arc* (1928); Brun, der Kameramann, verwendet eine Bell & Howell.

und Mary Pickford importierte Ernst Lubitsch. Auf diese Weise waren die gefährlichsten Konkurrenten fürs erste, wenn auch nicht glücklich, integriert.

Um sicherzugehen, daß aus Deutschland keine Störmanöver drohten, holte man auch einen zweiten Pola Negri-Regisseur, den Russen Dimitri Buchowetski, herüber.

Während der Produktion von *Die Nibelungen* (1924) in den UFA-Studios in Neubabelsberg, unter der Regie von Fritz Lang; an der Kamera Carl Hoffmann; auf Seite 585 ist das endgültige Resultat zu sehen.

Die Aufmerksamkeit wandte sich Skandinavien zu. Vor dem Krieg, im Jahr 1913, hatte der dänische Regisseur Benjamin Christensen einen Spielfilm mit dem Titel *Det hemmelighefulla X* gedreht. In technischer Hinsicht war dies eine erstaunliche Arbeit. Christensen war vom Licht besessen; die Bildeffekte, die er mit seinem Kameramann Emil Dinesen aus Schatten und Chiaroscuro hervorzauberte, übertrafen praktisch alles Vergleichbare zu der Zeit. Nicht nur die Lichtgebung war bemerkenswert, Christensen hatte intuitiv die Grammatik des Films begriffen. Sein Schnitt war erstaunlich differenziert, und er verstand es, Szenen zu *entwickeln,* anstatt sie einfach abzufilmen.

Haevnens Nat von 1915 war sogar noch besser. Die Geschichte eines Sträflings, der nach einer langen Haft zurückkehrt, um sein Kind zu suchen, war brillant erzählt. Hätte die Story selbst etwas mehr Niveau gehabt, würde *Haevnens Nat* zu den Klassikern des Films zählen.

Häxan wurde nach langen Recherchen 1920 beendet. Diese bemerkenswerte filmische Leistung beginnt relativ lahm mit einer langen Reihe zeitgenössischer Stiche. Darauf folgt eine Serie von scharf konturierten Episoden, in denen die Macht der Hexen im Mittelalter gezeigt wird. Einige Szenen sind kaum auszuhalten; selbst nach fünfzig Jahre haben sie nichts von ihrer Wirkung eingebüßt. Als der Film herauskam, schockierte und erstaunte er alle, die ihn sahen. Christensen wurde nach Amerika geholt, wo er eine Anzahl bizarrer Filme drehte: *Mockery* mit Lon Chaney, *Devil's Circus* mit Norma Shearer und *Seven Footprints to Satan*.[3]

Schweden, das damals wie heute wegen der künstlerischen Qualität seiner Filme geschätzt war, verlor seine besten Talente nach Amerika: Victor Sjöström (in Amerika als Seastrom bekannt); Einar Hansen; Lars Hanson; Sven Gade, auch er ein Däne; und später Mauritz Stiller und Greta Garbo. Aus Ungarn kamen die von Richard Rowland engagierten Alexander Korda und seine Frau Maria Corda sowie eine Anzahl Autoren. Deutschland verlor eine weitere Gruppe bedeutender Regisseure und Stars: Paul Leni, Lothar Mendes und später F. W. Murnau.

Als *Varieté* (1925) Hollywood aufrüttelte, gelang es Universal, den Regisseur E. A. Dupont unter Vertrag zu nehmen. Ihre Wege trennten sich (fürs erste) wieder nach einem anerkannt katastrophalen Film: *Love Me and the World is Mine*.

Als offenkundig immun gegenüber den Lockungen Hollywoods erwiesen sich die italienischen Filmmacher.

Italiens große Tage waren vor dem 1. Weltkrieg. Dem italienischen Film verdankt das Medium zwei grundlegend wichtige Genres: Den Monumentalfilm und das naturalistische Drama. Die Monumentalfilme, die aus den in Italien geläufigen extravaganten Freiluft-Aufführungen im Mammut-Format entstanden, inspirierten Griffith zu seinen filmischen Epen. Viele der Monumentalfilme waren grotesk und banal, mit zahllosen Statisten, die vor zahllosen Katastrophen die Flucht ergriffen und mit den Armen in der Luft herumfuchtelnd um die Kamera herumrannten. *Quo Vadis?* (1912, Enrico Guazzoni) war der wichtigste der frühen Monumentalfilme: Riesige Bauten, enorme Menschenmassen und eine wohlüberlegte filmische Aufbereitung verliehen dem Film besondere Wirkung. Das bedeutendste Exemplar dieses Genres war jedoch der 1912–14 gedrehte *Cabiria*. Indem der Regisseur Giovanni Pastrone und sein ausgezeichneter Kameramann Segundo de Chomon die Kamera sehr sacht und sehr flüssig in langen Kamerafahrten bewegten, gelang ihnen »der Versuch, die dritte Dimension einzufangen« – wie man seinerzeit lesen konnte.

Cabiria zeichnete sich auch durch einen sehr wirkungsvollen Einsatz von Kunstlicht aus, und während man sonst beim Schnitt eher dazu neigte, in sich geschlossene Einstellungen aneinanderzureihen, schnitt Pastrone oft auf wirkungsvolle Detailaufnahmen, wie die ausgereckte Hand eines Hohepriesters in der Szene, in der dem Moloch geopfert wird. Die brennende römische Flotte wirkte erstaunlich realistisch, obwohl man Modelle verwendete. Die Außenaufnahmen in den Alpen stellten eine weitere außerordentliche Leistung dar. Neben den zahlreichen Statisten, die Hannibals Armee darstellten, wurden sogar Elefanten in die Berge transportiert, um die Authentizität zu erhöhen.

Julius Caesar (1914) stellt zwar *Cabiria* nicht in den Schatten, beweist jedoch, daß Pastrone damals nicht der einzige Neuerer in Italien war. Der Film war so beeindruckend, daß er, als er 1922 in Amerika uraufgeführt wurde, von manchen Kritikern dort für eine aktuelle Produktion gehalten wurde. Enrico

Guazzoni arrangierte die Formationen seiner römischen Truppen zu kühnen, erregenden Kompositionen, ganz so, wie es Eisenstein ein Jahrzehnt später tun sollte. Er bewies historische Kenntnis, ein entwickeltes Gefühl für Choreographie und ein echtes Verständnis von Film. Eine Einstellung von Guazzonis Soldaten auf dem Marsch hat mehr Wirkung als der ganze *Fall of the Roman Empire* von 1964.

Nach dem Krieg hatten die Italiener auf dem Weltmarkt kaum noch Einfluß und konnten, trotz der Qualität ihrer Filme, den Amerikanern kein Paroli bieten. Eine Anzahl von Hollywood-Produktionen wurde in Italien gedreht: *The White Sister* und *Romola* von Henry King, *The Eternal City* von George Fitzmaurice, *Nero* von J. Gordon Edwards und der legendäre *Ben-Hur*.

»Ich habe die italienischen Techniker für genauso gut gehalten wie unsere eigenen«, meinte Henry King. »Als ich 1949 wieder dorthin ging, um *Prince of Foxes* zu drehen, habe ich nur Abteilungsleiter mitgenommen, weil ich wußte, wie ausgezeichnet die italienischen Techniker sind; ich habe wieder eine ganze Anzahl jener Leute eingesetzt, mit denen ich *The White Sister* und *Romola* gedreht hatte.«

Arthur Miller, der Kameramann von *Eternal City*, war jedoch entsetzt über die italienischen Kopierwerke. »Es gab leichte Unterschiede zwischen ihrem und meinem Begriff von Qualität. Ihre Behandlung der Filme und ihre Arbeitsergebnisse waren weit davon entfernt, up to date zu sein. Ihre Schauspielerinnen trugen Theda-Bara-Make-up, und sie behandelten meine Negative so, daß sie immer so aussahen wie ihre eigenen. Wir bekamen ziemlich schlimme Muster.«

Charles Rosher, der in Rom *Sant'Ilario* (Henry Kolker) drehte, war belustigt über die Gepflogenheit in den italienischen Studios.

»Es war erstaunlich, wie die Italiener arbeiteten. Der Regisseur, mit Schnauzer und Bart, kam am Morgen hereingeschritten, und alle im Atelier standen auf und verbeugten sich: ›Bonjorno, signor ... bonjorno.‹ Und der Regisseur ging direkt zur Kamera, nahm sie und stellte sie an den Platz, den er wünschte. Dann plazierte er die Schauspieler.«

Aus Italien kam auch eine Anzahl naturalistischer Dramen, von denen *Assunta Spina* (1914, Gustavo Serena) das berühmteste war. Der vollkommen zurückgenommene Stil der Schauspieler bildete einen angenehmen Kontrast zu der opernhaften, emphatischen Darstellung, die in Italien noch lange üblich war. Francesca Bertini, die meist als Vamp besetzt wurde, spielte in *Assunta Spina* menschlich und überzeugend ein Mädchen aus der Arbeiterklasse, und die Atmosphäre wurde ähnlich realistisch eingefangen wie später in den Filmen des Neorealismus.

Am Ende der 20er Jahre unternahmen die Italiener mit Filmen wie *Gli ultimi giorni di Pompeji* einige letzte Anstrengungen, den internationalen Markt zu erobern. Von der Bürokratie erstickt, lag das italienische Kino einige Jahre tot darnieder, ehe Mussolini es wieder hervorholte und neu belebte. Doch da war der Stummfilm bereits Geschichte.

Die englischen Filme jener Epoche waren Musterbeispiele für das falsche Bild, das man sich vom Stummfilm macht. Englische Filme waren, mit wenigen Ausnahmen, schlecht fotografiert; Regie und Schauspieler bewegten sich auf dem Niveau billiger Revuen; sie beuteten sogenannte ›Stars‹ aus, die selten mehr als einen schwachen Schimmer schauspielerischen Talents besaßen und obendrein ausgesprochen langweilig waren.

Das Stummfilm-Gewerbe in Großbritannien entwickelte sich nie über die Stufe der Scheunen und Glashäuser hinaus, in denen es begonnen hatte. Es löste sich niemals von den kindischen und amateurhaften frühen Tagen, als ein Streifen Film mit Bildern darauf als Wunder gefeiert wurde. Die Bosse der Filmindustrie betrachteten das Kino immer nur als die etwas wirkungsvollere Version einer Kirmesattraktion. Für sie galt das Wort ›künstlerisch‹ als schlimmstes Schimpfwort. Kein Produzent dachte in künstlerischen Kriterien, und keiner hätte es sich je träumen lassen, daß ein Regisseur Künstler sein sollte.

Viele der besten Techniker Hollywoods stammten von den britischen Inseln: Chaplin, Herbert Brenon, Rex Ingram, Charles Rosher, Albert E. Smith, J. Stuart Blackton, Charles Brabin, Donald Crisp, Edmund Goulding, Frank Lloyd, Tom Terriss, Wilfred Noy, Charles Bryant... Kaum vorzustellen, was hätte geschehen können, wenn diese Männer geblieben wären, um die englische Filmindustrie zu stärken.

Der – fehlgeschlagene – Versuch von Famous Players, ein Studio in England zu betreiben, hatte die Ankunft mehrerer Regisseure zur Folge – Tourneur, Millarde, Neilan –, die nach England kamen, um dort Außenaufnahmen zu drehen. Immer wieder wurden von englischen Produzenten amerikanische Techniker engagiert, um die Qualität ihrer Filme zu verbessern. Harley Knoles kam relativ früh herüber, ebenso Harold Shaw, der die London Film Company gründete; einige Jahre später war sein Assistent Jo Sternberg. Der Autor Denison Clift wechselte in England zur Regie. Gegen Ende der StummfilmZeit wurde British International Pictures gegründet, um die Crème der ausländischen Techniker anzulocken, darunter E. A. Dupont, Richard Eichberg, Geza von Bolvary, Arthur Robison, Charles Rosher... Aber irgendwie erreichten ihre englischen Produktionen nie das Niveau ihrer in der Heimat gedrehten Filme.

»Eines der schlimmsten Argumente gegen britische Filme ist in der Vergangenheit immer der britische Film gewesen«, schrieb die englische Fan-Zeitung *Picturegoer* mit überraschender Offenheit. »Diese schmerzliche Wahrheit liegt für jeden klar auf der Hand, es sei denn, er wäre ein blinder und eifernder Patriot. Trotz der viel zu großen Menge Mist, die von jenseits des großen Teiches zu uns herüberdringt, ist eines der besten Argumente für den amerikanischen Film sehr oft der amerikanische Film.«

Die amerikanische Filmindustrie war zur drittgrößten Industrie des Landes geworden. In Großbritannien, das in der Anfangszeit des Kinos führend in der Welt war, wurde die Industrie durch den 1. Weltkrieg stark zurückgeworfen. Wirtschaftskrisen nach dem Krieg und die ständig ansteigende Flut amerikanischer Filmimporte verhinderten, daß die britische Filmindustrie über ihren Status einer unbedeutenden Randerscheinung hinausgelangte. Die Regierung belegte amerikanische Filme mit kolossalen Importzöllen und führte gegen Ende der Stummfilmzeit ein Quota-Gesetz ein – durch das Kinobesitzer gezwungen wurden, eine bestimmte Anzahl britischer Filme zu zeigen. Das half zwar der Industrie in ökonomischer Hinsicht, verbesserte aber keineswegs die Chancen eines künstlerischen Wiederaufstiegs.

E. Temple Thurston, der Autor von *The City of Beautiful Nonsense*, von dem einige Stories in England durch Cecil Hepworth verfilmt worden sind, beschrieb 1926 in einem Interview in *Motion Picture Classic* die Situation des englischen Films:

»Die amerikanischen Filme sind den britischen so haushoch überlegen, daß mich der Stand der Dinge hierzulande und die Armut britischer Filmkreise nicht verwundert. Englische Produzenten [damit sind Regisseure gemeint] haben sich niemals wirklich mit der Sache beschäftigt. Hauptsächlich sind es billige Fotografen. Es fällt mir nicht ein einziger ein, der auch nur die mindeste Ahnung davon hat, was eine Story ist, geschweige denn, wie man sie erzählt, wenn man sie schließlich hat. Alles was sie wollen, sind hübsche Bilder.

Ich möchte den englischen Filmproduzenten mit einem Taxifahrer vergleichen. Das einzige, was ihn im Leben interessiert – und das ist von *seinem* Standpunkt aus auch völlig in Ordnung – ist eine Tour, ein zahlender Fahrgast. Der britische Produzent hat ein Auge einzig für seine Tour. Und die Haltung der englischen Autoren ist ebenso verdammenswert; es ist eine Haltung der uninteressierten Habgier.

Er weiß, daß eine Verfilmung den Erfolg seines Werkes nicht tangiert, und er sieht sich in der Regel nicht einmal das Ergebnis an – vielleicht, weil er sich dann schämen müßte.«

So ist es nicht überraschend, daß die britischen Filmleute einen schmerzhaften Minderwertigkeitskomplex entwickelten, und wenn ein amerikanischer Film einen Bombenerfolg hatte, war das nur Salz in ihren Wunden. *The Big Parade* wurde von der englischen Kritik bemäkelt: »Der Film zeigt, wie Amerika den Krieg gewann«, ging das Gespött. James Quirk, der Redakteur von *Photoplay*, erhielt Briefe von englischen Fans, in denen sie sich für die Dummheit ihrer Kritiker entschuldigten.

»Die Filmkritik in England«, schrieb Quirk, »entspricht den englischen Filmen. Sie können einfach keine Filme machen. Und sie lernen es einfach nicht. Es gibt auf der Welt kaum schönere Plätze, wo man Filme drehen könnte, als in England. Ihre Produzenten haben eine große Chance. Der Film ist universell und international, und wir würden englische Filme ebenso gern sehen wie deutsche.«[4]

Nell Gwyn von Herbert Wilcox, mit Dorothy Gish, war der erste Film aus England, der vom amerikanischen Publikum mit Zustimmung aufgenommen wurde, doch das war erst im Jahr 1926.

Alfred Hitchcock, der seine Kenntnisse als Ausstatter und Regieassistent bei George Fitzmaurice und anderen durchreisenden amerikanischen Teams erworben hatte, war, neben Anthony Asquith, der erste englische Spitzenregisseur, dessen *Cottage on Dartmoor* noch heute als Film beeindruckt.

Englands meistgefeierter Filmmacher Cecil Hepworth wurde vom amerikanischen Publikum nicht sehr geschätzt. *Photoplay* schrieb beispielsweise: »*Comin' Thro the Rye* hängt dreißig Jahre hinter dem amerikanischen Film her. Sie haben mehr davon, wenn Sie zu Hause bleiben. Der Film reizt nur dazu, alle zu erschießen, die etwas mit ihm zu tun gehabt haben.«[5]

Es ist eine Tragödie, daß diese Epoche der Filmgeschichte, die überall neue Entwicklungen ans Licht brachte, in England so dröge und nebeltrüb geblieben ist.

In Frankreich eroberte sich das Kino in der Stummfilmzeit den Rang einer wahren Kunst. Deshalb ist das Werk seiner bedeutendsten Filmschaffenden gut dokumentiert. Vielleicht wurde René Clair und Jacques Feyder etwas zu viel Aufmerksamkeit gezollt – und Raymond Bernard zu wenig, dessen *Miracle des Loups* (1924) und *Le Joueur d'Echecs* (1927) einfallsreiche und kraftvolle historische Dramen waren, oder Marco de Gastyne, dessen *Vie Merveilleuse de Jeanne d'Arc* mitreißende Schauelemente enthält, die eines Eisenstein würdig wären.

Nach der Oktoberrevolution strömten russische Emigranten nach Frankreich – unter ihnen die besten Köpfe der zaristischen Filmindustrie. Sie begannen damit, russische Filme im Exil zu machen, mit russischen Schauspielern und russischen Technikern. *Michael Strogoff*, unter der Regie von Wjatscheslaw Tourjansky, ist eines der besten Beispiele, mit Iwan Moshukin, Natalie Kovanko, Chakatouny und Prinz N. Kougoucheff in den Hauptrollen. Ein weiteres Beispiel ist *Casanova*: Regie führte Alexander Wolkow, assistiert von Anatole Litvak, mit Moshukin und Natalie Lissenko in den Hauptrollen.

Der französische Film geriet nicht in dem Maße in Vergessenheit wie der amerikanische. Die Cinémathèque Française hat eine große Anzahl Filme zusammengetragen; es fehlt nur noch das Geld, die Schätze zu katalogisieren und zu konservieren.

Heute gibt es in Frankreich ein größeres Interesse an der Vergangenheit des Films als irgendwo sonst auf der Welt. Das Land, in dem zuerst der Film als eine Kunst angesehen wurde, hat es gelernt, seine alten Meister hochzuschätzen.

Einige, wie Jacques Feyder und Max Linder, sind tot. Andere hingegen, wie René Clair, Marcel l'Herbier oder Jean Renoir leben noch und sind aktiv. Der größte aller französischen Filmmacher aber ist ein Mann, der außerhalb Frankreichs wenig bekannt ist. In Paris ist ein Kino nach ihm benannt, es gibt Bücher von ihm und über ihn. Ansonsten ist er vergessen.

Sein Name ist Abel Gance.

---

1 Zitiert in *Photoplay*, Juli 1921, S. 55.
2 *Photoplay*, Juli 1921, S. 56.
3 John Gillett hat mich darauf aufmerksam gemacht, daß Det Danske Filmmuseum eine Kopie von *Seven Footprints to Satan* besitzt, eine Komödie mit Creighton Hale und Thelma Todd, Kamera Sol Polito; ich konnte den Film im August 1967 in Kopenhagen sehen. Es war eine wunderschön fotografierte, präzise geschnittene Komödie um ein Spukhaus, die ihre Existenz eindeutig dem Erfolg von *The Cat and the Canary* verdankte. Ein erregender Film, der voller Überraschungen steckt und wieder einmal Christensens Obsession für das Licht zeigt. Vieles darin erinnert an *Det hemmelighefulla X*, und Christensens Faszination für das Okkulte und Bizarre ist noch immer sehr stark. Die diversen Monster in den Nebenrollen sind erschreckend realistisch. Durch den Trick, daß sich die ganze Sache am Ende als Scherz herausstellt, sichert sich Christensen den letzten Lacher. Ausnahmsweise nehmen die Monster ihre Masken nicht ab. Sie setzen sich zu Tisch und plaudern angeregt: augenfällig wohlerzogene Monster.
4 *Photoplay*, Aug. 1927, S. 27.
5 *Photoplay*, März 1925, S. 106.

45 **Abel Gance**

Abel Gance

Dieses Buch ist Abel Gance gewidmet, nicht weil er eine makellose Reihe funkelnder Erfolge aufzuweisen hätte, sondern weil er mit seinen Stummfilm-Produktionen *J'accuse*, *La Roue* und *Napoléon* die Möglichkeiten des Mediums weiter ausschöpfte als irgend jemand vor ihm oder nach ihm.

Abel Gance ist einer der Giganten des Films. Einige Historiker rühmen ihn als den D. W. Griffith Europas, andere tun ihn ab als den De Mille Frankreichs. Beide Positionen heben auf seine Bedeutung ab, doch beide erfassen sein Talent nicht vollständig.

Sein *Napoléon* ist ein Meisterwerk im ursprünglichen Sinn des Wortes: Indem es alle denkbaren Techniken des Films vereinte, hat es seither für den europäischen Film als Meisterstück fungiert. Die jungen Regisseure der französischen Nouvelle Vague wurden tief von einer Fassung des Films beeinflußt, die Ende der 50er Jahre in Paris wiederaufgeführt wurde. Viele ihrer Experimente, vor allem ihre ungehemmte Verwendung der Handkamera, lassen sich auf das Werk von Gance zurückführen.

Die Filmindustrie reagierte, in Frankreich wie anderswo, alarmiert auf Gances monumentales Talent und fürchtete seine revolutionären Ideen. Man war entschlossen, ihn unter Kontrolle zu bringen und ihn künstlerisch an die Kandare zu nehmen. Unglücklicherweise – für uns alle – hatte man damit Erfolg.

Gance besaß, als ich ihn in den 60er Jahren kennenlernte, noch den Funken des Genies, doch es lag lange zurück, daß er ihn zur Flamme hatte entfachen können.

Er hat sich oft über das Kino geäußert und sehr viel geschrieben. Allerdings ist sein Stil volltönend und romantisch, seine – für sich genommen brillanten – poetischen Metaphern werden als sprachlicher Pomp mißverstanden, was insbesondere dann passiert, wenn sie übersetzt werden.

Natürlich war er verbittert über das System, das ihn so gelähmt hat, und seine Schriften zeugen im Hinblick auf seine eigenen Leistungen nicht von Bescheidenheit. So kommt es, daß er von vielen als eine mit Pomp versunkene Größe angesehen wird, die einen Groll gegen das System des Kommerzes hegt.

Als ich ihm begegne, erweist sich diese Einschätzung als verfälschendes Vorurteil. Gance hat sich eine jugendliche Begeisterung bewahrt; sein starker Sinn für Humor prägt alle seine Gespräche, bis zu dem Punkt, wenn er auf die Zukunft und seine Pläne zu sprechen kommt. Dann verdrängt eine entschiedene Entschlossenheit alles andere, und dann wird für den Besucher leicht einsichtig, auf welche Weise er seine Bedeutung erreichen konnte. Obwohl er körperlich nicht übermäßig robust ist, besitzt er einen eisernen Willen. Er ist sehr produktiv und noch im hohen Alter zu harter Arbeit fähig. Im persönlichen Umgang ist er herzlich und zuvorkommend – mit einer liebenswerten, für einen Filmmacher und ehemaligen Schauspieler ungewöhnlichen Befangenheit. Sobald eine Kamera in der Nähe ist, wird er unsicher, und sein Gesicht nimmt einen Ausdruck an, als stünde er vor einem Erschießungspeloton.

Gances äußere Gestalt ist eindrucksvoll. Sein Gesicht ist stolz, sensibel, fein geschnitten, mit einer Adlernase und einer majestätischen Krone weißen Haares, das herrscherlich nach hinten geworfen ist. Er sieht eher wie ein mittelalterlicher Heiliger aus, wenn auch sein verschmitztes Lächeln einen solchen Eindruck schnell zerstreut.

Gance lebt in Paris und bewohnt in Boulogne-sur-Seine eine helle, wunderschön eingerichtete, moderne Wohnung. Hinter seinem Arbeitstisch sind die Wände mit Malereien, Fotos und Zeitungsausschnitten übersät, und mit – wie er es nennt – »statischen Explosionen«, Zitaten von Philosophen, die er dazu benutzt, »meine Batterien wieder aufzuladen«:

›Für jene, die eine Mission zu erfüllen haben, wird die körperliche Existenz so lange andauern wie nötig.‹ – Brahma Putra.

›*Malheureux* – alles was du willst, wird dir gegeben.‹ – Platon.

Da hängt gerahmt ein prächtiges Triptychon – eine Großaufnahme von Dieudonné, umrahmt von Kavallerie – da sind Fotos von Gance als Saint-Just, von der Kissenschlacht in Brienne, wobei die Leinwand in neun verschiedene Bilder aufgeteilt ist, ein Foto von D. W. Griffith, der seinen Hut zieht und einem schüchtern blickenden Gance die Hand schüttelt, ein winziges, aus einer Zeitung ausgeschnittenes Bild von Albert Schweitzer, ein weiteres Zeitungsporträt des Schriftstellers Céline, ein Autogrammfoto von Charles Pathé, ein verblaßtes, gelbes Foto der schönen Ida Danis, ein gemaltes Porträt von Mme. Gance und zahlreiche Fotos seiner Tochter Clarisse, die in seinem Landhaus bei Châteauneuf-sur-Grasse gemacht worden sind.

Eine Wand ist ganz mit Büchern vollgestopft, deren Titel von den Klassikern über *Les Grands Auteurs du Cinéma* bis zu Buster Keatons *My Wonderful World of Slapstick* reichen.

Gance verbringt viel Zeit damit, Telefonanrufe zu tätigen. Sein Telefon ist ein altmodisches Pariser Modell, das ihm gleichzeitig als Papierbeschwerer dient.

»Hätte Edgar Allan Poe nicht ›Die Grube und das Pendel‹ geschrieben, würde er heute ›Das Telefon‹ schreiben«, bemerkte er.

Während er von seinem Leben im Film erzählte, begann es zu dämmern, und das Licht in seinem Arbeitszimmer schien die merkwürdige, fast mystische Qualität, die Gance unleugbar besitzt, noch zu erhöhen. Im Verlauf des Gesprächs holte er das zweibändige Szenarium von *Victoire de Samothrace* hervor, das er, sorgfältig in Schwarz und Rot getippt, 1914 für Sarah Bernhardt verfaßt hatte. Er hatte die Titelseite mit einem Illustriertenfoto der ›Nike von Samothrake‹ aus dem Louvre geschmückt. Er meinte, das Stück habe in all den Jahren nichts von seiner Wirkung verloren...

Die Laufbahn von Abel Gance bildet einen faszinierenden Kontrast zu den Karrieren amerikanischer Regisseure. In vieler Hinsicht ist sie das genaue Gegenteil, und doch teilt er mit ihnen die wichtigste Eigenschaft – eine tiefe Liebe zum Film.

Abel Gance, ein brillanter und belesener Kopf, ist einer der wenigen, denen es gelungen ist, eine Herkunft aus dem literarischen Bereich filmisch fruchtbar zu machen. Er betrachtet den Film nicht als Einzelkunst, sondern als Pantheon aller Künste. Er ist ein wahrer Meister, im Sinne eines Leonardo da Vinci – ein Mann, der es mit der Hilfe seiner Erfindungen anderen Künstlern ermöglicht hat, ihr eigenes Werk voranzubringen.

Es ist schwierig, die volle Wirkung der Rückschläge, der Tragödien und Frustrationen abzuschätzen, die dieser Mann erleiden mußte.

»Mein größter Fehler war«, meinte er, »daß ich jemals Kompromisse eingegangen bin. Meine größte Leistung war zu überleben.«

Abel Gance wurde am 25. Oktober 1889 in Paris geboren [†10. November 1981 (A.d.Hg.)]; in seinen jungen Jahren erwies es sich als Hindernis, daß

Abel Gance 45

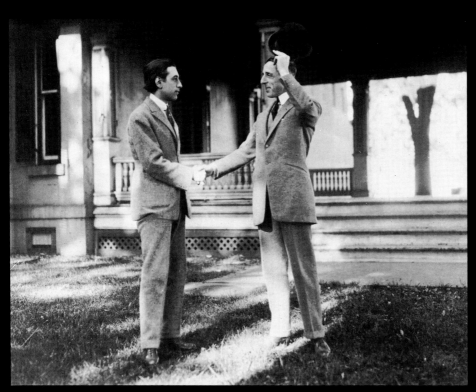

Abel Gance und D. W. Griffith, Mamaroneck, New York, 1921.

sein Vater auf einem ›anständigen Beruf‹ bestand. Der Vater war Arzt; seine Haltung den Künsten gegenüber glich der vieler Viktorianer, die dem nachgingen, was in ihren Augen als eine lebenswichtige Beschäftigung galt: Für sie waren Malerei, Literatur und Schauspiel nicht so sehr ernsthafte Beschäftigungen als vielmehr unmoralische Frivolitäten.

Der junge Abel Gance war ein brillanter Schüler. Doch haßte er das Internat so sehr, daß er sich als Gegenmittel zur tristen Schulroutine in Literatur und Poesie vertiefte und die Werke seiner Lieblingsautoren auswendig lernte. Er war in allen Fächern Klassenbester, doch wirkte sich seine Frühreife nicht zu seinen Ungunsten aus. Die Schulkameraden spürten, daß seine intellektuellen Leistungen Teil seiner komplexen und sehr einnehmenden Persönlichkeit waren, und er war sehr beliebt. Er revanchierte sich für seine Beliebtheit in einer für den künftigen Filmmacher typischen Art: Er gab eine Klassenzeitung heraus.

Das ›Journal de la Classe‹ bot eine ganze Menge für einen Sou: Die in der Form eines Schreibheftes erscheinenden Fortsetzungsserien, Geschichten und Artikel waren farbig illustriert. Eine andere kreative Beschäftigung, die Gance viel Spaß machte, war die Schauspielerei, und er führte oft improvisierte Stücke auf. Dabei besaß er eine Vorliebe für Tragödien.

Doch während er von der Literatur, der Poesie und dem Theater träumte, war sein Vater entschlossen, einen Rechtsanwalt aus ihm zu machen. Nachdem er sein Baccalaureat bestanden hatte, versuchte Gance vergeblich, seinen Vater von seinen wahren Ambitionen zu überzeugen – und meldete sich, ohne Wissen des Vaters, am Konservatorium an. Er fiel knapp durch die Aufnahmeprüfung.

Zutiefst entmutigt, gab er den Forderungen des Vaters nach und wurde Anwaltsgehilfe in einer Rechtsanwaltskanzlei, wo ihm, im Alter von siebzehn Jahren, die Scheidungsfälle anvertraut wurden. Gance bezeichnete dies als eine der deprimierendsten Phasen seines Lebens; wann immer er konnte, schwänzte er seinen Dienst und verbrachte die Stunden in der Bibliothèque Nationale, wo er Racine las, Rimbaud, Omar Khayyam, Edgar Allan Poe, Novalis, Nietzsche…

Er verlor das Theater nie völlig aus den Augen, denn er las regelmäßig Bühnenzeitschriften. Die Anzeige einer Agentur für das Théâtre du Parc in Brüssel ließ bei ihm Hoffnungen aufkeimen; er täuschte eine Krankheit vor, nahm sich einen Tag frei, und wurde für dreihundert Francs monatlich engagiert. Das Leben begann von neuem. Die letzten Tage in der Kanzlei verbrachte er in deutlich gesteigerter Verfassung – wobei er sein Geheimnis sorgfältig für sich behielt, damit seine Eltern nichts erfuhren.

Als das Datum für den Start in Brüssel so nahegerückt war, daß es nichts mehr zu ändern gab, fühlte er sich sicher genug, alles seiner Mutter zu erzählen. Sie war bestürzt, verstand ihn jedoch. Er wagte es allerdings nicht, seinem Vater von der Sache zu berichten; er wagte es nicht einmal, sich von ihm zu verabschieden. Das war der Beginn einer Entfremdung, die, zum Bedauern von Vater und Sohn, noch zunehmen sollte; Jahre später, als *Napoléon* die Ehre widerfuhr, in der Opéra präsentiert zu werden, nahm der alte Doktor lieber komplizierte Umwege auf sich, als den Namen seines Sohnes schamlos vor aller Augen angeschlagen zu sehen: NAPOLEON VU PAR ABEL GANCE. In der Zwischenzeit ist es mir gelungen, *Napoléon vu par Abel Gance* zu rekonstruieren. 1983 habe ich ein Buch über die Produktion und die Rekonstruktion des Films veröffentlicht. Dort beziehe ich mich auf die Recherchen von Roger Icart (dessen Biografie über Abel Gance bisher leider nur auf französisch erschienen ist[1]), der entdeckt hat, daß Gance seine gutbürgerliche Kindheit erfunden hat. Gances Vater war in der Tat ein Arzt, doch er war nicht mit der Mutter verheiratet. Sie heiratete Adolphe Gance, einen Chauffeur und Automechaniker. Gance machte keinen Schulabschluß, also auch nicht das Baccalaureat, und verließ die Schule mit vierzehn. Er war mithin weitgehend Autodidakt, was seine Leistungen um so erstaunlicher macht.

Die Saison in Brüssel 1907–8 erwies sich als sehr fruchtbar. Er spielte ununterbrochen, schloß viele wertvolle Freundschaften, darunter mit Blaise Cendrars und Victor Francen, und er schrieb sein erstes Szenarium für das Kino, *Mireille*, das er an Léonce Perret verkaufte.

Mit gestärktem Selbstbewußtsein nach Paris zurückgekehrt, entschied er sich dafür, noch einige Zeit als Schauspieler zu arbeiten, ehe er sich endlich seiner wahren Neigung widmete: für das Theater zu schreiben. Doch das Leben in Paris erwies sich als bedeutend schwieriger als in Brüssel. Es gab hier sehr viel weniger Arbeit, und er bekam nur vereinzelt wichtige Rollen angeboten. Seine finanzielle Lage wurde schnell kritisch. Seine Freunde – Cendrars, Guillaume Apollinaire, Séverin-Mars, Riciotto Canudo, Chagall, Pierre Magnier – halfen, so gut sie konnten. In ihrem Treffpunkt, dem Café Napolitain, machten sie täglich eine Sammlung für das bedürftigste Mitglied der Gruppe. Oft kam Gance in den Genuß dieser Großzügigkeit. Dennoch war er gezwungen, selbst beim Nötigsten zu sparen, und seine Gesundheit begann ihm Sorgen zu bereiten.

1909 spielte er in Léonce Perrets *Molière* seine erste Filmrolle. Mit einigem Recht sah er auf das Kino verächtlich herab und hielt dessen Produkte für kindisch; sein Interesse daran war rein ökonomisch. Es waren die primitiven Jahre des Films, und selbst D. W. Griffith, ein verkrachter Schauspieler in New York, äußerte sich ähnlich abfällig über diesen blassen Abklatsch des Theaters.

»Ich glaube, anfangs war ich vom Kino überrascht«, berichtete Gance. »Ich hatte die Lumière-Filme gesehen, als ich jünger war, und ich war von dem bewegten Bild fasziniert. Doch als ich die frühen Versuche des Stummfilms sah, hielt ich sie für infantil und dumm – wie die Wandertruppen waren es lediglich Spektakel ohne künstlerischen Wert. Das entmutigte mich. Für mein Gefühl boten sie kaum mehr als platteste Unterhaltung – die simpelsten Vergnügungen. Ich mußte warten, bis ich meinen ersten Mack Sennett zu sehen bekam, um sagen zu können: ›Aha! Die Sache ist doch interessanter, als ich dachte!‹

In der Zeit, als ich arm war, spielte ich als Darsteller kleine Rollen im Film – im Gaumont-Studio oder bei Lux – und ich war auch hier desillusioniert darüber, wie wenig Beachtung man den Schauspielern schenkte. Diese Haltung war so kindisch, daß ich ernstlich den Mut verlor, doch indem ich darüber nachdachte, kam mir plötzlich der Gedanke: ›Also, wenn *ich* so etwas machen würde, würde ich die Sache ganz anders angehen. Zum einen würde ich die Aufnahmen ganz anders arrangieren …‹ Es war die Zeit von *L'Assassinat du Duc de Guise*, der ersten einfachen Filme dieser Art, eine Zeit, in der man unsere großen Darsteller wie Sarah Bernhardt und Mounet-Sully dazu brachte, geradezu idiotisch auszusehen.

›Das ist sehr komisch‹, dachte ich, ›sie sind auf der Bühne sehr gut, aber im Film sehr schlecht.‹

Die technische Behandlung im Labor war oft nicht minder schlecht, aber diese Schwierigkeiten wurden langsam überwunden.

Als ich begann, Szenarien zu schreiben, beschloß ich, sie Gaumont anzubieten. Ich schrieb etwa ein Dutzend kurzer Szenarien – vier oder fünf Seiten lang – und verkaufte sie für fünfzig bis hundert Francs. Das war ein schlechtes Geschäft für mich, glauben Sie mir. Man konnte für fünfzig Francs drei Tage lang essen, das war alles.«

Seine Gesundheit begann Gance jetzt ernsthaft Sorgen zu bereiten, und er unterzog sich einer medizinischen Untersuchung. Die Diagnose des Arztes lautete auf Tuberkulose: damals eine Art Todesurteil. Der Arzt machte ihm klar, daß er aufhören müßte zu arbeiten. Seiner Mutter eröffnete er, daß der junge Mann nur noch ein paar Monate zu leben hätte.

Bei jemandem, der halb verhungert ist und von finanziellen Forderungen massiv bedrängt wird, hätte eine solche Nachricht normalerweise zu einen Zusammenbruch führen können, doch Gance zwang sich mit einer gewaltigen Willensanstrengung dazu, sich einer selbstauferlegten Luftkur zu unterziehen – fort aus der schmutzigen Stadtluft, in einen Ort namens Vittel, wo er sich ein Schauspiel-Engagement verschafft hatte. Zu ihrem Erstaunen mußten die Ärzte eingestehen, daß er die Krankheit besiegte.

Seine anderen Schwierigkeiten blieben jedoch bestehen. Um möglichst schnell Geld zu verdienen, schrieb er weitere Szenarien.

»Ich schrieb alle möglichen kleinen Geschichten, aber es waren echte Kino-Stories. Einige dieser Skripte wurden von Regisseuren wie Albert Capellani und Louis Feuillade verfilmt und erwiesen sich als recht erfolgreich. Ich gewann wieder etwas Selbstvertrauen. Dann hatte ich eine Idee für einen Film, den ich selbst drehen wollte.«

Mit einigen Freunden, unter ihnen der gefeierte Schauspieler Edouard de Max, gründete er die Produktionsfirma Le Film Français.

»Ich drehte den ersten Film in einem Studio, das ›Alterego‹ hieß. In Alterego machte ich so schlechte Filme, daß man sie nie herausbringen konnte – aufgrund von Fehlern bei der Produktion und im Labor.«

Seine erste Produktion war der 1911 gedrehte *La Digue (ou pour sauver la Hollande)*, in dem Pierre Renoir, der Bruder des späteren Filmregisseurs Jean Renoir, seine erste Filmrolle spielte. Der Film spielte im Holland des 17. Jahrhunderts und wurde nicht bloß in den damals üblichen Totalen gedreht, sondern enthielt auch mehrere halbnahe Aufnahmen.

La Masque d'Horreur, mit Edouard de Max, war eine ungewöhnliche Grand Guignol-Produktion, die zwar herauskam, aufgrund eines Laborfehlers allerdings in einem sehr schlechten Zustand – das Bild wird in regelmäßigen Abständen verschwommen, immer dort nämlich, wo der Filmstreifen den hölzernen Rahmen der Entwicklungstrommel berührt hatte.

Dennoch verkaufte er sich gut und steigerte das Interesse am Film d'Art.

Aber ein kleiner Erfolg konnte die Mißerfolge nicht aufwiegen. Gance ging wieder zum Theater, wo die Geldprobleme von neuem begannen. ›Meine Armut ist unanständig‹, schrieb er in sein Tagebuch. ›Ich kann jetzt verstehen, warum Hunger der beste General für die Revolution genannt wird.‹

Trotz seiner Armut arbeitete Gance mit Enthusiasmus an seinem großen dramatischen Werk *Victoire de Samothrace*. Endlich erfüllte sich seine Absicht, für das Theater zu schreiben. Ein bezeichnender Zug seiner späteren Meisterwerke kündigt sich darin an, daß diese Tragödie auf fünf Stunden Dauer angelegt war. Emile Fabre vom Théâtre Français sagte seine Mitwirkung zu unter der Bedingung, daß ein Akt gestrichen würde. Gance weigerte sich nachzugeben. Schließlich überredete Edouard de Max Sarah Bernhardt, das Stück zu lesen.

Sie telegrafierte Gance, sie sei begeistert. Das versetzte ihn in Hochstimmung; er hatte das Gefühl, daß die Entbehrungen, die er für das Schreiben des Stückes auf sich genommen hatte, völlig gerechtfertigt waren. Im Licht dieses überragenden Triumphes schien es, als hätten alle Fehlschläge und Frustrationen sich gelohnt.

Vier Tage später brach der Krieg aus. Auf die Generalmobilmachung folgte die Schließung vieler Theater. Gance erhielt seine Einberufung, fiel jedoch bei der Musterung durch und wurde entlassen. Die meisten seiner Freunde waren in der Armee, und Paris erschien ihm immer deprimierender. Er zog sich in die Vendée zurück und ertränkte seine Verzweiflung in intensiven Studien. Nach einigen Monaten fühlte er sich stark genug für Paris und schickte, das hochtönende Lob von Sarah Bernhardts Zustimmung noch in den Ohren, ein Szenarium an Film d'Art.

Film d'Art – oder vielmehr ihr dynamischer Direktor Louis Nalpas – antwortete und bat um einen Besuch.

»Dieses Szenarium für *L'Infirmière*«, meinte Nalpas, als Gance ihn aufsuchte, »ist sehr gut; wie möchten es für dreihundert Francs kaufen.«

Die Summe war beträchtlich höher als alles, was Gance jemals von Gaumont oder Pathé bekommen hatte. Er fragte, ob er bei den Dreharbeiten zuschauen dürfe; Nalpas stimmte zu und teilte ihm mit, daß Henri Pouctal Regie führen solle.

Nach seinen eigenen Regieerfahrungen schaute Gance mit neuem, professionellem Interesse zu.

»Ich wollte Pouctal fragen, warum er es so mache, wie er es machte ... Ich wollte Vorschläge machen, fand aber nicht den Mut dazu. Er war ein recht alter Mann, mit einem Schnurrbart, und ziemlich autoritär. Er hätte mich auch rausschmeißen können; schließlich war ich nur ein unbedeutender kleiner Schreiber.

Am Abend traf ich Nalpas.

›Ich habe Pouctal beim Drehen zugeschaut‹, sagte ich, ›ich glaube, er könnte es besser machen.‹

Er hörte sich interessiert meine Kritik und meine Vorschläge an und sagte dann: ›M. Gance, wenn sie wieder ein Szenarium haben, und es ist nicht zu teuer, werde ich versuchen, etwas Geld für Sie aufzutreiben, und sie drehen es selbst.‹

L'Infirmière war beendet; Gance hatte bei Pouctal den einen oder anderen Vorschlag anbringen können, und der Film war ein Erfolg, obwohl, wie Gance hinzufügte, Pouctal anschließend wieder in seine alten Gleise zurückfiel.

An dem nächsten Szenarium – der Originaltitel war *Les Morts Reviennent-ils?* – fand Nalpas Gefallen, und er gab Gance insgesamt fünftausend Francs für alles – sein Honorar, Filmmaterial, Dekorationen, Kostüme und Schauspieler.

»Das ist nicht viel«, sagte Gance, ein wenig beunruhigt.

»Wir haben nicht mehr Geld«, antwortete Nalpas. »Das ist alles, was ich für Sie tun kann.«

Gance beendete den Film, der schließlich den Titel *Un Drame au Château d'Acre* erhielt, in knapp fünf Tagen.

»In dem Film waren ein paar merkwürdige Szenen«, erzählte Gance. »Im Palais de Madrid, hier in Paris, gibt es einen riesigen Spiegel. Ich drehte eine Einstellung eines Schauspielers in diesem Spiegel, und zwar so, daß man auf der Leinwand nicht erkennen konnte, daß es nur ein Spiegelbild war. Ein anderer Schauspieler geht auf dieses Spiegelbild zu – ich glaube, er wollte ihn töten – und merkt plötzlich, daß er es mit einem Spiegelbild zu tun hat. Zu dem Zeitpunkt ist der erste Schauspieler leise aus dem Bild verschwunden. Das hatte so ein gewisses Element von Überraschung, und es gefiel mir sehr.

Als ich diesen Film fertig hatte, sagte Nalpas: ›Das ist toll! Seht ihn euch an – den jungen M. Gance, der in fünf Tagen einen Film für nur fünftausend Francs drehen kann!‹

Danach waren die anderen Regisseure ein wenig neidisch auf mich.«

Nalpas war von dem maßvollen Erfolg dieses Films so entzückt, daß er seinem neuen Regisseur für seine nächste Produktion Carte blanche gab. In Zukunft sollten die Produzenten zu ihrem Leidwesen die Erfahrung machen, was es bedeutete, Abel Gance Carte blanche zu geben: Es war das gleiche, als nähere man sich mit einem brennenden Streichholz einer Kiste Dynamit.

Der Film, der in diesem Fall eine Explosion nach sich zog, war *La Folie du Docteur Tube*, eine schwarze Komödie, die Méliès' Fantasien auf das Gebiet der Avantgarde übertrug. Historiker haben sie als die erste experimentelle Produktion bezeichnet, als Vorgeschmack auf *Das Kabinett des Dr. Caligari*. Abgesehen von der gemeinsamen Figur des verrückten Arztes war der Film jedoch eher ein Tummelplatz hemmungsloser Kameratricks als eine ernsthafte psychologische Auseinandersetzung. Gance und sein Kameramann Wentzel benutzten Zerrspiegel, um verblüffende Effekte zu erzielen.

Nalpas und die anderen Manager von Film d'Art waren empört über das, was ihnen als eine kriminelle Geldverschwendung erschien. Es war Krieg; das Publikum brauchte Unterhaltung und Zerstreuung – nicht beunruhigende Experimente wie dieses. Die Firma weigerte sich, den Film zu zeigen.

Gance wurde aufgefordert, sich der Situation anzupassen. Normale Stories und normale Ausführung: »Gehen Sie nicht zu nah mit der Kamera heran«, warnte Nalpas. »Sie wissen, daß Sie die Schauspieler ganz zeigen sollen, damit man ihre Gesten sehen kann.«

1915 war die Großaufnahme in amerikanischen Produktionen bereits ein gängiges filmisches Mittel. Im Krieg kamen die Filme aus Übersee allerdings mit einer Verspätung von oft bis zu einem Jahr nach Frankreich, und den konservativeren Produzenten waren die neuesten Entwicklungen nicht immer bekannt. Der Film steckte noch in den Kinderschuhen, und wie bei einem Kind gab es im Lauf eines Jahres enorme Veränderungen.

Gance war total entmutigt. Er fügte sich zwar den Anweisungen seiner Geldgeber, normale Melodramen zu drehen, sein Glaube an das Kino jedoch hatte einen harten Schlag erhalten.

›Ich kenne mich kaum wieder‹, schrieb er in sein Tagebuch. ›Ich verdiene mir mühsam meinen Lebensunterhalt, indem ich Filme für Conciergen mache. Das Kino, dieses Alphabet für denkmüde Augen, raubt mir meine wertvollsten Kräfte.‹

Wenn Nalpas eine Produktion realisierte, geschah das mit dem geringstmöglichen Aufwand.

»Er bekam die Schauspieler praktisch umsonst«, berichtete Gance. »Und im Studio in Neuilly gab es gerade die allernötigste Mindestausstattung. Die Requisiten waren immer dieselben – eine Palme in einem großen Blumentopf und zwei Tintenfässer. Man bekam immer zu hören: ›Seien Sie vorsichtig mit diesen Tintenfässern. Wenn Sie eins in einer Szene nehmen, müssen Sie in der nächsten das andere benutzen.‹ Ich wies darauf hin, daß sie beide identisch seien, und daß sie doch bitte eins besorgen sollten, das anders aussah.

Mit der Tür war es das gleiche. Ich schlug vor, die Tür von Zeit zu Zeit anders anzustreichen. Ebenso die Palmen in den Töpfen, die dauernd rein- und rausgeschoben wurden. Es war alles ein Riesenspaß, eine Art Commedia dell' Arte.

L'Enigme de Dix Heures war ein sehr guter Thriller. Der Film beruhte auf einer einfachen Story, die sehr leicht hätte wahr sein können. Sie wissen, daß man Leute per Telefon mit einem Stromstoß töten kann. Das war die Grundidee. Der Mörder (Aurele Sydney) wollte einige wichtige Persönlichkeiten ausschalten. Er sagte: ›Morgen um zehn sind Sie tot.‹

Man sicherte die bedrohte Person durch Wachposten. Es gab eine Wache am Fenster, eine im Parterre, und so weiter. Um zehn Uhr kam ein Telefonanruf – und der Mann war tot. Das ging so weiter, bis selbst der Polizeichef ermordet war.

Es war eine ausgezeichnet konstruierte Story, denn das Publikum mußte bis zum Schluß warten, bis gezeigt wurde, wie die Morde durchgeführt worden waren. Der Film war seiner Zeit weit voraus und hatte sogar in England Erfolg, wohin Aurele Sydney ging, um die *Ultus*-Serie zu drehen. Er erhielt die Rolle aufgrund seiner kraftvollen Darstellung in *L'Enigme de Dix Heures*.

Nach und nach machte ich Fortschritte im Verständnis der Kameraarbeit. Meine Kenntnis der optischen Details hielt mit der technischen Entwicklung der Kinematographie Schritt. Die Qualität des fotografischen Bildes wurde immer besser, und man fing jetzt an, die Filmentwicklung zu überwachen, aber wir bekamen immer noch nur das Negativ zu sehen. Unsere Mittel reichten nur so weit, den Film zu entwickeln, wir hatten nicht genug Geld, um eine Kopie zu ziehen. Die Aufnahmen zum Kopieren wählten wir anhand des Negativs aus.«

Mit Ausnahme von *La Folie du Docteur Tube* waren Gances Filme kommerziell erfolgreich. Aber er hatte nie genügend Zeit; Nalpas brauchte pausenlos neue Filme. Eines Abends gab Nalpas ihm den Auftrag, sich vier Schauspieler auszusuchen, am nächsten Morgen den Zug zu nehmen und so schnell wie möglich mit zwei fertigen Filmen zurückzukommen.

»Aber ich habe noch nicht einmal die Szenarien«, protestierte Gance.

»Macht nichts. Die können Sie im Zug schreiben.«

Also schrieb Gance die Szenarien für zwei lange Spielfilme auf dem Weg nach Cassis.

»Ich mußte es so hinkriegen, daß die beiden Filme gleichzeitig gedreht werden konnten. Laß mal sehen: Habe ich drei oder vier Darsteller? War der hier in diesem Film schon tot? Kann er im anderen weiterspielen? Ich hatte großen Spaß damit. Sobald der Zug ankam, begannen wir mit dem Drehen. Die ersten Szenen waren Szene 48 von *Barberousse* und Szene 52 von *Gaz Mortels* – beide gleichzeitig. Eine ziemlich komplizierte Geschichte! Aber ich erreichte dadurch einige Beweglichkeit. Ich mußte mich voll ins Zeug legen – es war, als mache man sein Latinum und Graecum gleichzeitig...

Die Psychologie war immer recht primitiv. Gut und schlecht – das waren die Elemente der Story, und deshalb konnte ich die Filme sehr schnell machen, ohne mich in unnötige Details zu verlieren. Die Schauspieler spielten ihre Rolle immer ganz ernsthaft, ich wußte aber, in welchem Geist sie geschrieben waren!

In *Barberousse* probierte ich verschiedene Neuerungen. Es gab darin eine Fahraufnahme von einem Motorrad, allerdings hatte ich schon früher kurze Fahraufnahmen eingesetzt. In den früheren Filmen hatte ich eine Art Dreirad benutzt, das wir selbst gebaut hatten. Der Ärger damit war, daß es nicht sehr stabil war. Wir konnten die Kamera nicht richtig befestigen, und das Stativ ruckelte auf dem Dreirad herum. Das Ergebnis ist für die Augen nicht sehr angenehm. Erst Jahre später, als die Gummireifen eingeführt wurden, waren wir in der Lage, ein ruhig laufendes Dreirad zu bauen.

Die Motorrad-Aufnahme war ziemlich schwierig zu drehen. Wir packten die Kamera in den Beiwagen, um eine wirklich große Nahaufnahme vom Fahrer zu bekommen, wie er sich umschaut. Aber die Kamera hatte nicht gerade eine bequeme Größe – es war ein altes, aus Holz gebautes Pathé-Studiomodell, mit dem Magazin oben drauf.«

Beide Filme – *Les Gaz Mortels* und *Barberousse* – machen Gances Möglichkeiten auf dieser Entwicklungsstufe – 1916 – deutlich, und sie zeigen eindeutig, daß seine Augen für das volle Potential des Films noch nicht geöffnet waren.

Les Gaz Mortels ist von Burel und Dunois hervorragend fotografiert und präzise und professionell geschnitten, aber die Darsteller wirken peinlich, selbst für die Rummelplatz-Standards des Jahres 1916. Auch die naturalistischen Hintergründe bei den Außenaufnahmen konnten ihn nicht dazu bewegen, das zügellose Gestikulieren seiner Schauspieler zu dämpfen. Die Ausführung ist, wenngleich schlicht und zügig wie bei jedem Serial, nicht uninteressant. Da gibt es eine lebendig arrangierte Giftgas-Panik in einer abgelegenen Fabrik auf dem Lande (der Film hatte, entgegen seinem Titel, nichts mit dem Krieg zu tun), und eine spannende Sequenz, in der eine Giftschlange auf ein schlafendes Kind zukriecht...

Doch im ganzen ist *Les Gaz Mortels* ein billiger kleiner Thriller, wie ihn die meisten Regisseure jener Zeit mit Leichtigkeit gedreht hätten.

Dagegen ist *Barberousse* interessanter. Die Story ist zwar noch absurder, aber man erkennt die lenkende Hand, die das Material gestaltet und formt. Man sieht diesem Film deutlich an, daß Gance dabei mehr Vergnügen hatte als bei *Les Gaz Mortels*, denn hier tauchen alle möglichen technischen Effekte auf.

Barberousse ist ein Bandit, ausgestattet mit Augenklappe und einem exotisch wallenden Bart, wie ein Pirat von Gilbert und Sullivan, der im Wald eine Bande organisiert, um die Gegend zu terrorisieren und den Absatz der Zeitung ›Le Grand Gazette‹ zu fördern, die ihm zufällig gehört.

Trotz all dieser albernen Handlungselemente ist *Barberousse* unwiderstehlich. Gance setzt seine filmischen Ideen großartig ein, und wenn der Film auch offensichtlich ernst gemeint war, sind die parodistischen Elemente nicht zu übersehen.

Die umwerfendste Episode ist jene, in der die Frau des Helden (Odette Trively) zur Jagd in den Wald geht und sich von kriechenden Büschen verfolgt sieht. Diese Idee aus ›Macbeth‹ wird parallel geschnitten mit der Ermordung des Polizeichefs, der durch eine vergiftete Zigarre den Erstickungstod erleidet. Der

Parallelschnitt ist wirkungsvoll, doch die Szene mit den kriechenden Büschen ist so komisch, daß sich die Spannung in Gelächter auflöst.

»Das Drama enthält stets das Element der Komödie«, meinte Gance. »Wenn in einem Thriller Unwahrscheinlichkeiten gut präsentiert werden, dann sagt man: ›Nun, das ist nicht unbedingt wahrscheinlich, aber raffiniert gemacht, also gut!‹ Alle nahmen ihre Rollen durchaus ernst, während ich so meinen Spaß dabei hatte. Ich nahm die Filme nicht allzu ernst. Ich erinnere mich, wie wir zu jener Szene kamen – sie war in keiner Weise von ›Macbeth‹ beeinflußt, denn das hatte ich noch nicht gesehen. Wir waren in einem Ort namens Saucy-les-Pins, wo der Mistral so stark bläst, daß in einem Teil des Waldes die Bäume ständig gebogen stehen. Dadurch hatte ich das Gefühl, als sei der ganze Wald unterwegs. Ich dachte, wenn ich bewegliche Bäume zwischen den anderen Bäumen hätte, könnten wir dieses Gefühl in den Film übertragen. Hinter den Bäumen verborgene Männer bewegten diese, während ich die Kamera bewegte, um den Effekt zu verstärken.

Leider haben wir die Einstellung nie richtig hinbekommen, denn wenn ich mit der Kamera zurückging, um sie zu bewegen und zu kippen und so die Bewegung der Bäume aufzunehmen, war ich von den Schauspielern so weit entfernt, daß ich sie nicht kontrollieren konnte. Doch wenn alles geklappt hätte, wäre es sehr gut geworden. Die Zuschauer hätten zunächst die Bäume senkrecht gesehen – durch die gekippte Kamera. Wenn wir dann die Kamera in die Senkrechte brachten, sah es aus, als lehnten sich die Bäume über. Dann wären wir näher rangefahren und hätten die sich wirklich bewegenden Bäume gedreht – der ganze Wald wäre in Bewegung gewesen.

Schließlich begnügte ich mich mit einzelnen bewegten Büschen; aber es war immer noch schwierig, denn ich wußte zu dem Zeitpunkt überhaupt nicht, wie ich die Sequenz in den Film einbauen könnte!«

Ein weiterer ungewöhnlicher Effekt, der wiederholt im Film auftaucht, ist die horizontale Wischblende, die am Ende der Szenen als eine Art Vorhang dient.

»Burel hielt nach mißlungenen Takes immer die Hand vor das Objektiv«, erzählte Gance. »Ich dachte darüber nach und machte mir klar, daß, wenn er die Linse ganz abdeckte, das Bild schließlich schwarz werden würde. Ich sagte ihm, wenn er das täte, könnte ich in der Kamera schneiden, während die Optik ganz abgedeckt wäre – seine Hand käme von der Seite über das Bild und wir bekämen eine Wischblende. Dann machten wir es so, daß wir ein Stück schwarze Pappe vor die Linse schoben. Wenn sie abgedeckt war, gingen wir zur nächsten Szene über. Später bewegten wir dann die Pappe quer vor dem Objektiv her und verbanden so zwei Szenen mit einer durchgehenden Bewegung. Dann nahmen wir zwei Stückchen Pappe, die wir wie die Türen eines Lifts aufeinanderzubewegten, und schließlich benutzten wir eine Iris-Blende für Abblenden und verzichteten auf die Wischblenden.«

Barberousse enthält eine Anzahl Großaufnahmen, darunter eine ganz extreme: Odette ist gerade dabei, vergifteten Tee zu trinken, und um die Wirkung zu verstärken, schneidet Gance auf eine riesige Großaufnahme ihrer Lippen, als sie die Tasse ansetzt. Dann schneidet er auf eine Großaufnahme der klingelnden Telefonglocke, die sie unterbricht.

Er verwendet auch Großaufnahmen aus der Untersicht, was zu dieser Zeit ziemlich ungewöhnlich war. Wenn man die Kamera sehr tief ansetzt und zu einem Gesicht aufblicken läßt, ergibt das einen sehr dramatischen Effekt; gebräuchlich wurden solche Einstellungen allerdings erst nach den deutschen Experimenten der 20er Jahre.

Eine geradezu prophetisch in die Zukunft weisende Einstellung in diesem Film ist ein Triptychon. Wenn Odette die Zeitungsredaktion anruft, wird ihr Gespräch von einem Komplizen des Banditen mitgehört, der auf einem Telefonmast steht. Odette, der Mithörer und der Empfänger des Anrufs werden gleichzeitig auf der Leinwand gezeigt.

Diese technischen Tüfteleien erzürnten Gances konservative Arbeitgeber. Noch vor Ende der Produktion kam ein Telegramm mit der Aufforderung, sofort zurückzukehren.

»Unmöglich, in dieser Weise fortzufahren. Was machen Sie denn? Brief folgt.«

Der Brief war eine Anhäufung von Vorwürfen. Nalpas nahm ganz besonders an den Großaufnahmen Anstoß.

»Was sollen diese riesigen Bilder bedeuten? Sie zeigen alle Unreinheiten des Gesichts. Die Leute im Kino werden in Panik geraten. Die werden rausrennen!«

Diesmal weigerte sich Gance nachzugeben. Es war kein Geld mehr da, um die Schauspieler zu bezahlen, doch er überredete sie, umsonst zu arbeiten, damit der Film fertiggestellt werden konnte.

»Ich hatte viel Ärger mit den Szenen, die Nalpas mißfielen«, erzählte Gance. »Er wollte meine Neuerungen unter keinen Umständen akzeptieren. Ich wies ihn immer wieder darauf hin, daß ich etwas Neues und Ungewöhnliches getan hätte, aber es nützte nichts. Am Ende fand der Film in der Öffentlichkeit viel Beifall. Wissen Sie, die Leute im Kino achten nicht auf die technischen Sachen. Das tun nur Sie oder ich. Wenn jemand einen Film interessant findet, dann ist es ihm egal, ob er eine Großaufnahme sieht oder nicht. Meinem Publikum ist wahrscheinlich gar nichts Ungewöhnliches aufgefallen – es genoß einfach den Film. Heute achtet das Publikum eher auf solche Sachen, aber jahrzehntelang dachte niemand auch nur einen Moment über den filmtechnischen Stil nach.

Natürlich waren die Leute, die das Filmgeschäft betrieben, von den frühesten Tagen an ziemlich dumm. Sie hatten immer Angst vor der Reaktion des Publikums. Ich habe immer gesagt: ›Versuchen wir es doch, hören wir erst mal, was sie sagen.‹ Nur so habe ich überhaupt Fortschritte gemacht. Aber was für ein Kampf! Schauen Sie sich mein weißes Haar an…

Nalpas brachte gegen meine Neuerungen genau die Gründe an, mit denen sich auch heute noch die Leute gegen etwas Neues stemmen. Was heute als ganz normal erscheint, galt vielleicht früher einmal als ganz unglaubliche Erfindung.

Wir erhielten auch Anweisungen von Pathé. Man sagte uns, wenn die Kamera die Schauspieler unterhalb des Knies abschnitte, würde der Film nicht angenommen. Der ganze Körper müsse im Bild sein. Natürlich war Charles Pathé persönlich zu sehr mit der großen Geschäftspolitik befaßt, als daß er sich um solche filmischen Details hätte kümmern können. Es war Ferdinand Zecca, der die Filme selbst überwachte.

Ich war es, der als erster widersprach, der die Saat der Revolte ausstreute.

Nachdem ein oder zwei meiner Filme Erfolg hatten, begannen sie meine Ideen zu akzeptieren – und mich dann zu kopieren. Allmählich wurde mir die Albernheit der Dinge, die ich machte, bewußt. Ich gab mir einen Stoß und sagte mir: ›Warum machen die Leute Filme bloß über äußere Ereignisse, wo ihnen doch ein so wundervolles Medium für psychologische Geschichten zur Verfügung steht? Sie drehen immer nur Filme, in denen sich Leute gegenseitig jagen, gegenseitig töten oder sich selbst umzubringen versuchen. Warum keine Filme, die Gefühle zeigen statt immer nur Action?‹

Ich verbrachte zwei oder drei Tage damit, Nalpas davon zu überzeugen, daß das Kino in einer Sackgasse steckte, daß wir, wenn uns nicht etwas Neues einfiele, ewig dieselbe Art von Filmen machen würden.

›Aber M. Gance‹, sagte er, ›was Sie wollen, kann man bei Pathé nicht machen. Fordern Sie Ihr Glück nicht zu sehr heraus.‹

›Aber wir können doch nicht einfach nur weitermachen mit Filmen über Mörder und Spione – dieser ganze oberflächliche Unsinn. Wir müssen etwas Interessanteres machen.‹

›Das schaffen Sie nicht. Dazu brauchen Sie zu viele Zwischentitel.‹

›Nein, nein, nein. Das machen wir mit ganz wenigen Zwischentiteln. Wir machen wahre Dramen über wahre Gefühle. Das ist es, was die Phantasie der Zuschauer beflügeln wird.‹

Nalpas war ein intelligenter Mann, aber er war mit einer Firma verbunden, mit der es schwer war, Geschäfte zu machen. Damals kaufte man die Filme praktisch nach der Länge. Es war egal, ob der Film gut oder schlecht war, nur die Länge zählte, und nur sie bestimmte den Preis. Die Firma, die Nalpas die Sachen abkaufte, war Pathé, und sie mußte er zufriedenstellen.

Schließlich gab Nalpas nach. ›Na gut‹, sagte er, ›ich werde es auf einen Versuch ankommen lassen. Hier haben Sie 45 000 Francs. Machen Sie einen Film daraus.‹

Ich machte mich an die Arbeit und schrieb in ein oder zwei Nächten das Skript für diesen ersten Versuch – *Le Droit à la Vie*.«

Nalpas fand es interessant genug, um grünes Licht dafür zu geben. Der Film war ein Melodram mit starken psychologischen Untertönen, wobei die Struktur eines Thrillers erhalten blieb. Ein reicher Finanzier, der an einer unheilbaren Krankheit leidet, verliebt sich in ein junges Mädchen. Sie heiratet ihn, in Kenntnis der Tatsache, daß er nicht mehr lange zu leben hat. Sie nimmt dieses Opfer in der Absicht auf sich, sein Vermögen zu erlangen und dann später ihren Geliebten zu heiraten. Doch der Geliebte ist in Amerika selbst zu Geld gekommen; als er zurückkehrt, kommt es zu Spannungen, die in einem Mordversuch an dem Finanzier gipfeln. Eine Anklage wegen eines ›crime passionel‹ wird durch den verwundeten Finanzier selbst aus dem Weg geräumt, indem er die beiden Liebenden vereint, ehe er am Ende stirbt.

Le Droit à la Vie war der erste Film, in dem am Anfang eine Großaufnahme von Abel Gance erschien, wodurch dem Regisseur eine größere Bedeutung zugemessen wurde als den Schauspielern. Dies sollte später ein persönliches Markenzeichen aller Gance-Stummfilme werden; noch später reduzierte er es auf seine Signatur. Es war ebenfalls der erste Film, in dem er seine Technik anwendete, die Darsteller isoliert ins Bild zu rücken.

»Ich machte den Versuch, in einer wichtigen Szene die unwichtigen Details zu eliminieren, indem ich hinter die Schauspieler schwarzen Samt hängte. In den Filmen, wo ich das machte, fiel niemand der Verzicht auf die Dekoration auf – man achtete nur auf den Schauspieler. Das war wirklich eine sehr gute Idee, wenn ich auch weiß, daß die heutige Generation mir nicht zustimmt. Das Auge wird nicht durch einen Lüster oder die Ecke eines Fensters abgelenkt.«

Mit *Le Droit à la Vie* bewies Gance seine Theorie vom Wert des psychologischen Dramas so durchschlagend, daß man ihm für seinen nächsten Film ein sehr viel höheres Budget zur Verfügung stellte.

»Ich wollte einen Film drehen mit dem Titel *Combien?*, aber daraus wurde nichts, weil die Idee zu sehr jener von *Le Droit à la Vie* ähnelte. Ich wollte denselben Schauspieler einsetzen – Paul Vermoyal, der sehr interessant war und der mich an Artaud erinnerte. (Antonin Artaud spielte Marat in *Napoléon*.) Er sollte eine Figur spielen, die nie etwas anderes sagt als ›Combien? – Wieviel?‹ Er sprach sehr wenig und wenn, dann nur dieses eine Wort – selbst bei Frauen. Er war praktisch strohdumm, aber das eine Wort sollte ihn zu einem reichen Mann machen.«

Gances nächster Film war *Mater Dolorosa* mit Emmy Lynn in der Hauptrolle, der Frau des prominenten Filmregisseurs Henri Roussell, die die Rolle aus Bewunderung für Gance übernommen hatte. *Mater Dolorosa* erwies sich als überwältigender Erfolg. Er erzählt die Geschichte von Dr. Gilles Berliac, einem Kinderarzt, der sich mehr für seine Arbeit als für seine Frau Marthe interessiert. Sie hat eine Affäre mit Claude, dem Bruder ihres Mannes, die in einem Selbstmordversuch gipfelt. Während Claude versucht, sie davon abzuhalten, wird er selbst tödlich verwundet; es gelingt ihm, bevor er stirbt, ein Selbstmordgeständnis zu schreiben; dennoch kommen Gerüchte auf, und die Entdeckung eines kompromittierenden Briefes von Marthe treibt den Arzt dazu, ihr das Kind wegzunehmen.

»Nenne mir den Namen des Mannes, dem du diesen Brief geschrieben hast«, verlangt er, »oder dein Schweigen beweist mir, daß Pierre nicht mein Sohn ist.«

Die gepeinigte Mutter schwebt in völliger Unkenntnis über ihr Kind. Selbst als es erkrankt, verweigert ihr der Doktor weitere Nachrichten. Verzweifelt erklärt sich die Mutter bereit, alles zu sagen, nur um irgend etwas über ihren Sohn zu erfahren. Der Doktor ist von ihrer Verzweiflung so angerührt, daß er ihr vergibt und sie mit dem Sohn, der wieder völlig hergestellt ist, vereint.

Mater Dolorosa war angeblich Frankreichs größter Kassenerfolg der Saison 1917-18. In ihm gab es gegenüber *Barberousse* filmisch keine Fortschritte, doch war es die wertvollere Produktion. Das Melodram trat intensiv hervor, war aber – man kann es nur so sagen – höchst nobel inszeniert, bereichert durch die eindrucksvolle Fotografie von Léonce-Henry Burel.

La Dixième Symphonie (1918) brachte diesen Stil, ebenso wie Gances Experimente auf dem Gebiet des psychologischen Melodrams, zur Reife. Mit dieser sorgfältig durchgeführten Produktion, für die Michel-Maurice Levy eine eigene Musik komponierte, reihte sich Abel Gance in die erste Garnitur der Regisseure in aller Welt ein.

Trotz der unvermeidlichen melodramatischen Story ist *La Dixième Symphonie* ein erstaunlich anspruchsvolles Ehedrama. Die Schauspieler verfallen nicht mehr in ein kunstvolles Gestikulieren; Gefühle werden durch den mimischen Ausdruck vermittelt. Die Figuren sind überzeugend, stark und humorvoll. Die Geschichte ist packend, das Drama gekonnt konstruiert.

Die Inspiration für den Film entstammte einem Zitat von Berlioz: »Ich bin dabei, mit der Komposition einer großen Symphonie zu beginnen, in der meine großen Leiden dargestellt werden sollen.«

Eve Dinant (Emmy Lynn) heiratet den Komponisten Enric Damor (Séverin-Mars), einen Witwer mit einer Tochter im heiratsfähigen Alter, Claire (Mlle. Nizan). Eve hat Damor ihre Vergangenheit verschwiegen, denn sie hat bei dem Versuch, sich von einem ehemaligen Liebhaber, Frederic Ryce (Jean Toulout), zu lösen, unbeabsichtigt dessen Schwester getötet. Seit jenem Tag hat Ryce sie erpreßt; als er anfängt, Claire den Hof zu machen, versucht Eve die Hochzeit zu verhindern, kann jedoch keinen einleuchtenden Grund vorbringen. Damor ist tief verletzt und beschuldigt sie, selbst für Ryce Liebesgefühle zu hegen. Paradoxerweise dankt er Eve für den Schmerz, den sie ihm damit zufügt:

»Leiden tötet entweder oder es erschafft Neues«, sagt er zu ihr. »Ich habe gerade das Thema für meine nächste Symphonie gefunden.«

Eve ist bereit, ihr eigenes Glück zu opfern und zu Ryce zurückzukehren, wenn er nur Claire in Ruhe läßt. Schließlich entdeckt Damor die Wahrheit und verzeiht seiner Frau.

Für einen Film wie diesen ist Melodram der falsche Begriff: Damit ist eine Story bezeichnet, in der Charakterisierung und Motivation der Action geopfert werden – eben jene Tendenz, die Gance verabscheute. Der Begriff trifft auf *Les Gaz Mortels* und *Barberousse* durchaus zu, verfehlt jedoch die Bedeutung von *La Dixième Symphonie* schon im Ansatz.

Die Story ist hochdramatisch und wird in einem hochdramatischen Stil gespielt, doch die Bildsprache wird dazu genutzt, Figuren zu gestalten, Gedanken zu beschreiben und Metaphern zu erzeugen, und nicht bloß dazu, Geschehnisse abzubilden.

Der Beginn des ersten Teils zeigt kristallartig die Situation mit eindrücklichen Großaufnahmen von Eves gequältem Gesicht, ihrer rauchenden Pistole, der Leiche und einer geheimnisvollen Hand, die ihre Finger nach einem kleinen Vogel ausstreckt.

»Ich werde nichts verraten«, sagt Ryce, »wenn du unser gemeinsames Leben fortsetzt.«

Wenn Eve erschüttert einen letzten Blick auf die tote Frau wirft und sich davon zu lösen versucht, küßt Ryce ihre Hand; in einer Großaufnahme öffnet sich die symbolische Faust, und der kleine Vogel fällt leblos zu Boden.

In dem anspruchsvollen Drama sorgt ein hitziger Verehrer, ein älterer Marquis (André Le Faur), für die komische Entspannung. Der Humor ist manchmal etwas schwerfällig, doch eine Duellszene, die die Würde der komischen Figur wiederherstellt, ist sehr wirkungsvoll.

»Ich selbst bin vielleicht unbeholfen«, sagt der Marquis zu Ryce, »aber für meine Ehre darf das nicht gelten.«

Die Gegner feuern, und ein Vogel fällt dem Marquis vor die Füße.

»Marquis«, grinst Ryce, »ich glaube, Sie haben versehentlich diesen Vogel erschossen.«

»Das ist wahr«, antwortet der Marquis, »ich habe das Ziel verwechselt...«

Der Marquis ist die Verkörperung von Gances Auffassung, die er in einem

Titel zusammenfaßt: »Die Komödie durchzieht auch das tragischste menschliche Drama.«

Bei der Sequenz mit der Uraufführung der 10. Symphonie hängt der ganze Erfolg von der Partitur der Begleitmusik ab. Doch hat sie auch in stummer Fassung eine große Qualität. Burels intensives Seitenlicht illuminiert dramatisch die Zuhörer, und Gance zeigt langsam eine Folge von Großaufnahmen von ergriffenen Gesichtern. Die Stimmung der Musik wird durch eine Tänzerin (Ariane Hugon von der Pariser Oper) beschworen, die allegorisch in einer Vignette erscheint. Die die Vignette umgebenden Motive sind in Pathécolor handkoloriert, und die Tänze finden im Freien statt, was sie deutlich von der Atmosphäre der Veranstaltung im Saal absetzt.

Mit *La Dixième Symphonie* erwies sich Gance als sensibler, brillanter und einfallsreicher Regisseur. Er bewies zugleich, daß er die existierenden Techniken des Films voll ausgeschöpft hatte. Um weitere Fortschritte zu machen, mußte er die Kunst selbst vorantreiben.

Es war noch Krieg. Gance war siebenmal vor der Musterungskommission erschienen und jedesmal aus medizinischen Gründen abgelehnt worden. »Man behandelte meinen Kadaver wie einen Tennisball«, sagte er.

Er mußte laufend vom Tod enger Freunde erfahren. Angeekelt von der unaufhörlichen Verschleuderung menschlichen Lebens, formte sich in Gances Kopf die Idee zu *J'accuse*. Ehe er sie weiter entwickeln konnte, beriefen ihn die Militärbehörden schließlich zur Kinematographischen Abteilung ein.

»*Das* war eine absurde Situation!« meinte Gance. »An der Front war es gefährlich – eine ganze Anzahl Kameraleute war gefallen – also taten wir unser Bestes, uns aus der Gefahrenzone fernzuhalten. Eines Tages kam Pierre Marcel, der Hauptmann und Chef der Abteilung war, zu mir und sagte: ›Gance, Sie haben hier nichts zu tun. Sie sitzen hier bloß herum.‹ Ich gab mir die größte Mühe, mich in einer Ecke zu verbergen und möglichst zu verschwinden. ›Na, dann geben Sie mir lieber etwas zu tun,‹ sagte ich.

Er dachte nach. ›Gut, machen Sie einen Film über Tiere im Krieg.‹

Nun, das gefiel mir, denn was machen Tiere im Krieg? Sie verstecken sich – wie ich. Also machte ich mir Gedanken zum Thema und überlegte einige Wochen lang. Tiere! Ein schwieriges Thema. Was für Tiere gab es da? Die Maskottchen, die die Flieger mit in die Luft nahmen... die Katzen und Hunde, die zu Hause geblieben waren. Doch wenn ein Hund von seinem Besitzer zurückgelassen wird, dann bellt er, das ist alles. Und ein bellender Hund ergibt kaum eine interessante Aufnahme. Dann gab es da die Pferde im Krieg. Aber ich konnte mich kaum vor ihnen aufbauen, um eine Aufnahme zu machen. Das wäre nicht sehr sinnvoll. Und außerdem waren die Pferde nicht an der Front, um Bildmaterial für einen Film abzugeben. So fand ich irgendwie immer eine Ausrede. Nach einigen Wochen, in denen mir keine Idee über Tiere im Krieg gekommen war, erhielt ich einen Befehl vom Hauptquartier, der mich an die École Militaire beorderte.

Jeden Tag mußten dreißig von uns aufmarschieren, und Offiziere fragten uns nach unserem Zivilberuf. Wenn man Schlachter sagte, wurde man als Schlachter an die Front geschickt. Das gleiche bei einem Musiker: ›Sehr gut. Die Soldaten hören gern Musik.‹ Dann wurde ich nach meinem Beruf gefragt.

›Ich bin Bühnenschriftsteller.‹

›Bühnenschriftsteller? Aha. So – ja. Sie bleiben bis morgen.‹

Zwei oder drei Wochen lang fanden sie nichts für mich. Dann hatten sie eines Tages genug von mir, und ich wurde zur Transportabteilung versetzt. Am ersten Tag fanden sie heraus, daß ich Deutsch konnte, also war für sie klar, daß ich nicht so ein schlichter Durchschnittstyp war wie die anderen.

›Gut; nehmen Sie sich vier Männer, fahren Sie zum Gare de l'Est und entladen Sie die Munitionstransporter.‹

Also nahm ich mir vier Leute und machte mich auf den Weg. Aber unterwegs sagte der eine: ›Hör mal, ich würde gern meine Schwester besuchen, bei der wir vorbeikommen.‹ Und ein anderer meinte: ›Ich treffe euch in einer Stunde auf der Brücke am Gare de l'Est.‹ Der dritte erzählte mir eine Story von seinem Bruder, der gestern angekommen sei… Als ich schließlich am Bahnhof ankam, war ich ganz allein. Die Transporter waren da, vollgepackt mit Blindgänger-Granaten, die ausgeladen werden sollten. Ich wartete und wartete. Schließlich tauchte einer der Männer auf. ›Was wollen wir machen?‹ fragte ich. ›Es ist schon zehn Uhr und wir sollen bis Mittag fertig sein.‹ Die Frage war, ob die anderen noch kommen würden.

Wir beschlossen, uns allein an die Arbeit zu machen. Mein Kamerad hatte eine Art Hebekran, mit dem er die Granaten anhob und aus den Transport-Lkws schwang. Dann ließen wir sie auf den Boden fallen. Schließlich erschien ein Offizier und sah das. ›Mein Gott!‹ rief er, ›was macht denn dieser Idiot da?‹ Offenbar enthielten sie noch eine ganze Menge Schießpulver, und eine von zwanzig Granaten war noch scharf. Wir hätten den ganzen Bahnhof in die Luft jagen können. Daraufhin behandelten wir die Granaten sehr sorgfältig. Bis zum Mittag hatten wir vielleicht die Hälfte ausgeladen. Dann tauchten die anderen auf, total betrunken, nachdem sie in jedem Bistro auf dem Weg haltgemacht hatten… auch der mit der kranken Schwester.

So war also war mein Auftrag ein Reinfall, und ich wurde vom Transportwesen zur Giftgasfabrik in Aubervillers versetzt. Das war deprimierend: jeden Tag starben zwei oder drei Leute; die Leichen wurden nachts fortgeschafft, um niemand zu beunruhigen. Alle, die dort arbeiteten, wurden gelb von den Chemikalien. Wir mußten Masken tragen. Meine Gesundheit war nicht sehr stabil, und ich dachte, das ist das Ende. Wäre ich gesund gewesen, wäre es mir egal gewesen. Aber ich hatte noch die Spuren der Tuberkulose. Alle zwei Wochen kam eine Kommission, um zu inspizieren. Ich werde mich immer an die erste erinnern, denn ihr verdanke ich mein Leben. Die Kommission befürchtete, daß alle sterben würden. Um das zu verhindern, wurde entschieden, die Arbeiter gegen Leute von der École Militaire auszutauschen.

Ich hatte Glück. Ich traf auf einen Major, der meinte: ›Sie sehen ziemlich niedergeschlagen aus. Was ist ihr normaler Beruf?‹ Ich erzählte ihm, ich sei Schriftsteller und hätte ein langes Stück geschrieben, das mit Sarah Bernhardt aufgeführt werden sollte. Der Major sah mich an und sagte: ›Sehr gut. Machen Sie sich an Ihre Arbeit wie vor dem Krieg. Sie sind entlassen.‹ Ich wollte ihm um den Hals fallen, aber bei all den herumstehenden Leuten konnte ich das schlecht machen. Er hat mir mein Leben gerettet.«

Film d'Art bot Gance die künstlerische Leitung der Firma an. Er begann mit der Arbeit an einem Film mit dem Titel *Ecce Homo*, in der Hoffnung, währenddessen einen Sponsor für *J'accuse* ausfindig zu machen. Nachdem einige Szenen für *Ecce Homo* abgedreht waren, ließ Film d'Art verlauten, es sei kein Geld für die Weiterarbeit vorhanden. Die Produktion steckte tief in den roten Zahlen, deshalb entschied sich Gance, einen Brief an Charles Pathé zu schicken, in dem er seine Enttäuschungen und Hoffnungen beschrieb. M. Pathé antwortete mit einem historischen Telegramm: ÜBERNEHME SCHULDEN – MACHEN SIE *J'ACCUSE*.

Gance bat um die Erlaubnis, an die Front zurückkehren zu dürfen, um die Schlachtszenen zu drehen. Er wurde wieder in die Kinematographische Abteilung aufgenommen. Damit kehrte auch sein Enthusiasmus wieder zurück. Zusammen mit amerikanischen und französischen Truppen nahm er an der Schlacht von St. Mihiel teil, wo er Material drehte, das er dann in die zentrale Schlachtsequenz von *J'accuse* einfügte.

»Die Bedingungen, unter denen wir drehten, waren sehr bewegend. Eine große Zahl Soldaten kam auf Wochenurlaub in den Midi – eine kurze Atempause nach vier Jahren an der Front. Zu dem Zeitpunkt drehte ich im Midi; ich fragte beim regionalen Hauptquartier an, ob ich zweitausend Soldaten ausleihen könnte. Ich wollte die Sequenz von der Rückkehr der Toten drehen. Diese Männer waren direkt von der Front gekommen – von Verdun –, und sie sollten in acht Tagen wieder dorthin zurückkehren. Sie spielten die Toten in dem Bewußtsein, aller Wahrscheinlichkeit nach bald selbst tot zu sein. Wenige Wochen nach ihrer Rückkehr an die Front waren achtzig Prozent von ihnen gefallen.«

Das Anfangsbild von *J'accuse* zeigt eine große Masse Soldaten, die zusammenkommen und die Buchstaben des Titels bilden. Während Gance diese Szene drehte – mit den Soldaten in einem Tal und den Kameras auf einem Hügel – kam ein General zu ihm und fragte, was er da mache.

»Ich sagte ihm, daß ich die Soldaten die Buchstaben eines Wortes bilden ließe.

›Welches Wort?‹ fragte er.

›Das werden Sie früh genug sehen‹, meinte ich. Das Wort wuchs, während die Truppen ihre Positionen einnahmen: ›J...a...c...c...u...s...e...‹ Der General war wie erschlagen. Aber es war schon zu spät. Wen klagte ich an? Ich klagte den Krieg an, ich klagte die Menschen an, ich klagte die allgemeine Dummheit an.

Auf ein Pfeifsignal hin knieten die Männer nieder, immer noch in der Form des Wortes, und standen wieder auf.

›Wissen Sie, M. Gance‹, sagte dieser General Vincent, ›das ist sehr eindrucksvoll. Aber wir befinden uns immer noch im Krieg. Was kann ich also tun?‹

›Sie müssen versuchen, den Krieg zu beenden‹, sagte ich.

J'accuse kam kurz nach der Unterzeichnung des Waffenstillstands heraus. Wo immer er gezeigt wurde, erregte er Aufsehen. Eine Zeitung in Prag schrieb: »Wäre dieser Film 1913 in allen Ländern und allen Städten der Welt gezeigt worden, dann hätte es möglicherweise keinen Krieg gegeben.« Solche Ansichten sind über viele Anti-Kriegsfilme geäußert worden, angefangen von *The Big Parade* und *All Quiet*, doch *J'accuse* war der erste große pazifistische Film der Filmgeschichte – und einer der ersten großen Filme, die sich mit dem 1. Weltkrieg beschäftigen.

»*J'accuse* sollte zeigen, daß ein Krieg, der keinem sinnvollen Zweck dient, nur eine fürchterliche Vergeudung ist. Wenn er unbedingt geführt werden *muß*-

te, dann mußte der Tod eines Menschen auch etwas bewirken. Wenn ein Mann heimkehrte, bloß um festzustellen, daß seine Frau mit einem anderen auf und davon gegangen war oder daß sein Sohn die Ersparnisse der Familie durchgebracht hatte, dann war es für ihn eine furchtbare Vorstellung, daß er dafür sein Leben hätte geben müssen. Alle, die den Film sahen, verstanden und fühlten dasselbe. Der Film war in England ein großer Erfolg. Der Chef von Pathé Ltd. in London schickte mir ein Telegramm mit der Nachricht, daß in einer großen englischen Stadt die Frauen in Ohnmacht gefallen seien und aus dem Kino hätten getragen werden müssen.« Weil *J'accuse* so kurz nach Kriegsende herauskam, besaß er eine Bedeutung, die er heute verloren hat.

Weil in *J'accuse* die private Untreue eine so wichtige Rolle spielt, haben einige Historiker erklärt, dem Film käme nicht die pazifistische Tendenz zu, für die er vermeintlich stehe.

»Ich bin an Politik nicht interessiert. Ich war es auch nie. Aber ich *bin* gegen den Krieg, denn Krieg ist Dummheit. Zehn oder zwanzig Jahre später erkennt man, daß Millionen gestorben sind – für nichts. Man hat Freunde unter den ehemaligen Feinden gefunden, und Feinde unter den Freunden. Einen Krieg um gar nichts zu führen, ist völlig unlogisch. Die Leute, die getötet werden, sind niemals nach ihrer Meinung über den Krieg gefragt worden. Früher, in den Kriegen nach altmodischer Art, wurden Männer dafür bezahlt, daß sie kämpften, und sie kämpften, weil sie es wollten. Zu der Zeit galt der Krieg noch als edle Beschäftigung. Aber heute einem Mann zu sagen: ›Morgen geht es an die Front, dort werdet ihr getötet werden, es gibt keine Alternative‹ – es tut mir leid, das ist in meinen Augen kein normales Verhalten. Niemand hat das Recht, mit Menschenleben zu spielen. Menschenleben sind heilig.«

Noch heute wirkt *J'accuse* überraschend kraftvoll. In jeder Szene zeigt sich überschäumende Kreativität. Der Film quillt über von Ideen; mit der Macht eines Sturmangriffes reißt er den Zuschauer in die Geschichte hinein und mit ihr fort, zwingt ihm seine Sehweise auf und läßt ihn am Ende erschüttert und ernüchtert zurück.

Trotz seiner Länge von fast drei Stunden ist *J'accuse* durchweg spannend und so erfindungsreich und beeindruckend wie kein bis dahin – 1919 – produzierter Film, mit der einzigen Ausnahme von *Intolerance*; einige amerikanische Kritiker schätzen ihn in künstlerischer Hinsicht sogar höher ein als alle Griffith-Produktionen.

›Die gefühlvollste Tragödie der Gegenwart‹, wie *J'accuse* in der Reklame bezeichnet wurde, war im Grunde eine Dreiecksgeschichte. Edith (Marise Dauvray) ist mit François Laurin (Séverin-Mars) verheiratet, einer Figur, bei der sich Gewalttätigkeit und Zärtlichkeit auf merkwürdige Weise mischen. Jean Diaz (Romuald Joubé), ein Poet, liebt Edith ebenfalls. François, dessen Eifersucht geweckt ist, kehrt während eines Urlaubs heim und schickt seine Frau zu seinen Eltern. Sie wird vom Feind gefangengenommen und deportiert. Jean Diaz wird in genau dem Bataillon Leutnant, in dem François als Sergeant dient. Zunächst besteht eine starke Spannung zwischen den beiden Männern, aber als Jean bei einer gefährlichen Mission François' Posten einnimmt, versöhnen sich die beiden und finden sich mit Ediths Schicksal ab. Jean kehrt, aus der Armee entlassen, heim und findet seine Mutter im Sterben liegend ... auch Edith kehrt aus der Gefangenschaft zurück, mit einem Kind.

François kommt auf Urlaub nach Hause, und Edith versucht, ebenso wie Jean, die Existenz des Kindes vor ihm zu verbergen. Wieder wird François' Eifersucht geweckt, und er verfolgt Jean mit seinen Verdächtigungen. Ein zwischen ihnen stattfindender Kampf auf Leben und Tod wird, als Edith schließlich die Wahrheit sagt, daraufhin abgebrochen. Die beiden Männer kehren, in Rachsucht verbunden, wieder an die Front zurück; Jean ist als einfacher Soldat wieder in die Armee eingetreten und steht unter François' Kommando.

Während eines fürchterlichen Angriffs wird François tödlich verwundet. Jean erhält einen solchen Schock, daß er den Verstand verliert. Auf seiner Flucht kehrt er zu Edith zurück, wo er auf die verrückte Idee kommt, den Dorfbewohnern Einladungen in Ediths Haus zu schicken, damit sie die Neuigkeiten über die Gefallenen erfahren. Als sie erscheinen, beginnt er mit einer erschreckenden Beschreibung, wie sich auf dem Schlachtfeld die Toten erhoben haben und in Kolonnen über das Land ziehen – eine beängstigende Invasion in das Gewissen der Lebenden. Als die zerschmetterten, verstümmelten Leiber der Toten die Landstraßen überfluten, laufen die Dorfbewohner in Angst und Schrecken davon.

Als Jean nach Hause zurückkehrt, findet er dort einige Gedichte mit dem Titel ›Les Pacifiques‹, die er vor dem Krieg verfaßt hat – Gedichte, die den Frieden preisen. Verwundert über eine Geisteshaltung, die einen solchen Unsinn ersinnen konnte, zerreißt er sie. Er wendet sich gegen die Sonne, der eines der Gedichte gewidmet war, und verwünscht sie dafür, daß sie in kalter Ungerührtheit verharrt.

Die Schwierigkeit, dies sinnlich erfahrbar zu machen, löst Gance durch den Einsatz einer erstaunlichen Bildsymbolik: Er blendet von einer blühenden Landschaft, die vom Licht der Sonne überflutet daliegt, auf das düstere Schlachtfeld, mit der Sonne in der gleichen Position. In einem Titel erscheint dieses Gedicht:

Mein Name ist Jean Diaz, doch ich habe eine neue Muse!
Mein lieblicher Name von gestern wurde zu ›J'accuse!‹
Und dich, Sonne, klage ich an,
Daß du diesem verfluchten Zeitalter Licht gespendet hast.
Still, gelassen, ohne Vorwurf,
Wie ein gräßliches Gesicht, dem man die Zunge herausgeschnitten hat,
Schaust du von deiner blauen Höhe herab,
Mit sadistisch verzerrten Zügen,
Unbeteiligt, bis zum Ende von allem!

Die Sonne geht unter, und die Sonnenstrahlen, die ihr Licht in Diaz' Zimmer ergossen haben, erlöschen langsam. Wenn das Licht erstirbt, stirbt auch Diaz.

Wie bei einem bedeutenden Gemälde ist die Art und Weise, in der der Künstler sein Thema behandelt, wichtiger als das Thema selbst. Die Story von *J'accuse* ist schon überzeugend, doch liegt der bleibende Wert des Films eindeutig in dem Reichtum und der Freiheit seiner Gestaltung.

Wieder setzt Gance Bildmetaphern ein. Wenn François zum erstenmal auftaucht, wirft er den blutigen Kadaver eines Rehs auf den Küchentisch. Er packt seinen Hund und drückt dessen Kopf auf das Reh, damit er das Blut leckt. Als Edith sich am Fenster umwendet und ihren Mann erblickt, schrickt sie zusammen – und wir erschrecken mit ihr. Von dem Augenblick an sehen wir François mit ihren Augen.

Als François Jean Diaz und Edith zusammen überrascht, hebt er eine Schrotflinte. Über den Lauf hinweg sehen wir sie direkt auf das Paar gerichtet. Im Gegenschnitt schießt François – und ein Vogel fällt dem erschrockenen Diaz vor die Füße.

Solche unerwarteten melodramatischen Effekte wechseln ab mit delikaten Momenten, von denen einige unterspielt werden, um das Publikum dann um so mehr zu überraschen.

Eine Gruppe Kinder spielt auf der Straße – eine Szene, wie sie von den meisten Regisseuren benutzt wird, um Atmosphäre zu vermitteln. Ein kleines Mädchen kommt herbeigelaufen und sagt mit naiv lächelnder Unschuld: »Krieg hat angefangen.«

Der Schock, den die elegante Zartheit dieser Szene vermittelt, trifft das Publikum unvorbereitet und ist sehr viel wirkungsvoller als die übliche trommelwirbelnde Dramatik.

Die Szene der Generalmobilmachung, schnell geschnittene Nahaufnahmen wimmelnder, jubelnder Menschen, ist erregend inszeniert, in dem Stil, der in *Napoléon* perfektioniert werden sollte. Die Szene hat Ähnlichkeit mit der Mobilmachungs-Sequenz in Rex Ingrams *Four Horsemen of the Apocalypse*, doch da *J'accuse* erst 1921 in Amerika aufgeführt wurde, sind die Übereinstimmungen eher zufällig.

Dennoch zeigt sich der Einfluß, den Gance auf andere Regisseure, vor allem in Rußland, ausübte, in einer wundervollen, sprechenden Sequenz, die auf den Titel folgt:

»In allen Häusern des Dorfes finden wir die schlichten Gesten des Abschieds wieder, mit all ihren anrührenden Momenten«.

Gance konzentriert sich auf Großaufnahmen von Händen: Hände, die Sachen zusammenpacken; die einen Hut vom Haken nehmen; die eine Kerze entzünden; die zum Abschied mit Gläsern anstoßen; die die Hand eines Babys halten...

Dramatische Situationen werden oft auf ihrem Höhepunkt durch einen Anflug von Humor ins Menschliche und Realistische gewendet. Als Diaz dem Bataillon, in dem François dient, als Leutnant zugeordnet wird, stand Gance vor dem Problem, die Antipathie visuell deutlich zu machen – ohne auf langgehaltene Großaufnahmen finsterer Gesichter zurückzugreifen, was bereits damals ein Klischee war. Wir sehen ein paar Soldaten herumsitzen. Ein Unteroffizier ruft: »Unser neuer Leutnant – Jean Diaz«, und die Männer springen auf. Alle, außer dem Sergeant François Laurin, der einfach am Boden liegenbleibt. Leutnant Diaz steht schüchtern zwischen den Leuten, während François anmaßend seine Pfeife herauszieht und zu rauchen anfängt.

Als sich die beiden Männer versöhnen, gibt es eine heitere Szene mitten in einer Schlacht. François und Jean sitzen in einem Bombentrichter und unterhalten sich über Edith. Um sie herum explodieren Granaten, doch sie lassen sich in ihrer glücklich versunkenen Stimmung durch nichts stören. »Keine Munition mehr!« ruft ein Soldat. »Was geht mich das an«, antwortet François und redet weiter: »Erinnerst du dich, wie sie –« Ein Mann wird getroffen und fällt in den Trichter, seine Stiefel landen auf François' Schulter. François achtet nicht darauf und fährt in seinen Erinnerungen fort.

Am Anfang der zentralen Schlachtszene wird François mit voller Wucht von einer Explosion getroffen. Er wird durch den Staub gewirbelt, und als er feststellt, daß er heil geblieben ist, sucht er besorgt nach etwas – seiner Pfeife. Gances Geschick, Action-Szenen realistisch zu inszenieren, hat noch nicht das Format, das er in *Napoléon* erreichte. Einige der frühen Szenen an der Front sind nicht sehr überzeugend: Ein Bombentrichter und etwas Stacheldraht reichen kaum aus, um das Ausmaß der Verwüstung zu verdeutlichen. Die ersten Angriffs-Szenen werden mit einer einzigen symbolischen Einstellung abgetan – die Action findet als Silhouette am Horizont statt. Doch gegen Ende verdichtet sich die Atmosphäre, die Soldaten sind erkennbar echte Soldaten, die wissen, wie sie ihr Gewehr halten müssen, wie man ein Maschinengewehr bedient, wie man schweres Gerät handhabt. Das Erlebnis des 1. Weltkriegs wird mit dem Realismus einer Wochenschau festgehalten, obwohl keine Wochenschau die emotionelle Kraft der Szene unmittelbar vor der Schlacht vermitteln könnte:

»Alle wissen, daß das Bataillon verloren ist, doch niemand spricht – sie schreiben gerade ihren letzten Brief.«

Vorzüglich getroffene Aufnahmen resignierter Männer; Gance verbindet die Großaufnahmen miteinander durch langsame Überblendungen. Die Gesichter selbst sind bewegend: Es sind Gesichter, wie man sie in einem Spielfilm selten zu sehen bekommt, die Gesichter echter Soldaten, die nicht wegen ihrer Fotogenität ausgewählt wurden, sondern weil sie gerade dort waren, auf Urlaub, als Gance drehte.

Zwischen die Großaufnahmen sind Titel eingestreut mit Zitaten aus echten Briefen von der Front: »Wenn diese Worte irgend jemand erreichen, dann hoffe ich, daß sie in einem ehrlichen Herzen Früchte tragen werden – daß jemand sie lesen wird, der das erschreckende Verbrechen jener erkennt, die für diesen Krieg die Verantwortung tragen.«

»Die meisten Zitate stammten aus Briefen meines Freundes, des Schriftstellers Drouot, der im Krieg gefallen ist, und eines anderen Freundes, der ebenfalls gefallen ist.« (Von zehn engen Freunden verlor Gance neun.)

Die Hauptschlacht ist impressionistisch: Zu Beginn wird nachdrücklich der schnelle Schnitt eingesetzt, wie er später in *La Roue* weiterentwickelt und dann in so vielen russischen Stummfilmen übernommen wurde, daß diese von Abel Gance eingeführte Neuerung als ›Russische Montage‹ bekannt wurde. Der Anfang prägt den Standard aller späteren Szenen eines Sturmangriffs: Der Offizier schaut auf seine Uhr... die Männer warten gespannt... Großaufnahme der Uhr, als der Zeiger auf Null springt... die Männer klettern in Trauben aus dem Schützengraben nach vorn...

Die Schlacht selbst ist chaotisch – ein totales Durcheinander, wie es die meisten Schlachten sind, aber filmisch ein höchst eindrucksvolles Durcheinander, mit wilden Fahraufnahmen, schnellen Schnitten, Qualm, verwischten Bildern, Explosionen... und im Stil von *The Birth of a Nation* geht der am Tage begonnene Kampf in einen Nachtkampf über, in dem sich Männer durch die Finsternis bewegen, die von aufblitzenden Geschützen und Leuchtkugeln durchzuckt wird.

Der Höhepunkt schließlich, die Sequenz der Rückkehr der Toten, ist eine allegorische Szene von einzigartiger und bizarrer Kraft. In dem Buch zum Film, das 1922 bei La Lampe Merveilleuse in Paris erschien, druckte Gance die Ansprache des Helden in ganzer Länge ab:

»Ich war auf Wachposten auf dem Schlachtfeld«, schrie Jean Diaz. »Alle eure Toten waren dort, alle eure geliebten Toten. Dann geschah ein Wunder: Ein Soldat in meiner Nähe erhob sich im Licht des Mondes langsam auf die Füße. Erschrocken wollte ich weglaufen, doch plötzlich begann der Tote zu sprechen. Ich hörte ihn sagen: ›Kameraden, wir müssen wissen, ob wir zu etwas nütze waren! Gehen wir hin und prüfen wir, ob die Menschen unser, unseres Opfers wert waren! Erhebt euch! Erhebt euch, alle!‹ Und die Toten gehorchten. Ich bin ihnen vorausgelaufen, um euch zu warnen. Sie sind auf dem Marsch! Sie kommen! Sie werden bald hier sein, und ihr werdet Rede und Antwort stehen müssen! Sie werden mit Freude an ihre Ruhestätten zurückkehren, wenn ihr Opfer nicht vergeblich war.«

Über eine extreme Totale eines Schlachtfeldes ist ein schwerer stürmischer Himmel geblendet. So weit das Auge reicht, liegen Leichen. (Die Szene wurde an einem weiten Strand gedreht.)

Als die Toten sich erheben, teilt Gance das Bild in der Mitte und kontrastiert die Parade der Toten mit der Siegesparade durch den Arc de Triomphe.

Der endlose Marsch durch die Landschaft wird auf jede nur erdenkliche Weise gezeigt: mit Doppelbelichtungen, Fahrten und unterschiedlichen Masken – alles Purpur eingefärbt. Der Mut, den es erforderte, ein derartiges Experiment in jenen unsicheren Anfangsjahren der Filmkunst zu wagen, wird nur vom Ergebnis selbst übertroffen. *J'accuse* trug das ihm beigelegte Prädikat eines ›Wunder-Films‹ durchaus zu Recht.

In *La Dixième Symphonie* sagt der Komponist zu seiner Frau, daß Leiden entweder tötet oder Neues schafft. Im Anschluß an *J'accuse* mußte Gance eine Zeit tiefster Leiden durchmachen – eine Periode, in der er den monumentalen *La Roue* schaffen sollte.

Gance hatte sich in Ida Danis verliebt, die Sekretärin bei Film d'Art war. Nach einer gütlichen Scheidung von seiner Frau Mathilde lebten Gance und Ida in Paris, als beide während der großen Grippeepidemie erkrankten. Wiederum gelang es Gance, sich von der Krankheit zu erretten, und er dachte, daß es ihm auch mit Ida gelungen sei. Doch während eines Erholungsurlaubs in Nizza stellte sich bei einer Routineuntersuchung heraus, daß sich bei ihr ein extremer Fall von Schwindsucht entwickelt hatte. Eine Heilung war nicht zu erwarten.

Die Ärzte sagten, sie dürfe unter keinen Umständen das dortige Klima verlassen. Gance überlegte, wie er den Aufenthalt in Nizza verlängern könnte, ohne daß sie mißtrauisch wurde, denn zu dem Zeitpunkt war sie über den Ernst ihres Zustandes noch nicht im Bilde. Er hatte bereits mit der Planung für *La Roue* begonnen; nun beschloß er, die Handlung um den großen Rangierbahnhof bei Nizza zu konzentrieren.

Idas Krankheit war schon belastend genug, indessen war auch Séverin-Mars, Gances enger Freund, der in *La Dixième Symphonie* und *J'accuse* gespielt hatte und der für die Rolle des Sisif in *La Roue* vorgesehen war, ernsthaft erkrankt; er war aber wenigstens in der Lage zu arbeiten.

Die Herstellung von *La Roue* war, was Gance betraf, ein ständiger heroischer Kraftakt. Neben der dauernden Angst um die beiden ihm nächsten Personen ergaben sich bei der Produktion ungezählte Probleme. Roger Lion gab in einem Zwischenbericht eine plastische Beschreibung der Stimmung bei den Dreharbeiten:

»Stellen Sie sich eine sonnenbeschienene Ebene am Fuß eines Berges vor. Auf dieser Ebene laufen zahllose Eisenbahngleise auf ein riesiges Gebäude zu, das fünfzig mächtige Lokomotiven beherbergt. Auf diesem eindrucksvollen Schauplatz ist, inmitten der Gleise, das Haus eines Eisenbahnarbeiters errichtet worden, authentisch bis ins letzte Detail. Das elektrische Licht wird, speziell für die Filmarbeiten, von zwei Generatoren auf einem Sonderzug erzeugt. Die Schienen teilen die Szene in zwei Hälften – das Innere des Hauses ist von den Kameramännern, die auf den Gleisen arbeiten, getrennt. Alle Mitarbeiter des Teams schweben in ständiger Gefahr durch die unablässig vorbeifahrenden Züge; um Unfälle zu vermeiden, steht ununterbrochen ein Posten auf Wache, der jedesmal eine schwere Glocke läutet, wenn ein ›Hunderttonner‹ sich nähert.

Selbst bei Nacht wird in diesem phantastischen Haus inmitten der Schienen gefilmt. Es würde die künstlerische Kraft eines Gustave Doré erfordern, um die Explosionen des Lichts auf den vorbeidonnernden Monstern zu beschreiben.

Gance ist eifrig bemüht, all die technischen Hindernisse zu überwinden, und wir anderen Techniker sind die einzigen, die die tausend Fallstricke und Krisen kennen, die ständig den Fortschritt der Regiearbeiten gefährden.«

Gabriel de Gravone, der den Elie spielte, drückte seine Bewunderung in einem anderen zeitgenössischen Artikel so aus:

»Ich habe schon oft den heftigen Wunsch geäußert, mit Gance zu arbeiten. Jetzt ist mein Wunsch in Erfüllung gegangen. Welcher Schauspieler würde nicht gern einen Film drehen mit diesem Neuerer, diesem wunderbaren Regisseur, diesem Perfektionisten, der das eindrucksvollste Licht zustande bringt, das man in der Filmfotografie findet – und der alles mit einfachen Mitteln erreicht, Mitteln, die jedem Regisseur zur Verfügung stehen. Er erläutert, denkt, spielt, lebt jede Rolle mit jedem Darsteller. Er ist nicht nur der Autor des Szenariums, der Cutter, der Chef-Techniker, der Elektriker, der Kameramann – er ist alles: das Herz und die Seele des Films. Während die Szenen gedreht werden, wiederholt er stetig die gleichen Worte: ›Menschlich, einfach, mit Intensität.‹ In diesen drei Worten ist alles enthalten.«

Zur Halbzeit der Produktion erkannte Ida, daß keine große Hoffnung mehr für sie bestand, und sie erkannte ebenso, daß keine Besserung eingetreten war. Die Ärzte meinten jedoch, daß eine Chance bestünde, wenn sie in das Höhenklima der Alpen gebracht würde.

Gance änderte das Drehbuch, er arrangierte ein Eisenbahnunglück, für das Sisif verantwortlich gemacht und daraufhin zu einer Seilbahn in den Alpen strafversetzt wird.

»Wir müssen nach St. Gervais, sagte ich mir. Bei St. Gervais liegt Schnee. Also schrieb ich eine Schnee-Sequenz hinein. Alles wurde geändert und den Verhältnissen angepaßt. Alle wußten, daß Ida krank war, und alle waren sehr hilfsbereit.

Séverin-Mars jedoch war sich über seine Beschwerden nicht im klaren – er hatte irgend etwas mit dem Herzen. Er war ein Mann mit zu viel ungenutzter Energie. Das ganze Drama seines Lebens war physiologischer Natur und hing mit seinem Energiehaushalt zusammen. Wenn er einen Film machte, verausgabte er sich in einem Maß, das geradezu theatralische Formen annahm – er setzte seine Energien unökonomisch ein. Manchmal verstand er gar nicht, was er tat. Aber er hörte mir aufmerksam zu, denn es gab nur ein Exemplar des Szenariums,

Abel Gance 45

Dreharbeiten zu *La Roue* am Mont Blanc, 1920.

und das hatte ich. Niemand sonst hatte jemals die Möglichkeit, es zu lesen. Wenn wir drehten, hatten sie kaum eine Ahnung, worum es in dem Film ging. Ich erklärte immer gerade so viel, wie nötig war. Sogar ich selbst wußte nicht allzu viel, denn während ich den ersten Teil vor Drehbeginn geschrieben hatte, schrieb ich die zweite Hälfte, als wir uns von Drehort zu Drehort bewegten.«

Bei den Dreharbeiten in den Bergen wurde das Team von einer Lawine verschüttet; nur durch eine kleine Flagge, die der Kameramann Brun an seinem Gepäck trug, konnten die Retter sie finden. Kurz darauf wurden sie durch einen Sturm in einer Berghütte eingeschlossen; sie saßen drei Tage und drei Nächte fest, bis die Vorräte völlig erschöpft waren, und die Männer ebenso.

Auch die Bergluft konnte Ida nicht retten. In Gances Tagebuch ist die Tragödie festgehalten, wie *La Roue*, der am ersten Tag ihrer Krankheit begonnen worden war, am Tage ihres Todes beendet wurde:

»9. April 1921, ein Uhr mittags: vierzig Jahrhunderte der Liebe

9. April, vier Uhr nachmittags: Ich bin mit dem Schnitt von *La Roue* fertig

12. April: Ich fahre nach New York, auf der Flucht vor mir selbst.«

Gance verbrachte fünf Monate in Amerika, doch der Schmerz verfolgte ihn weiterhin. Im Juli erfuhr er vom Tode Séverin-Mars': »Ich weinte wie ein Kind.«

Während seines Aufenthaltes las er die Berichte der Kommission, die ausländische Filme, die in Amerika gezeigt werden sollten, prüfte – auf Subversion, Pazifismus u.s.w.

»Ihr Urteil über *J'accuse* war nicht sehr positiv. Der Film lag schon seit anderthalb Jahren bei Pathé, doch niemand hatte ihn bisher verkaufen können. Also beschloß ich, ihn selbst herauszubringen.«

Kriegsfilme galten inzwischen als Kassengift. Die Öffentlichkeit wollte vergessen; die Stimmung in Amerika hatte sich entscheidend geändert.

Dr. Hugo Riesenfeld arrangierte eine Gala-Vorführung von *J'accuse* im Ritz-Carlton, präsentiert von Mark Klaw von Klaw & Erlanger. Im Publikum saß auch der Mann, dem, so hoffte Gance, der Film um alles in der Welt gefallen sollte – D. W. Griffith. Gegen Ende der Vorstellung sah er zu seiner Bestürzung, wie Griffith mit den Gish-Schwestern von seinem Platz aufstand und wortlos das Theater verließ. Taub für den Beifall und das Lob der anderen, kehrte Gance tief deprimiert ins Hotel Astor zurück.

»Es war ein Fehler, die New Yorker Aristokratie einzuladen. Sie waren von dem Film so sehr bewegt, daß sie erst reagierten, als sie nach Hause kamen, und da wurden sie dann plötzlich von Zweifeln gepackt. Wissen Sie, das Geld ist eine solche Macht ... Es hätte dem Film durchaus schaden können, wenn nicht Griffith gewesen wäre.«

Später rief Griffith ihn an und erklärte, warum er mit Lillian und Dorothy Gish die Vorstellung verlassen hatten: »Wir waren zu bewegt, um uns äußern zu können. Gestern haben wir den Drehtag zu *Orphans of the Storm* abgesagt, weil Ihr Film uns so überwältigt hatte.«

Griffith lud Gance in sein Studio in Mamaroneck ein und versprach, Chaplin, Pickford und Fairbanks anzurufen, um sie zu überreden, den Film durch United Artists zu verleihen.

»Mir gefiel Amerika nicht. Nach der Vorstellung von *J'accuse* ging ich mit Valentino und Nazimova aus. Er bat mich, für ihn einen Job in Frankreich zu finden. ›Ich ertrage die Atmosphäre hier nicht‹, sagte er. ›Ihr Film ist wunderbar, und ich würde alles für Sie tun, aber ich muß hier weg.‹ Ich sagte ihm, daß ich wenig für ihn tun könne. Er habe Erfolg in Amerika und er solle dortbleiben. ›Ich habe von der Sache hier die Nase voll‹, sagte er, ›hier herrscht eine schreckliche Stimmung. Alles ist so gekünstelt. Ich will zurück nach Europa.‹ Nazimova stimmte ihm bei. Für Menschen mit einer gewissen Geisteshaltung bedeutet Erfolg gar nichts. Solche Leute würden lieber drei Jahre an einem Ort verbringen, wo sie sich heimisch fühlen, als auf der Straße von zehntausend Menschen bejubelt zu werden. Ich sagte Valentino, daß ich in Europa meine eigenen Schwierigkeiten hätte, woraufhin er mich bat, dazubleiben und in Amerika einen Film zu machen. Aber ich hatte dort drüben das gleiche schlechte Gefühl wie er.

Später machte Metro mir ein sehr großzügiges Angebot – dreitausend Dollar pro Woche im ersten Jahr, viertausend im zweiten. Ich war damals ziemlich arm, aber ich lehnte ab. Sehr zu recht, denn die Mehrzahl der europäischen Regisseure, die nach Amerika gingen, starben entweder dort oder kehrten hierher, nach Frankreich, zurück. René Clair kam zurück, ebenso Feyder und Duvivier. Ich, für mein Teil, wäre bei der Arbeit niemals glücklich geworden, wegen ihrer standardisierten Art zu drehen. Um einen Film zu machen, muß man unabhängig sein.«

Gance bewunderte einige amerikanische Stars – vor allem Lillian Gish, die ihn auf ihren Europareisen zweimal besuchte. Nazimova machte ebenfalls Eindruck auf ihn – allerdings meinte er, ihr habe der richtige Regisseur gefehlt – und außerdem Betty Compson, Fanny Ward und vor allem Mae Murray.

»Griffith war der Gigant – der einzige Gigant – des Films. Ich schätzte auch Ince sehr. Und De Mille, wegen *The Cheat*. Darüber hinaus – wen noch? Von Stroheim, Lubitsch, von Sternberg – sie alle kamen aus Europa. Die zähle ich nicht zu den amerikanischen Regisseuren.«

Gance verließ Amerika im Sommer 1921 und kehrte zurück nach Frankreich – und zu seiner Arbeit an *La Roue*. Die endgültige Schnittfassung umfaßte zweiunddreißig Rollen, die in drei Episoden in drei aufeinander folgenden Vorstellungen gezeigt werden sollten. Pathé bat ihn schließlich um eine Version von zwölf Rollen, die leichter verliehen werden könne. Es war Marie Epstein, die inzwischen die fünfstündige Fassung von *La Roue* für die Cinémathèque Française rekonstruiert hat.

»Es gibt den Film vor und nach *La Roue*«, schrieb Jean Cocteau, »so wie es die Malerei vor und nach Picasso gibt.«

Dieses revolutionäre Werk mit seinem überwältigenden Einfallsreichtum hätte die vereinten Talente einer ganzen Anzahl anderer Filmmacher erfordert, um die Bild-, Regie- und Schnitt-Effekte zu erzielen, die Gance mit seiner kleinen Crew erreichte.

Dieser Film trieb die Filmkunst weiter voran als jedes andere einzelne Werk seit *The Birth of a Nation*. Die Moskauer Akademie besaß eine vollständige Kopie von zweiunddreißig Rollen, die den jungen sowjetischen Filmmachern vorgeführt wurde.

»Alle ihre großen Filmregisseure kamen etwa zur gleichen Zeit nach Paris«, erzählte Gance. »Eisenstein, Dowschenko, Ekk und Pudowkin – und alle erzählten mir, sie hätten ihr Handwerk gelernt, indem sie *La Roue* an der Moskauer Akademie studiert hatten. Das hat mich sehr gefreut.«

Ivy Close als Norma in *La Roue* (Ivy Close ist die Mutter des englischen Regisseurs Ronald Neame).

Die Story von *La Roue* ist ganz ähnlich wie die von *J'accuse*: Zwei Männer – der eine ein zäher alter Mechaniker, Sisif (Séverin-Mars), der andere sein Sohn Elie, diesmal kein Poet, sondern ein Geigenbauer (Gabriel de Gravone) – lieben dasselbe Mädchen, Norma (Ivy Close), die als Baby bei einem Unglück von Sisif gerettet worden ist. Statt des Drecks und der Qualmwolken des Krieges bildet den Hintergrund diesmal der Schmutz und Ruß der Eisenbahn.

Elie und Norma werden von Sisif wie Bruder und Schwester aufgezogen, doch als ein Eisenbahningenieur auftaucht, der Norma den Hof macht, wird Sisif rasend vor Eifersucht. Er schenkt dem Ingenieur, M. de Hersan (Pierre Magnier), reinen Wein ein über seinen Gefühlskonflikt, und dabei kommt Sisifs tiefe Verzweiflung ans Licht. In pathetischen Worten klagt er über Normas Unentschiedenheit: »Sie kann nicht meine Qual unter meiner Rußschicht erkennen.« In dieser Nacht beschließt er, sich zu töten, doch es rettet ihn das schnelle Handeln seines Heizers, der den Zug Zentimeter vor seinem Körper zum Stehen bringt. De Hersan beharrt völlig ungerührt auf seiner Position, und Sisif muß erkennen, daß er sich einzig in die Situation ergeben kann, deren Opfer er ist.

Sisif fährt den Zug, der seine Tochter zur Hochzeit bringt. Er ist verzweifelt – und beschließt, den Zug entgleisen zu lassen. Sein treuer alter Heizer ist zu sehr damit beschäftigt, Alkohol zu schlucken, um auf die ungewöhnliche Geschwindigkeit achten zu können, als er aber dann die Gefahr erkennt, übernimmt er die Führung und verhindert das Unglück.

Elie findet heraus, daß Norma in Wirklichkeit gar nicht seine Schwester ist, und macht seinem Vater Vorwürfe: »Mit welchem Grund hast du uns das verheimlicht?«

Normas Eheschließung erweist sich als ein Fehler. De Hersan, der bisher als eitler, liederlicher und äußerst unangenehmer Charakter gezeigt wurde, stellt sich jetzt als ein sensibler und aufmerksamer Mann heraus. (Gance hatte eine Vorliebe für, dem Anschein nach, schwarz-weiß angelegte Figuren, die sich nach und nach zu einer liebenswerten Grauschattierung entwickeln.) Es schmerzt ihn tief, sehen zu müssen, daß Norma sich mit ihm unglücklich fühlt.

Durch einen Unfall mit einem Dampfventil verliert Sisif sein Sehvermögen. Er gewinnt es teilweise zurück, erkennt jedoch, daß sein Leben auf den Schienen dem Ende zugeht. Er beschließt, seine Lokomotive zu zerstören. Sein Heizer, den er zurückläßt, alarmiert den Bahnwärter – doch der reagiert gleichgültig. Es gibt keine Reisenden – »Er ist der einzige, der verletzt wird«. Aber Sisif kommt auch diesmal mit dem Leben davon.

Er wird entlassen und muß nun eine Seilbahn in den Bergen fahren. Elie geht mit ihm, und in ihrer gemeinsamen Berghütte tut er weiter seine Arbeit. Ein berühmter Geiger spielt bei einem Konzert in einem vornehmen Ferienhotel auf einem von ihm gebauten Instrument; Elie besucht das Konzert und entdeckt im Publikum Norma mit ihrem Mann. Er wagt nicht, sie anzusprechen; stattdessen schickt er ihr eine Violine, in der er eine Liebesbotschaft verborgen hat. Er weiß, daß sie diese nie entdecken wird, doch er gibt sich mit dem Wissen zufrieden, daß »die Erklärung meiner Liebe jedesmal ihrem Herzen nahe sein wird, wenn sie die Violine spielt«.

De Hersan entdeckt die Geige. Bei einem Streit zerbricht er sie und findet den Liebesbrief. Ein fürchterlicher Kampf am Abhang des Berges endet damit, daß Elie von einem Felsen stürzt. Er ist aber nicht tot; er hängt, an die Wurzeln eines Baumes festgeklammert, über dem Abgrund, als Norma ihn findet.

»Ich liebe dich!« ruft er und beißt sich mit letzter Kraft selbst in den Arm, um zu verhindern, daß er losläßt. Eine Sequenz mit einer rasenden, schnellen Montage, in der sich Elie an die gemeinsame Vergangenheit mit Norma erinnert, wird immer weiter gesteigert, bis auf ihrem Höhepunkt Elie abstürzt.

Als Sisif erkennt, was geschehen ist, bricht er in laute Klagen gegen Norma aus: »Er ist tot – deinetwegen!«

Sisif erblindet, und seine Berghütte wird zu einem dreckigen, vernachlässigten, feuchten und erbärmlichen Loch. Still und heimlich zieht Norma zu ihm und reinigt und malt und putzt. Aus dem tiefsten Elend erringen sie sich ein gemeinsames Leben in Zufriedenheit.

An einem Frühlingsabend laden die Dorfbewohner Norma zur ihrer alljährlichen Farandole ein. Sisif sitzt am Fenster, mit dem Modell einer Lokomotive. Norma schließt sich dem Tanzreigen an. Sisifs Lokomotive fällt zu Boden. Er bückt sich nicht, um sie aufzuheben – denn er stirbt, still und schmerzlos. Der leise Schatten einer Wolke umspielt, als sei er Sisifs Seele, die kreisenden Tänzer... das Rad des menschlichen Lebens, von dem Norma ein Teil geworden ist. Sisif läßt dieses Leben hinter sich, so wie ein Strahl der Sonne in der Dämmerung ein Fenster zurückläßt. Seine Seele streichelt Norma...

Die bedeutendste Neuerung in *La Roue* war der sogenannte Schnell-Schnitt. Schnell-Schnitt ist ein komplizierter Montageprozeß, der außer der Kürze nichts mit jenem schnellen Schneiden gemeinsam hat, das Griffith in *Intolerance* und Gance selbst in *J'accuse* einsetzten.

Schnell-Schnitt ist eine Kunst in sich. Grundsätzlich besteht der Stil aus langgehaltenen Sequenzen, in die ausdrucksstarke Bilder in großer Geschwindigkeit rhythmisch eingeschnitten sind. Die Wirkung ist außerordentlich dramatisch, und weil die Länge der zwischengeschnittenen Einstellungen beim Schnell-Schnitt von sechzig Zentimetern bis herab zu einem Bildkader reicht, ist die Wirkung auch physisch. Denn die Lichtblitze auf der Leinwand aktivieren den Sehnerv und reizen das Gehirn. Wenn die Bilder stark genug sind, wenn der Rhythmus stark genug ist, dann ist es fast unmöglich, sich der Wirkung einer solchen Montage zu entziehen.

Heute ist der Stil aus der Mode gekommen, teils, weil sich nur wenige daran erinnern (und noch weniger Leute ihn auszuführen vermögen), teils, weil der Schnell-Schnitt eine impressionistische, fast abstrakte Technik ist, eben eine genuine Technik des *Stumm*films.[2]

Die Russen hatten eine besondere Schwäche für diese Technik; in vielen russischen Stummfilmen wurden so viele kunstvolle Schnell-Schnitt-Passagen eingesetzt, daß die Methode als ›Russische Montage‹ bekannt wurde. Die Franzosen benutzten sie noch manchmal, und sie war in der britischen Dokumentarfilm-Bewegung in den 30er Jahren sehr populär. Bei amerikanischen Regisseuren und Cuttern war diese Technik jedoch verpönt. Sie meinten, sie lenke die Aufmerksamkeit der Zuschauer zu sehr auf die Technik des Filmmachens. In Hollywood war das angestrebte Ziel, die Technik zu perfektionieren und sie dadurch der Wahrnehmung zu entziehen.

Elies Tod in *La Roue* könnte nicht schneller geschnitten sein. Gance fängt damit an, daß er drei Bilder von Elies entsetztem Gesicht, als er an der Felskante

lig außer sich. Es kommt bei Gance selten vor, daß er eine Großaufnahme benutzt, um nur einen einzelnen Gesichtsausdruck festzuhalten: Wenn er es hier tut, zeigt er den hilflos dastehenden Heizer, wie sein Gesicht von Mitleid überströmt wird.

Der einzige Effekt von nur mäßiger Wirkung in diesem Film ist die Neigung, Großaufnahmen von Norma über andere Szenen zu blenden. Damit soll illustriert werden, wie Elies und Sisifs Gedanken in ihrer Bergeinsamkeit geradezu zwanghaft um Norma kreisen. Doch Elie reagiert auf die Einblendung, indem er heftig erschrickt; ästhetisch ist das ein schwerer Fehler. Hätte Elie wie auf eine innere Vision reagiert, wäre die Szene möglicherweise wirkungsvoll gewesen. So aber wirft er seine Arme empor, als wolle er den Hund von Baskerville verscheuchen. Selbst damals, 1920, war der Effekt altmodisch.

La Roue ist als Ganzes seiner Zeit noch immer voraus. Als Melodram im großen Stil, dargestellt von einem bedeutenden Schauspieler, Séverin-Mars, in der exquisiten Fotografie von Léonce-Henry Burel, gemeinsam mit Bujard, Duverger und Brun, ist es ein wahrhaft genialer Film. Indem Gance in immer weiterer Steigerung einen Höhepunkt auf den anderen setzt, trieb er das Kino aus dem Stadium zaghafter Kindheit in das eines kraftvollen Erwachsenseins, vor dem ein reiches Leben voll endloser Möglichkeiten ausgebreitet lag. Den Russen gelang es, den Film in der Richtung weiterzuentwickeln, die *La Roue* angab, doch das volle Potential des Films, von dem dieses erstaunliche Werk eine Ahnung gibt, ist auch heute noch nicht ausgeschöpft.

Abel Gance selbst sollte es sein, der den Film mit dem monumentalen *Napoléon* bis an seine Grenzen vorantrieb.

Als eine Art Erholungspause und als Herausforderung ließ Gance auf *La Roue* nicht ein weiteres welterschütterndes Epos folgen, sondern eine kleine Komödie mit dem Titel *Au Secours!*.

»Max Linder und ich waren gute Freunde«, erinnerte sich Gance, »und eines Abends dinierten wir beide in Paris, und ich erzählte ihm – nein, Moment mal – *er* erzählte *mir* die Geschichte eines Spukhauses. Ich meinte, das könnte wohl einen netten kleinen Film ergeben.

›Aber wir haben nicht die Mittel dafür‹, bemerkte er.

›Trotzdem‹, erklärte ich ihm, ›wäre ich sehr gern bereit, diesen Film mit dir zu drehen.‹

›Nun‹, sagte er, ›das dürfte schwierig werden. Es würde zu viel kosten –‹

›Es wird gar nichts kosten‹, erwiderte ich. ›Wir drehen ihn in weniger als einer Woche.‹ In Paris kann man alles machen! Also drehten wir ihn schließlich in sechs Tagen, nur so aus Spaß. Der Film war gar nicht so schlecht.«

Au Secours!, in dem Jean Toulout und Gina Palerme mitspielten und der von Specht fotografiert wurde, kam leider nie heraus, da es Schwierigkeiten mit Linders amerikanischem Verleiher gab. *Au Secours!* ist ein Stück Grand Guignol; es ist reichlich bruchstückhaft und ihm fehlt Gances übliches kinematografisches Feuer. Dennoch gibt es einige reizende Momente. Max, der im verhexten Château gefangen ist, stemmt sich vor dem Ansturm irgendeines schrecklichen Dinges gegen eine Tür. Doch seine Kraft erliegt dem Druck auf der anderen Seite. Schließlich wird die Tür aufgestoßen, und ein winziges Entchen watschelt zwischen Max' Beinen hindurch... Niedergeschlagen auf einem Sessel hockend, wird Max durch zwei riesige Skelett-Beine erschreckt, die neben ihm herabschweben. Er springt auf – und entdeckt eine gigantische Erscheinung, mindestens sechs Meter hoch, die auf ihn herabschaut. Wie elektrisiert rennt Max los, verfolgt von dem langen, dürren Gespenst – und einem kleinen fetten Geist, der amüsiert hinter ihnen herwatschelt.

Der Einsatz der visuellen Mittel des Kinos ist niemals weiter vorangetrieben worden als in *Napoléon vu par Abel Gance*. Der Film ist eine Enzyklopädie kinematografischer Effekte – ein Feuerwerk dessen, wozu der Stummfilm in den Händen eines Genies fähig war.

Nur wenige der dort unternommenen Experimente sind aufgenommen und weitergeführt worden, auch von Gance selbst nicht. Er räumt ein, daß er seit Vollendung des Films keine Fortschritte mehr gemacht habe. Als *Napoléon* herauskam, lief er in seiner originalen Gestalt – mit drei Bildern auf der Leinwand – nur in acht europäischen Städten; M-G-M zahlte einen Vorschuß von 75 000 Dollar und zeigte ihn dann in der vollständigen Fassung überhaupt nicht. Die amerikanische Fassung dauerte 86 Minuten. Sie brachten die vollständige Version in Amerika nie heraus, weil sie nicht riskieren wollten, daß eine Polyvision-Revolution womöglich die durch den Tonfilm bewirkte Umwälzung noch übertreffen könnte.

Die endgültige Version von *Napoléon* ist ebenso verloren wie die zehnstündige von *Greed*. Man hat verschiedene Kopien zusammengestellt, von denen einige derartige Travestien sind, daß der Ruf des Films darunter gelitten hat. Das National Film Theatre präsentierte in einer Retrospektive mit dem Titel ›Real Avant-Garde‹ ein Etwas, das es in gutem Glauben für die endgültige Fassung hielt, und es erwies sich als eine grob zusammengekleisterte Mischung von Schnittresten, Experimenten mit Doppelbelichtungen und Mustern. Eine Sequenz begann mit einer Doppelbelichtung von zwei Bildern, die etwa 15 Meter lang war; darauf folgten die gleichen Grundeinstellungen mit einer zusätzlichen Belichtung, dann einer weiteren – und noch einer, und so weiter, bis schließlich etwa zwölf Bildschichten übereinander geblendet waren. Ursprünglich hatte man diese komplexe Mehrfachbelichtung als Hintergrund für die Vorspanntitel benutzt, aber die hier gezeigte Kopie aus der Cinémathèque Française präsentierte sie als einen mit Absicht hergestellten Bildeffekt. Ein großer Teil des Publikums verließ den Saal vor dem Ende des Films, verwirrt und enttäuscht darüber, daß ein so schönes Material so entsetzlich montiert worden war.

Zwei Jahre später zeigte das National Film Theatre abermals eine Kopie der Cinémathèque Française – und diese Version war von Mlle. Epstein liebevoll aus sechs verschiedenen Kopien zusammengestellt worden. Einige entscheidende Szenen fehlten, einige Titel waren an der falschen Stelle, doch gaben die siebzehn Rollen dieser Fassung das angemessenste Bild von *Napoléon* seit der ursprünglichen Präsentation. Natürlich fehlten die erstaunlichen Dreifachbild-Sequenzen, und der Höhepunkt des Films, der Einmarsch in Italien, war ein verwirrendes Durcheinander von Aufnahmen aus verschiedenen Teilen des Triptychons.

Der Effekt, wenn sich plötzlich das Bild zum Cinerama-Format weitet, muß elektrisierend auf jene gewirkt haben, die das Glück hatten, ihn zu erleben. Gance beschreibt die Premiere am 7. April 1927 in der Pariser Opéra als »noch nie dagewesen, unglaublich. Es gab vier Abschnitte in Polyvision: Den Sturm im

Abel Gance 45

Abel Gance in New York, 1921.

Antonin Artaud als Marat in *Napoléon*.

Vladimir Roudenko, der den jungen Napoleon spielt, bekommt Anweisungen von Abel Gance; Billancourt-Studios, 1925.

Der erste Einsatz von Polyvision: neun separate Belichtungen für den Höhepunkt der Kissenschlacht in *Napoléon* (Kadervergrößerung).

Abel Gance 45

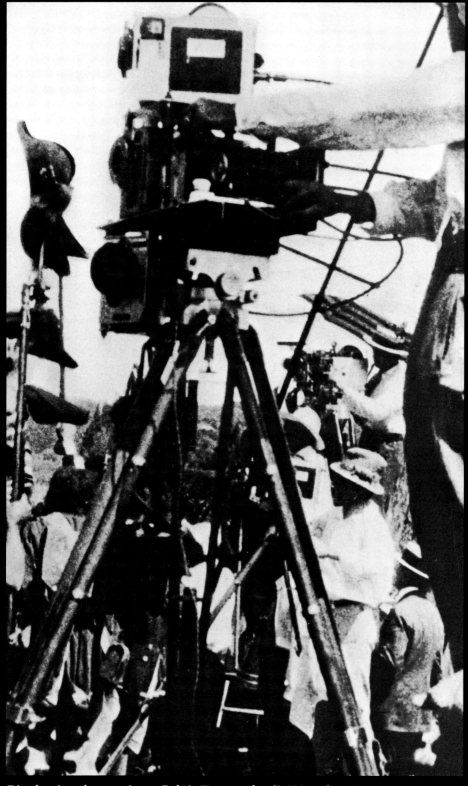

Die übereinander montierten Debrie-Kameras für die Triptychon-Sequenz von *Napoléon*.

Konvent und den Seesturm, was ich ›Les Deux Tempêtes‹ nannte, die Rückkehr nach Korsika, ›Le Bal de Victimes‹ und den Einmarsch in Italien. Manchmal benutzte ich die volle Breite der Leinwand für ein Bild, manchmal teilte ich sie auf in die Haupthandlung in der Mitte und zwei sie einrahmende Parallelhandlungen. Gegen Schluß des Films wurde das linke Bild blau und das rechte rot eingefärbt, und auf dieser Trikolore erschien ein riesiger Adler! Am Ende sprang das Publikum auf und jubelte.

Unter den Zuschauern war de Gaulle, als junger Hauptmann. Malraux erzählte mir, daß er aufstand, mit seinen langen Armen in der Luft fuchtelte und rief: ›Bravo, außerordentlich, großartig!‹ Er hat den Film nie vergessen.«

Gance begann die Arbeit am Szenarium für *Napoléon* in der Absicht, Bonapartes Leben in sechs einzelnen Filmen abzuhandeln. Der erste Film sollte in drei unterteilt werden: Bonapartes Jugend, Bonaparte und die Französische Revolution, Die italienische Kampagne. Der zweite sollte ›Von Arcole bis Marengo‹ heißen, der dritte ›Vom 18. Brumaire bis Austerlitz‹, der vierte ›Von Austerlitz bis zu den Hundert Tagen‹, der fünfte ›Waterloo‹ und der sechste ›St. Helena‹.

Es ist kaum überraschend, daß Gance schon bald auf Schwierigkeiten mit der Finanzierung stieß.

»Ich konnte das Geld in Frankreich nicht auftreiben. (Pathé war in den Ruhestand getreten.) Tatsächlich fand ich es durch einen puren Glücksfall – eine Geschichte, die zu erzählen sich lohnt.

Ich kannte einen Russen namens Wengeroff, der auf allen möglichen Gebieten seine Geschäfte machte, in der Filmbranche, in der Kohle-Branche, mit der Eisenbahn, überall. Wenn er keinen Film verkaufen konnte, versuchte er eben eine Lokomotive zu verkaufen. Ich hatte zu dem Zeitpunkt noch gar nicht die Absicht, *Napoléon* zu machen, aber ich hatte einen Abriß der Gesamthandlung in sechs Teilen fertig – Napoleons ganzes Leben in sechs Filmen.

Wengeroff mußte irgendwelche Sorgen haben, denn er machte sich an einem Morgen gegen vier Uhr auf, um Hugo Stinnes, einen der größten deutschen Finanzmagnaten, wegen eines Kohlegeschäfts zu treffen. Er nahm meine Exposè in der Aktentasche mit, nicht um es Stinnes zu zeigen, sondern einfach, weil ich ihn gefragt hatte, ob er nicht in Deutschland Leute wüßte, die an einem solchen Projekt interessiert sein könnten.

Stinnes, der müde war, sagte ihm, er habe eigentlich kein Interesse an dem Geschäft. ›Aber kommen Sie in einer Woche wieder, ich werde sehen, was ich machen kann.‹

Und so kam Wengeroff eine Woche später wieder zu Stinnes. Offenbar hatte er beim erstenmal versehentlich den Entwurf zu *Napoléon* liegengelassen. Stinnes sagte ihm: ›Ich bin an dem Kohlegeschäft nicht interessiert, aber neulich haben Sie hier ein Bündel Papier vergessen. *Das* interessiert mich sehr.‹«

Gance machte sich sofort an die unglaublich schwierige Aufgabe, Darsteller für Napoleon als Kind und für Napoleon als jungen Mann zu finden, ebenso wie für die Hunderte von Haupt- und Nebenrollen.

Er entschied sich für Vladimir Roudenko, einen jungen Russen, als Darsteller des Knaben Napoleon. Für Napoleon als jungen Mann testete er René Fauchois, Pierre Bonardi, Jean Bastia, Edmond van Daële und sogar den deutschen Regisseur Lupu Pick, der später das St. Helena-Szenarium realisieren sollte. Er erwog ernsthaft Iwan Moshukin, den Russen mit dem Adlergesicht. Eine weitere gute Möglichkeit war sein Freund Albert Dieudonné, der zuvor in *Dr. Tube*, *Le Fou de la Falaise*, *L'Heroïsme de Paddy* und *Le Periscope* mitgespielt hatte. Dieudonné hatte seitdem ziemlich zugenommen – zu viel für den jungen Napoleon. Weil er fest entschlossen war, die Rolle zu bekommen, unterzog er sich einer intensiven Abmagerungskur.

»Eines Abends traf ich ihn bei Pathé, und er sagte mir, er würde nach Fontainebleau zum Vorsprechen kommen und Napoleons Rede an die Truppen in Italien vortragen. Ich meinte, er könne kommen, wann er wolle. Ich arbeitete in einem Flügel des Schlosses am Szenarium. Ich hatte die Schlüssel zum Gebäude und konnte nach Belieben alle Räume betreten. Das half mir, mich in die Stimmung der napoleonischen Zeit zu versetzen, während ich dort, manchmal sogar zusammen mit meiner Frau, wohnte.

Der Hausmeister, der sich am Tor aufhielt, sah Dieudonné kommen. Es war acht Uhr und bereits dunkel. Er rief: ›Wer da?‹

Dieudonné rief zurück: ›Erkennen Sie Bonaparte nicht, Sie Tölpel?‹ Der Hausmeister war sprachlos. Dieudonné war in voller Uniform und absolut überzeugend.

›Das ist nicht möglich‹, murmelte der Hausmeister.

›Schlafen Sie, träumen Sie oder was ist los, daß Sie mich nicht erkennen?‹ machte Dieudonné weiter. Der Hausmeister nahm seine Beine in die Hand und rannte zu d'Esparbès, dem Kurator. D'Esparbès wollte gerade zu Bett gehen. Er war nur ein kleiner Mann, aber sehr, sehr intelligent, und besessen von der Geschichte Napoleons.

›Bonaparte ist am T-t-tor‹, stotterte der Hausmeister.

D'Esparbès ging nachschauen. Was der Hausmeisters gesagt hatte, hatte einen gewissen Eindruck auf ihn gemacht, als er aber ans Tor kam, war er fassungslos. Einen Moment lang dachte er, es sei tatsächlich Bonaparte. Er stand einfach nur da.

Dann rief Dieudonné: ›D'Esparbès, was ist los? Wollen Sie mich nicht hineinlassen?‹ Da begriff er, was los war. Aber dieser Mann, der Napoleon so sehr verehrte, war derart gebannt, daß ihm Tränen in den Augen standen.

Dieudonné wurde in den großen Saal, den Salle des Glaces, geführt, wo ich ihm plötzlich über den Weg lief. In dem Kerzenlicht, das auf ihn fiel, sah er absolut echt aus.

Er setzte zu seiner Rede an: ›Soldaten, ihr seid nackt und schlecht ernährt. Der Staat schuldet euch alles und kann euch nichts geben …‹ und so weiter. Er sprach mit einer solchen Kraft und Überzeugung, daß er d'Esparbès und mich in Erstaunen versetzte. Hinterher ging ich zu ihm und sagte ihm, daß er die Rolle habe.«[3]

Die Herstellung von *Napoléon* ist bestens dokumentiert: Jean Arroy, der dem Team als ›stagiaire‹, als Mädchen für alles, zugeordnet war, hat über die Dreharbeiten das Buch *En Tournant* Napoléon *avec Abel Gance* (Paris: La Renaissance du Livre 1927) geschrieben, und Gance selbst hat das Szenarium in Buchform veröffentlicht: *Napoléon vu par Abel Gance* (Paris: Librairie Plon 1927).

Alle Berichte weisen auf eins ganz besonders hin, nämlich die erstaunliche persönliche Anziehungskraft, die der Regisseur ausstrahlte. Die anstrengende und kräftezehrende Aufgabe, mit großen Menschenmassen umzugehen, erforderte von Gance eine übermenschliche Energie und eine derartig machtvolle Überredungskunst, daß er sich unter anderen Umständen leicht zu einem Diktator hätte aufschwingen können.

»In diesem Mann steckt ein wahrlich außergewöhnlicher Enthusiasmus«, schrieb Jean Arroy. »Ein Enthusiasmus, der alle Trägheit, alle Vorsicht, alle Müdigkeit vergehen läßt – der jedes Hindernis beseitigt, das ihn bei der Erfüllung seines Traumes einschränkt.«

»Die Schauspieler nahmen ihre Rollen sehr ernst«, berichtete Émile Vuillermoz. »Ihre Kostümierung verlieh ihnen den entsprechenden Geist und Charakter. Die persönliche Ausstrahlungskraft von Abel Gance, diesem großen Manipulator, elektrisierte die Masse, die auf diese Weise plötzlich, gleichsam wie ein elektrischer Leiter, von *einem* Gefühl durchflossen wurde. Diese einfachen Männer und Frauen entdeckten instinktiv ihre angeborenen Gefühle wieder. Sie fühlten sich von einer Woge der Begeisterung ergriffen, die weit stärker war als ihre Willenskraft. Gance lenkte ihre Emotionen wie ein Dirigent seine Musiker. All das Geschrei und das tumultuöse Durcheinander hatte in ihm seinen Bezugspunkt.«

In so vielen historischen Großfilmen wird die Atmosphäre durch den wirkungsschwachen Einsatz gelangweilter Komparsen zerstört; in *Napoléon* verrät nicht einer der vielen tausend Komparsen, die über die Leinwand strömen, daß er bloß eine Rolle spielt. Gance erreichte in diesem Film ein Äußerstes an Evokation; er schuf die Epoche nicht nur durch Dekorationen und Kostüme neu, sondern auch durch die Metamorphose der Darsteller. Während des Drehens wurden sie wie durch Hypnose ins achtzehnte Jahrhundert versetzt. Wie Arroy nach Beendigung der Produktion schrieb: »Die Rückkehr: Das moderne Paris erscheint langweilig und trübe. Unserem Leben fehlt der treibende Sinn. Wir sind abrupt in ein späteres Jahrhundert geworfen...«

Gance erläuterte seine Haltung bei der Arbeit mit Schauspielern:

»Die besten Erscheinungen im Film sind zunächst Gegenstände; eine Blume zum Beispiel. Eine Blume ist immer gut. Dann kommen Tiere. Die sind ebenfalls immer gut. Dann kommen die Menschen, aber solche, die nicht wissen, daß man sie als Darsteller benutzt. Ganz zum Schluß die Schauspieler. Die müssen alles vergessen, was sie gelernt haben. Man muß ihnen ihre Manierismen austreiben – zur Not muß man wütend werden. Sie dürfen nicht mehr ›aussehen wie‹, sie müssen *sein*. Je bekannter ein Schauspieler ist, desto schwieriger ist er. Das liegt daran, daß er durch Benutzung bestimmter Formeln Erfolg gehabt hat. Diese Formeln sind nur zu akzeptieren, wenn es sich um gute Schauspieler handelt – Jeanne Moreau, Belmondo oder Gabin –, weil sie sich immer selbst treu bleiben. Das ist gut.

Ich habe vor dem Drehen immer viel geredet. Ich erzählte den Schauspielern und Komparsen alles, was ich mir überlegt hatte. ›Glauben Sie nicht, weil Sie nur Statist sind, würde man Sie nicht sehen. Man wird Sie sehen, denn meine Kamera wird Sie heraussuchen. Es ist deshalb zwingend notwendig, daß Sie genau das tun, was ich Ihnen sage. Wenn Sie es nicht tun, werde ich Sie aus dem Film herausschneiden müssen.‹ Und weil es einfache Leute waren, konnten sie gut nachahmen. Ich sagte ihnen: ›Übertreiben Sie nicht! Denken Sie daran, was Sie sein sollen, in welcher Epoche Sie sich befinden sollen. Sie sind nicht mehr im Jahr 1926, Sie befinden sich im Vierten Jahr der Republik... Versuchen Sie, sich in die Epoche hineinzuversetzen, in die Stimmung jener Zeit.‹ Ich fühlte mich diesen Komparsen irgendwie verbunden.

Èmile Vuillermoz, der große Musikkritiker, veröffentlichte damals eine Besprechung, in der er schrieb: ›Ich bin sicher, daß M. Gance mit seinen Statisten erfolgreich den Elysee-Palast stürmen könnte, wenn er es wollte.‹«

Die Dreharbeiten zu *Napoléon* begannen am 17. Januar 1925 in den Billancourt-Studios mit den Innenaufnahmen zu Napoleons Schule, der Militärakademie von Brienne.

Die Außenaufnahmen der berühmten Schneeballschlacht wurden in Briançon gedreht. Der Historiker René Jeanne, der einen der Lehrer spielte, erinnerte sich, daß die Teilnehmer aus acht- bis zwölfjährigen Schuljungen der Gegend ausgewählt waren. Gance probierte verschiedene technische Experimente aus, und die Dreharbeiten dauerten mehrere Tage.

»Den Kindern wurde es in der Hitze der Schlacht warm genug, aber in den Drehpausen froren sie. Sie mußten scharenweise ins Bett, und ihre Eltern sandten eine Delegation mit der Bitte, die Knaben nach Hause zu schicken, bevor sie eine Grippe oder eine Halsentzündung bekämen.

›Ich habe nur noch ein paar Szenen zu drehen. Es wird bald alles vorüber sein‹, versprach Gance mit seinem strahlendsten Lächeln. Und als er alle wieder zusammenhatte, rief er: ›Action!‹

Natürlich war er am nächsten Tag noch nicht fertig, und die Eltern kamen, um zu sehen, ob er sein Versprechen einhielte. Doch Gance hatte von der Garnison eine Militärkapelle engagiert, und die Schlacht begann von neuem, heftiger als je zuvor, unter dem Dröhnen der Trommeln und dem Schall der Trompeten. Und diesmal fielen die Eltern in den Ruf der Jungen mit ein: ›Vive Abel Gance!‹

Drei weitere Tage bewarfen sich die jungen Streithähne in ihren dünnen Jacken und offenen Schuhen mit Schneebällen und tummelten sich im Schnee. Der Charme von Dynamit!«

Die meisten Regisseure hätten eine ähnliche Szene mit zwei oder drei Kamera-Einstellungen gedreht und wären gegen Mittag fertig gewesen. Doch diese Schneeballschlacht war von besonderer Bedeutung: Gance deutete sie als den ersten Sieg Napoleons und als Zeichen seiner angeborenen Führernatur.

Gance, der entschlossen war, die Starrheit der bisherigen Technik zu überwinden, verband seinen Schnell-Schnitt mit einer anderen, ebenso bedeutenden Neuerung: der Handkamera.

Für Gance war das Stativ eine Krücke, die einer lahmen Phantasie zur Stütze diente. Seine Absicht war es, die Kamera zu befreien, sie mitten in die Handlung zu werfen, das Publikum von reinen Zuschauern zu Beteiligten werden zu lassen – zu aktiven Mitkämpfern.

Die Schneeballschlacht ist eine kühne Serie wilder Fahrten, in die rhythmisch statische Großaufnahmen des jungen Kommandeurs eingeschnitten sind. Die Kamera ist absolut subjektiv und wird zu einem der beteiligten Kämpfer. Schneebälle fliegen auf den Zuschauer zu, kleine Jungen scheinen ihm auf die Nase zu hauen, und als die rasende, wirbelnde Masse außer Kontrolle gerät, überzieht ein siegesgewisses Lächeln das knabenhafte Gesicht Napoleons. Die Montage erreicht einen rasenden Höhepunkt, bei dem das Einzelbild des Gesichts als jeder vierte Kader erscheint.

»Die stationäre Kamera fing an, mich zu langweilen«, erzählte Gance,

»und ich wollte völlig frei sein. Die Kameramänner haben sich nie geweigert, das zu machen, was ich von ihnen verlangte, aber sie waren nicht gerade erfreut über die Idee, die Kamera selbst halten zu müssen. Damals gab es keine leichten Kameras, und es war sehr ermüdend, wenn man sie in der Hand hielt. Schließlich entwickelten wir eine Art Harnisch, der die Kamera stützte.

Ich baute auch eine Unterwasserkamera, die in einer Art Metallkäfig eingeschlossen war. Ich stellte die Kamera in Höhe der Wellen ins Meer und drehte von da aus. Als Ergebnis kann man riesige Wellen sehen; das Bild ist nicht das, was eine Person sieht, wenn sie auf die Wellen schaut, sondern eher so, wie eine Welle die andere sieht. Das ist ein sehr schöner Effekt.«

In seinem Versuch, die Flüssigkeit der Bewegung dadurch zu erreichen, daß er die Kamera vollkommen befreite, traf sich Gance mit den gleichzeitigen Bemühungen deutscher Filmmacher. Techniker wie Murnau, Freund, Seeber, Dupont oder Lang setzten die Kamera auf Räder. Gance aber verlieh ihr Flügel. Er schnallte sie auf den Rücken eines Pferdes – für die rasenden Inserts während der Jagd durch Korsika; er hängte sie wie eine kleine Seilbahn an Führungsdrähte; er befestigte sie an einem riesigen Pendel, um so den schwindelerregenden Sturm im Konvent darzustellen; er verband sie mit einer Art Kreiselaufhängung, so daß die Kameramänner mit ihr herumlaufen und komplizierte Bewegungen vollführen konnten. Aber er hat nicht, im Gegensatz zur Behauptung vieler Historiker, mit ihr herumgeworfen. »Das wäre sehr teuer geworden.«

Die Ankunft des Teams auf Korsika, eine wahre Invasion eines Heeres von Technikern, Schauspielern und Handwerkern, wurde mit hysterischer Begeisterung begrüßt. Die Korsen gerieten völlig aus dem Häuschen. Napoleon war wieder unter ihnen; ihre sehnsüchtigen Träume erfüllten sich vor ihren Augen. Albert Dieudonné wurde jedesmal, wenn er ausging, von mehreren hundert Korsen begleitet; niemand auf der ganzen Insel hätte von dem Kleinen Korporal Geld angenommen. Während der Zeit, als das Team auf der Insel war, fand eine Wahl statt, und der republikanische Gemeinderat wurde durch eine bonapartistische Mehrheit abgelöst.

Romanetti, ein echter korsischer Bandit, lud Gance in sein Versteck ein. Nur wenigen Regisseuren wurde eine derart begeisterte Unterstützung zuteil.

Das Team konnte an den Orten drehen, wo sich alles tatsächlich ereignet hatte; es drehte selbst in Napoleons Haus. Ein Hindernis war die Tafel direkt über der Tür, die an Napoleons Geburt erinnerte. Da sie nicht zu übersehen war, nutzte Gance sie für seine Zwecke: Er fügte einen Titel ein, der erklärt, daß alle Szenen auf Korsika an den authentischen Plätzen rekonstruiert seien, und schneidet auf eine Totale des Hauses, während sich langsam Efeu über die Tafel schiebt. Die Totale von Napoleons Haus war eine Leistung, die nur Touristen ermessen können, die vergeblich versucht haben, sie mit ihrer Kamera nachzuvollziehen. Nur wenige Meter gegenüber dem Haus steht eine Mauer, und keine normale Optik kann das ganze Haus erfassen.

Gance und sein Chef-Kameramann Jules Kruger lösten das Problem auf täuschend einfache Weise – sie erfanden eine spezielle Weitwinkel-Optik.

»Da ist besonders eine Sache, die sich nur wenige Leute klarmachen«, meinte Gance, »zum Teil deswegen, weil ich davon so wenig Gebrauch gemacht habe. Ich war es nämlich, der das Brachyscope erfand. Das Brachyscope war eine Optik mit 14 mm Brennweite. Sie war nicht schwer zu entwickeln, doch vor mir hatte sich noch niemand darangemacht. Sie wirkte wie ein Teleskop, das man falsch herum benutzt.«

Erst in neuerer Zeit sind 14.5 mm-Optiken auf den Markt gekommen. Gances 14 mm-Optik war nicht perfekt – die Ränder waren unscharf, und die Senkrechten gerieten durch die unvermeidliche Weitwinkel-Verzerrung ins Kippen – aber sie funktionierte und half im Verlauf des Films bei einer Reihe ähnlicher Probleme.

Das Team kehrte nach Billancourt zurück – und da gab es den ersten Schicksalsschlag. Hugo Stinnes, der die Firma Westi (WEngeroff-STInnes) zur Finanzierung von *Napoléon* gegründet hatte, starb [am 10. April 1924, A.d.Hg.].

»Wir hatten kein Geld mehr, um weiterzumachen. Er starb gerade in dem Augenblick, als wir sein Geld am nötigsten brauchten. Die Banken froren umgehend seine Guthaben ein. Sechs Monate lang konnten wir nichts tun. Ich mußte meinen Schauspielern sagen, daß wir nicht weiterdrehen könnten. Sie waren alle sehr zuvorkommend und sagten, wenn ich die Mittel zur Fortsetzung des Films aufgetrieben hätte, würden sie wiederkommen. Das Geld in Frankreich lockerzumachen, erschien unmöglich.

Eines Tages lernte ich einen sehr geschickten und intelligenten jungen Russen namens Grinieff kennen, der der Direktor eines Stahlkombinats war. Er sagte: ›M. Gance, Sie haben ein Atelier (ich zahlte für Billancourt), ich möchte jetzt die finanzielle Seite der Sache übernehmen, egal wieviel es kosten wird, wenn Sie mit dem Film weitermachen.‹

Es gebe da aber ein kleines Problem, fuhr er fort. Er produziere gerade einen Film mit Raymond Bernard, der bei *Le Miracle des Loups* Regie geführt hatte. Grinieff meinte, er habe deswegen Bedenken und wisse nicht, wie er vorgehen solle. Ich sagte ihm, Bernard sei ein guter Freund von mir, und wenn er Bernard versprochen habe, den Film fertigzustellen, dann solle er es auch tun. Anschließend könnten wir etwas arrangieren, ich könne allerdings keinem anderen die Arbeit wegnehmen – nicht einem so sensiblen, charmanten Menschen wie Bernard. Bernard hörte davon und kam zu mir. Er sagte mir, ich solle mit meinem Film weitermachen, es sei eminent wichtig, ihn fertigzustellen und aufzuführen. Er machte eine großzügige Geste, wie man sie in diesem Gewerbe sonst niemals findet.«

Gance nahm die Produktion zusammen mit Grinieff wieder auf, der eine französische Firma gründete, die Société Générale de Film.

Nach dem Abschluß der Dreharbeiten zum Seesturm, wozu auch einige eindrucksvolle Aufnahmen im Atelier-Bassin gehörten, begann Gance mit der großen Sequenz um die Marseillaise.

»Wir spielten die Marseillaise den tausend Komparsen immer wieder vor. Die Komparsen waren Streikende aus der Renault-Fabrik, die sich ein wenig Geld verdienen wollten. Als wir abgedreht hatten, waren sie so begeistert, daß sie von der Autofabrik weg und alle zum Film gehen wollten! Da gab es einen Komparsen, der ohne eigenes Verschulden von einem meiner Regieassistenten aus einer Sequenz herausgelassen worden war. Dieser junge Mann erschien eines Morgens, und der Regieassistent sagte zu ihm: ›Nein, absolut *nein!* M. Gance kann Sie nicht gebrauchen.‹ Natürlich stimmte das nicht. Aber wie es so kommt, durch Billancourt fließt die Seine, der junge Mann sprang hinein und mußte herausgefischt werden.«

Die Marseillaise-Sequenz ist von einer fiebernden Begeisterung geprägt, wobei Schnell-Schnitt, wirbelnde Fahrten und riesige Großaufnahmen von ausdrucksvoll gegensätzlichen Gesichtern das Blut in Wallung bringen – auch ohne die Musik. (Für das Ton-Remake synchronisierte Gance das Lied zu diesen Aufnahmen nach und spielte es über seine Erfindung des ›Perspektiv-Tons‹ ab, die nichts geringeres war als die Stereophonie.)

Um den pulsierenden Rhythmus des Liedes einzufangen, schnallte Gance die Kamera Alexandre Koubitzky, einem russischen Tenor, der Danton spielte, vor die Brust. Das erwies sich als brillante Idee, aber von dieser Einstellung ist in der endgültigen Schnittfassung nur ein kleines Stückchen übriggeblieben.

»Natürlich drehte ich sehr viele Einstellungen, die nicht im Film sind. Damals versuchte ich, die geeignetsten Wege zu finden, um die besten Resultate zu bekommen. Bei so vielen Neuerungen mußte es einfach ein paar Fehlschläge geben. Es gab viele Szenen, die für sich genommen interessant waren, die ich aber weglassen mußte, weil sie sonst den Rhythmus des Films gestört hätten. Der ganze Film ist auf einen Rhythmus geschnitten; es gibt keinen Augenblick ohne diesen Rhythmus. Aber viele Aufnahmen, vor allem Großaufnahmen mit der Handkamera, waren zu wacklig und mußten weggeworfen werden.

Ich habe viel Film verbraucht. Filmmaterial war damals nicht teuer. Ich habe nie viel auf Proben gegeben. Ich fand, wenn eine Probe klappte, dann wurde die Aufnahme schlecht. Das war vor allem bei schwierigen Szenen so. Das erste Mal war das beste. Danach imitierten die Schauspieler sich selbst. Beim ersten Mal gab es ein Element der Echtheit, etwas Überzeugendes in ihrer Darstellung, in ihren Bewegungen.«

Zu dem Zeitpunkt, als gerade alles gut eingespielt lief, geschah zum zweiten Mal ein schweres Unglück. Der Feuerwerker, ein erfahrener Mann, der sich um die Waffen und Sprengstoffe kümmerte, nahm einen Tag frei, und ein weniger erfahrener Mann wurde engagiert.

»Ich drehte eine Szene in einem Keller, mit Nicolai Koline (als Tristan Fleuri) und Annabella (als Violine). Koline, der fieberkrank daliegen sollte, sagte: ›Es wäre wundervoll, mit Bonaparte zusammen zu kämpfen‹, und Annabelle schaute zu dem Gitter hinauf, durch das wir drehten. Atelier-Regen strömte auf uns herab, und wir schützten uns durch Schirme. Um die Kamera herum hatten wir lauter englische Gewehre, die so durch das Gitter schossen, daß die Gewehrläufe im Bild waren. Wir benutzten Magnesium für die Pulverblitze. Statt nun das Magnesium auf verschiedene Packungen zu verteilen, legte dieser neue Kerl ein ganzes Kilo neben mir auf den Boden.

Auf ein Signal feuerten die Soldaten ihre Gewehre ab. Die Patronen wurden mit Kugeln aus Papier simuliert – und ein Stück brennendes Papier fiel auf das Magnesium. Es gab eine fürchterliche Explosion. Fürchterlich! Das Zeug verbrennt mit 2000 Grad. Wir waren sieben, und wir standen alle in Flammen. Ich riß mir das Jackett vom Leibe und versuchte, so gut es ging mein Gesicht zu schützen. Wir waren alle geblendet. Georges Lampin, der direkt neben mir stand, erlitt schwere Verbrennungen.

Es gab damals eine spezielle Salbe für Verbrennungen ... Ich rief, alle sollten auf der Stelle diese Salbe benutzen. Wir rissen uns die Kleider vom Leib und rieben uns ganz ein. Aber es war nicht stark genug. Jemand rief: ›Los, wir müssen euch so schnell wie möglich ins Krankenhaus bringen!‹

Ich schaute mich um. Wo gab es einen Wagen, der uns fahren konnte? Damia, die große Sängerin, die La Marseillaise verkörperte, war mit ihrem Auto gekommen, also kletterten wir alle hinein und fuhren zur nächsten Apotheke. Unterwegs versorgte uns ein Journalist, so gut er konnte. Von der Apotheke fuhren wir zum Arzt, der uns nur kurz anschaute und uns sofort mit ›l'ambrine‹ behandelte. Das ist eine Art Wachs. Man zündet es an und träufelt es auf die Wunden, ohne sie erst zu reinigen. Wir hatten so starke Verbrennungen, daß dem hilfreichen Journalisten, der Dolange hieß, plötzlich übel wurde. Ich fühlte mich ganz in Ordnung, bis nach einiger Zeit der Schmerz einsetzte. Und Sie können sich nicht vorstellen, was das für schlimme Schmerzen waren. Ich ging vollkommen bandagiert nach Hause und trank einen großen Cognac – normalerweise trinke ich gar nicht – um den brennenden Schmerz zu dämpfen. Ich ging in meiner Wohnung herum, völlig betäubt vom Schmerz.

Aber das Wachs rettete mich schließlich. Ohne das wäre ich völlig mit Narben übersät gewesen. Nach einem Monat war alles verheilt und es ging mir besser. Aber während des Heilungsprozesses konnte ich durch das Wachs das ganze schwarz verkohlte Fleisch sehen.

Georges Lampin brauchte länger, bis alles geheilt war. Doch ich war weniger als acht Tage nach dem Unfall wieder im Atelier, mit all meinen Verbänden, und inszenierte die ›Cordeliers‹-Sequenz – die Marseillaise.«[4]

Gance äußerte damals, man könne keine Schlachten inszenieren, ohne mit echten Zwischenfällen und echten Verwundungen rechnen zu müssen, so sehr man sie auch bedaure.

»Für mich bedeutet Kino nicht einfach bewegte Bilder. Es ist etwas Großes, Geheimnisvolles und Erhabenes, für das einem keine Anstrengung zu groß sein sollte und für das man im Notfall selbst sein Leben riskieren muß.«

Für die Schlacht von Toulon wurden vierzig Drehtage gebraucht; vierzig Tage, in denen die Armee der Statisten bis zu den Schultern in kaltem, schmutzigem Wasser kämpfte, in denen sie den strömenden Regen aus Rohren ertrugen, die von Feuerwehrleuten im Hof des Studios mit Motorpumpen versorgt wurden, in denen sie im Sturm großer Flugzeugpropeller zitterten, die den Orkan nachahmten, der in der Nacht herrschte, als die Schlacht um Toulon geschlagen wurde. Es ist ein weiteres Zeichen für Gances Führungsstärke und die Vortrefflichkeit seiner Assistenten (zu denen so gestandene Regisseure gehörten wie Wjatscheslaw Tourjansky oder Alexander Wolkow, der bei den Brienne-Szenen mitgearbeitet hatte), daß die Statisten ohne zu klagen den ganzen Tag, manchmal bis in die Nacht, oder auch am Sonntag arbeiteten.

»Wenn Gance uns aufgefordert hätte, bis ans Ende der Welt zu marschieren«, sagte einer der Komparsen, »hätte niemand protestiert. Alle wären ihm gefolgt – so eine Ausstrahlung besitzt er.«

Die Angriffe bei Tage und das Artilleriefeuer der Kanonen wurden bei Toulon gedreht, doch die Hauptschlacht fand bei Nacht statt. Sie ist so ausgezeichnet arrangiert, daß man es nicht glauben mag, daß sie im Atelier gedreht wurde. Lange Reihen marschierender Truppen, angreifende Infanterie und explodierende Kanonenkugeln sind montiert mit wirbelnden, aus der Hand gedrehten Aufnahmen fluchender Soldaten, die, total durchweicht, schwere Geschütze ziehen, dann in Nahkämpfe mit dem Gegner verwickelt werden, Soldaten, die andere Soldaten ertränken, während das Wasser sintflutartig die Hügel hinabstürzt.

Die Kämpfe sind von nie gesehener Brutalität, doch stehen der bitteren Grausamkeit des Gemetzels kurze Momente des Humors gegenüber, Begebenheiten, die trivial sein mögen, die aber der Tragödie einen größeren Nachdruck verleihen.

Ein Soldat, der durch den Matsch stapft, ist völlig baff, als eine Trommel an ihm vorbeirutscht. Sie mäandert aus eigener Kraft durch die Dunkelheit, bis sich ein betrunkener Sergeant auf sie setzt, um sich einen Schluck aus der Feldflasche zu genehmigen. Er springt auf, ratlos und erschrocken, als die Trommel sich erhebt; darin steckt ein kleiner Trommler, ein Junge, der vor dem Regen und den Granaten Schutz gesucht hat.

Die spektakulären Panoramaaufnahmen von Toulon werden lebendig durch die gekonnte Verwendung von Zwischenschnitten, in denen einzelne Personen herausgehoben werden. Eine Schlachtszene ist vielleicht beeindruckend, doch fehlt ihr die emotionale Kraft, wenn die Teilnehmer nur als Masse auftauchen. Die treffende Aufnahme eines einzelnen Menschen gibt dem Ganzen mehr Bedeutung. Gance verwendet viele solcher Aufnahmen: nach einer Musketen-Salve zeigt er einen Soldaten, der in Sturm und Regen nachzuladen versucht... ein Offizier, dessen Bein unter dem schweren Körper seines Pferdes feststeckt, versucht sich loszumachen... eine Hand ohne Körper bewegt sich im Matsch... eine Kanone überrollt das Bein eines Verwundeten... Männer, die bis zur Brust im Wasser stehen und warten, während ihnen der Sergeant sagt: ›Ihr dürft nicht rauchen, aber ihr könnt euch setzen‹... und vor allem, das regenüberströmte Gesicht Bonapartes, der im dichtesten Schlachtgetümmel in seinem Element ist – mit triumphierend leuchtenden Augen.

Die Action-Szenen sind die beeindruckendsten Elemente in *Napoléon*, doch die Romanze zwischen Napoleon und Josephine ist ebenfalls brillant behandelt. Der ›Bal des Victimes‹, der als Zeichen für das Ende des Terrors stattfindet, wird von zahlreichen exquisiten Damen besucht. Napoleon mustert eine jede, verrät aber nur mäßiges Interesse, als sie der Gesellschaft präsentiert werden. Josephine de Beauharnais aber ruft eine rasche und deutliche Reaktion hervor. Er tritt aus der Menge auf sie zu.

Nach dem Tanz spielt er Schach mit Josephines Kavalier, dem General Hoche. »Seien Sie vorsichtig«, sagt er, »oder ich nehme Ihre Dame.« Hoche, ein Bewunderer Bonapartes, gibt sich geschlagen. Josephine sitzt mit am Schachbrett und spielt verführerisch mit dem Fächer vor ihrem Gesicht, während sie Napoleon anstarrt.

»Sagen Sie, General«, fragt sie. »Welche Waffe fürchten Sie am meisten?«
»Fächer, Madame.«

Später kommt Josephine zu Bonaparte, um sich bei ihm dafür zu bedanken, daß er ihrem Sohn erlaubt hat, den Degen seines verstorbenen Vaters zu behalten. Bonaparte läßt den Generalstab abtreten. Er hebt ein Kissen auf und legt es galant auf eine Sitzgelegenheit. Doch es ist ein Fußschemel – Josephine kann sich nicht setzen. Leicht verwirrt legt Napoleon es wieder auf den Boden, dann steht er herum und zupft verlegen an den Goldfransen seiner Schärpe. Er begrüßt Josephines Hund und versucht, sich mit ihm anzufreunden, indem er ihn unter dem Kinn krault. Dadurch wird jedoch die eisige Atmosphäre nicht gebrochen, und es entsteht eine weitere peinliche Pause. Josephines kleiner Sohn ist noch im Bild, Napoleon geht mit ihm in den Hintergrund des Raumes und gibt ihm einen Stapel Bücher, um ihn zu beschäftigen. Er kehrt zu Josephine zurück. Sie spielt nervös mit den Falten ihres Rocks. Napoleon schlägt ihr auf die Hand. »Lassen Sie das!« lacht er und zieht einen Stuhl für sie heran. Das Eis ist gebrochen, doch nun wird Napoleon schweigsam. Der kleine Junge schaut lächelnd von seinen Büchern auf. Endlich sagt Josephine etwas: »Wenn Sie schweigen, sind Sie unwiderstehlich.« Ein Titel: ›Zwei Stunden später. Der Generalstab wartet noch immer draußen vor der Tür...‹

Nach dieser romantischen Episode sieht man Napoleon in einer Irisblende, wie er in einer albern theatralischen Pose lodernde Leidenschaft ausdrückt. Die Iris öffnet sich – und es erscheint Talma, Napoleons Lieblingsschauspieler, der ihn, seinen eigenen Anweisungen gemäß, in der Kunst der Liebe unterweist.

Die Szenen mit Napoleon und Josephine allein werden in diskreten, stark verschleierten Totalen gedreht; diese Szenen sind sehr zart und sehr schön.

Napoleon vergißt seine Hochzeit. Die Hochzeitsgesellschaft findet sich im Büro des Notars ein und wartet stundenlang, bis jemand zu Bonapartes Haus geschickt wird. Dort liegt der General, umgeben von Landkarten, auf dem Boden ausgestreckt, in die Ausarbeitung seiner italienischen Kampagne vertieft.

»Aber, General, heute ist Ihre Hochzeit!«

Bonaparte springt auf, ergreift Degen, Hut und Schärpe und läuft hinaus.

Er marschiert in das Büro des Notars, ohne Josephine eines Blickes zu würdigen. Der Notar ist eingeschlafen. Napoleon schlägt mit der Faust auf den Tisch. Der Notar wacht erschreckt auf. Er beginnt den umfänglichen Ehekontrakt zu verlesen.

»Lassen Sie das, bitte«, befiehlt Napoleon.

»Sind Sie bereit, diese –«

»*Ja!*« sagt Napoleon knapp. Die Hochzeit ist vorüber. Josephine schaut sehr verängstigt drein. Napoleon hält inne und sieht sie zum erstenmal zärtlich an.

Die Hochzeitsnacht: Napoleon hält Josephine mit ausgestreckten Armen, wartet noch mit der Umarmung und schaut ihr lächelnd in die Augen. Endlich finden sie zueinander in einem leidenschaftlichen Kuß, während immer mehr Schleier vor die Optik fallen, bis beide schließlich in einem lichten Schimmer verschwinden – eine sehr phantasievolle Bildmetapher für die Verzückungen der Liebe.

Im letzten Abschnitt, dem Feldzug in Italien, wurde die erstaunlichste Neuerung von Abel Gance eingeführt – die Triptychen.

Dieses Triptychon-Verfahren, dem Émile Vuillermoz den Namen Polyvision gab, bildete den Höhepunkt von *Napoléon*, und es war zugleich der Höhepunkt von Abel Gances Liebesaffäre mit dem Kino. Im Grunde entspricht Polyvision dem Cinerama-Verfahren. So gesehen, war es seiner Zeit um dreißig Jahre voraus. Doch es war ein kreativ eingesetztes Cinerama. Gance vergrößerte nicht einfach die Leinwand, um die Zuschauer durch ein größeres Bild zu verblüffen. Neben riesigen Panoramaansichten teilte Gance die Leinwand auch in drei Bildfelder, eine Zentralhandlung und zwei sie rahmende Handlungen. Auf diese Weise machte er aus dem Film gleichsam ein optisches Orchester.

Gance erklärte, daß Polyvision dem Erlebnis des Sehens eine neue Dimension verleihe. Ein einfaches Beispiel, meinte er, wäre es, einen Polyvisions-Film über die Herstellung eines Films zu drehen. Auf dem mittleren Bildfeld würde das Endergebnis zu sehen sein. Die beiden Rahmenbilder würden die witzigen und die weniger erfreulichen Ereignisse zeigen, die zur Herstellung eines Films dazugehören.

Wie kam Gance zur Erfindung der Polyvision?

»Ich hatte in Toulon so viele Komparsen, daß ich sie in einem Bild nicht alle unterbringen konnte!«

Er war so fest entschlossen, sich selbst und alle anderen mit dem Höhepunkt von *Napoléon* zu übertrumpfen, daß er ihn nicht nur in Polyvision, sondern auch in 3-D und in Farbe drehte.

»Die Triptychon-Kameras wurden von André Debrie für mich konstruiert. Sie kamen frühmorgens an dem Tag an, an dem die Dreharbeiten beginnen sollten – wir hatten zweitausend Soldaten, für einen Tag. Ohne also auf Testergebnisse zu warten, bauten wir die Debrie-Kameras übereinander, und Jules Kruger fing an, mit den synchronisierten Motoren zu drehen.

Ich hatte eine weitere Kamera, die Burel bediente, mit der dieselben Szenen wie das Triptychon gedreht wurden, aber in Farbe und 3-D.[5]

Um die Muster zu betrachten, mußte ich eine rot-grüne Brille aufsetzen. Die 3-D-Effekte kamen sehr gut und sehr plastisch. Ich erinnere mich an eine Szene, in der Soldaten vor Begeisterung mit ihren Pistolen in der Luft herumfuchtelten, und die Pistolen schienen direkt auf den Zuschauer zuzukommen. Ich hatte allerdings den Eindruck, daß das Publikum, wenn es diesen Effekt zu sehen bekäme, davon so gefesselt würde, daß es sich weniger für den Inhalt des Film interessieren würde. Und das wollte ich unter keinen Umständen.

Ich hatte nur eine Rolle Farbmaterial – und fand, daß es zu spät war, um es noch in diesen Film einzubringen. Hinzu kam, daß man mit dem 3-D-Effekt beim Zuschauer nicht das gleiche Gefühl für den Rhythmus hervorrufen konnte. Ich hatte den Eindruck, wenn er das Auge faszinierte, dann würde er das gleiche in den Herzen und Hirnen nicht erreichen.

Nun, die Triptychen. Das ist ein höchst bedeutsamer Augenblick in der Geschichte des Films. Wir sahen die Triptychen nicht auf der großen Leinwand, weil wir nur einen Projektor hatten und ja drei brauchten. Ich konnte bei den Mustern nur entscheiden, ob jede einzelne Aufnahme akzeptabel war oder nicht.

Wir hatten keine Schneidetische. Wir schnitten mit bloßem Auge. (Gance schnitt sieben Monate lang, Tag und Nacht, an diesem Film. Er trug irreparable Schäden an seinen Augen davon.) Ich hielt eine Szene gegen das Licht und legte die anderen daneben. Ich konnte erkennen, daß sie ziemlich gut aneinanderpaßten. Nach einiger Zeit bekam ich drei Pathé-Projektoren, stellte sie nebeneinander auf und projizierte in dem kleinen Raum, den ich zum Schneiden benutzte, zum erstenmal ein Triptychon.

Das war wirklich einer der größten Momente in meinem Leben. Ich kann die Freude nicht beschreiben, die ich verspürte. Es war überwältigend. Danach projizierte ich die Farbrolle und die 3-D-Rollen, und entschied mich endgültig dagegen. Das war das einzige Mal, daß ich etwas mit Farbe oder 3-D zu tun hatte. Die Verfahren waren damals schon ziemlich ausgereift. Niemand hat die Farbrolle jemals wiederentdeckt. Ich glaube, es war Burel, der einmal meinte, sie müsse irgendwo noch existieren, denn so etwas würde niemand wegwerfen. Aber wo ist sie? Sie könnte in der Cinémathèque sein, ohne daß Langlois etwas davon weiß. Er hat da so viel Zeug. Auf jeden Fall wäre es höchst bedeutsam für die Filmgeschichte, wenn jemand diese Rolle fände.«

Abel Gance

Triptychen aus *Napoléon*: Die Dreifach-Leinwand wurde als Panorama benutzt...

oder mit mehreren Bildern...

um eine neuartige emotionale Erfahrung zu erzeugen.

Von Stroheims Ruhm beruht auf einigen meisterhaften Filmen aus den 20er Jahren. Gances Ruf beruht auf ein paar billigen, uninteressanten Produktionen aus den 30ern.

Gance und von Stroheim waren eng miteinander befreundet.

»Er war sehr freundlich, und er war ein sehr feiner Mensch. Aber, wissen Sie, ich bin anders als er. Ich bin nicht zäh oder gerissen genug für ein Metier, in dem der Kampf ums Überleben so heftig ist, daß man von der neuen, aufstrebenden Generation immer wieder in den Hintergrund gedrängt wird. Welch ein Metier!

Der Wald ohne Regen – das wäre wunderbar...«

Trotz aller Rückschläge ist Gance ein begeisterter Anhänger der Polyvision geblieben.

»Wenn man das Publikum begeistern will, muß man das gleiche Gefühl auf die Kameraarbeit übertragen – Poesie, Begeisterung... aber vor allem Poesie. Deshalb ist mir Polyvision so wichtig. Das Thema, die Geschichte, die man erzählt, erscheint auf dem mittleren Bildfeld. Die Geschichte ist Prosa, und die Flügel, die Seitenbilder, sind Poesie. Das nenne ich Kino. Ich muß zugeben, daß von dem Augenblick an, als ich zum erstenmal Polyvision sah, das normale Kino keine Anziehungskraft mehr für mich besaß. Ich war überzeugt davon, daß Polyvision die neue Sprache des Films sein würde.

Die Leute lernen nur sehr langsam. Der Maler Charles Villon, der vor einiger Zeit starb, sagte einmal, die ersten siebzig Jahre seien in Frankreich immer die schwierigsten. Corbusier sagte das gleiche; er meinte, man brauche fünfzig Jahre, um Freundschaften zu schließen und weitere dreißig Jahre, damit die Freunde dein Talent erkennen.«

1 Roger Icart: *Abel Gance ou le Prométhée foudroyé*. Lausanne: Éd. L'Age d'homme 1983 (Histoire et theorie du cinéma); Icarts Recherchen im Kap. 1: »Une jeunesse difficile et ambitieuse« [A.d.Hg.]
2 Eine Wiederauferstehung hat dieser Stil in Werbefilmen und in Musik-Videos erlebt.
3 Dieudonnés Version der Geschichte schildert das ganze als einen Scherz, den er sich mit d'Esparbès erlaubt habe.
4 Die Cordeliers-Sequenz war zu dem Zeitpunkt schon abgedreht.
5 Burel war bei diesen Szenen technischer Assistent, die Kamera für das Keller-Dorian-Verfahren hat wahrscheinlich Segundo de Chomon bedient, der Kameramann von *Cabiria*.
6 Seit 1968, als dieses Buch erstmals erschien, ist es mir gelungen, eine Fassung zu rekonstruieren, die im Jahr 1980 mit einer von Carl Davis komponierten und arrangierten Musik mit riesigem Erfolg in London aufgeführt wurde; diese Version dauerte, bei einer Geschwindigkeit von 20 Bildern pro Sekunde, vier Stunden und 50 Minuten. Aus dieser Fassung entstand die gekürzte und mit einer Geschwindigkeit von 24 Bildern projizierte vierstündige, getonte ›Coppola-Version‹, die von Francis Coppola in den USA und Europa [auch in der BRD, A.d.Hg.] mit einer von seinem Vater Carmine Coppola komponierten Musik präsentiert wurde. Seitdem ist es mir gelungen, weiteres Material ausfindig zu machen und in eine Version für die Cinémathèque Française einzuarbeiten, die fünf Stunden und 13 Minuten (bei 20 B/s) dauert.
Wie ich mit Unterstützung von Abel Gance in meinem Buch über Entstehung und Rekonstruktion des *Napoléon* dargestellt habe, muß man für die endgültige Originalfassung eine Länge von sechs Stunden und 28 Minuten annehmen. Zu weiteren Einzelheiten siehe mein Buch: *Napoleon. Abel Gance's Classic Film*. London: Jonathan

46 **Der Tonfilm**

»Wenn es um den Film geht«, schrieb *Photoplay*, »sprechen wir von seinem ökonomischen Wert und dem Nutzen, den wir von ihm haben, von seiner kommunikativen Bedeutung im allgemeinen und seinem Unterhaltungswert im besonderen, wir sprechen von ihm als Element der Entspannung und von seinem Einfluß in Erziehung und Bildung, wir sprechen über die zivilisatorischen und die kommerziellen Möglichkeiten, die er bietet. Und wir alle haben es, seltsam genug, versäumt, seine ganz einzigartige und subtile Schönheit zu erwähnen:

Die Stille.

In seiner Stille nähert sich der Film der Natur stärker an als alle anderen Künste, mit Ausnahme von Malerei und Skulptur. Die größten Vorgänge im Universum verlaufen in der Stille. Alles Wachstum ist still. Die tiefste Liebe spricht sich am deutlichsten aus in der Transzendenz des stummen Austauschs der Seelen.

Die Bedeutung der Stille in der Kunst liegt darin, daß sie die Phantasie anreizt, und in der Imagination liegt der höchste Reiz der Kunst. Der wahrhaft überragende Film, das wahrhaft bedeutende Lichtspiel ist niemals nur das Fotografierte. Das Bild läßt den Betrachter ständig Dinge hören, die es andeutet – das leise Raunen einer Sommernacht, das Donnern der Brandung, das Säuseln des Windes in den Bäumen, das babylonische Stimmengewirr in einer belebten Straße, ein leises Liebesgeflüster.

Wir werden eines Tages den ›tönenden Film‹ zur Verfügung haben, doch er wird niemals den Film ohne Ton ersetzen. Ihm wird das Element der Subtilität und der Suggestivität fehlen, das der Dimension des Sehens zu eigen ist – jenes visionäre Element, das, ohne die Kraft des Appells an das sterbliche Ohr, die ungetrübten Harmonien der Seele zum Klingen bringt.«[1]

Zu dem Zeitpunkt, als James Quirk diese wortmächtige Hymne auf die Schönheit des stummen Films schrieb, war der Tonfilm zu einer praktisch realisierungsfähigen Möglichkeit herangereift. Doch Stummfilme waren ein ausgezeichnetes Geschäft. Erst als die Industrie einen ihrer periodisch auftretenden Rückschläge verzeichnete, sahen sich einige ihrer Vertreter gezwungen, nach etwas Neuem zu suchen. Diese Neuheit stärkte mit Erfolg die Industrie, aber sie zerstörte eine Kunst.

Einer historischen Anekdote zufolge wurde Thomas Alva Edison bei seiner Rückkehr von der Pariser Weltausstellung im Jahr 1889 von seinem Assistenten W. K. L. Dickson in die abgedunkelte Mansarde seines neuen Gebäudes gebeten, in dem er seine fotografischen Aktivitäten betrieb; dort projizierte er ein bewegtes Bild auf eine Leinwand. Das Bild zeigte Mr. Dickson, der seinen Hut zog und lächelte – und sprach.

Dickson beschreibt diesen bedeutungsvollen Moment in seinem Buch, das 1895 herauskam.[2] Terry Ramsaye zitiert ihn, mit Zurückhaltung.[3] Gordon Hendricks gibt in seinem Buch *The Edison Motion Picture Myth*, ähnlich zurückhaltend, Dicksons spätere Erinnerung von 1928 wieder:

»Inhalt des Films war: Ich selbst trete durch eine Tür, komme näher und spreche – ›Willkommen zuhause. Hoffe, Sie hatten eine angenehme Reise und Ihnen gefällt diese Show‹ – oder etwas in diesem Sinne – hebe und senke meine Hände und zähle bei jeder Geste von eins bis zehn, um die Synchronität zu beweisen.«[4]

Der tönende Film hat eine ebenso lange Geschichte wie der Film selbst.

Für Historiker birgt das Thema Sprengstoff: Es gibt, was den Erfinder des ersten Tonfilms betrifft, ebenso viele unbewiesene Versionen wie in bezug auf den Erfinder des Films überhaupt. Doch wer auch immer als erster erfolgreiche Resultate erzielt hat, eine Sache ist sicher: Der Tonfilm existierte schon Jahre, bevor *The Jazz Singer* die Industrie erschütterte und den Zusammenbruch des Stummfilms einleitete.

1901 benutzte der deutsche Physik-Professor Ernst Rühmer, der fasziniert war von dem Verfahren und den Möglichkeiten, Töne aufzuzeichnen, die Methode der ›schallempfindlichen Flamme‹ von Tyndall, König und Helmholtz, um Schallwellen auf Film festzuhalten. Er hatte kein Interesse am Kinofilm. Er war nur daran interessiert, diese Wellen zu analysieren, und der Film bot ihm die Möglichkeit dazu.

Es war Eugene Lauste, der besessen an dem Verfahren der optischen Schallaufzeichnung arbeitete und der sich 1906 sein System patentieren ließ, bei dem er einen Lichtbogen und schwingende Drähte verwendete.

Zu der Zeit wurden auch die Möglichkeiten des Grammophons ausgelotet, was zu kommerziell fruchtbareren Ergebnissen führte.

Arthur Kingston, ein Pionier des tönenden Films, wurde später ein bekannter Erfinder; er war verantwortlich für die Entwicklung von Plastik-Linsen und für die Marconi Flying Spot-Film-Abtastmaschine. Er besaß den Vorteil einer zweisprachigen Erziehung. Er ging in London mit Eugene Laustes Sohn Henri zur Schule. Als er die Schule verließ, nahm ihn seine Mutter, eine Französin, mit nach Paris, wo er eine Lehre in einer Handelsfirma aufnahm.

»Ich landete 1907 bei einer Firma namens Mathelot & Gentilhomme, die tönende Filme für Pathé herstellte. Ich verbrachte einige Zeit in der Werkstatt und arbeitete an den Synchronisier-Maschinen und den Verstärker-Apparaturen. Es gab damals natürlich noch keine elektronischen Verstärker; unsere waren pneumatisch. Ich hatte als Amateur ziemlich viel fotografiert, und mein Chef nahm mich unter seine Fittiche und zeigte mir, wie man Filme entwickelt, kopiert und perforiert.

Ich mochte die Arbeit ganz gern, und als er merkte, daß ich ihn nicht enttäuschte, erweiterte er meinen Verantwortungsbereich. Ein ganzer Haufen der Sprech-Maschinen wurde auf Rummelplätzen installiert, und wenn eine kaputtging, schickte er mich zum Reparieren hin. Ich erinnere mich, daß ich in die Bretagne fuhr und mit den Schaustellern zwei oder drei Tage in ihren Wohnwagen verbrachte, während ich die Maschine reparierte.

Ein Jahr später wurde ich mit dem Auftrag losgeschickt, ganz allein ein Stadttheater auszurüsten. Ich war siebzehn. Ich nahm eine nagelneue, in Kisten verpackte Pathé-Ausrüstung mit. Das Theater war in Bolbec, zwanzig Kilometer von Le Havre; es hatte noch Gasbeleuchtung, und ich mußte mich mit dem örtlichen Elektrizitätswerk in Verbindung setzen, um Stromversorgungsleitungen zu bekommen. Dann verkabelte ich das Gebäude, baute die Geräte auf und richtete die Bedienungskabine ein – ein feuersicheres Gehäuse mit Klappen, die man öffnen und im Notfall schließen konnte. Ich bediente am Premierenabend alles selbst, und es lief so gut, daß der Besitzer hocherfreut in der Pause mit Getränken zur Kabine kam. Damals machten wir es so, daß wir eine Platte mit dem Projektor synchron schalteten. Wir nahmen eine fertige Platte, und die Künstler mimten dazu, während wir sie fotografierten. Die Synchronisation war eine komplizierte und raffinierte Vorrichtung, die völlig automatisch arbeitete. Wir erreichten perfekte Lippen-Synchronität – vorausgesetzt, der Künstler machte bei der Mimerei seine Sache ordentlich.

Viele Leute fragen nach der Lautstärke des Tons: Wie konnte man in einem großen Kino überhaupt etwas hören, mit nur einem Grammophon? Das war ziemlich simpel. Es war nicht so, daß die Töne einfach aus einem Trichter kamen. Da wir keine elektronischen Geräte hatten, bauten wir pneumatische Ton-Boxen, die nach dem Prinzip eines Ventils arbeiteten. Die Verstärkung war umwerfend. Wenn man eine Leitung abrupt öffnet, zum Beispiel einen Wasserhahn im Badezimmer, gibt es manchmal einen wahnsinnigen Schlag. Das gleiche passiert mit Luft. Wenn man ein Ventil auf die Art öffnet oder schließt, bekommt man eine ungeheure Verstärkung. Der Luftdruck kam von einer 1-PS-Kompressorpumpe, die Luft durch Schlitze in der Ton-Box pumpte. Die Lautstärke entsprach der, die man heute mit elektronischer Verstärkung erreicht.

Pathés schärfster Konkurrent, Gaumont, hatte etwas, das unter der Bezeichnung Chronophone lief. Das war ein ähnliches Verstärker-System, abgesehen davon, daß dort Acetylengas verwendet wurde.

Nach einiger Zeit begann diese Mimerei zu Schallplatten meinen Chef zu langweilen, und er wollte ein direktes Aufnahmeverfahren ausprobieren. Also bauten wir ein schwerkraftgesteuertes Aufnahmegerät, und ich entwickelte dazu einen elektrischen Schneider, den ich noch heute besitze, und wir fingen an zu experimentieren. Wir bauten mikrofonische Staffel-Verstärker – ein Mikrofon speiste ein anderes, das wieder das nächste speiste – und die Resultate, die wir erzielten, waren so viel besser als die akustische Methode, daß wir umgehend vom Mimen auf das direkte elektrische Aufnahmeverfahren überwechselten. Auf die Art machten wir im Jahr 1909 in Frankreich elektrische Aufnahmen auf Tonfilm. Die Tonqualität war so gut, daß mein Chef einen Vertrag mit der französischen Firma Columbia über Schallplattenaufnahmen von der Garde Republicain abschließen konnte.«

Arthur Kingston kehrte nach England zurück und arbeitete in Labors und als Kameramann, bis er 1919 wieder mit dem Tonfilm in Berührung kam.

»Ich kam in Kontakt mit einem gewissen Grindell Matthews, der mit Ton auf dem Filmstreifen experimentierte. Zunächst baute ich einen Umlauf-Kopierer für ihn. Dann sagte Grindell Matthews zu mir: ›Kingston, hör mal, willst du nicht bei uns bleiben?‹

›Ja‹, meinte ich, ›warum eigentlich nicht? Ich finde dies hier wirklich viel interessanter als die Arbeit an der Kamera.‹ Ich fand bald heraus, daß sie in Schwierigkeiten waren. Sie hatten so wenig Ahnung vom Ton, daß sie das Element zur Tonaufzeichnung direkt am Bildfenster angebracht hatten und auf diese Weise nur Lichtflecken bekamen. Sobald ich die richtige Kamera hatte, eine Newman, lief die Sache. Ich machte Aufnahmen von Ernest Shackleton, bevor er 1921 zu seiner letzten Expedition aufbrach. Ich drehte etwa hundert Meter, und von seiner ganzen Rede waren es nur drei oder vier Worte, die wir nicht ganz mitbekamen. Ich erinnere mich genau, wie Sir Ernest seine Ansprache begann: ›Diese Expedition, die durch die Großzügigkeit meines Freundes John Rowlett ermöglicht wurde, verspricht sehr interessant zu werden. Wir haben einen Küstenstreifen von etwa dreitausend Meilen zu erforschen. *Was* wir entdecken werden, liegt in den Händen der Götter.‹

Wir waren zu dem Zeitpunkt wirklich weiter als alle anderen. Wir bastelten noch immer mit Selen-Zellen herum, als die ersten Fleming-Röhren herüberkamen. Wir fingen an, Verstärker zu bauen. Unsere Tonqualität wurde immer besser. Wir hatten es praktisch geschafft. Allerdings hatten wir ungefähr fünfzehntausend Pfund in die Experimente gesteckt, und Grindell Matthews benötigte weitere zehntausend. Das Geld war nicht aufzutreiben. Er machte Pleite.«

Das war im Jahr 1922. In Deutschland war 1921 Tobis-Klangfilm entwickelt worden, das dann die Grundlage der amerikanischen Ton-auf-Film-(Lichtton-)Systeme bildete.

1924 gab Dr. Lee De Forest seinen ›De Forest-Phonofilm‹ öffentlich bekannt.[5] James Quirk schrieb: »Dr. Lee De Forest verkündet, der Tonfilm sei vollendet. Aber das ist Rizinusöl auch.«[6]

Dr. De Forest erwiderte: »Meine tönenden Filme sind noch nicht ausgereift. Ich habe das auch nie behauptet. Aber ich möchte folgende Voraussage machen: Innerhalb eines Jahres werden wir den tönenden Film so weit verbessert haben, daß Stimmen mit einer solchen Klarheit aufgenommen werden, daß es nicht möglich sein wird, zwischen der realen menschlichen Stimme einer anwesenden Person und der auf Film aufgenommenen Stimme derselben Person zu unterscheiden.«[7]

Zur gleichen Zeit experimentierte die Bell Telephone Company mit dem alten System des synchronen Schallplatten-Tons (Nadelton) zu Filmen. Eine Anzahl Testfilme wurde hergestellt und verschiedenen Filmfirmen angeboten, von denen keine für das System Interesse zeigte. Für Sam Warner von Warner Bros. wurde Ende 1925 eine Privatvorführung gegeben. Da seine Firma auf eine Finanzkrise zusteuerte, entschloß er sich, zusammen mit seinen Brüdern, den Sprung zu wagen.

Western Electric fusionierte mit der Bell Telephone Company, Warner unterzeichnete ein Abkommen mit ihnen, und ein Vitaphone-Produktionsteam ging in den Flatbush-Studios an die Arbeit. Die Studios waren nicht schalldicht. Es waren die Ateliers der alten Vitagraph Company, die 1925 von den Warners aufgekauft worden war. Es handelte sich um glasgedeckte Ateliers, die für den Stummfilm erbaut worden waren. Da war der Verkehrslärm, das Zischen der Klieg-Lampen und die üblichen Hintergrundgeräusche, und obendrein mußten die Mitarbeiter mit langen Bambusstangen die Tauben vom Dach vertreiben.

Man wich in das Städtische Opernhaus aus, in der Annahme, daß dieses ideal geeignet sei. Doch auch hier zwangen der Verkehrslärm, das Rattern der Straßenbahnen und andere Geräusche die Crew dazu, bei Nacht zu drehen. Und in der Nacht begannen die Sprengarbeiten an einer U-Bahn-Erweiterung direkt unter dem Haus.

Trotz allem wurde das Testprogramm schließlich abgeschlossen. Es bestand aus einer Reihe von Musiknummern. Die Gebrüder Warner wollten keinen Dialog-Film; Vitaphone sollte nur Musik und Geräuscheffekte präsentieren. Dadurch sollte es möglich werden, die Musik eines Premierentheaters auch ins hinterste Provinzkino zu bringen, so daß das Publikum im ganzen Land die beste Musik in der bestmöglichen Aufführungsqualität erleben konnte. Die einzige Konzession an das gesprochene Wort war eine Begrüßungsansprache von Will Hays.

Der Tonfilm 46

Auf das *Vitaphone Preludium* folgte der Spielfilm *Don Juan* (Alan Crosland) mit John Barrymore, der von Orchestermusik untermalt und mit einigen Geräuscheffekten versehen war. Diese erste öffentliche Demonstration von Vitaphone fand am 6. August 1926 statt. Am nächsten Morgen erschien *Variety* mit einer Vitaphone gewidmeten Sonderausgabe.

New York City, 1926

Die Aufführung im Warner Theatre wurde sorgfältig überwacht. Auf einem Sonderplatz saß, mit Telefon und Signalknöpfen ausgerüstet, der Ingenieur Stanley Watkins von Western Electric.

»Eines Abends«, berichtete Mr. Watkins, »nachdem das Programm schon einige Wochen gelaufen war, öffnete Will Hays seinen Mund – und heraus kamen die Töne eines Banjos. Danach blieb ich noch für eine ganze Zeit in dem Kino, und ich habe, glaube ich, den Hauptfilm *Don Juan* etwa neunzigmal gesehen, mit kleinen Unterbrechungen. Unser besonderes Augenmerk richteten wir auf die Lautstärke.«[8]

Als andere Kinos der Warner-Kette auf Vitaphone umgerüstet wurden, litt die Tonqualität oft unter mangelnder Kontrolle.

James Quirk verkündete seiner Leserschaft in einem Leitartikel, daß er sich Syd Chaplins *The Better 'Ole* anschauen wollte, daß er aber aus dem Kino getrieben wurde, weil der vorher laufende Vitaphone-Kurzfilm so unerträglich war. Er stellte sich lieber an einem anderen Kino an – für einen Stummfilm. »Meine Füße«, schrieb er, »halten mehr aus als meine Ohren.«[9]

Um diese Zeit kam ein Witz auf: Ein Papagei ist ein Kanarienvogel, der es mit Vitaphone probiert.

Für viele Kinogänger war ihr erstes Erlebnis mit Vitaphone eine Feuertaufe. Ein unkontrolliertes Quaken und Jaulen in einer anscheinend unendlichen Variationsbreite zerstörte jede wundertätige Wirkung, die die Technik möglicherweise haben mochte. Das Publikum, das an ein großes Orchester unterhalb der Leinwand gewöhnt war, konnte keinen Sinn darin entdecken, daß die Musik auf blechern tönende Lautsprecher neben und hinter der Leinwand verlagert wurde.

Es sollte noch ein gutes Jahr dauern, bis Vitaphone zu seinem K.O.-Schlag gegen den Stummfilm ansetzen konnte. Bis zu dem Zeitpunkt nahm kein anderer Hollywoodproduzent das Verfahren ernst. Man hielt es für eine vorübergehende Neuheit, die wieder verschwinden würde. Nur die Movietone-Leute, die bei Fox an ihrem Ton-auf-Film-System arbeiteten, hatten den richtigen Blick für die Bedeutung des Tonfilms.

Schließlich beschlossen die Warners, in der Absicht, diejenigen Produzenten und Kinobesitzer zu gewinnen, die die hohen Installationskosten für den Ton scheuten, einen Spielfilm herzustellen, der die Möglichkeiten von Vitaphone voll ausschöpfen sollte. Sie engagierten Al Jolson, der sich, trotz seines sensationellen Erfolges auf der Bühne, nie im Film durchgesetzt hatte; sein Stil beruhte auf seiner Stimme. Ohne seine Songs, meinte er, ginge seine Wirkung verloren – und dieses Minderwertigkeitsgefühl als Stummfilm-Darsteller war der Grund dafür, daß er 1923 aus Griffiths Studio in Mamaroneck fortgelaufen war. Er sollte einen Neger in der Komödie *His Darker Self* spielen, die schließlich von Lloyd Hamilton fertiggestellt wurde.

The Jazz Singer, eine sentimentale jüdische Story nach dem Bühnenstück von Samson Raphaelson, war als Stummfilm mit Zwischentiteln geplant – doch mit Szenen, in denen Vitaphone mit voller Kraft ertönen sollte. Alfred A. Cohn war in seinem Szenarium ein wenig unsicher, wie er es mit dieser Neuerung halten sollte. Im Drehbuch hieß es:

SZENE 353 TOTALE: BÜHNE VON VORN
Der Chor ist angetreten und schaut zum Eingang, wo Jack erwartet wird. Das Orchester spielt die Einleitung zu seinem Song, als er auftritt. Er spricht ein paar Worte als Ansage für seinen Song, und dann fängt er an zu singen.
ANMERKUNG: *Die Präsentation des Songs wird vollkommen durch die technischen Bedingungen des Vitaphone-Systems bestimmt. Die folgenden Szenen enthalten nur das, was für die Fortführung der Handlung nötig ist. In allen Szenen bis zu Jacks Abgang ist seine Stimme in einer Lautstärke zu hören, die dem Abstand zur Kamera entspricht.*

»Jolson sollte singen, ein Dialog war nicht vorgesehen«, erinnerte sich Stanley Watkins. »Jolson war jedoch ein schwer zu zügelnder Kerl, und als der Film gedreht wurde, bestand er darauf, an einigen Stellen ein paar Sätze zu improvisieren. Sam Warner schaffte es, seine Brüder zu überreden, die Szenen drinzulassen. Dann kam die Premiere am 6. Oktober 1927. Der Kontrast zwischen diesen kurzen gesprochenen Passagen und dem Rest des Films, der stumm war und Hintergrundmusik und Zwischentitel enthielt, war entscheidend. Er löste solche Reaktionen aus, daß der Rest der Filmindustrie den kalten Krieg aufgeben mußte.« Die Textimprovisationen, die berühmt geworden sind durch die unsterblichen Worte »You ain't heard nothin' yet!«, sind recht umfangreich und wurden offensichtlich durch den Regisseur Alan Crosland unterstützt. Eine Szene, in der Al mit seiner Mutter (Eugenie Besserer) redet, während er am Klavier sitzt, ist eine längere Passage von improvisiertem Nonsense, der sich dann ganz witzig entfaltet. »Wir werden in die Bronx umziehen... und eine ganze Menge Leute dazu, die du kennst. Die Ginsbergs, die Guttenbergs und die Goldbergs und all die anderen Bergs. Ich weiß nicht, wer alles.«

Der Film selbst ist eine echte jüdische Schnulze – manchmal geradezu erschlagend, doch stets unterhaltsam, und von Hal Mohr ausgezeichnet fotografiert. Jolson besitzt eine überzeugende Filmpräsenz, auch wenn er nicht singt und obwohl er kein Schauspieler im üblichen Sinne ist. Daß *The Jazz Singer* eine Sensation war, ist allgemein bekannt, selbst bei jenen, die sich in Filmgeschichte nicht auskennen. Doch *Photoplay*, das über die Idee des Tonfilms nicht glücklich war, versteckte die Besprechung des Films in den hinteren Seiten:

»Al Jolson mit Vitaphone-Geräuschen. Jolson ist kein Filmschauspieler. Ohne seinen Ruf als Broadway-Star würde er nicht einmal zu den Kleindarstellern zählen. Das einzig Interessante an diesem Film sind seine sechs Songs. Die Story ist eine noch eben erträgliche Schnulze über einen jungen Juden, der den Jazz den Liedern seiner Rasse vorzieht. Am Ende kehrt er in ihren Schoß zurück und singt das ›Kol Nidre‹ zu Jom Kippur. Das ist die beste Szene des Films.«[10]

»Die Produzenten erkannten jetzt, daß es nur noch die Alternative gab: Ton oder Tod«, erzählte Stanley Watkins. »Und nach einer angemessenen Zeitspanne, in der sie erfolglos versuchten, eigene Ton-Ausrüstungen zu entwickeln, kamen sie zu uns, zu Western Electric, um Verträge zu machen. Bis Ende 1928 waren etwa sechzehn Ton-Ateliers gebaut, ausgestattet und in Betrieb. Und im ganzen Land wurden die Kinos auf Ton umgerüstet.

Eine wichtige Entwicklung, von der das Publikum nichts bemerkte, war die Umstellung von Nadelton (Ton auf Schallplatten) auf Lichtton (Ton auf dem Filmstreifen). Wir hätten von Anfang an mit Lichtton arbeiten können (Western Electric hatte das seit 1916 in Entwicklung), und von Anfang an war ziemlich klar, daß es darauf hinauslaufen würde. Aber zu jener Zeit waren die Schallplatten wirklich besser. Ihre Handhabung war seit etwa vierzig Jahren üblich, während bisher niemand Ton-auf-Film kommerziell ausgewertet hatte. Es gab eine Spanne von einigen Jahren, in der die Kinos für beides, Nadelton und Lichtton, ausgerüstet sein mußten, bis der Wechsel zum Lichtton endgültig vollzogen war.«

Im Jahr 1928 erregte der unbedeutendste Tonfilm mehr Interesse als die gelungensten Stummfilme. Zu dem Zeitpunkt war die künstlerische Kluft zwischen beiden nicht so ausgeprägt, denn bis zu *The Lights of New York* gab es noch keinen vollständigen Dialog-Film; es handelte sich entweder um Stummfilme mit einer Vitaphone-Begleitung und ein paar Sprechszenen oder um einen normalen Stummfilm, bei dem gegen Ende das Kino-Orchester zu spielen aufhörte und eine Dialog-Sequenz begann. Andere ›Ton‹-Filme, wie *Lilac Time*, waren große stumme Produktionen ohne Dialog, jedoch mit Musik und Geräuscheffekten, die oft ein paar eingestreute Technicolor-Sequenzen enthielten.

Es war eine Zeit der Scharlatanerie und Effekthascherei und des künstlerischen Zynismus: Stumme Produktionen, die vom Fetisch Vitaphone überrascht worden waren, wurden hastig um ein paar angehängte Sätze ergänzt und groß als Dialog-Filme angekündigt. Kinobesitzer, die ein Mittel gegen den Besucherrückgang suchten, umrahmten die Filme mit Vaudeville-Nummern und persönlichen Auftritten – eine Methode, die bei den Zuschauern, die das Vaudeville nicht ausstehen konnten, einen Aufschrei der Empörung auslöste. Der Besuch eines Films geriet zu einer teuren, zeitraubenden und unsicheren Unternehmung, die noch weiter durch den Mischmasch beeinträchtigt wurde, den der Kinobesitzer auf der Bühne zu präsentieren beliebte.

»Diese Vitaphone- und Vaudeville-Theater gehen mir auf den Geist«, schrieb ein Fan aus dem Staat Washington. »Wenn sie es nicht schaffen, mit Vitaphone gute Filme aufzuführen, dann schlage ich vor, daß sie Vitaphone ganz weglassen.«[11]

James Quirk warnte die Produzenten, im Kino sei die Unterhaltung für das Ohr nicht so entscheidend wie die für das Auge – noch nicht. Er machte, im Hinblick auf die bis dahin fertiggestellten Tonfilme, darauf aufmerksam, daß sie als Filmproduktionen von minderer Qualität seien. »Das soll keine Kritik sein. Jedes Jahr bringt die Technik des Films neue Entwicklungen. Ein zwei Jahre alter Film, mag er auch seine emotionale Wirkung behalten, ist technisch so veraltet wie die ebenso alte Damenmode.«

Quirk meinte, es wäre bedauerlich, wenn das Bemühen, die Tontechnik zu perfektionieren, sich zu Lasten der Entwicklung der Filmkunst auswirken würde. Der Tonfilm werde schon zeigen, was in ihm stecke, wenn man im Lauf der Zeit seine theoretischen und praktischen Erfahrungen damit mache. Wenn es aber bei dem kopflosen Versuch bleibe, allen produzierten Filmen Ton hinzuzufügen, werde das Ergebnis Mittelmaß bis zum Überdruß sein.

»Wer von einem guten Filmregisseur erwartet, er solle heute qualitätvolle Tonfilme machen, der tut das gleiche, als bäte er den ersten Geiger eines Orchesters, sein Instrument mit der einen Hand zu spielen und die Pauken und das Schlagzeug mit der anderen.«[12]

In dieser Übergangsphase war die Rolle des Regisseurs wohl die am wenigsten beneidenswerte in der gesamten Geschichte des Filmbusiness. Er hätte schwerlich unter stärkerem Streß arbeiten können. Zu der eigenen Unsicherheit kam hinzu, daß er mit Schauspielern umgehen mußte, deren Verbleiben im Geschäft unmittelbar bedroht war.

Es waren die Tage, als sich alle dem Gesetz von König Mikro unterwerfen mußten. Der Mann im Kontrollraum besaß diktatorische Macht. In diesen frühen Tonfilm-Tagen waren die Kameras in schalldichte Kabinen eingeschlossen. Die Tonaufnahme für die Platte bedeutete, daß mehrere Kameras synchron laufen mußten. Die Lichtführung erreichte einen einmaligen Tiefpunkt, weil der Kameramann die Ausleuchtung für alle Kameras gleich halten mußte. Eine neue Funktion wurde eingeführt – Director of Photography (Chef-Kameramann), damit ein erfahrener Kameramann ein Team von Schwenkern und Assistenten überwachen konnte.

Diese Übergangszeit war vergleichsweise kurz – ein paar Jahre höchstens, doch das reichte aus, die glatten Abläufe der ganzen Industrie durcheinanderzuwerfen. Die Opfer waren zahlreich: Stars, Regisseure und Titel-Autoren waren vor allem betroffen. Die Labors mußten sich völlig neu einrichten, um überhaupt im Geschäft zu bleiben. Die Musiker saßen auf dem Trockenen. Die Musikergewerkschaft konnte einige Kinobesitzer überreden, ihre Orchester so lange zu behalten, bis neue Jobs in Vaudeville-Häusern und den noch übriggebliebenen Stummfilm-Kinos gefunden werden konnten. Im Strand Theatre in New York spielten die achtzehn Musiker sechzehn Minuten täglich zum vollen Lohn.

Erfreulicherweise hellte sich das düstere Bild ein wenig dadurch auf, daß einige Regisseure, besonders jene mit Bühnenerfahrung, sich problemlos an den Tonfilm gewöhnten und glücklich damit waren. Die Karrieren vieler alter Stars erlebten einen starken Auftrieb, und neue Stars wurden aufgebaut, die einen enormen Erfolg hatten. Einer der bedeutendsten Filme aller Zeiten, *All Quiet on the Western Front* (Lewis Milestone), gewann durch den Ton eine neue Dimension; er besaß alle Qualitäten eines Stummfilms und nur wenige Nachteile des Tonfilms – abgesehen von der etwas peinlichen Sprechweise einiger Schauspieler, die nicht gewohnt waren, Dialoge zu sprechen.

Die Einführung des Tons verlieh der Filmproduktion ohne Zweifel eine neue Dimension und eröffnete kreativen Filmmachern völlig neue Horizonte. Was jetzt hinzukam, war derartig durchgreifend, daß sich die Grundlagen der Filmproduktion änderten. Statt wie ein sanftes Anpfropfen wirkte die Einführung des Tons wie eine rüde Umpflanzaktion: Der Film wurde mitsamt den Wurzeln aus der Stummfilm-Ära gerissen und in einen neuen Boden gepflanzt – der fruchtbarer war, aber doch ungewohnt. Einige der Wurzeln, die nicht fähig waren, sich an die neuen Bedingungen zu gewöhnen, verdorrten und starben ab, und eine Menge Lebenskraft ging verloren.

Wäre der Tonfilm nur ein paar Jahre später gekommen, so daß die Entwicklung der Stummfilm-Technik in Ruhe hätte ihre Grenze erreichen und sich konsolidieren können, dann wäre es möglich gewesen, den Ton mit Feingefühl und Umsicht zu verwenden, anstatt jeden Zentimeter eines jeden Filmstreifens dick mit Dialog vollzukleistern; dann befände sich der kommerzielle Film heute womöglich auf einem künstlerisch und technisch höheren Niveau. Die Stummfilme des Jahres 1928 waren so fließend in ihrem Duktus und von so beeindruckender Schönheit, sie hatten eine solche Qualität darin erreicht, mit relativ wenigen Titeln eine Geschichte in Bildern zu erzählen, daß es geradezu tragisch wirkt, daß diese Technik auf ihrem Höhepunkt abbrach.[13] Manchmal stößt man auf Tonfilme, die die Grundtechnik des Stummfilms fortführen – Lubitschs *The Man I Killed* (1931) ist ein ausgezeichnetes Beispiel –, doch diese Filme verschwanden nach und nach und machten glatten Dialog-Filmen Platz, die in sich oft brillant sind, jedoch neue Arten der filmischen Narration praktizierten.

Ich kann nicht sprechen, kann nicht singen,
Nicht kreischen, stöhnen, sonstwie klingen,
Ich habe also nur Gebrechen,
Wie kann ich da beim Film noch sprechen?[14]

»Die Zuschauer verlangen, daß in den Kinos der Unterschied zwischen dem gesprochenen Dialog und ablenkenden, zufälligen Geräuschen deutlicher hörbar wird. Wo jetzt der Reiz des Neuen schwindet, beginnen mechanische Unzulänglichkeiten dem Publikum auf die Nerven zu gehen.«[15] Das war 1929, und der Tonfilm war in aller Munde.

»Einige von uns sind über den Tonfilm bisher bitter enttäuscht. Einige spielen verrückt und schreien vor Wut, daß man alle Stummfilme zur Hintertür hinausgeworfen hat. Beides ist unwahr und ungerecht.« James Quirk wies nüchtern darauf hin, daß die Tonfilme von ihrer Neuheit lebten; sie müßten sich noch stark entwickeln, in technischer wie in menschlicher Hinsicht gleichermaßen. Doch sie würden bleiben, und nichts könne sie aufhalten. »Es liegt bei uns, abzuwarten, die Daumen zu drücken und die Wissenschaftler basteln zu lassen.«[16]

Die konkurrierenden Firmen veröffentlichten Anzeigen für ihre jeweiligen Tonsysteme. Fox Movietone, die eine Reihe von Kurzfilmen auf den Markt warf, versuchte die Spielfilme der Vitaphone auszustechen und tönte quer über eine ganze Seite: »Diese Ton-Kurzfilme sind wirkliche Spielfilme. Sorgfältig produziert in Fox Movietone City.« Zu diesen Kurzfilmen gehörten Chic Sale-Komödien und der von John Ford inszenierte *Napoleon's Barber*.

»Wir hoffen, daß man noch einen Haufen derartiger Dialog-Filme herstellen wird«, schrieb *Photoplay* über Fords ersten Tonfilm, »und dann – ein toller Gedanke! – hoffentlich überhaupt keinen mehr! Wäre das nicht einfach Spitze? Es ist alles völlig unbeholfen und unrealistisch. Wie üblich, wirkt es so, als ob die Figuren aus ihrer Westentasche sprechen. Es gibt nur einen wirklichen Trost – daß der Film nur zwei Akte lang ist.«[17] Fox Movietone, so erfuhren die Kinobesucher, sei mehr als Ton – es sei »Das Leben selbst« ... der einzige *perfekte* Tonfilm, denn die Schallwellen würden direkt auf das Zelluloid fotografiert, »und deshalb hört man AUSSCHLIESSLICH absolut lebensechte Töne.«[18]

Vitaphone überschrieb seine Anzeige (nur wenige Seiten weiter): »Endlich ›FILME, die wie LEBENDIGE MENSCHEN SPRECHEN!‹«

»Verwechseln Sie Vitaphone nicht einfach mit ›Geräusch-Effekten‹. Vitaphone ist der EINZIGE erfolgreiche Tonfilm – exklusiv bei Warner Bros. Denken Sie daran – wenn es nicht Warner Bros.-Vitaphone ist, dann ist es KEIN wirklich lebensechter Tonfilm.«[19]

Die Zuschauer scherten sich weniger darum, als man annahm. Die Aufregung legte sich, und das Publikum akzeptierte die Tonfilme eher wegen ihres umfassenden Unterhaltungswertes als wegen ihrer Neuheit.

Briefe, die zu Tausenden monatlich in die Redaktion strömten, gaben *Photoplay* einen guten Querschnitt durch die öffentliche Meinung.

»Diesen Briefen kann man entnehmen, daß die Öffentlichkeit nicht sicher ist, ob sie in Zukunft lange Dialog-Filme sehen möchte. Neun von zehn Schreibern meinen, sie würden lieber einen erstklassigen Stummfilm sehen als einen zweitklassigen Tonfilm. Sie beschweren sich über die mittelmäßige Fotografie und das statische Agieren der Darsteller in den Tonfassungen. Sie loben übereinstimmend den Dialog und die Geräusche in Wochenschauen, und man ist sich weitgehend darin einig, daß man tönende Zweiakter zusammen mit einem stummen Spielfilm sehen möchte. Es gibt viele, die sagen, sie würden wegen der nervlichen Belastung keinen Tonfilm mehr besuchen.«[20] Selbst Thomas A. Edison meinte noch im Jahr 1930: »Ohne Verbesserungen wird das Publikum die Lust an den tönenden Filmen verlieren. Reden ist kein Ersatz für die gute Darstellung, die wir im Stummfilm hatten.«

Um den Kinos, die noch nicht auf Ton umgerüstet waren, entgegenzukommen, wurden viele Tonfilme in stummen Fassungen mit Zwischentiteln angeboten. Manchmal wurde eine völlig neue Version gedreht, zum Beispiel bei *Interference* (Lothar Mendes); der Chef von Paramounts Tonabteilung, Roy

Pomeroy, drehte den ganzen Film neu, diesmal mit Dialog, wobei er sich sorgfältig an Mendes' Original hielt.

Clive Brook, der Star von *Interference*, erinnerte sich an eine Episode im Zusammenhang mit der Dialog-Version. Seine Mutter ging in London ins Plaza, um ihren Sohn in seinem ersten Tonfilm zu erleben. Eine Szene, in der eine anonyme Postkarte ankommt, die Brook mit den Worten zerreißt: »Wieder eine dieser verdammten Postkarten«, lief plötzlich aus dem Ruder. Die Nadel blieb in der Rille hängen – Brook fuhr in der Szene fort und küßte seine Frau, während er immer weiterredete: »Wieder eine dieser verdammten Postkarten... Wieder eine dieser verdammten Postkarten...«

Tonfilme, die man als Stummfilme mit Zwischentiteln anstelle des gesprochenen Dialogs herausbrachte, waren eine Katastrophe. *The Drake Case* (Edward Laemmle), mit Gladys Brockwell, war als Tonfilm erfolgreich, doch die stumme Version wirkte wie ein Edison-Drama von 1903. Überlange Einstellungen, in denen die Darsteller wortreiche Perioden unerklärten Dialogs ablieferten, dann ein Titel, der erläuterte, was man gesehen hatte und was man hätte hören sollen. Solche statischen und vollkommen unfilmischen Filme, die man als Stummfilme mißverstand, beschleunigten deren Untergang.

Ein anderer Grund dafür war, daß es in den Vereinigten Staaten im April 1929 erst sechzehnhundert mit Tonanlagen ausgerüstete Kinos gab und die Leute, die in die Städte kamen, um ihren ersten Tonfilm zu sehen, mit ihrer Meinung schnell bei der Hand waren. Ein weiblicher Fan begrüßte den Tonfilm als »Allheilmittel«. Sie meinte, die Filme hätten bisher ihre Handlung unter einem Wust reicher Ausschmückungen und komplizierter technischer Effekte verborgen, und nun endlich würden die Tonfilme die Aufmerksamkeit auf die Personen und die Handlung lenken. »Sie sind so gut wie ein Abend im Theater.«[21] Dagegen läßt sich schwerlich etwas sagen.

Ein anderer Fan meinte, wie der Stummfilm durch seinen Einfluß Wohnen, Kleidung und Gesundheit verbessert habe, so würde der Tonfilm die Sprache und die Artikulation verbessern. »Das Kino treibt uns unsere Vulgarität aus. Es bringt den Leuten Kultur bei, eine Tugend, die zu erlangen man früher für unmöglich hielt.«[22]

Immer mehr Theater wurden umgerüstet, die Tonqualität verbesserte sich – und dem entsprach die Haltung der Briefschreiber. Mitte 1929 waren neunzig Prozent für gute Tonfilme... und damit war der Stummfilm praktisch tot. M-G-M befürchtete, daß Garbos rauhe Stimme über die Lautsprecher katastrophal klingen würde, und präsentierte sie weiterhin in Stummfilmen: *The Kiss* (Jacques Feyder), 1929 gedreht, war ihr letzter Stummfilm, ehe der sensationelle *Anna Christie* die Plakatmaler dazu brachte, wie wild nach ihren größten Buchstaben zu suchen, um ein stolzes GARBO SPRICHT! von den Kinofassaden prangen zu lassen.

Filme, die so teuer und potentiell erfolgreich waren wie *Anna Christie*, mußten möglichst breit vertrieben werden; folglich brauchte man fremdsprachige Versionen. Der gesamte Film wurde mit einer anderen Besetzung und einem anderen Regisseur – jedoch in denselben Dekorationen – noch einmal gedreht. Garbo konnte die deutsche Version leicht spielen – aber die übrigen Schauspieler mußten ersetzt werden. Jacques Feyder, der bei *The Kiss* Regie geführt hatte, trat an die Stelle von Clarence Brown.

Einige der John Barrymore-Erfolge wurden von den Warners mit Antonio Moreno, einem Spanier, für den südamerikanischen Markt neu gedreht. Und Ramon Novarro, ein Mexikaner, führte bei spanischen Versionen Regie.

Zu seinem Ärger mußte Hollywood bald den Haken an der Sache entdecken: Es gab so viele spanische Dialekte, wie es spanischsprechende Gebiete gab. Bei französischen, deutschen und italienischen Versionen tauchten ähnliche Einwände auf; Zuschauer und Kinobesitzer beschwerten sich häufig, daß die Filme zwar in der richtigen Sprache, aber dennoch unverständlich seien.

Das Problem wurde teilweise durch das Dunning-Verfahren gelöst, bei dem man einen gesondert aufgenommenen farbigen Hintergrund verwendete, mit dessen Hilfe die Filme dann im Ausland mit einheimischen Schauspielern nachgedreht werden konnten. Diese Methode erwies sich weder in ökonomischer noch in künstlerischer Hinsicht als praktisch; sie wurde schließlich durch Untertitel und die Nachsynchronisation ersetzt.

Einige große Stummfilme wurden mit Ton neu herausgebracht: *The Big Parade* war ziemlich erfolgreich, und die Schlachtszenen gewannen beträchtlich durch die Geräuscheffekte von Kanonendonner und Maschinengewehr-Geknatter. *Ben-Hur* wurde nicht allzu gut aufgenommen, die Kritiker waren schnell mit dem Einwand zur Hand, daß die übertriebenen Gesten der Schauspieler »den Platz der Worte einnähmen«.

Ein interessanter Aspekt bei der Einführung des Tons war, wie *langsam* die Aktionen im Vergleich zum Stummfilm wirkten. Die Figuren schwebten gleichsam über die Leinwand – es wirkte wie Zeitlupe. Kameras und Projektoren wurden jetzt auf einen Standard von vierundzwanzig Bildern pro Sekunde eingestellt, eine zufällige Zahl, die sich ergab, als Ingenieure der Western Electric die Durchschnittszahl ermittelten, mit der Stummfilme projiziert wurden.

Das prominenteste Opfer des Tonfilms war John Gilbert. Weil er einen Vertrag hatte, der für ihn persönlich sehr vorteilhafte Bedingungen enthielt, weigerte er sich, eine Abfindung zu akzeptieren, als seine Stimme nicht für die Tonaufzeichnung geeignet erschien. Es war eine mißliche Eigenschaft der frühen Aufnahmegeräte, daß sie die Stimmen um eine oder zwei Oktaven höher machten; die besten Resultate erzielte man bei volltönenden Baritonen. Tenorstimmen, wie die von Gilbert, wurden durch die Aufnahme oft zu einem hohen Piepsen, das mehr an Mickymaus als an Don Juan erinnerte. Gilberts normale Sprechstimme war ein angenehmer Tenor, der am Ende auch korrekt aufgenommen wurde, zu spät allerdings, um – mit *Queen Christina* – seine zerstörte Karriere zu retten.[23] Louise Brooks hielt seinen Sturz für einen Fall von vorsätzlicher Sabotage: »Gilbert hatte eine geschulte Schauspieler-Stimme. *Redemption* wurde von Fred Niblo gedreht. Er war nicht schlecht. Es gab ein Preview, und Quirk schrieb eine positive Kritik. Also zog man ihn zurück. John war bei den Produzenten schrecklich unbeliebt – er war ganz schön fies und machte dauernd Ärger. Als sie also merkten, daß sie ihn so nicht loswerden konnten, beschlossen sie, ihm einfach ein paar schlechte Filme zu geben.

Die Sache wurde akut mit *His Glorious Night*. Schon am Titel kann man sehen, daß so etwas seit zwanzig Jahren aus der Mode war. Sie ließen Lionel Barrymore die Regie führen: ›Du machst den Film, und du machst ihn *lausig*.‹ Und das tat er auch. Dazu war die Publicity entsprechend miserabel.«

Als John Gilbert bei seiner Rückkehr aus Europa vom Schiff kam, waren seine ersten Worte: »Was ist mit meinem Film? Was halten die Kritiker von meinem Film?« Seine Freunde standen vor einer schwierigen Aufgabe, als müßten sie jemand die Nachricht von einer persönlichen Katastrophe überbringen. Sie sahen sich gezwungen, ihm zu sagen, daß er durchgefallen war.

Gilberts Selbstbewußtsein erhielt einen tödlichen Stoß. Chaplin verkündete seinen Plan, er wolle eine Anzahl von Stummfilmen machen – die er Filme ohne Dialog nannte – mit so berühmten Opfern des Tonfilms wie John Gilbert. Doch die Sache zerschlug sich. Trotz der ungebrochenen Unterstützung durch tausende von Fans war Gilberts Karriere am Ende.

Unter den Regisseuren war die Zahl der Opfer größer, sie erregten jedoch weniger Aufsehen. Der erste Tonfilm war der Testfall. Wenn sie sich ungeschickt anstellten oder unsicher schienen, war ihre Karriere zu Ende, denn die gesamte Struktur der Filmindustrie hatte sich geändert. Anstatt »Kamera!« riefen die Regisseure jetzt »Ankoppeln!« Neue Worte tauchten im Film-Vokabular auf: ›Barney‹ hieß die Verkleidung, die das Geräusch der Kamera bei Außenaufnahmen dämpfte, sie hieß nach der Comic Strip-Figur ›Barney Google‹, weil die Kamera mit ihrer Verkleidung an dessen Rennpferd erinnerte; ›Blimp‹ hieß die kompakte geräuschdämpfende Verkleidung, in die die Kamera verpackt wurde, weil sie wie ein Blimp, ein Luftschiff, aussah. Metro-Goldwyn-Mayer ließ einen ›Ruhe!‹-Ballon aufsteigen, um die Flugzeuge zu warnen, daß man Tonaufnahmen machte; an dem Halteseil flatterten rote Wimpel. Aufgrund eines Abkommens zwischen dem Handelsministerium, der California Aircraft Operators Association und den Filmproduzenten hielten die Piloten zu derart markierten Stellen einen Abstand von mindestens 750 Metern; monatelang hatten vorbeifliegende Flugzeuge bei Außenaufnahmen gestört.

Die frühen Tonfilme waren oft dumpf und leblos, nicht allein weil sie so schlecht gemacht waren, sondern auch wegen des Materials der Leinwände. Die Oberfläche mußte perforiert werden, um den Ton durchzulassen; zunächst versuchte man es mit weitmaschigem Material, und das Ergebnis war jämmerlich. Schließlich entwickelte man eine feuerfeste Oberfläche aus Öltuch, die eine maximale Brillanz sicherstellte und die mit winzigen Löchern versehen war, um den Schall durchzulassen.

Die Bühnen fühlten sich bedroht wie nie zuvor, doch George Jean Nathan stellte mit einem seiner unnachahmlichen Bonmots die Moral wieder her: »Der Tonfilm wird erst dann über das Theater triumphieren, wenn der Tag kommt, an dem Menschen am Bühnenausgang darauf warten, daß ein elektrischer Phonograph herauskommt.«

Chaplin, ein Anhänger des Stummfilms bis zum letzten Augenblick, meinte: »Ein guter Tonfilm ist schlechter als ein gutes Bühnenstück, doch ein guter Stummfilm ist besser als ein gutes Bühnenstück.«

Die New Yorker *Evening Post* schrieb: »Eine der Offenbarungen des Tonfilms ist die Tatsache, daß einer Schauspielerin auch die hübscheste Nase dann nichts nützt, wenn sie durch sie spricht.«

David Belasco war, mit einem Blick auf seine bedrohten Theatereinnahmen, der Meinung, der Tonfilm sei ein großer Fehler. »Wenn ich jünger wäre und viel Geld hätte, würde ich in die Produktion von Stummfilmen investieren. Für einen Mann, der weiß, wo es langgeht, ist das heutzutage genau die richtige Sache. Gute Stummfilme könnten das Land im Sturm erobern.«

Doch Mary Pickford faßte im *New York Times Magazine* die ganze Situation in einem Satz zusammen:

»Es wäre logischer gewesen, wenn sich der Stummfilm aus dem Tonfilm entwickelt hätte, als umgekehrt.«

1 *Photoplay*, Mai 1921, S. 19.
2 W.K.L. und Antonia Dickson: *History of Kinetograph, Kinetoscope, and Kinetophonograph.* 1895. Reprint New York: Arno 1970.
3 Terry Ramsaye: *A Million and One Nights. A History of the Motion Picture.* 2 Bde. New York: Simon & Schuster 1926, [Neuausgabe: London: Cass 1964]; der Brief in Bd. 2, S. 779f.
4 Gordon Hendricks: *The Edison Motion Picture Myth*. Berkeley: Univ. of Calif. Press 1961, S. 89. Hendricks bezweifelt diese Version.
5 Das Werk von Dr. Lee De Forest ist so bedeutend, daß es ein eigenes Buch verdiente. Er war schon lange vor *The Jazz Singer* verantwortlich für erstklassige Ton-auf-Film-Produktionen.
6 *Photoplay*, März 1924, S. 27.
7 *Photoplay*, Juli 1924, S. 78.
8 Stanley Watkins auf einem Tonband, das John Huntley 1961 für das British Film Institute aufgenommen hat.
9 *Photoplay*, April 1927, S. 78.
10 *Photoplay*, März 1927, S. 144.
11 *Photoplay*, März 1928, S. 114.
12 *Photoplay*, Okt. 1928, S. 28.
13 Ein gutes Beispiel hierfür ist *The Kiss*, siehe weiter unten. [A.d.Hg.]
14 *Photoplay*, Jan. 1929, S. 47.
15 Ebenda, S. 8.
16 *Photoplay*, Okt. 1928, S. 28.
17 *Photoplay*, Jan. 1929, S. 93.
18 Ebenda, S. 11.
19 Ebenda, S. 14.
20 *Photoplay*, März 1929, S. 23.
21 *Photoplay*, April 1929, S. 10.
22 *Photoplay*, Mai 1929, S. 8.
23 Tatsächlich war Gilberts Stimme noch tiefer. Seine Tochter, Leatrice Gilbert Fountain, hat ein Buch über die Karriere ihres Vaters geschrieben: *Dark Star*. New York: St. Martin's Press 1985.

Fotografien an den Kapitelanfängen

- S. 21 Joseph Ruttenberg (1916)
- S. 25 *The Starving Artist* (Vitagraph, 1907)
- S. 33 *The Life Drama of Napoleon Bonaparte and Empress Josephine of France* (Vitagraph, 1909)
- S. 43 *Sheridan's Ride* (Universal, 1912)
- S. 53 Roscoe ›Fatty‹ Arbuckle
- S. 67 Der Babylon-Set für *Intolerance*
- S. 93 On location in Rom: George Fitzmaurice bei der Regie für *The Eternal City*; an der Kamera Arthur Miller
- S. 108 Die Schlacht von Bunker Hill aus D. W. Griffiths *America* (1924)
- S. 127 In der Mitte Allan Dwan, rechts neben ihm sein Assistent Arthur Rosson; Santa Barbara, 1913
- S. 139 Henry King während der Arbeit an *The White Sister* (1923)
- S. 155 Mary Pickford in *Tess of the Storm Country* (1922)
- S. 175 1928: Clarence Brown und Greta Garbo mit dem Phonographen, der bei den Dreharbeiten das Orchester ersetzte
- S. 195 Edward Sloman (mit dem weißen Helm) führt Regie bei *The Foreign Legion* (1928); an der Kamera Jackson Rose
- S. 207 William Wellman und Harry Perry während der Arbeiten an *Wings* (1927)
- S. 223 *The Ten Commandments* (1923)
- S. 235 Von Sternberg bei der Regie zu *The Drag Net* (1928); links neben der Kamera Hal Rosson
- S. 259 Harry Fischbeck
- S. 271 1920: Charles Rosher, Mary Pickford und die erste bei Dreharbeiten eingesetzte Mitchell-Kamera: *The Love Light* (1921)
- S. 285 *The Hunchback of Notre Dame* (1923): Eine Dekoration in Originalgröße, in Kombination mit einer hängenden Miniatur: die Grenze verläuft genau unterhalb der Statuen-Reihe
- S. 297 Douglas Fairbanks und Allan Dwan bei der Arbeit an *Robin Hood* (1922)
- S. 309 T. Hunter Hayes führt Blanche Bates; 1914
- S. 319 Donald Ogden Stewart
- S. 331 Der Cutter William Nolan
- S. 341 Der Haupttitel für *The Covered Wagon* (1923) wird gefilmt
- S. 353 Der Schneideraum des Goldwyn-Studios (Margaret Booth ist nicht auf dem Bild)
- S. 359 Der Haupttitel und die Credits einer Sennett-Komödie von 1925
- S. 367 *Captain Blood* (1924)
- S. 381 *The Sheik* (1921): George Melford (mit Strohhut) führt Regie; an der Kamera William Marshall
- S. 387 *The Trail of '98* (1928)
- S. 395 Ruth Dickey, die Schwester von Paul Dickey (aus *Robin Hood*), Musikerin bei Dreharbeiten
- S. 401 Lillian Gish in *The Wind* (1928)
- S. 413 Greta Garbo in (der von Dimitri Buchowetski stammenden, nicht in die Kinos gelangten Version von) *Love* (1928), der von Edmund Golding neu gedreht wurde.
- S. 425 Geraldine Farrar als Opernstar, bevor die Filmindustrie sich ihrer bemächtigte
- S. 433 Gloria Swanson in *Wages of Virtue* (1924)
- S. 441 Betty Blythe in *Queen of Sheba* (1921)
- S. 451 Ramon Novarro als *Ben-Hur* (1925)
- S. 485 Erich von Stroheims *The Merry Widow* (1925): Roy D'Arcy, John Gilbert und Josephine Crowell – ein Film, der ein Opfer der Produzenten wurde
- S. 493 Eine von Selznick überwachte Produktion: *Forgotten Faces* (1928); von links: Regieassistent Russ Myers; Kameramann J. Roy Hunt; unbekannt; William Powell; unbekannt; Victor Scherzinger; Regisseur Clive Brook; das Scriptgirl; mit Zigarette Orville Beckett
- S. 501 Harry Langdon
- S. 515 Reginald Denny, ZaSu Pitts und Otis Harlan in *What Happened to Jones?* (1925)
- S. 527 Harold Lloyd und John (Johan) Aasen in *Why Worry?* (1923)
- S. 545 Ein Publicity-Foto von Buster Keaton für *The Navigator* (1924)
- S. 571 Chaplin in der Schlußeinstellung von *City Lights* (1931)
- S. 585 Ein Glass-Shot aus Fritz Langs *Siegfried*, dem ersten Teil von *Die Nibelungen* (1922-24); vergleiche dazu das Foto von den Dreharbeiten auf S. 588
- S. 595 Albert Dieudonné als Napoleon
- S. 649 Eine Kamera-Kabine auf dem Gelände der Warner-First National.

Liste der erwähnten Bücher

Fred C. Balshofer und Arthur C. Miller: *One Reel a Week*. Berkeley und Los Angeles: University of California Press 1967

Maurice Bardèche und Robert Brasillach: *Histoire du cinéma* (1935);
NA: Paris: Le Livre de Poche 1964

Rudi Blesh: *Keaton* (1966); New York: Collier Books 1971

Peter Bogdanovich: *Allan Dwan, the last Pioneer*. London: Studio Vista 1971

Louise Brooks: *Lulu in Hollywood*. New York: Knopf 1982
dt.: *Lulu in Paris und Hollywood*. München: Schirmer/Mosel 1983

Kevin Brownlow: *Napoléon. Abel Gance's Classic Film*. London: Jonathan Cape 1983

Robert C. Cannom: *Van Dyke and the Mythical City Hollywood*. Culver City, Cal.: Murray & Gee 1948

Charles Chaplin: *My Autobiography*. London: Bodley Head 1964
dt.: *Die Geschichte meines Lebens*. Frankfurt/M.: S. Fischer 1964
TB: Frankfurt/M.: S. Fischer 1977 (=fibü 4460)

Frank Capra: *The Name Above the Title*. New York: Macmillan 1971
dt.: *Autobiographie*. Zürich: Diogenes 1992

Bosley Crowther: *The Lions's Share*. New York: Dutton 1957

Homer Croy: *How Motion Pictures are made*. New York: Harper & Brothers 1918

Tom Dardis: *Buster Keaton - The Man who wouldn't Lie Down*. New York: Scribner 1979

W. K. L. und Antonia Dickson: *History of Kinetograph, Kinetoscope, and Kinetophonograph*. London 1895. Reprint New York: Arno 1970

Lotte Eisner: *L'Écran démoniaque* (1952)
dt.: *Die dämonische Leinwand*. Wiesbaden-Biebrich 1955;
NA, hgg. von Hilmar Hoffmann und Walter Schobert: Frankfurt/M.: Kommunales Kino 1975
TB: Frankfurt/M.: S. Fischer 1980, 2. Aufl. 1990 (=fibü 3660)

L'Estrange Fawcett: *Films: Fact and Forecasts*. London: Geoffrey Bles 1927
dt., veränd. Ausg.: *Die Welt des Films*. Zürich: Amalthea o.J.

Robert Florey: *La Lanterne Magique*. Lausanne: Cinémathèque Suisse 1966 (Documents de cinéma, Bd. 6)

Leatrice Gilbert Fountain: *Dark Star*. New York: St. Martin's Press 1985

Elinor Glyn: *The Elinor Glyn System of Writing, Book 3*. The Author's Press 1922

Dagmar Godowsky: *First Person Plural*. New York: Viking 1958

Ezra Goodman: *The Fifty-Year Decline and Fall of Hollywood*. New York: Simon & Schuster 1961

Carl Louis Gregory (Hg.): *Motion Picture Photography* (1920);
2. Aufl., hgg. v. H. C. McKay, New York: Falk 1927

Ralph Hancock und Letitia Fairbanks: *Douglas Fairbanks; The Fourth Musketeer*. London: Peter Davies 1953

Gordon Hendricks: *The Edison Motion Picture Myth*. Berkeley: University of California Press 1961

Roger Icart: *Abel Gance ou le Prométhée foudroyé*. Lausanne: Éd. L'Age d'homme 1983. (Histoire et theorie du cinéma)

Jesse Lasky (mit Don Weldon): *I Blow My Own Horn*. London: Victor Gollancz 1957

Austin C. Lescarboura: *Behind the Motion Picture Screen*. New York: Scientific American Publishing Company 1919

H. H. Van Loan: *How I Did It*. Los Angeles: Whittingham Press 1922

Agnes de Mille: *Dance to the Piper. Memoirs of the Ballett* (1952); London: Columbus Books 1987

Virgil Miller: *Splinters from Hollywood Tripods*. New York: Exposition Press 1964

Lloyd Morris: *Not So Long Ago*. New York: Random House 1949

Palmer Institute of Authorship (Hg.): *Modern Authorship, Representative Photoplays Analyzed*. Hollywood 1924

George C. Pratt: *Spellbound in Darkness* (1966);
2., erw. Aufl. Greenwich, Conn.: New York Graphic Society 1973

Terry Ramsaye: *A Million and One Nights. A History of the Motion Picture*. 2 Bde. New York: Simon & Schuster 1926;
NA: London: Cass 1964

David Robinson: *Chaplin*. London: Collins 1985
dt.: *Chaplin. Sein Leben – Seine Kunst*. Zürich: Diogenes 1989

Nell Shipman: *The Silent Screen and My Talking Heart. An Autobiography*. Boise, Id.: Boise State University Press 1987 (Hemingway Western Studies Series)

Liste der erwähnten Bücher

Josef von Sternberg: *Fun in a Chinese Laundry* (1965)
  dt.: *Ich, Josef von Sternberg. Erinnerungen.* (Übs.: Walther Schmieding) Velber b. Hannover: Friedrich 1967
  NA: *Das Blau des Engels. Eine Autobiographie.* (Übs.: Manfred Ohl). München usw.: Schirmer/Mosel 1991
Frances Taylor Patterson: *Cinema Craftmanship.* New York: Harcourt, Brace 1920
Bruce T. Torrence: *Hollywood – The First Hundred Years.* New York: N.Y. Zoetrope 1982
Edward Wagenknecht: *The Movies in the Age of Innocence* (1962);
  TB-Ausg.: New York: Ballantine 1971
David Yallop: *The Day the Laughter Stopped. The True Story of Fatty Arbuckle.* New York: St. Martin's Press 1976

Register

Kursiv gesetzte Seitenzahlen beziehen sich auf Abbildungen

Abbott and Costello Meet Dr. Jekyll and Mr. Hyde 516
Abbott und Costello 567
Abraham Lincoln 112, 490
Abramson, Ivan 40
Abysmal Brute, The 376, 518
Acquittal, The 183
Adoree, Renee 189, 393
Adventures of Dollie, The 44
Agee, James 546
Albert, Katherine 117, 120, 506
Alder, William F. 49, 51
Algiers, Sidney 355
All Quiet on the Western Front 512, 613, 658
America 110, 111, 124; *108*
American Tragedy, An 124, 498
Anatahan 255
Anatol 317, 318
Ancient Highway, The 377
Anderson, G. M. 138
Anderson, Jimmy 536
Andrews, Del 328
Andriot, Lucien *159*
Angelus, The 523
Anger, Lou 551, 554, 557, 569
Angus, Ray 339
Anna Christie 176, 410, 660; *407*
Anna Karenina 176, 185
Annabella 639
Apfel, Oscar 522; *8*
Apollinaire, Guillaume 600
Arbuckle, Maclyn 552
Arbuckle, Roscoe 63, 68, 422, 505, 549, 551, 552, 553, 557, 558, 569, 574; *53, 64, 416, 548*
Arlen, Micheal 327
Arlen, Richard 212, 214, 378, 498; *210, 211*
Armat, Thomas 26
Arroy, Jean 634, 635
Artaud, Antonin 609; *630*
Arthur, George K. 241
Arzner, Dorothy 335, 338, 339
Asquith, Anthony 592
Assassinat du Duc de Guise, L' 397, 600
Assunta Spina 590
Astor, Mary 522f.
Atherton, Gertrude 326
Atkinson, Brooks 339
Atlantic 283
Au Secours! 628
Austin, William 521
Avenging Conscience, The 72
Ayres, Lew 512

Back to God's Country 342, 388, 389
Backbone 198
Baclanova, Olga 239, 246, 247, 258
Bacon, Frank 397

Badger, Clarence 208, 255, 436, 510; *435*
Baggott, King 518
Bahn, Charles 125
Baker, George D. 56
Balboni, Silvano 459, 462
Balfour, Betty 283
Ball, Lucille 544
Ballin, Hugo 104, 290
Ballin, Mabel 290
Balloonatics 554
Balshofer, Fred 49, 65
Bancroft, George 239, 241, 242, 247, 248; *243, 247*
Banky, Vilma 149, 184, 394; *150*
Bara, Loro 472
Bara, Theda 442, 443, 448, 449, 459, 590
Barberousse 604, 605, 606, 609, 610
Bardwell, ›Bard‹ 536
Barker, Reginald 356, 430, 474; *391, 408, 428*
Barlow, Carl 377
Barnes, George 151, 311
Barrie, James M. 435
Barrymore, John 281, 483, 510, 522, 539, 654, 661; *282*
Barrymore, Lionel 483, 661
Barthelmess, Richard 124, 140, 141, 142, 399
Bartholomew, Lee 265
Bastia, Jean 633
Bates, Blanche *309, 316*
Battle Hymn of the Republic, The 40
Battle of Elderbush Gulch, The 83
Battling Butler 559
Bauchens, Anne 275
Baumann, Charles 55, 56, 65, 329
Beach, Rex 184
Beau Geste 349
Beaudine, Harold 507
Beaudine, William 172
Beaumont, Harry 357
Beckett, Samuel 547
Beery, Wallace 212, 274, 306, 349, 418, 422, 498; *211, 299*
Beggar Maid, The 522
Beggars of Life 208, 212, 214; *211*
Behind the Front 349, 574
Behlmer, Rudy 305
Belasco, David 158, 161, 162, 163, 164, 173, 229, 280, 286, 552, 662
Bell, Monta 263
Bellamy, Madge 136
Bellamy Trial, The 263
Belmondo, Jean-Paul 635
Belmont, Morgan 61
Beloved Brute, The 34
Ben-Hur (1925) 143, 339, 346, 351, 379, 452–483, 542, 590, 661; *455, 456, 464, 465, 466, 475, 476*
Ben-Hur (1959) 469, 474, 479, 480, 481

Register

Bennett, Belle 147
Bennett, Constance 184; *181*
Bennett, Enid 307, 461, 467, 468, 469, 477
Bennett, Mickey 135; *134*
Beranger, Clara 99, 326
Beranger, George (André) 77, 91
Bergere, Cliff 374, 375
Bergere, Ouida 99, 326
Berk, Ben 584
Bern, Paul *355*
Bernabei, Renata 472
Bernard, Dorothy 161
Bernard, Raymond 593, 638
Bernhardt, Sarah 402, 417, 597, 600, 602, 612
Bernstein, Isadore 374
Bertini, Francesca 590
Bertram, William 370
Besserer, Eugenie 656
Better 'Ole, The 654
Bevan, Billy 336
Big Brother 135, 136; *134*
Big Parade, The 102, 103, 339, 377, 399, 592, 613, 661
Binney, Constance 61
Biro, Lajos 244
Birth of a Nation, The 44, 49, 50, 68, 72, 83, 86, 89, 91, 108, 112, 115, 265, 283, 312, 334, 453, 454, 496, 559, 586, 617, 622; *71*
Bits of Life 317
Bitzer, G. W. 45, 49, 85, 99, 132, 135, 161, 265, 278; *27, 47, 85, 113*
Blache, Herbert 523, 552
Black Beauty 34; *35*
Black Pirate, The 298
Blackton, J. Stuart 36, 39, 45, 57, 591; *37*
Blackwell, Carlyle 35
Blaue Engel, Der 246, 253, 281
Blesh, Rudi 569
Blind Husbands 487
Blondeau, Louis 65
Blood and Sand 339, 482
Blount, Frank 220
Blue Bird, The 290
Blumenthal, A. C. 415
Blythe, Betty 98, 442; *441, 446*
Boasberg, Al 554
Boat, The 556
Boggs, Francis 54, 65
Boleslawski, Richard 483
Bolvary, Geza von 283, 591
Bonardi, Pierre 633
Bond Boy, The 141
Booth, Elmer 357
Booth, Margaret 354-357
Borg, Carl Oscar 148
Borzage, Frank 104, 157, 322

Bosworth, Hobart 54
Bowers, John 457
Bowes, Edward 454, 483
Bowman, William 49
Boyle, John W. 459; *261, 444*
Brabin, Charles 356, 357, 457, 458, 459, 460, 461, 462, 463, 469, 470, 472, 591; *455*
Brackett, Charles 116, 125
Braden, Colonel 459
Bradley, David 516
Brady, Diamond Jim 39
Brady, William A. 179
Brand, Harry 565, 566
Brando, Marlon 580, 582, 583
Brendel, El 210
Brenon, Herbert 99, 393, 411, 487, 489, 495, 591; *291*
Brent, Evelyn 239, 241, 244, 246; *243*
Brice, Monte 22, 241, 258, 420, 510; *508*
Bridge of San Luis Rey, The 357
Bringing Up Betty 522
Bringing Up Father 550
Brockwell, Gladys 660
Brody, Alexander 196
Broken Barriers 408
Broken Blossoms 110, 121, 124, 396
Bronson, Betty 210, 478, 479; *263*
Brook, Clive 217, 236, 239, 240, 241, 258, 384, 660; *493*
Brooks, Louise 112, 115, 116, 125, 214, 318, 322, 348, 414, 415-423, 546, 661; *211, 416, 420*
Brown, Clarence 95, 176-193, 260, 283, 293, 342, 356, 357, 474, 559, 660; *175, 181, 182, 190*
Brown, Karl 85, 99; *345*
Brown, Melville 370
Browning, Tod 68
Bruckman, Clyde 538, 553; *536*
Brulatour, Jules 183
Brun 621, 628; *536, 587*
Brunton, Robert 289, 290
Bryan, Ruth Jennings 339
Bryant, Charles 591
Buchowetski, Dimitri 196, 463, 588; *413*
Büchse der Pandora, Die 414, 419
Buckland, Wilfred 224, 286, 290, 300, 306; *301*
Bujard 628
Bumping into Broadway 532
Bunny, John 39
Buñuel, Luis 253
Burel, Léonce-Henry 605, 606, 609, 611, 628, 643, 648
Burke, Billie 162
Burke, Johnny 363
Burns, Edward 459
Burr, C. C. 201

Bushman, Francis X.   57, 65, 457, 458, 459,
    460, 461, 462, 467, 469, 470, 471, 474,
    477, 478, 482; *60, 455*
Buster Keaton Story, The   22, 557
Butcher Boy, The   551
Butterflies in the Rain   204
Butterfly   183, 193

Cabanne, Christy   227, 283, 461, 479, 569
Cabiria   49, 463, 589, 648
Calder, Joseph   287
Caldwell, H. H.   478
Cameraman, The   549, 559, 567
Camille   402
Canudo, Riciotto   600
Capellani, Albert   411, 412, 601
Capra, Frank   363, 503, 504, 505, 506, 543
Captain Blood   37, 367
Captain Kidd, Jr.   512
Captain Kidd's Kids   532
Card, James   415, 584
Carewe, Edwin   95; *324, 407*
Carey, Harry   188
Carillo, Mario   61
Carmen   275, 286, 397, 427, 430; *428*
Carpenter, Freddie   179
Carr, Harry   117, 120, 121
Carré, Ben   290, 316
Carroll, Nancy   389, 394, 498
Caruso, Enrico   430
Casanova   346, 593
Cassidy of the Air Lanes   373
Castleton, Barbara   312
Cat and the Canary, The   593; *313*
Cat Ballou   217
Cat's Pajamas, The   210
Céline   597
Cendrars, Blaise   600
Cenere   406
Chagall, Marc   600
Chakatouny   593
Chaney, Lon   183, 589; *287*
Chaplin, Charles   63, 99, 104, 156, 157, 173,
    227, 237, 307, 318, 320, 399, 415, 417,
    419, 502, 503, 517, 523, 528, 531,
    543, 546, 549, 551, 553, 554, 555, 560,
    572-584, 591, 621, 662; *60, 488, 571,
    573, 575, 576, 578*
Chaplin, Syd   654
Charge of the Light Brigade, The   470, 471
Charleson, Mary   39
Chaser, The   504, 506, 509
Cheat, The   224, 286
Children of Divorce   239, 240, 255, 258
Chrétien, Henri   646
Christensen, Benjamin   588, 589, 593
Christie, Al   55
Chu Chin Chow   443

Cimarron   470
Cinema Murder, The   56
Circus, The   579
Citizen Kane   112, 123
City Gone Wild, The   419
Civilization   90
Clair, René   593, 622
Clansman, The   72, 73, 76
Clarke, Frank   375
Clayton, B. T.   317
Clegg, Silas   474
Cleopatra   483
Clifford, William   48
Clift, Denison   591
Clifton, Elmer   68, 378, 409
Cline, Eddie   363, 553, 555; *362*
Close, Ivy   624; *623*
Clothier, William   213
Cobb, Irvin S.   490
Cocteau, Jean   622
Cody, Lew   549; *133*
Coffee, Lenore   326
Cohn, Alfred A.   320, 655
Cohn, Harry   210, 421
Cohn, J. J.   454, 483
Coletta, Irene   472
College   559, 565; *562*
Collier, Constance   50, 406
Collier, William   50
Colman, Ronald   148, 149, 150, 151, 152, 184,
    417
Comin' Thro the Rye   592
Compson, Betty   246, 247, 248, 622; *247*
Coney Island   548
Conklin, Chester   434, 572, 574
Conklin, Hal   504
Connelly, Marc   147
Conquering Power, The   292; *268*
Conquest   176
Considine, John   184
Conway, Jack   354, 437, *438*
Coogan, Jackie   457, 483
Cook, Clyde   248; *247*
Coolidge, Calvin   165
Cooper, Gary   151, 152, 231; *216*
Cooper, Merian   498, 499
Cooper, Miriam   215
Coppola, Carmine   648
Coppola, Francis   648
Cops   547
Coquette   173, 281
Corda, Maria   589
Corliss, Allen   411
Cornell, Katherine   406
Cortez, Ricardo   122, 125
Cossacks, The   189
Costello, Dolores   315
Costello, Maurice   39

Register

Cottage on Dartmoor 592
Coulson, Roy 306
Countess from Hong Kong, A 572, 580
Country Girl's Seminary Life and Experiences, A 27
Covered Wagon, The 339, 347, 348, 390, 419; 341, 345, 391, 392
Coward, Noel 430
Cowl, Jane 447
Craig, Gordon 307
Craig, Nell 448
Crane, William H. 131, 552
Craven, Frank 539, 540
Crawford, Joan 184, 357, 504, 505
Crisp, Donald 68, 338, 559, 560, 591; 548
Cristaux 647
Crizer, Tom 540
Cronjager, Henry 27, 168
Crosby, Bing 278
Crosland, Alan 315, 654, 656
Crowd, The 399
Crowther, Bosley 467
Cruel, Cruel Love 574
Cruise of the Jasper B, The 565
Cruze, James 95, 99, 339, 390, 393, 419; 392
Cub, The 177
Cukor, George 355, 516
Currier, Frank 468, 469, 482
Curwood, James Oliver 389

Daddy Long Legs 156; 168
Damia 640
Dangerous Hours 311, 312; 314
Daniels, Bebe 335, 338f., 378, 382, 531, 532; 530
Daniels, William 260; 101, 190, 264
Danis, Ida 597, 618, 619, 621
Dannenberg, Joe 461
d'Arrast, Henri d'Abbadie 573
Datig, Fred 518
Daughter of the Gods 489
Dauvray, Marise 614
Davenport, Kenneth 298
David Harum 131
Davies, Marion 215, 286, 473, 557, 558; 56, 101, 263
Davis, Carl 648
Davis, Mildred 533; 535
Daw, Marjorie 215
Day, Doris 516
Day, Richard 294; 293
de Chomon, Segundo 589, 648
De Forest, Lee 653, 663
de Gastyne, Marco 593; 587
de Gaulle, Charles 633
de Grasse, Joseph 199, 347
de Gravone, Gabriel 619, 624
de Haven, Carter 516

de Mille, Agnes 227, 232, 233, 325, 327, 426, 579
De Mille, Cecil B. 57, 61, 98, 99, 112, 164, 165, 218, 224-232, 275, 300, 317, 325, 326, 329, 378, 397, 426, 427, 429, 516, 532, 543, 544, 559, 596, 622; 58, 225, 324, 428, 435
de Mille, William 99, 232, 275, 317, 325, 427; 324, 398
de Putti, Lya 122
de Remer, Ruby 183
Dean, Faxon 272
Dean, H. N. 272
Dean, Priscilla 403
Dean, William 162, 163
Debrie, André 643
Déchargement d'un navire 28
del Rio, Dolores 324
del Ruth, Hampton 363
Démolition d'un mur 28
Dempsey, Jack 497
Dempster, Carol 110, 121, 122; 113
Denny, Reginald 375, 376, 380, 516-525; 515, 519, 520
Desmond, William 375, 457
Devil Is a Woman, The 254
Devil's Circus 589
Dice Woman, The 403
Dickey, Paul 136, 306; 301
Dickson, W. K. L. 45, 650
Dietrich, Marlene 246, 281, 422, 498
Dieudonné, Albert 633, 637, 648; 595
Digue (ou pour saver la Hollande), La 601
Dillingham, Charles 453
Dillon, Edward 68, 73
Dillon, John Francis 389
Dinesen, Emil 588
Dintenfass, Mark 494
Disney, Walt 561
Dix, Beulah Marie 292, 293, 294, 326
Dixième Symphonie, La 609, 610, 611, 618
Docks of New York, The 239, 246, 248; 238, 247
Dolange 640
Don Juan 654
Don't Marry for Money 183
Dorothy Vernon of Haddon Hall 156, 169, 418
Down to the Sea in Ships 228
Dowschenko, Alexander 622
Drag Harlan 449
Drake Case, The 660
Drame au Château d'Acre, Un 602
Dreier, Hans 246
Dresser, Louise 176, 184; 182
Dressler, Marie 348
Drew, Sidney 516
Driven 459

Droit à la Vie, Le 608, 609, 627
Dubrey, Claire 311
Duel in the Sun 255
Duell, Charles 140, 141
Duffy, Gerald 346, 347, 352, 504
Dunaew, Nick 39
Duncalf, Bill 236, 237, 240, 258
Duncan, Isadora 415
Dunne, Homer 29
Dunois 605
Dupont, E. A. 283, 589, 591, 637
Durante, Jimmy 567
Durfee, Minta 63, 65, 516, 572, 574
Durning, Bernard 208, 210
Duse, Eleonora 406, 409, 417, 436
Duverger, Albert 628
Duvivier, Julien 622
Dwan, Allan 68, 102, 128-138, 180, 199, 266, 300, 303, 304, 305, 306, 307, 372, 399, 418, 581; *127, 133, 297, 299*

Eagle, The 176, 184, 293, 294
Eagle of the Sea 122, 409
Eagle's Talons, The 374
Earle, Ferdinand Pinney 479
Eason, B. Reaves 470, 471, 473, 474, 477; *455*
Eastman, George 274
Ecce Homo 612, 613
Edeson, Arthur 157, 300, 306; *299*
Edington, Harry 461, 463
Edison, Thomas Alva 26, 650, 659
Edwards, Blake 449
Edwards, Harry 504, 505, 569
Edwards, J. Gordon 442, 443, 444, 445, 447, 448, 449, 454, 590; *444*
Eichberg, Richard 591
Eisenstaedt, Alfred 583
Eisenstein, Sergej 253, 481, 590, 622
Eisner, Lotte H. 414, 423, 546
Ekk, Nikolai 622
Eleventh Hour, The 208
Elijah, Frances White 328
Elliott, Milton 377
Elvidge, June 179
Embodied Thought, The 204
Emerson, John 325; *345*
Empey, Arthur Guy 443
Enemy, The 354
Enigme de Dix Heures, L' 604
Epic That Never Was 236
Epstein, Jerry 582
Epstein, Marie 622, 629
Erlanger, Abraham 452, 453, 454, 457, 482
Eternal City, The 590; *93*
Eternal Love 281
Eternal Three, The 509
Evangeline 215
Everson, William K. 22, 44, 227, 228, 479

Exile 178
Exit Smiling 348
Experience 522
Extra Girl, The 360

Fabre, Emile 602
Fair, Elinor 409
Fairbanks, Douglas 57, 61, 62, 68, 76, 77, 115, 129, 132, 135, 148, 157, 166, 172, 208, 215, 278, 298-307, 317, 325, 369, 372, 453, 459, 473, 474, 539, 549, 552, 569, 578, 621; *60, 297, 299, 323, 488*
Fairbanks, Douglas, jr. 68, 148, 152, 307
Fairbanks, John 298, 300
Fairbanks, Robert 300
Fairfax, Marion 326
Faktor, Max 278
Fall of the Roman Empire, The 590
Farley, Dot 378
Farnham, Joe 347, 348
Farnum, Dustin 210
Farnum, William 452
Farrar, Geraldine 275, 397, 426-431, 445; *425, 428*
Farrar, Sid 426
Fashions for Women 339
Fast and Furious 520
Fast Mail, The 208
Fauchois, René 633
Faust 123, 171, 200, 278, 281
Fawcett, L'Estrange 290, 294
Faye, Julia 228
Feet First 369
Fejos, Paul 196
Fellini, Federico 495
Feuillade, Louis 601
Feyder, Jacques 593, 622, 660; *264*
Fig Leaves 346
Fildew, William *113*
Film 547
Fin du Monde, La 647
Finch, Flora 39
Fire Brigade, The 379
Fireman Save My Child 420
Firpo 497
First Year, The 539
Fischbeck, Harry 112; *259, 267*
Fischer, Margarita 518
Fitzmaurice, George 99, 474, 522, 590, 592
Fitzroy, Emily 521
Flaherty, Robert J. 104
Fleming, Victor 130
Flesh and the Devil 185, 186, 188, 192; *187*
Florey, Robert 258, 283, 298, 300; *299*
Folie du Docteur Tube, La 603, 604, 634; *598*
Fontane, Lynn 406
Fool There Was, A 108
Foolish Wives 228, 305, 487; *100*

Register

Footlights 522
Forbidden Paradise 294; 406
Forbidden Thing, The 133
Ford, Jack 212
Ford, John 61, 104, 627, 659; 60
Foreign Legion, The 203; 195
Forgotten Faces 497; 493
For Heaven's Sake 542; 536
Forrest, Allan 457
Fou de la Falaise, Le 634
Four Devils 279
Four Feathers, The 498
Four Horsemen of the Apocalypse, The 260, 454, 458, 459, 462, 586, 616; 97, 287
Four Sons 61; 60
Fox, John 389; 159
Fox, William 443, 445, 449, 453, 487, 489
Foxe, Earle 60
Francen, Victor 600
Francis, Alec B. 504
Franklin, Sidney 68, 157, 192, 279, 280, 283, 474; 263
Frazer, Robert 457
Fred Ott's Sneeze 45
Frederick, Pauline 176, 183, 342
Freshman, The 534
Freund, Karl 637
Froelich, Haakon 383
Frothingham, J. L. 201
Funny Thing Happened on the Way to the Forum, A 547
Furber, Douglas 490
Fury 141

Gabin, Jean 635
Gabourie, Fred 554, 564, 567
Gade, Sven 589
Gance, Abel 281, 342, 593, 596-648; 598, 630, 631
Garage, The 551
Garbo, Greta 176, 185, 186, 188, 189, 354, 417, 422, 472, 589, 660; 101, 175, 181, 187, 190, 264, 413
Garden, Mary 429
Gardner, Charles 397
Gardy, Louis 124
Garmes, Lee 250, 258
Gasnier, Louis 509f.
Gaucho, The 298
Gaudio, Tony 133
Gavin, Barrie 256
Gaye, Howard 82
Gaynor, Janet 516; 279
Gaz Mortels, Les 604, 605, 610
General, The 546, 557, 561; 562, 563, 564
Gentlemen Prefer Blondes 322
George, Lloyd 120
George, Maud 100

Geraghty, Tom 420
Gerrard, Henry 211
Gest, Morris 426, 427
Get Out and Get Under 533
Ghost of Rosie Taylor, The 196, 200
Giant 360
Gibbons, Cedric 290, 473, 481
Giebler, Al 504
Gilbert, John 102, 103, 179, 180, 183, 185, 186, 188, 189, 399, 473, 661, 662, 663; 187, 190, 485
Gilks, Al 95
Gillespie, A. Arnold 481, 483
Gillett, John 593
Girl Shy 542
Gish, Dorothy 120, 125, 132, 145, 292, 592, 621
Gish, Lillian 89, 112, 117, 120, 121, 122, 123, 125, 132, 144, 145, 161, 339, 354, 473, 479, 621, 622; 401
Glazer, Benjamin 490
Glennon, Bert 242, 250, 260
Glerawly, Viscount 61
Gliese, Rochus 282
Glyn, Elinor 61, 294, 327, 328; 324
Goddess of Sagebrush Gulch, The 350
Godowsky, Dagmar 579
Godsol, Frank 454, 460
Going Up 512
Gold Rush, The 415, 506, 574, 577, 578; 573, 576
Golden, John 552
Golden, Joseph 371
Golden, Red 540
Goldwater 434
Goldwyn, Samuel 145, 147, 148, 151, 152, 326, 429, 430, 486, 546; 333
Gone With the Wind 494
Good-bye Kiss, The 363, 364
Goodman, Ezra 109
Goodrich, William s. Arbuckle, Roscoe
Goose Woman, The 176, 183, 184, 559; 181, 182
Gordon, Julia Swayne 36, 38, 39
Gosh-Darned Mortgage, The 363
Gösta Berlings Saga 472
Gottschalk, Louis F. 396
Goulding, Alf 532
Goulding, Edmund 99, 141, 142, 591; 398, 413
Gowland, Gibson 408
Grace, Dick 218, 375, 377, 378
Graham, Martha 227, 415
Gran, Albert 202
Grandma's Boy 534, 537; 535
Grant, Lawrence 240
Grauman, Sid 473
Gray, Thomas 538, 554

Great Locomotive Chase, The   561
Great Redeemer, The   180; *182*
Great Train Robbery, The   30
Greatest Question, The   117, 334
Greed   408
Green, Alfred E.   315
Grey, Johnnie   538
Griffith, David Wark   38, 44, 45, 49, 50, 51,
    55, 57, 61, 68-91 pass., 99, 104,
    108-124, 130, 131, 132, 135, 140, 157,
    158, 161, 162, 163, 164, 192, 227, 265,
    266, 277, 278, 283, 292, 320, 322,
    325, 328, 332, 334, 335, 349, 350, 354,
    393, 397, 399, 409, 411, 437, 453, 496,
    559, 589, 596, 597, 600, 621, 622, 625,
    655; *85, 109, 113, 114, 118, 119, 488,
    598*
Griffith, Raymond   509, 510, 511, 512, 517;
    508
Grinieff   638
Guazzoni, Enrico   589f.
Guiol, Fred   540, 541
Guissart, Rene   482
Gunning, Wid   316
Guy-Blache, Alice   339, 412

Haas, Robert   143, 145; *146*
Haevnens Nat   588
Haines, Bert   554
Hale, Alan   348
Hale, Creighton   593
Hale, Georgia   241; *238*
Hall, James   498
Hall, Walter L.   294
Hamilton, Cosmo   326, 327
Hamilton, Lloyd   655
Hamilton, Neil   110
Hammerstein, Elaine   495
Hampton, Benjamin   201
Hampton, Hope   183; *133*
Hands Up   510, 511; *508*
Hansen, Einar   589
Hanson, Lars   589
Harbaugh, Carl   554, 565
Harding, Ann   382
Hardy, Oliver   503, 565
Harlan, Otis   521; *515, 519*
Harlan, Russell   213
Harmon, Denver   554
Harold Lloyd's Funny Side of Life   534
Harold Lloyd's World of Comedy   534
Harold Teen   97
Harris, George   274
Harris, Mildred   369, 584
Harron, Robert   89, 120
Hart, Max   550, 551
Hart, William S.   452, 458, 549
Hartford, David   342, 388

Haskins, Grace   339
Hatton, Raymond   349, 498
Haunted Spooks   533
Haver, Phyllis   436, 554
Havez, Jean   538, 553
Hawks, Howard   231, 233, 258
Häxan   588
Hayakawa, Sessue   224, 275
Hayes, Donn   363
Hayes, Helen   406
Hays, Will   64, 557, 653, 654
Hayseed, The   551
Hayward, Leland   421
Hazards of Helen, The   372
Hearst, William Randolph   286, 289, 312, 550,
    557, 558
Heart of the Race Tout, The   65
Heart o' the Hills   279; *159*
Hearts of the World   120, 124; *119*
Heart Trouble   509
Hell's Angels   379
Hellcat   429
Hemmelighefulla X, Det   588, 593
Henabery, Joseph   68-91, 410; *70, 71, 84, 267*
Hendricks, Ben jr.   521
Hendricks, Gordon   650
Henley, Hobart   376, 518
Hepworth, Cecil   591, 592
Her Second Chance   261
Hergesheimer, Joseph   141
Heroïsme de Paddy, L'   634
Heron, Nan   338
He's a Prince   511
Hidden Dangers   370
High and Dizzy   542
Hilburn, Percy   482; *391, 428, 455*
Hill, George   189; *159, 392*
Hillbilly, The   159, 392
Hiller, Lejaran A.   523
Hilliker, Katherine   478
Hillyer, Lambert   261
His Country   202, 204
His Darker Self   655
His Glorious Night   661
His Lucky Day   519
His Majesty the American   68
His New Job   580, 582, 584
His People   201, 202, 204
His Picture in the Papers   348
Hitchcock, Alfred   592
Hoffmann, Carl   278; *588*
Hogan, James P.   377
Holliday, J. Frank   504
Hollis, Hylda   199
Holmes, Bill   482
Holt, Jack   426
Holubar, Allen   328
Honeymooners, The   39

Register

Hoodlum, The 279
Hoover, Frank 55
Hoppe, De Wolf 50
Hopper, E. Mason 208
Hopwood, Avery 326
Horn, Camilla 281; *282*
Hornbeck, William 335, 360-364, 504; *336, 362*
Horne, James W. 565
Horsley, David 55, 56, 274
Horsley, William 55, 56, 274
Horton, Edward Everett 524
Hot Water 530
Hotel Imperial 242; *291*
Houck, Byron 554
Houck, Reeve 383
Houdini, Harry 550
Howard, Leslie 157
Howard, Walter Scott 411
Howard, William K. 369
Howe, Herbert 61, 443, 457, 511
Howe, James Wong 99, 250
Hoyt, Lydig 61
Hubbard, Lucien 218; *213*
Hudson, Rock 516
Hughes, Gareth 288
Hughes, Howard 512, 539
Hughes, Lloyd 311, 328
Hughes, Rupert 326, 399
Hugon, Ariane 611
Hull, Henry 497,
Human Comedy, The 192
Hunchback of Notre Dame, The 342; *285*
Hunter, T. Hayes 208; *309, 316*
Huntley, John 491, 663
Huntress, The 390
Hurst, Fannie 321, 329
Hutchinson, Charles 371
Hytten, Olaf 238

I, Claudius 236, 237, 240
I Do 534
Ibbetson, Arthur 582
Icart, Roger 599
Ich küsse Ihre Hand, Madame 422
Ince, Thomas H. 50, 57, 90, 98, 140, 180, 200, 328, 329, 383, 410, 487, 565, 622; *59*
Indian Raiders 55
Infirmière, L' 602
Ingraham, Lloyd 68, 528; *508*
Ingram, Rex 96, 98, 99, 104, 227, 260, 292, 328, 458, 459, 463, 490, 591, 616; *97, 268, 287, 288*
Interference 659, 660
Intolerance 51, 68, 77, 79-91, 110, 124, 132, 286, 305, 320, 322, 334, 397, 453, 614, 625; *67, 71, 81, 82, 84, 85, 301*
Intruder in the Dust 176, 192

Iron Mule, The 416
Isn't Life Wonderful? 111; *113*
It 255
It's a Mad, Mad, Mad, Mad World 502
It's the Old Army Game 420

J'accuse 596, 611, 612, 613, 614, 615, 616, 618, 621, 624, 625, 627
Jaccard, Jacques 373
Jackman, Fred 540
Jackson, Bert 554
Jackson, Horace 459, 473, 481
Jacobs, Jake 536
Jaffe, Sam 219
Jailbird, The 508
Jamieson, Bud 530
Jannings, Emil 171, 244, 246, 255, 498; *243*
Jaws of Steel 517
Jazz Singer, The 651, 655, 656, 663
Jeanne, René 636
Jenkins, Al 362
Jennings, Devereaux 554, 567
Joan the Woman 227, 286, 426, 427, 429, 430
Johanna Enlists 512
Johnson, Julian 112, 289, 490
Johnston, Julanne 459, 472
Jolson, Al 655, 656
Jones, Charles 'Buck' 208, 210, 457
Jones, F. Richard 333, 360, 361, 389
Jones, Henry Arthur 326
Jones, R. D. 377
Jones, Robert 307
Joubé, Romuald 614
Joueur d'Echecs 593
Joy, Leatrice 228, 229, 233, 378; *263*
Joyce, Peggy Hopkins 61
Judith of Bethulia 123, 397
Julian, Rupert 351, 409, 474
Julius Caesar 589
June, Ray 68
Just Nuts 529

Kabinett des Dr. Caligari, Das 586, 603
Kahn, Otto 219, 220, 421
Kales, A. F. 302
Kaufmann, Robert 237
Kazan, Elia 496
Keaton, Buster 22, 320, 368, 380, 502, 503, 505, 510, 517, 528, 546-569, 597; *416, 545, 548, 562*
Keaton, Joseph 549, 550
Kell, J. Sherman 555
Kelsey, Fred 73
Kennedy, Edith 326
Kennedy, Tom 435
Kent, Barbara 536
Kentucky Derby, The 518
Kerrigan, J. Warren 130, 348, 390, 529; *37, 392*

Kerry, Norman 418
Kessel, Adam 55, 56, 65, 329
Key, Kathleen 466
Kibitzer, The 204
Kidd, Jim 88
Kiki 184
King, Burton 200
King, Henry 140-152, 474, 512, 590; *139, 144, 146, 150*
King of Kings, The 230
King on Main Street 346
Kingston, Arthur 343, 352, 651, 652
Kirkwood, James 408
Kirtley, Virginia 572
Kiss, The 660, 663; *264*
Klaw, Mark 452, 453, 621
Knickerbocker Buckaroo 215
Knoblock, Edward 166, 169, 170, 171, 326, 327; *323*
Knoles, Harley 591
Knott, Lydia 577, 584
Koenekamp, Hans 262
Koline, Nicolai 639
Kolker, Henry 590
Korda, Alexander 360, 589
Koubitzky, Alexandre 639
Kougoucheff, N. 593
Kovanko, Natalie 593
Krähly, Hans 294
Kramer, Stanley 502
Kreisler, Fritz 430
Kreisler, Harriet 430
Kruger, Jules 637, 643
Krupp, Friedrich 586
Kuter, Leo 288

La Marr, Barbara *288*
la Plante, Laura 516, 518, 523; *313, 520*
la Rocque, Rod 135
la Verne, Jane 524
Lackaye, Wilton 406
Lady of Chance 354
Laemmle, Carl 201, 202, 486, 487, 494, 517, 524
Laemmle, Edward 660
Lafayette Escadrille 212
Lamb, The 569
Lampin, Georges 639, 640
Lane, Charles 149
Lang, Fritz 412, 637; *585, 588*
Langdon, Harry 503, 504, 505, 506, 509, 517, 528, 569; *501*
Langdon, Mabel 512
Langley, Edward M. 300
Langlois 643
Lasky, Jesse 57, 98, 414, 426, 429, 559; *345, 489*
Last Command, The 61, 242, 244, 245, 246, 254; *243*

Last Hour, The 201
Last of the Mohicans, The 180, 193
Last Voyage, The 310
Laszlo, Ernest 213
Laurel, Stan 503, 565
Lauste, Eugene 651
Law of the Land 178
Lawful Larceny 133
Le Faur, André 610
Leather Pushers, The 376, 516, 517, 523
Lee, Lila 227
Lee, Rowland V. 104
Legion of the Condemned 497; *216*
Lehr, Abe 147
Lehrman, Henry 63; *573*
Leiber, Fritz 445, 447; *446*
Leisen, Mitchell 300
Lena and the Geese 162
Leni, Paul 589; *313*
Leonard, Gus 530
Leonard, Robert Z. 280, 354
Leopold, Erzherzog von Österreich 61; *60*
LeRoy, Mervin 565; *97*
Lessing, Gunther 283
Lessley, Elgin 505, 554
Lester, Richard 547
Let 'Er Go, Gallegher 409
Let's Go 369
Letzte Mann, Der 49, 123
Levy, Michel-Maurice 609
Lewis, Ben 482
Lewis, Ralph 75; *268*
l'Herbier, Marcel 593
Life Drama of Napoleon Bonaparte and Empress Josephine of France, The 33, 37
Life of an American Fireman, The 30
Life of Villa, The 283
Light in the Dark, The 183
Lights of New York, The 656
Lilac Time 656
Lillie, Beatrice 61, 348, 539
Limelight 419
Lincoln, E. K. 183
Linder, Max 509, 593, 628
Lion, Roger 618
Lissenko, Natalie 593
Little American, The 164
Little Lord Fauntleroy 277
Litvak, Anatole 593
Lloyd, Frank 98, 239, 240, 241, 255, 354, 409, 427, 591
Lloyd, Gaylord 536
Lloyd, Harold 275, 294, 320, 369, 473, 474, 502, 503, 504, 510, 517, 523, 528-544, 546, 549, 553, 554, 560; *527, 530, 535*
Lloyd, Harold (Stuntman) 372
Loafers and Lovers 370

Register

Locke, William J. 156
Locklear, Ormer 377; *373*
Lodijenski, General 61
Loew, Marcus 453, 458, 460, 461, 463, 472, 490, 551, 552
Lone Wolf, The 379
Lonesome-Luke-Komödien 275; *530*
Long Pants 503, 505
Look Out Below 542
Loos, Anita 122, 125, 173, 322, 325, 329; *345*
Lord, Del 333; *336, 362*
Loren, Sophia 580, 581, 582
Love, Bessie 229; *82*
Love 'em and Leave 'em 417
Love Flower, The 117, 393
Love Light, The 156; *271*
Love Me and the World is Mine 589
Love, Montagu 394
Lovett, Josephine 99
Lowe, Edmund 457
Lubitsch, Ernst 99, 149, 151, 156, 157, 158, 166, 169, 170, 173, 184, 190, 192, 244, 277, 281, 294, 317, 318, 409, 417, 498, 586, 588, 622, 658; *167, 406*
Lucas, Wilfred 199
Luck of the Irish 135
Lumière, Louis u. Antoine 26, 28, 600
Lundin, Walter 540; *536*
Lunt, Alfred 121, 125, 198, 199, 402, 406
Lynn, Emmy 609, 610
Lyon, Ben 400, 457

Mabel's Strange Predicament 574
MacDermott, Marc 184, 186, 188
MacDonald, Andrew 481
MacDonald, Bill 540, 541
MacDonald, J. Farrell 529, 532
Mace, Fred 57
MacGowan, Kenneth 286, 289, 290
Mackaill, Dorothy 22
MacLean, Douglas 140, 512, 513; *508*
MacLean, Kenneth Gordon 468
Macley, ›Sheriff‹ 73
Macpherson, Jeanie *324*
MacRae, Henry 377
Mme. Du Barry 184
Madame Satan 516
Madame X 184
Madison, Cleo 199
Mad Wednesday 539, 543
Maeterlinck, Maurice 327
Magnier, Pierre 600, 624
Magnificent Ambersons, The 34
Mailes, Charles Hill *287*
Mailes, Gene 468, 483
Male and Female 227, 230; *435*
Malkames, Don 265, 269
Maloney, Leo 372

Malraux, André 633
Malvern, Pal *375*
Manhandled 136; *134*
Manhattan Madness 135
Man I Killed, The 658
Mankiewicz, Herman 244
Mann, Alice 548
Mansfield, Martha 378
Mansfield, Richard 406
Man's Genesis 161
Manslaughter 224, 227, 228, 378; *226*
Manson, Eddie *573*
Marcel, Pierre 611
Maria Rosa 427
Marines 647
Marion, Frances 147, 156, 321f., 326
Marion, George, jr. 347, 410
Mark of Zorro, The 298, 482
Markus, James 184
Marriage à la Carte 532
Marsh, Mae 83, 89, 117, 161; *47, 113, 118*
Marshall, Tully 347
Martin, Irvin J. 300
Marx Brothers 567
Marx, Max 377
Mason, Buddy 368
Mason, James 547
Mason, Shirley *287*
Masque d'Horreur, La 601
Massacre, The 44
Mastrocinque, Camillo 463
Mater Dolorosa 609
Mathis, June 99, 326, 454, 457, 458, 459, 461, 462
Matthews, Grindell 652, 653
Maugham, Somerset 326
Max, Edouard de 601, 602
Maxwell-Wilshire, Gerald 61
May, Doris 512; *508*
Mayer, Louis B. 354, 460, 461, 463, 472, 490, 567
McAllister, Paul 149, 150, 151
McAvoy, May 477, 480, 482
McCloskey, Lawrence 328
McConnell, Gladys 506
McCoy, Tim 393
McDowell, Claire 467, 468, 482
McGowan, J. P. 372
McIntyre, Bob 149
McKim, Robert 374
McLaglen, Victor 34, 349
McPherson, Jeanie 99, 326
Meehan, George 482
Meeks, Kate 131
Meighan, Thomas 228, 315, 419, 420; *435*
Melford, George 95, 552, 553; *381*
Méliès, Georges 30, 31, 603
Mencken, H. L. 23

Mendelsohn, Harry 582
Mendes, Lothar 498, 589, 659, 660
Menjou, Adolphe 122, 417, 418, 509, 578
Menzies, William Cameron 290, 293
Meredyth, Bess 326, 461
Merry-go-round 487
Merry Widow, The 487; *485*
Metropolis 412
Michael Strogoff 281, 593
Mickey 360
Middleton, Charles 263
Middleton, Ethel Styles 328
Midsummer Madness 327
Miggins, Mike 448
Milestone, Lewis 281, 512, 658
Millarde 591
Mille et une Nuits 346
Miller, Arthur C. 51, 260, 265, 269, 590; *263*
Miller, Carl 574
Miller, Patsy Ruth 199
Millhauser, Bertram 490
Milne, Peter 350
Minter, Mary Miles 68, 198, 200, 201
Miracle des Loups, Le 593, 638
Miracle Man 586
Miranda, Tom *333*
Mireille 600
Miss Bluebeard 511
Miss Lulu Bett 232
Mitchell, George J. 265, 269
Mitchell, Joseph A. 553
Mix, Tom 448; *446*
Mizner, Wilson 490
Mockery 589
Mohr, Hal 294, 310, 316, 656; *293*
Molière 600
Monsieur Beaucaire 298
Montagne, Edward J. 202
Montana, Bull *287*
Moore, Colleen 389, 390, 394, 462, 473
Moore, Matt 393
Moore, Milton 260; *373*
Moore, Owen 123, 265
Moore, Tom 280; *134*
Moran, Lois 147, 148
Moran, Polly 348
Moreau, Jeanne 635
Moreno, Antonio 457, 458, 661
Morgan, Ernest 452
Morgan, Helen 421
Morgan, Ira H. 198; *101*
Morris, Lloyd 44
Morrison, James 34, 35-40, 199; *37*
Moshukin, Iwan 196, 202, 281, 593, 633; *197*
Mother and the Law, The 76, 77, 79
Mounet-Sully 600
Movie Crazy 538
Mowbray, Alan 516

Mower, Jack 228, 378
Mueller, Floyd 179, 193; *287*
Muni, Paul 202, 204
Murfin, Jane 339
Murnau, F. W. 99, 192, 278, 279, 281, 589, 637; *279*
Murphy, Jack 540
Murray, Mae 275, 280, 622
Musketeers of Pig Alley, The 44
Mussolini, Benito 459, 468, 470, 478
Mutiny on the Bounty 354, 427
My Best Girl 156, 158, 281; *168*
Myers, Amos 355
Myers, Carmel 78, 122, 125, 201, 458, 459, 461, 469, 471
My Fair Lady 442
My Official Wife 39
My Son 407
Mysterious Island, The 489
Mysterious Lady, The 354,; *101*

Nagel, Conrad 399; *101, 133, 264, 398*
Naldi, Nita *133*
Nalpas, Louis 602, 603, 604, 607, 608
Napoléon 281, 342, 596, 599, 609, 616, 617, 628, 629, 633, 634, 636, 638, 641, 642, 643, 646, 647; *630, 631, 632, 644f.*
Napoleon's Barber 659
Nathan, George Jean 23, 662
National Velvet 192
Navigator, The 546, 560, 561, 568; *545, 548*
Nazimova, Alla 411, 495, 621, 622; *407*
Neame, Ronald *623*
Negri, Pola 317, 397, 399, 586; *406*
Neilan, Marshall 130, 156, 157, 180, 317, 321, 393, 399, 412, 417, 418, 461, 509, 591; *168*
Nell Gwyn 592
Nellie, the Beautiful Cloak Model 318
Neri, Tito 145, 483
Nero 590
Never Weaken 542
New York Hat, The 164
Newmeyer, Fred 523, 524, 538
Nibelungen, Die 585, 588
Niblo, Fred 311, 354, 356f., 461, 463, 467, 468, 469, 470, 472, 474, 477, 478, 479, 482; *101*
Nichols, George *182*
Nick of Time Baby 435
Nigh, William 379
Night Life of New York 135
Nizan 610
Noah's Ark 379
Nomis, Leo 88, 378
Normand, Mabel 36, 63, 161, 339, 360, 437, 574
North of 36 95

Register

Nosler, Lloyd 363, 472, 477, 482; *456, 464*
Novak, Jane 529, 531
Novarro, Ramon 457, 458, 461, 462, 463, 468, 469, 471, 474, 477, 478, 482, 483, 661; *451, 455, 466, 478*
Novello, Ivor *118*
Now We're in the Air 349
Noy, Wilfred 591
Nth Command, The 34

Oakdale Affair, The 522
O'Brien, Edmond 544
O'Connor, Donald 557
Ogle, Charles *287, 392*
Oland, Warner 315
Olcott, Sidney 452
Old Ironsides 349
Old San Francisco 315
Old Swimming Hole, The 347
Old Wives for New 229
Olmsted, Gertrude 458
Olvidados, Los 253
One Million B. C. 109
One Week 554, 555
Orphans of the Storm 110, 123, 124, 228, 334, 354, 454, 621; *118*
Orsatti, Ernie 368
Our Dancing Daughters 357
Our Hospitality 549, 559; *416*
Outline of History, The 123
Over the Fence 532
Overbaugh, Roy 145
Ox-bow Incident, The 208, 212

Pabst, G. W. 414, 419
Page, Jean *35*
Pajama Party 547
Palerme, Gina 628
Pampered Youth 34
Panzerkreuzer Potemkin 481
Parker, Albert 215
Parker, Fess 561
Parker, Gilbert 326
Parks, Ida May 339
Parry, Harvey 369
Parson, Jack 55
Partridge, Bernard *587*
Pastrone, Giovanni 589
Pathé, Charles 597, 607, 608, 613, 622, 633
Patria 312, 315; *313*
Patriot, The 317
Pearson, Virginia 457
Pelleas and Melisande 449
Perils of Pauline, The 58
Perinal, Georges 240
Periolat, George 198
Periscope, Le 634
Perkins, Gene 372, 375; *373*

Perkins, Osgood 417
Perret, Léonce 600
Perry, Harry 220; *207, 210*
Perry, Pansy 426
Peter Pan 210
Peters, House 183; *182*
Petrova, Olga 178
Philbin, Mary 196, 198, 399; *197*
Phillips, Dorothy 442
Pick, Lupu 633
Pickford, Jack 158, 184, 417, 418, 420; *159, 181*
Pickford, Mary 57, 61, 62, 156-173, 198, 201, 215, 237, 265, 274, 275, 277, 278, 279, 281, 283, 298, 300, 325, 346, 352, 399, 409, 418, 473, 494, 512, 539, 549, 578, 588, 621, 663; *2, 155, 159, 160, 167, 168, 271, 488*
Pied Piper Malone 315
Pitts, Zasu 408, *515, 519*
Place in the Sun, A 360
Playhouse, The 565
Plunder 377
Poisoned Paradise 509
Polito, Sol 593
Pollard, Harry 112, 517, 518, 524
Pollock, Channing 326
Pomeroy, Roy 659f.
Pommer, Erich 278
Poor Little Rich Girl 164; *159, 160*
Porter, Edwin S. 30, 31, 44, 164
Pouctal, Henri 602
Powell, Frank 73
Powell, Paul 68
Powell, William 244, 254; *493*
Power of the Sultan, The 54
Power, Tyrone 142, 147
Powers, Pat 494, 517
Pratt, Gilbert Walker 532
Primrose Ring, The 280
Prince of Foxes 590
Professor Beware 543
Public Enemy 208, 212
Pudowkin, Wsewolod 622
Puglia, Frank *113*
Pullman Bride, The 434, 436, 437
Purviance, Edna 237, 574, 578
Pygmalion 449

Quality Street 263
Queen Christina 661
Queen Elizabeth 402
Queen of Sheba, The 98, 442, 443, 449, 453; *383, 441, 444, 446*
Quirk, James 22, 96, 110, 112, 135, 136, 328, 458, 473, 486, 586, 592, 650, 653, 654, 657, 659, 661
Quo Vadis? 123, 453, 589

Raboch, Al 467, 482
Railrodder, The 547
Ralston, Esther 339, 498
Ramona 45
Ramsaye, Terry 315, 487, 489, 494, 650
Rapf, Harry 460
Raphaelson, Samson 655
Rappé, Virginia 63
Rasputin and the Empress 483
Rathbone, Basil 516
Rawlins, John 518
Ray, Charles 317, 347
Read, J. Parker 180
Red Dawn 313
Reddy, Joe 540
Redemption 661
Redemption of Dave Darcey, The 38
Red Lily, The 461
Red Mill, The 557, 569
Reed, Luther 418
Reid, Wallace 38, 63, 65, 275, 518, 525
Reinhardt, Max 289, 307
Reisner, Chuck 573
Renoir, Jean 593, 601
Renoir, Pierre 601
Rescher, Jay 455
Restless Breed 128
Restless Spirit, The 266
Resurrection 324
Reynolds, Ben 183; *100*
Reynolds, Harry 482
Reynolds, Lynn 393, 394
Richard III. 522
Richardson, Charles 300
Richardson, Jack 311
Rickett, Tom 55
Riesenfeld, Hugo 621
Rinehart, Mary Roberts 326
Ripley, Arthur 504, 506
Ritchie, Franklyn 200
Rittau, Günther 281
River's Edge, The 128
River Woman 68
Rivière, Henri Arnous de 61
Roach, Hal 109, 125, 503, 509, 529, 531, 532, 537, 539, 541
Road to Yesterday 232
Roaring Lions at Home 507
Robertson, John S. 99, 399, 522; *160*
Robin Hood 136, 298-307; *297, 299, 301, 302, 323, 395*
Robinson, Forrest 399
Robinson, Selma 512
Robison, Arthur 591
Rock, Pop 36
Rockett, Al 490
Rockett, Ray 490
Rogers, Charles 158, 212; *216*
Rogers, Will 561
Rohauer, Raymond 547
Rolled Stockings 418
Romance of Old Spain 124
Romeo and Juliet 355, 516
Romola 145, 590; *146*
Rose, Jackson 260; *195*
Rosher, Charles 55, 56, 65 157, 170, 272-283, 418, 590, 591; *167, 168, 271, 273, 276, 279*
Rosie Taylor 198
Rosita 156, 166, 171, 173, 277; *167*
Ross, Nat 517
Rosson, Art 241
Rosson, Hal 246, 260; *235*
Rosson, Richard 300, 418, 531
Roth, Murray 504
Rothacker, Watterson 397
Roudenko, Vladimir 633; *631*
Roue, La 596, 617, 618, 621, 622, 624, 625, 626, 628; *620, 623*
Roulette 497
Round Up, The 552
Rounders 574
Roussell, Henri 609
Route est Belle, La 283
Rowland, Richard 589
Rubens, Alma 63
Rubin, J. Robert 461
Rühmer, Ernst 651
Russell, William 200, 410; *407*
Ruttenberg, Joseph 21, 114

Sadie Thompson 349; *436*
Safety Last 369, 534, 541, 542
Sailor-Made Man 534
St. Clair, Mal 318, 409, 417, 419; *536*
St. John, Al *416*
St. Johns, Adela Rogers 136, 229, 233, 378, 510
Sainted Devil, A 68; *267*
Saint-Saëns, Camille 397
Sally of the Sawdust 111, 121, 124
Salvation Hunters, The 237, 240, 246; *238*
Sands of Dee, The 161
Sands of Iwo Jima 129
Sant'Ilario 590
Saphead, The 552
Saturday Night 227
Saunders, John Monk 218
Saved From the Harem 200
Scaramouche 260
Scardon, Paul 38, 442
Scarlet Empress 253
Scarlet Letter, The 406
Schenck, Joseph M. 112, 184, 281, 546, 547, 553, 566, 567
Schertzinger, Victor 497; *493*

Register

Schildkraut, Rudolph 204
Schneiderman, George 60
Schoedsack, Ernest 497, 498
Schoenbaum, Charles Edgar 389; *225*
Schulberg, Ad 237, 258
Schulberg, B. P. 210, 219, 237, 239, 494, 497, 498
Schweitzer, Albert 597
Scoffer, The 135
Scott, Homer 540
Scotto, Aubrey 472
Sea Gull, The 237
Sea Hawk, The 427
Sea Waves 26
Seastrom, Victor *s.* Sjöström, Victor
Seats of the Mighty, The 316
Sebastian, Dorothy 189, 281; *181*
Second-in-Command, The 49
Secrets 157, 173
Sedgwick, Ed 549, 567
Seeber, Guido 637
Seely, Sybil 554
Seepore Rebellion, The 38
Seiter, William A. 516, 517, 518, 521, 523
Seitz, George B. 377
Seitz, John 99, 188, 260, 269, 458; *97, 268, 288*
Selig, Colonel 54, 55
Sellers, Peter 417
Selznick, David O. 95, 104, 217, 229, 240, 357, 486, 490, 494-499; *496*
Selznick, Irene Mayer 460
Selznick, Lewis J. 217, 494, 495
Selznick, Myron 217, 495
Semon, Larry 242, 262; *362*
Sennett, Mack 50, 55, 57, 63, 180, 333, 360, 361, 362, 363, 419, 434, 436, 437, 438, 503, 504, 511, 516, 531, 574, 600; *9, 336, 362*
Serena, Gustavo 590
Seven Chances 559
Seven Footprints to Satan 589, 593
Severed Hand, The 199
Séverin-Mars 600, 610, 614, 618, 619, 621, 624, 628; *623*
Seyffertitz, Gustav von *182*
Shackleton, Ernest 652
Shane 360
Shanghai Express 240, 253
Sharp, Henry 157
Shattered Idols 196, 201, 204
Shaw, Harold 591
She 443
Shearer, Norma 589; *408*
Sheehan, Winnie 208
Sheridan's Ride 45; *43, 48*
Sherlock, Jr. 368, 557, 558, 561, 569
Sherman, Lowell 217

Sherry, J. Barney 144
Sherwood, Robert E. 23, 305, 554
Ship Comes In, A 204
Shipman, Nell 389, 394
Shoulder Arms 575
Showboat 112, 124
Sidney, George 202; *203*
Siegmann, George 77, 86, 90, 91
Signal Tower, The 183
Silent Command, The 449
Sills, Milton 201; *313*
Silver Lode 128
Sindler, Irving 151, 173, 394
Six Best Cellars, The 338
Sjöström, Victor 192, 317, 589
Skelton, Red 567
Skinner, Otis 406
Skinner's Dress Suit 516; *520*
Sky Pilot, The 390
Skywayman, The 377
Sloane, Paul 227
Sloman, Edward 196-204, 399; *195, 197, 203*
Smalley, Phillips 45
Smilin' Thru 279
Smith, Agnes 136, 329, 478
Smith, Albert E. 36, 40, 591
Smith, C. Aubrey 516
Smith, David *35, 37*
Smith, Frederick James 111, 121
Smith, James 334
Smith, Winchell 552
Smouldering Fires 176, 183, 184, 342
Snell, Earle 523
Snow Blind 391
So Big 462
Sojin 315
Soldiers of Fortune 135
Solomons, Ralph 256, 258
Son of the Sheik 394
Song of Love 61, 192
Sorrows of Satan 112, 115, 122, 124
Spanish Dancer, The 291
Sparrows 172, 277; *167, 276*
Speaight, Richard 274, 275
Spears, Jack 31
Specht, Georges 628
Speed 317
Spence, Ralph 347, 348, 349
Spencer, Richard V. 329
Spite Marriage 559
Splendid Hazard, A 135
Spoilers, The 108, 351, 627
Spoor, George K. 129
Sporting Venus 461
Sporting Youth 518
Squaw Man, The 58
Stahl, John M. 354, 355, 356; *355*
Star Is Born, A 208

Starke, Pauline *398*
Starving Artist, The 25, 28
Steamboat Bill, Jr. 559, 565
Steene, E. Burton 482
Stella Dallas 140, 145, 147, 152
Stella Maris 156, 165, 399
Sterling, Ford 574
Stern, Seymour 115, 116
Sternberg, Jo 591
Sternberg, Josef von 94, 104, 124, 158, 236-258, 260, 281, 421, 422, 498, 622; *235, 238, 251*
Stevens, George 541
Stevenson, John 377
Stewart, Donald Ogden 23; *319*
Stewart, L. Dick *313*
Stewart, Roy 529, 531
Stiller, Mauritz 242, 472, 589; *291*
Stinnes, Hugo 633, 638
Stoloff, Benjamin 507
Stone, Andrew L. 310, 334, 339, 384
Stone, Lewis 288
Stradling, Harry 275, 442
Stradling, Walter 275
Stralem, William 219
Strayer, Frank 418
Strings of Steel 377
Stroheim, Erich von 22, 68, 99, 104, 192, 236, 241, 246, 250, 281, 294, 317, 389, 458, 463, 486, 487, 490, 491, 622, 647, 648; *100, 293, 408, 485*
Strong Man, The 503, 505, 506
Strothers, Bill 369, 541, 542
Struggle, The 112; *114*
Struss, Karl 279, 283, 482
Sturges, Preston 539
Suds 165, 172
Sullavan, Margaret 421
Sullivan, C. Gardner 311, 328, 329
Summer Bachelor 136
Sunny 124
Sunnyside 575
Sunrise 192, 278, 279, 283; *279, 282*
Sunset Boulevard 414, 434, 580
Sun-Up 398
Super-Hooper-Dyne Lizzies 336
Surrender 196, 198, 201; *197*
Suspense 45; *46, 47*
Sutherland, Dick 535
Sutherland, Eddie 63, 349, 372, 417, 419, 420, 421, 509, 511, 549, 574, 584; *420*
Swain, Mack 434, 510
Swanson, Gloria 129, 135, 227, 230, 233, 349, 397, 399, 434-439, 549, 580, 581, 582, 583, 584; *134, 435, 436, 485*
Swanson, William 56
Sweet, Blanche 117, 123, 125, 161, 397, 399, 410, 461

Sydney, Aurele 604

Tagebuch einer Verlorenen 414
Tale of Two Cities, A 36, 38
Talmadge, Constance 124, 409, 495, 549, 551
Talmadge, Natalie 546, 551
Talmadge, Norma 36, 61, 184, 279, 409, 461, 472, 495, 546, 549, 551, 560; *404*
Talmadge, Richard 369
Tate, Cullen 'Hezi' 229
Tati, Jacques 549
Tavares, Arthur 363
Taylor, Ruth 498
Taylor, S.E.V. 379
Taylor, Sam 156, 281, 348, 538, 539; *168, 282*
Teal, Ben 452
Telling the World 354
Tempest 281; *282*
Temptation 427
Ten Commandments, The 61, 227; *223, 226*
Terrazas, Luis 272, 274
Terriss, Tom 591
Terry, Frank 537
Tess of the d'Urbervilles 399
Tess of the Storm Country 164, 399; *155, 160*
Thaïs 429
Thalberg, Irving 96, 354, 355, 357, 460, 472, 487, 490, 503, 534, 567
That's My Daddy 523
Thief of Bagdad, The 61, 298
39 East 522
This Modern Age 184
Thomas, Olive 495
Thompson, Stewart 278
Thomson, Fred 374
Thorne, Lydia 228
Three Musketeers, The 298, 300; *323*
Three's a Crowd 506
Through the Back Door 352
Thurston, E. Temple 591
Tiger Rose 279, 280
Tissot, James 78
Todd, Arthur 518
Todd, Thelma 593
Tol'able David 140, 141, 241
Toland, Gregg 112, 151
Tolstoj, Ilja 324
Tolstoj, Leo 324
Too Much Johnson 338
Torrence, Ernest 565; *392*
Totheroh, Rollie 573
Toto 531
Toulout, Jean 610, 628
Tourjansky, Wjatscheslaw 281, 593, 640
Tourneur, Jacques 411, 412, 490
Tourneur, Maurice 104, 157, 164, 176, 177, 178, 179, 180, 183, 192, 193, 240, 260, 281, 290, 397, 411, 489, 490, 591; *2, 159, 287*

Register

Townsend, Anna 535
Trail of '98, The 176, 188, 189, 357; *187, 387*
Tramp, Tramp, Tramp 504, 569
Treasure Island 287
Tree, Herbert Beerbohm 50, 406
Trifling Women 288
Trimble, Laurence 36, 40
Trively, Odette 605, 606, 607
Trotzki, Leo 39, 40
Trusky, Tom 394
Tully, Jim 214
Tumbleweeds 339, 379
Turn of the Wheel, The 428
Turnbull, Hector 239, 326
Turnbull, Margaret 325, 326
Turner, Otis 45, 49, 72
Tuttle, Frank 318, 417, 511
23 1/2 Hours Leave 140, 512
Two-Faced Woman 186

Ulric, Lenore 279, 280
Ultimi Giorni di Pompeji, Gli 590
Uncle Tom's Cabin 112, 124, 524
Underworld 239, 241, 246, 253, 255; *243*
Unseen Enemy, An 44, 45
Unsell, Eve 326
Urban, Joseph 286, 289, 290; *288*

Vagabond, The 399
Vagabond Queen, The 283
Valentino, Rudolph 68, 176, 184, 185, 292, 293, 294, 339, 394, 454, 457, 458, 462, 497, 509, 549, 621, 622
van den Broek, John 178, 260
van Daële, Edmond 633
van Dyke, Dick 544
van Dyke, Woody S. 95, 104, 191
van Enger, Charles 179, 193
van Loan, H.H. 179, 328
Van Tuyle, Bert 389, 394
Varieté 589
Vengeance of the Oppressed 204
Vermoyal, Paul 609
Vernon, Bobby 436, 437; *435*
Vidor, Florence 217, 275, 409
Vidor, King 96, 99, 102, 104, 231, 377, 390, 399
Vie Merveilleuse de Jeanne d'Arc, La 593; *587*
Vignola, Robert 289; *101*
Villa, Pancho 272, 274, 283, 312; *273*
Vinna, Clyde de 482
Virgin of Stamboul 328
Virginian, The 298
Viridiana 253
Vitaphone Preludium 654
Viva Villa! 274
Vuillermoz, Émile 635, 636, 642

Wachner, Sophie 148
Wagenknecht, Edward 104
Wagner, Sid 507
Wales, Ethel 392
Wales, R. Ellis 79, 80
Walker, Alexander 254
Walker, H. M. 540
Walker, Lillian 36
Walking Back 351
Wallace, Henry 453
Wallace, Lewis 452
Walsh, George 170, 171, 457, 458, 459, 461, 462, 463, 483; *82*
Walsh, Raoul 68, 104, 157, 215, 283, 458; *436*
Wandering Jew, The 147
Wanters, The 355
War Brides 495
Ward, Fanny 224
Warner, H. B.. 230
Warner, Harry 279, 280
Warner, Sam 653, 655
Warrens of Virginia, The 173, 378
Warrenton, Gilbert 196, 199
Washburn, Bryant 338, 532
Washington, Edgar Blue 211
Waterbury, Ruth 64, 65
Water Hole, The 389
Watkins, Stanley 654, 655, 656, 663
Watt, Nate 518
Way Down East 61, 110, 121, 454; *109, 119*
Wayne, John 214
We Americans 202; *203*
Weber, Lois 45, 339
Wedding March, The 294, 317; *293*
Welcome Danger 544; *536*
Welles, Orson 112, 123
Wellman, William 208-220, 229, 399, 422, 496, 497; *207, 210, 211, 213*
Wells, H. G. 123
Wentzel 603
We're in the Navy Now 574
West, Billy 580, 584
Westerners, The 201
What Happened to Jones? 515, 519
What Price Glory? 349
Whelan, Tim 348, 504, 538
When Comedy Was King 336
When Knighthood was in Flower 101
Where the Pavement Ends 458
Whirlwind, The 371
Whispering Chorus, The 224, 227
Whistler, Margaret 445, 449
White Circle, The 281
White Moll, The 292
White Rose, The 110; *118*
White Shadows of the South Seas 497
White Sister, The 143, 145, 148f., 590; *139, 144*

White Slave, The 123f.
White, Pearl 292, 377
Wilcox, Harvey Henderson 54
Wilcox, Herbert 592
Wilde, Ted 538
Will He Conquer Dempsey? 497
Willat, Irvin 377; *95*
Williams, Earle 39
Williams, Frank 481
Williams, Frank *573; 573*
Wilson, Al 374, 375, 376
Wilson, Carey 461
Wilson, Lois 228, 232, 348, 390, 394; *392*
Wilson, Tom 575
Wilson, Woodrow 312, 315
Wind, The 192, 317; *401*
Windy Riley Goes to Hollyywood 422
Wings 208, 210, 212, 217, 218, 220, 379; *207, 209, 210, 213, 216*
Winning of Barbara Worth, The 148; *150*
Wiseman, William 219
Wolkow, Alexander 593, 640
Wollner, Anthony 338
Wolper, Isaac 523
Woman 178
Woman God Forgot, The 427; *225*
Woman of Affairs, A 189; *181, 190*
Woman of Paris, A 318, 574, 578
Wood, Sam 95, 280, 354
Woods, Arthur 300
Woods, Frank 73, 77, 90, 91
Woods, Lotta 298, 304
Woods, Walter 390
World and His Wife, The 289
World and the Woman, The 427
Worne, Duke 374
Worsley, Wallace 342
Wortmann, Frank 'Huck' 79, 286; *71*
Wrangell, Basil 460, 467, 472, 483; *455, 456*
Wray, John Griffith 410; *407*
Wurtzel, Sol 208, 447
Wyckoff, Alvin 224, 275; *225*
Wyler, William 474, 479, 483

Yallop, David 569
Yank at Oxford, A 354
Yankee Clipper 409
Yearling, The 176, 189, 192, 283
You Can't Believe Everything 439
You Never Know Women 208, 210, 212, 217
Young, Clara Kimball 39, 494, 495
Young, Harold 505
Young, James 532
Young, Loretta 280
Young, William 452
Youngson, Robert 336

Zanuck, Darryl F. 316, 512, 565
Zaza 135
Zecca, Ferdinand 607
Ziegfeld, Florenz 289, 414, 421, 453
Zimbalist, Efrem, sr. *398*
Zukor, Adolph 57, 111, 115, 125, 164, 227, 406, 453, 494, 586; *345, 489*

Medien ★ Theorie ★ Kataloge

ANSCHAUUNG UND BEGRIFF   Institut für Filmgestaltung Ulm. Katalog
CLAUDIA BALK   Theatergöttinnen. Inszenierte Weiblichkeit
GEORG BÜCHNER   Revolutionär, Dichter, Wissenschaftler. Katalog
CINEMA 39   Non-Fiktion. Über Dokumentarfilme
CINEMA 40   Ausstattung
CINEMA 41   Blickführung
DAEDALUS   Die Erfindung der Gegenwart. Katalog
K.R. EISSLER   Leonardo da Vinci. Notizen zu einem Rätsel
FILM UND KRITIK Heft 1   Natur im deutschen Bergfilm
FILM UND KRITIK Heft 2   Selbstreflexivität im Film
FILM UND KRITIK Heft 3   Doktorspiele. The Slapsticks of Roscoe Arbuckle
FRAUEN UND FILM 53   Komödie im Film
FRAUEN UND FILM 54/55   Ethnos und Geschlecht
FRAUEN UND FILM 56/57   Die fröhliche Wissenschaft
FRAUEN UND FILM 58/59   FarbeFilmMusik
SIGMUND FREUD   Tagebuch 1929 – 1939. Kürzeste Chronik
ROLF HAUBL   Unter lauter Spiegelbildern. Zur Kulturgeschichte des Spiegels
INTERVENTIONEN 3   »Kultur« und »Gemeinsinn«
INTERVENTIONEN 4   Instanzen/Perspektiven/Imaginationen
INTERVENTIONEN 5   Die Wiederkehr des Anderen
KANALARBEIT   Medienstrategien im Kulturwandel
KINtop 1   Früher Film in Deutschland
KINtop 2   George Méliès – Magier der Filmkunst
KINtop 3   Oskar Messter – Erfinder und Geschäftsmann
KINtop 4   Anfänge des dokumentarischen Films
KINtop Schriften 1   Welcome home, Joye! Film um 1910
KINtop Schriften 2   Oskar Messter - Filmpionier der Kaiserzeit
KINtop Schriften 3   Messters Special-Katalog No. 32
KINtop Schriften 4   Film & Schokolade. Stollwerck importiert Lumière
RUDOLF KERSTING   Wie die Sinne auf Montage gehen
JOHAN VAN DER KEUKEN   Abenteuer eines Auges
PIERRE KLOSSOWSKI   Anima. Katalog
KUNST.HALLE.KREMS   Chaos, Wahnsinn – Permutationen der Kunst
HEIDE SCHLÜPMANN   Unheimlichkeit des Blicks
SEHSUCHT   Das Panorama als Massenunterhaltung des 19. Jh. Katalog
KARL SIEREK   Ophüls/Bachtin. Versuch, mit Film zu reden
SURFING SYSTEMS   Die Gunst der Neunziger. Positionen zeitgenössischer Art
KLAUS THEWELEIT   Buch der Könige
KLAUS THEWELEIT   Heiner Müller. Traumtext
LINDA WILLIAMS   Hard Core. Über pornographischen Film
ADOLF WÖLFLI   Porträt eines produktiven Unfalls. Dokumente
ZEITREISE   Bilder – Maschinen – Strategien – Rätsel

Fordern Sie bitte unsere kostenlose Programminformation an

Stroemfeld / Roter Stern

D-60322 Frankfurt am Main, Holzhausenstraße 4, Fax 069-95 52 26-24
CH-4007 Basel, Oetlingerstrasse 19, Fax 061-691 24 06